U0450351

当代中国
世界经济学研究
(1979—2019)

STUDY ON WORLD ECONOMICS IN
CONTEMPORARY CHINA

张宇燕 主编

中国社会科学出版社

图书在版编目（CIP）数据

当代中国世界经济学研究：1979—2019／张宇燕主编．—北京：中国社会科学出版社，2019.9
ISBN 978-7-5203-4985-7

Ⅰ.①当… Ⅱ.①张… Ⅲ.①世界经济学—研究 Ⅳ.①F11-0

中国版本图书馆 CIP 数据核字（2019）第 200534 号

出 版 人	赵剑英
责任编辑	高　歌
责任校对	石春梅
责任印制	戴　宽

出　　版	中国社会科学出版社
社　　址	北京鼓楼西大街甲 158 号
邮　　编	100720
网　　址	http://www.csspw.cn
发 行 部	010-84083685
门 市 部	010-84029450
经　　销	新华书店及其他书店
印刷装订	北京君升印刷有限公司
版　　次	2019 年 9 月第 1 版
印　　次	2019 年 9 月第 1 次印刷
开　　本	710×1000　1/16
印　　张	33
字　　数	507 千字
定　　价	188.00 元

凡购买中国社会科学出版社图书，如有质量问题请与本社营销中心联系调换
电话：010-84083683
版权所有　侵权必究

目　录

序　言 ··（1）

第一章　世界经济学 ···（1）
　第一节　从无到有创建世界经济学 ··（1）
　第二节　由浅入深探讨世界经济学基本规律 ··························（12）
　第三节　两个世界体系的经济学视角 ····································（18）
　第四节　坚持马克思主义研究方法 ··（33）
　第五节　承前启后的世界经济学 ··（37）

第二章　国际金融问题的研究 ···（46）
　第一节　国际货币体系研究 ··（46）
　第二节　汇率问题研究 ··（63）
　第三节　国际金融危机研究 ··（75）
　第四节　国际资本流动研究 ··（84）
　第五节　国际金融监管研究 ··（88）

第三章　国际贸易 ···（97）
　第一节　具有中国特色的国际贸易理论的建立和发展 ···········（97）
　第二节　"入世"前中国国际贸易学科研究的主要问题 ··········（102）
　第三节　"入世"后中国国际贸易学科研究的主要问题 ··········（119）

第四章　国际投资 ……………………………………………… (147)

第一节　对外直接投资 ………………………………………… (147)
第二节　外商直接投资 ………………………………………… (157)
第三节　跨国公司 ……………………………………………… (168)
第四节　外汇储备投资 ………………………………………… (176)
第五节　主权财富基金 ………………………………………… (184)
第六节　国际投资规则 ………………………………………… (190)

第五章　发展中国家经济 …………………………………… (201)

第一节　改革开放后的发展经济学研究 ……………………… (202)
第二节　主要新兴经济体的经济发展 ………………………… (219)
第三节　"金砖国家"研究综述 ………………………………… (241)
第四节　"一带一路"研究综述 ………………………………… (251)

第六章　发达国家经济 ……………………………………… (257)

第一节　区域一体化的理论基础与发展格局 ………………… (257)
第二节　区域一体化及其经济政策 …………………………… (274)
第三节　经济增长及区域一体化的进展 ……………………… (298)

第七章　转型经济学 ………………………………………… (314)

第一节　转型经济学的形成、发展与演变 …………………… (314)
第二节　转型经济学讨论与研究的主要问题 ………………… (327)
第三节　转型经济学的学科进展与前沿问题 ………………… (343)
第四节　转型经济学的学科定位与未来发展 ………………… (353)

第八章　世界经济史 ………………………………………… (361)

第一节　从"外国经济史"到"世界经济史"：
　　　　学科的出现和奠基 …………………………………… (362)
第二节　空前活跃地引进国外经济史著作 …………………… (367)
第三节　学会和研究机构的发展 ……………………………… (375)

第四节 日益紧密联系理论和现实,开展
经济史重大问题的探讨 …………………………（380）
第五节 世界经济史研究前景展望 ……………………（403）

第九章 全球经济治理 ………………………………………（407）
第一节 全球经济治理研究总论 ………………………（407）
第二节 全球经济治理议题变迁 ………………………（420）
第三节 中国与国际货币金融治理 ……………………（440）

第十章 世界能源 ……………………………………………（462）
第一节 石油市场与价格 ………………………………（462）
第二节 能源贸易 ………………………………………（474）
第三节 能源跨境投资 …………………………………（482）
第四节 能源转型与清洁能源发展 ……………………（492）
第五节 全球能源治理 …………………………………（499）
第六节 能源安全 ………………………………………（504）
第七节 能源政策 ………………………………………（508）

序　言

五年前，中国社会科学出版社赵剑英社长和我说起想出版两部关于中国世界经济研究和国际政治研究历史脉络的回顾综述性著作。他的这个想法和我的想法可谓一拍即合。鉴于编写此书对世界经济与政治研究所而言非同小可，我们专门在所长办公会上对此加以讨论，还特别成立了两部书稿的编审小组，并于三年前结集出版了《中国的世界经济研究35年》一书。当时作为主编，我想就该书编撰过程中的一些考虑向读者做个交代，还特别对那些为该书出版做出贡献者表示感谢。

转眼三年就过去了，去年又恰逢改革开放四十周年。中国社会科学出版社又和我们世界经济与政治研究所商量，能否在时间上把过去的五年补上，出一本改革开放时期（1978—2018）总结概括中国世界经济学发展历程的著作。在和我的同事沟通后，我们几乎是组织原班人马在《中国世界经济学35年》的基础上，补充完善后完成了《当代中国世界经济学研究（1979—2019）》一书的写作，以向伟大的改革开放献礼，向四十年间为中国世界经济学的发展与进步做出过贡献的学者专家表示敬意，向新一代世界经济学研究者表示期待。

考虑到本书只是前一本书的补充或扩展版，此书的编辑方针和书写思路基本上是前书的延续。有鉴于此，本书的序言自然也应该与前书相差无几，其间的主要区别也就是把2013年替换成2018年。

本书涉及的时间跨度最初考虑是新中国成立到2018年。后几经议论，我们还是决定从改革开放谈起。其中的主要原因在于，新中国成立后前30年的中国经济总体上属于一个相对封闭的体系，与外部世界的经济交往规模和深度有限，这也就决定了那个时期中国学术界对世界经济的研究远非系统全面，研究成果也难有专业的期刊加以发表。把改革开放之日作为起点的一个客观原因，在于《世界经济》和《世界经济译丛》（后更名为《国际经济评论》）两本专业杂志创刊于 1978 年年底，并很快成为国内世界经济研究成果和译介发表的重镇。虽然世界经济研究所早在 1964 年就建立了，但此前的世界经济研究成果主要是对外国经济的介绍，并大多发表在内部刊物上。除了世界经济与政治研究所外，中国社会科学院还有七个国际问题研究所，其各自的学术刊物上刊登的文章中，讨论经济问题的始终占据了相当的部分。在社科院之外，一些大学和研究机构在改革开放后也陆续创办了国际问题研究期刊，并发表了大量论文。改革开放不仅在器物层面给中国带来了天翻地覆的变化，也可以说真正开启了中国世界经济研究的进程。

世界经济纷繁复杂，论文议题和分析方法千差万别，特别是作为改革开放的伴生物，国家和市场及学术界自身对世界经济研究的需求和要求也因时因地因缘而有所不同。世界经济与政治研究所在世界经济领域相关的研究室的设置沿革，在一定程度上就反映出了中国世界经济研究在研究重点、研究领域和学科建设上的历史发展轨迹。改革开放之初研究者们特别关注苏联及东欧国家的改革动态和理论，同时需要了解世界其他地区的经济状况，研究所就设立了以研究国别地区为重点的苏东研究室、发达国家研究室和发展中国家研究室，以及世界经济理论研究室、世界经济统计研究室和世界经济史研究室。到了 20 世纪 90 年代后期，世界经济与政治研究所以国别地区研究为主导的局面被打破，国际贸易、国际金融等以学科为指向的研究室迅速成长起来，并最终形成了今天的以全球宏观经济、国际金融、国际贸易、国际投资、经济发展和世界能源等学科为主导的研究室建制。为了尽可能真实地反映中国世界经济研究在过去三十五年间的历史演进轨迹，同时也为了凸显未来世界经济研究的方向，我们几经斟酌后确定了本书的篇章架构，尽管各章之间存在交叉（比如全球经济治理与国际贸易），有些章节就内容而言今天已不再是主流话题（比如转轨经济学），有些学科在几年前人们还比较陌生（比如全球治理）。

众多中国学者在 1978—2018 年的四十年内发表了卷帙浩繁的世界经

济研究成果。这既令人喜悦，又让本书主编和文献综述者有时颇感为难。考虑再三，我们决定采用三个标准作为选取代表性著述的基本依据。第一，著述需符合本书章节或研究领域的要求，亦即著述所讨论的问题必须在特定篇章所限内容范围之内。第二，所引用的著述原则上应该发表在学术影响力较大的期刊或由重要的学术出版社出版（这一点读者可以从本书的参考文献中看到）。第三，文献综述所涉及的作者，尽量选用那些在特定研究领域造诣较深、成就较大和发展前景较好的专家学者。一些专家学者的论述尽管问题鲜明，论证严谨充分，但因为受限于篇章设计，综述撰写者最后也不得不忍痛割爱。有些文章或专家学者没有被提及或引述不充分，还可能是因为论文发表在综述者视野之外的期刊上。在引述归纳的过程中，本书所有撰写者都力戒挂一漏万，但要求他（她）们做到完全没有疏漏、完整准确地概述原作者的思想又几乎不可能。由此引出的问题，还希望相关的专家学者予以理解或谅解。

本书的作者可以说都与世界经济与政治研究所关系密切，他们或是本所的研究人员，或曾经是在本所工作实习过的研究人员。他们当中有在自己研究领域耕耘多年且成就卓著的资深教授，也有参加工作四五年的青年才俊。书中的不少篇章都是在各个研究室所有成员共同参与下完成的。除了对各位同事深表谢意外，这里我特别要感谢曾经在本所工作过的田春生教授和贺力平教授。他们不仅独自且高质量地完成了各自篇章的写作，而且都是非常愉悦地接受了我们的写作邀请。作为《世界经济》杂志编辑部主任，孙杰教授做了大量的协调和联系工作。本书得以顺利和高质量出版，我们还要由衷感谢中国社会科学出版的赵剑英社长及他的出版团队。这不仅是因为本书的创意来自于赵剑英社长，还因为出版社工作团队的敬业精神与高专业水准。2012年中国社会科学院启动的创新工程，无疑是本书成功面世的大背景。尽管在编写过程中难以做到尽善尽美，我还是希望并相信，本书的出版能够对中国的世界经济研究起到推动作用，有助于中国的世界经济研究服务中国并走向世界。

张宇燕

2019年8月8日

第 一 章

世界经济学

中国学界对世界经济学的研究始于20世纪50年代末。1978年后，为适应对外开放、对内搞活形势的需要，世界经济研究工作越来越受到党和国家的重视。中国社会科学院领导制定了发展世界经济学科的长期规划。1979年7月，钱俊瑞在全国世界经济学科规划会议的开幕词中特别提到"我们要以无产阶级的科学精神和革命勇气，大胆地去创建和发展世界经济学这门学科"。真理标准的讨论推动了全国哲学社会科学蓬勃发展。伴随着改革开放的春风，世界经济的研究机构和科研教学队伍不断壮大。自80年代初到90年代初，就世界经济与世界经济学的概念、范畴、对象、体系和方法，以及世界经济学的基本原理和基本规律，大批学者撰写文章，相互讨论交流，形成既严谨又热烈的学术氛围。世界经济学科群星璀璨，此后一批中生代学者也崭露头角，使该学科成为经济学中影响广泛、贡献卓著的学科之一。20世纪90年代中后期到21世纪初，中国进行市场经济改革，不断融入世界经济体系，对国际经济关系包括贸易关系、投资关系、国际生产、跨国经营、要素流动等进行研究的需求更加强烈。世界各国在全球经济环境中既相互依存，又动态博弈，纷繁复杂的经济现象和非线性运动规律对世界经济学科的发展提出了新要求、新挑战。

第一节 从无到有创建世界经济学

对世界经济学的研究对象和体系的探讨集中于世界经济学创立初期，

展现了我国学术界对该学科认识逐渐深化的过程。由于经历了一个从无到有、从西方到中国化的发展阶段,从马克思主义经典著作出发,结合世界经济形势和国际政治生态的变化,探索世界经济学的研究对象,高屋建瓴地构建宏观体系结构,构成了该阶段世界经济学研究的基本特点。

一 探讨"世界经济"的内涵

世界经济学者普遍认为,世界经济以各国国民经济、国家集团经济为基础,但绝不是各国国民经济、国家集团经济的简单的机械的总和,而是一个历史概念,是资本主义发展到一定阶段的产物。

钱俊瑞认为,世界经济作为一个历史范畴是人类社会发展的必然结果,是资本主义生产方式的产物,然而形成世界经济的基本要素(如国际交换、国际分工、世界市场、世界货币等)又是资本主义生产方式借以确立的前提。①

陶大镛进一步提出,应区分"国际经济"与"世界经济"的含义。国际经济是指相互依存的各个国民经济间的经济诸关系,它超越了国民经济的界限,只要一个国家与别国发生经济交往,只要各个国民经济之间发生经济联系,就构成了国际经济关系,而世界经济通常包括各个国民经济以及诸国民经济间的国际关系,并且具有全球规模的经济结构,它不仅超越了国界,还把各个独立的国民经济结合成为一个统一的整体。所以,世界经济不同于国际经济,它是一种更高形态的国际经济关系,是在各个国民经济及其组成部分的基础上结合起来的一种全球规模的经济体系。②

褚葆一、张幼文认为,世界经济是由几种不同类型的社会生产方式所构成的"复合型社会生产方式";是在主权国家干预下的人们的生产、分配、交换、消费的全过程,是由各国再生产过程的外部联系所构成的"二次再生产过程";是由不同发展水平的国家与国家集团组成的一个相互联系、相互依赖的共同运动有机整体。③

---

① 钱俊瑞:《为创建和发展马克思主义的世界经济学而奋斗》,《世界经济》1980年第3期。
② 陶大镛:《论世界经济的研究对象》,《世界经济》1980年第5期,第21—27页。
③ 褚葆一、张幼文:《创立马克思主义的世界经济学》,《社会科学》1984年第1期,第16—19页。

徐采果认为，世界经济是一个凌驾于各国国民经济之上并由各国经济相互联系而构成的有机的统一整体，这个整体是一个以自身物质生产为基础而不断进行再生产运动的体系。李琮也认为，世界经济是一个以国别经济为基础，但超越国别经济的世界规模的统一经济整体，世界经济之所以成为一个整体，是因为资本再生产过程越过各国疆界在世界范围内展开，生产、交换、分配、消费等各个环节都在世界范围内进行。各国经济互相交织，互相融合，成为密不可分的世界经济整体。

总之，相当一部分学者认为世界经济指的就是一种全球规模的经济体系，但也有学者指出，世界经济与世界经济体系是两个不同的概念，世界经济指世界各国经济相互联系而形成的矛盾统一体，并非从来就是整体，而作为一个有机整体的世界经济体系到了20世纪六七十年代才初步形成。这种观点明确指出资本主义经济经历了不同发展阶段，并非从一开始就是世界经济，也并非有了世界经济就形成了密切联系的体系，因而具有一定的理论价值。

二 界定世界经济学研究对象

世界经济学研究国际生产关系是毫无疑问的，但对于要不要研究世界生产力，学者们的答案是不一致的。钱俊瑞提出，马克思把构成世界市场要素的国际分工、国际交换等称为"生产的国际关系"，也就是我们现在所说的"国际生产关系"，为马克思主义世界经济学确定了明确的研究对象，从而为它作为一门独立学科的创立奠定了基础。[①] 钱俊瑞的观点有三个特点：第一，把国际范围的生产力与生产关系的有机结合，即生产方式的总体，作为世界经济学的研究对象，而重点是研究国际生产关系。第二，"普及有关的上层建筑"，强调当代世界经济与世界政治的密切关系，把对世界经济运动起重要影响作用的政治和政策因素等方面的上层建筑研究的重要性突出出来。第三，密切联系当代世界经济中的主要矛盾，认为就当前来说，世界经济学主要研究世界范围的资本主义和社会主义这两种

---

① 钱俊瑞：《马克思奠定了世界经济学的理论基础》，《世界经济》1983年第3期，第1—10页。

对立的生产方式及其相互关系的运动规律。苏绍智、郑伟民基本认同钱俊瑞的观点，认为世界经济学的研究对象是世界经济的发生和发展的运动规律，具体地说，是研究马克思所说的生产的国际关系，即研究各种经济体系内部以及不同经济体系之间的国际经济关系及其发展规律。就像政治经济学研究生产关系时要联系研究生产力和上层建筑一样，世界经济学研究生产的国际关系或国际经济关系也必须联系研究世界范围内生产力的发展和世界政治的发展。①

20世纪70年代末80年代初，韩世隆连续发表文章，论述世界经济学的研究对象。他提出，世界经济基于社会生产力的发展，生产的国际化、国际分工与世界市场的形成与发展，各个国家、国家集团之间通过商品、货币、资本的流通，劳动力的转移和技术的转让等错综交织形成的各种类型的国际经济关系构成了世界经济总体的骨架与脉络组织。② 韩世隆还对"生产的国际关系"和"国际生产关系"进行区分，指出马克思主义世界经济学的研究对象应该是广义的国际生产关系，即是在世界市场与国际分工的基础上逐渐形成的世界范围的国际生产力、生产关系及与其相适应的国际交换关系，而不仅仅局限于研究生产的国际关系。③ 他的这一观点后来被多数世界经济学者接受，但也有个别学者不同意他的意见。有的学者认为，世界经济学的研究对象就是生产的国际关系，这个定义并不排除对国际的生产关系的研究。"实际上，我们研究世界经济运动及其规律时，总是要和国际的生产关系发生联系，我们或是在生产的国际关系中考察国际的生产关系，或是联系国际的生产关系来分析研究生产的国际关系问题。不应该把生产的国际关系和国际的生产关系对立起来。"④ 李琮认为，世界经济学的研究对象应是世界经济的整体。世界经济之所以是一个由各国国民经济所组成，而又超越国民经济的整体，是随着生产力的发展，再生产过程超越各国国界在世界范围内展开的结果。世界范围的再生

---

① 苏绍智、郑伟民：《世界经济和世界经济学》，《世界经济》1980年第4期，第11—17页。
② 韩世隆：《浅议世界经济学的研究对象与体系》，《世界经济》1980年第3期，第15—19页。
③ 韩世隆：《再谈世界经济学的研究对象与体系》，《世界经济》1983年第11期，第1—9页。
④ 徐采果：《世界经济概念及世界经济学研究对象》，《世界经济文汇》1987年第3期，第17—21页。

产，包括世界物质资料再生产和国际生产关系再生产。世界经济学的重点研究对象是国际生产关系。"国际生产关系"与"生产的国际关系"是两个既有联系又有区别的概念，不能混淆。世界经济学研究国际生产关系必须与生产力相结合，不能不涉及各国国民经济与国际生产、流通等各领域，以及世界经济的历史发展，但这些专门领域是相应专门学科的研究对象，不是世界经济学的研究对象。世界经济学的研究对象应是确定的，而它们涉及的领域则较宽。世界经济学研究的国际生产关系是在各国生产的国际关系的基础上形成和发展的，体现在国际生产以及商品和各种生产要素的国际流动之中。国际生产关系并不是静止不动的，它是国际问题的基础，与政治、意识形态和文化思想等上层建筑互相联系。[1] 李天德认为，"马克思主义世界经济学的研究对象是广义的国际生产关系，即是在世界市场与国际分工的基础上逐渐形成的世界范围的国际生产力、生产关系及与其相适应的国际交换关系，而不仅仅局限于研究生产的国际关系"[2]。

连平认为，世界经济学的研究对象应当是全球性经济的运动、变化和发展的规律，换言之即有关世界经济的总体和整体问题。它具有以下三个特征：（1）全球性。世界经济学所研究的必须是全球性经济的运动、变化的内在规律。（2）高层次。全球性经济问题具有一个多级层次结构，世界经济的概念、结构和规律等属于第一层次；第二层次则包括世界再生产的各个环节及其相互联系；世界部门经济和世界工业经济、世界农业经济和世界商业经济等则可以说是第三层次；而世界能源问题、世界人口和粮食问题等的层次则更低。世界经济学的研究对象主要包括上述第一、第二层次。（3）理论性。世界经济学着力研究的是世界经济中最基本和重大的全球性经济问题，论证和分析世界经济的时空、运动和规律以及世界再生产运动，因而它不能不具有较强的理论性。较低层次的全球性经济问题的研究应当由世界部门经济学来承担。[3] 也有的学者认为世界经济学既

---

[1] 李琮：《关于世界经济学研究对象的一些意见》，《世界经济》2000年第3期，第3—8页。
[2] 李天德主编：《世界经济学》，四川大学出版社2008年版，第3页。
[3] 连平：《世界经济与世界经济学的再探索》，《世界经济研究》1988年第5期，第53—56页。

应研究各国国民经济和各地区经济,也应研究国际经济关系,不存在层次高低问题,因为世界经济是各国国民经济、地区经济和国际经济关系组成的有机整体。进入 21 世纪,随着经济全球化迅猛发展,张幼文提出关于全球化经济运行机制与规律的分析就是世界经济学。经济全球化研究是否可以取代原来的世界经济学研究,或者成为新时期世界经济学研究的主线,学界尚有不同观点。[①]

三 构建世界经济学学科体系

基于对世界经济学内涵和外延的不同认识,学者们提出了关于世界经济学研究体系的不同构想。1983 年,钱俊瑞主编的《世界经济概论》（上、下册）出版,对当代世界经济基本理论问题进行了系统论述,形成以马克思主义为指导的世界经济学理论体系的初步框架,该书于 1987 年获得首届吴玉章基金特等奖。钱俊瑞提出,世界经济学科学体系的形成有一个过程,要不断完善。第一,要分析商品、货币和资本在世界范围内运动的形式和实质；第二,要分析社会主义生产方式在不同国家和民族实现的具体道路和形式,它的不同的动向（包括前进和后退、过渡和蜕变）,同时要研究它同世界其他部分的经济关系；第三,要研究发展中国家的经济发展方向和道路,以及它们与发达资本主义国家和社会主义国家的经济关系；第四,综观世界经济的总体,并且科学地预测它的未来。从世界经济的历史和现状的实际出发,世界经济学的重点研究课题至少包含以下几个方面:（1）对世界市场、世界经济形成和发展过程作历史的考察；（2）社会主义国家和资本主义国家在经济领域内互相斗争和互相依存关系的表现形式及其运动规律；（3）社会主义国家建设社会主义的道路和形式的比较研究；（4）当代资本主义经济发展的特点,如对国家垄断资本主义、生产周期（包括长波论）、工人阶级贫困化、社会结构等问题的研究；（5）战后发达资本主义国家之间、发达资本主义国家与发展中国

---

① 关于世界经济学的性质和研究对象,还可参见刘琳《试论世界经济学的性质》,《学术月刊》1985 年 2 月；芦雅等《关于世界经济学科建设的笔谈》,《世界经济文汇》1985 年第 3 期；陈红石《世界经济学及其研究对象》,《世界经济》1985 年第 8 期。

家之间、发展中国家相互之间的发展不平衡性及其表现形态和规律性；（6）国际贸易、国际货币金融制度和国际资本组织（如跨国公司等）的运动形态和规律；（7）经济一体化、区域性经济和集团经济的性质、发展趋势和影响；（8）民族主义国家发展民族经济的道路及其发展方向；（9）科技革命和世界经济的关系及其发展趋势；（10）第三世界国家为建立国际经济新秩序进行的斗争；（11）有关各经济学派对世界经济理论的研究和评价。① 钱俊瑞不仅对世界经济学应研究的基本国际经济关系进行了梳理，而且明确提出了现阶段应重点研究的课题，对世界经济学的建立起到了开创和领路的作用。

另一位世界经济研究领域的开拓者陶大镛与钱俊瑞的观点大多相互呼应，不谋而合，但陶大镛更侧重对世界经济体系与结构本身的研究，而钱俊瑞先生加入了国际政治、国际组织和科学技术等因素，对世界经济进行全方位、多角度的研究与考察。陶大镛认为，世界经济学应重点研究如下问题：（1）世界经济的形成和发展；（2）社会主义与资本主义两大体系在经济领域内的对立和斗争及其相互依存的经济联系；（3）现代垄断资本主义经济发展的基本趋势及其新的特征；（4）资本主义世界经济结构中的新变化；（5）帝国主义国家在国际贸易领域中的斗争；（6）战后资本主义世界货币体系的建立及其危机；（7）战后资本主义世界经济危机的发展及其特点；（8）发展中国家经济发展的动向及其在世界经济中的地位；（9）世界社会主义经济体系的发展；（10）世界经济发展的前途等。②

苏绍智、郑伟民认为世界经济学应重点对两大经济体系和不同阵营的经济关系进行研究。他们认为，作为一门独立的学科，世界经济学的研究内容大致可以概括如下：（1）世界资本主义经济体系形成的前提，世界资本主义经济体系的形成和发展，统一的世界资本主义经济体系的瓦解，民族解放运动的发展和民族民主国家的出现，世界资本主义经济体系发展的规律性；（2）世界社会主义经济体系的形成与社会主义各国之间的经

---

① 钱俊瑞主编：《世界经济概论》（上、下册），人民出版社1983、1985年版。
② 陶大镛：《论世界经济的研究对象》，《社会科学战线》1980年第2期，第95—109页。

济关系，社会主义经济规律在世界社会主义经济体系中的作用，世界社会主义经济体系的发展及其规律性；（3）资本主义各国之间的经济关系，资本主义经济规律在资本主义各国经济关系中的作用，资本主义各国之间经济关系发展的趋势；（4）发展中国家之间的关系，发展中国家与资本主义各国之间的关系及其发展，发展中国家与社会主义各国之间的关系及其发展；（5）社会主义国家与资本主义国家之间在经济方面的相互斗争和相互依赖及其发展的规律性，社会主义经济体系在全世界的胜利。[1]

虽然多数世界经济学家都主张从马克思的历史唯物主义出发来研究世界经济，但着眼于世界经济现实和中国发展需求是多数世界经济学家的共性，而强调历史视角是韩世隆的特性。韩世隆提出，世界经济学的体系可分为五大组成部分：（1）世界经济史；（2）当代世界经济与现状；（3）世界经济的展望与预测；（4）世界经济政策与学说；（5）世界经济的基本原理，主要探索世界经济运动规律。他认为，对当代世界经济任何一个规律的探索都应在历史唯物主义的基础上，从对世界经济史的考察入手，因为世界经济史同世界经济学虽然有种种区别，但世界经济学可说是世界经济史的继续和发展。从"一切科学都是历史科学"的角度看，这样讲未始不可，但世界经济学后来迅速的发展与转向表明，世界经济学摆脱了史学特征，愈益成为一门具有鲜明自身特点的学科。与韩世隆相似，储玉坤的世界经济学体系构想也具有跨学科的特点。他认为，世界经济学体系应包括：（1）世界经济学的理论体系问题；（2）生产力对于世界经济发展的作用问题；（3）足以影响世界经济发展前途的几个具有世界性的重大问题，如关于人口、粮食、科技、原料（包括能源）以及污染等同世界经济发展有密切关系的世界性的问题；（4）世界经济量化研究；（5）国际经济法规与国际惯例。[2]但是，正如韩世隆的构想一样，随着学科的发展，一些问题和视角逐渐淡出世界经济学主流，但他们提出的历史意识和问题导向至今仍有价值。

---

[1] 苏绍智、郑伟民：《世界经济和世界经济学》，《世界经济》1980年第4期，第11—17页。

[2] 储玉坤：《对创建世界经济学的几点意见》，《世界经济》1980年第7期，第10、11、29页。

20 世纪 80 年代末,仇启华主编、毛榕芳副主编的《世界经济学》出版,这是我国世界经济学研究领域的重要专著。该书的特点是对各国国民经济进行分类研究,以勾画世界经济实力的整体格局和国际经济关系,同时大胆舍弃了政治经济学的一些范畴和术语,更加突出世界经济学本身的特点和内容。[1] 褚葆一也是较早对世界经济学体系和方法进行构建的学者。1989 年,褚葆一、张幼文合著的《世界经济学原理》出版。该书将"国际价值论"作为世界经济学的核心原理,分国际价值与世界货币、世界经济的生产过程、世界经济的交换过程、世界经济的再生产总过程思辨,勾勒世界经济学的轮廓。该书在当时起到了创建世界经济学的先驱作用,有不少观点可资借鉴,但也有些地方值得商榷,如《绪论》中提出的"政治经济学所揭示的规律不适用于世界经济学"的论点和关于跨国公司对促进世界经济发展所起作用的评价问题。[2]

20 世纪 90 年代以后,世界经济学研究向纵深方向发展,其体系结构的设计日臻完善。有学者提出将世界经济学按基础理论、微观世界经济学、中观世界经济学、宏观世界经济学进行划分。具体来说,基础理论应包括世界经济系统层次性、相关性分析,国际分工理论,国际经济联系理论,国际贸易理论和国际金融理论;微观世界经济学主要研究涉外企业,国家对外贸、外汇、对外援助的协调和管理以及对外经济发展理论;中观世界经济学以世界经济的区域集团为考察对象,研究区域集团本身和与其他国家(集团)的经济关系,以及两大体系相互间的经济关系和各自的经济发展理论等;宏观世界经济学将世界经济作为一个统一的有机整体来考察,研究这个有机整体的运动变化规律,包括世界经济的运行、协调和发展,以及发展中的重大问题,如国际债务、国际经济秩序、科技革命、一体化、人口、粮食、能源、环境等问题。这样的理论体系设计不无道理,较之以往的体系包含的内容更为丰富,层次更为清晰,但也显示出将世界经济学的研究范围扩大化的倾向。

---

[1] 仇启华、毛榕芳主编:《世界经济学》,中共中央党校出版社 1989 年版。
[2] 褚葆一、张幼文:《世界经济学原理》,中央财政经济出版社 1989 年版。

整个20世纪80年代到21世纪初，世界经济学科成果颇丰，该领域涌现出版热潮，多种版本的世界经济学专著和教材问世。1988年，韩秀晨主编的《世界经济学》和朱刚体的《当代西方国际经济思潮》面世。1997年，毛榕芳和孙仲涛的《国际经济概论》和杨国昌主编的《当代世界经济概论》出版。2000年，李琮主编的《世界经济学新编》由经济科学出版社出版。该书的逻辑框架是：国际分工—世界经济运行—经济全球化—可持续发展。由于国际分工是世界经济的基础，对世界经济的研究须从国际分工的历史演变和当今国际分工的特点入手，重点研究世界经济整体的运行，包括其运行方式和运行机制（市场机制和国际经济协调机制），而经济全球化和全球可持续发展问题作为当代世界经济的总趋势和热点问题，也应纳入世界经济学的研究范围之内。[①] 此后，庄宗明主编的《世界经济学》教材出版，共分三篇。第一篇研究世界市场经济一般规律，以国际价值理论为基础，研究商品的国际价值、商品在世界市场上的运动方式，包括国际贸易、国际分工、国际投资、国际利益分配等，揭示各国之间的国际经济关系及其内在规律；第二篇研究世界经济运动的一般规律，在对经济全球化现象进行分析的基础上，研究世界经济运动的内在规律，包括国际资源配置、国际利益分配等；第三篇研究国际经济关系协调与和谐世界的建立，探讨经济全球化的背景下各国利益关系中的矛盾冲突、协调与合作，以及全球性问题的出现和解决机制等。[②] 此后，张伯里主编的《世界经济学》，谷源洋和林水源的《世界经济概论》相继出版。在《世界经济导论》中，季铸提出，经济增长与发展是世界经济理论体系的主线，贯穿始终。他以增长与发展、经济全球化、经济增长轨迹、波动与周期、经济结构、社会经济形态、经济机制、制度和模式、经济治理、世界生产、消除贫困、金融、贸易、消费、人口问题和可持续发展等方面的研究构成了自己的世界经济学体系。[③] 不仅研究国际经济关系，也研究世界经

[①] 李琮主编：《世界经济学新编》，经济科学出版社出版2000年版。
[②] 庄宗明主编：《世界经济学》，科学出版社2003年版。
[③] 季铸：《世界经济导论》，人民出版社2003年版。

济市场；不仅研究两大体系前途命运，也将全球化纳入研究视域，是21世纪以来世界经济学的发展特点。[①] 随着中国市场经济改革的不断深化，中国经济不断融入世界经济体系，对国际微观和中观经济动态进行跟踪研究的需求更加强烈，这对擅长宏观经济关系分析的世界经济学科的发展提出了新要求和新挑战。

世界经济学该向何处去？许多学者都在思考这一问题。王跃生提出了富有建设性的意见。他在世界经济学科创建五十年时回忆了这一学科的演变过程，提出人为地把全球经济分为中国经济和世界经济已经过时，世界经济学科作为一种国际视野和思维已经融入了全部经济学理论研究、政策分析和应用工具之中。解决世界经济学科发展的问题，要从根本上改变经济学学科体系的结构，特别是本科教学的学科设置。将经济学本科教学区分为理论经济学与应用经济学足矣，理论经济学学科应当涵盖目前世界经济学科所讲授的绝大部分课程，包括国际贸易理论与政策、国际金融、国际投资学、国际经济一体化等理论性课程，也包括跨国公司、国际营销、国际贸易实务、国际结算、国际财务管理、WTO与国际经济组织等应用性课程，供学生进行开放性选择。不仅要开设外国经济的课程，而且要开设中国经济的课程，包括总体经济，也包括不同经济专题（如既可以开设中国的企业制度与公司治理，也可以开设美国资本市场这些课程）。这样，无论是世界经济（外国经济），还是中国经济，都是国别经济课程的一部分，都是学生了解现实经济和理解真实世界的标本。而国际经济领域的应用性、工具性课程，更应与国内部分的学科融为一体，如营销学就应既包括一般原理，也包括国际营销，企业管理应既包括一般原理，也包括国际企业管理，公司财务应既包括一般原理，也包括跨国公司财务，等等。在这样一个结构下，世界经济/国际经济学科的发展就融入整个经济

---

① 参见余永定、李向阳主编《经济全球化与世界经济发展趋势》，社会科学文献出版社2002年版；许兴亚《马克思的国际经济理论》，中国经济出版社2003年版；李天德主编《世界经济学》，四川大学出版社2008年版；安洪、马丹阳、尹诚民主编《世界经济概论》，中国社会出版社2008年版；佟家栋《国际经济学》，高等教育出版社2011年版；黄卫平、彭刚：《国际经济学教程》，中国人民大学出版社2012年版；胡键：《资本的全球治理——马克思恩格斯国际政治经济学思想研究》，上海人民出版社2016年版。

学科发展之中了。① 也有学者主张将经济视角与政治视角相结合，构建新时期的国际经济政治学。如张宇燕、李增刚在 2008 年出版了《国际经济政治学》一书，分 15 章讨论国际经济政治学方法论、基本假设和理论工具、国家与国家人格化、国际利益的界定、国家间博弈与国家利益的实现等。② 2014 年，中央民族大学出版社出版了《当代世界经济与政治概论》一书。作为马克思主义理论研究丛书之一种，该书对当代世界经济的发展及其趋势、当代世界政治、全球性问题、发达资本主义国家的政治、发展中国家的政治、发展中国家的发展模式等进行研究，总结世界经济与政治的发展规律。2016 年，李景治主编的《当代世界经济与政治》出版。作为高等教育"十一五"国家级规划教材，高校思想政治理论课重点教材，本书较为系统、全面地介绍了马克思主义关于世界经济与政治的基本理论、邓小平国际战略思想以及中央新一代领导人关于国际问题的重要论述和我国的外交方针政策。

第二节　由浅入深探讨世界经济学基本规律

世界经济是一个统一的有机整体，有其特殊的矛盾和运动规律，但这种特殊的矛盾和特殊规律究竟都有哪些？它同资本主义经济规律、社会主义经济规律、国际贸易、国际分工和国际经济合作等方面的规律究竟有哪些不同？随着研究的深入，世界经济学逐渐从探讨研究对象和范围转到挖掘学科核心概念和基本规律上来。

一　提出世界经济学的核心范畴

世界经济学学科体系建设的难点之一在于界定学科的基本范畴，因为范畴必须在大量研究的基础上，进行从具体到抽象的高度概括，再借助对基本范畴的矛盾运动分析，从抽象到具体，还原世界经济运动，并揭示世

---

① 王跃生：《危中之机：世界经济学科五十年》，《读书》2010 年第 4 期，第 161—163 页。
② 张宇燕、李增刚：《国际经济政治学》，上海人民出版社 2008 年版。

界经济的客观规律。

钱俊瑞列举并初步阐述了商品、国际价值、世界货币、国际分工、世界市场、世界资本等范畴，认为它们都是对世界市场形成后的国际经济现象的理论抽象，都从某一侧面反映了国际生产关系，因而都是我们建立世界经济学的理论体系所必须运用的基本范畴，对进一步研究世界经济和世界经济学有着重要的意义。①

多数世界经济学者认同钱俊瑞对基本范畴的界定，但也有学者提出不同意见。陈其人和刘百鸣提出，不应把"世界市场"作为世界经济学的一个范畴，因为这一概念本属于国际贸易学，体现的是各个国家之间的交换，这样做会使世界经济学的研究对象和科学范畴发生矛盾。他们主张用构成诸生产关系之间交换的"外部市场"取代世界经济学中的"世界市场"，依据是马克思提出的资本主义内部市场和外部市场的理论。尽管马克思有时将"外部市场"称为"新的世界市场"，但它全然不同于"内部市场"，也就是由超越国家界限的资本主义经济交换而构成的世界市场。"新世界市场"不仅超越国界，而且是资本主义和非资本主义经济成分之间的交换。它是在资本主义生产方式基础上产生的，其产生的历史条件是由地理大发现而发生的欧洲资本主义和美洲、亚洲、非洲的交换，其后，"产业革命"使一种和机器生产中心相适应的新的国际分工产生了，它使地球的一部分成为主要从事农业的生产地区，以服务于另一部分从事工业的生产地区，从而更使这个新世界市场进一步扩大。而"世界市场"则是指超越国界的资本主义交换，它是资本主义生产方式的基础，其产生的历史条件则主要是地中海沿岸资本主义国家之间的经济交换。他们还指出，明确提出"外部市场"这一范畴的是卢森堡，20世纪70年代以来一些激进经济学家提出的"外围"概念实质上也是一种外部市场的理论。如果认为世界经济学是研究各种不同的生产关系之间的关系的学科，那么就应该明确指出，不同生产关系的交换应有一种特有范畴来反映，这范畴

---

① 钱俊瑞：《八十年代世界经济形势展望与世界经济学问题》，《世界经济》1983年第7期，第1—8页。

不应称为"世界市场",而应称为"外部市场"。①

庄宗明认为,国际价值论是马克思主义世界经济学的理论基石。"劳动价值论是马克思主义经济学的理论基石,这仅仅是对马克思主义经济学的国民经济学部分来说是正确的,而对马克思主义经济学的世界经济学部分来说,由马克思主义劳动价值论发展而来的国际价值论才是马克思主义世界经济学的理论基石。""我们可以把劳动价值论称为马克思主义经济学的第一基石,把国际价值论称为马克思主义经济学的第二基石。"② 国际价值量的规定和国际价值规律的作用是国际价值论的两个基本问题。

二 探索世界经济学的基本原理

在世界经济学创立初期,褚葆一和张幼文就对世界经济运行的基本原理进行了研究和探索,主要方面总结如下:国际价值与世界货币是世界经济的两个最基本的范畴。国际价值汇率理论揭示汇率变动与各种汇率制度中所包含的国际价值转移关系。商品的国际价值会因汇率而发生价格表现上的扭曲,汇率扭曲导致国际交换中的价值转移。国际分工的原因、规律和格局决定着分工中的利益分配,其中存在着历史上始终起作用并继续严重制约着后进国家国际分工地位的一般规律。生产要素的国际流动构成世界性再生产过程的起点;可生产出低于个别价值的产品是生产要素流动的诱因。劳动力和资本国际流动的特殊性决定了国际平均利润率机制难以起作用,国际生产价格是不存在的。所谓国际平均利润率规律与比较优势规律相悖。在诸生产要素的国际流动中,资本的国际流动是最主要的流动。生产要素的国际流动产生了跨国公司和以跨国公司为标志的生产的国际化,因此,跨国公司已不再只是垄断资本的掠夺工具,而是可以为各种生产方式的国家所利用的一种国际企业形式。跨国公司所带来的国际冲突,在形式上是企业的跨国界性与国家主权的矛盾,在内容上是资本对劳动的剥削,特别是发达国家垄断资本对发展中国家的剥削。世界交换过程的研

---

① 陈其人、刘百鸣:《试论世界经济学的基本范畴——外部市场》,《世界经济研究》1985年第4期,第3—7页。

② 庄宗明:《构建马克思主义世界经济学:纪念〈资本论〉第一卷出版140周年》,刘长庚、资树荣主编《国际资本流动与中国经济发展》,湘潭大学出版社2007年版,第349页。

究首先是关于世界市场的特点的研究,这些特点反映了世界交换的特殊性。在非垄断或政治压迫等条件下,世界市场的交换本质上是等价交换。这是按国际价值量相等定义的国际等价交换的必然结论。国际交换的根本原因在于世界市场中存在着一种国民市场所没有的特殊机制——国民价值增值机制。国际价值贸易论不仅可用于静态分析,而且可用于动态分析,因为它反映了各种动态变化的实质。世界经济再生产的第一空间特征是经济一体化,即国民经济再生产过程的国际融合形式。世界经济再生产的第二空间特征是世界经济中的相互依赖,即由国民经济再生产的国际联系中产生出来的世界经济的再生产机制。国际经济关系既存在着一些不因国而异的一般特征,又在很大程度上取决于国家类型。世界经济运动规律的探索最终服务于对国民经济外部环境和机制的认识,服务于一国的开放战略。世界经济运动规律的研究表明,贸易—分工交互作用是世界经济系统发展的原动力,产生着三重效应:世界经济整体性的继续加强,跨国公司地位的增强和形式的普通化,三类国家的重新组合和关系的调整。[①]

此后,张幼文在《世界经济学——原理与方法》中进一步研究全球化背景下世界经济学的基本原理与方法,其中探讨发展中国家不利地位的国民利益分配原理从要素的稀缺性和要素收益规律推导而来。全球化经济要素流动的本质与基础性特征决定了开放经济通过要素的流入(或流出)实现各种生产要素在本国的组合,贸易结构不再是国际分工的标志,生产要素的国际差异才是国际分工的基础与核心。要素流动性差异导致了两个结果:一是全球化经济下要素流动的方向是流动性强的要素流向流动性弱的要素集聚地、实现要素的组合;二是流动性高的要素国际价格趋同显著,而流动性较低的要素将保留价格的巨大国际差异。发展中国家参与经济全球化的优势要素是劳动力,廉价的几乎无限供给的劳动力是许多发展中国家参与经济全球化的主要优势,也是发展中国家在经济全球化中利益分配不利性的基础。这就是全球化经济中的国民利益分配原理。[②]

陈鹏提出马克思主义国际经济博弈原理,从国际经济博弈的基础实践

[①] 褚葆一、张幼文:《世界经济学的基本原理》,《世界经济》1988年第9期,第11—17页。
[②] 张幼文编著:《世界经济学——原理与方法》,上海财经大学出版社2006年版。

环境、国际经济博弈主体、国际经济博弈客体和标的、国际经济博弈手段和媒介、国际经济博弈未来发展趋势等方面，系统总结和提炼了马克思主义国际经济博弈原理，并对中国当前和今后阶段国际经济博弈的战略策略问题进行探讨。[①]

三　追寻世界经济学的基本规律

努力探索世界经济学的基本规律，而不被纷繁复杂的世界经济现象所迷惑，是世界经济学者的普遍追求。钱俊瑞在《当代世界经济发展规律探索》一书中探讨了世界经济运动的重要规律：一是资本主义生产方式产生、发展和必然走向衰亡的规律。社会主义在世界范围内终将取代资本主义制度，这是当代世界经济的一条根本性的规律。二是整个世界经济发展不平衡的规律。这个规律包含着四个方面的内容：（1）资本主义国家内部经济发展不平衡；（2）社会主义国家与资本主义国家之间经济发展不平衡；（3）发达资本主义国家与发展中国家之间经济发展不平衡；（4）发展中国家内部经济发展不平衡。三是科学技术进步在世界经济矛盾运动中推进世界经济发展和变革的规律，以及世界经济与世界政治互相作用的辩证规律。四是探讨了当代发达资本主义国家、社会主义国家和第三世界国家这三类国家经济发展的若干规律性问题，如发达资本主义国家再生产周期的变形、社会主义国家根据各国实际情况按照马列主义基本原则建设具有本国特色的社会主义、发展中国家的团结合作和不同的发展前途等。钱俊瑞指出，世界经济发展的客观规律是预测当代世界经济的基本依据。

陶大镛提出，如果我们把世界经济作为资本主义与社会主义的矛盾统一体来看待，那么总的说来，当今世界经济领域中客观上起作用的规律大致可划分为三大类型：第一类，属于世界资本主义经济体系范围内起作用的特有规律，如帝国主义时期资本主义国家经济政治发展不平衡规律、价值规律、垄断竞争规律等；第二类，属于世界社会主义经济体系范围内起作用的特有规律，如有计划按比例发展的规律、按劳分配的经济规律、三

---

① 陈鹏：《马克思主义国际经济博弈原理》，人民出版社2018年版。

大差别趋于消灭的规律等；第三类，属于世界经济这一总体所特有的经济规律，如生产关系一定要适合生产力性质的规律、劳动生产率增长的规律、国际经济一体化的规律、资本主义经济体系向社会主义经济体系发展的规律即世界经济发展的总规律等。沿此思路，李天德将世界经济的运行规律细化为：世界资本主义经济中起作用的规律、世界社会主义经济中起作用的规律、世界市场和国际交换中长期起作用的规律、各个历史时期对不同社会制度普遍起作用的规律、世界经济特有的规律、不同类型的经济体系中存在的规律等。2012 年，他的《世界经济波动理论》由科学出版社出版，分四章讨论世界经济周期性与非周期性波动的传导关系，拓展了世界经济学科的研究范围，分析了未来世界经济周期主导国的变动情况，指出了中国经济周期的内外传导机制及协调性，在此基础上构建基于世界经济周期性与非周期性波动下的中国经济预警机制。

李琮对当代世界经济的基本规律和基本矛盾进行了积极探索，认为当今世界经济的基本矛盾是生产或资本的国际化（全球化）与世界各行为主体（国家、跨国公司等）追求各自利益之间的矛盾，具体表现为世界市场的无序状态与跨国公司内部有组织和有计划之间的矛盾，世界经济缺少调控与各国经济可调控之间的矛盾，生产力的无限扩张倾向与世界市场需求有限之间的矛盾，等等。各种矛盾互相交织，不断发展变化，矛盾双方也不断摩擦和斗争，导致世界经济的失衡、动荡和危机，同时也推动矛盾双方乃至世界范围内的协调和合作，推动经济的不断发展。① 世界经济发展的基本规律包括：生产力的加速发展，产业结构的多样化和逐步升级，国际劳动分工的不断深化，世界市场的不断扩大，经济生活国际化、全球化和地区化的不断加强以及世界经济发展的不平衡等。当代世界发展不平衡导致世界经济的多极化，地区集团化，也导致国际经济关系中斗争的复杂化。②

李述仁认为，经济国际化是世界经济发展的普遍规律。商品经济是经济国际化的客观基础，生产力的发展是经济国际化的主要动力，国际竞争

---

① 李琮：《关于资本主义的基本矛盾问题》，《中国社会科学》1989 年第 1 期。
② 李琮：《世界经济发展的若干规律》，《世界经济》1996 年第 1 期，第 18—23 页。

是经济国际化的强制力量,市场机制是经济国际化的决定力量,世界经济的形成是经济国际化的助推器。世界经济的这种统一性表明,虽然世界上存在着不同社会经济制度的国家,但是任何国家都是世界经济的一个组成部分,都不可能脱离世界经济而单独发展。世界经济的产生和形成,决定了任何一个国家都必须实行开放政策,走经济国际化的道路。[①]

第三节 两个世界体系的经济学视角

无论是资本主义世界经济体系,还是社会主义世界经济体系,都包含在整个世界经济体系之中。世界经济学的体系化研究反映了我国世界经济学研究从局部到系统的不断深入,虽带有较浓厚的意识形态色彩,但构建了以国家利益为导向的马克思主义国际政治经济学的基础。时至今日,虽然世界经济的整体格局更趋复杂化和多元化,但从本质和历史发展进程来看,世界经济仍包括资本主义与社会主义两个体系,全球经济体系仍作为资本主义与社会主义两种体系的矛盾统一体而存在。

一 世界资本主义经济体系研究

世界经济学者对世界资本主义经济发展阶段、世界资本主义经济体系与世界社会主义经济体系的关系、世界资本主义经济体系发展趋势及规律性、资本主义世界周期性及结构性经济危机等问题进行了广泛而深入的研究,提出了一些新见解。

钱俊瑞认为,帝国主义、老的资本主义国家在衰落,新型的资本主义国家在成长,这是目前资本主义世界的一个新特点。20 世纪 50—60 年代,世界主要资本主义国家经历了一个高速增长的时期。虽然周期性危机还是不断发生,今后估计还可能出现一种长期"停滞膨胀"的局面,但资本主义世界并没有完全停滞不前,在某个时期、某个国家,经济还可能以较快的速度增长。

---

① 李述仁:《经济国际化是世界经济的普遍规律》,《世界经济》1994 年第 9 期,第 16—22 页。

出现这种现象的根本原因是，国际资产阶级还能对生产关系进行一定程度的调节，使生产关系的某些方面还能在一定程度上适应生产力发展的需要。一个明显的例子是国家垄断资本主义的发展：国家垄断资本主义的发展表明资本主义更加接近社会主义的"入口"了，同时表明资本主义在目前还有一定的生命力。实践证明，世界资本主义走向死亡是一段相当长的曲折起伏的过程。第二次世界大战后，许多过去的殖民地和半殖民地纷纷取得了独立，走上了发展民族经济的道路。一方面，他们除了需要巩固已经获得的政治独立外，还都有一个争取经济独立的严峻任务，即能够和社会主义国家一起成为目前世界人民反霸反帝反殖斗争的重要方面军；另一方面，这些国家正在建设的还是资本主义的经济，绝不是什么"非资本主义"经济，从这个意义上说，他们又是世界资本主义的后备力量。[1]

陶大镛指出，世界经济作为一个具有全球规模的经济体系，是与资本主义生产方式的确立紧密相连的。具体来说，资本主义世界经济体系形成于19世纪末20世纪初，当资本主义发展到帝国主义阶段，资本输出成了金融资本夺取和垄断世界市场的最有力的工具，国际垄断同盟以全世界为范围进行经济分割，帝国主义列强又把世界领土瓜分完毕，这就把世界上最偏僻的角落都卷入资本主义经济领域中来，最终形成了一个统一的无所不包的资本主义世界经济体系。社会主义经济体系形成于十月革命后，它不仅动摇了帝国主义统治的中心，也打击了帝国主义的后方，使整个世界经济的面貌也发生了历史性的变化，世界分裂为社会主义和资本主义两个体系，一个统一的无所不包的资本主义世界市场或资本主义世界经济体系不复存在了。第二次世界大战后，中国革命的胜利，使两个体系的力量对比发生了有利于社会主义而不利于资本主义的深刻变化，但20世纪50年代后期以来，由于苏联蜕变为社会帝国主义，战后出现的社会主义阵营已不存在，而资本主义世界体系内部的各种矛盾激化，资本主义世界市场也四分五裂。[2]

---

[1] 钱俊瑞：《资本主义与社会主义纵横谈》，世界知识出版社1983年版。
[2] 陶大镛：《资本主义总危机的理论与现实——纪念马克思逝世一百周年》，《北京师范大学学报》（社会科学版）1982年第2期，第1—17页。

樊亢主编的《资本主义兴衰史》运用马克思主义的观点，通俗、系统地阐述了资本主义从14—15世纪萌芽到20世纪80年代初的发展历史。作者从史实出发，对资本主义发展的各个阶段及其主要问题从理论上作了分析，阐明了资本主义发生、发展和衰亡的客观历史必然性，具有说服力地论证了社会主义和共产主义一定要代替资本主义这样一条不以人们意志为转移的客观规律。[1] 该书于1993年获中国社会科学院首届优秀科研成果奖。

1987年，仇启华主编、吴建副主编的《现代垄断资本主义经济》出版，获首届"吴玉章奖金"世界经济学一等奖。该书的主要论断是：20世纪50年代后，资本主义基本矛盾加剧，迫使垄断资本与国家日益紧密结合，垄断资本主义进入到国家垄断资本主义的新阶段；国有垄断资本的运动与国家的财政机制密切配合，使得国家不仅具有上层建筑的功能，而且作为经济基础的组成部分发挥作用；国际垄断同盟出现新形式，发展中国家应反对"新殖民主义"；现代资本主义国家利用银行信用体系调节经济的政策措施加强，但货币信用危机和货币信用制度危机并存，国际货币关系极不稳定。[2] 此前，褚葆一和张幼文在《当代帝国主义经济》中曾提出"国家机器的二重性"问题，不同意"国家具有经济组成部分的作用"的提法[3]，仇启华等人在书中进行了辨析，同时批驳了"资产阶级国家是全社会利益代表者""生产资料的政府所有是社会主义的经典定义""公私混合经济已经不是完全的资本主义"的观点。2002年，李琮的《当代国际垄断——巨型跨国公司综述》出版，提出巨型跨国公司是当代国际垄断组织，在国际经济、政治、安全、文化、外交中起重要作用。刘国平、范新宇和王金存等人也都做出了当前资本主义进入到国际垄断资本主义的判断，提出资本主义生产关系的不断变革和资本主义对外扩张方式的转变，表明资本主义已经从自由竞争进入到国际垄断阶段，其本质特征是金融资本恶性膨胀，世界统治和盘剥增强。国际金融危机的爆发表明金融

---

[1] 樊亢：《资本主义兴衰史》，北京出版社1984年版。
[2] 仇启华、吴健主编：《现代垄断资本主义经济》，中共中央党校出版社1987年版。
[3] 褚葆一、张幼文：《当代帝国主义经济》，安徽人民出版社1985年版。

资本的世界统治和霸权乃至整个资本主义制度已经走上逐渐消亡的历史轨道。①

张雷声将世界资本主义经济体系与经济全球化本质结合起来进行考察。她认为，世界资本主义体系的形成意味着各个国家、民族的发展开始融入世界发展的历史潮流，也更为集中地反映了这个体系是一个"二元"（发达与不发达）与"一体"（体系的整体性）的对立统一体的存在。"二元一体"是对世界资本主义本质的反映，其发展和深化则表明了经济全球化的本质内涵。从世界资本主义经济体系形成与发展的角度透视经济全球化，可以认为，经济全球化既是一场由发达资本主义国家发动并主导的经济运动，也是资本主义经济关系、经济矛盾在世界范围的扩展和深化。②

高峰认为，资本主义经济在时间上和空间上是非均衡的。资本主义经济在时间上的非均衡发展主要表现为不同时期的显著波动，由此反映出资本主义经济发展的阶段性；资本主义经济在空间上的非均衡发展表现为地域上两种类型的不平衡，即发达国家之间发展的不平衡和发达国家与发展中国家之间发展的不平衡。资本主义仍具有适应生产社会化而不断调整自身的能力，同时占主导地位的资本主义经济制度的性质并未根本改变，资本主义经济的腐朽性和不稳定性甚至有所加强，这是当代资本主义经济在深刻演变的基础上形成的新特征。③

在资本主义世界经济体系研究中，一项非常重要的内容是国际经济危机与金融危机研究。郑伟民认为，所谓现代资本主义条件下的结构性危机，主要是指资本主义世界经济中的物质生产部门结构（包括部门之间和部门内部的结构）发生重大变动，以及生产和消费、供给和需求之间

---

① 刘国平：《从自由资本主义到国际垄断资本主义》，《经济研究参考》2002年第43期；刘国平、范新宇：《国际垄断资本主义时代》，经济科学出版社2004年版；王金存：《当代资本主义的演化与当前国际金融危机》，《高校理论战线》2009年第7期，第25—31页。

② 张雷声：《从世界资本主义经济体系的形成与发展看经济全球化的本质》，《中国人民大学学报》2002年第2期，第61—67页。

③ 高峰：《世界资本主义经济的发展与演变》，《经济学动态》2009年第3期，第20—29页。

比例长期失调而造成的国际规模的危机。结构性危机是资本主义世界经济体系内发生的一种有独立含义的危机，也可以说是战后时期资本主义世界经济体系危机加深的一种表现形式，但不能反过来说除周期性经济危机外，凡是资本主义世界经济范围内发生的危机或危机现象都属于结构性危机。有些全球性的问题如生态问题，尽管在资本主义范围内以十分尖锐的危机形式表现出来，仍不宜将其归属于结构性危机的范畴。在国际经济关系方面表现出来的国际贸易危机、国际货币体系危机、国际收支危机、国际债务危机等也不是结构性危机。仇启华、赵黎青认为，世界经济危机是在资本主义世界经济体系内部发生的大体上在同一时期内袭击主要资本主义国家的周期性生产过剩危机，具有具体性、主要国家同期性、普遍性、世界资本主义再生产过程中断、周期性等特征。[1] 王怀宁认为，帝国主义国家经济危机同期性的恢复，使它们之间互相转嫁危机的可能性缩小了，实行国民经济军事化和向发展中国家转嫁危机是资本主义试图解决危机常用的两种手段。[2]

1998年和2008年的两次全球经济危机影响巨大，也引起了世界经济学者的深刻反思。大多数研究者都认为危机是资本主义生产方式造成的，根本原因在于生产社会化和资本私人占有之间的矛盾，并把其在全球扩张的结果归于新自由主义的影响。何秉孟认为，美国金融危机是国际金融垄断资本主义的结构性危机。由信息技术和网络技术革命、新自由主义意识形态和为国际金融垄断资本服务的国际金融货币体系共同建构的国际金融垄断资本主义，是资本主义在全球化时代的表现形式，其在应对由资本主义基本矛盾导致的实体经济危机、人为推动虚拟经济的恶性膨胀、使金融资本摆脱相对于实体资本依附地位的同时，加深了国际金融垄断资本主义的寄生性。席卷全球的金融危机是国际金融垄断资本主义基本矛盾激化的必然结果。[3] 李慎明认为，金融霸权是当今国际垄断资本经济霸权的集中

---

[1] 仇启华、赵黎青：《关于世界经济危机的几个理论问题》，《世界经济文汇》1989年第1期，第13—19页。
[2] 王怀宁：《世界经济与政治概论》，世界知识出版社1989年版。
[3] 何秉孟：《美国金融危机与国际金融垄断资本主义》，《中国社会科学》2010年第2期，第28—44页。

表现，军事霸权则是其政治霸权的集中表现，文化霸权是其意识形态霸权的集中表现，而其科技霸权则渗透在经济、政治、文化等各个方面的霸权之中。金融、科技、文化和军事"四位一体"的霸权，构成了当今世界资本帝国主义时代的新特征。引发目前这场仍未见底且在深化的国际金融危机的直接原因，是20世纪90年代初苏联解体后以美国为首的西方世界主导的、以新自由主义为主要推力的新一轮的经济全球化；其根本原因是以信息革命领衔的新的高新科技革命推动生产力极大发展和劳动生产率的极大提高，在国际垄断资本主导的经济全球化深入发展的情况下，全球范围内生产社会化甚至生产全球化与生产资料私人占有之间的矛盾、生产无限扩张与社会有限需求之间的矛盾加剧的必然结果。[①] 有学者指出，金融自由化成为实体经济和虚拟经济之间流动的纽带，使得全世界的经济循环流成为以美国为首的、以国际金融资本为主导的循环圈，国际金融危机不过是这一体系出现问题的必然结果。国际金融资本通过两个基本制度的设计构建了世界经济秩序的基础：一是在货币领域，以美元符号化为基础的国际信用货币体系的建立，解脱了实物对资本的束缚，货币纯粹脱离开贵金属，虚拟资本在世界经济中的比重迅速提高，造成了全世界的虚拟经济对以美国为主导的国际金融资本的依赖；二是在生产领域，以美国为主导的国际金融资本在全球范围内安排产业结构，将发展中国家纳入资本主义的统治体系中，造成了全世界在实体经济方面对以美国为主导的实体经济的依赖。还有学者指出，表面上看，美国次贷危机导致了此次经济危机的全面爆发，其实质依然是实体经济的相对过剩，虚拟经济制造出来的需求假象诱导实体经济盲目发展。"金融过剩"仅仅是引发金融危机的现实原因，将之归罪于表面所呈现的"监管缺位""政策失误""低估风险"甚至"人性贪婪"，就掩盖了资本主义生产方式和经济制度是导致金融危机出现的根本原因这一事实。应当避免在分析当前国际金融危机时的两种错误倾向，既要看到资本主义的本质没有变，基本矛盾没有变；同时也要看到，在新的历史条件下，资本主义的本质和基本矛盾的表现形式已经发生

[①] 李慎明：《当今资本帝国金融、科技、文化和军事霸权》，《红旗文稿》2012年第20期，第9页。

了很大变化，危机的表现形式也发生了很大变化。现存发达资本主义国家将来实现社会主义的方式，只能是和平的、渐进的，通过资本主义的自我扬弃以及新社会因素（即社会主义因素）的积累和扩展，由局部到整体，逐步实现社会主义对资本主义的制度替代。①

二 世界社会主义经济体系研究

世界经济学者也对世界社会主义经济体系的形成与变迁、世界社会主义经济体系与资本主义经济体系的经济关系、引进外资与保护民族工业、外向型经济与国家经济安全、比较优势与自主知识产权、社会主义经济体系的发展趋势及规律性、中国特色社会主义理论与实践对世界社会主义经济体系的贡献等问题进行了研究。不仅从政治经济学角度一般地论述社会主义经济制度的基本特征，而且从世界经济学角度在生产力和生产关系的结合上具体地论述当代各个社会主义国家经济共有的一般特征，研究了社会主义国家经济体制改革的不同模式，对社会主义经济体系形成的时间和条件、该体系内部国际经济关系的性质和特点以及各种经济纽带进行了探索性研究。

钱俊瑞认为，第二次世界大战后，世界经济的发展和变化突出地表现在国际经济关系及其组织形式得到了迅速的发展，社会主义经济体系和资本主义经济体系之间相互斗争和相互依存的关系大大发展和加强。广大发展中国家和社会主义国家以及发达资本主义国家之间的经济关系得到了扩大和深化。十月社会主义革命胜利后，世界分裂成为走下坡路的资本主义经济体系和日益上升的社会主义经济体系。这两个部分或两个体系之间既存在着互相斗争的一面，又存在着互相依存的一面。社会主义经济体系的建立给整个世界经济包括世界市场，带来了新的因素、新的特点和新的性

---

① 参见张春敏《国际金融危机是国际金融资本主导的世界经济体系危机》，《河北经贸大学学报》2010 年第 3 期；李慎明《国际金融危机再次证明马克思主义政治经济学的强大生命力》，《马克思主义研究》2012 年第 11 期；王学东《国际金融危机与世界社会主义》，《科学社会主义》2012 年第 3 期；刘航、赵景峰、吴航《国际经济合作思想及其对世界经济再平衡的启示》，《经济学家》2012 年第 6 期；胡碧玉、刘光明《国际金融危机与马克思主义时代化研究》，《现代经济信息》2012 年第 11 期。

质，使世界经济发生了局部的质的变化。在两大体系的斗争中，社会主义经济体系逐步扩大，资本主义经济体系逐步缩小，经过一个相当长期的发展过程，社会主义经济体系将最终取代资本主义经济体系。社会主义经济体系逐步取代资本主义经济体系的过程，也将是社会主义世界市场逐步取代资本主义世界市场的过程，但是这一过程并不表现为统一的世界市场的完全消失和瓦解，而是表现为世界市场的内部发生了局部的质的变化，表现为社会主义经济体系的作用在日益扩大。[①]

陶大镛指出，资本主义总危机削弱了整个资本主义体系，为世界革命的发展创造了极为有利的条件。由于新生的社会主义制度的优越性与衰谢的资本主义制度的腐朽性，社会历史发展的规律就必然表现在社会主义体系日益发展和巩固以及资本主义体系日趋削弱和没落。十月革命的胜利是世界资本主义体系总危机这一历史过程的开端，而世界分裂为两个体系则是资本主义总危机的最鲜明的标志和首要的特征。世界经济作为全球规模的经济体系，同时与资本主义与社会主义两种生产方式存在联系，是作为资本主义与社会主义两种体系的矛盾统一体而存在的。在一定的历史时期内，资本主义与社会主义这两大体系可以和平共处，也必须和平共处，但在历史的长河中，两者并不能，也绝不会永远共存下去。社会主义制度战胜资本主义制度是历史的必然，资本主义世界经济体系完全转型为社会主义世界经济体系，也将是一个不以人们意志为转移的历史发展过程。

虽然马克思主义世界经济学者对社会主义的前途充满信心，但资产阶级经济学者对西方经济学的辩护和对马克思经济学的攻击从未停止。两个体系的斗争不仅表现在现实的经济活动中，也表现在经济学的话语权上，在20世纪60—90年代尤为激烈。新中国成立后一向述而不作的浦山敏锐地将他的关注点转向社会主义经济的理论分析。针对米尔顿·弗里德曼一篇题为《运用市场促进社会发展》的文章，浦山对社会主义条件下经济行为的合理性进行分析，指出中国采取了渐进的改革方式，非常符合中国文化，并且取得了很大成就。在密歇根大学"论中国社会主义市场经济的前景"演讲中，浦山指出，中国处在转型阶段——从中央计划经济转

---

① 《钱俊瑞集》，中国社会科学出版社2002年版。

向社会主义市场经济,恰当的描述应该是"……具有中国特色的社会主义……而不是社会主义向资本主义的转变"①。浦山强调政治稳定是当今中国的一个重要特征。他不回避谈转型时期正在出现的不平等现象以及由此产生的道德和伦理方面的副作用,但希望通过财政制度来扭转这种不断加深的不平等。他预期中国的经济转型将于 2010 年前完成,到 21 世纪中叶中国将达到经济发展的中等水平,以此对米塞斯、哈耶克、弗里德曼的社会主义经济非可行性理论做出有力回应。罗肇鸿、林水源等从世界经济结构调整出发,探讨社会主义改革问题。② 余永定从 FMD 模型出发,在揭示 FMD 模型两大部类同马克思两大部类存在区别但并非不可借鉴的基础上,应用马克思主义经济学的概念,假设第一部类产品的总产值同第一部类所拥有的生产资料基金成正比,第二部类总产值同第二部类所拥有的生产资料基金成正比,第一、二部类的生产资料基金占用系数在所考虑的时期内保持不变,第一、二部类的生产基金占用系数分别等于第一、二部类生产资料积累基金占用系数,创造性地构建了社会主义经济增长模型,对认识社会主义再生产速度和比例的数量关系进行了深入研究。③ 此后,余永定继续探索社会主义经济模型问题,对社会主义生产资料生产优先增长问题进行数学建模,用纯逻辑推理的方法以克服应用归纳法和应用演绎法在该问题研究上的局限性。④

朱刚体、夏申认为,世界经济是相互依赖的,社会主义国家与资本主义国家的经济也相互依赖,其原因是:第一,各个国家的科学技术和经济发展是不平衡的,这必然造成科学技术上的相互引进和经济发展上的相互依赖;第二,各国自然禀赋条件千差万别,随着一国经济的发展,必然会引起生产力要素上的相互依赖和交换,从而可以突破一国资源条件对其经

---

① 余永定:《怀念敬爱的浦山先生》,《经济学家茶座》2007 年第 27 期。
② 罗肇鸿、刘国平:《世界经济调整与改革的新浪潮》,重庆出版社 1990 年版;林水源:《论新型社会主义所有制的构建》,中国社会科学出版社 1991 年版。
③ 余永定:《从 FMD 模型到社会主义经济增长模型》,《世界经济》1982 年第 12 期,第 55—61 页。
④ 余永定:《试论"生产资料生产优先增长问题"》,《改革与战略》1985 年第 4 期,第 22—25 页。

济发展的限制，达到资源的最有效利用；第三，随着商品经济的发展，原来的闭关自守和自给自足状态必然会被打破，取而代之的是相互往来和相互依赖，这就给生产力发展开拓了广阔的余地，带来了商品经济的更大发展；第四，从国际分工和利用比较优势角度看，可以通过相互依赖、取长补短，达到资源的有效利用和劳动生产力的提高；第五，资本主义国际生产关系的发展，必然导致世界经济中相互依赖程度的加深。[①] 发展经济学家创立的"依附经济学派"和"中心—外围学派"一方面比较深刻地从国际生产关系的角度阐明了不发达的原因，批判了不合理的国际经济体系，但某些观点也不是不可商榷的。第一，他们只讲矛盾和对立，不讲统一，只讲斗争，不讲必要的合作，那就失去了利用外部有利条件来发展本国民族经济的机会。第二，若是一国长期实行保护，闭关自守，片面强调自力更生，在"避风港"中发展本国经济，就会使一个国家的工业缺乏竞争能力，最终会造成对外部更大程度的依赖。第三，他们往往只强调经济发展中外部不利条件的影响，而很少从发展中国家内部去寻找不发达的原因。第四，"依附经济学派"那种企图离开资本主义国际贸易、国际分工去孤立地发展民族经济的主张是不现实的。

　　随着柏林墙的倒塌，两个体系、两个阵营的对峙逐渐淡化。21世纪，信息技术的快速发展更使全球经济融合成为可能。中国的改革开放政策将中国与世界紧密地联系在一起。随着中国在世界舞台日益崛起，中国的发展对世界有何影响？世界经济学者做出了自己的回答。张幼文和梁军通过探讨中国发展对世界市场价格、世界产业、世界市场竞争、国际综合国力竞争、世界经济增长、世界经济均衡、全球多边贸易、世界经济运行等诸多体系的影响，剖析中国发展对世界经济体系的影响，探讨中国发展的世界意义。他们认为，中国在融入世界经济体系的进程中获得了发展，中国的发展反过来又对世界经济体系产生了深刻影响。中国的发展影响世界经济体系最为直接的体现是改变了世界市场上的产品价格结构和要素的价格结构。中国发展对世界产业体系的影响主要体现在三个方面：一是，产业

[①] 朱刚体、夏申：《论世界经济中的相互依赖性》，《世界经济》1986年第2期，第28—34页。

向中国的转移导致了国际产业的重新布局，开辟了世界生产与交换的新格局；二是，中国参与国际分工延长了国际产业链，提高了世界经济的整体效率；三是，中国经济规模的扩大扩展了世界产业发展的空间。中国发展对国际竞争体系的影响主要体现在两个方面：一是对世界市场竞争体系的影响；二是对国际综合国力竞争体系的影响。中国发展对世界经济运行体系的影响主要体现在两方面：一是对全球多边贸易体系的推动；二是对世界经济利益格局的贡献。①

全球化对中国发展有何影响，中国应如何制定自己的发展战略，这无疑是世界经济学在全球化时代最需回答的重大问题。在《全球化与中国发展战略》中，张宇燕指出，全球化问题的兴起有五个既相互联系又相对独立的背景，即柏林墙的倒塌、全球问题的凸显、信息技术及IT产业的勃兴、国际规则普遍适用性的提高和世界格局的变迁，其中柏林墙的倒塌可以视为经济全球化浪潮的分水岭。书中对国际分工、国家利益、国际规则、全球治理和大国博弈进行了深入探讨，提出了全球化的九大命题：其一，全球化是真实存在的；其二，全球化进程始于柏林墙的倒塌，且具有相对可逆性；其三，国际分工构成全球化的物质基础；其四，国际规则体系的普遍适用性日益加强，世界经济对国际规则高度敏感依赖；其五，全球化对参与各方的影响是非中性的；其六，全球化下大国博弈表现为对全球规则制定和执行权的争夺并决定国家兴衰；其七，全球化既弱化又强化了国家主权；其八，全球问题需要全球治理；其九，全球化对中国既是机遇又是挑战。②

三　全球化中两个体系的关系

在世界经济整体方面，世界经济学者研究和论证了科学技术进步特别是科学技术革命对世界经济发展的推动作用，生产国际化程度随着生产力发展而不断提高的规律，过渡性世界经济条件下社会主义和资本主义两大

---

① 张幼文、梁军：《中国发展对世界经济体系的影响》，《世界经济研究》2006年第10期，第4—12页。

② 张宇燕：《全球化与中国发展战略》，中国社会科学出版社2007年版。

经济体系之间既相互依赖又相互斗争的关系，世界经济和世界政治之间的相互关系等。

跨国公司的出现是经济全球化的重要表现。如何认识跨国公司的性质、特点，它对东道国和投资国分别有什么影响？滕维藻较早对此问题进行了研究，指出跨国公司是产业资本国际化的产物，归根到底服务于垄断资本的根本利益，但它同时在世界范围内实现生产要素的重新配置，有利于成本最小化，提高经济效益。跨国公司必然会改变国际分工的基本格局，对东道国既有积极作用，也有消极影响。① 房宁认为，迄今为止的经济全球化仅仅是资本运动的全球化，而非经济福音的全球化。西方资本的大规模跨国运动将世界的生产和交换活动连为一体，但是从世界性的生产和交换活动中产生的经济利益，却没有在全球呈现正态分布。当代世界经济体系是经济全球化的历史进程的结果，是以西方资本主义国家为中心、以欠发达国家为外围的，存在于统一世界范围的资本循环过程中的双重结构，应当从世界体系的视野认识当代资本运动的矛盾与规律。当代资本主义的世界性的垄断机制，是在世界资本主义生产关系领域中出现的新的、重大的变化，是维系当代资本主义世界经济体系的基本条件。胡键对资本的全球治理进行探析，从全球治理的兴起到两个体系与生产关系的重构，再到"生产的国际关系"的国际视角、贸易视角、金融视角和全球化视角，提出在资本主义时代资本的全球治理是一种分赃模式，而当今社会资本的全球治理越来越需要合作来承担全球责任，因而是一种责任模式。②

世界经济失衡是世界经济学者关心的问题之一。陈继勇和胡艺将世界经济失衡放置于知识经济的时代背景下考察，认为经济全球化时代，尤其是在知识经济快速发展的背景下，当知识要素取代传统的资本要素成为最主要的生产要素，无形投入和创新成为经济增长最重要的动力时，传统的统计体系和方法就面临着严峻的挑战，应将无形投入和无形资产的跨国流动纳入传统的统计体系，从新的视角来分析当前的世界经济失衡。作为当

---

① 滕维藻、陈荫枋：《跨国公司概论》，人民出版社1991年版。
② 房宁：《论当代资本主义世界体系的结构与矛盾》，《科学社会主义》2004年第1期，第73—76页。

前世界经济失衡最主要逆差方的美国，经常项目的赤字已经达到前所未有的规模，赤字的可持续性对美国经济和世界经济的持续健康增长有着巨大的影响。尽管造成美国巨额经常项目赤字的原因非常复杂，但可知的是，这与美国已进入由知识和创新驱动的知识经济时代这一事实密切相关。作者对衡量世界经济失衡的指标体系、诱发原因、失衡的可持续性以及调整方式都有了新的认识和思考，提出世界经济失衡并非如官方数据显示的那么严重，失衡在一段时间内是可持续的。[1]

世界经济学者关注两个体系在构建国际经济新秩序中存在的斗争性。仇启华指出，不能认为发展中国家提出来的国际经济新秩序就是马克思主义的，因为发展中国家的改良主义纲领无非是限制帝国主义和垄断资本的剥削，争取比较公平合理的国际环境，没有从根本上提出消除垄断资本的剥削、消灭资本主义制度的要求，而马克思主义者主张建立国际经济新秩序是在世界范围内打击帝国主义、削弱帝国主义、削弱殖民主义这个总的斗争中的重要组成部分。社会主义和资本主义两个体系在竞争和斗争中分别采取了一些措施，以取得在世界经济中的优势地位。随着时间的推移，社会主义体系将在和平竞争中占上风。至于社会主义体系在世界范围内取代资本主义体系，则不是经济上的和平竞争所能完成的，而是经济斗争、政治斗争以及资本主义国家的无产阶级革命等共同作用的结果。[2] 李琮提出，全球范围内的贫富分化，其原因是多方面的，从发展中国家的外部来说，贫富分化不是全球化而是发达资本主义国家坚持不公平、不合理的国际经济秩序造成的。反全球化不能阻断全球化的进程，也不能彻底改变弱势国家境况不断恶化的命运。[3]

随着中国融入经济全球化的程度逐渐加深，学者们更加重视国际经济新秩序两个体系中的矛盾同一性。1987年，陈立成、谷源洋、谈世中主

---

[1] 陈继勇、胡艺：《知识经济时代与世界经济失衡的再认识》，《世界经济》2007年第7期，第20—27页。

[2] 仇启华：《关于南北关系和国际经济新秩序的几个问题》，《世界经济》1983年第10期，第9—13页。

[3] 李琮：《经济全球化与世界社会主义的前景》，《理论视野》2003年第2期，第30—32页。

编的《发展中国家的经济发展战略与国际经济新秩序》由经济科学出版社出版。该书着重分析了发展中国家的含义、主要经济特征及类型、各种经济成分、产业结构及经济发展前景；深入分析了发展中国家主要经济发展战略的理论、内容、实施条件及利弊得失；历史地分析了国际经济旧秩序的形成、特点及其对发展中国家经济发展的阻碍作用。该书于1993年获中国社会科学院首届优秀科研成果奖。1988年，王怀宁主编的《2000年中国的国际环境》由中国社会科学出版社出版。该书重点预测了2000年的国际政治环境、世界经济发展和中国经济状况，并对影响中国国际环境的几个重要因素进行了具体的分析。该书于1989年获国家科技进步一等奖。随着中国和新兴市场国家群体性崛起，关于国际秩序和中国定位的话题在世界经济领域保持了研究热度。伍贻康认为，国际经济体系的变革是个漫长渐进的过程，发达国家在相当长时期内仍占主导地位，但调整、磨合和重组是基本态势。在这一态势下，中国必须对经济做正确的估量和定位，把握好中国对现行国际经济体系的正确态度和对策。中国已是现行体系的一部分，不需要也无能力充当挑战者，但也绝不当被动消极的"体系的维护者"，而应做推进国际经济体系变革的积极参与者。[①] 张宇燕和马杰认为，随着世界局势由紧张走向缓和，区域经济集团化和金融市场国际化成为世界经济的两大主要特征。中国经济的持续增长对世界具有重要意义，各国可以实现共享繁荣。[②]

1992年，张宇燕著《经济发展与制度选择——对制度的经济分析》由中国人民大学出版社出版。该书是中国学者中比较早的一本系统研究新制度经济学的著作。作者在对制度概念、制度的起源与演进、制度功能的经济分析基础上，认为"扮演国家兴衰这台历史剧主角的，不是别的，而恰是制度安排"。[③] 1995年，该书获中国社会科学院第二届青年优秀成果奖专著一等奖。1994年，宋则行、樊亢主编的《世界经济史》由经济

[①] 伍贻康：《国际经济体系的变革、转型与中国的应对》，《学术月刊》2006年11月号，第58—63页。
[②] 张宇燕、马杰：《共享繁荣——世界经济的现状和未来》，上海远东出版社1997年版。
[③] 张宇燕：《经济发展与制度选择——对制度的经济分析》，中国人民大学出版社1992年版。

科学出版社出版。该书作为国家"六五"计划哲学社会科学研究项目的最终研究成果，以其在创建我国世界经济史学科的科学体系方面所取得的历史性突破而成为我国马克思主义世界经济史学科的奠基之作。① 1999 年该书获国家社科基金项目优秀成果二等奖。除了从制度原因和史学角度对世界经济发展全景作出分析，也有学者从全球化和世界经济周期等视角对世界经济体系进行研究。有学者对经济全球化与国家主权让渡和维护进行分析，认为经济全球化必将对我国的经济利益和经济安全带来越来越大的影响。有学者认为，世界经济体系是依据资本主义的经济逻辑构建起来的，它在当代的表现形式就是经济全球化。社会主义的成长和发展根植于对全球经济体系的参与程度，在今天，只有跟上经济全球化的步伐，社会主义才有可能发挥其优越性和增强其世界感召力。孤立于全球经济体系之外是苏东社会主义失败的一个主要原因。同时，社会主义在本质上还负有矫正全球化缺陷的职责，这也要求社会主义国家必须与全球经济体系融为一体。② 还有的学者提出，制度和世界经济周期具有重要联系。世界经济周期是客观存在的，是开放经济条件下经济运动的内生形态，具有不同于封闭经济条件下的特征。各种冲击的综合作用和特定国家或地区经济周期的跨国传导生成了世界经济周期，在这个过程中，世界贸易和金融交易提供了传导的渠道，而"锁模"是一种重要的传导机制。还有学者认为，经济全球化中"南北合作"不再是零和博弈，实现世界经济再平衡的关键在于新兴经济体国家自身结构和发展模式的调整及其与发达国家之间的良性互动，国际合作应成为世界经济新的增长点。

世界经济中的相互依赖与合作是时代的特点，其根本原因在于：第一，世界资源分布不均是世界经济相互依赖与合作的自然原因；第二，生产力发展和科学技术进步是突破国家界限的动力；第三，国际生产和专业化协作是相互依赖的纽带；第四，现代交通和通讯事业的发展是相互依赖的保证。世界经济中的相互依赖与合作具有全球性、整体性，但由于各国

---

① 宋则行、樊亢主编：《世界经济史》，经济科学出版社 1994 年版。
② 王学玉：《经济全球化与社会主义的发展》，《当代世界社会主义问题》2000 年第 3 期，第 82—87 页。

经济发展水平、实力大小、技术水平、自然资源的不均衡，导致世界经济在结构上、层次上、格局上的不均衡发展。世界经济既相互依赖与合作，也相互矛盾与斗争。通过对世界经济体系的结构研究，夏立平指出，目前世界经济体系开始从"中心—边缘"结构向板块与网络状并存结构转型。转型的主要原因包括：区域化与区域主义相互促进；亚非拉国家独立和其中部分国家走上适合本国国情发展道路，使一些边缘地区国家实现跨越式发展；新科技革命发展和经济全球化趋势加快。转型将产生的主要影响包括：既刺激又抑制贸易保护主义；世界经济重心开始由大西洋地区向亚太地区转移；发展中国家在国际经济机制中将会有更大的发言权；促进整个国际体系的转型。[①]

第四节 坚持马克思主义研究方法

几乎所有的世界经济学的重要学者都坚持以马克思主义指导世界经济学研究，包括钱俊瑞、陶大镛、褚葆一、仇启华、李琮等，所以世界经济学可称为马克思主义世界经济学。余永定将当年研究世界经济理论的学者按方法论分为两派：一派为马克思主义演绎学派，研究旨归在于参照马克思主义的理论体系演绎出资本主义经过国家垄断资本主义走向灭亡的必然性；另一派为马克思主义归纳学派，通过对世界经济现象的概括总结出一些具有普遍性的规律，并力图以此解释现实。[②]

钱俊瑞提出，世界经济研究要与政治经济学的基础理论研究相结合。"世界经济作为一个历史范畴是人类社会发展的必然结果，是资本主义生产方式的产物。然而，形成世界经济的基本要素（如国际交换、国际分工、世界市场、世界货币等等）又是资本主义生产方式借以确立的前提。因此，马克思在从事政治经济学研究，分析资本主义生产方式的发生、发

---

① 夏立平：《论世界经济体系向板块与网络状并存结构转型》，《世界经济研究》2007年第4期，第27—33页。
② 余永定：《试错的记录：我对世界经济研究的一些心得》，《世界经济》2004年第3期，第4—9页。

展和灭亡的规律时,涉及广泛的世界经济问题,并提出了很多精辟的论点,从而为我们建立和发展马克思主义世界经济学打下了坚实的理论基础。"① 研究马克思主义世界经济学唯一正确的方法就是唯物主义辩证法。这种方法要求我们在研究世界经济的时候,必须始终遵循实践是检验真理的唯一标准这一基本原则,一切从实际出发,实事求是地对具体事物作具体分析。要分析事物具体的内在的矛盾,分析主要矛盾和次要矛盾,分析矛盾的主要方面和非主要方面,研究事物的运动和变化,防止僵化和片面性。决不能拘泥于若干现成的结论,没有创造就没有科学,也就没有科学的马克思主义世界经济学。因此,我们既要反对教条主义的方法,又要反对经验主义、实用主义的方法,这两种都是唯心主义、形而上学的方法,是和辩证唯物主义根本对立的。此外,要认真吸取现代资产阶级经济学派方法论(如计量经济学、投入产出法)中的科学部分为我所用。此后,他提出,预测世界经济前景的方法,第一,要将唯物辩证法和历史唯物论作为基本方法来进行预测和展望。特别要注意三个要点:一是分析矛盾,首先要根据对立统一规律即矛盾的规律,揭示世界经济的主要矛盾与矛盾的主要方面以及其发展变化的趋势;二是注意互相联系。不仅世界经济这个错综复杂的机体内部各个部分以及各个国家之间是互相联系、互相影响的,而且世界经济领域与其他领域(如世界政治)之间也是互相联系和影响的;三是分析经济与政治的相互作用。第二,要根据世界经济发展的客观规律来进行预测和展望,如资本主义再生产周期规律、世界经济发展不平衡规律、社会主义基本经济规律、科学技术发展推动经济发展的规律。② 仇启华与钱俊瑞的观点基本一致,认为马克思主义世界经济学的方法与马克思主义政治经济学的方法一样,也是辩证唯物主义和历史唯物主义的方法,但就世界经济这个学科来说,列宁的帝国主义理论有着特别重大的指导意义。要把列宁关于帝国主义的基本原理与当代世界经济的实际密切结合,特别是要分析世界经济中内在的各种矛盾及其性质,区别主要

---

① 钱俊瑞:《马克思奠定了世界经济学的理论基础》,《世界经济》1983年第3期,第1—10页。

② 钱俊瑞:《世界经济与世界经济学》,中国社会科学出版社1982年版。

矛盾和次要矛盾，揭示各种矛盾运动的趋向，这样才能找出世界经济中固有的而不是臆造的客观规律。① 钱俊瑞和仇启华的观点其实代表了老一辈世界经济学者的群体观点。以马克思列宁主义为指导思想，研究资本主义世界经济体系和社会主义经济在世界经济中的强弱变化，相信社会主义体系在与资本主义体系的斗争和竞争中最终战胜并取代它，是较为普遍的研究思路。

在改革开放的进程中，褚葆一和张幼文提出应用毛泽东思想指导世界经济学研究。他们认为，毛泽东思想的精髓——"实事求是"原则，指明了建立世界经济学的道路；认识的"飞跃"规律，指明了世界经济学必须从本质上和内部联系中把握对外经济关系中提出的问题；矛盾的特殊性和科学分类问题的论述，指导我们严格确定世界经济学的对象。当然，对外开放政策对毛泽东思想也有新发展，如重新摆正了国际问题上政治与经济的关系，承认归根结底还是经济决定政治，在对外关系上同样也是如此，即使在政治上尖锐对立的国家，在经济上仍然可以往来，以获得各自的经济利益。

陆寒寅指出，世界经济学的早期研究成果也反映出明显的不足，最突出的一点就是在把世界经济作为一个整体对象进行研究的过程中，往往试图包容世界经济研究的所有方面，以至于有内容冗杂、逻辑混乱之嫌。从20世纪90年代末期开始，受经济全球化愈演愈烈的影响，世界经济运行的整体性、综合性和国际性受到了更甚于以往的关注。尤其是随着改革开放和对外交往的深入，中国的经济发展形势、思路和经济学的研究手段都较以前大为丰富，传统的世界经济学研究方法同样亟待更新。应从结构主义和非对称均衡的角度出发，结合20世纪80年代中期之后兴起的一系列相关经济学理论成果，包括新增长理论、新经济地理理论和新贸易理论等，以弥补传统学派的不足，从而创新和丰富传统的世界经济学研究方法。在研究世界经济学的过程中，马克思主义、世界体系论、考克斯的历史结构论，以及最新的经济学理论成果是能够得到很好结合的。②

---

① 仇启华：《坚持和发展列宁的帝国主义理论推进世界经济研究工作》，《世界经济》1991年第7期，第8—12页。
② 陆寒寅：《结构主义和非对称均衡：对世界经济学研究方法的重新思考》，《复旦学报》（社会科学版）2004年第6期，第128—134页。

乌家培是较早提出要用世界经济模型来预测世界经济的学者之一。他认为，我国世界经济学工作者以往的研究往往采用质的预测法，而目前许多国家和国际组织所采用的是运用经济模型的量的预测的现代方法。两类方法并不是互相排斥的，完全可以结合起来加以使用。世界经济的建模思路有两种：第一种是直接用世界经济资料编制全球模型，但这种世界模型往往是很粗略的，局限于人口、能源、粮食、资源、环境等几种主要因素的分析，其特长并不在于预测而在于设想或设计；第二种是间接地把各国宏观经济模型连接成为世界模型。各国模型可以让最了解本国情况的学者去搞，然后通过反映商品流动或资本流动的世界矩阵，把这些模型连成一个整体，就成了世界模型。① 陈沙、石小玉也提出，世界经济统计要研究世界经济现象统计的规律性，特别是它们如何受其组成各层次以至个人经济行为影响而产生的波动。② 石小玉认为，世界经济中存在四大基本曲线：恩格尔曲线、逻辑斯蒂曲线、周期曲线、结构变化曲线，即对应着上述从个人经济行为到世界经济中间的部分环节，这些曲线揭示了某些指标间的具体的数量关系。这种对应或联系并不是唯一的，而是多种多样的，关键看从哪一角度出发，研究什么问题。数量关系可以因指标、体系的不同取舍而得出不同结果。简单生硬地将数理统计规律搬入世界经济既不符合数理统计学原理，也不是世界经济学研究的本意。要运用马克思经济学观点，更多地使用现代数学方法，提供研究手段丰富的方法论系统，以利于世界统计工作的发展。

还有的学者强调从逻辑结构层面解决世界经济学研究的方法问题。林世昌认为，在世界经济学的系统化整体构建中，业已形成国家经济类别关系型模式、国际再生产型模式、经济一体化型模式三种基本理论结构模式。根据观察的角度和侧重点不同，其研究方法分别为主体关系分析法、再生产过程分析法、一体化进程分析法。各种理论结构模式在世界经济学科学理论的逻辑构造上存在重大分歧，必须按

---

① 乌家培：《要用世界经济模型来预测世界经济》，《世界经济》1984 年第 5 期，第 30—32 页。

② 陈沙、石小玉：《统计世界经济学导引》，《世界经济与政治》1992 年第 10 期，第 19—22 页。

照研究对象即世界经济有机整体的性质、结构及其内在联系的客观逻辑，运用科学理论系统化整体逻辑构造的规则和方法，科学地选择逻辑起点范畴、逻辑中心范畴、范畴逻辑顺序，对各种理论结构模式进行科学的逻辑整合。[①]

随着中国开放程度的加深、对外合作的频繁，一些学者提出要与国际机构和国外研究院所的研究方法对接。季铸认为，可以借鉴世界银行采用的理论与实际相结合、深入浅出的研究方法，即根据大量的事实数据，从中抽象出经济规律和经济原理，简化为一般数表或图形模型，分析影响因素，提出政策指南。在《世界经济导论》中，他提出将人类与地球的可持续发展作为世界经济学理论体系的根本任务，并以人类为主体、以地球资源环境为背景、以经济增长和经济发展为主线构建一个完整的世界经济理论体系。[②] 路爱国强调，处于改革开放中的中国要坚持社会主义的发展方向，就要坚持马克思主义的指导，反对新自由主义，抵制全球化条件下的资本攻势，走全面、协调、可持续发展之路。[③] 林岗提出，对西方经济学简单否定或全盘接受的态度都是不正确的。马克思主义问题中的正统仅仅是指方法，而不是无条件地接受马克思研究的结果。我们应该在这个意义上坚持马克思主义经济学的正统，创造出适应时代要求的马克思主义经济学的现代形式。[④]

第五节　承前启后的世界经济学

一门新学科的创立，与其他学科划清界限非常重要，这是明确学科定

[①] 林世昌：《逻辑结构：世界经济学的理论模式与问题》，《理论建设》2003年第2期，第13—20页。

[②] 季铸：《创建世界经济理论体系的全新探索——〈世界经济导论〉的出版历程》，《世界经济与政治》2004年第4期，第73—76页。

[③] 路爱国：《坚持马克思主义　反对新自由主义》，《思想理论教育导刊》2006年第3期，第30—33页。

[④] 张宇主编：《资本主义向何处去Ⅱ》，经济科学出版社2018年版。

位的前提。世界经济学者主要就世界经济学与政治经济学、国别经济学、国际经济学的联系与区别进行了研究，一方面继承和拓展了政治经济学和国别经济学等原有学科的研究成果，另一方面为国际经济学和比较经济学等后起学科的建立奠定了基础。

一 延续政治经济学基本范畴、又与政治经济学有不同侧重

既然中国的世界经济学是马克思主义世界经济学，那么它与马克思主义政治经济学的关系是什么？是并列，是从属，还是既有区别又有联系？钱俊瑞指出，政治经济学是研究人类历史上各种社会形态中的生产方式，特别是人们的生产关系即经济关系的科学，世界经济学则主要研究资本主义社会存在以来世界范围内的人们的生产关系。两者的区别在于：（1）世界经济学不研究资本主义以前的各种社会形态中的经济关系，因为那时还不存在世界经济这一整体；（2）世界经济学对世界经济的各个范畴及其相互关系要作更加具体的研究，政治经济学的研究则比较概括。两者的联系在于：政治经济学是世界经济学的基础，它为世界经济学提供基本范畴和基本概念。掌握马克思主义的政治经济学有助于我们掌握世界经济生活的本质及其发展规律，世界经济学的研究则又将反过来丰富和发展政治经济学的基础理论。

陶大镛批评了将世界经济学等同于外国经济问题研究的倾向，提出世界经济学作为一门新兴的学科，是依附于政治经济学并从政治经济学中逐步发展出来的一门边缘学科。政治经济学是一门研究人类社会如何进行生产和交换并相应地进行产品分配的条件和形式的科学，它的研究领域不仅仅局限于某一国界之内，而是要阐明人类社会各个发展阶段上支配物质资料的生产、交换以及与之相适应的分配的规律。所以，世界经济学的研究决不能离开政治经济学，它必须以马克思主义政治经济学作为理论基础，应以政治经济学所阐明的基本经济范畴（如商品、货币、价值、价格、资本、工资、利润等）和一般经济规律（如价值规律、货币流通规律、工资规律、资本积累规律等）为依据和出发点。尽管如此，世界经济与政治经济学还是有所区别的。政治经济学在研究社会生产关系及其发展规律性的时候，侧重于

从个别或典型国民经济的结构来进行分析，更加具有概括和抽象的性质，而世界经济学的研究则直接以世界经济的发展过程和国际经济关系作为对象，并且把它作为一个全球规模的经济体系、作为两大经济体系的矛盾统一体来进行研究，这样，它对世界经济发展过程总体情况的研究，显然不能包括资本主义生产方式以前的各个社会形态的经济关系，并且要比政治经济学具体得多，也详密得多。只有掌握了马克思主义政治经济学，才能对世界经济进行深入的研究和科学的分析，反过来，世界经济研究的深化，也可进一步丰富和发展马克思主义政治经济学，两者是相互联系又相互充实的。这就是政治经济学同世界经济学两者之间的依存关系和相互影响。

多数学者都认为世界经济学与政治经济学是两门不同的学科，也有少数学者认为世界经济学是政治经济学的一部分。韩世隆认为，世界经济学与政治经济学不同之处在于，它不研究各种不同社会形态的普遍的和特殊的经济规律，而是研究各种经济规律在世界范围内的表现形式、作用与特点，即在通过国际分工与世界市场联系起来的各个国家与国家集团经济及其相互之间的表现形式、作用与特点，目的是了解世界经济的发生、形成和发展，认清当前世界经济形势并预测未来发展趋势（短期的、中期的与长期的）。仇启华认为两者最主要的区别不在于研究的阶段和范围，而在于研究的特点，即政治经济学的研究对象是社会生产方式，具有极高的抽象性，而世界经济学是比政治经济学更为具体的一门经济学科，它的研究对象的抽象层次要低于政治经济学，但高于国别经济研究、国际贸易、国际金融等学科。[1] 谢康则提出，国别经济学和世界经济学附属于政治经济学原理。政治经济学只有通过国别经济学和世界经济学才能得到最充分的发展和全面的、具体的体现，而国别经济学和世界经济学的最终完成将标志着政治经济学体系大厦的最终建成。[2]

---

[1] 仇启华：《论世界经济学的对象和方法》，《世界经济文汇》1984 年第 4 期，第 6—9 页。仇启华：《再论世界经济学的对象》，《世界经济文汇》1985 年第 6 期，第 44—46 页。

[2] 谢康：《马克思经济学计划手稿和世界经济学的研究对象》，《世界经济研究》1989 年第 5 期，第 50—54 页。

二 以国别经济学为基础，又不等于将各国各部门经济简单相加

针对世界经济学创立初期存在的将各个国别经济相加等于世界经济的研究思路，钱俊瑞提出，世界经济学和国别经济学既有区别，又紧密联系。世界经济作为一个整体并不是各国经济简单的算术的总和，它有自己独特的矛盾和独特的运动规律。世界经济学研究的是世界范围内的经济关系，是国际经济关系和各国经济发展中的一些重大的综合性问题，这些问题仅仅从国别经济的角度是无法深入研究的，但研究世界经济又不能离开国别经济的研究，更不排除国别经济的研究。世界经济学没有国别经济研究作为自己的基础，就不能深入揭示世界经济生活的运动规律。同样，国别经济学如果不以世界经济整体作为背景，不纳入世界经济学的科学体系，不以世界经济学的基本法则为指导，也就不可能深刻揭示各国经济生活的本质。

韩世隆强调了外国经济研究对世界经济学的重要性，同时指出将世界经济学的研究对象放在世界部门经济上是不恰当的。针对那种认为世界经济学的研究对象是从总体上考察世界范围内错综复杂的国际经济关系的观点，韩世隆认为这在某种意义上反映了世界经济学研究对象矛盾的特殊性，但决不能撇开外国国民经济与国家集团经济来搞世界经济学，甚至将世界经济完全等同于国际经济关系，也不能把世界经济学的主要研究放在国际经济关系的各个分支，如国际贸易与国际金融的特殊现象和特殊规律方面。

尽管区域经济学或国别经济学不等于世界经济学，但世界经济学从国别经济学和区域经济学研究成果中获得了理论启迪和现实支撑，是毫无疑问的。许多区域和国别研究学者的研究，如王金存对苏联社会主义经济的研究、熊家文对南斯拉夫农工联合体的研究、曹英对保加利亚经济的研究、汪丽敏对南斯拉夫农业的研究、戎殿新对意大利工业农业和世界农业劳动力转移问题的研究、钱亚军对波兰问题的研究、白靖晨的东欧农业问题研究、王守海的苏联东欧经济理论研究、徐更生的美国农业研究、谷源洋的越南问题研究和发展中国家问题研究、田春生的东欧中亚研究等，都

是独树一帜的。① 还有一些学者从发展中国家和发达国家的视角进行研究，如谷源洋和谈世中对发展中国家经济发展的研究、林振淦对发达国家工人阶级的研究，都各有特色。② 这些优秀成果都为世界经济学的研究深化作出了贡献。

三 受益于国际经济学对具体问题的研究，但理论视野更为宽广

世界经济学与国际经济学很难从字面上区分，大致可以将中国正在创立的世界经济学称为马克思主义世界经济学，将西方经济学家所研究的国际经济问题称为国际经济学。钱俊瑞认为世界经济学与国际经济学必须区分开，因为国际经济学以资产阶级的立场、观点和方法，着重分析国际贸易、国际货币、国际金融等问题，并为这些问题制定许多模式，其目的是在国际范围内扩大和维护资本主义制度，而马克思主义世界经济学的研究对象要宽广得多，它以世界经济的整体作为研究对象，也研究国际经济关系，并把这种研究放在突出的地位，但它的目的与资产阶级国际经济学根本不同，它要揭示的是社会主义世界经济体系必然取代资本主义世界经济体系的规律。对于国际经济学也应当予以充分的重视，认真地批判研究，并从中吸取有用的成分。

陶大镛认为，世界经济学不同于国际经济学或比较经济学。其一，世

---

① 王金存：《苏联经济结构的调整》，财经出版社1981年版；王金存：《苏联社会主义经济七十年》，北京出版社1992年版；熊家文：《南斯拉夫的农工联合企业》，山西人民出版社1981年版；曹英：《战后保加利亚经济史》，生活·读书·新知三联书店1981年版；梅文斌、王金存等：《苏联精英管理体制的沿革》，人民出版社1981年版；汪丽敏：《南斯拉夫农业》，农业出版社1981年版；戎殿新、马青山：《意大利农业》，农业出版社1982年版；戎殿新、司马军：《各国农业劳动力转移问题研究》，经济日报出版社1989年版；戎殿新、罗红波：《意大利工业化之路》，经济日报出版社1991年版；钱亚军、许木兰：《波兰的农业和食品问题》，农业出版社1983年版；白靖晨、曹英：《东欧国家农业》，农业出版社1983年版；王守海：《苏联东欧国家经济体制比较》，中国社会科学出版社1984年版；徐更生、刘开铭：《国外农村合作经济》，经济科学出版社1986年版；徐更生：《美国农业》，农业出版社1987年版；徐更生：《美国农业政策》，中国人民大学出版社1991年版；谷源洋：《越南国有企业的改革及其与中国的比较》，经济科学出版社1997年版；田春生：《东欧中亚国家的社会现状与发展趋势》，中国物价出版社1997年版。

② 林振淦：《发达资本主义国家工人生活状况》，湖南人民出版社1981年版；谈世中：《发展中国家经济发展的理论与实践》，中国金融出版社1992年版；谷源洋：《发展中国家跨世纪的发展：人们关心的24个问题》，中国社会科学出版社1997年版。

界经济学是把世界作为一个整体，把世界作为社会主义与资本主义两大体系的矛盾统一体当，并做研究的主体，以揭示世界经济发展的过程及其规律性。它不像国际经济学那样，把国际贸易关系和国际金融关系作为研究的主体，侧重于国际贸易结构、国际金融组织、各国货币政策一类具体问题的论述和分析；也不像比较经济学那样，把世界经济这个整体划分成各种类型或模式进行机械式的类比。其二，世界经济学不是局限于一般地考察国与国之间的双边或多边的经济关系，而是把世界范围的诸生产关系及其相适应的诸交换关系作为研究的主体，以揭示世界范围内商品、货币、资本等的运动规律。它不像国际经济学那样，主要是从发达国家的经济利益出发，来描述那种实际上与不等价交换相联系的国际分工形态；也不像比较经济学那样，从维护资本主义制度的立场出发，对其他经济制度的模式加以评价，从而难免带有某种程度的阶级偏见。可见，从根本上说来，世界经济学的研究，并没有停留在对国际经济关系或经济发展现状等表面现象上的分析，而是要透过现象，探索那些隐藏在现象后面的整个世界的经济运动规律。就其深度及其科学性来看，当然不是国际经济学或比较经济学所可比拟的了。仇启华持相似观点，但他的理由是世界经济学的对象的抽象层次要高于国际贸易、国际金融等学科，对国际经济关系的研究不仅就其范围来说比国际贸易、国际金融等更为广泛，而且研究国际贸易关系、国际金融关系等之间的相互作用和相互渗透也更为复杂。连平不同意仇启华所谓"学科抽象度"的观点，他指出，世界经济学的抽象层次并不比国别经济学和国际经济学来得高。比较不同学科之间的抽象层次，应按其理论的深浅和逻辑的高低进行。世界经济的总体和整体问题是由世界各国国民经济及其相互之间的有机联系和共同经济活动所构成的，其性质并不寓于各国国民经济的"个性"之中，对国民经济无论作何抽象都难以提炼出世界经济的总体和整体问题，其相互关系也不是普遍性与特殊性之间的关系。国际经济学着重研究国际经济关系的运动规律，其分支学科至少可以包括国际生产学、国际贸易学、国际金融学和国际经济协调学。凡是由国家之间经济交往所产生的一系列国际经济范畴，诸如：国际商品、国际价值、国际交换、国际价格、国际生产、国际分工、国际贸易、国际投资、国际技术转让、国际劳务合作、国际利率、汇率国际金融市场、国际收支、国际结算、国际储备、国际货币制度、国际宏观经济政策协调、国际经济组织和机构乃至国际竞争和国际垄断，都应当纳入国际经济学的研究范围。所以，国际经济学研究的是另一个领域，不能想象世界经济的总体和整体问题与国际经济问题是抽象与具体的关系。上述各门学科都以理论经济学为指导，同属一个抽象层次，互不隶属。①

李琮认为，世界经济学与国际经济学的区别在于，世界经济学是以世界经济的整体为其研究对象，而国际经济学则着重研究国际经济关系赖以实现的各种形式及各种渠道，如国际贸易、国际金融、国际投资等。前者的任务在于揭示世界经济的内在矛盾，揭示国际经济关系的实质及世界经济发展规律，使人们能从理论上对世界经济有更深的认识，从而把握其发展规律；后者的任务则限于对国际经济各种渠道及各种形式进行分析、说明，为扩大对外经济活动服务。②

从学科的实际发展来看，进入 21 世纪后，世界经济学越来越抛弃浓厚的意识形态色彩，融入了更多国际经济学的内容，两者出现融合的势头。赵莉、王振峰编著的《世界经济学》以主要的篇幅讲国际商品流动、国际资本流动、国际货币体系和国际协调机制等。③ 李翀在其著作《马克思主义国际经济学的构建》中提出，国际经济的本质是资本的跨国流动，应该从商品资本、生产资本、货币资本的跨国流动三个方面来构建马克思主义国际经济学。在商品资本的跨国流动方面，需要从国际价值、生产价格和垄断价格等基本范畴出发，来分析国际贸易的原因、流向和利益分配；在生产资本的跨国流动方面，需要从生产资本本质的角度重新构建直接投资的原因、流向和利益分配；在货币资本的跨国流动方面，需要用国际金融资产的虚拟价值重新解释汇率形成的基础和货币资本流动的原因。另外，还需要揭示世界商品市场和金融市场的形成和发展，论证世界资本主义经济体系的命运。④

---

① 连平：《论世界经济体系》，《世界经济》1987 年第 10 期，第 1—7 页。
② 李琮：《关于世界经济学研究对象的一些意见》，《世界经济》2000 年第 3 期，第 3—8 页。
③ 赵莉、王振峰编著：《世界经济学》，中国经济出版社 2003 年版。
④ 李翀：《马克思主义国际经济学的构建》，商务印书馆 2009 年版。

四　与其他学科相互启迪，共同发展

除了上述学科与世界经济学应划清研究界线，还有一些学科或者是研究对象上，或者是研究方法上与世界经济学存在交叉。学者们进一步明确了世界经济学不同于发展经济学，虽然发展经济学的研究对象和关注的重点主要是发展中国家的各种经济关系，马克思主义世界经济学也应当批判地吸收发展经济学的许多合理的成分，但两者的研究范围不同，不能混淆。有学者强调史学方法在人文社会科学研究中的重要性，但世界经济学同世界经济史是两门性质不同的学科。世界经济学虽然是一个历史范畴，研究世界经济必须从历史出发，通过大量的史实、材料，运用历史唯物主义的观点，阐明世界经济发展的规律性，但从根本上说来，世界经济学是一门综合性的理论科学，世界经济史则是一门历史科学。多数学者赞同将世界经济学与世界经济史区别开来的做法。

关于世界经济学的学科定位，有学者主张将经济科学分为理论经济学、应用经济学、经济方法学三大类，并将世界经济学放在应用经济学的范围。世界经济学作为一个子系统，本身也可以做理论、应用和方法三方面的划分。也有学者不同意将世界经济学定义于应用经济学，认为世界经济学是由它的基本原理部分与方法部分构成的一个体系，具有理论性与应用性相结合的统一性。如果使两者对立或割裂，只强调应用的方面，就无法从理论的高度系统地、全面地解决对外开放中所遇到的各种问题。还有学者认为可以把相关研究都纳入世界经济学中来，包括世界经济学原理、国别经济学（不包括本国经济学）、国际经济学（国际金融学、国际贸易学等）和对各国经济共同点和差异进行研究的学科（包括比较经济学、第三世界经济学、比较社会主义经济学等）。江春泽、张宇燕认为，在比较经济体制学领域内，西方学者在对社会主义制度作考察研究时，几乎都以苏联的传统的中央计划体制的经验为基础，然而由此对"社会主义制度"矛盾的揭示并不一定是社会主义制度的问题，许多是当时在社会主义各国流行的教条主义的产物和僵化的传统体制的弊病。中国的比较经济学发展相对滞后，应积极推动这一学科的建设。① 综上所述，世界经济学不仅沿袭传统研究思路，将世界经济和国际政治的新情况、新问题置于马克思主义政治经济学框架下予以研究，而且糅合西方经济学各学派、各流派的视角与方法，为新兴学科、交叉学科的发展打下了基础。

中国的世界经济学从无到有，由浅入深，自成体系，日益发展，与世界经济学会有很大关系。世界经济学会自1980年在北京成立以来，一直肩负着组织、协调乃至引领世界经济理论重大问题和实际问题研究的使命。钱俊瑞、浦山、王怀宁、余永定和张宇燕等历任会长积极推动中国世界经济学研究的发展，历届副会长、各专业委员会负责人、常务理事、理事等也都对学会的发展起到了推动作用。中国世界经济学会现有理事近400人，常务理事160人；团体会员70余个，个人会员1000多人。学会每年开展活动，就世界经济学研究的问题与方法进行交流与探讨。学会设浦山世界经济学优秀论文奖基金会、编辑部以及秘书处，现已成为团结全国从事世界经济、国际金融、国际贸易、国际投资等领域教学和研究专家的重要力量。

（本章执笔人：欧阳向英，中国社会科学院世界经济与政治研究所）

---

① 江春泽、张宇燕：《关于比较经济体制学的若干问题》，《世界经济》1987年第12期，第38—46页。

第 二 章

国际金融问题的研究

改革开放以来，中国学者对国际金融问题的研究成果日益丰富。伴随着中国与世界经济不断增大的交互作用，尤其是中国经济实力在全球经济中的比重日益提高，在国际金融领域，中国学者重点研究中国所处的外部金融环境的变迁、国际金融前沿理论发展、国际金融动荡与危机频发等理论和现实问题，同时密切关注中国利益诉求和本国金融改革和开放进程。这其中，中国学者的研究文献涵盖了国际货币体系、汇率问题、国际金融危机、国际资本流动以及国际金融监管等重要领域。

第一节 国际货币体系研究

国际货币体系是影响全球经济和金融稳定的一个重要因素，国际货币体系的演变、发展及其改革，也是经济学家长期以来关注的焦点。在过去四十多年间，中国学者关于国际货币体系问题的研究，主要围绕国际货币体系改革、区域货币联盟的理论和实践研究以及人民币国际化这三个方面展开。

一 国际货币体系改革

国内早期关于国际货币体系兴衰的经验与教训，探索适用于当时形势的国际货币体系。余壮东、易梦虹、陈彪如、姜波克以及钱荣堃等皆属于这一路线；陈彪如更进一步系统地对19世纪末以来各种形态国际货币体系的演进与发展、影响国际货币体系的基本因素等重要问题进行了阐述,奠定了国内相关研究的理论基础。①

然而,随着经济全球化的日益深入,现行国际货币体系的潜在矛盾开始逐渐显现。频繁爆发的金融危机与严重失衡的全球经济促使学者们纷纷将眼光转向当下,在审视、反思当今国际货币体系弊端的同时,为国际货币体系改革谋求出路。

(一) 现行国际货币体系的内生缺陷

在对现行国际货币体系弊端的反思中,针对国际本位货币和国际储备货币形成机制的批判与探讨最为丰富,大部分学者都认为当前国际货币体系中的不稳定性来自美元在国际货币体系中的支配地位,其中,一部分人聚焦于美元作为关键的国际货币制度无法走出"特里芬难题"展开研究②,另一部分人则从经济秩序的角度对美元霸权提出质疑。③

2008 年国际金融危机爆发后,不少著名专家学者都再度对国际货币体系的内在缺陷进行了严厉的批评,并提出改革国际货币体系的倡议。④与此同时,一系列阐述国际货币体系与金融危机之间关系的文献应运而生,它们当中的大多数都以国际收支为切入点,认为在现行国际货币体系安排下,汇率调整难以解决储备货币发行国国际收支赤字和全球失衡问题,无论储备货币发行国选择国际收支盈余、赤字还是平衡的政策,都无

---

① 余壮东:《国际货币改革的展望》,《金融研究》1981 年第 10 期;易梦虹:《关于国际货币体制的前景问题》,《世界经济》1983 年第 1 期;陈彪如:《国际货币体系的回顾与前瞻》,《世界经济》1984 年第 9 期;姜波克:《关于国际货币体系的演变与改革》,《世界经济》1985 年第 1 期;钱荣堃:《简析国际货币体系的演变》(上、下),《南开经济研究》1988 年第 2 期、第 3 期。

② 陈彪如:《国际货币体系》,华东师范大学出版社 1990 年版;张美玲、董玉华:《国际货币制度改革的三种方案》,《世界经济》1992 年第 1 期;王楚明:《国际货币体系改革与发展中国家利益原则》,《金融研究》2001 年第 2 期;张谊浩、陈柳钦:《国际货币体系的内生性不稳定分析》,《现代国际关系》2003 年第 12 期;张纯威:《美元本位、美元环流和美元陷阱》,《国际金融研究》2008 年第 6 期;陈建奇:《破解'特里芬'难题——主权信用货币充当国际储备的稳定性》,《经济研究》2012 年第 4 期。

③ 何帆、张明:《国际货币体系不稳定中的美元霸权因素》,《财经问题研究》2005 年第 7 期;张明、覃东海:《国际货币体系演进的资源流动分析》,《世界经济与政治》2005 年第 12 期。

④ 周小川:《关于改革国际货币体系的思考》,《中国金融》2009 年第 7 期;余永定:《国际货币体系改革和中国外汇储备资产保值》,《国际经济评论》2009 年第 5 期。

可避免地会引发全球金融危机和不稳定。张斌、李向阳、张明、李稻葵和梅松、王道平和范小云以及管涛、赵玉超和高铮均属于这一派系,他们所得出的共同结论是,缓解全球失衡、防范和减少金融危机发生的关键在于改革现行的国际货币体系。① 但也有部分学者对此观点持一定程度的异议,如张怀清和刘明就认为,国际货币金融架构是金融危机发生的外部因素,美联储不当的货币政策及滞后于金融创新的金融监管才是危机爆发的核心诱因。②

总体而言,经过三十年的探索,国内学术界对于国际货币体系内生缺陷的问题基本达成一致,分歧的焦点主要在改革方案之上。李海英和石建勋以及黄薇均列举了一些近年比较流行的改革选项,它们在一定程度上反映出不同学者对改革方向的认知差异。③

(二) 国际货币体系改革方案

目前被广泛讨论的国际货币体系改革方案共有三类,第一类属于复古派,这一类方案主要考虑以某种方式恢复金本位、建立其他商品本位制或重新回到布雷顿森林体系等。④

第二类改革方案提倡建立统一的超主权货币和改革特别提款权(SDR)。该方案的提出者为央行行长周小川。周小川指出,超主权储备货币不仅克服了主权信用货币的内在风险,也为调节全球流动性提供了可

---

① 张斌:《金融危机中几个热点问题》,《世界经济与政治》2008 年第 12 期;李向阳:《国际金融危机与国际贸易、国际金融秩序的发展方向》,《经济研究》2009 年第 11 期;张明:《次贷危机对当前国际货币体系的冲击》,《世界经济与政治》2009 年第 6 期;李稻葵、梅松:《美元 M2 紧缩诱发世界金融危机:金融危机的内外因论及其检验》,《世界经济》2009 年第 4 期;王道平、范小云:《现行的国际货币体系是否是全球经济失衡和金融危机的原因》,《世界经济》2011 年第 1 期;管涛、赵玉超、高铮:《未竟的改革:后布雷顿森林时代的国际货币体系》,《国际金融研究》2014 年第 10 期。

② 张怀清、刘明:《国际货币金融格局、货币政策和金融危机》,《金融研究》2009 年第 12 期。

③ 李海英、石建勋:《国外关于国际货币体系改革研究的最新动态——基于 2010—2011 年的相关研究综述》,《国外社会科学》2012 年第 2 期;黄薇:《全球经济治理之国际储备货币体系改革》,《国际金融研究》2012 年第 12 期。

④ 孟宪扬:《国际金本位理论浅析》,《国际金融研究》1989 年第 8 期;张宇燕:《东亚金融危机与未来的国际货币体系》,《国际经济评论》1998 年第 1—2 期;洪小芝:《国际货币体系改革的非主流观点——商品本位思想评述》,《海南金融》2012 年第 3 期。

能。作为改革的第一步，他提议扩大国际货币基金组织（IMF）特别提款权（SDR）的发行，并由基金组织集中管理成员国的部分储备。① 国内学者也对超主权货币展开了丰富的探讨。②

第三类方案主张创建各个经济区域主权国信誉支撑的区域货币，并形成多元鼎立的国际货币体系。③

比较上述三类改革方案，可以看到，第三类方案，即多元化的国际货币体系，被普遍视作在未来一个时期中可行性较高的方案。不同的是，有些学者认为它绝非稳定状态，而仅仅是过渡性的，有些学者则不这么认为。不管怎么说，国际货币体系改革都会是个长期而艰巨的任务，它的推进将有赖于各国的积极参与和合作。

（三）全球多边协调机制的改革

在国际货币体系改革的进程中，除实体性的国际货币金融机制外，作为辅助性支撑的全球多边协调机制也亟须改革。这其中，被称为布雷顿森林机构之一的 IMF 所肩负的改革重任最为引人注目。

目前国内对于 IMF 改革的研究可主要归纳为两方面：一是治理改革，包括份额改革、投票权改革、机构运作机制改革等，国内学者较为关心的是 IMF 份额分配不合理、决策权为欧美发达国家所主导的问题；④ 二是职能改革，主要包括监督机制、贷款机制、援助机制等，一部分学者将注意

---

① 周小川：《关于改革国际货币体系的思考》，《中国金融》2009 年第 7 期。
② 董彦岭、陈琳、孙晓丹、王菲菲：《超主权货币：理论演进与实践发展》，《国际金融研究》2010 年第 4 期；管涛：《国际货币体系改革有无终极最优解？——从 N－1 问题看超主权储备货币的发展前景》，《国际经济评论》2015 年第 4 期。
③ 钟伟：《国际货币体系的百年变迁和远瞻》，《国际金融研究》2001 年第 4 期；李扬：《国际货币体系的改革及中国的机遇》，《新金融》2008 年第 7 期；管涛：《国际金融危机与储备货币多元化》，《国际经济评论》2009 年第 5—6 期；张明：《国际货币体系改革：背景、原因、措施及中国的参与》，《国际经济评论》2010 年第 1—2 期；袁志刚、邵挺：《重构国际货币体系的内在力量来自何处？》，《世界经济研究》2010 年第 5 期；熊爱宗、黄梅波：《国际货币多元化与国际货币体系稳定》，《国际金融研究》2010 年第 9 期。
④ 吴进红：《当前国际金融形势下的 IMF》，《世界经济与政治论坛》2002 年第 3 期；钟伟：《布雷顿森林机构 60 年：冲击与重构》，《中国外汇管理》2005 年第 1—2 期；宗良、李建军、辛本胜：《IMF 治理机制基本框架的演变、困境与变革前景》，《中国货币市场》2011 年第 9 期。

力聚焦在了 IMF 的贷款援助职能上。①

综上所述,越来越多的国内学者与专家都认同了 IMF 已无法适应当前世界经济发展需要这一说法,承认无论是从运作机制还是从组织职能角度来看,IMF 都不再符合现今经济格局的要求,其改革势在必行,而在一些一般性问题的改革设想上,各方也基本达成共识。然而,由于各个国家之间的利益博弈和矛盾冲突等因素,IMF 改革始终陷于知易行难的境地,虽然完成了份额改革和特别提款权重调整的突破,但新型市场和发展中国家的话语权与代表性还亟须增强。与此同时,随着二十国集团(G20)在 2008 年国际金融危机后逐步成为治理国际金融秩序的主要平台,不少学者开始寄希望于以 G20 机制强化多边政策协调,重塑 IMF 体系新规,推进国际货币体系改革。② 易纲也表示 G20 将继续推进 IMF 份额和治理改革,提高有活力的新型市场和发展中经济体的相对地位。③ 考虑到 G20 机制的地位及决策执行力,这一思路无疑具有相当光明的前景。

二 区域货币联盟的理论与实践研究

自布雷顿森林体系崩溃以来,区域货币合作逐渐成为潮流。一方面,它是区域经济合作迅速发展的必然产物,另一方面,它也是重建国际货币新秩序的重要动力。随着世界各地不同程度的区域货币合作实践先后出现,国内针对区域货币合作的研究也日益丰富,主要从理论和实践两方面进行。

---

① 赵永伟:《困境中的 IMF 改革及对中国的影响》,《世界经济研究》1999 年第 5 期;卢萍:《从国际货币基金组织的贷款条件性谈国际货币体系的改革》,《世界经济与政治论坛》2003 年第 3 期;曹勇:《国际货币基金组织贷款的政治经济学分析:模型与案例》,《国际政治研究》2005 年第 4 期;徐明棋:《论国际金融体系改革与布雷顿森林机构重塑》,《国际金融研究》2006 年第 1 期。

② 徐洪才:《充分发挥二十国集团作用,加快推进国际货币体系改革》,《经济研究参考》2011 年第 49 期;李晓、冯永琦:《国际货币体系改革的集体行动与二十国集团的作用》,《世界经济与政治》2012 年第 2 期;张瑾:《G20 框架内的国际货币基金组织改革》,《国际观察》2013 年第 3 期。

③ 易纲:《人民银行副行长易纲——G20 将继续推进 IMF 份额和治理改革》,《南方企业家》2016 年第 10 期。

（一）区域货币合作理论的研究

区域货币合作的一个核心理论框架就是最优货币区理论。早期我国学者对最优货币区理论的研究主要集中于对该理论的述评及最新研究进展的介绍，如陈彪如、李翀、郭世贤、郭灿以及陈雨露和边卫红等。① 但也有部分学者就该理论本身进行了思考，如郭世贤、万志宏和戴金平、祝丹涛、黄涛。②

随着世界各地区域货币联盟的发展，国内经济学家们纷纷加强了对最优货币区理论的实证分析。他们当中的大部分将关注焦点放在了最优货币区的判别标准上，通过检验这些标准来考察某些国家和地区是否具有形成最优货币区的潜力。③

除检验欧元区和东亚是否符合最优货币区标准外，还有学者利用最优货币区理论对海峡两岸和香港澳门构建中元区的可行性进行了检验，④ 或将最优货币区理论运用于我国内部，考察我国是否满足最优货币区标准，⑤ 也有学者放眼中亚地区探讨中亚六国组建货币区的成本与收益。⑥

---

① 陈彪如：《评"最适度货币区理论"》，《世界经济研究》1985年第4期；李翀：《最优通货区理论述评》，《经济学动态》1998年第7期；郭世贤：《日元国际化初探》，《世界经济》1983年第8期；郭灿：《最优货币区理论研究进展》，《经济学动态》2004年第4期；陈雨露、边卫红：《货币同盟理论：最优货币区衡量标准的进展》，《国际金融研究》2004年第2期。

② 郭世贤：《日元国际化初探》，《世界经济》1983年第8期；万志宏、戴金平：《货币区的动态最优决策：兼谈东亚货币合作问题》，《世界经济》2003年第10期；祝丹涛：《最优货币区批判性评析》，《世界经济》2005年第1期；黄涛：《东亚货币一体化的国际风险分担机制——基于第二代最优货币区理论的拓展》，《国际金融研究》2009年第9期。

③ 叶永刚、肖文、林娜：《瑞典与芬兰：加入欧元区还是组建两国货币联盟》，《世界经济》2000年第6期；李平、张瑾：《最佳货币区的内涵、实现条件及欧洲货币一体化》，《世界经济与政治论坛》2000年第3期；姚大庆：《对欧元区共同边界效应的检验——兼论欧元区是否满足最优货币区的条件》，《世界经济研究》2012年第5期。

④ 周念利：《两岸四地构建中元区的可行性研究——基于最优货币区"内生性假设"的实证检验》，《亚太经济》2007年第5期；张劲波、周翔翼、张富详：《"大中华区"是一个最优货币区吗？——基于多变量 svar 模型的视角》，《经济问题探索》2015年第2期。

⑤ 叶景聪：《中国是否为最适货币区的实证分析》，《财经研究》2002年第11期；宋旺、钟正生：《我国货币政策区域效应的存在性及原因——基于最优货币区理论的分析》，《经济研究》2006年第3期。

⑥ 张劲波、张伟进、张江洋：《中国与中亚诸国货币合作的经济基础分析——基于最优货币区成本收益模型的研究》，《经济经纬》2015年第1期。

但总体而言，这些方面的研究属于少数。

（二）区域货币合作实践的研究

1. 欧洲货币一体化

自1969年欧共体委员会集聚荷兰海牙，开始商讨建立欧洲货币联盟事宜开始，历史见证了欧洲货币所走过的漫长而曲折的一体化道路。对应欧洲货币一体化发展进程中的不同阶段，国内学者关于欧洲货币合作的研究也呈现出不同的特征。最早一批国内研究主要集中于对欧洲货币体系建立历程、内容和特点的分析，探讨共同体各国在经济、贸易、货币等问题上的分歧，并对欧洲货币体系的建设做出趋势性判断。①

之后，伴随着《德洛尔报告》的通过与《马斯特里赫特条约》的签署，欧洲共同体货币联盟逐步进入实质性的成形阶段。在这一阶段的前期和中期，国内相关文献中仍以对货币联盟前景预测居多，包括分析欧元是否能够如期启动、英国是否加入等。② 到了这一阶段的后期，欧元如期启动基本大局已定，相关的研究开始转向以探讨欧元诞生对国际货币体系产生的影响为主。③

---

① 唐云鸿：《谈谈"欧洲货币体系"的建立》，《世界经济》1979年第6期；易梦虹：《形成中的"欧洲货币联盟"及其前景》，《世界经济》1980年第1期；李述仁：《欧洲货币联盟的回顾与展望》，《世界经济》1989年第11期；杜厚文、章星、夏庆杰：《论欧洲货币联盟》，《世界经济》1990年第12期。

② 周新民、徐柏熹：《欧洲货币联盟与欧洲中央银行》，《国际金融研究》1991年第2期；栗丽：《欧洲经济与货币联盟建设的现状及前景分析》，《经济经纬》1995年第4期；王徽：《欧洲货币联盟发展进程分析》，《国际金融研究》1995年第11期；肖瑞林：《欧洲货币联盟好梦难圆》，《国际贸易》1995年第6期；姚延纲：《欧洲货币联盟发展前景》，《世界经济》1996年第5期；伍贻康、徐明棋：《欧洲货币一体化的前景及其影响》，《世界经济研究》1997年第5期；张健雄：《1996年西欧经济状况与1999年欧洲经济与货币联盟达标的可能性》，《世界经济》1997年第1期；杜厚文、张进：《欧洲单一货币前景及其过渡期存在的问题》，《世界经济》1998年第4期；陈志昂：《欧洲货币一体化的内在矛盾》，《世界经济》1998年第3期。

③ 黄金老：《对欧元国际货币地位的探讨》，《金融研究》1998年第5期；高海红：《从东亚货币危机看汇率制度的选择》，《管理世界》1998年第6期；施学光：《论欧洲经济与货币联盟及其影响》，《世界经济与政治》1998年第2期；李永辉：《欧元启动对国际金融协调的影响》，《世界经济研究》1999年第2期；赵怀普：《关于欧洲货币联盟若干问题的探讨》，《世界经济与政治》1999年第2期；陈雨露、陆猛：《引入欧元后的国际货币体系改革》，《金融研究》1999年第6期。

此后关于欧洲货币一体化的讨论多数围绕财政方面展开,① 提出应加强欧元区国家的财政纪律,促进单一货币政策和成员国分散的财政政策之间的相互协调。之后欧洲主权债务危机的爆发,使得一批探讨欧债危机成因、影响及未来走向的文献涌现出来,它们或多或少都涉及对欧元区制度缺陷的思考,认为财政与货币联盟的不匹配是问题的根源,建议通过继续深化地区一体化实现更紧密的财政联盟,从源头上解决危机。②

从整体上说,国内对于欧洲货币一体化问题的研究具有相当鲜明的时期性,始终紧跟其发展进程中所经历的起起伏伏。不难预见,未来欧元区的发展必将继续引领国内相关研究的风向。

2. 东亚货币合作

国内对于东亚货币合作的研究起始于东亚金融危机爆发之后。彼时危机带来的严重损失和沉痛教训使得东亚各国普遍认识到加强区内货币合作的必要性,东亚货币互换协定的雏形开始逐步形成,东亚货币合作的动因成为学术界关注的焦点。在这一时期,合作的动力被认为主要源自三个方面:一是在金融全球化、国际资本频繁流动及金融危机频频爆发的背景下,在区域范围内实行一定程度的固定汇率制,进行区域货币合作可能是防范危机、救助危机的有效手段;二是在全球区域性货币一体化的浪潮中,全球货币会越来越少,欧元成功启动以及拉美地区美元化呼声高涨,这对东亚货币合作提出了新的要求;③ 三是东亚区域经济组织的软弱无力也迫切要求东亚各国加强货币领域的合作。④

---

① 李卓:《欧洲货币一体化中的财政约束》,《世界经济》2000 年第 2 期;杨逢珉、卢海军:《欧洲货币联盟基础不稳》,《世界经济研究》2003 年第 3 期;郑建军、黄梅波:《货币联盟中的货币政策承诺与财政纪律》,《世界经济》2007 年第 1 期。

② 朱一平:《欧盟财政一体化:化解欧债危机的良方?》,《国际经济合作》2011 年第 8 期;卜永光、庞中英:《从主权债务危机看欧元区制度的缺陷与变革》,《现代国际关系》2012 年第 9 期;贾康、孟艳:《欧盟宏观经济政策新导向——以财政同盟匹配货币同盟而重归平衡发展重塑国际竞争力》,《河北经贸大学学报》2012 年第 4 期;蔡彤娟:《最优货币区视角下的欧元区投资效应内生性研究》,《国际金融研究》2014 年第 8 期。

③ 张宇燕:《美元化:现实、理论及政策含义》,《世界经济》1999 年第 9 期。

④ 王子先:《欧元与东亚区域金融合作》,《世界经济》2000 年第 3 期;何帆:《危机之后的亚洲货币合作》,《国际经济评论》2001 年第 1—2 期。

除动因问题之外，国内围绕东亚货币合作的研究大致可划分为两类：第一类是关于东亚货币合作可行性的研究，它们当中的绝大部分以最优货币区理论为基本框架，分别沿判别条件和成本收益两条路径进行分析；①第二类是关于东亚货币合作模式和路径的研究。目前对东亚货币合作模式较为主流的设想有三种：一是单一货币联盟模式，亦即欧元模式，区域内成员国承诺放弃本国货币发行权，在区域内创立和使用全新的统一货币；二是区域主导货币化模式，区域内成员国使用一种区域外的别国货币，逐步取代本国乃至本区域的货币，发挥区域货币的职能；三是多重货币联盟模式，区域内各国由采用各自主权货币过渡到采用几种重要货币，再过渡到单一货币的货币合作模式。其中第三种模式为国内不少学者所认可，认为它是东亚地区货币合作较为现实的选择，②但也有学者认为东亚货币合作应从共同单一钉住某一种货币开始。③

在具体路径上，余永定、何帆和李婧提出亚洲的金融合作有四个不同的层次，包括国际的经济政策协调、区域性解救危机的机构、固定的汇率区和单一货币区。④这四个层次被后来的学者普遍视作东亚货币合作的阶段性目标，即近期建立东亚信息共享和援助机制，中期建立东亚汇率稳定机制，长期建立东亚共同货币区。⑤也有学者围绕这三个阶段性目标分别展开讨论，详细阐述了具体可实施和采用的措施，如靳玉英、张斌、李平

---

① 白当伟：《东亚货币联盟的收益与成本分析》，《亚太经济》2002年第3期；何帆、覃东海：《东亚建立货币联盟的成本与收益分析》，《世界经济》2005年第1期；杜秋莹、李国平：《东亚货币合作的收益成本分析》，《统计与决策》2006年第10期。

② 钟伟：《亚洲单一货币：路途遥远但值得期待》，《中国外汇管理》2001年第2期；郑海青：《亚洲货币合作进程：中国视角》，《亚太经济》2003年第4期；张延良：《东亚货币合作的制约因素与政策建议》，《财经问题研究》2005年第6期；李晓：《东亚货币合作为何遭遇挫折？——兼论人民币国际化及其对未来东亚货币合作的影响》，《国际经济评论》2011年第1期。

③ 张斌：《东亚货币同盟：理想与现实》，《当代亚太》2001年第5期。

④ 余永定、何帆、李婧：《亚洲金融合作：背景、最新进展与发展前景》，《国际金融研究》2002年第2期。

⑤ 李晓、丁一兵：《论东亚货币合作的具体措施》，《世界经济》2002年第11期；何慧刚：《东亚货币合作的模式探讨和路径选择》，《亚太经济》2004年第4期；高海红：《后危机时期东亚货币合作的路线图》，《国际经济评论》2011年第5—6期。

和刘沛志、欧明刚和张坤等。①

总体说来，中国学者普遍对东亚货币合作持赞同态度，也认为相对于欧洲货币一体化，东亚货币一体化要艰难得多。这些学者之间的分歧主要在于对东亚货币合作方案和前景的判断。一些乐观的学者认为，东亚货币合作未来的发展结果必然是单一货币的产生；而另一些虽未反对单一货币产生的问题，但表示目前东亚货币合作只能停留在较为初级的水平上，近期内还看不到深化合作的可能性。

三 人民币国际化

国内关于人民币国际化的研究由来已久，早在1988年，曾宪久等人就提出人民币国际化应是我国人民币的一个发展方向，但由于作者认为我国尚不具备雄厚的经济基础、充足的外汇储备等人民币国际化条件，该提法仅仅停留在理念层面，未作展开讨论。随后，胡定核详细阐述了人民币国际化的必要性与可行性，并对人民币国际化之路做出初步构想，② 正式开启了我国学者研究人民币国际化的大门。

经过接近三十年的探索和发展，人民币国际化的相关研究已基本形成一个较为完整的体系，各位学者所关注的问题点尽管存在一定差异，但总体上都围绕着人民币国际化的条件、成本与收益分析，以及人民币国际化路径选择这三个方面。

（一）人民币国际化的条件

对于人民币国际化条件的研究，大部分学者都以货币国际化的一般性条件及规律为出发点。李翀列举了一国货币要成为国际货币所需具备的四个条件，包括被广泛用于国际交换、可自由兑换、币值稳定、有发达的国

---

① 靳玉英：《关于实现东亚区域货币联盟方案的一个设想》，《世界经济与政治》2000年第12期；张斌：《亚洲货币基金的复活》，《当代亚太》2001年第1期；李平、刘沛志：《东亚地区货币合作过渡阶段的基本构想——东亚地区汇率协调机制》，《世界经济与政治》2003年第12期；欧明刚、张坤：《东亚双层货币篮子结构研究》，《国际金融研究》2010年第6期。

② 胡定核：《人民币国际化探索》，《特区经济》1989年第1期；胡定核：《人民币国际化的构想》，《国际贸易问题》1990年第6期。

际金融市场。他认为从这四方面来看，人民币还不具备走向国际化的条件。① 相比之下，姜凌从宏观层面对人民币国际化的基础进行审视，认为在经济的发展规模和开放程度、清偿手段、宏观经济的稳定程度等五个条件上，人民币国际化已具有一定现实基础。② 此后陈彪如、黄梅波、曾康霖和虞群娥、陈全功和程蹊、何慧刚以及范小云、陈雷和王道平等分别从不同角度考察了人民币国际化的条件，在经济规模、贸易地位、财政状况、金融市场、外汇储备等诸多方面提出要求。根据他们的判断，人民币已初步具备国际化条件，但也存在一些障碍，如金融市场不成熟、国际化成本较高等。③

在人民币国际化条件的讨论中，对"资本项目可兑换是否是人民币国际化的先决条件"这一问题的争论最为惹人注目。一部分学者认为，资本项目可兑换是人民币国际化所必需的技术性条件；④ 另一批学者则认为，尽管资本项目可兑换是人民币国际化的关键环节，但前者并非后者的充分必要条件。⑤ 综合而言，国内学者普遍同意人民币国际化需要宏观经济基础、金融环境以及政治、历史等其他外生因素三个层面的有利条件。而对于人民币是否具备这些国际化的条件，大部分学者都承认人民币国际化的条件正日趋成熟，但也有一些持怀疑态度的人士认为，不健全的金融市场、较低的人均收入水平将阻碍国际化战略的实施，现阶段推行人民币国际化并不现实。⑥

---

① 李翀：《论人民币国际化的发展战略》，《中山大学学报》（社会科学版）1991年第3期。
② 姜凌：《人民币国际化理论与实践的若干问题》，《世界经济》1997年第4期。
③ 陈彪如：《关于人民币迈向国际货币的思考》，《上海金融》1998年第4期；黄梅波：《货币国际化及其决定因素——欧元与美元的比较》，《厦门大学学报》（哲学社会科学版）2001年第2期；曾康霖、虞群娥：《关于区域货币美元化观点评析》，《经济学动态》2002年第6期；陈全功、程蹊：《人民币国际化的条件和前景》，《华中科技大学学报》2003年第1期；何慧刚：《人民币国际化：模式选择与路径安排》，《财经科学》2007年第2期；范小云、陈雷、王道平：《人民币国际化与国际货币体系的稳定》，《世界经济》2014年第9期。
④ 王思程：《对人民币国际化问题的若干思考》，《现代国际关系》2008年第8期；吴念鲁、杨海平、陈颖：《论人民币可兑换与国际化》，《国际金融研究》2009年第9期。
⑤ 钟伟：《略论人民币的国际化进程》，《世界经济》2002年第3期；赵海宽：《人民币可能发展成为世界货币之一》，《经济研究》2003年第3期；高海红：《人民币成为国际货币的前景》，《世界经济与政治》2010年第9期。
⑥ 李永宁、郑润祥、黄明皓：《超主权货币、多元货币体系、人民币国际化和中国核心利益》，《国际金融研究》2010年第7期。

(二) 人民币国际化的成本与收益

国内学界对人民币国际化收益的认识基本较为统一，通常认为包括以下五个方面：

一是有助于中国货币当局从外部世界获取铸币税。这一收益在早期相关文献中经常被作为重点提出来，[1] 钟伟以及陈雨露等都表示人民币成为国际货币的最大收益是分享国际铸币税，后者还对人民币国际化可能产生的经济利益进行了大致估算。[2] 但随着时间的推移，铸币税收益逐渐被学者们淡化，高海红和余永定就指出，在实践中，铸币税应被视作一种货币国际化的次要收益。[3]

二是降低中国企业所面临的汇率风险。许多学者都指出，人民币国际化意味着更多的外贸和金融交易将由人民币计价和结算，因此，中国企业面对的汇率风险将降低，汇兑成本也相应下降，这在一定程度上将促进对外贸易的发展。[4]

三是促进金融机构和市场发展。何帆表示人民币国际化会给中国的金融机构带来更多的新业务，如对外贸易中的清算、结算等，有利于中资银行扩张海外业务，获取新的客户资源。[5] 高海红和余永定则指人民币国际化将提高中国金融机构的融资效率，提升其国际竞争力。[6]

四是有助于在一定程度上缓解我国高额外汇储备产生的压力。一方面，人民币国际化可以帮助中国维持其外汇储备的价值；[7] 另一方面，任何不能以本币放贷的国际债权国都会面临日益严重的货币错配问题，即

---

[1] 姜波克：《人民币国际化问题探讨》，《证券市场导报》1994年第5期；郑木清：《论人民币国际化的经济效应》，《国际金融研究》1995年第7期。

[2] 钟伟：《略论人民币的国际化进程》，《世界经济》2002年第3期；陈雨露、王芳、杨明：《作为国家竞争战略的货币国际化：美元的经验证据——兼论人民币的国际化问题》，《经济研究》2005年第2期。

[3] 高海红、余永定：《人民币国际化的含义与条件》，《国际经济评论》2010年第1—2期。

[4] 赵海宽：《人民币可能发展成为世界货币之一》，《经济研究》2003年第3期；黄海洲：《人民币国际化：新的改革开放推进器》，《国际经济评论》2009年第3—4期；杨长湧：《人民币国际化可能的路线图及相关问题分析》，《国际金融研究》2010年第11期。

[5] 何帆：《人民币国际化的现实选择》，《国际经济评论》2009年第7—8期。

[6] 高海红、余永定：《人民币国际化的含义与条件》，《国际经济评论》2010年第1—2期。

[7] 同上。

"高储蓄两难困境",解决该困境的必然选择就是人民币国际化。① 王元龙也表示,让人民币成为国际储备货币对缓解我国外汇储备过快增长具有一定作用。②

五是有助于取得铸币税收益和战略定价的主导权。张宇燕和张静春从货币非中性假设出发,指出货币具有国家和权力的特征,它反映建立在国家权威基础上的社会信用关系,是影响实体经济的重要变量。③ 在此基础上,他们指出国际货币体系并非一个中性的体系,拥有国际货币地位不仅能为货币发行国带来现实的铸币税和金融服务收入,更为重要的是,它使货币发行国享有影响别国的货币政策的主动权,并得以主导国际上货币和大宗商品的定价权,从而长期影响别国的经济发展。潘英丽和吴君则提出,人民币国际化成功的标志是人民币在石油等战略资源和资产的国际市场定价中得到运用,这也是人民币国际化的核心利益。④

除此之外,也有不少学者从国际政治的角度出发,认为人民币国际化可以提高我国的国际地位和影响力,增加我国在国际事务中话语权和规则制定权。⑤

在人民币国际化的成本方面,一个观点是人民币国际化会削弱货币政策对价格和经济增长的作用力,增大国内宏观调控的难度。⑥ 另一个被广

---

① 张群发:《美元霸权和人民币国际化》,《经济经纬》2008 年第 2 期。
② 王元龙:《人民币资本项目可兑换与国际化的战略及进程》,《中国金融》2008 年第 10 期。
③ 张宇燕、张静春:《货币的性质与人民币的未来选择——兼论亚洲货币合作》,《当代亚太》2008 年第 2 期。
④ 潘英丽、吴君:《体现国家核心利益的人民币国际化推进路径》,《国际经济评论》2012 年第 3 期。
⑤ 曹红辉:《人民币区域化的新进展及发展态势》,《中国金融》2008 年第 10 期;黄海洲:《人民币国际化:新的改革开放推进器》,《国际经济评论》2009 年第 3—4 期。
⑥ 姜波克、张青龙:《国际货币的两难及人民币国际化的思考》,《学习与探索》2005 年第 5 期;刘力臻、徐奇渊:《人民币国际化探索》,人民出版社 2006 年版;刘力臻、徐奇渊:《人民币国际化探索》,人民出版社 2006 年版;何慧刚:《人民币国际化:模式选择与路径安排》,《财经科学》2007 年第 2 期;张青龙:《人民币国际化对货币政策的影响:基于 IS-LM 模型分析》,《新金融》2011 年第 2 期;何帆、张斌、张明、徐奇渊、郑联盛:《香港离岸人民币金融市场的现状、前景、问题与风险》,《国际经济评论》2011 年第 3—4 期;徐奇渊、何帆:《人民币国际化对国内宏观经济的影响:基于人民币跨境结算渠道的分析》,《广东社会科学》2012 年第 4 期。

为讨论的成本是人民币国际化后的短期跨境资本流动问题。① 此外，人民币国际化后还将遭遇特里芬难题的困扰。②

总的来说，大部分学者都还是认为人民币国际化总体收益要大于成本，但态度仍需审慎。何帆就表示，人民币国际化不一定会在所有的时段都是利大于弊。在推动人民币国际化的早期，问题可能暴露得更多，风险可能更大。③ 张宇燕则全面梳理了支持和反对人民币国际化的文献，认为尽管大部分学者倾向于支持人民币国际化，但演进过程中尚有众多不确定性因素，应密切保持关注。④

（三）人民币国际化的路径选择

国内在人民币国际化的路径选择问题上的文献相对丰富，所给出的建议和设想也千差万别。目前大部分的学者都认可人民币国际化应是渐进式的，并注意到人民币区域化对于实现人民币国际化的重要性，主张把人民币区域化作为实现国际化的必要阶段或途径。⑤

具体到人民币国际化/区域化的战略步骤上，一些学者从货币职能的角度进行考虑，认为人民币国际化应该分为三个阶段，分别为：成为贸易计价和结算货币、成为金融资产的定价货币、成

---

① 郑联盛：《人民币国际化，要付出巨大成本》，《世界知识》2010年第6期；张明：《人民币国际化：基于在岸与离岸的两种视角》，《金融与经济》2011年第8期。

② 钟伟：《略论人民币的国际化进程》，《世界经济》2002年第3期；刘力臻、徐奇渊：《人民币国际化探索》，人民出版社2006年版；张宇燕、张静春：《国际货币的成本和收益》，《世界知识》2008年第21期；吴念鲁、杨海平、陈颖：《论人民币可兑换与国际化》，《国际金融研究》2009年第9期；王国刚：《人民币国际化的冷思考》，《国际金融研究》2014年第4期。

③ 何帆：《人民币国际化的现实选择》，《国际经济评论》2009年第7—8期。

④ 张宇燕：《人民币国际化：赞同还是反对》，《国际经济评论》2010年第1—2期。

⑤ 李晓、李俊久、丁一兵：《论人民币的亚洲化》，《世界经济》2004年第2期；曹红辉：《国际化战略中的人民币区域化》，《中国金融》2006年第5期；李晓：《"日元国际化"的困境及其战略调整》，《世界经济》2005年第6期；徐明棋：《从日元国际化的经验教训看人民币国际化与区域化》，《世界经济研究》2005年第12期；张宇燕、张静春：《货币的性质与人民币的未来选择——兼论亚洲货币合作》，《当代亚太》2008年第2期；高海红：《人民币成为区域货币的潜力》，《国际经济评论》2011年第1—2期；张明：《人民币国际化与亚洲货币合作：殊途同归？》，《国际经济评论》2015年第2期。

为储备货币。①

相比之下，李稻葵、刘霖林和李伏安、林彬在设想人民币国际化路径时，更多地将侧重点放在了金融市场层面。前者提出双轨制实现人民币国际化，第一轨是指在中国境内实行定向的、有步骤的、与中国金融改革同步的资本项目下可兑换过程；第二轨是指在境外，主要是在香港大力发展以人民币计价的债券市场、股票市场，并建立与当地资本市场规模相匹配的人民币外汇交易市场。后者提出人民币国际化的"五步走"战略，即以人民币作为贸易结算工具、发展和完善人民币资本市场、发行人民币主权债、发展人民币衍生产品，以及稳步推进金融创新与信用体系建立。②

另有一部分学者认为，人民币国际化主要是由市场力量决定的，而非特定主体（如政府）人为推动的结果。因此，他们更倾向于创造人民币国际化的条件，如增加汇率和利率等金融资产价格的灵活性、提升国内金融市场的自由化程度和金融部门的成熟程度等。何帆、高海红和余永定、张明均持这一观点。③

许多学者在讨论人民币国际路径时，都强调了它与金融体制改革、资本项目开放之间的适应和协调。比如，余永定、张斌和徐奇渊（2012）都以离岸和在岸市场的套利套汇机制为出发点，提出在一个尚不能反映市场供求基本面的汇率形成机制下，推动离岸市场发展只会招致更大的投机

---

① 巴曙松：《人民币国际化从哪里切入？》，《金融经济》2003 年第 3 期；黄海洲：《人民币国际化：新的改革开放推进器》，《国际经济评论》2009 年第 3—4 期；唐双宁：《美元、人民币和世界货币：基于国际货币体系三十年周期演变的思考》，《财经问题研究》2009 年第 4 期；王华庆：《国际货币、国际货币体系和人民币国际化》，《复旦学报》（社会科学版）2010 年第 1 期；余永定：《再论人民币国际化》，《国际经济评论》2011 年第 5 期；甄峰：《人民币国际化：路径、前景与方向》，《经济理论与经济管理》2014 年第 5 期。

② 李稻葵、刘霖林：《双轨制推进人民币国际化》，《中国金融》2008 年第 10 期；李伏安、林彬：《国际货币体系的历史、现状——兼论人民币国际化的选择》，《金融研究》2009 年第 5 期。

③ 何帆：《人民币国际化的现实选择》，《国际经济评论》2009 年第 7—8 期；高海红、余永定：《人民币国际化的含义与条件》，《国际经济评论》2010 年第 1—2 期；张明：《中国面临的短期国际资本流动：不同方法与口径的规模测算》，《世界经济》2011 年第 2 期。

资本冲击，威胁国内宏观经济稳定。① 殷剑峰则以日本为鉴，指在国内金融改革实质推动并基本完成前，人民币国际化应该从激进、危险的"贸易结算+离岸市场/资本项目开放"模式转向渐进、稳定的"资本输出+跨国企业"模式。② 但也有一些学者并不太追求几者之间严格的顺序，认为人民币国际化的发展能够倒逼国内金融市场改革。③

总之，国内学界围绕人民币国际化的路径探讨可谓百花齐放、百家争鸣。未来随着人民币国际化进程的逐渐加快，相信关于其各个环节的研究将会更加细致而全面。

四 人民币纳入特别提款权

在2015年11月30日，国际货币基金组织IMF正式决定，将人民币纳入特别提款权（SDR）货币篮子，简称"入篮"。2016年10月1日，人民币"入篮"决议正式生效，自此人民币正式成为特别提款权的第五种"篮子货币"，权重超过日元与英镑，位列第三。

在推动人民币国际化的进程中，我国一直在思考将SDR作为人民币国际化的重要阶段性目标。国内学者主要就人民币纳入特别提款权对各方的收益与成本、应对SDR标准的路径选择进行了探讨，发现人民币加入SDR一方面短期可减少SDR对主要货币的波动性，长期有利于SDR定值的稳定性，同时也将进一步降低SDR对大宗商品价格的波动性，另一方面可以丰富我国的外汇储备投资工具。④

随着IMF 2015年审查临近，国内学者将研究方向转向了SDR篮子货

---

① 余永定：《从当前的人民币汇率波动看人民币国际化》，《国际经济评论》2012年第1期；张斌、徐奇渊：《汇率与资本项目管制下的人民币国际化》，《国际经济评论》2012年第3—4期。

② 殷剑峰：《人民币国际化："贸易结算+离岸市场"，还是"资本输出+跨国企业"——以日元国际化的教训为例》，《国际经济评论》2011年第4期。

③ 王信：《人民币国际化进程中的问题和收益研究》，《国际贸易》2011年第8期；何东、马骏：《评对人民币国际化的几个误解》，《中国经济观察》（博源基金会）2011年第7期。

④ 钱文锐、潘英丽：《SDR需要人民币：基于SDR定值稳定性的研究》，《世界经济研究》2013年第1期；赵冉冉：《人民币国际化背景下我国推动人民币加入SDR的动机及路径》，《国际金融研究》2013年第3期；苏治、胡迪、方彤：《人民币加入SDR的国际影响——基于情景假设的量化测算》，《中国工业经济》2015年第12期。

币申请的具体标准条件。乔依德和葛佳飞在支持人民币加入特别提款权有利于 SDR 在国际货币体系中进一步发挥作用的同时，基于对各方国际市场数据的考察，指出人民币已经基本满足 SDR 的"可自由使用"与"储备资产"标准。① 但是郑联盛和张明（2015）认为虽然 IMF 传递出了积极信号，但由于"可自由使用"标准缺乏法律和事实参考，以美国为首的西方国家为维护自身特权以此要挟我国，因此我国不应以自身政策独立性与金融风险为代价强行推动人民币加入 SDR。②

伴随着人民币成功加入特别提款权 SDR，国内学者进一步就未来我国的行动策略展开了研究。陆磊和李宏瑾（2016）提出人民币纳入 SDR 虽然增强了国际货币体系的韧性与稳定性，但也对未来国内金融等诸领域全方位改革提出了更高的要求。③ 对于我国在人民币加入 SDR 后的行动策略，张鼎立指出我国在金融创新与金融改革推进滞后的背景下，应充分利用人民币加入 SDR 的契机加速推进自身改革，包括资本账户开放、利率市场化改革、离岸人民币市场建设以及人民币汇率形成机制完善等。④ 肖立晟认为在"后 SDR 时代"，鉴于人民币国际化与 SDR 超主权货币作用的实现相辅相成，我国应积极推动国际货币基金组织成为 SDR 的做市商。⑤

2017 年，即人民币纳入特别提款权 SDR 篮子货币一周年之际，中国人民银行编写并出版了《人民币加入 SDR 之路》一书，对我国人民币加入 SDR 的过程进行了详尽的梳理。⑥ 央行副行长、中国金融四十人学术顾问易纲在就该书发表的演讲中提出，"人民币加入 SDR 是中国经济改革开放之

---

① 乔依德、葛佳飞：《人民币进入 SDR 计值货币篮子：再评估》，《国际经济评论》2015 年第 3 期。
② 郑联盛、张明：《中国政府应该强力推动人民币加入 SDR 吗》，《国际金融》2015 年第 7 期。
③ 陆磊、李宏瑾：《纳入 SDR 后的人民币国际化与国际货币体系改革：基于货币功能和储备货币供求的视角》，《国际经济评论》2016 年第 3 期。
④ 张鼎立：《人民币纳入 SDR 对人民币国际化的作用与影响》，《当代经济研究》2016 年第 5 期。
⑤ 肖立晟：《人民币加入 SDR 货币篮子的影响及我国的未来行动策略》，《经济纵横》2016 年第 2 期。
⑥ 中国人民银行国际司：《人民币加入 SDR 之路》，中国金融出版社 2017 年版。

路"。改革开放为人民币"入篮"提供了坚实的政治、经济和金融基础,人民币纳入特别提款权也将成为中国融入国际货币体系的重要里程碑和人民币国际化的新起点。在下一个四十年里,我国的改革开放还将继续,通过经济、金融及货币领域的进一步改革和开放,我们将不断缩小人民币与主流储备货币的差距,并在国际货币体系改革中发挥更关键更积极的作用。

第二节 汇率问题研究

1978 年以来中国经济社会实现了巨大变革和发展,深化改革与扩大开放是推动这一进程的两股基本力量。二者紧密交织相互推动,共同塑造了全球化时代中国经济转型增长的独特路径,实现了世界经济史上令人瞩目的快速追赶。中国对外经济关系在此过程中快速发展变化,人民币汇率作为调节中国内外经济关系的基本价格变量,在中国乃至世界经济格局中发挥着愈发突出的作用,也成为国内外政策人士与经济学者众多争论的来源。有关争论牵涉面之广、争议之大、对政策影响之深,堪称近年来中国经济思想史上最重要的辩论之一。本节将对 1978—2018 年中国学者关于汇率问题的研究进行简要述评。

一 改革开放进程中的汇率问题

人民币汇率问题与物价改革有相似的起点。但由于各种外部机缘在发展过程中形成了不同走向。关于前者的争论与人民币汇率制度的演进紧密相连,在不同时期由于所处制度特点形成了丰富的研讨议题。这一过程中,中国学者对汇率问题展开了多方面的深入研究,形成了丰富的研究成果。以本节篇幅,如果要对时间跨度如此大、涉及议题如此丰富的一个主题进行全面回顾及评价,无疑会挂一漏万。充分认识到这一局限,本节将集中于展现改革开放以来与人民币汇率水平和汇率制度发展过程所引发的重要争论有紧密联系的研究文献。因此,根据人民币汇率水平和汇率制度的发展脉络,以下将分三个阶段来进行述评。

第一个阶段为 1978—1993 年,从改革开放伊始至 1994 年汇率并轨及外汇管理体制变革之前。这一时段伴随计划管理体制的松动，汇率的作用不再仅仅局限于外贸部门的会计核算，而是开始被用作促进出口，增强出口单位成本效益核算的价格信号。中国学者在这一阶段主要就汇率水平是否存在高估、是否应贬值等问题进行研究。

第二个阶段为1994年汇率并轨后到2005年汇改。这一时期虽然在制度上确定了人民币汇率实行有管理的浮动汇率制，但由于种种原因，在亚洲金融危机后人民币汇率事实上钉住美元长达近八年。中国学者在这一阶段大量吸收了国际学界关于购买力平价、均衡汇率、汇率制度等问题的最新研究，将其应用于人民币汇率水平和汇率制度的研究中，研究质量和数量迅速上升。

第三个阶段为2006年到2014年。这一时期虽然人民币开始小幅浮动，但随着中国在国际舞台上成为备受瞩目、举足轻重的新兴大国，人民币汇率问题不仅没有降温，反而继续成为国际上的热点话题。在上一阶段的研究基础上，中国学者对人民币实际汇率走势、均衡汇率水平等问题的研究持续深入，在结合中国现实特点以及实证方法的精细度上又有了进一步提升。由于人民币汇率开始小幅浮动，在原本少有触及的汇率传递问题上涌现了大量研究，汇率浮动对于国内宏观经济的影响也被广泛研判。

第四个阶段为2015年到2018年。2015年8月11日，中国人民银行宣布实行"8·11"汇改，完善人民币兑美元汇率中间价报价机制。2017年5月26日，为适度对冲市场情绪的顺周期波动，人民币中间价报价模型引入"逆周期因子"，以缓解人民币贬值压力。这一时期的研究除了传统的人民币汇率机制改革外，由于贸易保护主义抬头导致2018年中美贸易摩擦激化，引发了关于中美贸易与汇率研究，并成为新的热点。

二 第一个阶段：1978—1993年

（一）汇率体制转型与汇价水平重估的初步探索

1981到1984年人民币汇率实行了双重汇率制度，即在官方汇率之外还存在一个贸易外汇内部结算汇率。对于双重汇率制度，一些学者在该制度的筹划阶段即从学理角度进行了利弊分析评估。如余壮东（1980）认为，人民币采用两种汇率将产生很多问题，他建议应采取单一汇率。①

双重汇率制度于 1985 年正式取消，人民币汇率重新实行了单一汇率，因此也仍旧面临汇率是否高估、高估多少以及是否应贬值的问题。刘墨海总结了对当时人民币汇价水平的四种不同看法。② 第一种认为根据消费品价格与西方国家的对比，现行汇率低估了人民币。第二种认为出口商品平均换汇成本高于汇率，人民币汇率存在高估。第三种认为虽然汇率高估，但贬值作用已达极限，应当采取其他替代政策。第四种认为存在汇率高估，但为避免贬值对非贸易的影响，应实行双重汇率制。

判定是否高估及高估多少，涉及人民币汇率如何定价的问题。一种观点认为应以主要消费品比价作为汇价定值的依据，即"购买力平价"；另一种则认为人民币汇价定值应以出口商品平均换汇率作为基准，即所谓"换汇成本说"。③ 刘舒年和李平则认为这两种定值模式有合理之处，但由于中国经济发展水平不高，劳动生产率很低，经济结构与价格体系不合理，因此这两种定值模式也存在不少问题。④ 他们提出一个理论汇率综合定值模式，同时考虑货币的对内币值和对外币值。

（二）发展中国家汇率及制度演变的参考价值

伴随中国经济对外开放，中国学者一方面密切参与和国内政策有关的学术讨论，另一方面也将视野投向更广泛的国际经验，从中形成对中国有益的见解。朱章国对 20 世纪七八十年代发展中国家的货币贬值现象进行分析，提出货币贬值最主要的国内因素是总需求大于总供给造成的平衡失调，最重要的国际因素则是贸易条件的恶化。⑤ 当时正值布雷顿森林体系崩溃后主要工业国汇率大幅波动阶段，许多发展中国家也随之调整了汇率制度。朱章国继续关注了这一时期发展中国家汇率制度变化的特点，分析发展中国家汇率浮动程度提高的主要原因。⑥ 他指出，随着工业化国家主

---

① 余壮东：《人民币可以采用两种汇率吗?》，《上海金融研究》1980 年第 5 期。
② 刘墨海：《人民币汇价问题》，《经济研究》1988 年第 11 期。
③ 吴念鲁、陈全庚：《人民币汇率研究》，中国金融出版社 1989 年版。
④ 刘舒年、李平：《论汇率定值原理与模式》，《世界经济》1986 年第 8 期。
⑤ 朱章国：《发展中国家的汇率制度和汇率变动》，《世界经济》1987 年第 5 期。
⑥ 同上。

要货币实行浮动汇率制，各国贸易多样化和多边化，许多发展中国家货币从捍卫本国利益发展民族经济的目标出发，实行了汇率浮动。这篇文章更重要的意义在于从实证角度提出，无论发展中国家采取何种汇率制度，由于宏观经济变量间的普遍联系，汇率变化难以避免。作者还比较细致地讨论了实际汇率的概念，并提出对贸易结构不同的国家，汇率调节进出口的作用不同。这一重要命题连同实际汇率的概念，在 21 世纪以来中国学者有关汇率问题的争论中均成为热点。不过，作者当时讨论汇率变动的现实需求主要还从宏观平衡及购买力平价的经济思想出发，尚未涉及经济发展过程中实际汇率趋势性变化的现象及其根源。

布雷顿森林体系崩溃后，伴随越来越多的国家采用管理浮动汇率制，西方世界同时出现了日益显著的通货膨胀现象。林连连对二者之间的联系进行考察和分析。[1] 他参考了大量西方经济学文献及经济学家观点，对汇率弹性与隔绝作用、汇率变动对价格的不对称影响、汇率过度波动与恶性循环等相关命题进行了细致评述，提出了富有借鉴意义的观点。

三　第二个阶段：1994—2005 年

1994 年年初汇率并轨到调剂汇率所处的水平，人民币汇率管理体制开始推行单一的有管理的浮动汇率制。从 1994 年到 1997 年，人民币名义汇率连续贬值的态势开始逆转，从 1998 年开始，人民币对美元汇率基本稳定，并持续到 2005 年汇改。

（一）新体制下的汇率目标水平与政策选择

1994 年的外汇管理体制变革初步建立了人民币汇率统一的市场化形成机制，但这一机制仍受到强有力的行政管制。管制的一个主要表现是经常项目下的强制结汇和超限额结汇制度。

孙明春认为使人民币汇率钉住出口换汇成本指标的管理模式可为中央银行提供一个确定汇率变动幅度的决策依据，即央行通过市场干预使人民币汇率水平经常性地保持在外贸企业出口换汇成本之上的一

---

[1]　林连连：《管理浮动汇率制与世界性通货膨胀》，《世界经济》1987 年第 1 期。

定幅度内。① 谢多则认为中期汇率目标水平应以国内经济稳定和国际收支平衡为目的，而不宜仅以保证出口为目的。② 对汇率管理政策目标的选择问题，俞乔提出应放弃以稳定人民币对美元的名义汇率为中心的汇率政策，而选择贸易加权的实际汇率指数作为基本政策目标，以克服名义汇率的货币假象。③ 根据他的计算结果，人民币贸易加权的实际汇率指数在汇率并轨后已出现显著上升，因此他建议管理部门应在适当时机调整人民币汇率，使实际汇率逐步贬值。余永定认为，同单一钉住的汇率制度相比，钉住一篮子货币的汇率制度有至少三个优点。④ 第一，从实际有效汇率角度看，钉住一篮子货币制度下人民币汇率更为稳定；第二，由于汇率变动方向更难预料，其抵抗投机性资本流入的能力较强；第三，在许多情况中，钉住一篮子货币汇率制度下，央行对外汇市场干预的必要性较小。

（二）购买力平价、巴萨效应及其实证经验

这一时期通过吸纳当代西方经济学中对实际汇率的研究，有关人民币实际汇率决定的理论探讨快速丰富起来。购买力平价仍是汇率决定理论探讨中一项重要的基础理论，同时中国学者开始将关注点转向将这一理论进行适当修正以适应中国这样的发展和转型中的经济体。

不少学者开始应用最新计量经济学工具检验购买力平价或巴拉萨—萨缪尔森效应的存在性。国内经验方面，张晓朴概括了购买力平价的三种检验形式，并应用1979—1999年人民币名义汇率数据，对三种购买力平价形式进行了实证检验，结果发现购买力平价理论不适用于1979年以来人民币汇率的实际变动，人民币汇率变动受到非货币的实际因素影响。⑤ 而即便假定购买力平价在超长期适用于人民币汇率，但对于现实中选择合理的汇率政策是不足的。

---

① 孙明春：《人民币汇率管理及相关政策协调》，《管理世界》1995年第2期；孙明春：《再论人民币汇率与出口换汇成本》，《财贸经济》1995年第8期。
② 谢多：《宏观经济均衡与人民币汇率水平的决定》，《中国外汇管理》1997年第2期。
③ 俞乔：《亚洲金融危机与我国汇率政策》，《经济研究》1998年第10期。
④ 余永定：《人民币汇率制度改革的历史性一步》，《世界经济与政治》2005年第5期。
⑤ 张晓朴：《购买力平价思想的最新演变及其在人民币汇率中的应用》，《世界经济》2000年第9期。

国际经验方面，高海红对国际学界有关巴萨效应的研究进行了全面深入的综述，并对七国集团 1980—2000 年的季度数据，运用边限检验方法检验了巴拉萨—萨缪尔森效应。[①] 检验结果显示，对于英国、日本、德国和加拿大，并没有强有力的证据支持巴萨效应的存在，但在不同检验形式下，意大利和法国能各自表现出实际汇率与经济增长之间的协整关系。高海红和陈晓莉又应用 1975—2002 年十个亚洲经济体的数据检验了实际汇率与经济增长的双向关系，发现经济增长在长期内能否对实际汇率产生决定性影响与经济发展阶段和经济制度特征有关。[②]

(三) 人民币均衡汇率及其决定因素

新兴的关注宏观经济均衡的均衡汇率理论及实证方法开始被大量地应用于人民币汇率水平的研究。理论上，金中夏对转轨时期人民币均衡汇率问题进行了分析，指出在一个正在推行贸易自由化政策并向货币可兑换过渡的国家，决定均衡汇率水平的基础变量通常会发生显著变化。[③] 贸易自由化和货币可兑换的进程使得关税显著降低，资本流动大量增加，这些都是影响均衡实际汇率水平的基础变量，而开放的过程还会对投资率、劳动生产率等其他基础变量产生影响，从而作用在实际汇率上。实证经验上，张晓朴在探讨 90 年代以来新兴的均衡汇率理论的基础上，提出了人民币均衡汇率的理论框架，并测算了人民币均衡汇率水平。[④] 他认为 1997 年以来人民币实际汇率与均衡汇率基本吻合，人民币币值不存在明显高估。

(四) 人民币汇率制度选择

亚洲金融危机后，中国汇率制度选择从实际目标方法转向名义锚的汇率制度。当时中国经济学家的共识是，一旦巨大的贬值压力消除，就应该让人民币与美元脱钩，恢复有管理的浮动汇率制。然而随着局势的稳定，人民币出现低估的迹象后，人民币与美元却迟迟未能脱钩，这主要出于对

[①] 高海红:《实际汇率与经济增长：运用边限检验方法检验巴拉萨—萨缪尔森假说》,《世界经济》2003 年第 7 期。

[②] 高海红、陈晓莉:《汇率与经济增长：对亚洲经济体的检验》,《世界经济》2005 年第 10 期。

[③] 金中夏:《论中国实际汇率管理改革》,《经济研究》1995 年第 3 期。

[④] 张晓朴:《人民币均衡汇率的理论与模型》,《经济研究》1999 年第 12 期。

人民币升值可能后果的担忧。伴随对人民币均衡汇率水平的讨论，中国学者对于中国汇率制度选择也进行了热烈的争论：是继续实行钉住美元的汇率制度，还是重归有管理的浮动汇率制？

经验依据上，高海红、余永定总结了亚洲金融危机的经验教训，对其中的汇率制度因素进行反思和分析，提出中国必须在保持汇率稳定的同时使汇率变动适当增强灵活性。① 理论上，俞乔用最优货币区的理论说明中国不具有实行固定汇率的客观条件。② 余永定教授从中国宏观经济运行现状出发，得出中国应放弃钉住美元汇率制度的结论。③ 有关汇率制度选择空间的理论——"中间制度消失论"引发了极大争议。该理论认为，唯一可持久地汇率制度是自由浮动制或具有非常强硬承诺机制的固定汇率制，介于两者之间的中间性汇率制度，包括软的钉住汇率制以及管理浮动制，都正在消失或应当消失。④

四　第三个阶段：2006—2014 年

2005 年 7 月 21 日，中国人民银行宣布我国开始实行以市场供求为基础、参考一篮子货币进行调节、有管理的浮动汇率制度，并让人民币对美元升值 2%。这一时期中国学者一方面在深化对于人民币实际汇率走势内在规律的认识，并据此对人民币汇率是否低估及低估幅度进行估测；另一方面对人民币汇率传递效果及其与宏观经济关系等问题进行了大量研究。

（一）人民币实际汇率走势成因

卢锋与其合作者从巴拉萨—萨缪尔森效应角度深入解析了中国经济发展过程中实际汇率走势的内在规律。他们认为长期经济增长中实际汇率变

---

① 高海红：《欧元承担国际货币角色进程中的几个不确定性因素》，《国际经济评论》1998 年第 11—12 期；余永定：《中国应从亚洲金融危机中汲取的教训》，《金融研究》2000 年第 12 期。

② 俞乔：《论我国汇率政策与国内经济目标的冲突及协调》，《经济研究》1999 年第 7 期。

③ Yongding Yu（余永定）："A Review of China's Macroeconomic Development and Policies in the 1990s", *China & World Economy*, Vol. 09, 2001, No. 6.

④ 易纲：《汇率制度的选择》，《金融研究》2000 年第 9 期；易纲、汤弦：《汇率制度"角点解假设"的一个理论基础》，《金融研究》2001 年第 8 期。

动最重要的决定因素是可贸易部门劳动生产率的相对增长。[①] 改革开放以来人民币实际汇率呈现先贬后升,直观上与巴拉萨—萨缪尔森效应的预测不同。[②] 为克服劳动生产率统计数据的限制性,卢锋和刘鎏系统估测了我国可贸易和不可贸易部门劳动生产率的有关指标,发现结构性生产率指标与人民币实际汇率之间的关系存在与巴萨效应假说推论一致的经验证据,而如果采用劳均产出等总量性生产率指标,则将得出理论假说与经验证据不一致的结论。[③]

(二) 人民币均衡汇率水平

为评估人民币低估程度,这一时期中国学者对人民币均衡汇率水平进行了不同角度的测算。基于拓展的购买力平价方法,王泽填和姚洋考虑了结构转型对巴萨效应的削弱效果,在此基础上估计了人民币的均衡汇率,结果显示人民币自 1985 年以来就一直处于低估状态,但相对于欧美等国研究人员得到的估计结果要小。[④] 杨长江和钟宁桦指出了在人民币均衡汇率讨论中所存在的需要商榷乃至于错误的地方。[⑤] 他们认为相对于基本均衡汇率等方法,扩展型的购买力评价方法更适合于度量人民币均衡汇率水平。这是因为对于中国这样高速增长而且急剧转型的经济体,尽管购买力平价方法需要修正,但基本均衡汇率等方法更难试用。不仅内部均衡难以衡量,衡量外部均衡更是面临很大困难。这使得均衡汇率的估计缺乏稳健性。根据对新一轮国际比较项目数据的分析,他们认为这一数据本身被低估的观点未必成立。在此基础上他们认为当前人民币汇率不存在严重低估。陈华测算发现人民币汇率失调程度的变化存在"非均衡"和"均衡"两种区制,区制间的转移由央行干预决定。[⑥] 2008 年国际金融危机使得我国面临人民币

[①] 卢锋、韩晓亚:《长期经济成长与实际汇率演变》,《经济研究》2006 年第 7 期。

[②] 卢锋:《人民币实际汇率之谜(1979—2005)——基于事实比较和文献述评的观察》,《经济学(季刊)》2006 年第 2 期。

[③] 卢锋、刘鎏:《我国两部门劳动生产率增长及国际比较(1978—2005)——巴拉萨萨缪尔森效应与人民币实际汇率关系的重新考察》,《经济学(季刊)》2007 年第 2 期。

[④] 王泽填、姚洋:《人民币均衡汇率估计》,《金融研究》2008 年第 12 期;王泽填、姚洋:《结构转型与巴拉萨—萨缪尔森效应》,《世界经济》2009 年第 4 期。

[⑤] 杨长江、钟宁桦:《购买力平价与人民币均衡汇率》,《金融研究》2012 年第 1 期。

[⑥] 陈华:《央行干预使得人民币汇率更加均衡了吗》,《经济研究》2013 年第 12 期。

汇率失调的风险，人民银行在该时期采取的高强度干预稳定了汇率，推动人民币汇率保持均衡水平。

（三）汇率传递效应

汇率传递效应对于开放经济体的汇率制度选择具有很重要的政策导向意义。随着2005年汇改，人民币汇率波幅逐渐加大，汇率变动对国际收支、国内价格水平的影响才逐渐成为国际经济学领域的热点问题。

国内学者研究人民币汇率传递效应，主要是从汇率变动对价格传递链条上一系列价格指标的影响，包括消费者物价指数、生产者物价指数和一些其他分行业指数等。如范志勇和向弟海、吕剑、施建淮等、徐奇渊等实证检验了人民币汇率变动对一般价格水平的传递效应，[①] 陈学彬等、毕玉江和朱钟棣、陈斌开等利用行业数据分析了人民币汇率变动对不同行业价格水平的影响，[②] 孙立坚和江彦、陈六傅和刘厚俊、王晋斌和李南结合人民币汇率传递效应探讨了其与相关经济政策的联系。[③] 大多数研究与国外经验研究得出的结论基本一致，认为人民币汇率传递效应并不完全。然而，由于中国经济转型和发展过程的复杂性，使得人民币汇率不完全传递的原因较为复杂。

（四）汇率对宏观经济的影响

2005年汇改后人民币缓慢升值，这一变化对国内宏观经济的影响成为许多学者关注并可检验的问题。张斌、何帆基于中国经济特征建立了一个贸易品和非贸易品的两部门模型，发现在保持名义有效汇率固定与国内物

[①] 范志勇、向弟海：《汇率和国际市场价格冲击对国内价格波动的影响》，《金融研究》2006年第2期；吕剑：《人民币汇率变动对国内物价传递效应的实证分析》，《国际金融研究》2007年第8期；施建淮、傅雄广、许伟：《人民币汇率变动对我国价格水平的传递》，《经济研究》2008年第7期；徐奇渊：《人民币汇率对CPI的传递效应分析》，《管理世界》2012年第1期。

[②] 陈学彬、李世刚、芦东：《中国出口汇率传递率和盯市能力的实证研究》，《经济研究》2007年第12期；毕玉江、朱钟棣：《人民币汇率变动对中国商品出口价格的传递效应》，《世界经济》2007年第5期；陈斌开、万晓莉、傅雄广：《人民币汇率、出口品价格与中国出口竞争力——基于产业层面数据的研究》，《金融研究》2010年第12期。

[③] 孙立坚、江彦：《关于"通缩出口"论的检验：中、日、美三国比较》，《管理世界》2003年第10期；陈六傅、刘厚俊：《人民币汇率的价格传递效应——基于VAR模型的实证分析》，《金融研究》2007年第4期；王晋斌、李南：《中国汇率传递效应的实证分析》，《经济研究》2009年第4期。

价水平稳定的货币政策组合下，随着市场经济体制改革产生的贸易品部门相对非贸易品部门更快的全要素生产率进步所带来的不仅是经济增长，还带来了产业结构扭曲、贸易顺差扩大、工资水平下降、收入分配恶化等后果，并阻碍了农村劳动力向城市转移。① 施建淮提出，从 2003 年起中国的实质 GDP 持续维持在长期趋势以上，并且这种偏离在扩大，经济过热的态势明显，继续维持人民币汇率低估无疑将进一步加剧中国经济内部和外部失衡。② 毛日昇研究了人民币实际汇率变化对工业行业就业的影响，通过测算发现人民币实际汇率升值 10% 会通过出口开放渠道和进口竞争渠道，促使工业行业净就业水平下降 2.6 至 3.9 个百分点，而且相对于私营工业部门，人民币实际汇率改变对于国有和外资工业部门的影响更明显。③

五 第四个阶段：2015—2018 年

2015 年 8 月 11 日，中国人民银行宣布完善人民币兑美元汇率中间价报价机制，参考上日银行间外汇市场收盘汇率与一篮子货币，增强了汇率市场化程度。2017 年 5 月 26 日，为适度对冲市场情绪的顺周期波动，人民币中间价报价模型引入"逆周期因子"，以缓解人民币贬值压力。

（一）人民币汇率机制改革

肖立晟和张明认为，尽管参考前日收盘价与一篮子货币的中间价报价机制能够稳定市场汇率预期，但是一篮子货币所决定的汇率水平经常与市场出清的汇率水平不一致，促使篮子汇率易贬值难升值，很难从根本上消除贬值预期。由此可见，中间价机制只能够用于汇率制度的过渡，长期而言中国应该增强汇率弹性，向自由浮动汇率制度发展。张明认为"811 汇改"的方向是正确的，但是汇改的时点与中国股市调整、美联储加息预期强等因素相重合，使人民币大幅贬值，迫使央行对汇率市

---

① 张斌、何帆：《货币升值的后果——基于中国经济特征事实的理论框架》，《经济研究》2006 年第 5 期。
② 施建淮：《全球经济失衡的调整及其对中国经济的影响》，《国际经济评论》2006 年第 1—2 期。
③ 毛日昇：《人民币实际汇率变化如何影响工业行业就业》，《经济研究》2013 年第 3 期。

场进行干预。① 余永定和肖立晟认为，相比"811汇改"所提出的完全参考前日收盘价决定开盘价，加入"一篮子货币"的汇率中间价机制能够减缓人民币兑美元贬值速度，加大市场汇率预测难度减少投机行为。② 然而，新的中间价机制无法扭转汇率贬值，只能以消耗外汇储备为代价稳定汇率，影响货币政策的独立性，使资本管制更为严苛。

央行在中间价机制中引入的逆周期因子缓解了市场的羊群效应，强化了汇率定价对宏观经济走势的反映程度，将人民币汇率周期性问题带入大众视野。肖立晟和张潇指出汇率逆周期性通常出现在对出口依赖程度较大的国家中，与跨境资本流动的顺周期性也相关。③ 他们认为人民币汇率周期调整速度滞后于中国经济周期约两个季度，而且面对经济周期变化，外汇市场能够长时间积累压力，造成人民币汇率周期与经济周期关系的不稳定。何青等指出逆周期因子能够修正汇率形成机制等顺周期特性，使得人民币汇率对宏观经济变量的反映更加充分，同时也降低了汇率波动率，有利于人民币更稳定的双向浮动。④

很多学者也研究了逆周期因子的作用和效果。管涛认为逆周期因子能够使人民币汇率波动更真实反映经济基本面变化，缓解市场顺周期情绪，增加人民币汇率弹性。⑤ 但是，对宏观经济基本面形势的分歧会制约逆周期因子的调控效果，对逆周期因子的判断不一致也会产生异质性预期，不利于市场出清。张斌将新的人民币汇率形成机制归纳为宽幅篮子区间波动的汇率制度，逆周期因子相当于汇率的浮动区间中可浮动的上下限。⑥ 他认为当前的汇率形成机制能够容忍更大的人民币汇率波幅，使外汇市场供求压力得到充分释放，缓解单边持续的贬值和升

---

① 张明：《人民币汇率形成机制改革：历史成就、当前形势与未来方向》，《国际经济评论》2016年第3期。

② 余永定、肖立晟：《完成"811汇改"：人民币汇率形成机制改革方向分析》，《国际经济评论》2017年第1期。

③ 肖立晟、张潇：《人民币汇率的逆周期性》，《中国金融》2017年第16期。

④ 何青、甘静芸、刘舫舸、张策：《逆周期因子决定了人民币汇率走势吗》，《经济理论与经济管理》2018年第5期。

⑤ 管涛：《"逆周期因子"的"能"与"不能"》，《清华金融评论》2017年第8期。

⑥ 张斌：《人民币进入宽幅区间波动新机制》，《金融博览》2018年第12期。

值预期。维持当前机制的关键在于汇率波幅要尽可能宽,给外汇市场自发调整留下充分空间,而且在逆周期因子介入要坚决,不能渐进升值贬值,创造投机条件。

(二) 贸易对人民币汇率的影响

对于贸易与汇率相关性的理论研究一直是汇率研究领域的重点。余淼杰和崔晓敏指出汇率波动会影响加工贸易企业国内附加值。[①] 一方面,汇率波动通过影响进口中间品相对价格,改变企业对进口和国内中间品的配置,使国内附加值比产生变化。另一方面,汇率变动会影响出口企业经营策略,改变出口企业的平均生产效率,影响加工贸易企业的出口成本加成和国内附加值比。

中国和美国是世界上经济体量最大的两个国家,很多学者针对中美贸易差与汇率之间的关系展开研究。沈国兵在完全替代和不完全替代的中美产品贸易模型的框架下,将贸易产品分类为同质品和异质品,研究不同贸易产品对汇率变化的反应程度。[②] 研究表明,中美贸易失衡的解决方法不能够仅参照不完全替代模型,要求人民币升值,而是应该区分同质品与异质品,细化贸易产品。由于美国对华异质品与同质品进口占比分别为 89.1% 与 5%,美元弱势调整会在改善美国对华交易中同质品贸易差额的同时恶化美国异质品贸易差额。因此,平稳的双边实际汇率波动才是中美贸易互惠互利的基础。

由于美国贸易保护主义抬头,其全球贸易领域政策呈保守化趋势。2018 年 3 月份以来,中美贸易摩擦激化,美国宣布对中国贸易商品增加关税,增加了人民币汇率的不确定性。张明建议在推进国内结构性改革、防范系统性风险的同时吸取日本的经验,不要通过人民币大幅度升值来缓解中美关系,减少美国的贸易逆差。[③] 他认为中美利差压缩会使短期汇率有贬值压力,中国劳动生产率增速高于美国是人民币兑美元近二十年保持

[①] 余淼杰、崔晓敏:《人民币汇率和加工出口的国内附加值:理论及实证研究》,《经济学(季刊)》2018 年第 3 期。

[②] 沈国兵:《美元弱势调整对中美双边贸易的影响》,《经济研究》2015 年第 4 期。

[③] 张明:《三难选择下的艰难权衡——兼谈中美贸易摩擦与人民币汇率》,《新金融》2018 年第 10 期。

升值趋势的主要原因，中国金融抑制环境与金融风险快速显性化也都是影响人民币兑美元汇率的因素。

第三节　国际金融危机研究

国际金融危机包括货币危机、债务危机、银行业危机以及全面危机等多种形式。在过去几十年里，各种形式的国际金融危机此起彼伏，不断爆发。国际上，为了解释危机的爆发，关于金融危机的各种理论也应运而生。比较有代表性的是解释货币危机的四代危机模型。在国内，从改革开放后的1978年至今，中国学者们也对国际金融危机的产生和发展格外关注，提出了不少自身的看法和解释，留下了许多具有重要理论意义和现实参考价值的研究文献。本节力图对1978—2018年中国学者对于国际金融危机研究的思想贡献及其发展脉络进行综述。

一　对20世纪70年代西方国家经济和金融困境的讨论

在改革开放的1978年之后，我国学者首先关注并讨论了在20世纪70年代资本主义国家普遍爆发的经济和金融危机。当时，国内学者们主要从马克思主义经济理论出发，认识世界性危机发生的根源。一方面，吴大琨认为这可能是周期性生产过剩导致的危机。[①] 另一方面，李述仁则认为是结构性调整危机。[②] 总的来讲，当时国内学者从马克思主义理论出发，研究西方经济和金融体系面临的困境，对其未来发展趋势普遍持有悲观态度。因此，资本主义国家的矛盾只能通过采取措施暂时缓和，而不能消除，突出证明了社会主义制度的优越性，但要吸取教训为"四化"建设服务。

[①] 吴大琨：《美国经济危机的新发展》，《世界经济》1982年第2期。
[②] 李述仁：《八十年代发展中国家经济发展的某些趋势》，《世界经济》1983年第9期。

二 20世纪80年代至90年代中期对具体危机案例研究

在这一阶段，国内学者对国际金融危机的研究范式，逐渐从马克思主义理论过渡到运用西方经济学进行具体的危机案例分析，重点针对危机的原因、传导机制、影响、对策等方面进行阐述和分析，讨论这些金融危机给中国带来的启示。

（一）原因

20世纪70年代后期开始，拉美国家实行了外债发展战略，同时美国商业银行积极向拉美国家发放贷款。然而由于内外两个方面原因，拉美最终发生了债务危机。一方面，戴月明认为，正是举债发展这项外债战略的失策，导致了拉美发生债务危机。① 另一方面，安建国认为，债务危机的原因在于外部贸易条件恶化和净资本净流入减少。② 刘昌黎则认为，债务危机从根本上是由于南北经济差距的扩大，国际分工不平等造成的。③

马君潞在前人研究基础上总结，世界经济的外部条件和债务国的本国政策，共同导致了20世纪80年代国际金融危机的发生与扩散。④ 由于发达与发展中国家之间的债务关系密切，拉美国家的债务危机导致发达国家如美国的商业银行陷入资金问题，而商业银行的危机会导致对发展中国家的贷款支援减少，从而加重发拉美国家的债务危机。宋运肇还进一步解释了金融危机与经济危机的关系，本次的债务性金融危机是由于世界经济的衰退，使拉美国家出口受限，用来归还债务的资金紧缺，稳定的链条破裂导致的。⑤ 同样，金融危机也会使得经济危机恶化，形成恶性循环。

（二）影响

国际金融危机不仅阻碍本国经济发展，而且波及全球金融市场，甚至

---

① 戴月明：《拉丁美洲的债务危机与出路》，《世界经济研究》1993年第5期。
② 安建国：《评拉美债务危机中的资本反向流动》，《世界经济》1985年第4期；安建国：《八十年代的拉美经济危机与发展战略调整》，《世界经济》1986年第8期。
③ 刘昌黎：《渡过石油冲击阶段后的西方经济》，《世界经济研究》1986年第2期。
④ 马君潞：《发展中国家债务危机回顾与展望》，《南开经济研究》1991年第6期。
⑤ 宋运肇：《金融危机和美国经济衰退关系》，《国际金融研究》1991年第6期。

引发新的经济问题。李俊江指出，债务性危机不仅会对本国经济造成危害，而且影响着世界金融市场的稳定。[①] 如果将债务分为短期债务和长期债务，长期债务往往有利于本国经济的发展，相反短期债务经常会增加经济的脆弱性，抑制本国经济发展，甚至引发债务危机乃至国际金融危机。此外，孙海潮指出，欧洲货币体系危机发生后，欧洲经济一体化进程严重受阻。[②] 史观则发现墨西哥金融危机使其经济增长速度大幅放慢。[③] 谷源洋详细论述了亚洲金融危机对世界经济的影响，指出加强国际合作和协调的必要性。[④]

（三）应对措施

在深入研究危机产生的原因，并分析其负面影响的同时，学者们也在努力寻找解决金融危机的应对措施。中国学者研究发现，债务危机的解决需要靠内外两个方面的政策配合。一方面，在国内经济领域，推行经济结构调整（翟雯）、紧缩公共开支、[⑤] 发展自由市场。[⑥] 另一方面，在国际经济领域，抑制进口扩大出口、[⑦] 加强区域合作、[⑧] 推动国际金融体系改革和南北对话。[⑨]

马君潞和江时学总结到，解决债务性金融危机要分四个阶段：债务重组、贝克计划、修正后的贝克计划、以及最后的布雷迪计划。[⑩] 这些措施基本上都需要债权国、债务国与国际社会的共同努力。

（四）对中国的启示

学者们在分析 20 世纪 80 年代、90 年代金融危机的特点、产生和传

[①] 李俊江：《美国与发展中国家的债务问题比较研究》，《世界经济研究》1989 年第 6 期。
[②] 孙海潮：《欧洲货币体系的动荡及其前景》，《国际贸易问题》1993 年第 10 期。
[③] 史观：《墨西哥克服金融经济危机的政策措施》，《经济学动态》1996 年第 3 期。
[④] 谷源洋：《金融危机冲击下的世界经济》，《宏观经济研究》1998 年第 12 期。
[⑤] 安建国：《评拉美债务危机中的资本反向流动》，《世界经济》1985 年第 4 期。
[⑥] 郑月泉：《第三世界的增长危机——解决危机的办法也许在于发展自由市场和农业》，《国际经济评论》1986 年第 1—2 期。
[⑦] 安建国：《评拉美债务危机中的资本反向流动》，《世界经济》1985 年第 4 期。
[⑧] 翟雯：《战后拉美国家外债危机的原因及其前景》，《经济问题探索》1984 年第 10 期。
[⑨] 徐基新、张志超，《国际债务危机和发展中国家争取国际经济新秩序的斗争》，《世界经济》1983 年第 11 期。
[⑩] 马君潞：《发展中国家债务危机回顾与展望》，《南开经济研究》1991 年第 6 期；江时学：《拉美债务危机的出路何在——兼评"布雷迪计划"》，《拉丁美洲研究》1991 年第 4 期。

导机制、影响和应对措施的同时，也在思考其对中国的启示。① 此外，学者们还从金融体系的长期稳定发展角度出发，为中国的金融改革指明了方向。②

综上所述，在本阶段，国内学者对金融危机的研究已粗具规模，进一步完善和发展了金融危机理论体系。但是，对国际金融危机问题的研究，多为站在某一具体危机案例的视角，对其危机特征、产生和传导机制、影响和应对措施进行分析。不仅缺乏从微观到宏观的完整理论分析框架，而且也缺乏针对金融危机形成机理和影响的实证研究。

三 应用现代经济理论和实证研究范式对亚洲金融危机研究

1997年发生的亚洲金融危机，吸引了包括中国学者在内的全球研究者的目光。并在此后十年间，成为国内学者研究国际金融危机的主要对象。余永定认为，亚洲金融危机大约经历了四个阶段：先是表现为货币危机；然后演进为金融危机，此后进一步发展为全局性经济危机；最后是强劲出口带动下的经济复苏。③

在这几个阶段中，一方面，中国学者开始介绍国际学术界关于金融危机的现代理论模型；④ 另一方面，国内学者还充分运用现代经济学和金融学的分析范式，对亚洲金融危机的产生和发展，进行理论和实证研究的同时，着重分析了其对中国的经验教训。

（一）危机的产生与传导

首先，固定汇率制度安排，被学者们认为是引发亚洲金融危机的重要

---

① 陈琦伟：《国际债券市场是利用外资的一条重要渠道》，《经济问题探索》1985年第4期；赵长华：《拉美国家在外债问题上的经验教训》，《外国经济与管理》1986年第3期；郭世贤：《我国国际储备特点及今后对策》，《国际金融研究》1989年第9期。

② 马君潞：《发展中国家债务危机回顾与展望》，《南开经济研究》1991年第6期；倪克湖、梅睿哲：《九十年代国际金融危机的特点、原因及防范》，《中央财经大学学报》1997年第11期。

③ 余永定：《中国应从亚洲金融危机中汲取的教训》，《金融研究》2000年第12期。

④ 吴布昌：《货币危机的三代模型》，《世界经济》2000年第3期；安辉：《当代金融危机的特征及其理论阐释》，《财经问题研究》2003年第2期；朱波、范方志：《金融危机理论的新进展及其启示》，《开放导报》2005年第1期。

原因。① 其次，金融结构失衡也被不少学者认为是导致金融危机发生的重要因素。② 最后，余永定总结认为，尽管亚洲金融危机爆发的原因很多，但是可以总结为五条：第一，大量的经常项目逆差；第二，汇率政策缺乏灵活性；第三，资产泡沫严重；第四，金融体系的脆弱性；第五，资本的自由流动。③ 这五条中的若干个组合构成了金融危机发生的充分必要条件。

除了金融危机的发生原因外，其传导机制同样也是学者研究的焦点。其中，张仁德和韩晶通过大量的理论和数据分析，认为金融危机可以通过货币、资本、央行政策以及心理预期等因素进行传递。④ 宋海燕则主要从金融市场上的交易主体和调节方式两个方面对危机传染进行系统分析，得到结论：一旦金融市场出现紊乱或冲击，将会通过凯恩斯效应、威克塞尔效应、财富效应和资产负债表效应诱发金融危机。⑤

（二）危机的应对与启示

国内学者对亚洲金融危机的研究，核心落脚点仍然在金融危机的防范措施及对我国的启示上。

首先，俞乔认为，我国应吸取亚洲金融危机的教训，加强汇率形成机制的灵活性，并加强区域金融政策合作，通过制度性安排稳定亚洲的金融市场⑥。相反，孙兆斌从汇率制度的选择对金融危机的影响角度，分析认为应该基于我国基本国情来进行风险防范，逐步实现适度的资本项目开放

---

① 管涛：《汇率制度在亚洲金融危机演变中的作用及其对我国的启示》，《国际金融研究》1999年第10期；李扬、余维彬：《人民币汇率制度改革：回归有管理的浮动》，《经济研究》2005年第8期；陈晓莉：《本币升值冲击与银行业危机》，《世界经济》2006年第7期；王义中、何帆：《金融危机传导的资产负债表渠道》，《世界经济》2011年第3期。

② 徐亚平：《金融结构与新兴市场国家的金融危机》，《上海经济研究》2003年第5期；左志刚：《东亚债券市场的新发展》，《亚太经济》2004年第5期；孙杰：《亚洲债券市场的发展与全球性国际收支失衡的调整》，《世界经济》2006年第1期。

③ 余永定：《中国应从亚洲金融危机中汲取的教训》，《金融研究》2000年第12期；余永定：《亚洲金融危机的经验教训与中国宏观经济管理》，《国际经济评论》2007年第3—4期。

④ 张仁德、韩晶：《金融全球化与发展中国家的金融风险》，《世界经济与政法》2003年第3期。

⑤ 宋海燕：《金融渠道的危机传染及其防范机制》，《南开经济研究》2003年第4期。

⑥ 俞乔：《亚洲金融危机与我国汇率政策》，《经济研究》1998年第10期。

及金融自由化。① 其次，在汇率安排上，国内学者通过分析亚洲金融危机的产生和传导，从银行业改革、资本管制、金融监管改革、预警机制建立、宏观经济和贸易政策等角度分别提出了可供借鉴的经验教训。② 最后，余永定依据蒙代尔—弗莱明模型的模型分析框架，总结认为亚洲金融危机对我国有以下五点教训：一是发展健全的金融体系是保持可持续经济增长的必要条件；二是汇率制度应该更有弹性，具有随经济变动而调整的空间；三是必须稳步推进资本管制的自由化；四是必须协调宏观政策，保持内外平衡；五是应稳步调整贸易结构以保持竞争力。特别要注意的是，保持资本管制是我国在完成市场化改革前，维护金融稳定必须守住的最后一道防线。③

四　关于2008年国际金融危机的全面讨论

2007—2008年，美国次贷危机引发的全面危机，不仅严重冲击了国际金融体系，而且给全球实体经济带来了巨大影响。针对这一重大事件，国内学者主要从开放宏观经济学和现代金融理论出发，结合宏观经济和微观结构分析，分别从全球经济失衡、国际货币体系缺陷、货币政策、金融监管、证券化和风险扩散等不同的视角，对2007—2008年国际金融危机发生的原因和应对措施，以及对我国经济和金融体系的影响进行了全面讨论。

（一）全球经济失衡

国内学者认为，全球经济失衡是导致国际金融危机的主要原因。此处，全球经济失衡通常是指，一方面美国经常账户持续逆差，另一方面，包括中国等在内的新兴市场国家和一些石油输出国保持持续顺差（中国

---

① 孙兆斌：《汇率制度选择与金融危机——发展中国家的经验及对中国的启示》，《国际金融研究》2002年第3期。

② 胡祖六：《东亚的银行体系与金融危机》，《国际经济评论》1998年第5—6期；易纲、方星海：《亚洲国家和墨西哥金融危机对中国的启示》，《国际经济评论》1998年第Z1期；宋海燕：《金融渠道的危机传染及其防范机制》，《南开经济研究》2003年第4期；项卫星、李宏瑾：《银行信贷扩张与房地产泡沫：对东亚金融危机教训的反思》，《东北亚论坛》2005年第2期。

③ 余永定：《中国应从亚洲金融危机中汲取的教训》，《金融研究》2000年第12期；余永定：《亚洲金融危机10周年和中国经济》，《国际金融研究》2007年第8期。

经济增长与宏观稳定课题组，2009）。①

余永定（2008）从宏观层面的消费储蓄和投资的角度研究发现，美国金融危机的根本原因是美国居民的消费需求严重超过居民收入②。雷达和赵勇则认为，经济失衡可持续的一个必要条件是实体经济中高收益行业的存在，当房地产成为美国的投资目标后，房地产对实体经济的推动作用不足，使得这种经济失衡不可持续，从而爆发危机。③

（二）国际货币体系缺陷

巴曙松和杨现领、王道平和范小云认为当前的国际货币体系存在的缺陷导致全球经济失衡，从而导致金融危机。④ 因此，张明和李向阳认为，次贷危机引发的国际金融危机，将会逐渐打破现有的货币体系，使得美元不再具有霸权地位。⑤

（三）货币政策

不少国内学者也认为，金融危机前美联储的低利率货币政策是引发国际金融危机的罪魁祸首。例如，张明和陈继勇等研究发现，美国在危机前的宽松货币政策导致了资产泡沫。以资产泡沫的破灭为导火索，最终导致次贷危机的全面爆发。⑥

（四）金融监管

国内不少学者还认为，金融监管体制问题导致了金融危机的发生。例如，廖岷研究发现，在金融危机爆发之前，美国采取的是"双重多头"

---

① 中国经济增长与宏观稳定课题组：《全球失衡、金融危机与中国经济的复苏》，《经济研究》2009 年第 5 期。
② 余永定：《美国次贷危机：背景、原因与发展》，《当代亚太》2008 年第 5 期。
③ 雷达、赵勇：《中美经济失衡的性质及调整：基于金融发展的视角》，《世界经济》2009 年第 1 期。
④ 巴曙松、杨现领：《从金融危机看未来国际货币体系改革》，《当代财经》2009 年第 11 期；范小云、陈雷、王道平：《人民币国际化与国际货币体系的稳定》，《世界经济》2014 年第 9 期。
⑤ 张明：《次贷危机对当前国际货币体系的冲击》，《世界经济与政治》2009 年第 6 期；李向阳：《国际金融危机与国际贸易、国际金融秩序的发展方向》，《经济研究》2009 年第 11 期。
⑥ 张明：《透视美国次级债务危机及其对中国的影响》，《国际经济评论》2007 年第 7—8 期；陈继勇、盛杨怿、周琪：《解读美国金融危机——基于实体经济的视角》，《经济评论》2009 年第 2 期。

的监管模式，导致监管标准不一以及监管领域重叠与空白并存的问题。[①]

（五）证券化与风险扩散

国内学者还从证券化和风险扩散的角度来阐述近期的国际金融危机。张明、秦建文和梁珍认为，证券化导致风险的扩散，从而导致金融危机。[②] 马宇、韩存、申亮认为，证券化导致金融"脱媒"，从而降低了经济承担系统风险的能力。[③] 孙立坚等认为，由于消费信贷具有异质性，无法如企业信贷一样形成规模经济。虽然金融机构采取资产组合证券化策略分散了个体风险，但是无法分散系统风险。[④]

五 对后金融危机时代一些现象的讨论

2008年国际金融危机后，各国经济均受到了严重冲击。全球经济的平均增速由危机前的5.1%下跌至2008年的3.0%和2009年的0.0%。[⑤] 各国相继推出扩张性的财政政策和货币政策刺激经济。财政政策以规模庞大的经济刺激法案、加大基础设施建设投入和减税政策为主。货币政策则包括降低利率和一些非常规货币工具（如量化宽松）等，其中以负利率和量化宽松政策影响最为深远，成为国内学者的主要研究对象。

（一）量化宽松

2008年国际金融危机爆发后，传统货币政策效力渐微，全球主要发达经济体（美国、欧元区、日本）纷纷采用了以量化宽松政策为主的非常规货币政策。量化宽松政策以购买长期非常规资产为主要手段，通过扩大资产负债表规模向市场注入巨量流动性。量化宽松政策一方面通过改变央行资产负债表的组成，营造宽松的信贷环境，提高信贷市场特定部门的运行效率，缓解了金融机构流动性紧张的局面；另一方面通过资产购买提

[①] 廖岷：《从美国次贷危机反思现代金融监管》，《国际经济评论》2008年第7—8期。

[②] 张明：《透视美国次级债务危机及其对中国的影响》，《国际经济评论》2007年第7—8期；秦建文、梁珍：《汲取美国金融危机的教训稳健推进中国金融创新》，《国际金融研究》2009年第7期。

[③] 马宇、韩存、申亮：《美国次级债危机影响为何如此之大》，《经济学家》2008年第3期。

[④] 孙立坚、周赟、彭述涛：《次级债风波对金融风险管理的警示》，《世界经济》2007年第12期。

[⑤] 张明：《全球金融危机十周年回眸：基于宏观金融视角的分析》，《上海金融》2018年第11期。

升有价证券的需求，压低长端利率，缓解实体经济的借贷压力。① 国内学者对量化宽松政策的讨论主要集中在政策影响、溢出效应和受影响国家应对方式三个方面。

此外，虽然量化宽松政策在刺激经济增长、稳定金融市场方面发挥了重要作用，但也导致了实施量化宽松政策的国家公共债务的迅速增长。量化宽松政策从三个方面对公共债务产生影响，并影响到公共债务的可持续水平：央行向财政部上缴铸币税；降低再融资成本；刺激经济增长增加财政收入。但随着发达国家逐渐退出量化宽松政策，可能会对国债市场产生冲击。②

（二）负利率

2008 年国际金融危机后，世界主要发达国家都采取了宽松的货币政策，使得全球经济进入低利率时代。多国央行的关键利率已降至"零利率"附近，传统货币工具的降息空间已近乎不存在。③ 此后，瑞典、丹麦、瑞士和日本，以及欧洲央行相继实行了负利率政策。国内学界从出现原因、政策后果等方面对负利率进行了较为深入的讨论。

国内许多学者认为，负利率政策是量化宽松政策的一个延伸和补充。④ 另有一些学者认为负利率政策是传统货币政策的改良。⑤

（三）货币政策正常化

美国经过四轮的量化宽松政策，经济表现日趋良好。2014 年 9 月，美联储宣布不再扩表，并逐步推行货币政策正常化计划，并于 2015 年 12 月宣布加息。美联储货币政策正常化通过资本流动、汇率和利率三大渠道对我国产生溢出效应。资本流动方面，美国开启货币政策正常化历程后，将会使中国短期资本流动发生逆转；汇率方面，人民币将面临潜在的贬值

---

① 刘元春、李舟、杨丹丹：《金融危机后非常规货币政策工具的兴起、发展及应用》，《国际经济评论》2017 年第 2 期。
② 肖立晟、肖然：《量化宽松货币政策对公共债务管理的影响、风险及其启示》，《国际经济评论》2014 年第 5 期。
③ 谭小芬、李昆：《负利率的理论基础、实施效果与中国对策》，《国际金融》2017 年第 5 期。
④ 谭小芬：《负利率政策的理论及实践评估》，《中国外汇》2016 年第 5 期。
⑤ 同上。

风险；利率方面，中美利差将对中国经济产生影响。肖卫国和兰晓梅通过实证分析发现美联储货币政策正常化和进入加息周期后，会使中国面临资本外流、汇率贬值和中美利差缩窄等冲击。中国应通过加强跨境资本流动宏观审慎监管，完善汇率市场化改革和人民币国际化，强化价格型工具的调节和传导以维持中美利差稳定等手段，抵御美联储货币政策正常化带来的风险。①

（四）货币政策分化

自2014年起，全球主要发达国家的货币政策出现分化态势，即美国正在退出量化宽松政策，欧洲和日本则正在加大量化宽松政策的力度（张明，2014）。2015年，全球主要发达国家的增长态势越来越不均衡，欧元区一些国家和日本实施负利率的同时，美联储退出量化宽松政策，启动加息进程，全球货币政策分化格局奠定。货币政策分化的态势不会快速消失，这一局势将对中国经济产生冲击，但具体影响依赖于发达国家货币政策变动的加总效应。刘少华和张红通过实证分析发现，美联储正常化的货币政策对我国经济的冲击明显大于欧元区和日本，我国遭受着资本外流和人民币贬值压力。中国政府应相机抉择合理使用外汇缓冲政策，同时加强资本流动管理。

第四节 国际资本流动研究

国内学者关于国际资本流动的研究，最初主要集中在资本管制是否有效，以及是否存在资本外逃。随着全球跨境资本流动的波动性越来越大，研究重点逐渐转换到短期资本流动的规模、影响因素以及对宏观金融稳定的冲击。

一 我国资本管制的有效性

国内学者主要从两方面探讨我国资本管制的有效性，第一类关注资本

---

① 肖卫国、兰晓梅：《美联储货币政策正常化对中国经济的溢出效应》，《世界经济研究》2017年第12期。

管制和资本流动强度的衡量，第二类直接检验资本管制的有效性。

第一类是衡量资本管制与资本流动的强度，包括量化资本管制强度的指数、考察货币政策的独立性以及分析国内投资储蓄之间的相关关系。①

第二类是直接检验资本管制的有效性，其工具是利率平价的分析框架。根据利率平价理论，在资本自由流动，无交易成本的情况下，由于套利行为，以不同货币表示的相同金融资产在经过汇率风险调整后应该具有相同的收益率，否则就会存在套利机会。因此，可以通过考察利率平价检验资本管制的有效性。②

二　短期资本流动的测度

关于短期资本流动的定义，国内外学术界并未达成一致意见。狭义的概念认为，短期资本流动即是通常所说的"热钱"。一般将国际资本流动中投机性较强的短期资本称为热钱，如《新帕尔格雷夫经济学大辞典》的定义。③ 国内关于短期资本流动的研究一般采用相对广义定义，即"国际收支表中不能被经常账户、FDI 账户解释的资本流动"。

国内学者主要采用三种方法来测算短期国际资本流动，分别是直接法、间接法与混合法。直接法是指通过用一国国际收支平衡表中的几个项目直接相加而得到短期国际资本流动规模的方法。④ 间接法又称余额法（Residual Method），是指用外汇储备增量减去一国国际收支平衡表中的几

---

① 王晓春：《资本流动程度估计方法及其在发展中国家的应用》，《世界经济》2001 年第 7 期；金荦：《中国资本管制强度研究》，《金融研究》2004 年第 12 期。

② 张斌：《人民币均衡汇率：简约一般均衡下的单方程模型研究》，《世界经济》2003 年第 11 期；何德旭、姚战琪、余升国：《资本流动性：基于中国及其他亚洲新兴国家的比较分析》，《经济研究》2006 年第 9 期。

③ 张明：《当前热钱流入中国的规模与渠道》，《国际金融》2008 年第 7 期。

④ 杨海珍、陈金贤：《中国资本外逃：估计与国际比较》，《世界经济》2000 年第 1 期；杨胜刚、刘宗华：《资本外逃与中国的现实选择》，《金融研究》2000 年第 2 期；张谊浩、裴平、方先明：《中国的短期国际资本流入及其动机——基于利率、汇率和价格三重套利模型的实证研究》，《国际金融研究》2007 年第 9 期；唐旭、梁猛：《中国贸易顺差中是否有热钱，有多少》，《金融研究》2007 年第 9 期；刘莉亚：《境外热钱是否推动了股市、房市的上涨？——来自中国市场的证据》，《金融研究》2008 年第 10 期；余永定、肖立晟：《完成"811 汇改"：人民币汇率形成机制改革方向分析》，《国际经济评论》2017 年第 1 期。

个项目而得到短期国际资本流动规模的方法。① 混合法实质上是直接法与间接法的结合,计算公式为"短期国际资本流入＝误差与遗漏项(流入)－本国居民除 FDI 之外的对外债权增量－债务增量与该国国际收支平衡表中外债增量之差＋产生国际平均收益的对外债权额"。②

张明对国内短期国际资本流动规模的估算方法进行了总结,选用了直接法和间接法,并采用了从窄到宽三种口径对我国面临的短期国际资本流动进行估算并进行比较,发现不同的估算方法在特定时期具有高度一致性,同时国际金融市场动荡对我国热钱流动有重大影响。③ 总体来看,国际热钱的流入是有限的,但国内机构、企业和个人的短期资本流动也可能带来负面影响。

学界对短期国际资本(包括热钱)流动的规模估算一直争议较大。事实上,正如上文所展示的那样,没有一种方法是非常严谨或完美的,具体采用哪种测算方法取决于分析问题的侧重点。

三 国际资本流动的动因

国内有大量文献研究了吸引短期国际资本流入中国的因素,发现中外利差、人民币升值预期、股票价格涨幅与房地产价格涨幅是主要的诱因。从研究方法上来看,主要采用了简单最小二乘法(OLS)、广义矩方法(GMM)、Granger 因果检验、协整分析、向量误差修正模型(VECM)、向量自回归模型(VAR)等方法。④

上述文献较全面地分析了我国短期资本流动的决定因素,但是也存在

---

① 王世华、何帆:《中国的短期国际资本流动:现状、流动途径和影响因素》,《世界经济》2007 年第 7 期;陈学彬、余辰俊、孙婧芳:《中国国际资本流入的影响因素实证分析》,《国际金融研究》2007 年第 12 期。

② 李扬:《中国经济对外开放过程中的资金流动》,《经济研究》1998 年第 2 期。

③ 张明:《人民币国际化:基于在岸与离岸的两种视角》,《金融与经济》2011 年第 8 期。

④ 汪洋:《中国的资本流动:1982—2002》,《管理世界》2004 年第 7 期;王琦:《关于我国国际资本流动影响因素计量模型的构建和分析》,《国际金融研究》2006 年第 6 期;刘立达:《中国国际资本流入的影响因素分析》,《金融研究》2007 年第 3 期;赵进文、张敬思:《人民币汇率、短期国际资本流动与股票价格——基于汇改后数据的再检验》,《金融研究》2013 年第 1 期;杨子荣、何国华、诸婉婧:《2005—2012 年我国热钱规模的动态变化》,《经济学家》2014 年第 6 期。

一些不足：第一，国内研究大多聚焦于对国内拉动因素的研究，考虑到国外驱动因素的文献很少。第二，不少研究以年度数据分析为基础，由于时间序列较短，不得不覆盖了20世纪80年代与20世纪90年代的数据，然而自2000年以来的十余年中，中国股票市场、房地产市场、外汇市场与货币市场均经历了快速的制度变革。为提高研究的准确性与预测能力，采用最近年度的月度数据应该效果更好。第三，从研究方法上来看，由于短期国际资本流动、利率、汇率、资产价格等时间序列均可能是非平稳时间序列，因此用简单OLS回归分析可能出现偏差。

四 国际资本流动对国内宏观经济的影响

随着我国资本账户开放进程的推进，国内一些学者开始探讨资本账户开放与金融稳定的关系问题。具体可以从以下四个方面分析国际资本流动对国内金融稳定的影响。

第一，资本账户开放与金融稳定的关系。亚洲金融危机之后，国内学者非常重视资本账户开放与国内金融稳定之间的关系。[①]

第二，国际资本流动对中国货币政策的影响。[②]

第三，国际资本流动对人民币汇率的影响。[③]

第四，国际资本流动对人民币资产市场包括房地产市场和股票市场的影响。[④]

[①] 张礼卿：《论发展中国家的资本账户开放》，《国际金融研究》1998年第3期；高海红：《资本项目自由化：模式，条件和泰国经验》，《世界经济》1999年第11期；戴任摇：《论发展中国家资本账户开放过程中的银行稳定性问题》，《国际金融研究》1999年第2期；余永定、张明：《资本管制和资本项目自由化的国际新动向》，《国际经济评论》2012年第5期。

[②] 曹勇：《与资本项目开放有关的几个问题的再思考》，《金融研究》2004年第4期。

[③] 奚君羊：《资本流动对人民币汇率的影响》，《国际金融研究》2002年第2期；施建淮、余海丰：《人民币均衡汇率与汇率失调：1991—2004》，《经济研究》2005年第4期；谷宇、高铁梅、付学文：《国际资本流动背景下人民币汇率的均衡水平及短期波动》，《金融研究》2009年第5期。

[④] 刘莉亚：《境外热钱是否推动了股市、房市的上涨？——来自中国市场的证据》，《金融研究》2008年第10期；梅鹏军、裴平：《外资潜入及其对中国股市的冲击——基于1994—2007年实际数据的分析》，《国际金融研究》2009年第3期；何淑兰：《热钱、房地产价格波动与金融体系稳定——基于svar模型的实证分析》，《经济与管理》2013年第1期。

第五节　国际金融监管研究

中国学者对于金融监管的研究大体分为三个阶段。第一阶段始于20世纪80年代中期，延续到90年代前期，这一时期的研究成果较少，且主要是"拿来主义"模式，谢佩苓、陈宪生、胡波、施惊、周靖、刘建红等人相继介绍了发达国家金融监管的经验，重点关注《巴塞尔协议》的内容、特点、实施方式及其对中国银行业的影响。① 第二阶段从90年代中期开始，一直到2008年国际金融危机爆发前，中国学者开始全面、深入地研究本国的金融监管问题，范围涵盖了全部金融市场和机构的监管。2008年国际金融危机爆发后，我国的金融监管研究进入到第三阶段，与国际上最新的监管研究完全同步，对宏观审慎监管、银行与影子银行体系、国内监管架构以及国际监管协调等问题进行了热烈讨论。

本节根据2008年国际金融危机后国际学术界对于金融监管的重点关注领域进行分类，对中国学者的研究进行归纳和述评。

一　宏观审慎监管

1986年，国际清算银行报告《近期国际银行业的创新活动》正式提出了宏观审慎监管的概念，但是这一理念得到学术界的关注，则是在20世纪90年代后期。直到2008年国际金融危机爆发，宏观审慎监管才真正成为金融监管的核心理念和首要目标。

巴曙松、王璟怡、杜婧认为，宏观审慎监管可分为两大维度：时间维度和空间维度，前者考察系统总风险如何随时间而发展变化，后者关注特定时间内，风险在不同金融机构之间的分布。同时他们指出，针对前一维

---

① 谢佩苓：《国际银行监督》，《国际金融研究》1984年第1期；陈宪生：《应重视〈巴塞尔协议〉的实施》，《国际金融研究》1989年第2期；胡波：《日本、美国和西欧如何实施〈巴塞尔协议〉》，《国际金融研究》1990年第11期；施惊、周靖：《关于西方国家金融监管的若干问题》，《国际金融研究》1990年第4期；刘建红：《〈巴塞尔协议〉与我国银行业》，《金融研究》1992年第8期。

度，监管当局需要建立逆周期的自动稳定器机制；而对于后一维度，则需要监管当局运用自由裁量权对不同金融机构实行自上而下的差异化干预。[1] 李文泓则将宏观审慎监管的研究集中于逆周期监管上，他指出，宏观审慎监管的重要任务就是解决顺周期问题，一方面是降低系统的顺周期，另一方面还要引入逆周期工具，如逆周期资本要求、前瞻性资本拨备等，从而建立系统的逆周期特性，缓解系统性风险的积累。[2] 苗永旺、王亮亮进一步分析了宏观审慎监管的实施策略，包括压力测试、宏观审慎指标和早期预警指标、宏观审慎的校对工具三方面，并指出，对系统重要性机构的风险识别和监管应是未来关注的重点。[3]

上述研究都是采用定性的方式对宏观审慎监管进行探讨。而对于系统性风险的早期预警，则是宏观审慎监管的定量研究最为集中的领域，其成果较为丰富。

刘志强设计了一套包含国内金融机构资产质量、经营稳健性、信贷增长、利率和汇率等指标在内的金融危机预警体系，并对1994年墨西哥金融危机和1997年亚洲金融危机进行了模型检验，具有良好效果，但是其缺点在于指标临界值的选取上客观性不足。[4] 史建平和高宇（2009）利用国际主流的金融危机预警模型（KLR模型）对新兴市场国家现阶段的金融危机做了实证检验，结果显示KLR模型的预警绩效较好，可以用于进一步的预警研究。由于该研究没有进行样本外检验，因此无法判断模型的预测能力。苏冬蔚、肖志兴（2011）综合使用非参数KLR模型和Logit模型，根据中国、韩国、泰国、马来西亚、印度尼西亚和菲律宾亚洲六国宏观数据进行实证分析，发现国内信贷规模与GDP的比率、广义货币M2与外汇储备的比率、实际产出增长率和外汇储备增长率对防范我国金融危机具有重要的预警作用，同时利用该模型对1997年亚洲金融危机进行样

---

[1] 巴曙松、王璟怡、杜婧：《从微观审慎到宏观审慎：危机下的银行监管启示》，《国际金融研究》2010年第5期。
[2] 李文泓：《关于宏观审慎监管框架下逆周期政策的探讨》，《金融研究》2009年第7期。
[3] 苗永旺、王亮亮：《金融系统性风险与宏观审慎监管研究》，《国际金融研究》2010年第8期。
[4] 同上。

本内检验，对 2009 年全球金融风暴和经济危机进行样本外检验，均取得了较好的检验效果。

与此同时，一些学者仍然以定性的方式对系统性风险的成因和防范进行了较为全面的分析。张晓朴指出，金融市场的根本缺陷、金融机构的内在脆弱性、金融监管放松和难度加大、宏观经济周期和调控失误、市场主体的非理性等问题均是造成系统性风险的因素。他还认为，由于系统性风险的测度困难，监管机构的意见不一且缺乏足够的勇气，以及监管授权的有限性，都使系统性风险的预防面临着极大的挑战性。[1] 毛奉君则专门针对系统重要性金融机构进行了分析，提出这些机构带来的系统风险主要表现在道德风险进一步加剧、阻碍金融体系公平竞争、推动市场机构过度集中风险三个方面，并指出中国对于系统重要性机构的界定应主要依据资产规模，同时参考资产余额与 GDP 的占比。[2]

在宏观审慎监管的研究领域，一个热点问题是货币政策与宏观审慎监管的协调。2008 年国际金融危机前，多数发达国家的央行并不把宏观审慎监管作为自身的职责，国外学术界也倾向于将金融监管与货币政策两项职能充分分离。全球金融危机的爆发改变了这一主流观念，在政策执行领域，很多发达国家的央行重新担负起宏观审慎监管的重任，但是在学术研究领域，对于二者的关系和分工协调仍然有诸多争议。而在国内，对这一问题的看法也表现出类似的变化趋势。胡哲一认为，金融监管必须为制定和实施货币政策服务，前者是后者得以成功实施的基础。这一观点实际反映出 20 世纪 90 年代我国央行同时肩负货币政策和金融监管双重职责的大背景。[3] 但是，胡哲一的研究并没有涉及金融监管与货币政策之间可能存在的冲突。钱小安的研究则深入分析了货币政策和金融监管之间的冲突、分工与合作，他认为，由于货币政策和金融监管都存在各自的专业性，因此两者之间存在职能分离的需要，特别是在金融开放的条件下，如果两者统一在中央银行，会产生如下问题：一是央行的"最后贷款人"

---

[1] 张晓朴：《系统性金融风险研究：演进、成因与监管》，《国际金融研究》2010 年第 7 期。

[2] 毛奉君：《系统重要性金融机构监管问题研究》，《国际金融研究》2011 年第 9 期。

[3] 胡哲一：《谈谈货币政策与金融监管的关系》，《中国金融》1996 年第 5 期。

职责会加强道德风险，二是会影响央行声誉，三是会增强通胀预期。① 因此钱小安认为需要将金融监管职能从央行剥离。郭子睿和张明指出货币政策会通过金融机构的风险承担行为影响金融稳定，且利率政策在应对金融失衡时比较"钝"。货币政策针对经济周期发挥作用，宏观审慎政策针对金融周期发挥作用，两种政策的协调取决于经济周期和金融周期的一致性程度、冲击的类型以及宏观审慎政策框架的制度安排。② 可以看出，货币政策与金融监管的协调始终是难点问题，是摆在学术界和决策者面前的一个挑战。

二 银行业与影子银行体系监管

在 2008 年国际金融危机爆发前，对于金融机构监管的讨论，重点在银行，因为银行对任何一个国家而言，都是金融系统的核心。但出人意料的是，2008 年的危机肇始于美国的影子银行体系，这使得针对影子银行的监管迅速成为政府和学术界关注的焦点。事实上，银行和影子银行的联系是非常紧密的，对于两者的监管往往是一个问题的两面。因此，本书将两者的监管放在一节当中论述。

《巴塞尔协议》是国际金融监管当中最具影响力的全球性规则，因此国内对于银行业监管的研究多数集中在《巴塞尔协议》方面。黄宪、王露璐从全球金融危机爆发的原因分析入手，反思了《巴塞尔协议》Ⅱ的缺陷并指出，尽管《巴塞尔协议》在提高银行业风险管理水平上功不可没，但是该协议倡导的以资本充足率为导向的金融监管却出现了三个未曾预料的负面效应，即"监管套利效应""信贷紧缩效应"和"亲经济周期效应"。③ 它们在客观上参与酿成这场特殊的金融危机，并推动了金融危机向经济危机的转化。钟伟、谢婷则对 2010 年 9 月新出台的《巴塞尔协议Ⅲ》进行了全面分析，认为新协议改善了原有协议的资本框架和资本充足率要求，强调了普通股的重要性和逆周期审慎的重要性，并引入防范

---

① 钱小安：《金融开放条件下货币政策与金融监管的分工与合作》，《金融研究》2002 年第 2 期。
② 郭子睿、张明：《货币政策与宏观审慎政策的协调使用》，《经济学家》2017 年第 5 期。
③ 黄宪、王露璐：《反思金融危机中的〈巴塞尔协议〉》，《国际金融研究》2009 年第 9 期。

系统性风险和流动性风险的新指标,降低了金融行业的经营杠杆,有可能推动全球金融新一轮的改革和增资进程。①

上述研究都是对《巴塞尔协议》的总体性分析。国内还有一些学者,则对《巴塞尔协议》及相关的银行业监管问题进行了更为细致的模型研究和定量分析。王力伟、刘红梅、蒋勇对《巴塞尔协议》和《巴塞尔协议Ⅲ》所使用的渐近单风险因子模型(ASRF)内在的原理及其局限性进行了深入分析,指出 ASRF 模型存在着低估潜在信用风险的可能性,在某些情况下可能对银行管理产生误导作用,第一支柱和第二支柱的实施如果不能同步推进还可能会导致监管套利。② 作者认为,监管当局和商业银行应该充分认识这些局限性,进一步优化和完善 ASRF 模型,更好地将其应用于审慎监管和银行内部经营管理。苗文龙利用滤波法、谱密度分析法以及 SWA RCH 法检验中国银行体系的波动特征及其与通货膨胀周期的内在逻辑,发现无论是计划经济还是市场经济,银行信贷都具有顺物价周期特征;银行职工规模波动与物价周期具有较高置信水平的关联性,表明银行经营规模具有亲通胀波动特征;随着体制转化,银行资本波动的逆物价波动周期特征逐渐显现。③ 该研究为银行监管与货币稳定提供了重要思路。黄宪、熊启跃采用了 1998—2011 年全球 100 个国家 1708 家商业银行年度面板数据,对宏观经济波动下银行资本缓冲的调整行为进行了实证分析④。研究发现,商业银行不具备逆周期调节资本缓冲的行为特征,并且资本缓冲与宏观经济波动呈现负向变动关系。张雪兰、何德旭基于中国 2000—2010 年的经济金融数据,应用动态面板系统广义矩法,考察我国货币政策立场对银行风险承担的影响。⑤ 结果显示,货币政策立场显著影

---

① 钟伟、谢婷:《〈巴塞尔协议Ⅲ〉的新近进展及其影响初探》,《国际金融研究》2011 年第 3—4 期。

② 王力伟、刘红梅、蒋勇:《Basel Ⅱ 渐近单风险因子模型的局限性及其修正》,《国际金融研究》2012 年第 5 期。

③ 苗文龙:《中国银行体系亲周期特征与金融稳定政策》,《数量经济技术经济研究》2010 年第 1 期。

④ 黄宪、熊启跃:《银行资本监管作为逆周期调节工具的经济学解释——基于逆周期"资本缓冲"功能的视角》,《金融评论》2014 年第 1 期。

⑤ 张雪兰、何德旭:《货币政策立场与银行风险承担》,《经济研究》2012 年第 5 期。

响银行风险承担,且受市场结构及商业银行资产负债表特征的影响。

中国在2008年国际金融危机之后,本国的影子银行体系出现了快速发展,其潜在风险和监管方式受到了国内学者的高度关注。张明通过分析中国式影子银行的界定、成因和发展模式,指出中国式影子银行是金融抑制环境下的自发性金融创新行为,有助于克服制度缺陷、提高资源配置效率。[①] 它虽然缓解了宏观调控对企业层面的不利冲击,但同时降低了央行的货币政策效力。文章认为,中国政府应该加强对影子银行体系的监管与信息披露要求,厘清各方权责关系以打破刚性兑付格局,加快金融改革步伐以降低套利空间。肖立晟认为,当前理财产品风险总体可控,但存在一定程度的流动性风险和信用违约风险,未来需要进一步合理完善金融监管制度,强化信息披露,明确各相关方的法律关系,引导银行理财产品市场创新发展。[②] 刘东民研究了中国影子银行最重要的基础资产——城投债,指出目前中国城投债市场尚不存在系统性风险,其主要的潜在风险在于零违约纪录和收益率错配。[③] 文章认为,从防范系统性金融风险的角度来看,中短期内监管当局应允许城投债出现局部违约、要求城投债发行主体所在省份的投资者持有一定比例的该项债券,在中长期应把城投债转变为真正的地方政府债。可以看出,国内学者对于中国影子银行的发展,大多建议采取堵疏结合、引导其健康持续发展的监管模式,而打破影子银行产品的刚性兑付,这也是国内研究的一致结论。

三 监管制度与国际监管协调

在金融监管的政策制定方面,监管制度的选择与优化是极其重要也颇有难度的领域。特别是在国际金融监管的跨国协调方面,由于缺乏超主权而有执行力的监管实体,各国间的监管协调成为后危机时代

---

① 张明:《中国影子银行:界定、成因、风险与对策》,《国际经济评论》2013年第3—4期。
② 肖立晟:《人民币理财产品:概况、运作、风险与监管》,《国际经济评论》2013年第3期。
③ 刘东民:《中国城投债:特征、风险与监管》,《国际经济评论》2013年第3期。

的一个重大挑战。正因为如此，学术研究对监管制度的选择与改进给予了高度关注。

陆磊建立了一个二层次非对称信息委托代理模型分析我国金融监管决策，其研究结论是，当前的金融机构体系呈现由少数机构垄断的特点，因而具备形成独立利益集团的必要条件。① 文章进一步指出，中国金融监管改革的关键在于继续推行透明度建设，逐步放开市场准入管制。蒋海、刘少波通过建立存款人与监管部门、监管当局与金融机构三方的监管博弈模型，对金融监管中的激励问题进行了分析，结果表明，不同的信息结构决定着不同的监管激励水平，从而直接影响监管效率和社会福利水平。② 信息不对称程度愈大，监管激励水平愈低，监管效率也就愈低。中国当前金融监管中的主要问题也正是监管者及金融市场的透明度较低而缺乏监管激励所致。可以看出，该文章与上述陆磊的研究，通过不同的模型得出了一致的结论。李成、马国校、李佳应用进化博弈理论透视中国人民银行与三家金融监管机构的监管协调行为，以及对我国金融监管协调效率进行考察，得出的基本结论是，当前我国金融监管协调机制处于低效率状态，监管各方在博弈过程中存在搭便车现象。③

2008年国际金融危机使得各国意识到国际金融监管合作的重要性。在国际金融监管合作领域，国内学者的研究多数从监管套利和监管竞争的角度入手。陈启清试图通过一个两国博弈模型来为国际金融监管合作寻求理论上的支持，通过模型分析，发现在一次博弈的假设下，两监管方的博弈是一个典型的囚徒困境。④ 在更为符合现实的无限次重复博弈中，文章证明了"（合作，合作）"策略是无限次重复博

---

① 陆磊：《信息结构、利益集团与公共政策：当前金融监管制度选择中的理论问题》，《经济研究》2000年第12期。

② 蒋海、刘少波：《信息结构与金融监管激励：一个理论分析框架》，《南开经济研究》2004年第3期。

③ 李成、马国校、李佳：《基于进化博弈论对我国金融监管协调机制的解读》，《金融研究》2009年第5期。

④ 陈启清：《竞争还是合作：国际金融监管的博弈论分析》，《金融研究》2008年第10期。

弈的子博弈完美纳什均衡。也就是说，在长期博弈中，国际金融监管的合作策略将是博弈方最优的策略选择。张金城、李成从金融监管国际合作失衡的视角，以监管制度的成本收益和供需均衡分析为框架，运用净制度负担的一价定律模型和金融监管国际合作博弈模型，探讨了金融监管国际合作不同状态下的监管套利问题。文章还提出了构建具有层次性、区域性的金融监管合作机制，通过国际合作监管来缓解监管竞争，减少和消除监管套利的政策建议。[1] 万泰雷、李松和梁黄鑫认为国际金融监管合作在金融危机后呈现以下四个特征：二十国集团为金融监管合作进行顶层设计、合作议题针对性强、区域性合作和新兴经济体合作盛行以及双边监管合作受到重视。[2] 中国应在这一大背景下，以区域合作和"金砖合作"为突破口，重视与国际自律组织和智库的合作，增强跨境监管合作能力。刘东民通过对全球金融危机后流动性过剩状况的分析，结合由前 IMF 总裁康德苏牵头、包括中国央行官员在内的 18 人研究小组近期发表了关于国际货币体系改革的倡议书《康德苏报告》，报告指出，经济全球化和金融市场的非理性、非线性特征使得"全球最后贷款人"具有重大价值。中国应当积极推动 IMF 承担最后贷款人职能，并逐步推进全球监督机制的建立，这不仅有助于国际金融稳定，而且将提升中国在国际货币体系当中的话语权，从而更好地维护中国自身的利益。[3] 刘东民、何帆认为 2008 年国际金融危机之后，中美两国在国际金融体系改革和金融监管领域尚缺乏实质性的合作成果，中国政府应以更加积极的姿态推动中美双边金融合作，包括加强金融监管领域的合作，这将对促进全球金融稳定做出贡献。[4] 可以看出，国内学者对于国际金融监管合作，不约而同地都给予了高度认同并希望中国政府对

---

[1] 张金城、李成：《金融监管国际合作失衡下的监管套利理论透析》，《国际金融研究》2011 年第 8 期。
[2] 万泰雷、李松梁、黄鑫：《国际金融监管合作及中国参与路径》，《国际经济评论》2014 年第 3 期。
[3] 刘东民：《后危机时代的流动性过剩与全球流动性管理》，《国际经济评论》2011 年第 5 期。
[4] 刘东民、何帆：《中美金融合作：进展、特征、挑战与策略》，《国际经济评论》2014 年第 2 期。

此积极推进。

（本章写作分工：陆婷、李远芳、陈思翀、肖立晟、刘东民分别执笔第一、第二、第三、第四、第五节。作者均来自中国社会科学院世界经济与政治研究所，陈思翀现任职中南财经政法大学）

第三章

国际贸易

国际贸易学是世界经济学的重要组成部分，也是应用经济学的一个重要分支学科。其研究内容包括国际贸易的基本理论、贸易政策以及国际贸易实务等。作为一门科学，它是随着经济和社会实践的发展而发展的，且与科学技术的发展是同步的。因此，在改革开放前，我国国际贸易学科的发展相当缓慢。改革开放后，随着世界经济全球化趋势和国内经济的快速发展，国际贸易学科终于迎来了发展的春天，学科建设以及国际理论和政策的研究都取得了很大的发展。国际贸易逐步发展成为立足中国的实际国情，彰显本土特色，放眼全球、满足市场化要求的学科。

第一节 具有中国特色的国际贸易理论的建立和发展

马克思以世界市场的形成为前提，将其科学的劳动价值理论应用于国际贸易的分析研究之中，形成了科学的国际价值理论，为后人研究国际贸易问题提供了新思路、新出发点。在我国从事国际贸易理论研究，毫无疑问要以马克思主义的国际贸易理论为指导，建立适合中国国情的、具有中国特色的国际贸易理论体系。

1978年以后，学术界开始探讨马克思有关国际贸易的论述。由于钻研不深不透,断章取义,出现了"马克思"与"马克思"互相矛盾的现象①,甚至有人公开否定马克思国际贸易理论的存在。因此,应当全面、准确地理解和掌握经典作家有关国际贸易的理论,发展马克思主义的国际贸易理论,用以指导中国国际贸易学科的建立,成为当务之急。

一 对马克思主义国际贸易理论基本内容的讨论

改革开放后,中国学术界对马克思主义国际贸易理论的基本内容展开了深入的研究与探讨。探讨的内容主要包括:马克思主义的国际分工理论、国际价值理论、世界市场理论、资本输出理论和国际汇兑理论等。

国际分工理论是马克思主义经济理论的重要组成部分。袁文祺、戴伦彰、王林生②三位学者于 1980 年率先阐明了国际分工的内涵,并提出了国际分工的发展与生产力进步同步性的观点。这一观点对后来的研究产生了重要的影响。随着我国参与国际分工的深化,学术界对当代国际分工的特征、国际分工与世界市场的密切联系进行了剖析,认为跨国公司内部交换产品、内部世界市场关系、跨国公司的全球商品链形成了新的分工格局,主要代表作者有俞坚和栾文莲等。

中国学术界对国际价值、国际价值转移,国际剥削等问题展开了一系列讨论,以深化对马克思国际价值理论的理解。在汤在新主编的《〈资本论〉续篇探索》③ 一书的基础上,许兴亚(2002)进一步从国际经济理论的角度对马克思的国际贸易理论进行了系统的总结与研究。他在著作《马克思的国际经济理论》中,全面解读了马克思主义的国际分工理论、国际价值理论、世界市场理论和世界经济危机理论等。同时,将马克思的国际贸易理论与中国经济发展的实际问题相联系,对指导当时中国经济战略选择具有重要的历史价值和现实意义。此外,杨圣明的《学习马克思

---

① 薛荣久:《对国际贸易学说的回顾、比较与展望》,《国际贸易问题》1985 年第 1 期。
② 袁文祺、戴伦彰、王林生:《国际分工与中国对外经济关系》,《中国社会科学》1980 年第 1 期。
③ 中国金融出版社 1995 年年底出版的《〈资本论〉续篇探索》一书,是我国学者集体编写的对《资本论》的研究和探讨,在国内首次比较系统地整理和发掘了包括《国际贸易》理论在内的《资本论》的可能的续篇中应当包括的内容。

的价值学说》也对马克思国际贸易理论进行了系统阐述。

进入 21 世纪以来,国内学者对马克思国际价值论的研究又掀起了一轮热潮。杨圣明认为,马克思国际价值理论的基础是马克思的政治经济学的整体框架,他坚持对马克思国际价值理论进行研究,探讨了经济全球化与国际价值问题,强调了马克思国际价值理论的现实意义[1]。其他学者如杨国昌、钟伟、赵楠、庄宗明等也都探讨了马克思的国际价值论及其意义。

国内学术理论界还对世界市场的形成机制、当代世界市场的特征、世界市场价格等问题进行了探讨。许兴亚教授在其《马克思的国际经济理论》一书中对马克思世界市场理论进行了总结阐述。这一领域主要代表学者有袁文祺、许兴亚、童书兴、陈家勤、栾文莲、陈同仇、薛荣久、姚曾荫等。

资本输出是帝国主义的五个基本经济特征之一。许乃炯和巫宁耕于 1980 年在《经济科学》第 2 期上发表了《略论战后帝国主义的资本输出》一文,率先对战后资本主义国家资本输出进行了研究。我国学者对战后资本输出现象与背后隐含的本质也十分重视,对有关问题进行了深刻的理论阐述,主要代表学者有杨圣明、许兴亚、栾文莲、陈同仇、薛荣久、沈骥如等。

虽然马克思生活的时代实行的是金本位制度,但马克思仍然创立了自己的汇兑理论。按照目前国内学术界比较常见的观点,马克思主义的汇兑理论主要包括汇兑率的调节机制理论、汇兑率变化原因理论和影响汇兑率的资本输出形式理论。国内学者许兴亚、陈家勤、叶辅靖等对马克思主义的汇兑理论都有系统性探讨。

社会主义国家的对外贸易政策理论与实践是由列宁首创的。对外贸易垄断制体现了列宁在社会主义建设事业中坚持马克思主义原则性与灵活性的高度统一,为后起的社会主义国家发展对外贸易开启了思路。改革开放以来,童书兴、朱乃肖、王寿椿等对此进行了一系列相关的研究。

总的来说,我国学术界对于马克思的国际贸易理论已经进行了不少有

---

[1] 杨圣明等:《马克思主义国际贸易理论新探》,经济管理出版社 2002 年版。

益的研究和探讨,但是这方面值得进一步深入探讨的问题仍然很多。至于如何将其更好运用于当代中国对外贸易战略的研究,并在实践中进一步丰富和发展马克思的这一理论,则更是任重而道远。

二 马克思主义国际贸易理论核心地位的确立

由于未全面、准确地理解和掌握经典作家的理论与方法,学者们在对待西方国际贸易学说上采取了不科学的态度。改革开放以前,对西方国际贸易学说一味批判和否定。随着对外经济贸易关系的扩大,一些人又不加鉴别地推崇,甚至要全盘拿来指导中国的对外贸易。因此,在改革开放初期,如何全面、准确地理解和掌握西方国际贸易理论,深入分析马克思主义国际贸易理论与西方国际贸易理论的区别,吸收西方国际贸易理论的合理内核为我所用,就成了国际贸易学科发展的当务之急。

薛荣久从立论基础、研究内容和方法论等几个方面对马克思主义国际贸易理论与西方国际贸易学说进行了较深入的比较分析,认为马克思的国际贸易理论是最适合社会主义国家的国际贸易理论。对西方国际贸易学说的科学态度应该是:在马克思主义研究方法指导下,吸取和改造他们所取得的成就,包括部分理论,尤其是对当代国际贸易现象、政策和各种措施的定量分析方法。

李群也在1985年《社会科学》第3期上发表了《国际贸易理论的比较分析》一文,对国际贸易的主要流派和马克思主义国际贸易理论进行了有益的比较研究。由于对马克思主义国际贸易理论中的许多重要问题没有阐述清楚,俞坚对他的一些观点提出了质疑,并对马克思国际分工理论、国际价值理论和国际垄断理论做了详细的补充说明[1]。此外,李荣林、史祺等也将马克思的国际价值理论与西方国际贸易学说进行了比较分析,认为马克思的国际价值理论与西方国际贸易理论在理论上具有更多的互补性而非歧义性。

国内学者们在反复深入的理论探讨中,进一步理清了马克思国际贸易

---

[1] 俞坚:《关于马克思主义的国际贸易理论——对国际贸易理论的比较分析》,《社会科学》1985年第12期。

理论的内涵和基本脉络，及其与西方贸易理论的差异性及互补性等，也进一步明确了马克思国际贸易理论在社会主义国际贸易理论中的核心地位。

三 具有中国特色的国际贸易学理论的形成与发展

1987年9月，姚曾荫教授主编了《国际贸易概论》[①] 一书。该书对国际分工、世界市场、对外贸易与经济发展、国际价值与国际价格、跨国公司及对外直接投资的理论分析及其历史发展、各国对外贸易政策以及西方国际贸易理论等，均有其自成一家的论述。该著作对国际贸易领域的几个重要部分，从理论、政策和企业三个层次，注入了新的内容、提出了新的观点，形成了一个有特色的理论体系。在坚持运用马克思主义观点方法的同时，紧密联系和真实反映已经变化了的并在不断变化的世界经济与中国对外经济贸易关系的实际，借鉴与吸取对国际贸易科学的建立与发展的一切有科学价值和合乎实际的东西。此书是国内学者研究马克思主义国际贸易理论的丰硕成果，奠定了具有中国特色的国际贸易学的基础，为我国乃至社会主义国家国际贸易理论的发展铺平了道路。[②] 此后，国内出现的多种国际贸易教材，虽然在内容上做了一定的修改和补充，但基本框架和内容均未有大的改变。

2011年，中国社会科学院学部委员、原财政与贸易经济研究所所长杨圣明研究员出版了新著《走向贸易强国的理论创新》[③]。该书深刻阐明了马克思国际价值理论既是经济全球化理论，又是剩余价值理论在国际上的延伸和应用，是揭示国际剥削的理论。只有建立以马克思国际价值理论为基础的国际经济新秩序，才能实现全球化的均衡发展。同时，该书重新定位了马克思国际价值理论在当代国际贸易理论中的核心地位。认为西方国际贸易理论的比较成本理论、相互需求理论和资源禀赋理论这三大核心理论都具有致命的理论缺陷，缺乏科学的劳动价值理论基础。而马克思将其科学的劳动价值论应用于世界市场和国际贸易中，不仅科学地回答了国

[①] 姚曾荫：《国际贸易概论》，人民出版社1987年版。
[②] 滕德祥：《马克思主义国际贸易理论的丰硕成果——读姚曾荫教授主编的〈国际贸易概论〉》，《世界经济》1988年第7期。
[③] 杨圣明：《走向贸易强国的理论创新》，经济科学出版社2011年版。

际上的三个劳动日可以同一个劳动日相交换，而且指出在交换中双方既获利，同时又存在剥削的问题。正是在这种意义上，作者认为马克思所创立的国际价值理论在国际贸易理论发展中处于核心地位。最后，作者还明确指出马克思国际价值理论是中国制定和实施对外开放战略的理论依据，对中国今后由贸易大国走向贸易强国具有重要的指导意义[①]。因此，该书被称为"马克思主义国际贸易理论及其中国化的最新成果"。这部专著的问世，促使我国学术界重新认识和研究马克思的国际价值理论，并以此为指导探索中国的贸易强国之路。

第二节 "入世"前中国国际贸易学科研究的主要问题

改革开放使中国经贸学术界的研究活动空前活跃，研究的问题从改革开放前的四个主要问题（对外贸易国民经济盈利性问题、社会主义国际分工问题、介绍和批判"比较成本说"、关于中国社会主义国民经济需要对外贸易的问题），猛增到改革开放后的三十多个主要问题。这些问题包括：对外贸易在中国经济发展中的地位与作用、两个平行的世界市场理论、中国发展对外贸易的理论基础、比较成本说、国际分工、国际价值与价格、国内价格与国际价格的关系问题、对外贸易发展的速度与规模、对外贸易效益、贸易依存度、外贸体制改革、对外贸易发展战略、进口替代战略、出口导向型战略、国际大循环经贸发展战略、国际竞争力导向战略、对外贸易的"自乘发展战略"与"技术导向发展战略""大经贸"战略、跨世纪外贸出口增长战略、自主型出口战略、国际贸易与国际直接投资关系、外商投资与中国经贸发展、全球化与经济全球化问题、知识经济与国际贸易、新国际贸易理论与战略性贸易政策、国家竞争优势论、中国对外贸易总政策、国际服务贸易与中国服务贸易的发展、关贸总协定与

[①] 赵瑾：《马克思主义国际贸易理论及其中国化的最新成果——评杨圣明的新著〈走向贸易强国的理论创新〉》，《财贸经济》2012年第3期。

中国"复关"、世界贸易组织与中国等①。这一阶段，中国学者的硕果累累，对中国外经贸政策制定起了重要的参考作用。

一 对西方国际贸易理论和政策的评价与借鉴

在确定马克思主义国际贸易理论的核心地位的同时，国内学者也逐步认识到西方的国际贸易理论中有许多合理内核，对形成具有中国特色的国际贸易理论具有重要的借鉴意义。因此，改革开放后，国内一些学者开始对西方国际贸易理论的发展进行介绍，并结合我国的实际情况对这些理论做了客观的评价。

从基本前提划分，国际贸易理论可以分成古典贸易理论和新贸易理论。从贸易理论渐进的发展看，国际贸易理论分成古典贸易理论、新古典贸易理论和新贸易理论三个发展阶段。② 对古典贸易理论的探讨，我国学者最关注的是比较成本学说的合理内核；对新贸易理论的讨论则主要侧重于对战略性贸易政策和企业内贸易理论。

（一）对古典贸易理论——比较成本说"合理内核"的讨论

古典贸易理论的核心是比较利益理论。对于其中包含的科学成分或科学内核，理论界讨论热烈。

第一种看法认为，按比较利益进行的交换实质上是以劳动为尺度、遵循价值规律的交换。这种交换能带来超额剩余价值和使用价值上的收益，它的质和量的规定性都基于劳动价值论原理，因此，李嘉图比较利益论的科学内核就是劳动价值论。比较利益论是科学的理论，所以在现阶段仍是商品经济和世界市场的时代背景下，国际贸易可以而且完全应该以此作为理论指导。它当然也可以是社会主义国家参与资本主义世界市场贸易活动所应遵循的原则。③

第二种看法认为，贸易双方通过交换用等量劳动耗费取得更多使用价值或在取得相同使用价值时节约国内劳动，从而获得一种类似生产力提高

---

① 薛荣久：《50 年的探索——对建国以来中国外贸理论的回顾与思考》，《国际贸易》1999 年第 10 期。
② 佟家栋：《国际贸易理论的发展及其阶段划分》，《世界经济文汇》2000 年第 6 期。
③ 陈琦伟：《比较利益论的科学内核》，《世界经济》1981 年第 3 期。

的利益,这就是比较成本说的合理内容(或科学成分)。而比较成本说的缺陷就是不能用劳动价值论来解释影响双方得利多少的交换比例或价格是怎样决定的问题。① 也有学者认为这一学说的"合理内核"恰好在于:比较利益是在劳动生产率差异的基础上产生的,我们可以在一定的前提下,借此利用国际分工,达到节约社会劳动的目的。但这决不等于我们要把它作为社会主义国家对外贸易的理论基础,而是指马列主义的国际分工理论可以批判地吸收这一"合理的内核"。为此必须在肯定比较成本说"合理内核"的同时,深入揭露和批判其庸俗的因素。②

第三种看法认为,这两种意见应该结合起来。因为没有比较利益的劳动价值论,就过于一般化而失去了具体内容;没有劳动价值论为基础的比较利益原则,就失去了科学基础而成为谬误。虽然,由于李嘉图价值理论的缺陷,他没有彻底解决比较利益原则的科学基础,但是他的比较利益原则基本上是以劳动价值论为基础的。③

从比较优势的理论上看,比较优势决定了国际贸易、投资和全球经济活动的方向和利益格局,已经成为支配世界经济活动的基本原则。因此,发展中国家只有充分发挥比较优势,积极参与国际分工,才能迅速提高国际竞争力,摆脱被淘汰的命运。在开放条件下,落后国经济要发展,必须建立本国具有比较优势的产业,然后通过优势产品出口支撑本国经济发展所需的产品和生产要素的进口,反过来增强本国既定的比较优势或促进新的比较优势产生,从而形成良性循环。④

(二) 对新贸易理论的比较与借鉴

传统贸易理论是古典经济学的产物,是以一些严密的理论假设为基础的。但是这些前提已不符合当今社会经济生活,使传统贸易理论无法解释现实。从 20 世纪 80 年代开始,西方学者提出了规模经济、不完全竞争和产品差异化假说,并建立了战略贸易理论和垄断竞争贸易理论,合称新贸

---

① 朱钟棣:《比较成本说的理论缺陷——与陈琦伟同志商榷》,《世界经济》1981 年第 11 期。
② 王林生:《关于对李嘉图比较成本说的评价问题》,《国际贸易问题》1981 年第 3 期。
③ 陈懋功:《李嘉图比较成本的合理内核》,《经济科学》1984 年第 3 期。
④ 杨圣明、刘力:《当代发展中国家的贸易政策选择》,《财贸经济》1997 年第 9 期。

易理论。①

如何看待新贸易理论呢？事实上，古典贸易理论的比较成本学说、新古典贸易理论的自然要素禀赋学说、新国际贸易理论的规模经济贸易学这三者是一脉相承的。比较成本学说从劳动生产率差异的角度来说明相对成本的差异；自然要素禀赋学说则从资源的相对丰富程度来解释绝对成本的差异；规模经济学说则从规模经济和异质产品的角度来解释比较成本的差异，进而揭示产业内贸易的原因。所以，新国际贸易理论并不是对传统贸易理论的全盘否定，而是在继承的基础上有所突破和发展。② 传统贸易理论的完全竞争和不变规模经济可以看成是新国际贸易理论的一个特例，它的比较优势原则仍是世之公理。

战略性贸易政策理论对此的认识向前迈了一大步，认为资源禀赋的相对差异是比较优势的来源之一，但更重要的是规模经济优势带来的比较优势。而规模经济优势明显在很大程度上取决于政府的干预。事实上，传统贸易理论与新国际贸易理论争论的实质就是干预主义与自由主义的争论，自由主义认为政府的干预只会产生经济扭曲，经济问题只能靠市场解决；而干预主义认为扭曲来自于市场失灵，必须通过政府干预进行纠正。新国际贸易理论的问世，强调了政府行为的重要性，摆脱了纯粹自由主义的阴影。③

新贸易理论对我国贸易政策的制定也有一定的借鉴意义。例如，产品技术周期理论突破了自然资源禀赋和要素配置比例决定国际分工和国际贸易的理论框架，突出了生产技术在比较优势形成中的重要作用，分析了生产技术变化与比较势变化的相互关系，从而使比较利益学说动态化了。这个理论学说不仅是第二次世界大战后国际贸易中许

---

① 关于西方的新贸易理论，王建业曾在汤敏、茅于轼主编的《现代经济学前沿专题》（第一集）（商务印书馆1989年版）中率先介绍了规模经济的贸易学说和与此相关的贸易和产业政策。海闻在《国际贸易：理论；实践》（上海人民出版社1993年版）一书中也详细介绍了这一理论。

② 李群：《新贸易理论文献回顾和述评》，《产业经济研究》2002年创刊号。

③ 吴汉洪、崔永：《新国际贸易理论与传统国际贸易理论比较》，《湖北经济学院学报》2003年7月第一卷第4期。

多新现象在西方理论的反映，而且是第二次世界大战后西方国家新技术革命对国际贸易理论影响的一种表现，它比新古典理论更具有时代特征，值得我们借鉴研究①。

当然，新贸易理论也有许多缺陷与不足。从理论上看，由于理论模型建立在对竞争行为、公司数量、寡头所得超额利润的大小、分析的局部均衡性质、工具的选择等假设条件下，这些假设条件的些微偏差都会导致政策选择工具的很大变化，有时还会得出相反的政策结论。正如孙杰指出的那样，新贸易理论"抽象掉了制度因素这个重要的环节，一下子跨越到贸易政策理论来解决国际贸易问题，显然缺乏内在的逻辑一致性，因而，在解释真实世界现象中暴露出许多不足"②。从实践上看，由于理论模型所要求的假设很多，再加上信息可能存在的不对称，政府在支持某些部门时无法对市场结构、公司行为和公司预期利润等有很准确的把握，其干预作用的衡量也很难客观评价。比如哪些部门是具有巨大外部经济效益的目标部门，如何选择目标部门，政府如何确定补贴的数量，外国政府报复如何处理等；更重要的是，如同克鲁格曼本人所承认的，新贸易理论产生的根本原因之一就是贸易在美国经济中的地位和美国在世界经济中的地位已经发生改变，该理论主要是由美国的经济学家研究并得出的结论，而没有从发展中国家的视角去解释贸易现象。③

(三) 管理贸易政策及其应对

管理贸易政策是20世纪80年代以来，在国际经济联系日益加强而新贸易保护主义重新抬头的双重背景下逐步形成的。在这种背景下，为了既保护本国市场，又不伤害国际贸易秩序，保证世界经济的正常发展，各国政府纷纷加强了对外贸易的管理和协调，从而逐步形成了管理贸易政策或称协调贸易政策。管理贸易是介于自由贸易和保护贸易之间的一种对外贸易政策，是一种协调和管理兼顾的国际贸易体制，是各国对外贸易政策发

---

① 裴长洪：《当代西方国际贸易理论的发展》，《国际经贸探索》1995年第4期。
② 孙杰：《克鲁格曼的理论"接口"和诺斯的"贸易由制度启动"命题》，《经济研究》1997年第12期。
③ 参见易定红《新贸易理论政策主张评述》，《经济学动态》1999年第3期；许统生《对新贸易理论政策的批评》，《当代财经》1998年第11期。

展的方向，它一出现便引起了国内学者的广泛关注。

国内学者对管理贸易内涵的理解主要有以下几种：第一，管理贸易是有组织的贸易，是保护贸易的一种形式；① 第二，管理贸易是变相的贸易保护主义，它的根本目的是限制贸易伙伴对本国市场的出口；② 第三，管理贸易是介于自由贸易与保护贸易之间的贸易，又兼二者特点，在名义上并不违背自由贸易原则，但实际上是贸易保护主义；③ 第四，管理贸易是"有组织的自由贸易"，它是以协调为中心，以政府干预为主导，以磋商谈判为轴心，对本国进出口贸易和全球贸易关系进行干预，协调和管理的一种国际贸易制度。它旨在既争取本国对外贸易的有效发展，且又一定程度兼顾他国利益，达成双方均能接受的贸易折中方案，彼此相容，而避免极端形式的贸易冲突，限制贸易战及其破坏程度，共同担负起维护经贸关系的稳定和发展的责任。④

无论是自由贸易政策，还是贸易保护政策，选择的依据都是如何使本国的利益最大化。这种利益不仅要从静态上估计，也要从动态上考虑。对什么产业采取什么政策，都要有尽可能精确的利弊分析。管理贸易并不是告诉我们应该如何保护的问题，而是为我们贸易政策的选择提供了更多需要考虑的问题。⑤

在国际管理贸易体制的大趋势下，中国应该认清国际管理贸易的大趋势，主动地融入而不是被动地接受。要加强对现有国际贸易集团、各国贸易法规、协议与协定的深入研究，提出我国现有贸易法规与之差距和衔接办法，并加强宣传与普及。同时，要加速建立和健全以《对外贸易法》为核心的外经贸法规，并加强执行力度，以建立良好的外经贸管理秩序；建立科学和完善的产业政策，以此为基础，确立淘汰、转轨与扶植的产业目标。⑥

---

① 陈寿琦：《国际经济贸易百科全书》，天津科技翻译出版公司1991年版，第205页。
② 李述仁：《发言选登》，《世界经济》1993年第2期。
③ 薛进年：《国际贸易新理论——管理贸易》，《国际贸易论坛》1992年第5期。
④ 薛荣久：《国际贸易》，四川人民出版社1993年版，第268页。
⑤ 海闻：《国际贸易理论的新发展》，《经济研究》1995年第7期。
⑥ 薛荣久：《国际管理贸易的兴起、影响与对策》，《国际贸易问题》1996年第2期。

二 开放与中国外经贸发展的战略问题

从 1978 年提出"改革开放"到社会主义市场经济体制确立之前，中国建立了"外向型经济"。这种经济以出口导向为主，以扩大创汇为目的，总体上是一种政策性的开放经济。从 1994 年社会主义市场经济体制的确立到中国加入 WTO 初期，形成了"开放型经济"。这是一种根植于中国社会主义市场经济体制的制度性的开放经济。[①]

（一）对开放及外经贸战略地位的认识

中国经济体制改革的目标是建立社会主义市场经济体制，而建立和发展社会主义市场经济，更加离不开对外开放。[②] 中国旧经济体制的主要弊端，除了高度集中外，就是自我封闭，从而割断了中国经济建设与国际市场之间的有机联系，束缚了中国生产力的发展。因此，封闭是中国建立社会主义市场经济的最大障碍。党的十一届三中全会确定的路线和对外开放的经济政策，为我国的对外经济关系开创了一个新的局面。同时，党中央进一步明确提出了我国的社会主义现代化建设要在自力更生的基础上，利用两种资源，要打开两个市场，要学会两套本领，实行对外开放政策。

对外贸易在中国社会主义建设中的战略地位的认识，改革开放前仅局限在"互通有无，调剂余缺"的认识上。改革开放后，学界把对外贸易的地位与作用纳入对外开放的理论框架中来考察，从历史经验和世界经济发展规律的高度加以分析，认为外贸作为沟通中国与世界经济的桥梁，是中国建立外向型经济的物质前提，强调其在中国社会主义建设中的战略地位。中国对外贸易应从国家统治下的保护贸易转向对外开放型的贸易。[③]

学者们将对外贸易在国民经济中的功能作用归纳为：互通有无，通过贸易换取国内不能生产的物品；物质转换，出口长线产品，进口短线产品，实现物质平衡；利用国际分工，节约社会劳动；引进技术，利用外

[①] 杨凤鸣、薛荣久：《加入 WTO 与中国〈开放型经济体系〉的确立与完善》，《国际贸易》2013 年第 11 期。

[②] 薛荣久：《中国经济对外开放与"复关"》，《国际贸易问题》1995 年第 12 期。

[③] 薛荣久：《50 年的探索——对建国以来中国外贸理论的回顾与思考》，《国际贸易》1999 年第 10 期。

资；积累建设资金；配合外交等方面。他们认为，对外贸易的战略作用正是经济落后国家赶上和超过经济发展国家的主要途径。

20世纪90年代后，学者们开始探讨经济全球化快速发展的大趋势下，我国对外贸易对国民经济发展的作用。叶翔凤认为，世界经济正不可阻挡地朝全球化的方向发展，中国如不加快开放型经济建设，就等于放弃了参与国际经济大循环的权利，就无法成为推动世界经济一体化的新生力量，就无法在世界竞争舞台上立足。① 在参与经济全球化过程中，区域合作作为经济全球化的初级阶段，将在很长时期成为主导力量，加强区域经济合作能减少或抵御经济全球化的负面影响。② 钟昌标则从通过对外贸易提高企业的竞争力的角度，论述了在经济全球化背景下对外贸易对经济发展的重要作用。③

(二) 改革外经贸体制的基本方向

改革开放初期，我国外经贸体制的改革方向就是解决外贸高度集中的经营管理制，希望从僵化的体制中摆脱出来，引进市场机制，调动多方面的积极性。因此，改革的主要内容包括：改革高度集中的外贸经营体制，增加对外贸易口岸，逐步下放外贸经营权，建立一些工贸公司，外贸企业和生产企业开始探索如何走工贸结合的路子，逐步推行代理制；改革外贸计划管理体制，较大幅度地缩小进出口商品指令性计划管理的范围，实行指令性计划、指导性计划与生产调节相结合的管理体制；改善对外贸的行政管理，重新恢复进出口许可证制度，建立外贸经营权的审批制度。

经过几年的改革和调整，我国对外贸易体制取得了重大进展，但与国民经济其他部门的体制改革情况相比，改革进程较缓，一直未能摆脱"一放就乱、一管就死"的被动局面，整个体制也未能发生实质性的变化，充分揭示出外贸体制改革的艰巨性和复杂性。李军认为，"跟踪改革，对应体制"是解决外贸问题的出路所在，也是外贸体制进一步改革

---

① 叶翔凤：《中国外贸与经济增长》，《学习月刊》1999年第1期。
② 李文锋、严启发：《试论经济全球化趋势与我国对策》，《国际贸易论坛》2000年第1期。
③ 钟昌标：《我国利用外贸纽带促进技术进步的机制与持续利用的关键》，《经济问题探索》2001年第3期。

所具有的特殊形式。对应体制的关键是建立新型调控体系，重点是调动企业积极性，加强企业之间的横向经济联系。①

关于如何建立新型的对外经济贸易体制，1995年通过的"中共中央关于制定国民经济和社会发展'九五'计划和2010年远景目标的建议"首次提出："'九五'期间，要适应我国社会主义市场经济发展需要和国际经济通行规则，初步建立统一规范的对外经济体制。"其主要内容包括：完善统一、科学、公开的外贸管理制度和手段；逐步实行外贸经营依法登记制，发展贸易、生产、金融、科技，服务相融合的具有国际竞争力的企业集团，促进规模经营；广开渠道，发展直接贸易和多种形式的国际经济技术合作，积极参与和维护区域经济合作和全球多边贸易体系，双边和多边贸易相互促进，实现市场多元化。在这一政策的指引下，中国外贸体制进行了重大改革。改革的方向就是坚持统一政策、放开经营、平等竞争、自负盈亏、工贸结合、推行代理制，逐步建立起符合社会主义经济体制要求和国际经济通行规则的新型外贸管理体制。

（三）中国外经贸发展战略的选择

对外贸易战略是一国经济发展战略的具体组成部分。世界上发展中国家的对外贸易战略大体上有三种：出口初级产品，发展单一经济；进口替代，引进技术和设备，在国内建立生产能力以替代某些商品；出口主导型，用出口来带动工业发展，从出口劳动密集型商品开始，逐步向资金密集型和技术密集型商品出口转变。面对日益激烈的国际竞争环境，应该选择何种对外贸易发展战略，是摆在我们面前的一个不可忽视的问题。

多数学者认为，初级产品出口战略虽然是工业化国家经济发展初期所采用的对外贸易发展战略，但由于初级产品与工业品之间的明显的"价格剪刀差"，易导致本国贸易条件的恶化和经济结构的畸形发展；用国内工业的生产品来替代进口产品的进口替代战略，虽然可以减少对国外市场的依赖性，促进国民经济的发展，但在高度保护下会使市场竞争机制难以充分发挥作用，从而使进口替代工业处于低效率、低收益的状态，使进口替代工业的前向联系和后向联系都受到限制。出口导向战略在一定程度上

---

① 李军：《关于外贸体制进一步改革的思考》，《管理世界》1987年第2期。

克服了进口替代战略的不利因素,然而,在该战略下发展起来的产业大多为加工制造业,长期实行该战略将不利于本国产业结构合理化,甚至使该国沦为发达国家的经济"附庸",导致一国经济独立性的丧失。因此,传统的对外贸易发展战略不适合中国的国民经济发展。①

在我国贸易发展战略的选择问题上,不少学者曾提出了"综合论""折中论"及"并行论"等观点②,即进口替代和出口导向动态有机结合的模式。就全国大部分地区和部门而言,应立足国内市场,发展和完善进口替代工业,进一步提高工业化水平。同时局部地区和局部行业及局部产品可以面向国际市场发展出口替代产业,实行以出口贸易为主导的外向型经济,带动国内产业结构的转换,促进国民经济的增长。这无疑是唯一适合我国特点的战略选择。③ 在这种贸易战略的影响下,我国的国民经济得到了快速的增长。

当然,综合战略又是一种双向的发展战略,存在着难以协调的矛盾。因此,20世纪90年代初,有些学者又提出了平衡发展战略,试图在进口替代和出口导向的综合发展中,寻求一条中性的不偏不倚的道路。他们认为,实行平衡发展比进口替代和出口扩张所花费的外资成本都低,对于我国需要大量外汇又面临外汇瓶颈限制的国情,无疑是一低成本高效率的选择。④ 尽管综合性贸易发展战略为很多人所认同,并对政策制定产生过影响,但这一战略是实质上的进口替代战略和形式上的出口替代战略相拼凑的产物,仍然具有很大的局限性。

20世纪80年代末,我国部分学者又提出了"国际大循环"的战略构想,并引起广泛讨论。所谓"国际大循环"是一种经济发展战略构想,即大力发展劳动密集型产品出口,在国际市场换回外汇,为重工业发展取

---

① 唐海燕:《论中国外贸发展战略的选择》,《国际贸易问题》1994年第2期。
② 参见唐海燕《中国外经贸发展战略转换与政策调整》,《国际经贸探索》1993年第6期;杨圣明:《国际经营惯例和国内外市场接轨》,经济管理出版社1997年版;张幼文:《外贸政策与经济发展》,立信会计出版社1997年版。
③ 陆建人:《现阶段我国外贸发展战略的选择与实施》,《国际贸易问题》1993年第1期。
④ 任纪军:《中国贸易发展战略分析》,《财贸经济》1991年第2期;胡凤英、唐海燕:《我国经济发展状况与平衡发展外贸战略》,《国际贸易》1992年第3期。

得所需的资金和技术，再用重工业发展后积累的资金返回来动摇农业，从而通过国际市场的转换机制沟通农业与重工业的循环关系，并使产业结构高级化。① 只有把中国经济推向国际大循环，才能使中国走上经济效益比较高、速度比较快、产业结构转换比较快的发展道路。

但随着国际贸易新格局的出现以及不同的贸易政策的实施，为了最大限度地获取对外贸易发展的动态利益，更好地通过对外贸易发展战略来促进本国产业结构的良性调整，提高本国贸易商品的国际竞争力，有学者认为中国应根据实际，选择以提高贸易商品国际竞争力为导向的国际竞争力导向战略②，促进贸易本身的发展和贸易对国民经济增长的推动作用，促进本国产业结构的升级换代及本国产业国际竞争力的提高。

20世纪末，有学者提出了"大经贸战略"的思路，其核心内容是以进出口贸易为基础，商品、资金、技术、劳务合作与交流相互渗透，协调发展，对外经济贸易与农业、工业、商业、科技、金融等国民经济各部门密切合作，共同参与，从而形成中国大经贸的新格局，带动国内相关产业的发展，更好地发挥对外经在促进经济增长、结构调整、技术进步和效益提高等方面的战略作用。③ "大经贸战略"是建立和完善社会主义市场经济体制的内在要求，是实现我国经贸与世界经贸互接互补的客观需要，是深化外经贸体制改革的必然趋势。④

学者们认为，要实施"大经贸战略"的战略目标，应该从以下几方面入手：一是适度超前增长，提高对经济增长的贡献度；二是集约化发展，进一步优化结构，促进我国产业结构的调整；三是市场多元化，逐步实现以亚太市场为重点，以周边市场为支撑，发达国家和发展中国家合理分布的市场结构；四是地区分工合理化，形成各地区之间外经贸合理协调发展的格局；五是实现良性循环，促进外经贸与国内经济的相互融合，形成开放经济条件下的良性循环，更好地发挥外经贸在现代化建设中的战略

---

① 王建：《国际大循环——引人注目的战略构想》，《光明日报》1987年12月30日。
② 蔡珍贵、刘晓艳：《中国外贸发展战略面临调整》，《经济论坛》2000年第24期。
③ 源流：《用大战略搞大经贸：中国外贸发展之路》，《中国流通经济》1998年第9期。
④ 钱宗起：《深化外经贸体制改革的几个问题》，《国际贸易论坛》1998年第5期。

作用。①"大经贸战略"一改过去就外贸谈外贸的传统思路，为推进外贸体制改革，促进对外贸易起到了切实的作用。

（四）对外贸易发展战略的评价及未来战略的选择

出口高速发展在一定程度上提高了我国资源配置和使用的效益，有力地推动了经济的持续增长。但是，我们也要看到，这一时期的出口增长远远超出了经济理论上界定的出口贸易发展速度一般应高于国经济增长2—4个百分点的水平。因此，有学者认为，在中国经济尚未实现两个根本转变的条件下，在出口以创汇为中心的框架下，高速发展出口也必然会带来负面影响。②实际上这种速度是靠增加投入要素而形成的，属于粗放型增长。如果这种类型的出口过度，就会导致国际贸易条件恶化，使本国商品在国际市场上竞争力降低，使本国的净福利水平下降，对整个经济的发展产生腐蚀的作用。因此，这种盲目追求消耗资源型的、靠数量和廉价创汇的出口不是我们的出口战略目标，而出口导向战略也不适合中国国情。

出口快速增长的同时，进口却一直不振。在盲目地维护以创汇为中心的方针指导下，人为地压低进口需求，是导致进口处于低迷状态的主要原因。发展中国家在经济起飞初期，由于外汇短缺，往往都采取鼓励出口和限制进口的政策。然而中国今天的情况不同：今天的中国外汇储备充足，企业的技改和设备亟待更新，人民币币值稳中有升，相对坚挺，出口竞争力下降需要技术输血，大规模基础设施项目频频出台。因此，在我国加大投资的今天，审时度势和不失时机地增加进口势在必行，否则实现产品升级换代，优化出口商品结构，增加出口商品科技含量，增强中国商品在国际市场上的竞争力，都将是空话。

因此在未来外贸发展战略上，很多学者认为，我国应该逐渐从出口贸易的数量扩张型的粗放经营转移到提高产品档次和质量的集约经营方面来。③特别是随着出口任务指令性计划和上缴外汇任务的取消，加上出口退税率大大降低，外贸企业追求出口数量的机制大大弱化，对外

---

① 王子先：《关于我国实行大经贸战略的若干问题》，《国际贸易问题》1994年第10期。
② 秦宣仁、李红梅：《中国外贸：发展中的思考》，《世界经济与政治》1999年第4期。
③ 杨圣明：《中国的外贸发展战略》，《经济论坛》1996年第18期。

贸易必然向提高出口商品档次、改善出口商品结构和提高经济效益转变。

（五）对我国外贸体制改革的评价

二十年来，我国在外贸经营和管理体制方面进行了许多改革尝试和探索。从中央外贸总公司与地方分公司脱钩，到实行各种形式的放权让利的责任制、承包制、股份制和推行代理制；从放开各类实体企业和科研院所的外贸经营权，到逐步实行经营进出口登记制；从扩大经营规模，组建集团公司，到政企分开，建立现代企业制度等。其中最为突出的就是，中国外贸由过去长期单一主体经营（或垄断经营）变成了今天的多主体经营的局面。[1]

归结起来，我国的外贸体制取得了以下十大突破[2]：一是突破外贸垄断论，外贸经营权基本实现普遍化，逐步形成市场竞争的理论；二是突破国有外贸公司政企不分论，逐步形成有中国特色的公司理论；三是突破外贸的单一经营论，逐步形成贸工农一体化的理论，国有外贸公司包打天下的局面已经一去不复返了；四是突破单纯商品贸易论，形成商品贸易为主、服务贸易为辅的外贸理论；五是突破关税"无用论"，形成较为科学的关税理论，恢复了海关总署的独立地位和开征关税，调整了关税工作的指导思想，确定了"促进与保护"并重的开放型关税政策，形成了有中国特色的关税理论；六是突破引进外资上的"卖国论"，形成较为系统的外资理论；七是突破"无债论"，形成完整的外债理论；八是突破汇率上的固定论，形成有管理的浮动汇率认识；九是突破外援上的"无偿论"，形成外援与外贸、外援与外向投资的挂钩理论；十是突破地区封锁论，形成开放"窗口"理论和"梯度"开放理论。

但从总体上讲，外贸经营管理体制没有取得突破性进展，它与我国经济发展的不相适应，已严重地影响到我国外贸持续、健康、有效的发展。[3] 今后改革的道路依然漫长。

---

[1] 秦宣仁、李红梅：《中国外贸：发展中的思考》，《世界经济与政治》1999年第4期。
[2] 杨圣明：《对外经贸理论的十大突破》，《光明日报》1999年5月21日。
[3] 秦宣仁、李红梅：《中国外贸：发展中的思考》，《世界经济与政治》1999年第4期。

三　关于中国"复关""入世"问题

"复关"是中国经济改革开放的客观要求。中国需要世界多边贸易体制，世界多边贸易体制也需要中国。随着改革开放的深入发展，1986年7月，我国正式提出恢复在关贸总协定缔约方地位的申请。中国"复关"不但对健全世界多边贸易体制有利，也是自身改革、开放和发展的需要。因此，中国争取早日"复关"以进一步推动中国经济的改革与开放。[①] 中国申请"复关"，这对总协定和我国都是一件意义重大的事件，不仅引起世界范围的极大关注，也在国内学者中引起了一场争论。

（一）中国"复关""入世"的利弊分析

从对中国"复关""入世"的利弊分析上看，多数学者持乐观态度，认为利多弊少。总协定是目前最重要的国际条约，是当前世界经济体系的三大支柱之一，任何一个经济快速发展的国家都不可能永远置身事外。因此，中国应选择适当的时间复关为宜。[②] 因为复关后，我国可通过参加总协定的各种活动与各缔约国发生直接联系，有益于我国走向世界，了解国际市场和贸易动态，提高管理水平，也可以为我国商品进入发达国家市场争取到有利条件，减少发达国家对我国商品采取的歧视性限制。同时，可以利用总协定的讲坛和条款对歧视我商品出口（如采取反倾销、反补贴）的行为进行必要的斗争，维护我国的经济贸易权益。另外，更能直接支持发展中缔约国改造总协定的斗争。[③]

当然，"复关""入世"后，我国在承担一定义务的同时，也会带来一些问题。例如如何解决总协定与我国计划经济制度之间出现的矛盾。总协定是按照市场经济原则而拟定的，而当时我国是一个计划性经济国家，因此关税作用、汇率的制定、国内外市场价格、信贷、经济贸易管理体制和对外贸易政策都会与总协定条款存在。因此，我国应对上述问题进行系统、综合性地分析研究，以免将来出现被动的局面。

[①] 薛荣久：《中国经济对外开放与〈复关〉》，《国际贸易问题》1995年第12期。
[②] 李晨：《关于中国复关和加入世界贸易组织前景及相关问题研讨会（纪要）》，《世界贸易组织动态与研究》1995年第4期。
[③] 薛荣久：《关税与贸易总协定时性质、作用与利用》，《国际贸易问题》1984年第2期。

也有学者认为"复关""入世"将会对中国21世纪的经济走势、甚或整个经济发展战略产生巨大影响。从影响范围上讲,中国所开放的市场和所能够进入的市场严重不对称。由于中国的比较优势集中在劳动密集型产业上,因而该类产业所受的冲击程度很深;从制定经济政策的自主性来讲,加入世贸组织将使中国制定政策的自主性大大削弱;更为重要和深刻的影响还体现在对中国经济发展内在机制的冲击上。如果我们贸然"复关""入世",中国经济发展过程中的内在支持机制将会被割断,支柱产业的成长模式将会发生彻底逆转;还会限制、甚或阻碍中国高技术产业的发展。因此,这些学者我们不能因短期收益而牺牲长远利益,也不能因小利而失大势。[1]

(二)"复关""入世"对中国产业的冲击

国内学者讨论最多的就是"复关""入世"可能对中国产业产生的影响,内容涉及中国的农业、工业(汽车业、纺织业、家电、有色金属、石化、化纤等)服务业(金融、保险和海运业等)等众多领域。

"复关"对工业的冲击:一般认"复关"为对于国内具有比较优势的部门不会有大的影响,而对国内竞争力较差的行业震动可能较大。当时我国正在起步的高新技术产业所生产的产品,几乎都不具备与国外同类先进产品抗衡的能力,所受冲击会比较大。同时,我国部分工业产品不但与国外同类产品价格存在差距,生产同类产品的不同规模的企业在成本方面也存在较大差距,"复关"后我国众多的小型企业将因生产成本过高而难以生存。再有,新中国成立以来我国许多工业部门(如电子工业、化学工业、制药工业)的发展基本上走的是一条以仿制为主的道路,"复关"后我国要接受乌拉圭回合的一揽子协议,其中包括保护知识产权,这就堵住了中国工业继续走仿制开发的道路,而保护知识产权将大大增加今后引进技术与产品的成本。[2]

也有学者从中国的工业优势、比较优势和竞争优势的排布几方面对中

---

[1] 宋泓:《工业优势、比较优势和竞争优势——中国加入世界贸易组织的收益与代价》,《国际经济评论》1999年第7—8期。

[2] 曹苏峰:《简论中国的贸易保护制度与工业发展——兼论"复关"对中国工业的冲击》,《价格理论与实践》1993年第6期。

国工业的现状进行了深入分析,认为从我国的产业分布上看,三种优势的分布相互错位,不相重叠。工业优势集中在中国工业整体加工过程的中间阶段,以重工业为主;比较优势却体现在初级加工阶段的劳动密集型产业上。尤其重要的是,中国企业的竞争优势既与中国的工业优势联系松散,也与中国的比较优势产业不相关。从世界其他国家的经验来看,只有这三种优势相互重叠时,一个国家才可能在激烈的国际竞争中占有一席之地。在 1996 年,11 个比较劣势产业占了中国工业价值增值的 36.21%,因此,这种影响绝不可小视。[1]

从对农业的影响看,实行低关税率将对我国实行了几十年的农业保护政策造成直接的冲击和影响。其主要表现是:边境保护政策将失去有效性;以往长期实行的农业保护政策,即通过价格扭曲造成的农产品低价优势将难以为继;近几年出现的支持农产品价格上涨的农业保护政策不仅会失效,而且会因偏离关贸总协定原则而受到约束;农业保护政策带来的后果,即国内供给水平难以满足国际市场需求,将严重制约我国出口贸易。[2]

从长期看,改革国际农业多边贸易体制,实行农业贸易自由化,对中国农业将产生积极影响。主要表现在:将促使我国农村产业结构依据国际农产品市场信号进行调整,实现农村产业优质高产高效协调的发展;促进我国农业的长期稳定发展,既可从根本上解决我国的粮食安全问题,也可为我国的工业化提供更多的外汇贡献。[3] 可以预计,发达国家会让出一部分市场份额,这给发展中国家扩大农产品出口提供了机会。但不应低估市场的局限和竞争的激烈度,我国农产品想填补这部分市场空缺必须靠科学技术进步,提高产品质量,推出新品种,降低生产成本。[4]

关于签署服务贸易协定(GATS)对中国的影响,有学者认为,我国

---

[1] 宋泓:《工业优势、比较优势和竞争优势——中国加入世界贸易组织的收益与代价》,《国际经济评论》1999 年第 7—8 期。

[2] 裴长洪:《复关与中国农业国际化》,《国际贸易问题》1994 年第 4 期。

[3] 程国强:《论关贸总协定与国际农业贸易问题——兼论入关对中国农业的影响》,《云南社会科学》1993 年第 3 期。

[4] 孙振远:《关贸总协定与我国农业发展对策》,《农村经济与社会》1993 年第 3 期。

签署 GATS，在近期内损益不大。① 理由是：由于我国在劳动密集型行业具有较大优势，而在银行、保险和电信等资本密集或技术密集行业相对落后。但对于我国相对落后的行业，即使加入 GATS，也并不意味着中国必须开放国内诸如银行、保险和电信等敏感市场。中国在拟订承担义务时间表时可以保留不对这些敏感部门实施协定规定的权利。对我们这样一个开放时间不长，服务业又处于稚嫩阶段的发展中国家来说，开放服务贸易应注意发挥优势，扬长避短。例如，对那些占有一定优势的行业、开放较早且程度较深的行业，要总结经验，巩固扩大成果；对刚刚开放的一些领域也要及时总结经验，试探性发展，逐步扩大开放程度；对一些涉及国家安全的部门采取慎重态度，在条件具备时再考虑开放问题。②

（三）"复关""入世"与中国的外贸体制改革

"复关""入世"对中国的政府部门、企业和民众是一次前所未有的考验，从政府部门而言，如何转换行政职能，如何利用汇率、利率、关税税率、所得税税率和法律来协调整个国家的经济运作，实施国家产业管理，是项艰巨的任务。对数百万计的企业而言，如何在建立市场经济的同时，以关贸总协定所设定的基本原则，成功地融合国内国际两大市场，利用国内国际两大资源，更像一场复杂的社会工程，而无一蹴而就的良药和捷径。因此，学者们认为在入世之前，应当作好充分准备，改革现行的外贸体制，以适应新形势的需要。

研究者普遍认为，我国政府应利用复关之前的时间差，在宏观上加强复关前的准备工作。同时，研究者认为应当对企业敲警钟，提醒他们及早准备，调整产业结构和产品结构，改进技术，研究国际市场，以迎接复关后的国际竞争。

从广义上看，总协定与其说是审议中国的外贸制度，莫若说是审议中国的经济制度，因为它的触角延伸到整个经济体制的各个方面。③ 毋庸讳言，在中国提出"复关"申请时，我国与关贸总协定已有的各种规则要

---

① 王宇峰：《关贸总协定与服务贸易自由化》，《法学评论》1994 年第 1 期。
② 刘文军：《关贸总协定与服务贸易自由化》，《管理世界》1993 年第 2 期。
③ 李钢：《关贸总协定与中国外贸体制改革》，《国际贸易》1992 年第 9 期。

求存在很大差距。首先，1979年后中国才开始进入中央计划经济向有计划的商品经济新体制转变的过渡阶段；其次，中国虽然开始对不合理的价格体系和过分集中的价格管理体制进行了改革，但由供求关系确定价格的机制尚未建立，价格仍有扭曲现象；再次，随着经济体制和外贸体制改革的进行，关税在调节货物进出口和保护国内市场方面所起的作用加大，似因计划等因素的存在，关税尚未成为调节进出口商品结构与数量的主要手段，而且在进口方面重复使用多种贸易限制措施；此外，还有外贸法规不健全，外贸管理依靠计划，内部文件缺乏透明度等一系列问题。①

复关后，我国将承担总协定有关原则条款的权利与义务的双重责任。同时，作为恢复缔约国谈判的前提条件，中国必须对进口管理体制、关税税率以及市场准入等一系列问题做出相应调整。② 因此，我国要想尽早复关，须深化外贸体制改革：继续履行关税减低义务，约束非关税措施，增强贸易政策的透明度，改革汇率措施，扩大服务市场的开放，进一步提高对知识产权的保护水平，放宽对引进外资的限制。③

第三节 "入世"后中国国际贸易学科研究的主要问题

改革开放以来，特别是加入世贸组织后，中国的对外贸易取得了举世瞩目的成就。中国顺应了经济全球化的趋势，积极地参与到国际产业分工体系中，在开放中推动经济发展，极大地提高了人民群众的物质文化生活水平。世界贸易组织创造的互惠互利的国际贸易环境，为中国扩大进出口贸易提供了有利条件。大力发展出口贸易可以发挥中国劳动力资源丰富的比较优势，实现与发达国家的优势互补。中国开放的经济政策也为外国资本的进入创造了更加规范的制度与政策环境，不断扩大了利用外资的规模

---

① 薛荣久：《关税及贸易总协定与我国外贸体制改革》，《国际贸易问题》1988年第1期。
② 于立新：《略论关贸总协定与我国进口体制改革》，《财贸经济》1992年第5期。
③ 汪尧田、方健：《加大外贸体制改革步伐，适应关贸总协定规范》，《国际经贸探索》1993年第3期。

和范围。在此背景下，中国适应国际经济运行规则的要求，推动经济体制改革，完善了社会主义市场经济新体制。

当前，我国继续深化开放力度，对外贸易获得了前所未有的大发展，在国际贸易中也取得了举足轻重的地位。多年以来，中国整体经济对外贸的依赖程度越来越高，贸易市场和产品日益集中，中国对外贸易的外部风险也越来越高。而且，在渐显严峻的内外部经济形势下，中国对外贸易面临的资源、环境以及成本的约束越来越突出。我国外贸发展也面临一些问题，特别是金融危机之后，经济转型和贸易结构调整是我国经济发展面临的突出问题。所以，特别是入世之后，中国对外贸易政策的主题就是促进贸易结构转型。

加入世贸组织进一步扩大了中国对外开放程度，更对中国经济增长、出口贸易国际竞争力、劳动力就业、环境可持续发展、参与全球治理等诸多方面产生了深刻影响和冲击。改革开放后，尤其是入世之后，中国借助参与全球价值链，特别是东亚国际生产网络，积极参与新型国际分工，找到了适合自身发展的路径，制定和实施了符合自身发展的贸易政策和发展战略，于是极大地提升了在全球经济和贸易中的地位。在对外贸易政策转型和战略的发展研究方面，中国的学者们在上述领域均做出了深入的研究，给出了鲜明的观点。

一 中国对外贸易的结构转型

自改革开放以来，我国依托自身要素禀赋和比较优势大力发展对外贸易，不仅刺激了经济增长，也缩小了区域之间经济发展的差距。特别是2001年加入 WTO 至今，中国对外贸易获得了迅速发展，通过融入全球生产网络特别是东亚地区的生产体系，参与价值创造，中国已经演变为全球的制造与贸易中心。但长期以来所形成的固有贸易模式和结构已经严重削弱了我国出口贸易的竞争优势，亟待结构转型。中国贸易结构与政策转型将对国内产业、区域发展、劳动力市场、能源与环境以及国际竞争力等方面产生深刻的影响和冲击。理论上，贸易结构转型是中国经济结构调整中的一部分，而经济结构转型和升级，在某种程度上，是一个自然、历史的过程，是不以人的意志而转移。[①]

在刚刚加入世贸组织之际以及入世以前，国内很多学者纷纷讨论了中国入世带给国内经济的影响，这些探讨具有重要的学术价值和前瞻性。中国加入WTO必然会牵动国内经济结构的进一步调整，这不仅涉及产业结构，也会涉及所有制结构。这些结构调整反过来又会成为推动中国产业升级的强大推动力。面对加入WTO后的中国市场，寻求新的市场机会的关键是明确中国当前所处的发展阶段，特别要关注中国借助加入WTO的机会进行的产业升级和结构调整。[②]

根据出口产品多样化的特征，可以判断我国对外贸易的发展要经历两个阶段：一是工业化及贸易的扩张阶段；二是产业升级和国际化转移阶段。[③] 经过这两个发展阶段，我国贸易发展将呈现以下趋势：出口量将继续稳居世界第一；进出口结构将发生重要变化，能源资源贸易的地位会提升；与此同时一些国家的各类立法和保护政策将不利于中国外贸的发展。"十二五"规划纲要提出，未来我国对外贸易应继续稳定和拓展外需，加快转变外贸发展方式，推动外贸发展从规模扩张向质量效益提高转变、从成本优势向综合竞争优势转变，并提高服务贸易在对外贸易中的比重。

入世以后，由于全球经济进入了结构性的调整期，中国对外贸易也面临着结构调整。主要经济体的经济调整加大了全球经济的波动，同时入世伊始，中国还面临着内外部经济压力。在此背景下，中国的出口贸易结构需要进行调整和转型。在由贸易大国向贸易强国转变的过程中，结构转型是必由之路。以往我们关注较多的是出口贸易结构转型，但是经济增长与进口贸易结构变化也存在着明确的正向关联性，优化进口贸易结构是改善经济供给面的重要内容；对于一国宏观经济管理部门而言，除了强调需求管理以外，进口贸易结构调整也是一种重要的管理手段。[④]

在区域生产贸易模式转变背景下，中国参与全球贸易的垂直专业化程度不断加深。自入世前的20世纪90年代，中国通过产品内分工这种新型

[①] 宋泓：《未来10年中国贸易的发展空间》，《国际经济评论》2010年第4期。
[②] 洪银兴：《WTO条件下贸易结构调整和产业升级》，《管理世界》2001年第2期。
[③] 宋泓：《未来10年中国贸易的发展空间》，《国际经济评论》2010年第4期。
[④] 裴长洪：《进口贸易结构与经济增长：规律与启示》，《经济研究》2013年第7期。

国际生产分工参与全球生产网络，特别是促进了加工贸易的迅猛发展。垂直专业化比率恰能较准确衡量中国出口中所包含的进口中间品的份额，以此显示我国与贸易伙伴国之间的垂直化程度，也反映出中国与贸易伙伴国的供应链效应。[①] 但是，这种"大进大出"式的垂直型生产和贸易模式，不仅带给中国不断高涨的贸易顺差和经常账户失衡，也对中国的贸易和产业结构造成深刻影响。长期以来，我国加工贸易份额占对外贸易的半壁江山，过度依赖出口劳动密集型产品的贸易结构，造成我国在对外开放过程中大量经济福利的损失。我国虽然已成为名副其实的贸易大国，但距贸易强国地位还有很大的距离，不断扩大出口资本密集型、技术密集型的自主创新产品是我国贸易结构转型的主要目标和方向。

大量实证研究表明，我国具有的要素禀赋比较优势、国内产业基础和市场结构、参与全球分工程度是决定我国出口增长和贸易结构的三类主要因素。[②] 上述三种决定因素，我国主要是通过外商对华投资企业，来扩大出口规模并改善了出口商品的结构。中国对外贸易结构转型升级的一个重要方面，就是要沿贸易产品的全球价值链向两端不断地延伸和扩展，以此实现自有品牌、自主知识产权和自主营销"三自"产品的不断扩大，推动更有人力资本投入和增值潜力的生产性服务链的提升，促进更有要素创造、产业升级、环境友好型的国际生产体系的发展。

2008年国际金融危机对我国贸易发展造成了较大冲击，中国从自身经验出发，通过转变外贸的国民收益方式和格局、竞争方式、市场开拓方式和资源利用方式，大力恢复外贸发展，并借此进行转型和升级。[③] 后危机时代，我国外贸发展面临着新的挑战和机遇，要顺应世界经济格局和发展趋势，继续保持稳定和发展的原则，着重在"转变方式、调整结构、

---

① 北京大学中国经济研究中心课题组：《中国出口贸易中的垂直专门化与中美贸易》，《世界经济》2006年第5期。该文结果表明，中国的出口贸易中垂直专门化的价值比率已从1992年的14%上升至2003年的21.8%。中国对美国的出口贸易中垂直专门化的价值比率上升得更多，从1992年的14.7%上升至2003年的2.94%。

② 江小涓：《我国出口商品结构的决定因素和变化趋势》，《经济研究》2007年第5期。

③ 裴长洪、彭磊、郑文：《转变外贸发展方式的经验与理论分析——中国应对国际金融危机冲击的一种总结》，《中国社会科学》2011年第1期。

完善制度"几个方面努力,促进我国对外贸易均衡、可持续发展。①

近些年来,从全球范围来看,我国进出口贸易也面临一些问题,这些问题正是未来值得关注和研究的重点,如:世界经济复苏基础还不稳健,中国面临的外贸环境压力较大;新兴经济体在危机后把握住了机遇,市场竞争更加激烈。② 从融资约束看,银行融资约束并不一定会抑制企业的出口行为,但会阻碍部分出口企业从加工贸易转型为一般贸易,所以,改革出口导向型企业的产业政策,是促进中国出口企业转型升级的必要条件。③ 金融危机爆发后,除了企业融资收紧外,贸易保护主义也重新抬头,针对中国的贸易摩擦和争端不断增多。但是,贸易保护主义阻挡不住我国抓住战略机遇期和发展契机。

从我国自身所处的环境和形势来看对外贸易发展的趋势及面临的新情况,以下几个方面会面临转型的压力,应重点研究:一是低成本竞争优势面临转型压力;二是加工贸易生产体系面临转型压力;三是模仿创新模式面临转型压力;四是外贸增长方式面临转型压力;五是东亚区内贸易格局面临战略性调整的压力;六是外贸激励机制面临转型压力。④

外向型贸易转移是中国外贸发展实践赋予转型经济的新动因,经济转型期必然产生外向型贸易转移。从影响外贸发展的各要素最优选择与组合等方面看,我国应因势利导地利用外向型贸易转移机制,采取扩大对外贸易的政策措施。⑤ 所以,在继续保持我国劳动密集型出口商品竞争力的同时,要提高一些相对技术密集和高附加值商品的出口份额,推动出口商品的结构转型。

随着我国制造业的不断转型升级,一些劳动密集型的低端产业也不可能完全转向海外,有一部分会向我国中西部省份转移。外商在华投资的成

---

① 张鹏、闫敏:《未来 5 年我国对外贸易形势预测》,《国际贸易》2011 年第 1 期。
② 霍建国:《我国对外贸易回顾与"十二五"展望》,《国际贸易》2011 年第 1 期。
③ 刘晴、程玲、邵智、陈清萍:《融资约束、出口模式与外贸转型升级》,《经济研究》2017 年第 5 期。
④ 张燕生:《后危机时代:中国转变外贸增长方式最重要》,《国际经济评论》2010 年第 1 期。
⑤ 谷克鉴、吴宏:《外向型贸易转移:中国外贸发展模式的理论验证与预期应用》,《管理世界》2003 年第 4 期。

本不断上升，部分国家和地区对华直接投资开始出现一定程度的转移。但是，我们也应看到，即使东南亚国家的劳动力成本低于中国劳动力成本，但是由于基础设施和劳动力的技能远不及中国，这也就会导致向海外产业转移的规模不会特别大。

新时代背景下，我国对外贸易结构转型的目标是从贸易大国向贸易强国转变。随着2008年国际金融危机之后全球政治经济环境出现新变化及我国经济进入新常态，我们需要对贸易强国的内涵及其共性特征有新的辨析，以便提出当下我国迈向贸易强国的政策思路和战略。[①]

二 转型条件下中国对外贸易的经济影响

随着经济全球化的发展，国际分工不断碎片化，国际贸易结构趋向高级化，技术贸易与服务贸易发展方兴未艾。在各生产部门中，信息通信技术迅猛发展，中间产品的空间输送成本大幅降低，大量贸易品既适合以非股权联系安排国际化生产，也适合按价值链定位进行国际分工。所以，跨国公司不断重组全球化生产，大量的生产任务转移至越来越多的发展中国家进行，这不仅对跨国公司母国经济产生了极大影响，更直接影响着东道国经济模式。

改革开放以来，大量国内学者运用国际贸易前沿理论和方法来探讨中国经济发展过程中面临的重要现实问题。研究中涉及的对外贸易对中国经济的影响主要体现在：出口增长及其对经济的增长效应、贸易开放对其他宏微观经济变量的影响、对外贸易对就业市场及劳动力收入的影响和对外贸易对环境的影响等诸多方面。

（一）出口增长及其对经济的增长效应

出口对经济增长具有重要的拉动作用。然而，经济增长对出口的依赖反过来则要求出口必须持续地快速增长。保持出口持续增长取决于两个方面的因素：一是保持出口的国际竞争力；二是外部市场的需求持续增加。这也是我国长期以来形成巨大出口贸易规模的重要内外部条件。

---

① 裴长洪、刘洪魁：《中国怎样迈向贸易强国：一个新的分析思路》，《经济研究》2017年第5期。

贸易对于增长的影响，长久以来一直是国际贸易学科研究的核心问题，通常认为对外贸易可以通过影响要素禀赋、研发投入、竞争、人力资本积累、规模经济、生产能力利用率、干中学等方式促进经济增长。国内学者对出口经济增长效应的研究大致是从以下三个方面展开的：

第一是出口贸易促进经济增长的本质分析。出口贸易的增长除了能够直接推动经济增长之外，还对消费、投资、政府支出、进口造成影响，从而间接刺激经济增长。当然，应该同时考虑出口贸易对经济增长的直接和间接的效应。[①] 从新贸易理论看国际贸易如何促进经济增长：贸易引致的技术进步是促进全要素生产率增长的重要原因，而全要素生产率可以分解为技术效率和技术进步两个因素。[②] 此外，出口下游化竞争力是真正促进国家经济增长的因素，这源于在国际市场下游环节具有竞争力的产品，因此，出口贸易对经济增长的关键作用是提高企业出口的竞争力。[③] 有的学者从供给侧纳入贸易要素扩展了经济增长模型，检验了出口贸易与经济增长的非线性关系以及我国地区之间异质性表现，得出经济开放度决定净出口作用于地区间增长的差异性。[④] 所以，出口的增长效应是充分利用各种经济要素，在提升技术进步的基础上，推动经济的增长。

第二是贸易增长结构以及增长的影响因素。改革开放以来，我国出口贸易的技术结构发生了显著变化。长期以来，我国出口走的实际上是一条非线性的、超越所处发展阶段的渐进专业化道路。在人均收入达到一定水平后，还可能出现加速专业化的趋势。同时，这样的道路已经对我国的经济增长产生了显著的不利影响，并将长期存在。[⑤] 中国企业的对外直接投

[①] 林毅夫、李永军：《出口与中国的经济增长：需求导向的分析》，《经济学（季刊）》2003年7月第2卷第4期。该文的实证结果表明，20世纪90年代以来，对外贸易出口每增长10%，基本上能够推动经济增长1%。

[②] 李小平、卢现祥、朱钟棣：《国际贸易、技术进步和中国工业行业的生产率增长》，《经济学（季刊）》2008年1月第7卷第2期。

[③] 王永进、刘灿雷、施炳展：《出口下游化程度、竞争力与经济增长》，《世界经济》2015年第10期。

[④] 谷克鉴、陈福中：《净出口的非线性增长贡献——基于1995—2011年中国省级面板数据的实证考察》，《经济研究》2016年第11期。

[⑤] 高凌云、王洛林、苏庆义：《中国出口的专业化之路及其增长效应》，《经济研究》2012年第5期。

资也促进了企业的"出口效应",不仅提升了出口的深度边际,也扩展了出口的广度边际。① 事实上,中国贸易量的增长,源于经济全球化进程中的生产非一体化,源于跨国公司对其制造工序、环节的垂直外包,源于中国企业适时调整和参与国际产品内分工的策略。② 这被一些学者称为"中国贸易增长之谜"。

第三是近几年成为研究热点的出口企业异质性与经济增长。自从 2003 年 Melitz 发表在《计量经济学》杂志上关于企业异质性的文章以来,在大量学者拥有了中国工业企业数据的前提下,国内学者对国际贸易研究中的企业异质性问题变得如火如荼。在出口企业异质性研究方面,国内学者对出口企业乃至直接投资企业的异质性问题都做了微观分析。一方面,对于出口企业的异质性,国内学者主要是对企业生产率与出口的关系以及决定出口的因素做出具体研究,认为出口企业先前的研发投入可以提升生产效率,并且出口能实现企业的规模扩张。但是存在出口企业生产率普遍低于内销企业的"生产率悖论"。③ 多数研究表明,这些企业的出口都只能为其带来短期的生产率提升。④ "出口企业生产率之谜"主要是大量加工贸易企业导致的,中国有近 20% 的出口企业完全从事加工贸易,其生产率比非出口企业低 10%—22%。⑤ 另一方面,国内学者探讨了企业异质性和进入国内区域市场的关系,随着企业生产率的提高,进入国内区域市场的可能性增大,这种可能性不仅取决于贸易成本和市场需求,还受企业年龄、规模、资本密集度、所有制和广告等因素的影响。⑥ 对于首次出口的企业,其出口当年企业生产率有 2% 的提升,但在出口之后的几年中这

---

① 蒋冠宏、蒋殿春:《中国企业对外直接投资的"出口效应"》,《经济研究》2014 年第 5 期。
② 吴福象、刘志彪:《中国贸易量增长之谜的微观经济分析:1978—2007》,《中国社会科学》2009 年第 1 期。
③ 李春顶:《中国出口企业是否存在"生产率悖论":基于中国制造业企业数据的检验》,《世界经济》2010 年第 7 期。
④ 金祥荣、刘振兴、于蔚:《企业出口之动态效应研究——来自中国制造业企业的经验:2001—2007》,《经济学(季刊)》2012 年 4 月,第 11 卷第 3 期。
⑤ 戴觅、余淼杰、Madhura Maitra:《中国出口企业的生产率之谜:加工贸易的作用》,《经济学(季刊)》2014 年 1 月,第 13 卷第 2 期。
⑥ 黄玖立、冼国明:《企业异质性与区域间贸易:中国企业市场进入的微观证据》,《世界经济》2012 年第 4 期。

种提升效应不显著；出口前有研发投入的企业，出口对生产率存在着持续且幅度较大的提升作用；但出口前没有研发投入的企业，出口对生产率没有显著的提升效应或提升效应短且较弱；出口对生产率的提升效应随企业从事出口前研发年数的增加而提高。① 对于异质性企业的对外直接投资研究，学者们往往以外向型经济最为活跃的浙江省制造企业为例，对其向海外投资做微观分析，在我国实施"走出去"战略下，生产率越高的企业对外直接投资的概率和流量越大，而目的国的收入水平和行业的资本密集程度却对企业的直接投资没有显著影响。② 此外，贸易自由化对发达国家和发展中国家福利的影响也会截然不同，尽管中国的加工贸易会降低行业的平均生产率水平，但仍可能通过吸收二元经济结构中的剩余劳动力改善社会的福利水平，以解释"出口企业生产率悖论"和"劳动力需求悖论"现象。③

（二）贸易开放对其他宏微观经济变量的影响

事实上，贸易开放除了通过上述机制促进开放国的经济增长之外，还会对开放国的一系列其他宏微观经济变量产生影响。多年来我国学者在此领域的研究主要集中在对外贸易对宏观经济波动和通货膨胀的影响等方面。国际贸易水平和我国省际贸易的发展潜力会显著减缓经济波动，而且国际贸易水平和省际贸易潜力在影响经济波动上存在相互促进和加强的关系。④ 但是，从外部技术冲击的角度看，虽然在技术冲击来自制成品时，贸易成本和汇率管制会抑制本国经济的波动幅度；但在较高的贸易开放度和浮动汇率制度下，技术变动可能导致 GDP 和福利的反向变动。⑤ 此外，中国存在由贸易开放度、人民币汇率和国际油价到通货膨胀的非线性

---

① 戴觅、余淼杰：《企业出口前研发投入、出口及生产率进步——来自中国制造业企业的证据》，《经济学（季刊）》2011 年 10 月，第 11 卷第 1 期。

② 田巍、余淼杰：《企业生产率和企业"走出去"对外直接投资：基于企业层面数据的实证研究》，《经济学（季刊）》2012 年 1 月，第 11 卷第 2 期。

③ 刘晴、徐蕾：《对加工贸易福利效应和转型升级的反思——基于异质性企业贸易理论的视角》，《经济研究》2013 年第 9 期。

④ 洪占卿、郭峰：《国际贸易水平、省际贸易潜力和经济波动》，《世界经济》2012 年第 10 期。

⑤ 彭支伟、佟家栋、刘竹青：《垂直专业化、技术变动与经济波动》，《世界经济》2012 年第 7 期。

Granger 因果关系。① 贸易开放还对我国省域经济的增长有正效应，并伴有空间收敛与发散双向效应。② 中国的出口企业也受到汇率波动的影响，其中，市场占有率较高的高质量出口产品受汇率影响的风险最小，③ 当然，也因地区发展水平、基础设施和人力资本差异而存在空间异质性。

出口贸易对微观经济的影响，主要表现在出口是否促进了我国本土制造业企业全要素生产率的提高。通常可以利用企业层面的微观数据，验证出口通过"出口中学习"的效应促进了中国本土制造业企业全要素生产率的提高。④ 除了对微观企业的生产率影响外，贸易还对企业的出口品定价产生效应，这也能解释"我国企业的低价出口之谜"。从成本加成率的视角考察这一奇特现象，我国出口企业加成率低于非出口企业的现象普遍存在于不同地区、不同行业和不同所有制企业中。⑤ 政府部门通过出口退税政策推动了竞争效应，降低了企业成本加成，同时也扩大了出口部门和非出口部门成本加成的差异，深化了两部门之间资源误置。⑥ 此外，长期的出口退税、补贴政策，以及出口企业行业内部的过度竞争也是导致中国出口企业加成率过低的重要原因。

（三）对外贸易对就业市场及劳动力收入的影响

在国际贸易理论中，对外贸易对国民经济最主要的溢出效应之一就是对劳动力市场的影响。大量研究得出的普遍结论是，出口贸易提高了我国劳动力就业需求，解决了劳动力的就业问题；而进口的增长则会造成就业市场的负面影响。入世以后，随着出口的迅速增长，对外贸易对就业的效

---

① 赵进文、丁林涛：《贸易开放度、外部冲击与通货膨胀：基于非线性 STR 模型的分析》，《世界经济》2012 年第 9 期。

② 熊灵、魏伟、杨勇：《贸易开放对中国区域增长的空间效应研究：1987—2009》，《经济学（季刊）》2012 年 4 月第 11 卷第 3 期。

③ 韩剑、郑秋玲、邵军：《多产品企业、汇率变动与出口价格传递》，《管理世界》2017 年第 8 期。

④ 张杰、李勇、刘志彪：《出口促进中国企业生产率提高吗？——来自中国本土制造业企业的经验证据：1999—2003》，《管理世界》2009 年第 12 期。

⑤ 盛丹、王永进：《中国企业低价出口之谜——基于企业加成率的视角》，《管理世界》2012 年第 5 期。

⑥ 钱学锋、潘莹、毛海涛：《出口退税、企业成本加成与资源误置》，《世界经济》2015 年第 8 期。

应愈加显著。尤其是随着加工贸易的迅猛发展，为中国沿海地区就业提供了大量机会，这其中也包括内地充裕劳动力的就业。我国这种"三来一补"的加工贸易方式，对劳动力市场的影响更敏感，特别是中间产品的进出口对劳动力需求弹性明显高于一般贸易。[1] 这种垂直专业化贸易，通过纵向分工协作原理，影响着中国国内的就业结构。其中，来自经济合作组织（OECD）等发达国家的中间品进口份额上升有助于提高中国制造业的高技能劳动力就业比例，从亚非拉等低收入国家进口中间品份额的增加将带来劳动力技能水平的相对下降。资本深化与高技能劳动力就业之间具有互补关系，但以加工贸易为主的港澳台资本在一定程度上削弱了高技能劳动力的相对需求。[2] 在二元劳动力市场结构下，地区出口企业生产率的提高不仅有利于中国城镇和农村劳动力的人力资本投资，也有利于劳动者子女教育投入的增加，从而促进中国人力资本的长期积累和提升。[3]

同时，贸易对收入的影响也非常重要，因此，国内很多学者致力于研究贸易与收入（或者工资）的关系。贸易对收入差异的影响包括城乡之间、不同所有制企业之间、生产要素之间的收入分配、收入差距等。贸易专业化造成的二元结构将增加收入分配的不平等。贸易增长与收入分配不平等之间既不是单调的关系，也不是倒"U"形曲线关系。[4] 事实上，我国出口扩张模式存在显著的"低工资增长、高劳动生产率增长"的依赖特征以及以加工贸易为主的扩张特征，这种模式下的出口扩张对工资增长速度的提高产生显著的抑制作用。[5] 尽管出口贸易在我国总体经济增长中扮演了重要角色，但是从微观层面研究发现，企业出口对劳动力收入的改善作用并不明显。而在地区收入差别上，出口结构的优化还会扩大城乡居

---

[1] 盛斌、马涛：《中间产品贸易对中国劳动力需求变化的影响：基于工业部门动态面板数据的分析》，《世界经济》2008年第3期。该文的实证结果显示，中间产品的出口和进口对劳动需求的弹性分别为0.8和-1.52，明显高于一般贸易情形。

[2] 唐东波：《垂直专业化贸易如何影响了中国的就业结构?》，《经济研究》2012年第8期。

[3] 陈维涛、王永进、李坤望：《地区出口企业生产率、二元劳动力市场与中国的人力资本积累》，《经济研究》2014年第1期。

[4] 张定胜、杨小凯：《国际贸易、经济发展和收入分配》，《世界经济》2004年第9期。

[5] 包群、邵敏：《出口贸易与我国工资的增长：一个经验分析》，《管理世界》2010年第9期。

民收入差距。① 此外，贸易还造成了劳动力性别收入的差异，贸易开放在总体上拉大了性别工资差距，它缩小了高技能劳动力的性别工资差距，拉大了低技能劳动力的性别工资差距。② 出口贸易使中国劳动者工资的集体议价能力也有所提升，可以看出劳动者的收入并不完全由其外部选择决定，议价能力的差异在其中也起着关键作用，特别是在异质性产品和加工贸易中的作用更显著。③

（四）对外贸易对环境的影响

对外贸易对东道国环境的影响是一个热点研究问题，对外贸易在带来经济增长的同时，也伴随着对环境的污染，如何进行环境乃至气候治理成为全球关注的焦点。关于贸易对环境的影响较早的研究主要分析发展贸易对能源的消耗以及产生的污染物排放，前者就是所谓的进出口商品中的内涵能源问题、我国自1993年以来成为石油净进口国，但通过商品的进出口贸易，中国成为内涵能源的进出口大国④。近些年来，不少国内学者开始研究贸易中的碳排放、二氧化硫排放等，以此分析贸易对环境的影响。对外贸易在带给我国经济快速增长的同时，也带给环境巨大压力。贸易开放引致了经济增长，也增加了中国各省区的二氧化碳排放量和碳强度，由于区域对外开放程度不同，外贸对各区域环境造成的影响也不同。综合来看，国际贸易对我国环境影响是负面的。⑤ 若从中国参与垂直化分工视角分析，则可以估算加工贸易和非加工贸易出口中内食二氧化碳的结构和排放强度变化，进而从碳排放视角分析中国对外贸易结构的调整。⑥ 对于贸

---

① 孙永强、巫和懋：《出口结构、城市化与城乡居民收入差距》，《世界经济》2012年第9期。

② 刘斌、李磊：《贸易开放与性别工资差距》，《经济学（季刊）》2012年1月，第11卷第2期。

③ 盛丹、陆毅：《出口贸易是否会提高劳动者工资的集体议价能力》，《世界经济》2016年第5期。

④ 陈迎、潘家华、谢来辉：《中国外贸进出口商品中的内涵能源及其政策含义》，《经济研究》2008年第7期。该文结果显示，2006年中国内涵能源净出口6.3亿吨标准煤，比2002年增长162%。

⑤ 李锴、齐绍洲：《贸易开放、经济增长与中国二氧化碳排放》，《经济研究》2011年第11期。

⑥ 马涛：《垂直分工下中国对外贸易中的内涵二氧化碳及其结构研究》，《世界经济》2012年第10期。

易内涵的其他污染物排放的研究亦是如此，例如二氧化硫等。总体上来说，由于出口污染排放强度低于进口污染减排强度，故对外贸易有利于我国污染减排。然而巨额外贸顺差以及进口减排强度与出口排放强度之比的下降造成了我国对外贸易污染排放的逆差，出口产品结构的恶化则是造成逆差最为根本的原因。[1]

另外，20世纪90年代以来，很多学者都对环境规制是否影响了全球贸易模式给予了特别关注。为了规避本国严格的环境标准，发达国家将污染工业转移到发展中国家，或扩大污染产品进口以替代本国的污染产品生产，这两种情况都是由发达国家污染密集型商品比较优势的变化引起的。[2] 现实中，越来越多的环境规制也对我国出口贸易品的比较优势产生了深刻影响。环境规制强度提升了工业行业的贸易比较优势，但是有一个度的限制；当环境规制强度超过一定限度时，反而不利于行业贸易比较优势的提升。[3] 一方面环境规制影响贸易，另一方面对外贸易通过进口产品技术外溢和"出口中学"两种途径对能源环境效率起到显著的促进作用，也使得能源效率高的产业更积极参与对外贸易。[4] 因此，我们必须清醒地认识到，由于出口规模的快速扩张，对外贸易带来了许多显而易见的环境破坏、生态恶化等问题。在低碳经济背景下，未来的增长必然会面临日益收紧的资源和环境约束。

（五）中国参与全球价值链的效应研究

全球价值链体系的演变，要追溯至20世纪中后期，亚太地区生产体系经历了以进口替代促进出口导向的"雁行模式"（Flying Geese Pattern），一直演进到现在盛行的错综复杂的价值链体系，这种分工充分体现了比较优势理论的现实应用。21世纪初，"雁行模式"的更迭体现了亚

---

[1] 沈利生、唐志：《对外贸易对我国污染排放的影响——以二氧化硫排放为例》，《管理世界》2008年第6期。
[2] 陆旸：《环境规制影响了污染密集型商品的贸易比较优势吗？》，《经济研究》2009年第4期。
[3] 李小平、卢现祥、陶小琴：《环境规制强度是否影响了中国工业行业的贸易比较优势》，《世界经济》2012年第4期。
[4] 林伯强、刘泓汛：《对外贸易是否有利于提高能源环境效率——以中国工业行业为例》，《经济研究》2015年第9期。

太产业的转型与转移，随着中国在全球价值链上不断攀升，越南、孟加拉国、柬埔寨等国的制造业也正在崛起，这些曾经贫困的东南亚国家开启了新一轮的工业化。目前，亚太互联经济格局出现了动态变化，国家间在经济产业结构上的更迭使亚太经济结构呈现重构的趋势。①

在企业层面，中国嵌入全球价值链对企业研发创新行为具有显著的抑制作用，对外资企业、加工贸易企业以及高技术企业的作用尤其明显。要实现中国制造的价值链攀升，需不断提升企业自身的技术吸收能力。② 在区域经济层面，中国各区域参与价值链带来的增加值收益大部分来自参与本区域价值链。参与国家价值链以及全球价值链对中国各地区带来的增加值收益特征与增加值供求特征呈现高度契合性，表明紧密的增加值供求关系可以更大程度地实现贸易双方的互利共赢。③ 在宏观经济层面，嵌入全球价值链是促进经济周期联动的重要因素，欧盟、北美的区域内价值链以及欧盟、北美和亚太相互之间的区域间价值链嵌入程度较高，对经济周期联动的影响较大，中国嵌入全球价值链对经济周期联动总体上具有积极影响。④ 除了研究嵌入全球价值链的货物贸易问题，相对服务业在价值链中至关重要的作用的研究。承接国服务外包网络地位的提高促进了其在服务业各增加值网络中地位的跃升，且对返回的国内增加值网络影响更显著，⑤ 毕竟服务业和离岸外包业务是全球价值链运行的"黏合剂"。

（六）中国对外贸易的二元边际和三元边际结构

入世前后，我国出口增长的二元边际结构的特征显著，出口增长主要是沿着集约的边际实现的，扩展的边际占据的比重很小。外部冲击对集约

---

① 马涛、盛斌：《亚太互联经济格局重构的国际政治经济分析——基于全球价值链的视角》，《当代亚太》2018年第4期。

② 吕越、陈帅、盛斌：《嵌入全球价值链会导致中国制造的"低端锁定"吗?》，《管理世界》2018年第8期。

③ 潘文卿、李跟强：《中国区域的国家价值链与全球价值链：区域互动与增值收益》，《经济研究》2018年第3期。

④ 唐宜红、张鹏杨、梅冬洲：《全球价值链嵌入与国际经济周期联动：基于增加值贸易视角》，《世界经济》2018年第11期。

⑤ 许和连、成丽红、孙天阳：《离岸服务外包网络与服务业全球价值链提升》，《世界经济》2018年第6期。

的边际构成显著的负面冲击，但对扩展的边际却并不存在负面影响。① 21世纪初的几年间，尽管扩展边际的波动幅度远大于集约边际，中国出口的增长仍大部分是由持续出口企业的贸易额扩大实现的。各种因素对二元边际的作用机制和程度不尽相同，经济规模、距离和贸易成本的变动主要是通过扩展边际影响贸易流量的。② 上述结论将为中国贸易结构转型提供深厚的理论基础和丰富的政策含义。

现在很多文献把二元边际方法运用在企业层面的分析上。有的文章通过考察企业生产率与加权出口广度和深度边际的关系，发现中国企业与发达国家有相似的出口模式，即生产率与企业出口的广度和深度边际正相关。③ 有的文献在新贸易理论下把二元边际扩展成三元边际，于是，全球货物贸易量可以分解为广度、价格和数量三个边际，地理距离对贸易流量的作用50%—70%可以归结为广度，50%—20%可以归结为数量，价格的贡献则可以忽略不计。④ 宏观政策对企业出口的二元边际也会产生影响，比如，政府补贴并未与企业出口的集约边际产生显著作用，但与企业出口的扩展边际呈显著的倒"U"形关系，这都与政府补贴的规模有关。⑤

（七）贸易对中国产业转型升级和技术含量的影响

国际贸易对中国的技术进步和产业转型升级产生了深刻影响。进口产品的技术溢出效应，特别是服务贸易进口技术含量对我国工业经济发展方式转变具有显著的促进作用，服务贸易进口技术含量对我国技术密集型工业行业发展方式转变的影响最大，其次是资本密集型工业行业，再次是资源密集型和劳动密集型工业行业。⑥ 仅看中国出口的技术含量，从1995

---

① 钱学锋、熊平：《中国出口增长的二元边际及其因素决定》，《经济研究》2010年第1期。
② 陈勇兵、陈宇媚、周世民：《贸易成本、企业出口动态与出口增长的二元边际——基于中国出口企业微观数据》，《经济学（季刊）》2012年第11卷第4期。
③ 彭国华、夏帆：《中国多产品出口企业的二元边际及核心产品研究》，《世界经济》2013年第2期。
④ 施炳展、冼国明、逯建：《地理距离通过何种路径减少了贸易流量》，《世界经济》2012年第7期。
⑤ 张杰、郑文平：《政府补贴如何中国企业出口的二元边际》，《世界经济》2015年第6期。
⑥ 戴翔、金碚：《服务贸易进口技术含量与中国工业经济发展方式转变》，《管理世界》2013年第9期。

年到 2011 年，中国出口确实出现了一定的自身技术水平升级和优化，但是，出口产品中内涵技术并非都来自于中国，中国出口的技术含量近乎还锁定在世界最低端。① 考虑到国际分工的情况，制度质量的完善对提升出口技术复杂度有显著的正向效应，融入国际产品内分工的程度和制度质量的交互作用，也促进了中国出口技术复杂度的提升。②

在微观企业层面，中国出口企业生产率的提高有效地促成了出口技术复杂度的变化，这表明提高企业生产率是实现产品升级以及保持中国出口竞争力可持续性的关键。③ 提高企业出口产品的技术含量，除了依赖于进口中间产品技术的外溢效应外，不同产品的进口贸易自由化还通过"种类效应"和"竞争效应"提高了企业出口产品的复杂度。④ 由此可见，关税减让不仅扩大了企业的出口规模，还有效提升了出口产品的技术含量。

三 中国对外贸易战略和政策的转型与调整

改革开放初期，中国外贸以进口替代和出口导向战略为主要形式，弥补了国内供应不足，同时起到了出口换汇的作用。随着中国对外贸易的不断发展和强大，外贸发展战略和政策也随之进行了转型和调整。以金融危机为转折点，在全球经济复苏的疲弱和中国经济转型的条件下，中国的对外贸易告别了高增长时代，进入转型升级、构建竞争新优势的新时期。⑤

（一）中国对外贸易发展战略的转型与调整

"入世"意味着中国在分享多边贸易体制权利的同时，也必须承担相应的义务和责任。低贸易壁垒意味着国内工业将全面暴露在国际竞争面前，而出口激励手段的有限性将使国内幼稚工业面临由于扶持不足而中断成长的危险。在 WTO 规则下中国应当以什么样的贸易战略

---

① 倪红福：《中国出口技术含量动态变迁及国际比较》，《经济研究》2017 年第 1 期。
② 戴翔、金碚：《产品内分工、制度质量与出口技术复杂度》，《经济研究》2014 年第 7 期。
③ 鲁晓东：《技术升级与中国出口竞争力变迁：从微观向宏观的弥合》，《世界经济》2014 年第 8 期。
④ 盛斌、毛其淋：《进口贸易自由化是否影响了中国制造业出口技术复杂度》，《世界经济》2017 年第 12 期。
⑤ 潘悦：《在全球化变局中构建中国对外贸易新优势》，《国际贸易》2017 年第 10 期。

去迎接全球竞争的挑战？为了回答这些问题，选择和制定新的贸易发展战略就显得尤为必要。①

在入世后的一个时期内，我国进一步深化了外向型发展战略，努力在一个更加开放、公平的环境中发展对外贸易。但是，我国以大力引进外资和推动出口为核心的外向型发展战略也遇到很多问题。尤其是在入世后的十多年中，上述外贸发展战略已经造成了国内外经常账户的不平衡发展，对国内贸易转型升级形成了较大压力。这种压力体现在我国出口中就是外资比例太大，加工贸易份额占比过高，出口增加值相对较低。② 此状况造成我国与其他贸易伙伴国越来越多的贸易争端，这也说明我国贸易结构亟须转型升级。在进口方面，进口产品集中化的趋势也在不断加强，主要体现在资源型产品和高技术产品的快速增加。这种进口结构也是我国工业化进程从资源型产品、劳动密集型产品、资本密集型产品向技术密集型产品迈进的一种反映。所以，在以前的"安全发展"进口战略基础上，要努力发展"更自由的大进口战略"。③ 这种战略的本质是促使我国进口由生产主导型向更加中性的自由贸易型、甚至消费主导型转变。这足以说明中国经济面临的国际压力日益扩大，我国的对外贸易战略处在调整的十字路口。

在中国传统出口竞争优势渐失的情况下，学者们普遍认为应从整体结构来进行贸易战略的调整：一是贸易增长从外延式的增长转变为内涵式的增长，以此获得经济增长方式的转变；二是出口贸易结构从劳动密集型产品、资本密集型产品逐步向自主知识产权、自有品牌和自主营销的产品转变。所以，中国对外贸易的战略性转型，体现在很多方面。例如，从通常意义上讲，贸易结构的转型表现为产品、技术和地区来源结构上的演进，或者在价值链条上沿着不同功能阶梯的爬升等。但是，对外贸易战略转型更重要的一方面则是指企业、品牌和技术等所有者身份上的一种结构性转换，即从本国获益少的外国企业主导型到本国获益多的本国企业主导型的形式转换。

---

① 王允贵：《中国加入WTO后的贸易战略与经济发展》，《管理世界》2001年第3期。
② 张蕴岭：《世界市场与中国对外贸易发展的外部环境》，中国社会科学出版社2007年版。
③ 中国社会科学院世经政所课题组：《进口战略完善与调控政策研究》，2009年。

金融危机之后，我国对外贸易发展战略的首要任务还是发挥其对经济增长的拉动作用，提升对外贸易增长的质量和效益，逐步实现我国从贸易大国向贸易强国转变。因此，很多学者认为我国的外贸也应当相应从"科技兴贸"战略向"创新强贸"战略转变。① 在上述外贸发展战略思路的基础上，我国在制定贸易战略时应具体做到：继续实施"科技兴贸""出口市场多元化"和"以质取胜"等既有外贸战略；大力实施"价值链提升""富民兴贸""绿色贸易"和"和谐贸易"四大新战略。② 新战略的具体定位是：全面融入全球、发挥综合优势、拉动经济增长、促进社会和谐、提升国际地位。③

多元平衡的自由贸易战略应当是今后几十年中国必须坚守的贸易战略，这也是让贸易伙伴自愿开放市场的有力理论武器。④ 要实现上述贸易战略，应该从以下几方面着手：优化对外贸易结构；坚持实施市场多元化战略，巩固传统市场，大力开拓新兴市场，稳定和拓展外需；加快加工贸易转型升级，大力发展服务外包；完善进口促进政策；加强和改善多双边经贸关系，妥善应对贸易摩擦。

（二）建设贸易强国的目标和实现路径

入世后，中国外贸获得快速发展。实现贸易规模全球第一可以看作是我国进入外贸转型期的一个标志性事件。贸易规模增长使得经济发展对贸易的依存性质发生了本质性的变化。此后，我国外贸发展进入主动的战略转型期。⑤

然而，许多事实表明，从质量、结构、附加值率、核心竞争力等角度看，中国从贸易大国向贸易强国的转变之路依然任重而道远。为实现国际

---

① 徐元：《打造外贸发展战略升级版——新形势下我国外贸发展从"科技兴贸"向"创新强贸"转变的思考》，《国际贸易》2013 年第 12 期。

② 国家发改委课题组：《后危机时代我国对外贸易的战略性调整》，《国际贸易》2010 年第 1 期。

③ 商务部研究院课题组：《后危机时代中国外贸发展战略之抉择》，《国际贸易》2010 年第 1 期。

④ 夏先良：《当前中国外贸战略转型研究》，《国际贸易》2014 年第 9 期。

⑤ 冯雷：《进口贸易是通向贸易强国的关键——转变外贸发展方式的战略研究》，《国际贸易》2014 年第 12 期。

经贸强国的宏伟目标，中国制定了一系列重要的目标、战略与措施。2012年4月，商务部发布的《对外贸易发展"十二五"规划》中明确将"巩固贸易大国地位，推动贸易强国进程"作为指导思想。习近平总书记在2014年12月5日中共中央政治局第十九次集体学习的重要讲话中特别指出，"要加快从贸易大国走向贸易强国，巩固外贸传统优势，培育竞争新优势"。可见，金融危机前，我们的外贸战略关注的是如何继续做大，而此后我们关注的则是如何把我国的对外贸易努力做强。它不仅要具备显著的贸易规模与市场占有率，同时要在贸易的结构、质量与效率上体现出可持续发展和核心竞争力，更要具有对全球贸易体制的领导力与抵御风险冲击的安全体系。[1]

中国在未来的贸易强国之路上会面临诸多重要的国际制度性约束与限制。这包括：多区域和双边贸易协定下所要求的贸易自由化与对数量限制、补贴等政策的管制，全球经济再平衡压力下缩小贸易盈余的压力，多边宏观经济协调机制（如G20）下通过汇率贬值刺激出口的局限性，国际气候变化框架下的节能减排与环境保护压力，能源与大宗商品价格剧烈波动下的资源供给瓶颈等。

盛斌认为，为实现国际经贸强国的宏伟目标，中国应将增长、转型与改革作为三大经贸战略的重要支柱。关于我国迈向贸易强国的路径，主要有：完善外贸法律体系、外贸政策、财政金融政策的创新，以"中国制造"和"中国服务"推动外贸创新发展，增强企业在跨国经营中的创新能力，完善国际化的营商环境并提升我国在国际经贸规则中的话语权等。[2] 具体的实现路径和政策建议主要包括以下几个方面：

实现价值链位置的升级。要实现贸易大国向贸易强国转变的目标，必须坚持内资和外资并重的基本理念。其中一项重要的工作是：现阶段在参与全球价值链的基础上，努力实现价值链的延伸和升级。[3] 未来的中国制造不应以价值链"低端"的加工贸易为主，而是要向价值链中高端迈进，

---

[1] 盛斌：《建设国际经贸强国的经验与方略》，《国际贸易》2015年第10期。
[2] 李钢：《推动贸易强国建设的战略路径》，《国际贸易》2018年第4期。
[3] 林桂军：《夯实外贸发展的产业基础向全球价值链高端攀升》，《国际贸易问题》2016年第11期。

占据"微笑曲线"的两端,以保障外贸的长期可持续发展。①

积极参与市场竞争。贸易强国的基础是高质量的企业,而造就高质量企业的基本途径是市场竞争。企业可以通过两个基本方式对经济的增长或劳动生产率的提高做出贡献,一个是创新,另一个是优胜劣汰效应,即创造性的破坏效应。因此,要促进企业升级,良好的竞争环境是关键。通过竞争,使高质量的企业取代落后的企业。

提升进口贸易地位。贸易大国的发展模式主要表现为"国内资源+国际市场",而贸易强国的发展模式主要表现为"国际资源+国内市场",或者说,贸易大国大在了出口上,而贸易强国则强在了进口上。外贸发展方式战略转型的关键是进口贸易地位的提升。

发挥服务贸易的作用。"服务因素"是我国与世界贸易强国的主要差距。必须充分认识服务贸易在建设贸易强国中的核心地位与关键作用。要建设以创新为主要驱动力的服务贸易强国,带动提升我国现代服务业核心竞争力,支撑制造业强国和货物贸易强国建设,实现货物贸易强国和服务贸易强国共同支撑贸易强国建设的总体格局。②

(三) 中国对外贸易政策的转型

入世后,中国经济和外贸获得快速发展的同时,外贸顺差不断增加,导致贸易摩擦不断;生产成本的上升也使我国出口产品的国际竞争力不断下降。这与我国长期以来实施的贸易政策密切相关。长期以来,我国出口促进政策以加工贸易出口为基础,以偏好重点支持为特征。国家在引进外资方面,强调引进出口导向型外资,以弥补出口能力的不足。在企业"走出去"方面,强调以投资带动出口。③ 这些政策的实施在很大程度上影响了产业的发展,比如,加工贸易和一般贸易的二元贸易政策是形成中国二元贸易结构的深层次原因。尤其是二元关税政策在促进我国加工贸易快速发展的同时,也对其他产业造成了

---

① 倪月菊:《构建中国外贸竞争新优势——解决中美贸易失衡的视角》,《国际贸易》2017年第10期。
② 李俊:《建设服务贸易强国的战略思考》,《国际贸易》2018年第6期。
③ 林桂军、任靓:《加工出口下滑在动摇我国出口政策模式的基础》,《国际贸易》2016年第10期。

负面影响。①

为顺应变化了的新形势和新情况，我国外贸政策做了"以转变经济增长方式、削减贸易顺差为重点的调整"②。具体的调整以转变出口贸易过快增长为主，举措是减少对出口贸易的激励，并对加工贸易的发展加以限制（因为我国进出口贸易中近一半是加工贸易）。这种政策调整直至2008年国际金融危机发生才有所转变，这期间中国出口贸易快速增长出现了回落迹象，并引起了中国出口贸易结构的若干变化。但是，这些政策调整并没有改变我国出口贸易国际竞争力不断削弱的压力，也没有加快出口产品结构转型升级的进程。

金融危机爆发后的两年，为应对危机对我国贸易的冲击，我国贸易政策以稳定外需为主。此后的十年（2010—2020），我国贸易面临的主要问题就是如何进行结构转型和升级。中国要做到依靠内需尤其是消费来拉动经济增长较为困难，依靠开拓新兴市场来抵补发达经济体需求萎缩带来的进口需求缺口也很难。在这种情况下，转变外贸增长方式，更加注重外贸增长的质量和效益而不是规模和速度，就成为后危机时代外贸工作的头等大事。如若不然，将会带来更大的贸易摩擦和利益冲突，进一步增加资源和环境的压力，带来更大的经济福利损失。③

要转变外贸发展方式，决不应局限于优化出口商品结构和提高出口产品附加值，因此，我国的外贸政策导向从转变外贸增长方式上升为转变外贸发展方式。所以，根据我国自身的特点，转变外贸发展方式的经济学含义应定义为：转变外贸的国民收益方式和格局；转变外贸的竞争方式；转变外贸的市场开拓方式；转变外贸的资源利用方式。④

---

① 唐东坡：《贸易政策与产业发展：基于全球价值链视角的分析》，《管理世界》2012年第12期。

② 裴长洪：《中国贸易政策调整与出口结构变化分析：2006—2008》，《经济研究》2009年第4期。

③ 张燕生：《后危机时代：中国转变外贸增长方式最重要》，《国际经济评论》2010年第1期。

④ 裴长洪、彭磊、郑文：《转变外贸发展方式的经验与理论分析——中国应对国际金融危机冲击的一种总结》，《中国社会科学》2011年第1期。

(四) 中国对外贸易政策的调整

入世后，按照 WTO 规则，学者们建议外贸政策也要做出相应的调整，包括减少外贸支持政策、降低关税水平、调整服务贸易政策等，这些调整取得了显著成效。

1. 调整外贸支持政策。入世后，我国在有关文件上对政策性银行的信贷业务做了相应的说明，即政策性银行贷款不再接受国家的财政补贴。2007 年 5 月 8 日，我国宣布取消中国银行实施的出口贷款补贴。入世后，我国全面履行加入世贸组织的承诺，逐步扩大农业、制造业、服务业准入，放开外贸经营权，并且进一步简化进口管理，完善进口促进体系，大幅降低关税。[1]

此外，中国对外贸易中的经济政策也受到技术因素、体制因素以及要素密集度因素等的影响。我国现阶段的竞争政策应着重通过涵养竞争优势改善国内企业在世界市场中的位置，用竞争政策规范部门或产品层次的贸易、产业和技术政策，从而实现中国贸易品部门在世界市场结构中的均衡位置。[2] 当然，产品质量差异和国内企业出口模式也会影响国家最优的贸易政策选择，同时，贸易政策调整也会影响国内生产企业出口模式的选择。[3]

2. 调整进出口关税政策。入世后，我国进口关税呈显著下降趋势，并且远低于其他发展中国家的平均关税水平。以 2005 年的关税结构为例，就关税水平和优劣势产业的关系而言，进口关税似乎在更多地保护我们的优势产业，而不是弱势产业。此外，中国按入世承诺的时间表全部取消了进口配额和进口许可证等非关税措施，放开了对外贸易经营权。

根据对外贸易形势的变化，我国对出口退税率进行了较为频繁地调

---

[1] 裴长洪、王宏淼：《入世十年与中国对外贸易发展》，王洛林主编《加入 WTO 十年后的中国》，中国发展出版社 2012 年版；其中，关税总水平由 2001 年的 15.3% 降至 2010 年的 9.6%，农产品平均税率有 18.8% 调整至目前的 15.6%，工业品平均税率由 14.7% 调整至目前的 8.7%。

[2] 谷克鉴：《中国对外贸易发展中的竞争政策选择》，《中国社会科学》2000 年第 3 期。

[3] 谢申祥、刘培德、王孝松：《价格竞争、战略性贸易政策调整与企业出口模式选择》，《经济研究》2018 年第 10 期。

整，不断下调其至取消出口退税政策。① 出口退税率下调，对易引起贸易摩擦的商品出口增长率负面影响显著，而对"高耗能、高污染、资源型"产品的出口增长率负面影响不显著。② 出口关税方面，中国对关税率和征税对象不断进行调整，其目的包括促进产业结构调整、应对贸易摩擦、加强环境保护、缓解金融危机冲击等。

3. 调整服务贸易政策。服务贸易具有驱动经济增长的作用机理，知识产权保护强化了服务业出口部门对其他部门所产生的外部经济溢出效应，以及由此分解出来的要素配置效应和技术溢出效应。③ 根据服务贸易管理方式、方法的不同，世界主要经济体的管理体制可归纳为三种类型，即核心管理型、分工协调型和服务推进型。④ 我国服务贸易整体国际竞争力较低，但是近些年来出现不断上升的趋势。各个行业的服务贸易国际竞争力也不尽相同，逐步实现从比较劣势向比较优势转变。⑤ 中国在入世协议书中对服务贸易做出了高于发展中国家水平的具体承诺和减让，超越"维持现状"的贸易自由化使服务业的开放程度有了明显的提高，同时也维护了自己作为发展中国家成员的权益。⑥ 为顺应服务贸易发展新趋势，中国应促进服务外包、物流服务、设计咨询、金融等现代生产性服务出口。

今后，中国在WTO主导的自由贸易政策基础上，确立协调管理型的自由贸易政策是对外贸易发展趋势的必然。⑦ 有学者建议，现在和未来值

---

① 我国自2004年后全面下调出口退税，其后又进一步下调或者取消部分产品的出口退税。而从2008年8月至2009年7月，连续七次大规模上调纺织服装、机电、钢材、化工等产品的出口退税率。2010年7月15日，我国取消钢材、有色金属加工材等406个品种、共六大类商品的出口退税。

② 白重恩、王鑫、钟笑寒：《出口退税政策调整对中国出口影响的实证分析》，《经济学（季刊）》2011年4月第10卷第3期。

③ 唐保庆、黄繁华、杨继军：《服务贸易出口、知识产权保护与经济增长》，《经济学（季刊）》2011年10月第11卷第1期。

④ 倪月菊：《世界主要国家和地区的服务贸易管理体制比较》，《国际贸易》2007年第2期。

⑤ 陈虹、章国荣：《中国服务贸易国际竞争力的实证研究》，《管理世界》2010年第10期。

⑥ 盛斌：《中国加入WTO服务贸易自由化的评估与分析》，《世界经济》2002年第8期。

⑦ 协调管理型自由贸易政策是指在比较优势和竞争优势基础上，在WTO多边贸易体制下，通过政府协商确定与贸易对象的权利与义务，通过法规加强管理，保证权利与义务的落实，实现"开放、公平和无扭曲的竞争"，促进与贸易对象相互的经济发展和社会稳定。

得我们关注的贸易政策中，首要的是要强化贸易政策的相对独立性，增强与其他政策的协调发展，提升在宏观决策中的地位；其次是外贸政策调整应有利于外贸发展方式转变，以利于贸易结构的优化；最后是我国的贸易政策要以WTO多边贸易体制为依据，不断推进贸易自由化和便利化，营造公平竞争的外贸环境。①

四 构建"开放型经济体系"下的外贸新格局

开放型经济体系是"外向型经济"和"开放型经济"的升华，是中国对外开放的科学总结。入世后，为了使中国社会主义市场经济体制和以WTO为基础的多边贸易规则有机结合和互动，需要把"开放型经济"提升为"开放型经济体系"。② 为此，党的十七大报告中提出"完善内外联动、互利共赢、安全高效的开放型经济体系"。这极大地提升了中国的对外开放水平。

构建开放型经济新体制的总体目标是：适应经济全球化新形势和中国对外开放的新要求，构建全方位、立体化、网络状的开放系统，推动国内外商品、生产要素和服务的双向自由流动，资源高效配置，市场高度融合。以开放促改革，以改革促发展，实现我国经济的转型升级目标。③ 根据我国经济发展的现状，有学者认为中国开放型经济的建设需要经历两个阶段：第一是"有管理的"开放型经济阶段（10—15年时间）；第二是"自由、公平的（或者是没有干预的）"开放型经济阶段。学者们建议中国应该采取"近期大力培育国际竞争新优势，远期积极推进自由、公平贸易"的两步走战略，建设开放型经济。④

在开放型经济新体制下，学者们建议我国外贸的发展目标、实现方式及管理体制也要进行相应的调整：在全球贸易治理中的角色由参与者向主

---

① 薛荣久、杨凤鸣：《后危机时代中国外贸政策调整的选择》，《国际贸易》2015年第9期。
② 杨凤鸣、薛荣久：《加入WTO与中国开放型经济体系的确立与完善》，《国际贸易》2013年第11期。
③ 全毅：《论开放型经济新体制的基本框架与实现路径》，《国际贸易》2010年第3期。
④ 宋泓：《中国是否到了全面推进开放型经济的新阶段?》，《国际经济评论》2015年第4期。

导者转变;自由贸易区由经贸合作平台向全面提高开放型经济水平的战略平台转变;由偏重沿海开放向以内陆、沿边开放为重点的全方位开放转变;由传统贸易模式为基础向以价值链为基础的贸易发展战略转变;由数量扩张为主的贸易大国向提升质量的贸易强国转变。[①] 为此,我国的对外贸易管理体制也要进行适当的调整,以构建符合中国国情、适合国际高标准的贸易投资规则体系,实现新阶段中国的国际贸易战略目标。具体做法包括:继续推进贸易自由化和市场准入,适应全方位开放格局;促进自由贸易试验区建设,内陆和沿边开放;适应全球价值链发展的新趋势,建立促进生产要素和中间产品的流动的管理机制和程序;顺应全球贸易规则向高标准、边界内演进的趋势,促进建立与国际规则相适应的规则等。

(一) 关于多边贸易体制

中国在入世前主要利用 APEC 以及双边机制展开对外经济和贸易合作,入世以后外贸政策取向发生了变化,中国努力在多边贸易体系中发挥积极作用,参与谈判和规则的制定,[②] 并积极参加了 WTO 组织的各种推动谈判的会议,提出议案。对中国而言,在多边框架内有效解决贸易争端是中国申请加入世界贸易组织的主要动机之一。然而在 WTO 框架下,中国国际经济地位的相对变化是出现针对中国"好讼"现象的重要原因。[③] 中国在 WTO 争端解决机制中,经历了规则学习、规则参与和规则建议三个阶段,逐步积累了运用世贸组织争端解决机制消除国家间的贸易摩擦乃至贸易保护措施的经验。此外,中国对多边贸易体制的贡献在于推动了全球经贸发展、反对贸易保护主义、努力协调多边贸易谈判、积极参与多边贸易机制建设并切实维护发展中国家利益。[④] 学者们认为,在未来一段时间,多边贸易体制的改革应重在制度建设与反对贸易保护主义。

---

① 东艳:《构建开放型经济新体制框架下的国际贸易新战略》,《国际贸易》2015 年第 3 期。
② 尹翔硕:《中国对外贸易政策取向的变化及贸易格局的变动》,《世界经济》2004 年第 3 期。
③ 田丰:《中国与世界贸易组织争端解决机制:评估和展望》,《世界经济与政治》2012 年第 1 期。
④ 裴长洪、郑文:《中国入世 10 周年与全球多边贸易体制的变化》,《财贸经济》2011 年第 11 期。

在探讨国家崛起与多边贸易体系的关系时,学者们以现实主义的"大国崛起与国际关系调整"理论为分析框架,认为中国的崛起不是颠覆或者大幅度改革现有多边贸易体制的革命性力量,相反是一股强大的支持和维护该体制的力量,中国应积极引导多边贸易体制的发展。当然,中国的崛起也会带来多边贸易体制中大国角色的转换和调整,并可能引发相当长一段时期的动荡和磨合,这需要各方积极应对。①

(二)关于自由贸易区网络建设

入世后,中国对外贸易政策继续在总体上保持了开放与自由化的趋势,中国不但履行了加入 WTO 时所做的非歧视待遇与市场准入的承诺,而且在实施区域经济与贸易合作方面迈出了坚实的步伐。② 目前,中国已经开展全方位的区域合作战略,不仅在东亚地区,也延伸到其他地区,合作领域不仅包含经济领域,还扩大到政治和安全领域。以亚太区域的发展格局为例,学者们设计了亚太区域内正在形成的自由贸易协定的"轴心—轴条"格局。由此形成的格局成为亚太自由贸易区的可能途径,可以消除亚太自由化进程的消极影响。针对此格局也可以设计出一套中国参与亚太区域内"轴心—轴条"格局的完整战略。③ 从经济利益上看,中国加入 FTAAP 毫无疑问将获得巨大的收益,因为其主要贸易伙伴和出口中面临的主要贸易壁垒都集中在亚太地区。但是,中国是否能够支持这一构想还取决于一系列关键的政治与外交因素,例如 APEC 方式、中美关系、协定的质量、敏感行业、竞争性的替代方案问题等。④

此外,对于中国是否应该加入 TPP,如何推动 RCEP 和中日韩 FTA 等,也是学者们关注的热门话题。有学者认为,综合考虑影响中国加入 TPP 过程的三大因素以及 TPP 加入过程的要求,即便是中国现在就决定要

---

① 宋泓:《中国崛起与国际秩序调整——以中国参与多边贸易体系为例》,《世界经济与政治》2011 年第 6 期。
② 盛斌、钱学锋、黄玖立、东艳:《入世十年转型:中国对外贸易发展的惠顾与前瞻》,《国际经济评论》2011 年第 5 期。
③ 宋玉华、李锋:《亚太区域内自由贸易协定的"轴心—轴条"格局解析》,《世界经济与政治》2008 年第 2 期。
④ 盛斌:《亚太自由贸易区的政治经济分析:中国视角》,《世界经济与政治》2007 年第 3 期。

加入TPP，并且得到了现有成员的应允，谈判的过程也需要花费十多年的时间。① 也有学者认为，中国与TPP的差距很大。如果美日抱定中国不能参与制定规则、只能接受规则的态度，中国不应主动加入TPP，以免重蹈加入TISA的覆辙。中国的主动应对，需采取用杠杆（中韩自贸区）、撬核心（中日韩自贸区）、构平台（RCEP）、构网络（全球自贸区）的路径推进贸易投资自由化和便利化，选择通过推动RCEP轨道走向亚太自贸区，进而寻求规则话语权。中国也应通过建设一带一路新型国际区域合作平台，寻求新的贸易投资自由化和便利化模式与规则。最根本的应对是要加速中国新一轮改革开放步伐，构筑开放型经济新体制，形成大小自贸区的网络叠加效应，通过寻求新的贸易创造和投资创造，平衡TPP的负面影响。②

（三）关于自由贸易试验区建设

中国自由贸易试验区是中国推进供给侧结构改革、构建开放型经济新体制和实施新区域发展战略的重要途径与方式。如何建设自由贸易试验区？国外有哪些成功的经验可借鉴？中国在自由贸易试验区建设中取得了哪些成功的经验？以及存在哪些主要问题和解决路径？这些是我国学者普遍关注的问题。从成功经验看，自贸区形成了一整套自主和集成制度创新体系；形成了全国可复制、可推广经验与案例；形成对接国家重大发展战略的政策举措。尽管自贸试验区建设取得了预期的效果，获得了市场主体较好的反应，但是自贸区的建设、发展与创新仍然面对一些困难与挑战，如：开放程度有待提高制度，创新的实质程度和发挥效果情况需要进一步提高，在政策制订与执行的协调、组织与沟通上各级政府之间的关系亟待优化，对接全球高标准贸易投资规则与国际先进自贸区上仍有较大的差距等。③ 要推进自由贸易试验区取得更大成效，需要我们在以下几个方面重点着力：一是加强对自由贸易试验区全盘的战略考量，形成推进合力；二是加强自由贸易试验区的互联互通，推动改革创新措施落地；三是理清自

---

① 宋泓：《中国加入TPP：需要多长时间？》，《国际经济评论》2016年第2期。
② 张建平：《中国与TPP的距离有多远？》，《国际经济评论》2016年第2期。
③ 盛斌：《中国自由贸易试验区的评估与展望》，《国际贸易》2017年第6期。

由贸易试验区制度创新的路径与边界；四是加强对自由贸易试验区制度创新的成效评估与研究；五是做好自由贸易试验区的总体布局和特色结合。①

（四）关于与"一带一路"沿线国家的经贸合作

为了加快中国与"一带一路"沿线国家的经贸合作，实现"贸易畅通"，我国政府部门和学者都对"一带一路"沿线国家贸易畅通水平的状况给予了广泛关注。北京大学海洋研究院与国务院发展研究中心等部门专家联合编制并发布了"'一带一路'沿线国家五通指数"。学者孔庆峰、董虹蔚在其发表的《"一带一路"国家的贸易便利化水平测算与贸易潜力研究》一文中也就"一带一路"国家的贸易便利化水平进行了测算。结果显示，"一带一路"沿线国家贸易畅通或者贸易非常便利的国家非常少，大部分仍是贸易畅通"潜力型"和贸易不便利的国家。未来加强我国与"一带一路"沿线国家之间的"贸易畅通"的关键在于贸易制度对接。② 突出投资引领合作并带动贸易发展的作用，即过去中国的开放是以贸易为中心的被动的单开放，而未来中国的开放将是以投资为中心的主动的双向开放，这种既要引进来，又要走出去。③

（本章由中国社会科学院世界经济与政治研究所倪月菊研究员和马涛副研究员共同完成。其中，第一节和第二节由倪月菊执笔，第三节的第一、第二部分由马涛执笔，第三、第四部分由马涛和倪月菊共同完成）

---

① 李光辉：《自由贸易试验区——中国新一轮改革开放的试验田》，《国际贸易》2017 年第 6 期。
② 黄立群：《"一带一路"贸易畅通策略研究》，《国际贸易》2016 年第 8 期。
③ 庄芮、林佳欣、张晓静：《"一带一路"与新时期中国贸易投资发展路径思考》，《国际贸易》2018 年第 6 期。

第 四 章

国际投资

本章将从对外直接投资、外商直接投资、跨国公司、外汇储备投资、主权财富基金与国际投资规则六个方面来分析中国国际投资学科的发展。

第一节 对外直接投资

改革开放以来,中国对外直接投资迅猛增长,相关研究也与时俱进,研究重点从起初对投资必要性和可行性的讨论,到对投资规模、领域、影响的定性与定量分析,再到对影响对外投资宏微观要素的考量,体现出对外投资在中国经济增长进程中的重要地位。

一 20 世纪的相关研究

2000 年之前,中国对外开放的重点是引进外商直接投资(FDI),对外直接投资(ODI)面临诸多限制和障碍,规模较低,累计对外直接投资不足 300 亿美元。因此,这个阶段国内学者大多对我国吸引、利用外商直接投资进行研究,关于我国对外直接投资的研究较少、起步较晚。仅有的少量研究主要集中在发展中国家对外投资理论的介绍以及我国企业"走出去"的必要性、可行性讨论等方面。例如,冼国明、杨锐利用 Dunning 附加策略变量的动态"OIL"(Ownership-Internalization-Location)作为分析框架构造了能解释逆向 ODI 的学习型模型,强调了动态技术累积和竞争策略对发展中国家 ODI 的意义。① 而鲁桐认为发展中国家的跨国公司及其对外投资在竞争优势和动机等多方面出现了与发达国家跨国公司明显不同的特征，来自发展中国家跨国公司的竞争向发达国家跨国公司提出了挑战，同时针对原有的国际投资理论提出了新的课题。作者还介绍了发展中国家对外投资理论的发展，并论证了中国开展对外投资的可能性。② 此外，康荣平在案例分析和研究的基础上，归纳总结了华人跨国公司不同于发达国家跨国公司的特点。其中，康荣平分别采用 68 个和 100 个企业案例就华人跨国公司的运营模式进行了总结，从理论和案例两个层面探讨华人跨国公司的成长模式问题。③ 而康荣平和柯银斌进一步将案例扩展到了 148 个。④

二 2000—2007 年的相关研究

这一时期对中国 ODI 的研究逐渐增多，仍然以定性探讨规模、类型、动因、影响为主，部分用宏观数据就决定因素进行实证研究。

2000 年之后，中国开始实施"走出去"战略，从限制对外直接投资，逐渐转变为放松对外直接投资管制和鼓励对外直接投资。

但这一阶段的研究大都以定性和规范研究为主，关注的是中国对外直接投资流出的规模、类型和动因。例如，赵春明和何艳在借鉴国际对外直接投资产业和区位选择经验的基础上，探讨了适合中国对外直接投资发展的产业和区位选择问题。⑤ 江小涓构建了一个预测中国对外投资规模的分析框架，分别对中国"十五"时期和"十一五"时期对外直接投资的决定因素进行了分析，预测了可能达到的规模和结构特点。⑥

---

① 冼国明、杨锐：《技术积累、竞争策略与发展中国家对外直接投资》，《经济研究》1998 年第 11 期。
② 鲁桐：《发展中国家跨国公司理论及其思考》，《世界经济与政治》1998 年第 10 期。
③ [日] 康荣平：《华人跨国公司的兴起》，《世界华商经济年鉴 1995 年》，企业管理出版社 1995 年版。
④ [日] 康荣平、柯银斌：《华人跨国公司的成长模式》，《管理世界》2002 年第 2 期。
⑤ 赵春明、何艳：《从国际经验看中国对外直接投资的产业和区位选择》，《世界经济》2002 年第 5 期。
⑥ 江小涓：《"十五"我国对外投资趋势研究：全球背景、投资规模与重点选择》，《管理世界》2001 年第 1 期；江小涓：《中国对外开放进入新阶段：更均衡合理地融入全球经济》，《经济研究》2006 年第 3 期。

在对外投资的动机方面，康荣平、柯银斌认为传统跨国公司理论的一个最主要的前提是具备某种竞争者所没有的优势，也就是"优势前提论"。但是在对跨国公司的案例研究中，作者已发现若干原来没有什么竞争优势，但通过跨国发展而获得竞争优势的实例。针对这种现象，他们提出了华人跨国公司的"赢得优势论"。[①] 王志乐通过调研发现，中国开展对外直接投资的目的在于换取能源、资源和市场份额。尽管相对于发达国家的跨国企业，中国企业具有的技术、品牌、管理经验等优势可能不够，但相对于国有企业，民营企业有其自身的特点。[②] 欧阳晓分析了中国民营企业跨国经营的优势，作者认为民营企业具有机制优势、产业优势等多方面优势。[③]

尽管这一时期针对 ODI 的实证研究非常有限，随着 2003 年商务部、国家统计局、国家外汇管理局联合首次发布《中国对外直接投资统计公报》、2002 年《对外直接投资统计制度》颁布，用宏观国别数据对中国海外直接投资的实证计量研究逐渐增多。这类研究主要关注的是中国对外直接投资的决定因素。程惠芳、阮翔用贸易中的引力模型使用 1995 年、2000 年、2002 年与中国有国际直接投资关系的 32 个国家的数据进行横截面回归，发现经济规模和相似性以及地理距离是国际直接投资流量的重要决定因素。[④] 项本武使用固定效应面板模型对中国对外直接投资决定因素进行了初步检验，但由于数据的可得性原因，其样本较小。[⑤] 邱立成、王凤丽利用 1993—2006 年的数据进行计量分析，发现对外贸易、资源需求、工资水平因素都对我国对外直接投资有显著的影响。[⑥] 张新乐、王文明、王聪利用两年的数据对中国对外直接投资的决定因素进行了计量分析并与

---

① ［日］康荣平、柯银斌：《华人跨国公司的成长模式》，《管理世界》2002 年第 2 期。
② 王志乐：《走向世界的中国跨国公司》，中国商业出版社 2004 年版。
③ 欧阳晓：《中国民营企业跨国经营的优势分析》，《管理世界》2005 年第 5 期。
④ 程惠芳、阮翔：《用引力模型分析中国对外直接投资的区位选择》，《世界经济》2004 年第 11 期。
⑤ 项本武：《中国对外直接投资：决定因素与经济效应的实证研究》，社会科学文献出版社 2005 年版。
⑥ 邱立成、王凤丽：《我国对外直接投资主要宏观影响因素的实证研究》，《国际贸易问题》2008 年第 6 期。

已有的研究成果进行比较。他们发现中国的对外直接投资对东道国国内生产总值、出口、汇率、东道国人均国民收入等决定因素的反应与已有文献的研究结果有所不同，且大都不符合理论假设。①

除了研究决定因素外，学者开始讨论中国对外直接投资对国内经济的影响，尤其是对国内就业的影响。董会琳、黄少达针对国内就业影响的研究得出，中国对外直接投资的刺激效应大于替代效应。② 寻舸提出促进国内就业的新途径就是扩大对外直接投资。③

三 2008—2012 年的相关研究

对中国 ODI 的研究成为热点，采用更为成熟的计量方法和企业层面微观数据，关注点日益转向制度的作用、对国内经济的影响以及投资绩效方面。

2008 年以来，中国对外直接投资问题成为研究热点，并在研究方法、使用数据、研究方向等方面呈现新的特点。一是在研究方法上，从前一时期的以定性研究为主，转化为以量化计量分析为主；二是在使用数据上，王碧珺指出官方公布的 ODI 宏观数据的一个致命问题是公布的是中国对外直接投资的第一目的地，而不是最终目的地；公布的是第一目的地的行业分布，而不是最终投资的行业，而第一目的地很可能是投资的中转地。因此更多的研究开始转向利用企业层面的微观数据进行分析。④ 三是在研究方向上，对中国 ODI 决定因素的研究不断深入，同时更多的研究开始关注 ODI 对国内经济的影响和绩效问题。

在对外直接投资理论进展上，田巍、余淼杰用微观数据做经验研究，

---

① 张新乐、王文明、王聪：《我国对外直接投资决定因素的实证研究》，《国际贸易问题》2007 年第 5 期。

② 董会琳、黄少达：《浅析扩大对外投资对就业的影响及对策》，《财经科学》2001 年第 12 期。

③ 寻舸：《促进国内就业的新途径：扩大对外直接投资》，《财经研究》2002 年第 6 期。

④ 王碧珺：《被误读的官方数据——揭示真实的中国对外直接投资模式》，《国际经济评论》2013 年第 1 期。

发现中国对外直接投资符合异质企业理论的结论。① 但是，姚枝仲、李众敏认为现有的主流对外直接投资理论和发展中国家对外直接投资理论均难以解释中国的对外直接投资行为，而是一种"价值链延伸型"的对外直接投资模式。② 黄益平、王碧珺同样提出了对外直接投资的"中国模式"。③

对外直接投资区位决定因素的研究日益深入，制度的影响成为重要的研究视角。韦军亮、陈漓高、高建刚、王海军、蒋冠宏、蒋殿春、陈岩等人的研究发现东道国政治风险与中国ODI是负相关的。④ 然而，邓明通过对中国2003—2009年对73个国家的ODI数据研究发现，发展中国家的法制制度对中国ODI有正向影响，而发达国家的法制制度对中国ODI的影响则是不显著的。⑤ 不管是正面影响，还是负面影响，东道国制度对中国ODI的显著作用不容忽视，为了对冲制度的影响，宗芳宇、路江涌、武常岐建立了关于双边投资协定、东道国制度环境与母国制度对中国海外直接投资区位选择作用的研究框架。⑥

这一时期在对外直接投资对中国国内经济影响的研究方向上的关注点从上一时期的对国内就业影响的描述性讨论，转向用计量方法分

---

① 田巍、余淼杰：《企业生产率和企业"走出去"对外直接投资：基于企业层面数据的实证研究》，《经济学（季刊）》2012年第2期。

② 姚枝仲、李众敏：《中国对外直接投资的发展趋势与政策展望》，《国际经济评论》2011年第2期。

③ Huang Yiping and Bijun Wang, 2011, "Chinese Outward Direct Investment: Is There a China Model?", *China & World Economy*, Vol. 19, No. 4; Huang Yiping and Bijun Wang, 2013, "Investing Overseas without Moving Factories Abroad: The Case of Chinese Outward Direct Investment," *Asian Development Review*, Vol. 30, No. 1.

④ 韦军亮、陈漓高：《政治风险对中国对外直接投资的影响——基于动态面板模型的实证检验》，《经济评论》2009年第4期；高建刚：《经济一体化、政治风险和第三国效应对中国OFDI的影响》，《财贸研究》2011年第5期；王海军：《政治风险与中国企业对外直接投资——基于东道国与母国两个维度的实证分析》，《财贸研究》2012年第1期；蒋冠宏、蒋殿春：《中国对发展中国家的投资——东道国制度重要吗？》，《管理世界》2012年第11期；陈岩、马利灵、钟昌标：《中国对非洲投资决定因素：整合资源与制度视角的经验分析》，《世界经济》2012年第10期。

⑤ 邓明：《制度距离、示范效应与中国OFDI的区位分布》，《国际贸易问题》2012年第2期。

⑥ 宗芳宇、路江涌、武常岐：《双边投资协定、制度环境和企业对外直接投资区位选择》，《经济研究》2012年第5期。

析 ODI 对国内产出和技术进步的影响（当然也有部分文献继续跟踪对就业的影响①）。中国对外直接投资能否实现其促进自身技术进步这一目的？随着研究的深入，学者都给出了不同的答案。赵伟、古广东、何国庆发现中国的对外直接投资尤其是对研发要素丰裕国家和地区的投资具有较为明显的逆向技术溢出效应。② 然而，王英、刘思峰的研究结果却与之相反，发现以 ODI 为传导机制的国际 R&D 溢出并未对中国技术进步起到促进作用。③ 能否实现技术的溢出效益可能与企业对技术的吸收能力密切相关。④

随着中国海外直接投资的快速增长，投资绩效成为另一个重要问题。在全球金融危机后，运用上市企业财务数据和股票价格数据来分析中国企业海外投资——主要是跨国并购——成为一大研究趋势。郭妍对中国银行业发起的 18 次跨国并购的中长期财务绩效研究表明大部分并购银行绩效有所提高，并呈现一定的递增趋势。⑤ 顾露露和 Robert Reed 从上市企业的股票价格入手，发现中国企业海外并购事件公告日的市场绩效明显为正，反映了市场对中国企业海外并购的正面评价。⑥

以上研究以长期财务绩效研究法和长期事件研究法为主。邵新建等则从短期的视角以 A 股上市公司的跨国并购公告为切入点，通过事件研究发现：无论是战略资源类并购，还是以先进技术、知名品牌等创造性资产为目标的并购，总体上都获得了市场的积极评价。然而，短期事件法评估

---

① 罗丽英、黄娜：《我国对外直接投资对国内就业影响的实证分析》，《上海经济研究》2008 年第 8 期。

② 赵伟、古广东、何元庆：《外向 FDI 与中国技术进步：机理分析与尝试性实证》，《管理世界》2006 年第 7 期。

③ 王英、刘思峰：《国际技术外溢渠道的实证研究》，《数量经济技术经济研究》2008 年第 4 期。

④ 李梅、柳士昌：《对外直接投资逆向技术溢出的地区差异和门槛效应——基于中国省际面板数据的门槛回归分析》，《管理世界》2012 年第 1 期；李泳：《中国企业对外投资成效研究》，《管理世界》2009 年第 9 期。

⑤ 郭妍：《我国银行海外并购绩效及其影响因素的实证分析》，《财贸经济》2010 年第 11 期。

⑥ 顾露露、Robert Reed：《中国企业海外并购失败了吗?》，《经济研究》2011 年第 7 期。

跨国并购绩效具有一定的局限性，会受到并购公告时市场氛围的影响。因此在以股价反应来评价中国企业跨国并购决策时应该保持谨慎态度。[1] 海外收购交易是成功还是失败，背后的决定因素是什么？张建红等发现显著影响海外收购交易成败的因素来自不同的层面。具体而言，政治力量对敏感产业的影响、母国和东道国的经济关联度、收购企业和被收购企业的所有制形式、海外收购的经验和专业顾问的聘用等因素都显著地影响收购的成败。结合实证分析的结果，作者认为交易双方政治和体制方面的影响以及收购企业本身国际化水平的限制是中国企业海外收购成功率低的两个主要原因。[2]

四 2013—2018 年的相关研究

这一时期对中国 ODI 的研究注重结合中国特色制度背景，企业异质性和制度对区位选择的影响仍是重要的研究视角。

2013 年以来，对中国对外直接投资的研究主要呈现出三个特点。一是现有文献结合中国特殊制度背景的研究越来越多，如结合"一带一路"倡议的大背景等。二是企业异质性是当前的研究热点，该领域的研究成果是对"新新"贸易理论的有益补充。三是对外直接投资区位选择和影响因素的研究，对传统区位选择理论研究进行了深化和拓展，其中制度仍是重要的研究视角。

在对外直接投资理论进展上，随着"新新"贸易理论的兴起，学者们在研究对外直接投资决定因素时，将企业异质性特征融入研究中，考察众多新的企业层面的国际直接投资事实。葛顺奇和罗伟、戴翔、王亚星和李敏瑞、蒋冠宏和蒋殿春、杨波、张佳琦等都从企业生产率的角度对异质性企业的对外直接投资决策和模式选择进行了分析，但所

---

[1] 邵新建、巫和懋、肖立晟、杨骏、薛熠：《中国企业跨国并购的战略目标与经营绩效：基于 A 股市场的评价》，《世界经济》2012 年第 5 期。
[2] 张建红、卫新江、[荷兰] 海柯·艾伯斯：《决定中国企业海外收购成败的因素分析》，《管理世界》2010 年第 3 期。

得结论不一而同。① 例如，蒋冠宏利用 2003—2009 年中国工业企业对外直接投资和跨国并购数据，发现生产率更高、资本更密集和规模更大的企业更有可能选择跨国并购的投资方式。类似的结论也适用于中国对"一带一路"沿线国家的投资行为。② 但杨波、张佳琦的研究却得出了相反的结论，他们对 1993—2015 年 955 家 A 股上市公司数据研究表明，生产率较低的企业更倾向海外并购，生产率较高的企业会选择绿地投资。Si 等通过对三一集团的案例进行分析，发现具有中国特色的对外直接投资理论是国际生产折中理论（Ownership-Location-Internalization Model）和资源链接（linkage）、杠杆（leverage）和学习（learning）（即 LLL 框架）的中间道路，其中 OLI model 有利于理解中国对发展中国家的投资行为，而 LLL model 对于解释中国对发达国家的直接投资更为有力。③

对外直接投资区位决定因素的研究日益深入，其中，制度因素依然是重要的研究视角。王永钦、杜巨澜、王凯、冀相豹、葛顺奇、杨建清、杜思正等、王永中和赵奇峰考察了母国和东道国的不同制度维度对中国对外直接投资（ODI）区位选择的影响，对中国对外直接投资普遍具有的"制度风险偏好"特征进行了诠释。④ 制度对对外直接投资区位的影响除了体

---

① 葛顺奇、罗伟：《中国制造业企业对外直接投资和母公司竞争优势》，《管理世界》2013 年第 6 期；戴翔：《中国企业"走出去"的生产率悖论及其解释——基于行业面板数据的实证分析》，《南开经济研究》2013 年第 2 期；王亚星、李敏瑞：《资本扭曲与企业对外直接投资——以全要素生产率为中介的倒逼机制》，《财贸经济》2017 年第 1 期；蒋冠宏、蒋殿春：《绿地投资还是跨国并购：中国企业对外直接投资方式的选择》，《世界经济》2017 年第 7 期；杨波、张佳琦：《海外并购与绿地投资选择研究：基于企业异质性视角》，《国际贸易问题》2017 年第 12 期。

② 蒋冠宏：《中国企业对"一带一路"沿线国家市场的进入策略》，《中国工业经济》2017 年第 9 期。

③ Si, Yuefang, Ingo Liefner and Tao Wang, "Foreign Direct Investment with Chinese Characteristics: A Middle Path between Ownership-Location-Internalization Model and Linkage-Leverage-Learning Model", *Chinese Geographical Science*, 2013, 23.5, 594–606.

④ 王永钦、杜巨澜、王凯：《中国对外直接投资区位选择的决定因素：制度、税负和资源禀赋》，《经济研究》2014 年第 12 期；冀相豹、葛顺奇：《母国制度环境对中国 OFDI 的影响——以微观企业为分析视角》，《国际贸易问题》2015 年第 3 期；杨建清：《对外直接投资的区域差异及决定因素研究》，《管理世界》2015 年第 5 期；杜思正、冼国明、冷艳丽：《中国金融发展、资本效率与对外投资水平》，《数量经济技术经济研究》2016 年第 10 期；王永中、赵奇锋：《风险偏好、投资动机与中国对外直接投资：基于面板数据的分析》，《金融评论》2016 年第 4 期；杨娇辉、王伟、谭娜：《破解中国对外直接投资区位分布的"制度风险偏好"之谜》，《世界经济》2016 年第 11 期。

现在绝对制度质量方面，也体现在相对制度质量方面，即制度距离方面。一般而言，制度距离对国际投资者形成进入壁垒。Demir 和 Hu 发现制度差异这一进入壁垒只存在于南北合作中。发展中国家的投资者在与其制度不同的发展中国家投资时具有比较优势，因此南南合作不断增加。[1] 而学者们通过对中国对"一带一路"沿线国家 OFDI 区位选择进行实证研究发现，由于在资本管制程度、政府腐败、法制与产权保护制度、与中国制度差异性等制度方面的差异，中国与"一带一路"沿线国家的经贸合作通常受到这些制度距离的抑制，而对外商限制程度越低、产权法制保护越宽松、政府腐败程度越高的地区对要素禀赋和经贸合作方式越具有显著的正向调节效应。[2] 除了制度因素，ODI 的区位选择也会受到其他因素影响，如汇率波动[3]、国内成本上升以及母国与东道国的技术差距等[4]。

在对外直接投资对中国国内经济影响的研究方向，这一时期的关注点延续了上一时期对 ODI 对国内产出和技术进步的影响，并将关注点拓展到与其相关的议题，如中国在全球价值链中的地位以及产能利用问题。景光正、李平基于中国 2002—2013 年的省级面板数据和贸易微观数据，研究发现 ODI 对中国出口产品质量产生正向净效应，其通过技术反馈效应、市场深化效应及资源配置效应提升了本国出口产品质量。[5] 蒋冠宏利用 2002—2008 年 BVD（Zephyr）统计的中国企业跨国并购数据，发现跨国并

---

[1] Demir, F. and Hu, C., "Institutional Differences and the Direction of Bilateral Foreign Direct Investment Flows: Are South-South Flows any Different than the Rest?", *The World Economy*, 2006, 39(12), 2000 – 2024.

[2] 杜江、宋跃刚：《制度距离、要素禀赋与我国 OFDI 区位选择偏好——基于动态面板数据模型的实证研究》，《世界经济研究》2014 年第 12 期；潘镇、金中坤：《双边政治关系、东道国制度风险与中国对外直接投资》，《财贸经济》2015 年第 6 期；许家云、周绍杰、胡鞍钢：《制度距离、相邻效应与进出口贸易——基于"一带一路"国家空间面板模型的实证分析》，《财经研究》2017 年第 1 期；尹美群、盛磊、吴博：《"一带一路"东道国要素禀赋、制度环境对中国对外经贸合作方式及区位选择的影响》，《世界经济研究》2019 年第 1 期。

[3] 戴金平、安蕾：《汇率波动与对外直接投资：基于面板门限模型的分析》，《世界经济研究》2018 年第 5 期。

[4] 王碧珺、李冉、张明：《成本压力、吸收能力与技术获取型 OFDI》，《世界经济》2018 年第 4 期。

[5] 景光正、李平：《ODI 是否提升了中国的出口产品质量》，《国际贸易问题》2016 年第 8 期。

购明显促进了中国企业生产率的更快增长,且存在持续推动作用。① 对外直接投资不仅可以通过逆向技术溢出对中国全球价值链升级呈现显著的促进效应②,也可以显著地促进国内产业结构升级。③ 李雪松等使用中国上市公司 2010—2014 年数据,发现对外投资有助于提高企业的产能利用率,但那些不具备比较优势的企业如果选择对外投资,反而可能会降低其产能利用率。④ 此外,学者们也通过省级层面和行业层面的数据,对中国对外直接投资是否挤出国内投资进行了探讨,所得结论各不相同⑤,余官胜和杨文(2014)的研究发现对外直接投资整体上能够促进国内投资,而杨连星和张梅兰(2019)的结论恰好相反。此外,中国的 ODI 也会对母公司员工结构产生影响,阎虹戎等(2018)的研究发现,对外直接投资能同时促进国内低技能、廉价生产人员和高技能人员的就业,但由于生产人员数量增速高于非生产人员,因此,母公司员工结构并未因此得到改善。⑥

关于中国对外直接投资绩效的研究主要集中在企业跨国并购成败影响因素方面。根据汤姆森并购数据库,中国企业跨国并购的失败率远高于欧美企业。贾镜渝和李文基于汤姆森数据库 1987—2014 年中国跨国并购数据,研究分析了距离对中国企业跨国并购成功率的影响。研究表明,正式制度距离对企业并购成功率具有显著负向影响,而知识距离对企业并购成功率具有显著正向影响。⑦ 范黎波等对中国企业学习效应对其跨国并购成

---

① 蒋冠宏:《中国企业跨国并购真的失败了吗?——基于企业效率的再讨论》,《金融研究》2017 年第 4 期。

② 杨连星、罗玉辉:《中国对外直接投资与全球价值链升级》,《数量经济技术经济研究》2017 年第 6 期。

③ 赵云鹏、叶娇:《对外直接投资对中国产业结构影响研究》,《数量经济技术经济研究》2018 年第 3 期。

④ 李雪松、赵宸宇、聂菁:《对外投资与企业异质性产能利用率》,《世界经济》2017 年第 5 期。

⑤ 余官胜、杨文:《我国企业对外直接投资是促进还是挤出国内投资——影响机理与实证检验》,《国际商务:对外经济贸易大学学报》2014 年第 6 期;杨连星、张梅兰:《中国对外直接投资与国内投资:挤出还是挤入》,《世界经济研究》2019 年第 1 期。

⑥ 阎虹戎、冼国明、明秀南:《对外直接投资是否改善了母公司的员工结构》,《世界经济研究》2018 年第 1 期。

⑦ 贾镜渝、李文:《距离、战略动机与中国企业跨国并购成败——基于制度和跳板理论》,《南开管理评论》2016 年第 6 期。

功率的影响进行了实证研究，发现自身和同行业其他企业跨国并购的成功经验有助于提高企业并购成功率；企业自身失败经验对并购成功率的影响呈"U"形。金融危机与政府干预会对中国企业跨国并购产生重要影响。[1] 徐晓慧、李杰认为金融危机和政府干预均会影响企业并购绩效，在金融危机之后，政府直接干预与间接干预对企业并购绩效的提升有积极作用，其中受政府直接干预强度最大的企业作用最显著。[2]

第二节 外商直接投资

总体来看，自改革开放以来，FDI 对中国经济的积极影响大于消极影响，其在刺激经济增长、扩大贸易规模、增加就业、促进技术进步和产业结构升级方面效果显著，但与人民币汇率之间的相互作用关系并不稳定。此外，FDI 对环境的影响也是近年来国际投资研究的热点问题。

一 FDI 与中国经济增长之间的关系

FDI 具有资本挤出/挤入效应，而且存在地区和所有制方面的差异。FDI 进入会通过前后向行业之间的联系效应，在短期内使得中国国有企业和民营企业投资同时出现下降，在长期内引起中国国有企业投资下降，但对民营企业投资增加有促进作用；随着民营企业投资占中国国内总投资比重提高，FDI 占中国年度总投资的比重会出现下降趋势。[3] 我国 1991—2009 年省级面板数据研究结果表明，FDI 在我国总体样本、东部地区存在中性效应；在西部地区只通过其滞后项影响国内投资，资本效应为中性；中部地区挤出/挤入效应不明确；东部 FDI 对地区资本存量起到了积极的

---

[1] 范黎波、马聪聪、周英超：《中国企业跨国并购学习效应的实证研究——经验学习和替代学习的视角》，《财贸经济》2016 年第 10 期。

[2] 徐晓慧、李杰：《金融危机、政府干预与企业跨国并购绩效》，《国际贸易问题》2016 年第 6 期。

[3] 田素华、张旭欣：《FDI 对东道国本地投资有挤入效应吗？——基于中国事实的理论分析》，《世界经济文汇》2012 年第 4 期。

促进作用,而中、西部地区 FDI 则对当地资本形成起到了一定程度的抑制作用,西部地区 FDI 转化为国内投资速度慢于其他地区。①

FDI 促进经济增长的效果受到一系列因素的制约。长三角地区 16 个城市 1990—2005 年面板数据实证研究表明,FDI 技术溢出对该地区经济有显著的正效应,并且这种正效应具有鲜明的人力资本特征②。除了人力资本以外,FDI 对经济增长的促进作用不可避免地受到金融市场发展状况的影响,金融市场信贷规模的扩大以及与 FDI 的交互作用,有助于增强 FDI 对经济增长的促进作用。与美国相比,中国的金融市场未能有效地支持 FDI 对经济增长的促进作用。③ 我国 1985—2009 年 29 个省(市、区)平衡面板数据实证研究结果表明,金融发展程度直接制约着我国 FDI 溢出效应的大小。④ 此外,也有一些研究认为,FDI 能否促进经济增长还取决 FDI 与国内资本比例、FDI 挤出和挤入效应的大小、本土企业能否与外资建立紧密的垂直关联、FDI 流向资本品生产部门还是消费品生产部门等因素。⑤

FDI 的质量在促进经济增长方面的积极作用不容忽视。珠江三角洲九市 1999—2010 年面板数据回归检验表明,相较于外商投资的数量,外商投资的质量更能拉动珠江三角洲经济的增长。单项 FDI 规模、FDI 投向高新科技产业与现代服务业部门的比重、FDI 企业出口比重、FDI 承载的技术先进程度,均与珠三角地区的经济增长呈正相关。⑥ 同时,FDI 也可以通过增加产品种类来促进经济增长。34 个 OECD 国家的面板回归检验结

---

① 马晶梅、王宏起:《外国直接投资在我国各地区的资本效应研究》,《国际贸易问题》2011 年第 8 期。

② 殷醒民、陈昱:《FDI 技术溢出效应中"人力资本门槛"的实证研究——来自长江三角洲 16 个城市的证据》,《世界经济文汇》2011 年第 6 期。

③ 赵燕、赵增耀:《FDI 与经济增长:基于金融市场作用机制的研究——中美两国数据的实证检验》,《世界经济研究》2009 年第 2 期。

④ 王琰、蒋先玲:《金融发展制约 FDI 溢出效应的实证分析》,《国际贸易问题》2011 年第 5 期。

⑤ 如王志鹏、李子奈:《外商直接投资、外溢效应与内生经济增长》,《世界经济文汇》2004 年第 3 期;王永齐:《FDI 溢出、金融市场与经济增长》,《数量经济技术经济研究》2006 年第 1 期;钱学锋:《外资促进了国民收入增长吗?——基于空间经济学的分析》,《中南财经政法大学学报》2007 年第 6 期;陈柳、刘志彪:《本土创新能力、FDI 技术外溢与经济增长》,《南开经济研究》2006 年第 3 期。

⑥ 邹建华、韩永辉:《引资转型、FDI 质量与区域经济增长——基于珠三角面板数据的实证分析》,《国际贸易问题》2013 年第 7 期。

果表明，1980—2009 年，FDI 通过增加产品种类的投资对经济增长产生积极的推动作用。并且这种正向促进作用在中低收入组国家更加显著，而产品质量提升对经济增长的作用则在高收入组国家更加显著。①

二 FDI 与国际贸易之间的关系

就不同国际贸易方式而言，FDI 对加工贸易进出口具有显著的促进作用，但对一般贸易的影响比较复杂，行业外资渗透率和行业外资出口强度的影响截然相反。2005—2007 年我国非国有工业企业数据实证检验发现，行业外资渗透率对同行业内资企业的出口决定和出口强度都存在显著为正的影响；行业外资出口强度对内资企业的出口决定和出口强度的影响却显著为负。② 就加工贸易而言，FDI 对我国加工贸易的发展有着很强的推动性，加工贸易的良性发展又进一步反作用于 FDI。③ 尤其是 2001 年 1 月至 2008 年 12 月相关数据实证检验结果显示，FDI 对来料加工净出口和进料加工净出口有显著的正向效应，FDI、来料加工净出口或进料加工净出口之间存在长期均衡的协整关系。④

就不同行业的国际贸易而言，制造业 FDI 水平及前后向关联的溢出效应各异，服务业 FDI 对服务贸易具有较强的促进效应。在全球价值链嵌入机制下，FDI 对中国出口国内附加值虽然存在正向影响，但并不显著，并且还受到行业性质及 FDI 前后向关联性的约束。⑤ 在制造业方面，中国 28 个制造行业相关数据实证检验显示，FDI 借助后向关联机制产生的出口溢出效应最为显著，借助水平关联机制的出口溢出效应仅在低技术企业中显

---

① 李怀建、沈坤荣：《FDI、内生技术进步与经济增长——基于 OECD 国家的计量检验与实证分析》，《世界经济研究》2013 年第 2 期。
② 刘修岩、易博杰、邵军：《示范还是挤出？FDI 对中国本土制造业企业出口溢出的实证研究》，《世界经济文汇》2011 年第 5 期。
③ 祖强、刘海明：《改革开放 30 年来中国加工贸易发展与 FDI 效应及开放度效应的协整分析》，《国际贸易问题》2009 年第 1 期。
④ 王三兴：《我国超额外汇储备成因：基于 FDI 和加工贸易视角的解释》，《国际贸易问题》2011 年第 2 期。
⑤ 唐宜红、张鹏杨：《FDI、全球价值链嵌入与出口国内附加值》，《统计研究》2014 年第 4 期。

著，而借助前向关联机制的出口溢出效应则为负，但从长期来看，FDI 后向关联出口溢出效应呈渐增态势，水平关联出口溢出效应则逐渐减弱。[①] 在服务业 FDI 方面，我国 1992—2008 年相关数据检验研究表明，服务业 FDI 与货物贸易出口对我国服务贸易出口的总体影响均是正向的；且服务业 FDI 的短期变动对我国服务贸易出口的正向影响要大于货物贸易出口。[②]

就国内不同地区而言，FDI 的贸易弹性、贸易创造及其替代效应显著不同。就 FDI 对不同地区贸易的影响而言，对 2007 年我国 30 个省（市、区）和 26 个国家或地区的双边贸易面板数据实证研究表明，东部 FDI 对国际贸易的弹性最大，其次是中部地区，西部地区最小，贸易创造效应和替代效应从东部、中部到西部逐渐减弱，并且上述替代和互补关系也因时期不同而不同。[③] 对 1987—2006 年中国 29 个省（市、区）数据研究表明，对于绝大多数省份来说，FDI 引起进口增加，但近年来对中国进口的促进作用在减弱；从不同省份来看，FDI 对进口的影响程度是不同的。[④]

就对贸易条件的不同影响而言，FDI 流入究竟是改善还是恶化了贸易条件，学者们在这一问题上尚未达成一致性结论。根据王文治、扈涛（2013）的研究与测算，FDI 与中国制造业价格贸易条件正相关，FDI 的流入并没有导致制造业价格贸易条件形成持续性恶化趋势，也不会使中国制造业陷入"贫困化增长"。特别地，中高技术含量行业的贸易条件会随着 FDI 的集中流入而持续改善。[⑤] Wacker 通过分析 1980—2008 年 50 多个发展中国家的数据，发现 FDI 流入有助于发展中国家贸易条件的改善，尤其是在历史文化悠久和相对封闭国家，其贸易条件改善更

[①] 赵婷、赵伟：《产业关联视角的 FDI 出口溢出效应：分析与实证》，《国际贸易问题》2012 年第 2 期。

[②] 王恕立、胡宗彪：《服务业 FDI 流入与东道国服务贸易出口》，《国际贸易问题》2010 年第 11 期。

[③] 黄新飞：《基于贸易引力模型的 FDI 与省区双边贸易流量的实证分析》，《国际贸易问题》2011 年第 2 期。

[④] 高越、曲建忠：《分割生产、外商直接投资与中国进口》，《世界经济研究》2009 年第 7 期。

[⑤] 王文治、扈涛：《FDI 导致中国制造业价格贸易条件恶化了吗？——基于微观贸易数据的 GMM 方法研究》，《世界经济研究》2013 年第 1 期。

为显著。①

就影响国际贸易的不同路径而言，FDI 既可以通过提升出口产品质量促进贸易，也可以通过改变被收购方的出口决策来影响贸易。FDI 影响出口产品质量升级的微观机制主要分为直接、间接和乘数作用三种。李坤望、王有鑫的实证分析表明，1999—2007 年，FDI 流入会显著地促进我国出口产品质量升级，且在资本密集型行业和外资行业中体现得尤为明显。② 海外并购改变被收购方的出口决策主要有降低固定成本、技术转让和重组全球市场三个渠道。Liu 等基于微观企业层面的面板数据进行实证分析，发现全球市场重组和固定成本下降会显著增加出口，而技术转让对出口并没有产生显著影响。③

三 FDI 与技术进步和产业结构升级之间的关系

FDI 主要通过市场力量推动了我国技术进步。中国制造业 2003—2010 年 28 个细分行业面板数据显示，高技术服务业 FDI 对中国制造业效率均有正的直接效应，但中介效应不同，信息传输、计算机服务和软件业通过降低交易成本提高制造业效率；科学研究、技术服务和地质勘查业通过提高创新能力提高制造业效率，然而生产制造成本并没有通过中介效应的检验。④ 服务业跨国公司具备所有权优势，不但通过提供优势服务投入的方式直接提高了东道国制造业效率，而且通过竞争效应、示范效应、增加东道国服务种类、降低服务价格、技术外溢等方式促进东道国制造业效率提升。⑤

外资优惠政策促进了中西部地区技术外溢，但在二元经济结构下，

---

① Wacker, K. M., "Do Multinationals Deteriorate Developing Countries' Export Prices? The Impact of FDI on Net Barter Terms of Trade", *The World Economy*, 2016, 39 (12), 1974 – 1999.
② 李坤望、王有鑫：《FDI 促进了中国出口产品质量升级吗？——基于动态面板系统 GMM 方法的研究》，《世界经济研究》2013 年第 5 期。
③ Liu, Q., Qiu, L. D. and Li, Z., "Foreign Acquisitions in China and Multinationals' Global Market Strategy", *Review of Development Economics*, 2016, 20 (1), 87 – 100.
④ 华广敏：《高技术服务业 FDI 对东道国制造业效率影响的研究——基于中介效应分析》，《世界经济研究》2012 年第 12 期。
⑤ 罗立彬：《服务业 FDI 与东道国制造业效率提升》，《国际经贸探索》2009 年第 8 期。

FDI 技术外溢的异质性在中国依旧存在。1993—2008 年，中国有 28 个省（市、区）的 FDI 外溢效应实现受到当地条件的制约。① 中国制造业 2001—2007 年分区域数据实证研究显示，在现有外资鼓励政策条件下，FDI 对内资企业产出、全要素生产率、技术效率和技术进步总体上具有显著的负面影响。② 地区间税收竞争导致各地区外资企业所面临的实际税率下降，这对东西部省区产生了不同的影响，对中西部省区而言，税收竞争降低了流入我国 FDI 的技术水平，从而降低了企业的技术吸收门槛，提高了中西部省区对 FDI 溢出技术的技术吸收能力，提高了 FDI 的技术溢出效应；而东部省区的技术水平相对较高，多已跨过 FDI 技术吸收门槛，流入 FDI 技术水平的下降缩小了其与企业的技术差距，降低了利用"技术后发优势"的可能，所以税收竞争反而阻碍了 FDI 的技术溢出；随着近年来国内技术水平的提高，税收竞争已逐渐成为阻碍 FDI 技术溢出的重要因素。徐清在省级层面分析了国内二元经济结构下 FDI 的异质性。实证结果表明，2002—2009 年，中国东部地区的外资利用以水平型 FDI 为主，中部地区的 FDI 性质无法确定，而西部地区的外资利用则以垂直型 FDI 为主。③ 罗良文、李珊珊的研究也得到类似的结论。④

此外，还有一些研究讨论了 FDI 对中国产业结构升级的影响。加工贸易相关的 FDI 不但产业链短、辐射面窄，对我国经济发展的带动效应弱，而且产品附加值低，贸易条件恶化使我国陷入了"贫困化增长"。⑤ 还有研究发现，我国居民储蓄转化为有效资本的机制存在问题，利用外商投资则是较好的选择；在经济全球化的大环境下沿用传统意义上的民族工业的

---

① 林季红、郭志芳：《金融市场、FDI 与全要素生产率增长》，《世界经济研究》2013 年第 5 期。
② 孙少勤、邱斌：《制度因素对中国制造业 FDI 技术溢出效应的影响研究》，《世界经济与政治论坛》2010 年第 2 期。
③ 徐清：《我国双重二元经济结构下 FDI 的异质性》，《世界经济研究》2013 年第 11 期。
④ 罗良文、李珊珊：《FDI、国际贸易的技术效应与我国省际碳排放绩效》，《国际贸易问题》2013 年第 8 期。
⑤ 李国学：《以人为本的内外平衡的发展战略》，《中国社会科学院院报》2006 年 9 月 14 日；潘永源：《加工贸易之我见》，《经济学动态》1999 年第 8 期；胡峰、程章新：《跨国公司并购我国本土品牌的背景、现状及趋势》，《世界经济研究》2002 年第 5 期。

概念会产生多方面矛盾；FDI可以通过资本形成、贸易创造、产业联系、技术外溢、产业结构和制度变迁六条途径促进中国经济发展[1]；在全球生产网络下，通过针对领导厂商和高层级供应商的专用性投资，我国企业可以利用全球生产网络的正外部性及其动态学习效应来促进产业结构升级。[2] 王恕立、滕泽伟发现中国服务业FDI的资本再配置效应对服务业生产率有显著的促进作用。[3] 此外，科学研究、技术服务和地质勘查业的FDI流入可以通过提高创新能力对中国制造业效率产生积极影响。[4] 从全球价值链的视角来看，FDI流入能够促进中国制造业产业结构的优化，同时，显著地促进存续企业将价值链的要素密集度集中于劳动力密集度低、而资本密集度高的工序。[5] 栾申洲的实证研究发现，FDI对中国产业结构的影响呈现出先抑后扬的趋势。[6] 李磊等利用企业层面微观数据集，发现"引进来"显著地促进了中国企业"走出去"，无论是水平溢出、前向溢出和后向溢出效应，外商投资都会导致企业对外直接投资的增加。[7]

四 FDI与环境保护之间的关系

相对于其他研究议题来说，FDI对环境影响的研究相对较新，也是近几年来国际投资研究的热点问题。FDI对中国环境的影响存在显著的腐败门槛效应，并且地区腐败也会直接增加中国各省级与地市级地区

---

[1] 刘琛、卢黎薇，《VAR模型框架下外商直接投资时滞效应的动态分析》，《数量经济技术经济研究》2006年第10期。
[2] 李国学：《资产专用性投资与全球生产网络的收益分配》，《世界经济》2009年第8期。
[3] 王恕立、滕泽伟：《FDI流入、要素再配置效应与中国服务业生产率——基于分行业的经验研究》，《国际贸易问题》2015年第4期。
[4] 华广敏：《高技术服务业FDI对中美制造业效率影响的比较分析——基于中介效应分析》，《世界经济研究》2013年第3期。
[5] 葛顺奇、罗伟：《跨国公司进入与中国制造业产业结构——基于全球价值链视角的研究》，《经济研究》2015年第11期。
[6] 栾申洲：《对外贸易、外商直接投资与产业结构优化》，《工业技术经济》2018年第1期。
[7] 李磊、冼国明、包群：《"引进来"是否促进了"走出去"？——外商投资对中国企业对外直接投资的影响》，《经济研究》2018年第3期。

的污染排放。① 同时，张宇、蒋殿春的研究发现，FDI 的流入具有"污染避难所"论和"污染光环"论的双重特征，也就是说，在引起我国产业结构向高污染行业转移的同时，FDI 的流入也显著促进了当地和其他地区的环保技术应用；并且 FDI 的流入存在弱化邻近地区的环境监管而强化当地环境监管的作用。②

FDI 碳排放的规模效应、结构效应、技术效应、管制效应错综复杂，总体效应为负。对我国 28 个省市面板数据实证分析显示，FDI 与我国二氧化碳排放正相关，FDI 每提高 1%，人均二氧化碳排放就增加 0.09%左右。③ FDI 增加了中国工业行业的碳排放，总效应是负的，但 FDI 的规模、结构、技术和管制效应存在差异，其规模效应和结构效应为负，技术效应为正，环境管制效应对各行业碳排放的约束作用不明显。④ 能源结构、二氧化碳排放强度和能源消费强度的进一步研究表明，FDI 与上述指标呈长期的负向协整关系，FDI 引致我国二氧化碳排放规模负效应大于结构和技术正效应。⑤ 我国 1988—2007 年数据进一步研究表明，FDI 对环境产生了消极的规模效应、积极的结构效应、积极的环境技术效应，管制效应尚不明显，总效应为负。⑥ 李晓钟、刘振宇对我国劳动密集型工业和技术密集型工业的碳排放与 FDI 流入的相关性进行了进一步研究。结果表明，FDI 的流入确实会导致我国制造业二氧化碳排放总量增加，但另一方面也会降低我国制造业二氧化碳的排放强度，且劳动密集型产业对这一降低效应更加敏感；此外，若 FDI 对碳排放强度的降低作用进一步提高，则 FDI 的流

---

① 李子豪、刘辉煌：《外商直接投资、地区腐败与环境污染——基于门槛效应的实证研究》，《国际贸易问题》2013 年第 7 期。

② 张宇、蒋殿春：《FDI、环境监管与工业大气污染——基于产业结构与技术进步分解指标的实证检验》，《国际贸易问题》2013 年第 7 期。

③ 牛海霞、胡佳雨：《FDI 与我国二氧化碳排放相关性实证研究》，《国际贸易问题》2011 年第 5 期。

④ 代迪尔、李子豪：《外商直接投资的碳排放效应——基于中国工业行业数据的研究》，《国际经贸探索》2011 年第 5 期。

⑤ 牛海霞、胡佳雨：《FDI 与我国二氧化碳排放相关性实证研究》，《国际贸易问题》2011 年第 5 期。

⑥ 张学刚：《FDI 影响环境的机理与效应——基于中国制造行业的数据研究》，《国际贸易问题》2011 年第 6 期。

入有可能促使我国碳排放呈现倒"U"形曲线的现象。[1] 原毅军、谢荣辉以二氧化碳排放量表示非期望产出，探究了 FDI 和环境规制对中国工业绿色全要素生产率的影响。发现 2000—2012 年，FDI 对绿色全要素生产率没有直接影响，但是可以通过影响环境规制间接地促进经济的绿色增长。[2]

FDI 对工业污水排放影响的大小决定于 FDI 结构和环保技术效应，以及我国对环境保护认识的程度。1994—2006 年省级面板数据实证检验表明，由于中国特有的分权模式导致了地方政府间"竞争到底"行为，地方政府有动机以放松环境管制为手段来吸引更多的 FDI 流入，这导致中国成为跨国污染企业的"污染避难所"。[3] FDI 规模对我国工业污染变化的影响具有同向性，FDI 对生态环境的影响具有区域和行业差异，FDI 的技术效应发挥使其产生生态环境正效应。FDI 对生态环境的效应是复杂的，正负效应交织在一起。正负效应的大小是由 FDI 的结构和 FDI 的环保技术效应，以及我国对环境保护认识的程度决定的。[4]

近年来日益严重的雾霾天气是中国环境污染的重要问题。省际空间的面板数据分析结果已经表明，FDI 是导致雾霾（PM2.5）浓度升高的因素之一。[5] 虽然，FDI 流入的规模效应和结构效应会使雾霾恶化，而且 FDI 流入的增长效应会改善雾霾污染。特别地，根据地理位置不同，FDI 对雾霾的影响也不同，流入内陆地区的 FDI 对雾霾的影响是正向的，而流入沿海地区的 FDI 则可以改善环境。[6] 然而，聂飞、刘海云在加入了滞后效应和反馈效应后，却得出了相反的结论，即 FDI 流入的"污染光环效应"

---

[1] 李晓钟、刘振宇：《FDI 对我国制造业碳排放影响分析》，《国际商务：对外经济贸易大学学报》2013 年第 1 期。

[2] 原毅军、谢荣辉：《FDI、环境规制与中国工业绿色全要素生产率增长——基于 Luenberger 指数的实证研究》，《国际贸易问题》2015 年第 8 期。

[3] 陈刚：《FDI 竞争、环境规制与污染避难所——对中国式分权的反思》，《世界经济研究》2009 年第 6 期。

[4] 李惠茹、杨丽：《基于提高引资质量的 FDI 生态环境效应分析》，《国际商务：对外经济贸易大学学报》2010 年第 2 期。

[5] 严雅雪、齐绍洲：《外商直接投资与中国雾霾污染》，《统计研究》2017 年第 5 期。

[6] 冷艳丽、冼国明、杜思正：《外商直接投资与雾霾污染——基于中国省际面板数据的实证分析》，《国际贸易问题》2015 年第 12 期。

有助于改善地区环境。① 除了从 FDI 数量的角度对环境污染进行分析，还有学者从 FDI 质量的角度分析其对环境的影响，总体认为，FDI 的技术外溢潜力越高，FDI 的"污染光环效应"越明显，对环境污染越有改善作用。②

五　FDI 与劳动力就业之间的关系

FDI 具有就业创造效应，但在地区、行业和劳动力类型方面存在显著差异。关于 FDI 对中国就业的影响，学者们根据时期论、条件论、抵消论和结构论等理论，对这一问题进行了更为理性和深入的研究。在早期，外商直接投资与我国就业量之间存在着长期正向均衡关系——外商直接投资每增长 1%，我国就业便增长 0.13%。③ 赵德昭的研究发现 FDI 与东道国就业存在着非线性关系，对农村剩余劳动力的转移集聚具有显著影响，这一影响的经济诱因便是 FDI 区位分布的非均衡性。④ 就 FDI 对我国不同行业就业影响而言，我国制造业企业调查数据研究发现，进口贸易和外国直接投资与高技能劳动力需求之间存在显著的正相关关系，但在行业和区域上表现出强烈差异。⑤ FDI 增长显著地提高了中国制造业高技能劳动的相对需求，且该结论并不是由 FDI 所选择行业本来就是高技能劳动密集型的行业造成的。⑥ 特别是 FDI 有利于促进农村剩余劳动力转移和第二产业就

---

① 聂飞、刘海云：《FDI、环境污染与经济增长的相关性研究——基于动态联立方程模型的实证检验》，《国际贸易问题》2015 年第 2 期。

② 韩永辉、邹建华：《引资转型、FDI 质量与环境污染——来自珠三角九市的经验证据》，《国际贸易问题》2015 年第 7 期；白俊红、吕晓红：《FDI 质量与中国环境污染的改善》，《国际贸易问题》2015 年第 8 期；王修华、谷溪、王海成：《外商直接投资究竟是"天使"还是"魔鬼"——基于居民主观幸福感的再审视》，《国际贸易问题》2016 年第 11 期。

③ 沙文兵、陶爱萍：《外商直接投资的就业效应分析——基于协整理论的实证分析》，《财经科学》2007 年第 4 期。

④ 赵德昭：《FDI 对农村剩余劳动力转移存在门槛效应吗》，《财贸经济》2014 年第 11 期；赵德昭：《FDI、第三方效应与农村剩余劳动力转移的空间集聚——基于中国省际面板数据的空间计量检验》，《南开经济研究》2014 年第 6 期。

⑤ 黄乾：《国际贸易、外国直接投资与制造业高技能劳动力需求》，《世界经济研究》2009 年第 1 期。

⑥ 殷德生、唐海燕、黄腾飞：《FDI 与中国的高技能劳动需求》，《世界经济》2011 年第 9 期。

业，但对第三产业影响不足；就 FDI 对我国不同地区的就业影响而言，FDI 对于东部地区的就业创造效应要小于中部和西部地区。① 此外，近些年来，中国劳动力成本的上升促使制造业 FDI 撤资规模不断扩大，从而对国内就业形成负面冲击。韩民春、张丽娜通过模拟研究，证实了这一负面冲击的存在，并且，由于我国的二元经济结构，城镇劳动力无法回流到农村，因此 FDI 撤资对国内的负面冲击主要集中在城镇劳动力市场。②

FDI 的流入也会对东道国工资水平与人力资本产生影响。张志明、崔日明的研究发现，外商直接投资对中国整体服务业的工资水平影响显著为负，并且，服务贸易与服务业中的 FDI 对服务业工资水平的影响存在显著的企业与行业异质性。③ Chen 等对 FDI 对就业弹性的影响进行了研究，发现劳动密集型 FDI 的工资弹性较低，但产出弹性和资本弹性较高。④ 蔡宏波等从劳动力性质角度分析了 FDI 对东道国工资水平的影响，认为 FDI 显著提高了技能劳动力的工资，对非技能劳动力的工资则没有显著影响。⑤ 罗伟等从行业内工资溢出与行业间工资前后向关联视角研究了 FDI 对中国劳动力收入的影响，研究发现，外资企业通过市场竞争产生的负向工资效应大于通过技术外溢产生的正向影响。⑥

六　FDI 与汇率之间的关系

外商直接投资与人民币汇率之间相互影响，但并不存在稳定的协整关

---

① 王燕飞、曾国平：《FDI 就业结构及产业结构变迁》，《世界经济研究》2006 年第 7 期；郑月明、王伟华：《FDI 对我国东、中、西部就业影响的实证分析》，《商场现代化》2007 年第 12 期。

② 韩民春、张丽娜：《中国制造业 FDI 撤离的就业效应和应对政策的效果》，《数量经济技术经济研究》2015 年第 9 期。

③ 张志明、崔日明：《服务贸易、服务业 FDI 与中国服务业工资水平——基于行业面板数据的经验研究》，《国际贸易问题》2015 年第 8 期。

④ Chen, B., Li, Y. and Yin, Y., "FDI, Industry Heterogeniety and Employment Elasticity in China", *Review of Development Economics*, 2016, 20 (1), 189-200.

⑤ 蔡宏波、刘杜若、张明志：《外商直接投资与服务业工资差距——基于中国城镇个人与行业匹配数据的实证分析》，《南开经济研究》2015 年第 4 期；刘厚俊、王丹利：《我国地区间税收竞争、劳动力市场发育程度对 FDI 技术溢出效应的影响》，《国际贸易问题》2011 年第 6 期。

⑥ 罗伟、刘晨、葛顺奇：《外商直接投资的工资溢出和关联效应研究》，《世界经济》2018 年第 5 期。

系。一方面，FDI是人民币汇率升值的格兰杰原因。外商直接投资在一定程度上引起了我国人民币实际有效汇率的升值，FDI对人民币实际有效汇率的影响大小主要取决于国际直接投资是用于国内消费还是贸易品部门或非贸易品部门的资本积累。[①] 通过对香港与内地服务业FDI实证研究结果发现，对以跨境交付为主要贸易提供方式的服务业，人民币升值会抑制FDI，大幅升值会加剧这种负作用；对以商业存在为主要贸易提供方式的服务业，人民币升值同样会抑制FDI活动，但汇率升值预期可能会导致FDI活动的提前进行。[②] FDI也可以通过促进技术进步所引致的生产率效应，来对汇率产生影响。胡德宝、苏基溶发现，FDI既可以通过提高贸易部门的生产率而促发人民币升值，也可以因为非贸易部门的生产率增速高于贸易部门，而技术进步所引致的生产率提高促发了人民币贬值。[③]

第三节　跨国公司

跨国公司作为国际资本流动的载体，其区位选择和经营战略不仅对东道国的经济产生重要影响，而且在全球价值链增值、技术的国际转移与研发国际化、企业社会责任等研究领域中都具有重要的研究价值。

一　关于跨国公司对东道国经济影响的研究

跨国公司对东道国经济有着正反两方面的影响。在20世纪80年代初期，由于中国尚处在由计划经济向市场经济转变的初期阶段，对跨国公司及其资本扩张的认识还有一定的局限性。在肯定其对发展中国家经济有一定积极性作用的同时，也时常有批评性的限制跨国公司发展的研究结论。

[①] 杨青：《人民币实际汇率与外商直接投资的实证分析》，《特区经济》2006年第12期；王志鹏：《论外商直接投资对实际汇率的影响》，《经济评论》2002年第2期。

[②] 宋爽：《汇率对香港与内地服务业FDI流入的影响——基于不同贸易提供方式的分析》，《国际经贸探索》2012年第6期。

[③] 胡德宝、苏基溶：《外商直接投资、技术进步及人民币实际汇率——基于巴拉萨—萨缪尔森模型的实证分析》，《金融市场》2015年第6期。

谢志洪认为，从作用与后果来看，跨国公司对发展中国家的扩张与兼并具有两重性。一方面，它的扩张在某种程度上促进了发展中国家的资本主义生产关系与生产力的发展；另一方面，由于这种发展是在从属于外国垄断资本的条件下进行的。因此，跨国公司的扩张严重地阻碍了发展中国家沿着独立自主的道路发展民族经济。跨国公司在发展中国家经济上都具有某种程度的殖民地性，民族经济的发展受到严重的阻碍。① 在 FDI 主导型产业集群中，跨国公司可能会挤出本土企业，同时加剧地方产业升级所面临的困境。②

伴随着中国对外开放程度的不断提高，跨国公司对推动中国经济的积极作用便受到了普遍性的肯定。王洛林、江小涓和卢圣亮提供的研究数据表明，20 世纪 90 年代初期以后，大型跨国公司的投资项目最密集的行业包括微电子业、汽车制造业等，都是技术、资金密集型的行业，跨国公司在这些领域的投资，对于提高中国的产业结构已经产生了显著的积极影响。③

同时，王洛林等人也对跨国公司对于中国技术进步的推动作用做出了研究。他们认为，通过跨国公司投资促进我国企业技术水平的提高，具体表现在：第一，通过吸引跨国公司引进先进技术，大大降低了中国技术进步的风险，以往通过技术贸易方式引进技术，有相当比例的技术引进项目不能很好地发挥作用，或者在吸收、消化之时，引进的技术已经落伍；第二，企业技术升级速度较快，跨国公司经过一段时期投资，特别是取得较好的经营业绩后，多数企业都会再次引进更先进的技术，甚至是最先进的技术；第三，技术水平与股权结构明显相关，500 强在华投资企业技术水平的先进程度，直接受企业的股权结构的影响。④

---

① 谢志洪：《跨国公司对发展中国家扩张的基本战略及其实质》，《世界经济》1981 年第 7 期。

② 邢夫敏：《FDI 主导型产业集群特征与本土企业产业升级对策》，《科技进步与对策》2013 年第 2 期。

③ 王洛林、江小涓、卢圣亮：《大型跨国公司投资对中国产业结构、技术进步和经济国际化的影响（上）——以全球 500 强在华投资项目为主的分析》，《中国工业经济》2000 年第 4 期。

④ 同上。

跨国公司还可以通过人力资本流转对东道国产生溢出效应。刘青等的实证研究证实了跨国公司通过人力资本创造与流转而对华产生溢出效应的存在，研究结果显示，民营企业主在跨国公司的工作经历会对其所创立的企业经营业绩产生显著的正向作用。①

二 关于跨国公司投资区位理论的研究

跨国公司投资区位的选择受诸多因素的影响。一些中国学者结合我国引进外资实际状况，对这一问题进行了研究。

梁琦基于空间经济理论讨论了关联效应、贸易成本与跨国公司之间的关系。从垂直跨国公司和水平跨国公司两个角度，阐述了FDI与产业集聚的相关性理论。同时，他用国内外案例进行了分析检验，得出的基本结论是：第一，优惠政策不再是吸引外资的主要因素，地区的开放度和产业集聚所产生的关联效应，才是外商投资区位选择的最主要的驱动力；第二，低层次的地方专业化并不对吸引FDI有利。②

阎大颖将148家中国跨国公司作为研究对象，对中国企业对外直接投资的区位选择偏好进行了分析，发现这些公司倾向于在投资市场潜力大、劳动力成本低、自然资源和战略资源丰富的地区设立分支机构，而东道国的制度环境也是中国跨国公司对外投资的决定因素之一。③

基于组织生态学的密度依赖理论和结构惰性理论，王疆、何强、陈俊甫对跨国公司的区位选择进行了新的诠释。研究发现，企业跨国投资的区位选择也存在行为惯性，种群密度（来自同一母国的跨国公司在当地已设立的分支机构数量）与组织设立率（区位选择的可能性）之间的关系呈现倒"U"形。④

---

① 刘青、张超、吕若思：《跨国公司在华溢出效应研究：人力资本的视角》，《数量经济技术经济研究》2013年第9期。
② 梁琦：《跨国公司海外投资与产业集聚》，《世界经济》2003年第9期。
③ 阎大颖：《中国企业对外直接投资的区位选择及其决定因素》，《国际贸易问题》2013年第7期。
④ 王疆、何强、陈俊甫：《种群密度与跨国公司区位选择：行为惯性的调节作用》，《国际贸易问题》2015年第12期。

东道国的税率制度也被纳入跨国公司投资区位选择影响因素之中。Gumpert 等发现，跨国公司的避税动机与潜在投资地区的税率呈反向变动关系，但服务业企业的避税投资与税率的关联并不显著。①

根据刘青等的研究，中国的海外并购具有市场寻求特征，矿产金属资源和战略资产被纳入区位选择决策考虑范畴之内。交易成本也是中国企业海外并购的重要关注点，但东道国的政治经济风险并未被纳入区位选择决策的重点考虑范畴。②

三 关于跨国公司全球价值链增值理论的研究

全球价值链增值理论涉及制造、研发、营运等多个环节。例如，陈健（2010）考察跨国公司在制造、研发和营运三个价值增值环节，在全球的投资分布状况及其影响因素，发现跨国公司各价值链增值环节在地理分布上表现出了明显的差异性。

徐康宁、陈健对跨国公司价值链不同增值环节在中国的区位分布状况进行了仔细观察，并运用同一数据库分析省级层面和城市层面的情况，通过实证检验，找出决定跨国公司价值链区位选择的主要因素。他们的研究认为，不同类型跨国公司或跨国公司价值链内部各增值环节的区位选择，受到了多种因素的影响，反映了 FDI 聚集的一些细致特征：第一，在区位选择上，市场规模、交通便利程度、金融条件等对制造类跨国公司的影响度较大；第二，研发类跨国公司对区域或城市的技术基础或人力资本、通讯能力等较为敏感；第三，营运类跨国公司与地理方位、制度透明性和服务业发达程度关联紧密；第四，高端跨国公司在区位选择上对低成本劳动力这一重要因素并不敏感。③ 黄伟、陈钊的研究发现，外资企业可以通过供应链压力这一渠道对中国企业的社会责任表现产生积极影响，但这一作用仅当中国企业是外资

---

① Gumpert, A., Hines, J. R. and Schnitzer, M., "Multinational Firms and Tax Havens", *Review of Economics and Statistics*, 2016, 98 (4), 713–727.
② 刘青、陶攀、洪俊杰：《中国海外并购的动因研究——基于广延边际与集约边际的视角》，《经济研究》2017 年第 1 期。
③ 徐康宁、陈健：《跨国公司价值链的区位选择及其决定因素》，《经济研究》2008 年第 3 期。

企业的供应商时才显著,而当中国企业是外资企业的客户时则不显著。①葛顺奇、罗伟以全球价值链为视角,研究了跨国公司是如何通过影响制造业企业的价值链而改变中国制造业产业结构的。通过微观计量分析发现,跨国公司通过影响生产效率、产出构成、工序构成来从总体上提升中国制造业中资本和人力资本密集型工序的份额。②

四 关于跨国公司技术转移问题的研究

东道国国内经济状况对跨国公司技术转移有很大的影响。在一个两阶段古诺竞争模型的基础上,谢建国研究了东道国引资政策对跨国公司技术转移的影响。他认为,跨国公司对东道国的技术转移取决于东道国市场竞争程度、本地企业的模仿能力与跨国公司的技术转移成本。在东道国企业模仿能力有限的情况下,跨国公司低技术的直接投资将损害东道国企业,从而降低东道国的国民福利水平。从这个角度分析,谢建国认为,对中国政府来说,在以后的引资过程中,应当注意维持一个适度的有序竞争的国内市场。同时,对跨国公司的直接投资进行有选择的甄别与吸收,比单纯的竞争战略更有利于跨国公司的技术转移与技术扩散。③

跨国公司技术转移的决策也受其自身组织形式与管理模式的影响。Ho-Chyuan Chen 的研究显示,由于采用管理授权能令跨国公司获得更高水平的技术转移,因此,直接进入的跨国公司能够最大限度地进行技术转让。④

跨国公司对东道国自主研发的影响不具有一般性规律。罗伟、葛顺奇发现跨国公司对中国企业的自主研发产生明显的抑制作用。⑤ 而 Liao 和

---

① 黄伟、陈钊:《外资进入、供应链压力与中国企业社会责任》,《管理世界》2015 年第 2 期。
② 葛顺奇、罗伟:《跨国公司进入与中国制造业产业结构——基于全球价值链视角的研究》,《经济研究》2015 年第 11 期。
③ 谢建国:《市场竞争、东道国引资政策与跨国公司的技术转移》,《经济研究》2007 年第 6 期。
④ Ho-Chyuan Chen, 2017, "Entry Mode, Technology Transfer and Management Delegation of FDI", *International Review of Economics and Finance*, 1–12.
⑤ 罗伟、葛顺奇:《跨国公司进入与中国的自主研发:来自制造业企业的证据》,《世界经济》2015 年第 12 期。

Wei 的研究则表明,中国企业与跨国公司之间的技术关联度,与跨国公司在中国供应链及其客户之间存在显著的正向关联。① 当然,中外企业间的技术差距也使得这种正向关联在一定程度上受到制约。

五 关于研发国际化问题的研究

跨国公司研发国际化有多种动机和特征。罗佳、吴林海和杜文献提出,跨国研发投资与 FDI 的差异性分别体现在:第一,投资强度不同,跨国公司海外 R&D 投资与 FDI 的区位分布并不完全一致;第二,投资时序不同,一般是先有 FDI,后有 R&D 投资;第三,区位指向不同,FDI 区位标准主要是成本最小化和市场潜力,R&D 投资的区位指向主要是高科技资源密集的国际化城市;第四,行业分布不同,FDI 更广泛地集中于电子信息、交通工具、化工和机械设备等行业,而生物医药行业的 FDI 比较少,R&D 投资则主要集中于生物医药、电子信息等产业。②

林进成、柴忠东(1998)认为,在 20 世纪末期,跨国公司技术研发的国际化便呈现出以下一些显著特征:第一,投资国外的科研经费在其研究与开发费用总额中的比例不断上升;第二,国外企业中研发人数的比重大幅度提高;第三,科研政策宽松、服务设施完善、新产品市场大的东道国最受青睐。③

姚战琪则以公共选择理论和博弈论为基础,对跨国公司研发的影响进行了深入分析。他认为,跨国公司的研发投资活动是各种利益集团的矛盾与冲突过程中诸方博弈的结果。④ 冼国明、葛顺奇认为,跨国公司 R&D 的对外直接投资存在多种动机,他们根据国外学者的企业调查资料分析认为,不同国家需求因素对 R&D 区位选择的影响力各异。在此基础上,冼

---

① Liao F. H., Wei Y. H. D, "TNCs' Technology Linkages with Domestic Firms: an Investigation of the ICT Industry in Suzhou, China", *Management International Review*, 2013, Volume 53, Issue 6, pp. 763 – 794.

② 罗佳、吴林海、杜文献:《跨国 R&D 投资与 FDI 差异性研究》,《科学管理研究》2006 年第 4 期。

③ 林进成、柴忠东:《试析跨国公司技术研究与开发的国际化趋势》,《世界经济》1998 年第 7 期。

④ 姚战琪:《跨国公司研发投资的经济学分析》,《世界经济》2001 年第 11 期。

国明、葛顺奇认为，积极吸引跨国公司的直接投资，特别是吸引跨国公司 R&D 的直接投资，是发展中国家提高技术能力的有效途径。而发展中国家能否创造具有国际竞争力的吸引跨国公司 R&D 投资的区位，关键在于公共政策制定者对于他们的区位特征能否采取现实的态度。①

喻世友、万欣荣和史卫采用了美国跨国公司海外 R&D 投资的数据，研究结果表明，东道国的外资规模、国内生产总值、知识产权保护力度，是影响跨国公司 R&D 投资国家选择的关键因素。② 林进成、柴忠东认为，跨国公司海外 R&D 投资模式主要有：第一，组建跨国战略联盟；第二，兼并与收购；第三，直接投资建立海外的技术研发机构。③

六 关于跨国公司社会责任及组织形式等问题的研究

履行社会责任是跨国公司应尽的义务，也是多方共赢的过程。刘恩专认为社会责任的定义源于这样的两条重要原则：第一，社会契约原则，跨国公司如果拒绝承担社会责任，也同样会被社会所拒绝；第二，附属原则，跨国公司必须接受母国和东道国政府的必要干预和管理。④

针对在华跨国公司社会责任问题，崔新健、张天桥对 1993—2006 年的中、外资企业在薪酬、社会公益、生产污染等各个方面进行了详尽的数据比较后，指出：中资企业社会责任现状是推进在华跨国公司社会责任前行的障碍。中资企业社会责任现状是跨国公司社会责任的重要参照系和主要外部驱动力源，外资企业与中资企业（尤其是国有企业）社会责任水平比较结果，将会对中国企业社会责任整体产生完全不同的作用机制。⑤

李雪玲认为，跨国公司认真履行社会责任，不仅对东道国而且对其自身都具有很重要的积极意义。具体体现在：第一，提升企业品牌形象和美

---

① 冼国明、葛顺奇：《跨国公司 R&D 的国际化战略》，《世界经济》2000 年第 10 期。
② 喻世友、万欣荣、史卫：《论跨国公司 R&D 投资的国别选择》，《管理世界》2004 年第 1 期。
③ 林进成、柴忠东：《试析跨国公司技术研究与开发的国际化趋势》，《世界经济》1998 年第 7 期。
④ 刘恩专：《论跨国公司的社会责任》，《国际贸易问题》1999 年第 3 期。
⑤ 崔新健、张天桥：《推进在华跨国公司社会责任前行的障碍——基于在华中外资企业社会责任现状的比较》，《社会科学》2008 年第 10 期。

誉度。第二，改进财务状况，一方面可能提高企业股票价格约5个百分点，另一方面可以改善投资者关系，进而可以获得更多更好的融资机会。第三，改善人力资源状况。第四，有利于持续发展。统计数据显示，注重公司社会责任的企业，其经营状况明显好于不注重社会责任的企业，其可持续发展指数较高。李雪玲指出，跨国公司强化社会责任的路径主要包括将公司社会责任（CSR）纳入公司战略规划、公司社会责任理念制度化。[1]衣长军等的研究证明，非正式制度阻碍海外子公司向国内母公司转移技术、知识，抑制了企业创新绩效的提高，而探索式学习能够对此负效应进行有效的正向调节。[2]

此外，关于跨国公司组织结构的研究，主要认为复合经营战略导致了管理体制的变革。王立新认为，在新经济和经济全球化的影响下，跨国公司的组织结构从金字塔式的等级制向网络型的模式转变，并朝着扁平化、柔性化方向发展。同时，在世界主要投资区域设立地区总部成了跨国公司21世纪变革的主流。[3]陈建勋和刘黎从网络关联程度与组织模式选择两个角度对中国跨国公司成长策略进行了案例分析，并认为新形势下应加强对海外子公司和分支机构的控制。[4]赵海龙等发现中国跨国公司在完成海外并购后，合格境外机构投资者（QFII）的持股比例会显著增加，董事长总经理两职合一的情况明显减少，公司投资效率显著提升，公司治理明显改善。[5]薛安伟的研究发现，跨国并购只会在当年对公司的管理效率产生负面影响，随后正向影响便开始显现并不断增强。[6]

---

[1] 李雪玲：《强化跨国公司社会责任的意义和对策分析》，《现代管理科学》2008年第7期。
[2] 衣长军、徐雪玉、刘晓丹、王玉敏：《制度距离对OFDI企业创新绩效影响研究：基于组织学习的调节效应》，《世界经济研究》2018年第5期。
[3] 王立新：《跨国公司组织结构模式变化及其对我国企业的启示》，《中山大学学报》2002年第6期。
[4] 刘建勋、刘黎：《基于网络关联与组织演化双重视角的中国跨国公司成长策略研究——来自欧美发达国家的经验借鉴与启示》，《财贸研究》2013年第1期。
[5] 赵海龙、何贤杰、王孝钰、严媛芝：《海外并购能够改善中国企业公司治理吗》，《南开管理评论》2016年第3期。
[6] 薛安伟：《跨国并购对企业管理效率的影响研究——基于倾向得分匹配方法的实证分析》，《国际贸易问题》2018年第3期。

第四节 外汇储备投资

外汇储备是一国进行经济调节、实现内外平衡的重要手段。外汇储备规模和结构取决于多种因素，如国际贸易状况、外债规模、实际利用外资等。

一 中国外汇储备的来源结构

吴念鲁对中国外汇资金的来源作了细致的研究。中国外汇资金来源渠道有：物品贸易收入；非物品贸易收入；从国际货币基金组织融资；从世界银行集团融资；从国外政府融资（出口信贷）；从联合国农发基金融资；从国际金融市场和银行机构融资；地方、部门直接从国外筹集资金；国内金融机构筹集外资。[1] 张燕生、张岸元和姚淑梅（2007）认为外贸顺差、直接投资净流入是中国外汇储备的主要来源。另外，热钱和外汇储备投资收益也是来源渠道。[2]

关于中国外汇储备迅速膨胀的原因，张燕生、张岸元和姚淑梅指出：一是长期有偏的外经贸制度导致中国国际收支出现高额、持续的双顺差局面。二是以企业结售汇、银行外汇结算头寸限额和中央银行干预为主的汇率形成机制及资本项目管理政策。三是美元的霸主地位及人民币国际化进程滞后。[3]

二 中国外汇储备的适度规模

王令芬指出，外汇储备最优规模取决于多项国内外要素。国内因素包括经济发展的速度和规模、经济开发程度、贸易条件和融资能力、外汇政策目标、持有国际储备的机会成本。国际因素包括国际汇率制度、国际金

---

[1] 吴念鲁：《货币、汇率、外汇储备及其风险》，《国际金融研究》1987年第5期。
[2] 张燕生、张岸元、姚淑梅：《现阶段外汇储备的转化与投资策略研究》，《世界经济》2007年第7期。
[3] 同上。

融市场发达程度、国际经济政策协调性。① 刘莉亚、任若恩系统综述了国际主流的外汇储备适度规模理论。具体有：储备/进口比例法；机会成本说（阿格沃尔模型）；货币供应量决定论；定性分析法；外债/储备比例法；进口支付、外债还本付息和外商直接投资资金回流因素的比率方法。②

巴曙松将外汇储备的需求动机划分为交易性需求、预防性需求、盈利性需求（投机性需求）和发展性需求。其中，发展性需求是指我国在确定外汇储备的水平时，还必须考虑到我国现阶段经济发展的需求，给政府主导性的发展方式提供一定的外汇资金支持。③ 武剑认为，从经济效率角度看，1996—1998年我国外汇储备总量明显超过合理水平，若一味追求外汇储备高速增长，势必对宏观经济运行造成消极影响。④ 李巍、张志超构建了一个包含外汇储备、金融不稳定、资本流动以及实体经济变量的系统分析框架，模拟中国合意的外汇储备规模。研究结果表明，在确保国内金融稳定的前提下，中国的外汇储备总量并不过度，处于合意的区间范围之内。⑤

三　中国外汇储备的币种构成

沈锦祖认为，为避免因储备货币汇率的剧烈波动而遭受损失，外汇储备不应集中于单一的外国货币，而应分散采用多种外国货币。⑥ 吴念鲁也指出，储备货币要多元化，要根据支付进口所需的货币来确定货币比例，选择资产应兼顾流动性和收益率，做好汇价趋势的预测，适当调整货币

---

① 王令芬：《试析决定最适国际储备量的一般规律——兼论我国的外汇储备管理对策》，《国际金融研究》1989年第8期。
② 刘莉亚、任若恩：《我国外汇储备适度规模的研究综述》，《经济问题》2003年第5期。
③ 巴曙松：《外汇储备需求动机的变动与外汇储备管理政策的调整》，《经济问题》1997年第11期。
④ 武剑：《我国外汇储备规模的分析与界定》，《经济研究》1998年第6期。
⑤ 李巍、张志超：《一个基于金融稳定的外汇储备分析框架——兼论中国外汇储备的适度规模》，《经济研究》2009年第8期。
⑥ 沈锦祖：《浅谈我国外汇储备问题》，《金融研究》1984年第11期。

比例。①

郭树清指出，由于美元目前仍然是国际货币体系中最主要的货币，我国对外贸易和投融资往来大都以美元结算，且其他金融市场投资机会和容量有限，因此我国外汇储备货币结构中美元占了很大比重。我国外汇储备资产币种结构的调整，是基于长期、战略和发展的考虑，并不盲目追随市场波动。②

孔立平（2010）在考虑了中国的贸易结构、外债结构、外商直接投资来源结构和汇率制度以及外汇储备收益风险的情况下，提出了一个合理的中国储备币种结构建议，主张逐步减持美元、增持欧元、推进人民币国际化。③

徐永林、张志超进行了系统的文献综述，发现储备币种结构的演变是缓慢过程，取决于路径依赖、惯性和各储备货币本身的特性。各国中央银行选择储备币种结构时，通常考虑汇率制度的性质、与储备货币国的贸易和金融联系及两者间的互动关系。④

2000—2007年，中国外汇储备的币种结构多元化取得了长足进展，虽然美元资产的绝对比重依然居于首位，但欧元资产的比重显著上升。⑤然而，罗素梅、陈伟忠和周光友的研究则表明，美元在外汇储备中的高占比与外汇储备货币性资产的最优币种权重的测算结果一致。⑥

王庆德等从货币发行国角度，探索了经济规模、汇率、利率对发展中国家和发达国家外汇储备币种比例差异化的影响，以及美元、欧元、日元和英镑四种货币资产在外汇储备中的替代关系。在发展中国家的外汇储备

---

① 吴念鲁：《货币、汇率、外汇储备及其风险》，《国际金融研究》1987年第5期。
② 郭树清：《关于中国当前外汇储备的几个重要问题》，《中国金融》2005年第7期。
③ 孔立平：《全球金融危机下中国外汇储备币种构成的选择》，《国际金融研究》2010年第3期。
④ 徐永林、张志超：《外汇储备币种结构管理：国际研究综述》，《世界经济》2010年第9期。
⑤ Sheng Liugang, "Did China Diversify Its Foreign Reserves?", *Journal of Applied Econometrics*, 2013, Vol. 28, pp. 102–125.
⑥ 罗素梅、陈伟忠、周光友：《货币性外汇储备资产的多层次优化配置》，《数量经济技术经济研究》2013年第6期。

中，欧元和日元替代关系显著，而在发达国家外汇储备中，这一替代关系主要体现在英镑和欧元之间。储备持有国在选择币种时，相较于收益率，更侧重考虑货币发行国的经济规模。①

四　外汇储备管理的原则和目标

景学成、胡哲一指出，外汇储备经营管理授权可分为三个层次：第一个层次是在储备的持有和储备运用层次上的授权，被授权对象是国家货币当局或国家其他管理部门。第二个层次是在储备经营运作和经营管理上的授权，被授权对象是有关政府部门或商业银行。第三个层次是在储备交易操作上的授权，被授权对象是商业银行经营部门及外汇交易员。②

张斌指出，中国可以借助市场上的金融机构提高外汇储备的投资收益率，以实现外汇储备资产的保值与增值，而不是过度强调外汇储备资产投资的国家战略目标，造成政府部门对外汇储备资产的滥用。③ 针对关于自2014 年以来中国外汇储备规模持续下降的问题，罗素梅、张逸佳认为，由于我国经济增长方式转变和套利空间缩小，相应的外汇储备会下降，因此外汇储备管理应以保值增值为目标，并发挥其维护金融安全的作用。④ 张明也提出，中国政府应该避免在"一带一路"建设中使用过多的外汇储备，同时构建主权外汇资产管理的竞争性格局以及招聘更高素质的金融投资人才。⑤

李少昆的实证研究结果证实了美国货币政策对发展中经济体外汇储备存在溢出效应，因此，当美国货币政策的不确定性增强时，发展中经济体

---

① 王庆德、张堃、余湄、郭曼：《外汇储备币种偏好的影响因素研究》，《亚太经济》2017 年第 5 期。

② 景学成、胡哲一：《国家外汇储备经营基本原则与经营管理体系》，《中国外汇管理》1996 年第 2 期。

③ 张斌：《外汇储备的资产属性、改革方案与还汇于民》，《国际经济评论》2013 年第 6 期。

④ 罗素梅、张逸佳：《中国高额外汇储备的决定机制及可持续性研究》，《数量经济技术经济研究》2015 年第 4 期。

⑤ 张明：《全方位透视中国外汇储备下降：估值效应、适度规模与资产结构》，《学术研究》2018 年第 7 期。

外汇储备管理的难度也将加大。① 根据陈奉先测算，中国最优外汇储备数量应占GDP的24.15%。并且，提高银行部门存款准备金率、降低公私部门短期外债规模和危机时居民资产置换率，将对最优外汇储备管理产生积极意义。②

五 中国外汇储备的投资收益

盛柳刚和赵洪岩估计了2000—2006年中国外汇储备的收益率和币种结构。研究发现，2003年前外汇储备年平均收益率为4.8%，欧元资产比例大约为7.2%；2003年后欧元资产比例上升至26.7%，收益率为2.3%—2.5%。但是欧元比例上升主要原因是欧元升值，而不是由于中国政府大规模增持欧元资产。③

张斌、王勋和华秀萍发现，与美元计价的名义收益率相比，主要币种资产加权后中国外汇储备的真实有效收益率更低，且波动更加剧烈；美元计价的外汇储备名义收益率与进口商品篮子购买力衡量的外汇储备真实有效收益率在运动轨迹上并不保持高度一致，二者的相关系数只有0.36；美元计价的外汇储备名义收益率的上升（下降）伴随着外汇储备真实有效收益率下降（上升）。④

王永中（2011）认为，绝大部分中国外汇储备为美元、欧元资产，而美国的国债和机构债券占主体地位。若以美元计价，2000—2009年中国外汇储备的平均收益率尚达4%—5%；若以人民币计价，汇改前平均收益率为5.54%，汇改后仅为1%。在剔除外汇冲销成本后，汇改前平均净收益率为3.59%，汇改后为-1.64%。⑤

---

① 李少昆：《美国货币政策是全球发展中经济体外汇储备影响因素吗》，《金融研究》2017年第10期。

② 陈奉先：《金砖经济体最优外汇储备数量与影响因素——基于三部门一般均衡模型的实证考察》，《亚太经济》2017年第3期。

③ 盛柳刚、赵洪岩：《外汇储备收益率、币种结构和热钱》，《经济学（季刊）》2007年第4期。

④ 张斌、王勋、华秀萍：《中国外汇储备的名义收益率和真实收益率》，《经济研究》2010年第10期。

⑤ 王永中：《中国外汇储备的构成、收益与风险》，《国际金融研究》2011年第1期。

六 中国外汇储备的成本与风险

刘莉亚和任若恩指出,外汇储备规模过大,会导致通货膨胀率上升,产生较高的机会成本,加大汇率波动风险。[1] 夏斌指出,中国外汇储备的负面影响主要有:妨碍独立的货币政策;不利于提高经济运行效率;面临美元贬值的风险;在贸易、汇率方面承担的国际压力加大。[2]

张曙光、张斌认为,外汇储备的持续积累,将导致货币当局外汇资产(国外资产)和国内债务(央行票据)的持续上升,加剧央行资产负债的货币错配程度;2005—2010年,中国货币当局的直接损益为正,但其他方面福利损益均为负,导致可贸易的部门的工资收入相对于资本收入的比例下降,促进了出口部门的投资进一步增长,致使资源配置偏向可贸易品部门,从而使国内经济出现结构失衡。[3]

王永中建立了一个简明的外汇储备经济成本分析框架,分析了中国外汇储备的机会成本、冲销成本、经济扭曲成本和资产损失风险。2001—2011年,中国外汇储备的年均机会成本为1140亿美元,占GDP的2.6%;中国货币当局的冲销成本先由2002年的0.93%稳步升至2008年2.57%,后降至2009—2011年的1.57%;2003—2011年,中国货币当局为发行央行票据、回购国债和增加的银行法定准备金存款而支付的总利息成本约为1.4万亿—1.5万亿元,占2011年GDP的3.0%—3.2%。[4] 张明认为,中国央行资产负债表面临的资本损失是显著的;中国外汇储备国际购买力的波动显著高于市场价值的波动,尤其是用油价来衡量的外汇储备购买力波动相当剧烈。[5]

王永中基于对中国外汇冲销实践的考察,系统论证和综合测算了中国外汇冲销的有效性、成本与可持续性,为评价中国外汇冲销的绩效及可持续性提供了一个可进行成本收益权衡的分析框架。他认为,中国的外汇冲

---

[1] 刘莉亚、任若恩:《我国外汇储备适度规模的研究综述》,《经济问题》2003年第5期。
[2] 夏斌:《提高外汇储备使用效益》,《银行家》2006年第5期。
[3] 张曙光、张斌:《外汇储备持续积累的经济后果》,《经济研究》2007年第4期。
[4] 王永中:《中国外汇储备的经济成本》,《金融评论》2012年第6期。
[5] 张明:《略论中国外汇储备面临的潜在资本损失》,《经济理论与经济管理》2010年第1期。

销和资本管制是大致有效的,冲销成本持续高于外汇储备收益,冲销不满足可持续性条件。①

余永定认为,中国未能把外汇盈余转化为贸易上的购买力,却把资金低成本地重新借给了美国,属于资源配置的错位。他还指出,美国国债存在较大的安全隐患,原因在于:第一,美国金融市场本身存在很大问题;第二,美国经济中各种债务占 GDP 的比例过高,会助长美国的机会主义行为,使美元资产风险显著上升;第三,美国人对美元的前途也很担忧,美国政府维持强势美元的意愿和能力是值得怀疑的。② 王晓钧、刘力臻通过对美国未来财政预算计划可持续性分析及美国国债利息成本的估算,发现美国财政状况比欧洲主权债务危机国家更加严重,这将加大我国持有美国国债的风险。③

七 中国外汇储备的投资策略

唐云鸿对中国外汇储备管理和运用作了初步的探讨,主张采取积极的管理办法和多样化的原则。④ 基于新加坡和挪威的经验,何帆和陈平建议,中国的外汇储备积极管理的架构可以考虑采取以外管局为中心的"三驾马车",建立中国的 GIC、淡马锡和国家物资储备机构。⑤

夏斌建议:第一,要提高居民持有的外汇资产规模,实行意愿结售汇制,外汇储备设立海外投资基金,在国际上进行资产组合投资管理。第二,鼓励进口关键设备、技术和原材料,支持并购海外能源性企业、关键性原材料生产企业和跨国金融机构。第三,在黄金价位偏低时择机增持。第四,用适量外汇储备注资国有银行和弥补部分社保资金缺口。第五,借鉴国际经验,确保80%的外汇储备投资于流动性资产,将20%的储备主

---

① 王永中:《中国外汇冲销的实践与绩效》,世界图书出版公司2013年版。
② 余永定:《国际金融危机下的外汇储备与中国经济发展》,《马克思主义与现实》2009年第3期。
③ 王晓钧、刘力臻:《欧元区主权债务风险对我外汇储备安全的启示》,《亚太经济》2010年第6期。
④ 唐云鸿:《对我国外汇储备管理和运用的一点看法》,《世界经济研究》1984年第12期。
⑤ 何帆、陈平:《外汇储备的积极管理:新加坡、挪威的经验与启示》,《国际金融研究》2006年第6期。

要投资于海外股权。第六，组建直接隶属中央政府的专门的外汇投资机构，扩大股权投资包括海外投资，并引入衍生工具进行外汇风险管理和套期保值。①

盛松成认为，中国外汇储备不应大幅度降低美元资产的比重。从长远看，美元无疑具备长期稳定的国际支付与结算能力，美元仍将是世界的硬通货，仍将是主要的国际结算与储备货币。即使是出于保值增值考虑，我国也不宜轻易将美元外汇储备转换成欧元或其他货币资产。②

余永定指出，从流量的角度看，最重要的问题是减少贸易顺差，使资源尽可能用于国内的消费与投资。如果外贸顺差在短时间内无法压缩或压缩的代价过高，我们就应首先考虑让这部分顺差转化为对外投资而不是美元储备的增加。从存量的角度看，中国应该积极寻找多样化的避险方法。从期限结构上看，可以增加短期国债的比重，减少长期国债的比重。从资产种类上看，减少政府机构债的比重可能是必要的。同时，我们也可以考虑购买TIPS之类的债券。③

在外汇储备投资与美国国债市场的关系方面，张明指出，美元汇率是中国投资者购买美国国债行为的影响因素，而美国国债收益率并非中国投资者购买美债行为的长期决定因素，从而，中国投资者是美元汇率的稳定者，但不是美国国债价格的稳定者。④ 王宇哲和张明又进一步指出，作为美国长期国债存量大国，中国在市场中的势力类似做市商，为避免美国国债价格变动造成其持有存量资产的价值波动，中国的边际投资行为较为谨慎。⑤ 另外，刘澜飚、张靖佳从中美两国经济差异出发，建立了两国央行与金融市场的斯塔克尔伯格模型和古诺模型，认为中国外汇储备投资于美

---

① 夏斌：《提高外汇储备使用效益》，《银行家》2006年第5期。
② 盛松成：《"人民币升值中国损失论"是一种似是而非的理论——兼论我国外汇储备币种结构调整的问题》，《金融研究》2008年第7期。
③ 余永定：《国际货币体系改革与中国外汇储备资产保值》，《国际经济评论》2009年第3期。
④ 张明：《中国投资者是否是美国国债市场上的价格稳定者》，《世界经济》2012年第5期。
⑤ 王宇哲、张明：《美国长期国债市场上主要外国投资者的投资行为比较》，《国际金融研究》2013年第11期。

国风险资产的规模将影响外汇储备间接转化为美国对中国 FDI 的比例。[1]

第五节　主权财富基金

主权财富基金（SWF）与国家主权关系密切，是由一国政府控制与支配、以外币形式持有的公共财富。目前，国际上建立与运营主权财富基金较为成功的国家既有发达国家，也有新兴市场国家。近些年来，有关中国如何借鉴他国主权财富基金成功经验的研究日益丰富。

一　外汇储备与主权财富基金

外汇储备在什么情况下可以被认为是充足的？什么时候从外汇储备中分离出主权财富基金？主权财富基金的资金来源与外汇储备是什么关系？这些是分析主权财富基金首先要回答的问题。韩立岩等构建了国际收支受到外部冲击时，外汇储备与主权财富基金的随机优化配置模型，并采用中国的实际数据进行了情景分析。结果表明，外汇储备最佳持有量随着持有的机会成本的增加而降低；SWF 的适度追加量与其变现成本的变动趋势相反。[2]

SWF 建立的条件包括多个方面，对这方面的讨论包含定量分析和定性分析。戴利研对宏观经济、政治以及基金治理三个方面的分析表明，一国的总储备、能源出口、总储蓄、人均 GDP、话语权和问责制、政治稳定程度以及基金的结构、管理、问责制和透明度、建立的时间长度等因素对主权财富基金的规模具有显著影响；而一国的政府效率、监管质量、法制环境、腐败控制以及基金的投资行为等因素对主权财富基金规模的影响不显著。[3]

---

[1] 刘澜飚、张靖佳：《中国外汇储备投资组合选择——基于外汇储备对外投资规模的内生性分析》，《经济研究》2012 年第 4 期。

[2] 韩立岩、魏晓云、尤苗：《外部冲击下外汇储备与主权财富基金的最优配置》，《系统工程理论与实践》2012 年 3 月。

[3] 戴利研：《主权财富基金规模的实际表征：经济要素抑或政府行为》，《财政金融》2011 年第 12 期。

谢平、陈超从主权财富基金兴起的原因看，国际货币体系的变革是主权财富基金兴起的根本原因；能源价格上涨是导致主权财富基金规模扩张的重要原因；经济全球化为主权财富基金的运作提供了良好的环境。[①]

国外文献中，从外储中分离出主权财富基金的标准和时间通常是一国有"充足"的或是"最优"的外汇储备，其次是一国的国际收支或财政盈余达到了给定值（critical mass），此时一国政府才会建立 SWF。相比而言，中国国内的研究仍然没有突破国外文献的结论。

二　全球主权财富基金的投资行为

目前国际上较为成功地建立了主权财富基金的国家包括挪威、新加坡、俄罗斯以及亚洲部分国家。现有的文献也主要集中在对这些国家主权财富基金情况的介绍，对这些国家投资及管理经验的总结，以及比较这些国家主权财富基金的异同等。

戴利研对资源型主权财富基金的资金来源、治理结构、资产配置策略等运营模式进行了研究，并将挪威作为典型案例进行了研究。认为随着资源类商品价格的上涨，资源型主权财富基金的规模将继续增长，其投资活动将对一国经济产生重要影响。[②]

王应贵等认为目前淡马锡控股的投资策略具体表现为四个方面：投资与一国经济转型密切相关的产业部门；寻找能够满足购买力日益增强的中产阶级消费需求的公司或产业；挖掘有竞争实力的公司潜力；挑选在地区内或国际上被最终证明一流的公司等。但他认为淡马锡的区域投资和金融资产选择上存在一定的失误。[③]

叶楠认为俄罗斯主权财富基金的投资策略大致可以分为谨慎保守和联合投资两种类型，而选择这两种投资策略与俄罗斯主权财富基金资历尚

---

① 谢平、陈超：《论主权财富基金的理论逻辑》，《经济研究》2009 年第 2 期。
② 戴利研：《资源型主权财富基金运营模式研究——以挪威和俄罗斯主权财富基金为例》，《世界经济与政治论坛》2012 年 11 月。
③ 王应贵、甘当善：《主权财富基金投资管理问题和思考——以新加坡淡马锡控股为例》，《亚太经济》2010 年第 1 期。

浅、西方国家的"歧视"、国内投资环境不佳等有关。①

叶楠认为亚洲SWF在全球SWF中占有显著地位且具有鲜明的特色，次贷危机后，亚洲的SWF投资具有了新的特点，例如地域逐渐向新兴市场集中；投资行业也逐渐淡出金融服务业，更加青睐另类投资，多元化程度不断提高；亚洲各SWF的国际合作更加密切；更加重视社会责任等。②

近些年来，随着美元贬值以及其他国际货币和新兴国家的快速发展，海合会国家的主权财富基金的货币构成与投资区域也日益多元化，投资对象从低风险低收益的资产（如债券和指数基金）转向兼顾盈利性的目标资产，投资领域也由金融和房地产转向高科技企业。③

张海亮等通过空间计量回归探究了主权财富基金投资分布的空间关联性，发现主权财富基金投资区域存在空间集群现象，如此不仅可以发挥技术管理空间的外溢效应，也可以降低信息不对称带来的风险与开拓新市场所产生的成本。④

国内对国外主权财富经济现状的研究一方面受制于信息的公开程度和数据的可得性，难以进行完整的量化分析；另一方面SWF本身发展变化较快，相关的监管规则尚不成熟。监管法规的发展是各国政治博弈的过程，学术讨论可以为政策制定提供多种思路，这方面的研究还有待深入。

三　主权财富基金投资对被投资对象市场价值的影响

为研究SWF投资对被投资企业市场价值的影响，Bortolotti等选取1018个被SWF投资的上市公司以及私人金融机构的5975起投资交易作为研究样本。结果显示，主权财富基金公司的治理会影响被投资公司的市场价值，但从被投资公司的长期股价表现来看，没有证据说明主权财富基金

---

① 叶楠：《探析俄罗斯主权财富基金的变革与投资策略选择》，《俄罗斯研究》2013年第4期。
② 叶楠：《探析亚洲主权财富基金发展的新趋势》，《亚太经济》2012年第6期。
③ 姜英梅：《海湾国家石油美元投资模式》，《阿拉伯世界研究》2013年第1期。
④ 张海亮、周卫江、王亦奇：《全球主权财富基金投资空间分布、路径选择》，《经济问题》2013年第5期。

与私人部门投资存在显著差异。[1] 张东的研究也表明主权财富基金对投资对象会产生积极影响，被投资对象因主权财富基金的大比例股权投资而利益受损的观点并没有得到证实，而相对较大比例的股权投资反而有利于投资对象公司价值的提升。[2]

四 国外成功主权财富基金对中国的启示

国外较为成功的主权财富基金可以在投资模式、治理结构和透明度建设、社会责任等方面给予中国新成立的主权财富基金一些启示。

目前国外对主权财富基金的治理结构研究包括对主权财富基金与外储委托部门的关系，内部管理机构与投资部门、外包机构的关系，主权财富基金内部前中后台的关系，以及委托代理问题等。周晓虹认为，主权财富基金的治理结构有不同于一般企业的特征，同时也认为"去主权化"不应作为主权财富基金治理的重心。原因在于，首先，将私人投资者作为主权财富基金的行为模板在逻辑上和实践中都是有问题的；其次，过分强调主权要素会掩盖主权财富基金成立和运行的经济逻辑；最后，由于 SWF 的投资有多方面的利益相关者，因此 SWF 的治理还有其他向度。[3]

透明度问题是主权财富基金监管的核心问题。对于主权财富基金的透明度和投资行为之间的关系，张海亮运用定量回归方法，研究了信息披露和投资策略对主权财富基金投资收益的影响。研究发现，市场环境是影响投资收益的主要因素，积极的投资策略未必会带来高投资收益。并且，主权财富基金的信息披露越多，投资收益表现越差。[4] 戴利研、杨孟霞从投资绩效和社会绩效两个方面评价了俄罗斯主权财富基金，认为俄罗斯主

---

[1] Bernardo Bortolotti et al, "Evidence from Public Equity Investments", *Baffi Center Research Paper*, No. 2013 – 140.
[2] 张东：《主权财富基金对投资对象公司价值的影响》，《金融理论与实践》2013 年第 1 期。
[3] 周晓虹：《关于主权财富基金治理的三重追问》，《当代法学》2012 年第 6 期。
[4] 张海亮、薛琰如、王亦奇：《信息披露、投资策略与主权财富基金投资收益》，《中国经济问题》2013 年第 3 期。

财富基金对稳定社会和经济发展起到了重要的作用。①

国内对主权财富基金治理结构、社会责任的研究针对性不强,未来的研究中可能会更多地加入对中国实际情况的考虑。

五 主权财富基金的投资待遇

主权财富基金因为与国家主权关系密切,在对国外投资时面临其他机构投资者不一样的投资待遇。特别是在"国家安全"方面的指责,对 SWF 的投资形成了较大的影响;各国国内的投资法规也出现了对 SWF 的不同态度。

对国际规则的讨论围绕着现有规则的形成、规则背后的"主义"之争、对 SWF 的投资影响等方面展开。赵小平认为主权财富基金的外部投资环境并不乐观,部分国家/国际组织对主权财富基金加强监管并制定相应规则,当前加强监管的政策倾向有失偏颇。②

周晓虹认为,SWF 作为受限制的投资者,比私人投资者面临更多的说服成本、更多投资审查和更高的政治风险。从 SWF 在东道国和国际法上的待遇来看,SWF 面临并不公平的投资待遇,因此周晓虹呼吁 SWF 应该享有公平的投资待遇,包括尊重主权财富基金的多样性,与私人投资者享有平等待遇,东道国政府承担相应的义务等。③

金英姬指出西方国家试图通过行政和立法等手段对主权财富基金进行干预,使主权基金的投资活动遭遇金融保护主义壁垒,形成主权财富基金在投资活动中面临的某些"困境",导致主权基金的一些投资活动不能顺利进行甚至无法进行。④ 王璐瑶与葛顺奇认为,SWF 投资的增长带来了投资门槛和审查程序的增长,而平衡"国家安全"与"投资自由化"的关

---

① 戴利研、杨孟霞:《俄罗斯主权财富基金:投资与社会绩效评价》,《俄罗斯东欧中亚研究》2018 年第 4 期。

② 赵小平:《主权财富基金开展对外投资所面临的外部投资环境和中国的对策》,《财贸经济》2009 年第 6 期。

③ 周晓虹:《是否存在一个公平的竞技场?——论主权财富基金的投资待遇》,《当代法学》2011 年第 6 期。

④ 金英姬:《主权财富基金困境因素分析》,《当代亚太》2011 年第 1 期。

键在于坚持"非歧视性"原则。①

从投资接受国的政策来看,侯幼萍归纳了美国和欧盟对主权财富基金的监管模式和框架,以及国际货币基金组织、经合组织对 SWF 的监管框架。②

易在成认为目前直接调整股东权限的法律制度主要体现在一国的公司法和证券法之中,但现行的公司法和证券法是否足以约束 SWF 的政治性行为尚没有定论。从公法限制角度看,各国多借助"国家安全"的这一较为模糊的实体标准对 SWF 的投资进行审查,导致了较大的投资不确定性。③

为减少 SWF 可能遭遇的投资壁垒,张海亮等引入合作博弈和投资选择理论,认为全球主权财富基金可以通过自发合作、以联盟形式提供可信承诺、向东道国发出积极信号以及约束自身投资行为,来维系联盟和个体的国际声誉。④

六　中国主权财富基金的投资

针对中国 SWF 的讨论包括两大部分:第一部分是投资行为,包括对投资资产类别的选择、对投资币种的选择、对投资区域的选择、风险管理等;第二部分是对 SWF 的治理分析,包括治理结构、透明度、社会责任等。

从投资行为的文献来看,张明对中投的经营策略和投资策略提出了一些建议。⑤ 张明认为,中投公司是中国政府开展外汇储备积极管理迈出的重要一步,但目前在投资策略、绩效评价和治理结构方面均存在一定的不足或不确定性。⑥

张世贤与徐雪(2009)认为主权财富基金通常投资于具有稳妥收益

---

① 王璐瑶、葛顺奇:《国际投资规制与中国主权财富基金对外投资》,《世界经济研究》2012 年第 5 期。
② 侯幼萍:《论主权财富基金的国际监管》,《亚太经济》2010 年第 2 期。
③ 易在成:《主权财富基金:界定、争议及对策探讨》,《比较法研究》2012 年第 1 期。
④ 张海亮、郭明:《可信承诺、合作联盟与主权财富基金对外投资》,《经济研究参考》2013 年第 62 期。
⑤ 张明:《主权财富基金与中投公司》,《经济社会体制比较》2008 年第 2 期。
⑥ 张明:《论次贷危机对中国主权财富基金带来的机遇与挑战》,《国际经济评论》2008 年5—6 期。

的债券，但随着美元贬值及国际金融危机等金融波动，这种投资策略造成了巨额亏损，作者认为中国 SWF 的主要投资方向是对外直接投资。[1] 对于近年来中投公司海外投资战略呈现出的新特征，潘圆圆、张明给出的解释是，中投公司之所以在资产组合、东道国、产业分布、投资期限与投资方式等方面都更为多元化，主要是资金来源的不确定、管理机构之争、国内外投资策略的冲突、与其他国有投资机构之间的竞争，以及外部投资环境的变动等多种原因导致的。[2]

喻海燕等人以现代投资组合理论为基础，选用 10 个世界主要国家或地区的证券市场指数，研究了时间跨度为 1996 年 1 月 1 日至 2012 年 1 月 10 日这些指数之间的相关性，在此基础上构建了中国主权财富基金投资模拟资产池，构建了最优投资组合。[3]

从治理结构来看，张明认为中投公司在制度设计上存在一些先天不足，包括由于财政部与央行在外汇管理方面的争夺给外部传递的信息不明，中投公司定位问题，中投公司的投资战略呈混合型，中投公司的市场化程度仍有待提高等。[4]

对中投公司投资行为和治理结构的分析是伴随着中投公司的发展而不断深化的。中投公司的投资风格自 2007 年以来有了较大变化，但同样受制于数据的可得性，对中投投资行为的分析仍有较大的深入空间。

第六节　国际投资规则

随着科技和信息技术的发展，全球化带来的全球性问题日益增多，国

---

[1] 张世贤、徐雪：《我国主权财富基金的投资方向选择问题—基于国家利益原则的战略视角》，《中国工业经济》2009 年 7 月。

[2] 潘圆圆、张明：《中国主权财富基金投资策略的转变及其原因》，《上海金融》2014 年第 9 期。

[3] 喻海燕、田英：《中国主权财富基金投资——基于全球资产配置视角》，《国际金融研究》2012 年 11 月。

[4] 张明：《全球金融危机背景下中国主权财富基金投资行为的转变》，《国际经济评论》2010 年第 5 期。

际贸易规则和国际投资规则出现融合趋势。急速扩张的一体化浪潮凸显了构建新型国际经济规则的紧迫性。

一 双边投资协定的发展与反思

双边投资协定（BITs）成为调整国际投资关系最重要的法律形式，对它的研究不断深入。BITs 的功能被定义为是能够建立一种保护相互投资的具体的法律机制的一种特别法（a lexspecialis）。[①] 对于 BITs 的实践，曾华群认为，存在发达国家与发展中国家之间在谈判地位与能力、谈判目标与效果、权力与利益等方面的不平等或不平衡现象，国际社会特别是发展中国家应积极探索双边投资条约实践的革新路径。[②] 随着中国对外投资规模迅速增长，卢进勇等认为中国同时作为重要的资本输入国和输出国的独特地位使得中国在双边投资协定的谈判中需要兼顾不同方面的利益。[③] 杨宏恩等从双边投资协定异质性的角度，通过动态面板检验了 2003—2013 年双边投资协定对中国对外直接投资的影响。结果表明，双边投资协定对中国对外直接投资的影响有着显著的国别差异；双边投资协定对中国对发达国家投资的影响不显著，对中国对发展中国家的投资有着显著的积极影响；双边投资协定与发达国家的制度环境关系不显著，与发展中国家的制度环境则具有显著的替代关系。[④] Cho 等通过博弈模型研究了资本输入国政府和资本输出国投资者的战略互动。该模型预测，当东道国高度重视 FDI 时，BITs 签署的可能性随司法机构可信度的缺失而增加；而当东道国对 FDI 的偏好适中时，BITs 签署的可能性随司法机构可信度的提高而增加。[⑤]

中美 BIT 谈判是 BIT 研究的热点问题。追求高标准与高度自由化的美式 BIT，一直引领着双边投资保护协定的发展方向与趋势，美式 BIT 范本

[①] 刘笋：《浅析 BIT 作用的有限性及对 BIT 促成习惯国际法规则论的反对论》，《法制与社会发展》2001 年第 5 期。
[②] 曾华群：《论双边投资条约实践的"失衡"与革新》，《江西社会科学》2010 年第 6 期。
[③] 卢进勇、余劲松、齐春生：《国际投资条约与协定新论》，人民出版社 2007 年版。
[④] 杨宏恩、孟庆强、王晶、李浩：《双边投资协定对中国对外直接投资的影响：基于投资协定异质性的视角》，《管理世界》2016 年第 4 期。
[⑤] Cho, S., Kim, Y. K. and Lee, C., "Credibility, Preferences, and Bilateral Investment Treaties", *Review of International Organizations*, 2016, 11 (1), 25–58.

内容、新发展及其影响一直是学者研究的重要问题之一。随着 2008 年中美 BIT 谈判的启动，中美 BIT 谈判成为了近年学界研究的热点问题之一。桑百川等、石岩和孙哲对中美双边投资协定谈判前景进行了分析。① 李玉梅、桑百川指出中国在中美双边投资协定谈判中所面对的主要困难是公平竞争原则、投资权益保护和利益交换。② 田丰对按照美国 BIT 范本达成中美双边投资协定，会对中国经济带来的影响进行了评估。③ 2012 年，美国推出了新的 BIT 范本，韩冰采用法学理论与规则分析方法，对美国最新版本的 BIT 范本的新变化予以详细研究，指出该范本反映了美国政府继续探索介于卡尔沃主义与新自由主义这两种制度间的国际投资法的"第三条道路"的发展范式，也反映了美国对外投资政策近来力推竞争中立政策与寻求可持续发展的新动向，而这对于中国走出去的企业将带来一定的影响与挑战，因此中国政府需要在中美双边投资协定谈判中予以高度重视。④ 随着中美 BIT 谈判进入实质性阶段，中国应如何应对这一阶段成为研究热点。姚枝仲认为中美 BIT 的实质性谈判是中美两国重设双边国际投资规则的过程。这是一场美国发起的规则重构活动，中国在有限满足美国核心利益诉求的过程中，能够利用 BIT 为自身长期发展服务，但也需要特别小心由此带来的隐患，尤其是 BIT 可能带来的国内政策国际化和资本账户过度过快自由化。⑤ 梁勇、东艳则通过分析文本内容确定和制度调整这两大中美 BIT 谈判新阶段的重点问题，对中美 BIT 谈判进行了预判，认为在未来几轮谈判中，美国依然会居于主导地位，中国应该在"以开放促

---

① 石岩、孙哲：《中美双边投资协定谈判的动因、难点及前景展望》，《现代国际关系》2015 年第 6 期；桑百川、靳朝晖：《中美双边投资协定前景分析》，《国际经济合作》2011 年第 11 期。

② 李玉梅、桑百川：《国际投资规则比较、趋势与中国对策》，《经济社会体制比较》2014 年第 1 期。

③ 田丰：《中美双边投资协定对中国经济的影响——基于美国双边投资协定范本（2004）的分析》，《当代亚太》2010 年第 3 期。

④ 韩冰：《美国对外投资政策法律新进展——基于 2012 年美国双边投资协定范本的分析》，《国际经济评论》2013 年第 5 期。

⑤ 姚枝仲：《如何应对中美双边投资协定的实质性谈判》，《国际经济评论》2013 年第 6 期。

改革"的总体思路下审慎推进谈判,并平衡各部门的利益冲突。① 而美国学者凯思林认为,负面清单是中美 BIT 协商主要关注的问题。与中国不同,美国在谈判中主要关注投资者保护、国企市场限制、技术传播限制和知识产权保护问题;而中国的关注点主要落在美国高科技出口限制、反倾销措施以及对中国投资行为的有偏认定。② 对于 BITs 签署的影响因素,学者们的见解也各有不同。政治动机③、资本短缺④都能对 BITs 的签署产生重要影响。

BITs 对东道国国内的经济和政治都会产生一定影响。在经济方面,BITs 有利于东道国创造良好的投资环境,弥补东道国在制度上的缺陷,降低投资企业所面临的违约等风险。⑤ 投资于苏联与中东欧的历史经验表明,BITs 在不同投资领域存在异质效应——能增加公共事业、房地产以及征收风险较高部门的 FDI 流入,而对制造业和服务业的 FDI 流入没有影响。⑥ 在政治方面,BITs 会隔离国内外产权环境,致使国内产权环境停滞,对于民主化程度较低的国家来说,停滞不前的国内产权制度意味着抑制 SMEs 发展的国内商业精英成为受益群体。⑦

二 区域投资协定研究

国际投资协定的谈判侧重点从双边向区域转移,区域投资协定渐成研究热点问题。与双边投资条约相较,区域投资协定更能适应经济一体化的

---

① 梁勇、东艳:《中国应对中美双边投资协定谈判》,《国际经济评论》2014 年第 7 期。

② [美]凯思林·奇米诺·以撒、沈仲凯:《中美、美印之间的 BIT 谈判》,《国际经济评论》2015 年第 6 期。

③ Chilton, A. S., "The Political Motivations of the United States' Bilateral Investment treaty Program", Review of International Political Economy, 2016, 23 (4), 614 – 642.

④ Betz, T. and Kerner, A., "The Influence of Interest: Real US Interest Rates and Bilateral Investment Treaties", Review of international organizations, 2016, 11 (4), 419 – 448.

⑤ 杨宏恩、孟庆强、王晶、李浩:《双边投资协定对中国对外直接投资的影响:基于投资协定异质性的视角》,《管理世界》2016 年第 4 期。

⑥ Colen, L., Persyn, D. and Guariso, A., "Bilateral Investment Treaties and FDI: Does the Sector Matter?", World Development, 2016, 83, 193 – 206.

⑦ Mazumder, S., "Can I Stay a BIT Longer? The Effect of Bilateral Investment Treaties on Political Survival", Review of International Organizations, 2016, 11 (4), 477 – 521.

趋势，因为它本身就是区域经济一体化的产物。①

1992年签署的《北美自由贸易协定》（NAFTA），是政府间高标准自由贸易协定。叶兴平对NAFTA的投资规则进行了深入研究，认为NAFTA规定了涵盖内容广泛的投资和投资者定义、高标准的投资待遇、严格的投资业绩要求、高水平的征收补偿标准以及高效而独特的投资争端解决机制，它是OECD起草《多边投资协定（草案）》之前在投资保护方面范围最广泛和标准最高的区域多边国际协定条款。②

2002年《中国—东盟全面经济合作框架协议》确定了中国—东盟自由贸易区的法律基础和基本框架。魏艳茹认为，中国与东盟之间的BITs本来就存在保护水平参差不齐的弊端，新签订的《投资协议》虽然在中国—东盟自由贸易区范围内首次创建了统一的国际投资保护规则，并开始注意平衡投资者私益与东道国主权之间的关系，其意义殊值肯定，但它不仅保护水平不高，而且还使得中国与东盟各国之间的国际投资法律环境更加复杂，从而不利于促进中国与东盟国家之间的国际直接投资流动。③

2009年12月《里斯本条约》正式生效，使得欧盟获得了对于外国直接投资（FDI）事务的排他性管辖权。肖芳认为《里斯本条约》的通过和生效将极大地促进欧盟成员国国际投资保护协定的欧洲化。④

此外，目前进行中的"超大型区域协定"谈判的潜在系统性影响已受到国际社会广泛关注。超大型区域协定是由一些国家谈判的涵盖内容广泛的综合性经济协定，其中投资一般是这类协定的重要领域。例如区域全面经济伙伴关系协定（RCEP）、欧美跨大西洋贸易投资协定（TTIP）、TPP等。鉴于中国在亚太区域生产链中的重要地位，TPP与RCEP必将对

---

① 叶兴平、王作辉、闫洪师：《多边国际投资立法：经验、现状与展望》，光明日报出版社2008年版，第11—12页。

② 叶兴平：《〈北美自由贸易协定〉争端解决机制的创新及意义》，《当代法学》2002年第7期。

③ 魏艳茹：《中国—东盟框架下国际投资法律环境的比较研究——以〈中国—东盟投资协议〉的签订与生效为背景》，《广西大学学报》（哲学社会科学版）2011年第1期。

④ 肖芳：《〈里斯本条约〉与欧盟成员国国际投资保护协定的欧洲化》，《欧洲研究》2011年第3期。

中国未来的经济发展产生深远影响。① TPP 谈判方提出的特殊和差别待遇新原则、投资的可操作规定、跨国公司行为守则的附带协议以及复审仲裁裁决的上诉机制，都有助于缓解过去二十年的"合法性危机"。② 而跨大西洋贸易与投资伙伴关系协定（TTIP）对中国宏观经济会产生负面影响，比如冲击中国资本技术密集型产品、服务业的产出和出口贸易。③ 如果这些协定最终缔结，很可能对目前的多层次的国际投资体系和国际投资模式产生重要影响，既可能有助于巩固现有投资协定体系，也有可能因与现有的国际投资协定的重叠造成进一步的不一致，同时超大型区域协定有可能边缘化非参与第三方。

为更好地厘清《中国—欧盟双边投资协定》与早先的"中国—欧盟成员双边投资协定"的关系，董静然分析了欧盟国家存在的投资协定冲突。欧盟内部存在着欧盟成员的双边投资协定与欧盟法律之间的规则冲突；在外部存在着非欧盟国家与欧盟及欧盟成员之间的投资规则冲突。④ 中国在与欧盟的双边投资协定谈判中，需要对欧盟的国际投资规则冲突有清楚的认识。

三 投资自由化与多边投资协定的制定

投资自由化趋势推动多边投资协定谈判，但全球性多边投资协定的制定任重而道远。伴随全球化的纵深发展与国际经济形势日新月异的变化，世界各国的外资立法放松了对资本流动的管制，呈现出投资自由化的趋势。为巩固与推进投资自由化成果，发达国家试图推动具有普遍约束力的综合性、实体性的多边投资协定的制定。例如 1995 年至 1998 年经合组织成员国达成了《多边投资协定（草案）》。但由于各国在诸多投资规则的

---

① 汤婧：《TPP 与 RCEP：中国在亚太区域经济整合新秩序下的挑战与策略》，《全球化》2013 年第 6 期，第 63—72 页。

② Cai, Congyan., "Trans-Pacific Partnership and the Multilateralization of International Investment Law", *Journal of East Asia and International Law*, 2013, Vol. 6 No. 2. pp. 385 – 414.

③ 陈虹、韦鑫、余珮：《TTIP 对中国经济影响的前瞻性研究——基于可计算一般均衡模型的模拟分析》，《国际贸易问题》2013 年第 12 期。

④ 董静然：《欧盟国际投资规则的冲突与中国策略》，《国际贸易问题》2018 年第 7 期。

实质性问题上仍存在分歧，此次多边投资立法的努力最终宣告失败。我国学者对这种自由化趋势予以了关注和研究，沈伯明认为，投资自由化问题十分复杂，一个全面的、广义的、具有法律约束力的、以保护投资者为宗旨的多边投资协议，可能对发展中国家利用外资实现社会经济发展目标的战略产生负面影响。[①] 刘笋认为，跨国投资的国际法制近年来的发展速度明显加快，也引发了南北国家之间更加尖锐的矛盾和冲突。未来国际投资的国际立法，应当注意在推动国际投资自由化和保护投资者利益的同时，确保东道国对跨国投资的适当管理和控制，以利于建立投资领域的国际法律新秩序。[②] 詹晓宁、葛顺奇认为在当今全球经济一体化背景下，制订一个综合性、实体性并具有普遍约束力的多边投资协定不仅十分必要，而且已成为当前国际经济政策议程中的核心。[③] 并且认为在建立国际多边投资框架方面，中国应根据自身发展需要及强弱势地位，努力参与设计和制订国际投资体系的全球性解决方案。积极参与多边投资框架的谈判与规则制订，对中国实施"走出去"的经济发展战略意义重大。[④] 为了给多边投资协定奠定基础，Sauvant 建议中国将国际投资治理议题纳入 G20 议程。[⑤]

四 WTO 协定与国际投资规则

从现有的与 WTO 相关的国际投资问题研究的论著来看，研究主要集中在两个方面，一是对 WTO 协定中与投资相关的协议规则的研究。余劲松（2001）对《与贸易有关的投资措施协定》（TRIMs 协定）进行了深入分析，认为贸易与投资有着密切的关系。影响市场准入或出口竞争的贸易措施，对投资的数量、部门构成、地理分布会产生重要影响，甚至会造成投资流向的扭曲。因此，从投资的角度看，对"与投资有关的贸易措

[①] 沈伯明:《多边投资协议谈判和发展中国家的对策》,《世界经济》1999 年第 7 期。
[②] 刘笋:《跨国投资国际法制的晚近发展》,《法学研究》2001 年第 5 期。
[③] 葛顺奇、詹晓宁:《WTO 未来多边投资框架与东道国经济发展问题》,《世界经济与政治》2002 年第 9 期。
[④] 詹晓宁、葛顺奇:《多边投资框架与中国战略利益》,《国际经济评论》2002 年第 4 期。
[⑤] Sauvant, K. P., "China, the G20 and the International Investment Regime", *China and World Economy*, 2016, 24 (4), 73–92.

施"，特别是对发达国家采取的保护主义的措施，应予调整或限制。[①] Chornyi 等考察了 2015 年 12 月 31 日之前通告 WTO 的 260 个区域贸易协定中的投资条款，研究了区域贸易协定（RTAs）、投资自由化、投资保护的实现方式、东道国灵活性、投资的可持续以及社会责任投资的条款。[②]

二是对在 WTO 体制下启动多边投资协定谈判问题的研究。一些学者认为随着经济全球化的发展，国际贸易、国际金融和国际投资的关系更加密切，WTO 协调国际经济活动的范围不断扩大，这为 WTO 的职能范围逐渐向国际投资领域扩展提供了必要性，相信在相关的国际经济组织和非政府组织的参与下，WTO 有能力成为未来全球性国际投资协议的倡导者和制定者。[③] 另一些学者则对在 WTO 体制中启动 MIA 谈判表示担忧，认为发达国家将 MIA 纳入 WTO 体制的主要目的是通过 WTO 的贸易自由化机制扩大投资自由化，确保其海外投资者能够在发展中国家自由进入和经营，从而消除或削弱发展中国家调整外资准入和外资经营的权力，因此，将 MIA 纳入 WTO 体制有可能会使发展中国家因外国投资问题而面临交叉报复的风险。[④] 陈安认为，WTO 包含的诸多规则至今存在着大量的例外及模糊之处，特别是对国际弱势群体开具空头支票，口惠而实不至之处，已经引起发展中国家改革的呼声。[⑤] 葛顺奇认为，对于 WTO 体制下的多边投资框架问题，中国的基本立场应当建立在多边投资框架是否有利于更多地吸引外资，增加外资对我国经济发展的贡献度，减少外资的负面效应上；建立在是否有利于我国的"走出去"战略上；建立在是否超越我国现有的国际投资承诺能力上。[⑥]

[①] 余劲松：《论"与投资有关的贸易措施"》，《中国法学》2001 年第 6 期。

[②] Chornyi, V., Nerushay, M. and Crawford, J., *A Survey of Investment Provisions in Regional Trade Agreements*, WTO working paper ERSD – 2016 – 07.

[③] 李国学：《WTO 能够制定全球统一的国际投资协议吗?》，《国际经济评论》2008 年第 3 期；叶兴平：《WTO 体系内制定投资规则的努力——历史、现状与展望》，《现代法学》2004 年第 1 期。

[④] 曾华群：《论 WTO 体制与国际投资法的关系》，《厦门大学学报》（哲学社会科学版）2007 年第 6 期；刘笋：《WTO 框架下的多边投资协议问题述评》，《中国法学》2003 年第 2 期。

[⑤] 陈安：《中国加入 WTO 十年的法理断想：简论 WTO 的法治、立法、执法、守法与变法》，《现代法学》2010 年第 6 期。

[⑥] 葛顺奇：《WTO 多边投资框架与我国对策探讨》，《世界经济与政治》2003 年第 9 期。

五 投资者—东道国争端解决机制的改革

投资者—东道国争端解决机制的改革已提上议程。自20世纪90年代中期以来，国际投资仲裁机构尤其是根据《华盛顿公约》成立的"解决投资争端国际中心"（ICSID）受案数量激增，但ICSID在投资者与东道国之间，往往偏向投资者的经济利益，而忽视了东道国的社会利益保护，同时存在裁决相互冲突、管辖权扩大等问题，因而备受批评，以至于一些国家宣布要退出该公约，改革的呼声四起。王贵国认为，虽然ICSID在解决投资争端中存在相互矛盾的缺陷，但当前以投资者与东道国争议裁决为主体的国际投资判例法已然成型，并且这些裁决对各国的影响愈来愈大，而这些裁决展示了当代国际投资法的问题所在和趋势。① 余劲松认为ICSID应通过在现行的投资条约中设置必要的例外条款，改进和完善投资条约中核心条款的规定等做法，为东道国维护国家安全和公共利益预留必要的空间，合理平衡投资者和东道国权益保护二者间的关系。②

近年来，由于"扩张解释"被仲裁庭作为国际投资法的核心规则，一些发展中国家为了降低在仲裁庭上面临国际索赔法律风险的可能性，会实施旨在退出的策略。Lavopa等认为，通过重新谈判可以减少国际投资仲裁可能产生的负面影响，对于发展中国家来说也许是解决争端更好的方式。③

随着水供应、公共卫生或文化政策等问题被国际投资协定仲裁庭触及，学者们也在探讨国际投资法和仲裁作为多层次治理一部分的合法性。Vadi与Gruszczynski认为，过度干涉和完全遵从国内措

---

① 王贵国：《从Saipem案看国际投资法的问题与走势》，《中国政法大学学报》2011年第2期。
② 余劲松：《国际投资条约仲裁中投资者与东道国权益保护平衡问题研究》，《中国法学》2011年第2期。
③ Lavopa, Federico M., Barreiros, Lucas E., and Bruno, M. Victoria. "How to Kill A Bit and Not Die Trying: Legal and Political Challenges of Denouncing or Renegotiating Bilateral Investment Treaties", *Journal of International Economic Law*, 2013, Vol. 16, Issue 4. pp. 869–891.

施标准皆非可行选择,国际仲裁庭在处理此类问题时可参考 WTO 内形成的标准。①

陈兆源等将国家间缔约成本、国家自主性与国家异质性作为重点考察要素,对双边投资协定中争端解决机制的选择进行了定量研究。认为作为东道国,中国能在一定程度上缓解母国的授权压力;作为母国,中国在"走出去"的过程中越发注重保护海外投资利益,但中国并未运用自己的经济权力来使得他国接受更多国际授权的争端解决机制。②

六 国际投资协定与中国海外投资法律风险的防范

保障中国企业海外直接投资安全成为研究国际投资协定的新视角。随着中国"走出去"战略的提出,愈来愈多的中国企业走向海外开展直接投资。在这一过程中,中国企业遭受到了如东道国的政变、动乱、征收、外汇管制等政治风险以及其他国家企业所没有遭遇的"非传统政治风险",这促使我国学者开始研究如何通过国际投资协定保障中国企业海外直接投资安全与规避海外直接投资可能遭遇的各种风险等问题。梁咏从促进中国企业开拓海外投资市场、大力发展海外能源投资的视角,对中外BITs 进行了全面深入的研究,并系统分析了我国如何建立和完善海外能源投资法律保障制度。③ 单文华在厘清我国海外资源能源投资所切实面临的政治风险和主要法律障碍的基础上对改善我国海外投资法律保护的方法和途径进行了探讨。④ 王鹏对全球国际投资仲裁机制改革进行了深入剖析,从制度设计角度考查如何平衡裁判者面临的各种激励,如何平衡裁判者与缔约国、当事人、利益相关者的关系等问题。认为在国际投资仲裁机制进入多边改革阶段,中国正处在能够影响改革的有利位置,面对多边改

---

① Vadi, Valentina, and Gruszczynski, Lukasz, "Standards of Review in International Investment Law and Arbitration: Multilevel Governance and the Commonweal", *Journal of International Economic Law*, 2013, Vol. 16, Issue 3. pp. 613 – 633.
② 陈兆源、田野、韩冬临:《双边投资协定中争端解决机制的形式选择——基于1982—2013 年中国签订双边投资协定的定量研究》,《世界经济与政治》2015 年第 3 期。
③ 梁咏:《双边投资条约与中国能源投资安全》,复旦大学出版社 2012 年版。
④ 单文华:《中国海外资源能源投资法律问题调查报告》,陈安主编《国际经济法学刊》第 19 卷第 2 期。

革讨论,中国应尽快明确立场和对策。①

2018年美国外国投资委员会(CFIUS)以"国家安全"为由,阻止了多起中国赴美投资交易。张玉环认为,CFIUS对外国投资的审查重点从高新技术领域扩展到更为微观,更为广泛的领域;CFIUS改革被提上日程,旨在扩大其国家安全审查权限。②潘圆圆、张明深入分析了CFIUS改革有可能对中国对美国投资造成的不利影响,认为中国对美投资的锐减在很大程度上应归因于美国监管政策的收紧。在贸易战的背景下,CFIUS的改革具有重要的信号作用。因此,中国企业在美国投资应该主动审视自身资本结构,重视与CFIUS、美国本土公关公司、媒体、大众等的沟通。③

(本章写作分工:王碧珺执笔第一节,李国学执笔第二节,张金杰执笔第三节,王永中执笔第四节,潘圆圆执笔第五节,韩冰执笔第六节,周学智负责修改,张明负责统稿。作者均来自中国社会科学院世界经济与政治研究所)

---

① 王鹏:《中立、责任与参与:国际投资仲裁的多变改革与中国对策》,《国际政治研究》2018年第2期。
② 张玉环:《特朗普政府的对外经贸政策与中美经贸博弈》,《外交评论》2018年第3期。
③ 潘圆圆、张明:《全球金融危机后海外投资头寸的新变化:比较分析的视角》,《上海金融》2018年第10期。

第五章

发展中国家经济

　　发展经济学是经济学的一个重要分支，旨在帮助低收入国家发展经济，提高收入水平，改善收入分配，实现现代化的综合性框架。1943 年，Rosenstein-Rodan 第一次将"发展"议题引入经济学前沿讨论。1949 年世界银行任命 Lauchlin Currie 组织和领导了第一个去哥伦比亚的研究考察团。Lauchlin Currie 认为这是将经济学的许多分支应用到分析并解决一个国家的经济发展问题中，于是他招聘了一组公共财政、外汇、交通、农业等方面的经济学专家，甚至还包括一些工程师和公共卫生专家。这大概就是人们对发展经济学研究领域的最早感受。1950 年开始，William Lewis 在英国的曼彻斯特大学教授发展经济学，同年，HlaMyint 在牛津大学做了第一个关于发展的学术讲座。1952—1953 年，发展经济学开始进入美国的哈佛大学和耶鲁大学。自此，发展经济大学逐渐成为现代经济学的一个独立分支，至今已经有六十年的历史了。发展经济学涉及的领域很广，包括不平等问题（分配环节）、城市化、移民、教育体系和卫生系统的发展、农业转型与农村发展、环境问题、贸易理论和发展经验、贸易政策争论、发展中国家的债务问题、发展中国家的金融政策、全球化与国际金融改革等。考虑到学科的交叉性、中国相关发展问题的重要性和篇幅限制，本章只关注狭义的发展经济学，主要着眼于发展中国家特别是中国如何实现持续的经济增长。传统的经济增长和发展理论通常将发展的源泉归结为资本与劳动投入以及技术进步，张宇燕认为上述理论仅仅从细流汇聚的角度解释了经济发展江河的形成，而没有触及更为根本的东西：降雨和淤泥。① 实际上，扮演国家兴衰这台历史剧主角的，恰恰是制度安排。有什么样的制度，便有什么样的人类行为，而有什么样的人类行为，便有什么样的经济结果。该学者的这一基本结论，是建立在对制度概念、制度的起源与演进、制度功能的经济分析基础之上的。林毅夫提出了"新结构经济学"的概念，② 指出在经济发展过程中，必须发挥市场和政府的协同作用，同时，政府的政策和各种制度安排必须考虑不同发展水平的结构性特征，这些结构性特征在很大程度上由各个发展中国家要素禀赋结构及其市场力量内生决定，而非旧结构主义所假设的那样，是由权力分配或其他外生固有刚性因素所决定。新结构经济学认为，经济发展水平并非仅有穷与富或发展中与发达这两种离散状态，而是一条从低收入农业经济一直到高收入工业化经济的连续频谱。给定产业结构的内生性，处于任何一个发展水平的发展中经济体的产业和基础设置升级的目标，并不必然是比自己所处水平更高的发达经济体的产业和基础设置。市场是在每个给定的发展水平上配置资源最有效率的根本机制，但一个经济体的最优产业结构也会随发展水平不同而不同。不同的产业结构不仅意味着不同的产业资本密集度，还意味着不同的最优企业规模、生产规模、市场范围、交易复杂程度以及风险种类。因此，每个特定的产业结构都要求与之相适应的软性和硬性的基础设置来尽可能降低运行和交易费用。政府必须在发展过程中发挥积极而重要的协调或提供基础设置，改进以及补偿外部性的作用。

第一节 改革开放后的发展经济学研究

1978 年以后，中国坚定不移地推行的改革开放和社会主义现代化战略取得了举世瞩目的成就。人民生活水平从温饱不足转变到基本实现小康

---

① 张宇燕：《经济发展与制度选择——对制度的经济分析》，中国人民大学出版社 1992 年版。

② 林毅夫：《新结构经济学——重构发展经济学的框架》，《经济学（季刊）》2010 年第 10 期。

生活，农村贫困人口从 2.5 亿下降到 1000 万左右，中国的经济实力、综合国力和人民生活水平都得到了极其显著的提升。中国采取的独特发展道路和现代化战略使得世界人口第一的大国，在四十年的时间内以超快的速度崛起，不仅使中国自身的面貌发生了历史性的转变，而且极大地改变了世界经济和政治格局。学界对于这样的经济发展事实进行了丰富的讨论，通过中国数据验证经典的经济增长理论模型，考察经济发展的地区差异，将中国的经济发展与其他国家进行比较，将经济发展与其他交叉领域的问题结合讨论，以及经济发展与城镇化的问题等。本节总结的正是这些话题的相关研究。

一 经济增长理论模型在中国的验证

投资对中国经济增长的作用是公认的。武剑指出，改革开放以来资本投入对经济总产出的贡献率达到 56.3%，超过其他要素贡献的总和，大规模的投资是中国经济增长的主要动力。[1] 蔡昉、都阳表明，1978—2000 年，中国经济增长年平均速度为 9.67%，其中物质资本的贡献率超过 51.9%。[2] 从中国与其他东南亚国家的横向比较来看，中国的经济增长一直存在着严重的投资依赖倾向。栾大鹏、欧阳日辉运用 1997—2009 年中国 31 个省（市、区）的面板数据，[3] 对资本、劳动和人力资本的投入及三者的内部投入结构与经济增长的关系进行了分析，发现近年来中国的经济增长，除了技术进步的推动之外，主要依赖于投资的带动。加大对第一产业的投资力度，继续大力发展劳动密集型第二产业和高等教育事业，是提高资本、劳动和人力资本边际产出弹性的有效途径。舒元指出，20 世纪 90 年代，我国需求结构的显著特点是低消费、高积累，个人消费在国内生产总值中的比重很低，政府消费的比例也比其他国家要低，消费水平严重落后；同时，大量资金投入于投资积累，而投资效率却比较低。以异常高的积累率为代价，只达到了中等水平的增长率，需要改变这种情况，

---

[1] 武剑：《储蓄、投资和经济增长》，《经济研究》1999 年第 11 期。
[2] 蔡昉、都阳：《中国地区经济增长的趋同与差异》，《经济研究》2000 年第 10 期。
[3] 栾大鹏、欧阳日辉：《生产要素内部投入结构与中国经济增长》，《世界经济》2012 年第 6 期。

以增加经济进一步增长的推动力。① 柳庆刚、姚洋认为，在政治锦标赛的框架下，地方政府成为生产型政府，在财政支出方面表现为更偏好于投资生产性的公共品，挤压其他非生产性但和民生福利紧密相关的支出项目。生产型政府一方面会加大自身部门的储蓄（投资）倾向，另一方面通过生产性公共品对企业部门形成补贴，从而会进一步加大企业部门可支配收入以及企业部门的再投资倾向，最终导致低消费和高储蓄的经济结构。当国内储蓄率增长过快而国内投资因为金融抑制和投资回报率下降等原因无法跟上时，国内就会形成净储蓄，即经常账户盈余。② 张勇、古明明认为，中国公共投资对私人投资的实际拉动作用显著为负，而资本成本对私人投资贡献显著为正。③ 赵勇、雷达考察了金融发展对经济增长方式转变的影响，发现经济增长方式在由投资推动向生产率主导的转变过程中存在着门槛效应，而金融发展水平的提高可以通过降低增长方式转变的门槛值来推动经济增长的集约式转变，其效应大小与经济发展的阶段有关。④ 李海明认为，目前主流的新古典增长理论存在着非正统经济学所提出的总量生产函数和边际生产力法则的虚假性质疑与逻辑悖论质疑，并丢失了古典宏观经济理论和马克思经济学所重视的收入分配与阶级分析传统。⑤ 因此，一类古典马克思经济增长模型在最近十余年发展起来并得到相当程度的应用。研究发现中国经济存在劳动生产率提高和资本生产率下降的"马克思有偏技术进步"，该模型对中国经济的有效性成立，这意味着固定工资份额假设下，经济将会遇到实际工资率上升、长期利润率下降的"马克思趋势"。陈昌兵利用动态优化方法分别介绍马克思主义经济学和西方经济学最优增长基本模型，在这些基础模型上，分别从理论基础、分析框架、动态一般均衡实质和生产函数设定及实证等方面对马克思主义经

---

① 舒元：《中国经济增长的国际比较》，《经济研究》1993 年第 6 期。
② 柳庆刚、姚洋：《地方政府竞争和结构失衡》，《世界经济》2012 年第 12 期。
③ 张勇、古明明：《公共投资能否带动私人投资：对中国公共投资政策的再评价》，《世界经济》2011 年第 2 期。
④ 赵勇、雷达：《金融发展与经济增长：生产率促进抑或资本形成》，《世界经济》2010 年第 2 期。
⑤ 李海明：《一个古典—马克思经济增长模型的中国经验》，《经济研究》2014 年第 11 期。

济学最优增长模型与西方经济学最优增长模型进行比较分析。分析得出的主要结论是，前者的理论基础是劳动价值论和剩余价值理论，后者的理论基础为凯恩斯的需求决定论或新古典的均衡价值论；前者是宏观分析与微观分析的高度统一，后者侧重宏观分析。① 范祚军、常雅丽、黄立群基于索洛新古典经济增长模型，借助菲尔普斯的"黄金律水平"，研究了全球108个国家的最优储蓄率与实际储蓄率的关系，发现大多数国家表现出最优储蓄率围绕实际储蓄率的上下波动。并考虑到各国经济增长目标的差异，进一步提出了以经济增长预期为变量的理想最优储蓄率，得出能达到国家预期经济发展水平的储蓄率水平。② 渠慎宁、李鹏飞、吕铁建立了包含非位似偏好和差别化生产率的多部门经济增长模型，在此基础上将"两驾马车"纳入其中，并对其进行需求侧的核算分析。结果发现，"两驾马车"驱动的经济增长模式，是中国产业结构转型过程中"三个典型问题"的主要原因。③ 王勇构建了一个具有两个大国的新结构经济学理论模型，讨论国际贸易与动态贸易政策将如何影响产业的动态生命周期和宏观经济增长。④ 他们发现产业升级和宏观经济增长是内生性地同步进行的，当且仅当跨期替代弹性大于1时，发生在贸易伙伴国的投资专属的技术进步才会促进本国的产业升级和总体经济增长。王艺明、刘一鸣构建了一个马克思两大部类经济增长模型，该模型结合了马克思的劳动价值论、剩余价值理论、两大部类模型、简单再生产和扩大再生产公式以及利润率平均化等理论，研究结果支持劳动者实物工资与劳动生产率同比例增长、劳动生产率与生产资料数量同比例增长和劳动节约型技术进步模型设定。⑤

技术进步、人力资本积累对于经济增长的贡献也是显著的。在技术进

---

① 陈昌兵：《马克思经济学与西方经济学最优增长模型比较分析》，《当代经济研究》2017年第9期。

② 范祚军、常雅丽、黄立群：《国际视野下最优储蓄率及其影响因素测度》，《经济研究》2014年第7期。

③ 渠慎宁、李鹏飞、吕铁：《"两驾马车"驱动延缓了中国产业结构转型?》，《管理世界》2018年第1期。

④ 王勇：《产业动态、国际贸易与经济增长》，《经济学（季刊）》2018年第1期。

⑤ 王艺明、刘一鸣：《马克思主义两大部类经济增长模型的理论与实证研究》，《经济研究》2018年第9期。

步方面，王沛芳、王伟军认为，大力引进技术、推动技术进步对于日本的发展具有重要影响。日本的举措包括：首先，从本国资源、工业基础和实际需要出发，注重发展和引进农业技术，确定工业发展的方向并大力支持，并通过企业引进先进技术，推动企业升级生产设备；其次，在消化吸收技术设备的过程中大力提高自己的技术水平，形成自己的技术体系；最后，大力培养人才，重视教育发展，造就高质量的技术队伍。① 在人力资本积累方面，蔡昉、都阳的研究表明：1978—2000 年，人力资本存量对经济增长的年平均贡献率约为 19.8%。② 而林毅夫、章奇、刘明兴的研究却显示人力资本存量对中国经济的增长并不存在促进作用。③ 祝树金、虢娟讨论了开放条件下教育支出、教育部门的技术溢出与经济增长的关系，并利用中国省际面板数据进行了经验验证。结果表明教育支出对地区经济增长有显著的正向作用，其生产弹性要大于物质资本的生产弹性，存在教育部门的技术溢出效应。这种教育溢出与区域人力资本、研发投入和贸易开放等因素相互结合，共同推动地区经济增长。④ 黄玖立、冼国明基于1990—1997 年中国 28 个省（市、区）31 个工业部门的经验研究发现，初始人力资本水平推动了中国省区的产业增长，这种推动作用是通过产业的技能劳动投入实现的。⑤ 从全国范围内看，高等和中等职业教育显著地促进了产业增长。从东中西部地区分别来看，高中、中等职业和大学文化程度人口对东中部地区产业增长均有明显的推动作用，但在西部地区无显著的效果。本文还发现，在制造业发达的东部沿海地区，大学文化程度人口对产业增长的促进作用反而不如中等职业教育效果显著。郑东雅构建了最终品和中间品种类不断变化的动态一般均衡模型，探讨市场规模、劳动分工和内生增长之间的关系，并且分析了内生增长理论与 Young 的思想的

---

① 王沛芳、王伟军：《技术引进要具备必要的经济技术基础——日本引进国外技术的基本经验》，《经济研究》1981 年第 3 期。
② 蔡昉、都阳：《中国地区经济增长的趋同与差异》，《经济研究》2000 年第 10 期。
③ 林毅夫、章奇、刘明兴：《金融结构与经济增长——以制造业为例》，《世界经济》2003 年第 1 期。
④ 祝树金、虢娟：《开放条件下的教育支出、教育溢出与经济增长》，《世界经济》2008 年第 5 期。
⑤ 黄玖立、冼国明：《人力资本与中国省区的产业增长》，《世界经济》2009 年第 5 期。

区别。研究表明，即使没有研发劳动分工也会内生增长，内生增长的机制在于启动"劳动分工深化—市场规模扩大—劳动分工更加深化"的自我持续过程。① 王弟海、黄亮、李宏毅在一个同时包括教育人力资本和健康人力资本的扩展 Ramsay 模型中，研究了健康和教育人力资本投资对一国产出的短期影响，实证结果表明健康支出和公共教育支出 GDP 占比和生师比都对人均 GDP 有显著影响。②

一些研究通过工业行业数据考察了全要素生产率（TFP）的贡献。王小鲁利用生产函数的估算结果显示，1978—1999 年，中国的全要素生产率年均增长为 1.46%，对经济增长的贡献率为 14.9%。③ 郭庆旺和贾俊雪的估算显示，1979—2004 年中国的全要素生产率年平均增长约为 0.89%，对经济增长的贡献度仅为 9.46%，其中技术进步对经济增长的平均贡献率为 10.13%，而生产要素的配置改善对经济增长的贡献却为负值。中国全要素生产率对经济增长贡献度较低，一个原因在于技术进步较为缓慢，更为主要的原因在于生产能力利用水平和技术效率低下，资源配置不合理。④ 但同样有相当多的研究表明，改革开放以来，全要素生产率对经济增长起到了关键性的作用。孙琳琳、郑海涛、任若恩在行业面板数据的基础上，从三个方面分析信息化对中国经济增长的贡献：ICT 资本深化、ICT 生产行业的全要素生产率改进以及 ICT 使用行业的全要素生产率改进。从研究结果看，信息化对中国经济增长的贡献主要体现在 ICT 资本深化的贡献以及 ICT 制造业的全要素生产率改进，ICT 使用还未带来行业的全要素生产率改进。由于中国处于 ICT 扩散的初期，尽管 ICT 有着很高的扩散速度，但 ICT 资本水平相对发达国家还比较低，信息化将在未来促进中国经济增长和全要素生产率增长中扮演着越来越重要的角色。⑤ 朱军基

---

① 郑东雅：《市场规模、劳动分工和内生增长模型》，《世界经济文汇》2015 年第 10 期。
② 王弟海、黄亮、李宏毅：《健康投资能影响跨国人均产出差距吗?》，《经济研究》2016 年第 8 期。
③ 王小鲁：《中国经济增长的可持续性与制度变革》，《经济研究》2000 年第 7 期。
④ 郭庆旺、贾俊雪：《中国全要素生产率的估算：1979—2004》，《经济研究》2005 年第 5 期。
⑤ 孙琳琳、郑海涛、任若恩：《信息化对中国经济增长的贡献：行业面板数据的经验证据》，《世界经济》2012 年第 2 期。

于"贝叶斯估计"方法的实证结果和数值模拟结果显示:"吸收与创新"并举的模式能够在统计意义上更好地解释中国的经济现实;技术吸收带来的效率提升是中国经济增长和全要素生产率提升的重要源泉,改革开放经济下中国的经济增长是长期可持续的,当技术存量积累水平较高时,其对GDP 的提升效应要延续到下半个周期才能够体现出来。[①] 葛鹏飞、黄秀路、韩先锋,通过构建异质性创新与绿色全要素生产率的新经济增长模型,阐述了基础创新与应用创新对绿色全要素生产率的影响机制差异。利用"一带一路"沿线国家的跨国面板数据,实证检验基础创新和应用创新对绿色全要素生产率的影响情况作用机制和非线性特征。结果表明,基础创新和应用创新均显著促进了绿色全要素生产率的提升,前者的影响路径是技术效率,后者的影响路径包括技术效率和技术进步。[②]

二 经济增长地区差异的分析与解释

不同研究文献考察了不同影响因素对地区间经济增长差距的贡献作用,这些影响因素包括投资、全要素生产率差异、贸易、市场化程度差异、税收等。傅晓霞、吴利学、李静、孟令杰、吴福象(2006)认为物质资本深化并不能完全决定地区差异的变化过程,[③] 全要素生产率同样是地区差异扩大的主导力量之一。郭庆旺、赵旭杰考察了地方政府在投资规模上的竞争,利用动态因子模型和贝叶斯空间计量模型检验了这种竞争对全国经济周期波动的影响,发现地方政府在非政府投资规模上的竞争加剧了全国经济周期波动,而在政府投资规模上的竞争在一定程度上缓解了全国经济周期波动。[④] 盛丹、王永进探讨了市场化程度对省级区域产业增长的作用机制,发现市场化程度较高的地区有利于技术复杂度较高的产业的

[①] 朱军:《技术吸收、政府推动与中国全要素生产率提升》,《中国工业经济》2017 年第 1 期。

[②] 葛鹏飞、黄秀路、韩先锋:《创新驱动与"一带一路"绿色全要素生产率提升——基于新经济增长模型的异质性创新分析》,《经济科学》2018 年第 1 期。

[③] 傅晓霞、吴利学:《中国地区差异的动态演进及其决定机制:基于随机前沿模型和反事实收入分布方法的分析》,《世界经济》2009 年第 5 期;李静、孟令杰、吴福象:《中国地区发展差异的再检验:要素积累抑或 TFP》,《世界经济》2006 年第 1 期。

[④] 郭庆旺、赵旭杰:《地方政府投资竞争与经济周期波动》,《世界经济》2012 年第 5 期。

发展，地区的人力资本水平、产业的专业化、多样化均对产业增长具有促进作用，其中产业专业化的作用更为显著。①李涛、黄纯纯、周业安借助省级面板数据，发现地区之间的税收竞争促进了经济增长；增值税、企业所得税以及地方税类收入这三个主要收入种类间的竞争对经济增长具有显著的正增长效应。②付强、乔岳则认为，政府竞争促进经济增长是有条件的，这些条件包括制度软约束、外向型经济发展模式和中央政府集权。市场分割的形成是区域异质下政府竞争的均衡结果，其与经济增长之间并不存在必然联系。③李涛、周业安利用1994—2005年中国省级面板数据，研究了政府竞争、公共支出、经济增长三者之间的关系，发现其他地区的总体财政支出或教科文卫财政支出水平的增加能够显著地促进本地区的经济增长，而其他地区的基本建设财政支出或行政管理费支出水平或比重的增加则作用相反；地区财政分权程度的空间策略性互动以及地区财政分权本身对本地区的经济增长没有显著且稳定的影响。④朱虹、徐琰超、尹恒（2012）考察了北京和上海两大中心城市对周边腹地辐射模式的差异，发现北京对环京地区的辐射模式主要以"空吸"效应为主，而上海对周边腹地则表现为"反哺"效应。⑤崔维认为，20世纪末，美国的经济发展不平衡性非常严重，财政的宏观调控对于改变地区经济发展差距的格局非常重要。美国联邦政府采取的政策，包括军事拨款、刺激新兴工业发展、对落后地区进行农业补贴、行业补贴等财政政策，也包括赠款建立经济开发区、兴办水利等经济手段。此外，联邦政府为私人资本提供信贷、资助教育、鼓励人口流动，很大程度地提高了市场的活跃程度。⑥这些做法对

---

① 盛丹、王永进：《市场化、技术复杂度与中国省区的产业增长》，《世界经济》2011年第6期。

② 李涛、黄纯纯、周业安：《税收、税收竞争与中国经济增长》，《世界经济》2012年第4期。

③ 付强、乔岳：《政府竞争如何促进了中国经济快速增长：市场分割与经济增长关系再探讨》，《世界经济》2011年第7期。

④ 李涛、周业安：《财政分权视角下的支出竞争和中国经济增长：基于中国省级面板数据的经验研究》，《世界经济》2008年第11期。

⑤ 朱虹、徐琰超、尹恒：《空吸抑或反哺：北京和上海的经济辐射模式比较》，《世界经济》2012年第3期。

⑥ 崔维：《财政对美国经济地区发展不平衡的调控》，《世界经济》1995年第12期。

于中国都是具有借鉴意义的。邵宜航，李泽扬认为中国城市中制造业企业空间集聚对新企业进入和制造业增长均呈现倒"U"形影响，其影响企业进入的拐点值略小于制造业增长的拐点值。同时数据分析显示，在本文分析的数据时间段内，多数城市制造业企业空间集聚的负面效应更为显著。[①]

一些研究检验了影响经济增长的主要因素的地区差异，例如劳动生产率、创新能力等。丁淼、朱乃新认为，各国在进行国民经济区域规划时都要解决一些共性的地区问题。第一，国民经济的总体利益与地区经济利益之间、地区与地区之间的经济利益需要协调；第二，生产布局需要在地区间平衡，但需要注重宏观经济效果；第三，区域规划中经济问题和社会问题需要统一，公共福利、城市建设、就业等需要兼顾；第四，地区经济结构中要重视基础结构建设的作用。[②]杨文举考察了1990—2004年中国各省的劳动生产率的变化，发现省级劳动生产率差距在此期间显著地扩大了，技术进步的省际差异是导致这一扩大的主要原因，技术效率和资本深化的省际差异却对此具有明显的抑制作用。[③]万广华、范蓓蕾、陆铭考察了中国东中西部地区和省份间创新能力的不平等现象，发现到2003年为止，地区间创新能力的不平等逐年上升，省份间的不平等显示出一个V型的趋势，这两种不平等在2004—2006年基本保持在同一水平；影响创新能力差异的主要因素是人口、经济发展水平、研发投入、地理位置以及开放度。[④]黄赜琳、朱保华以1978—2005年中国经济为考察对象，分析宏观经济变量的波动性、协动性、稳定性以及冲击的持久性特征，归纳总结中国经济周期的特征事实。在考察的21个经济指标中，除就业、城镇居民消费以外的经济变量的波动性均高于产出的波动性，投资、劳动生产率

[①] 邵宜航、李泽扬：《空间集聚、企业动态与经济增长：基于中国制造业的分析》，《中国工业经济》2017年第2期。

[②] 丁淼、朱乃新：《浅谈区域经济学》1984年第1期。

[③] 杨文举：《技术效率、技术进步、资本深化与经济增长：基于DEA的经验分析》，《世界经济》2006年第5期。

[④] 万广华、范蓓蕾、陆铭：《解析中国创新能力的不平等：基于回归的分解方法》，《世界经济》2010年第2期。

等经济变量与产出呈较强的正向协动变化，出口、政府消费、货币等经济变量的稳定性较强，就业、居民消费等经济变量的稳定性较差。脉冲反应分析显示，产出具有较强的冲击持久性，居民消费等经济变量具有比产出更弱的持久性，而第二、第三产业就业可能存在伪周期信息。①易信、刘凤良将经典熊彼特内生增长模型扩展为包含金融中介部门的多部门熊彼特内生增长模型，通过数值模拟定量分析了金融发展对产业结构转型与经济增长的影响。②扩展模型解释了随产业结构转型出现的经济增长率下降现象，发现金融发展能通过技术创新的"水平效应"与"结构效应"加速产业结构转型与促进经济增长，金融体系在推动产业结构转型与促进经济增长方面发挥着不可估量的作用。

三 经济增长与其他

1. 经济增长与政治激励。徐现祥、王贤彬（2010）尝试定量分析政治激励对中国经济增长的促进作用有多大，是否因条件而异。该文发现了识别政治激励的自然观察平台。③基于该样本，本文采用倍差法发现，中国地方官员对政治激励做出有利于辖区经济增长的反应不是绝对的，而是有条件的，会因年龄和任期而异：年龄越大，政治激励的作用越小；任期适度延长，也有利于政治激励作用的发挥。该文的发现是稳健的，能够增进人们对中国经济增长中的政治激励的理解。周黎安通过对晋升锦标赛模式的研究，揭示了这种特定模式与中国高速经济增长及其各种特有问题的内在关联。他认为，以经济增长考核官员为基础的晋升锦标赛结合了转型时期中国政治体制和经济结构的独特性质，在政府官员拥有巨大的行政权力和自由处置权的情况下，以一种具有中国特色的方式，激励地方官员推动地方经济发展。他同时也注意到晋升锦标赛自身所存在的一些缺陷，如：首先，政治竞争的零和博弈特性会导致区域间恶性经济竞争；其次，

---

① 黄赜琳、朱保华：《中国经济周期特征事实的经验研究》，《经济研究》2009年第7期。
② 易信、刘凤良：《金融发展、技术创新与产业结构转型——多部门内，生增长理论框架》，《管理世界》2015年第10期。
③ 徐现祥、王贤彬：《晋升激励与经济增长：来自中国省级官员的证据》，《世界经济》2010年第2期。

面对政府职能的多维度和多任务时,晋升锦标赛却使得地方官员只关心可测度的经济绩效,而忽略了许多不可测度但是有长期影响的因素;最后,晋升锦标赛使地方官员在地区间晋升博弈中扮演参赛运动员角色,但与此同时,政府职能又要求他们要担当辖区内市场经济发展的裁判员,这种又是裁判员又是运动员的独特地位,往往会导致地方政府利用裁判员的便利来做运动员的事情,从而干扰了正常市场经济的发展。这些问题都制约着中国经济的日益发展和市场经济的进一步完善,中国的进一步改革必须实施晋升锦标赛模式的转型。[1] 周黎安开创了从官员激励的视角研究中国经济增长的先例,如今该领域已经成为解释中国经济现象的一个重要分支。王世磊和张军分析了在此激励机制作用下,[2] 地方政府改善物质基础设施的表现。梁若冰从晋升激励的视角研究了地方政府"以地生财"的土地财政与各地层出不穷的土地违法案件。[3] 徐现祥和王贤彬定量分析了政治激励对中国经济增长的促进作用,[4] 增进了人们对中国经济增长中的政治激励的理解。吕朝凤,朱丹丹,市场化改革对中国经济增长的影响已经被大量研究所证实,但是系统考察市场化对经济增长影响机制的研究仍比较匮乏。认为[5]在一个引入市场化与不完全契约的内生增长模型中,从市场潜力角度考察了市场化与经济增长的关系。研究发现,市场潜力扩大会提高长期增长率,市场化改革则通过扩大市场潜力对增长率的正影响,从而促进长期增长。在此基础上,基于1999—2009年对中国省份38个工业行业的经验研究,发现这一结论显著成立;在控制自然资源与人力资本禀赋、FDI、市场竞争、多样化与专业化及变量内生性后,上述结论依然显著。郭克莎、杨阔引入政治经济学的分析视角,对现代增长理论的缺失问题和增长阶段转变的国际经验进行分析,认为经济进入新常态之后的长期

---

[1] 周黎安:《中国地方官员的晋升锦标赛模式研究》,《经济研究》2007年第7期。
[2] 王世磊、张军:《中国地方官员为什么要改善基础设施?》,《经济学(季刊)》2008年第2期。
[3] 梁若冰:《财政分权下的晋升激励、部门利益与土地违法》,《经济学(季刊)》2010年第1期。
[4] 徐现祥、王贤彬:《晋升激励与经济增长:来自中国省级官员的证据》,《世界经济》2010年第2期。
[5] 吕朝凤、朱丹丹:《市场化改革如何影响长期经济增长》,《管理世界》2016年第2期。

增长趋势主要取决于内需增速的变化，影响需求长期增速的因素既有供给结构问题也有需求结构问题，长期增长政策应把供给侧结构性改革与需求侧结构性改革结合起来。①

2. 经济增长与人口结构变迁。蔡昉等（1999）分析了不同时期中国的劳动力、物质资本、人力资本及技术进步对中国经济增长的贡献，发现劳动要素的重新配置对于经济增长发挥了显著的作用。② 都阳（2005）关注了中国生育率下降与经济发展之间的关系，发现生育政策对生育率的边际效果渐趋下降，而经济发展所产生的影响依然明显。同时，生育率下降对经济增长的负面影响已开始显现。因此，人口发展政策不可能继续保持单一和纯粹的目标，充分考虑人口数量、质量和结构变化对长期经济增长所产生的影响，将是人口政策调整的重要要求。③ 刘永平、陆铭在迭代模型的基础上加入了家庭养儿防老的机制，探讨了微观家庭的消费、储蓄、后代教育投资决策与经济增长的相互关系。④ 模型的分析表明：在养儿防老机制和生育控制情况下，高储蓄往往伴随着高的教育投入。随着老龄化程度的增加，后代的教育投资量和投资率也将增加。从宏观层面上看，工资收入比重的增加，人均资本装备率的提高都将增加对后代的教育投入，这同中国目前的高储蓄、高教育投入的现状是吻合的。老龄化程度增加虽然降低了家庭储蓄率，但并不必然导致经济的衰退，其对经济增长的影响，具体取决于老龄化程度、资本产出弹性、教育部门资本投入产出弹性等参数。彭浩然、申曙光利用世代交叠内生增长模型，考察了现收现付制与生育率、储蓄率、人力资本投资、经济增长的相互关系。文章发现现收现付制会促进人口增长，降低储蓄率，对经济增长产生不利影响，但对人力资本投资的影响并不确定。利用中国 31 个地区的数据进行经验研究的结果表明，现收现付制养老保险降低了居民储蓄率以及人力资本投资占居

---

① 郭克莎：《长期经济增长的需求因素制约》，《经济研究》2017 年第 10 期。
② 蔡昉、王德文：《中国经济增长可持续性与劳动贡献》，《经济研究》1999 年第 10 期。
③ 都阳：《中国低生育率水平的形成及其对长期经济增长的影响》，《世界经济》2005 年第 12 期。
④ 刘永平、陆铭：《从家庭养老角度看老龄化的中国经济能否持续增长》，《世界经济》2008 年第 1 期。

民收入的份额，不利于经济增长。① 利用制度外资金来解决中国养老保险改革的转轨成本问题和扩大养老保险覆盖面将有助于降低养老保险缴费率，从而对经济增长有利。王金营、李竞博为了检验人口与经济增长之间的关系，在宏观生产函数中引入人口活跃度变量，采用省级面板数据和固定效应模型进行分析。结果显示，人口活跃度及各活跃因子与经济增长之间存在长期稳定关系；人口各因素综合起来通过资本促进、劳动促进和外部性途径对经济增长起着显著的推动作用，人口活跃度对经济产出的外部性作用明显大于其他路径的作用。这一方面证明了人口发展的综合活跃因素是经济增长的内生动力，而非外生因素；另一方面说明在经济增长中并非单一人口因素起作用。② 徐翔研究了加速的人口老龄化进程如何通过"养儿防老"机制影响经济增长。基于包含养儿防老机制的半内生增长框架，通过理论分析和数值模拟探讨人口老龄化对于经济增长的影响及其政策含义。③ 研究结果显示，养儿防老机制通过影响出生率影响经济增长潜力，养儿成本的增加降低了长期潜在增长率，而子代提供的赡养收入的提高则能提高长期潜在增长率。程名望、贾晓佳、俞宁发现：农村劳动力转移对非农业部门产出贡献率和社会总产出贡献率分别为 11.64% 和 10.21%；劳动力转移使自身生产率提高 4.49 倍，对经济增长的贡献为 7.93%，其中贡献率主要来源于"胡焕庸线"以东地区（11.74%）和农村劳动力转入地（16.11%）。④ 齐红倩、闫海春研究发现，人口老龄化对经济增长的影响呈现非线性及显著的门槛特征；基于纵剖面的时间序列分析表明，人口老龄化对经济增长的正向效应随时间变化呈现先下降后上升的动态走势；基于横截面的个体分析表明，人口老龄化对经济增长影响地区差异显著。⑤

---

① 彭浩然、申曙光：《现收现付制养老保险与经济增长：理论模型与中国经验》，《世界经济》2007 年第 10 期。
② 王金营、李竞博：《人口与经济增长关系的再检验——基于人口活跃度的分析》，《中国人口科学》2016 年第 3 期。
③ 徐翔：《人口老龄化背景下的长期经济增长潜力研究》，《金融研究》2017 年第 6 期。
④ 程名望、贾晓佳、俞宁：《农村劳动力转移对中国经济增长的贡献（1978—2015）》，《管理世界》2018 年第 10 期。
⑤ 齐红倩、闫海春：《人口老龄化抑制中国经济增长了吗?》，《经济评论》2018 年第 6 期。

3. 经济增长与财政金融税收体制。郭庆旺、贾俊雪、高立通过一个两部门内生增长模型考察了最优中央财政转移支付规模及其对经济增长的影响,并以中国宏观数据验证了这种影响。研究表明,最优的中央财政转移支付规模主要取决于财政收支分权水平。1995 年以来中国中央财政转移支付规模总体上较为合理,有助于地区经济增长但影响并不显著;2002年所得税分享制度改革以来,中央财政转移支付规模增长过快,与中国的财政收支分权水平不相适应,对地区经济增长产生抑制作用;东部地区中央财政转移支付规模偏大,进而不利于地区经济增长,但显著性不够稳健;地方公共资本投资和财政收入政策与中央财政转移支付政策之间存在明显的相互影响,且这种影响强化了中央财政转移支付的地区经济增长效应。[①] 严成樑、龚六堂发现,当政府通过征收更多的税收为生产性公共支出融资时,消费税税率与经济增长率正相关,劳动收入税税率与经济增长率之间存在一个倒"U"形关系,公司收入税、资本收入税税率与经济增长率负相关;相对于生产性公共支出,政府对资本积累或是研发的补贴可能更有利于促进经济增长。在基准经济参数环境下,若政府收入占 GDP 的比例从 25% 提高至 35%,经济增长率将降低 2.55%,对应的社会福利损失相当于减少 36.24% 的消费;若政府收入占 GDP 的比例从 25% 减少至 15%,经济增长率将上升 2.71%,对应的社会福利改善相当于增加 51.78% 的消费。[②] 绍宜航、刘仕保、张朝阳认为,由于一经济发展程度的不同,现实中存在引进模仿和自主研发的技术创新差异,此时深化和宽化两种不同金融发展模式对技术进步进而对经济增长将产生不同的影响。经济发展程度的不同,现实中存在引进模仿和自主研发的技术创新差异,此时深化和宽化两种不同金融发展模式对技术进步进而对经济增长将产生不同的影响。[③] 苟琴、蔡辉、徐建国在开放经济下的新古典经济增长模型

[①] 郭庆旺、贾俊雪、高立:《中央财政转移支付与地区经济增长》,《世界经济》2009 年第 12 期。

[②] 严成樑、龚六堂:《资本积累与创新相互作用框架下的财政政策与经济增长》,《世界经济》2009 年第 1 期。

[③] 绍宜航、刘仕保、张朝阳:《创新差异下的金融发展模式与经济增长:理论与实证》,《管理世界》2015 年第 11 期。

中，引入技术促进渠道，提出资本账户开放影响经济增长的两大假说：（1）若资本账户开放仅促进资本积累，那么资本账户开放仅会在短期促进经济增长，长期内经济将回归开放前的增长路径；（2）若资本账户开放显著促进技术进步，那么长期经济增长将达到更高的水平。[①]

4. 经济增长与基础设施及收入平等。王任飞、王进杰基于协整理论和 VECM 分析了中国主要门类基础设施指标与总产出之间的协整及 Granger 因果关系。发现在基础设施与经济增长的互动关系中，基础设施促进经济增长居于主导地位。[②] 刘阳、秦凤鸣（2009）利用包括中国在内的 15 个国家数据，分析了基础设施存量水平和收入提升的关系。文章发现，随着人均收入水平的提高，基础设施需求总量会不断增加，但不同类别基础设施存量的增长各不相同。[③] 中国未来尤其需要加大资源类基础设施的建设，投资量应保持年均 15%—24% 的增长水平，基础设施投资应高于名义 GDP 的增长水平。雷欣、程可、陈继勇检验收入不平等与经济增长的关系，区分了由环境差异导致的收入不平等（机会不平等）和由努力差异导致的收入不平等（努力不平等）的差异，研究结果显示：收入不平等与经济增长之间不存在显著关系，但努力不平等对经济增长具有显著的正向促进作用，机会不平等对经济增长具有显著的负向抑制作用。[④]

四 经济发展与城市化

曹裕、陈晓红、马跃如分析了城市化水平、城乡收入差距与经济增长的长期关系，认为城市化的过程能够明显缩小城乡收入差距，促进经济增长，这也从另一个角度验证了城市化对经济发展的意义。[⑤] 袁富华分析了

[①] 苟琴、蔡辉、徐建国：《资本账户开放与经济增长——长短期效应及渠道研究》，《经济科学》2018 年第 2 期。

[②] 王任飞、王进杰：《基础设施与中国经济增长：基于 VAR 方法的研究》，《世界经济》2007 年第 3 期。

[③] 刘阳、秦凤鸣：《基础设施规模与经济增长：基于需求角度的分析》，《世界经济》2009 年第 5 期。

[④] 雷欣、程可、陈继勇：《收入不平等与经济增长关系的再检验》，《世界经济》2017 年第 3 期。

[⑤] 曹裕、陈晓红、马跃如：《城市化、城乡收入差距与经济增长》，《统计研究》2010 年第 3 期。

发达国家的增长历程，认为随着就业人口向服务业部门集中，服务业所具有的高就业比重、低劳动生产率增长率的特点必然拉低全社会劳动生产率增长率，可称之为"结构性减速"。① 王小鲁认为，从城市化指标和国际比较来看，我国目前的城市化水平不仅滞后于国内经济发展水平、工业化或非农化进程，也滞后于国外同等发展水平或同样发展阶段国家和地区的城市化水平。② 长期以来，我国为配合经济发展政策，先后执行了从抑制大城市扩张，到"严格控制大城市规模，合理发展中小城市，积极发展小城镇"再到近年来的"大中小城市和小城镇协调发展"的方针，实质上是采用行政手段迫使资源向小城市和小城镇转移，这导致了我国大城市数量偏少，且平均城市规模较小、资源配置效率下降。同时，很多学者指出，我国的实际城市化水平比统计水平要低。目前的城市化统计指标是根据城镇人口占总人口的比重进行计算的，然而由于我国长期以来存在的户籍制度等各种制度障碍，被统计为城镇常住人口的农民工实际上没有像市民一样生活，只是被"半城市化了"。③ 他们在城市的生活并不稳定，长期被排斥在城镇社会保障体系之外，当就业形势出现波动的时候，他们很可能选择回到迁出地。这样的处境使农民工将收入的很大一部分用于储蓄。2008年，我国农村人口占居民人口总数54.3%，其消费支出的比重仅为25.1%。另一方面，李力行（2010）指出，近年来我国城市建成区面积的扩张速度大大快于常住人口数量的增长，在沿海省份尤其明显。这其中的主要原因是地方政府对土地财政的依赖。合理提升城市化水平，应在发展经济、吸引就业、推进公共服务均等化的同时，改革土地制度。④ 对于中国未来的城市化发展趋势，简新华、黄锟预测，中国城市化还将保持较快的发展，以年均提高1个百分点左右的速度推进，到2020年中国

---

① 袁富华：《长期增长过程的"结构性加速"与"结构性减速"：一种解释》，《经济研究》2012年第3期。
② 王小鲁：《中国城市化路径与城市规模的经济学分析》，《经济研究》2010年第10期。
③ 胡英、陈金永：《1990—2000年中国城镇人口增加量的构成及变动》，《中国人口科学》2002年第4期。
④ 李力行：《中国的城市化水平：现状，挑战和应对》，《浙江社会科学》2010年第12期。

的城市化率将达到60%左右。① 根据世界其他国家城市化发展的估计模型，王小鲁（2010）的结果显示，中国100万人以上规模的大城市的数量和所吸引的人口比重将在2030年以前迅速增加。② 陆铭、向宽虎、陈钊指出中国经济的发展不应牺牲大城市的集聚和扩散效应，城市体系的调整将向大城市尤其是东部大城市进一步集聚。③ 这一道路从长远来看有利于区域和城乡间人均收入的平衡，从而实现增长与和谐的共赢。现有体制下城乡和区域间的利益矛盾是造成城乡分割的根本原因。城乡分割政策阻碍了生产要素在城乡和区域间的自由流动，其不仅造成了城市化进程受阻、大城市发展不足和城市体系的扭曲，还造成了城乡、区域收入差距的扩大，以及城市内部的社会分割。刘晓峰、陈钊、陆铭构建了一个城市化和城市发展的内生政策变迁理论模型，社会融合和经济增长的关系是模型的重点。证明在经济发展和城市化的早期，对于移民的歧视可能有利于城市居民，但是当城市化进程达到一定阶段、城市内移民规模达到一定水平时，对于移民的公共服务歧视也会加剧城市内部不同户籍身份的劳动力之间的福利差距和社会冲突，而这又将造成社会资源的非生产性消耗，阻碍城市化进程，并有损于城市户籍人口的利益。这时，均等化公共服务的社会融合政策就可能内生地产生，并相应地减少不同身份居民间的福利差距和社会冲突，促进城市部门的资本积累、城市化进程和经济增长。④ 潘珊、龚六堂、李尚骜构建了一个包含两个产业三个部门的动态经济增长模型，描述了近三十年来中国经济由农业部门向非农业部门、由国有部门向非国有部门的"双重"结构转型过程，以及所导致的部门间的非平衡增长。模型内在解释了产生经济"双重"转型的根源：由于部门之间的替代弹性都是大于1的，技术进步率差异导致了国有部门和非国有部门之间

---

① 简新华、黄锟：《中国城镇化水平和速度的实证分析与前景预测》，《经济研究》2010年第3期。

② 王小鲁：《中国城市化路径与城市规模的经济学分析》，《经济研究》2010年第10期。

③ 陆铭、向宽虎、陈钊：《中国的城市化和城市体系调整：基于文献的评论》，《世界经济》2011年第6期。

④ 刘晓峰、陈钊、陆铭：《社会融合与经济增长：城市化和城市发展的内生政策变迁》2010年第6期。

的转型；要素收入份额的差异导致了农业部门和非农业部门之间的转型。此外，在平衡增长路径上，经济各部门出现了非平衡增长。[1] 刘凯将土地制度因素纳入多部门动态一般均衡框架，系统研究了土地制度及土地供给模式对于经济增长的影响机理。认为中国需要改进土地供给模式，尤其是要扩大商业及住宅用地供给、降低服务业部门的土地要素成本，这可以从促进经济进一步增长和居民福利提升、改善总需求结构、替代"土地财政"进而抑制地方政府"高杠杆"风险等方面促进未来经济更好发展。[2]

第二节　主要新兴经济体的经济发展

进入21世纪以来，中国与亚非拉地区新兴经济体在世界经济中扮演的角色越来越重要。过去四十年来中国在经济发展方面取得了令人瞩目的成就，与中国相比，其他发展中国家的经济发展道路并不平坦，经济发展的曲折历史和经验教训展现出丰富的内涵，总结回顾中国和这些国家的经济发展经验和教训无疑对于正确认识和评价当代中国经济发展的成就和不足，进一步促进中国经济社会全面发展具有重要的现实意义。本文主要回顾和总结我国改革开放以来，国内学者对中国以及其他分布于亚非拉地区的五个主要新兴经济体印度、韩国、俄罗斯、巴西、南非经济发展相关方面的研究。

一　关于中国经济发展的研究综述

过去四十多年来，中国经济发展无疑是亚洲新兴经济体中最为突出的典型代表。对于中国经济发展的巨大成就，国内学者从不同角度进行了多方面深入的研究。20世纪80年代国内学者对中国经济的探讨主要集中在发展战略的转变。刘国光在其主编的《中国经济发展战略问题研究》和

---

[1] 潘珊、龚六堂、李尚骜：《中国经济的"双重"结构转型与非平衡增长》，《经济学（季刊）》2016年第10期。

[2] 刘凯：《中国特色的土地制度如何影响中国经济增长》，《中国工业经济》2018年第10期。

发表的相关的学术论文中①回顾了新中国成立以来经济建设的成就和经济发展中遭遇"挫折"的原因，并多次提出要实行经济发展战略的转变思路和方法，从战略目标、发展速度与经济效益、平衡发展与不平衡发展及外延发展与内涵发展、物力开发与人力开发、内外关系以及经济体制等七个方面，阐述了战略转变的内容；着重论述了从我国国情出发来看战略目标的多层次性和分阶段性；实现战略目标的关键在于不断提高经济效益；逐步建立合理的产业结构、技术结构、企业规模结构与地区布局结构；正确处理人口控制、劳动就业和智力开发的关系；正确处理集中与分散、计划与市场的关系。罗元铮、钱俊瑞、马洪主要分析了中国 20 世纪 80 年代初期中国经济与世界经济的关系和作用，强调了对外开放对中国经济增长的重要性，20 世纪 80 年代初期中国在世界经济中的作用主要包括：一是中国对外贸易发展迅速；二是国际金融关系发展，利用外资有了良好开端；三是开发中国能源资源是国际技术经济合作的重要方面；四是中国赞成发展南北经济合作和支持发展中国家建立国际经济新秩序的努力，在发展南南合作中，中国也可以发挥重要的作用。②

20 世纪 90 年代以来，国内学者对中国经济发展战略、问题、挑战以及改革思路开始了更为深入和全面的探讨，罗元铮、冒天启、张卓元、郭树清在 20 世纪 90 年代初期对中国经济发展的战略、体制改革进行了多方面的阐述，主要分析了体制改革与经济发展之间的关系。③ 如何判断中国 90 年代初的经济现状，直接涉及对整个 20 世纪 90 年代经济发展战略的制定和体制改革方案的设计。对此，中国经济学界分歧颇大，围绕着总量

---

① 刘国光：《中国经济发展战略的转变》，《中国经济问题》1982 年第 4 期；刘国光：《中国经济发展战略的若干重要问题》，《中国社会科学》1983 年第 6 期；刘国光：《中国经济大变动中的双重模式转换》，《中国经济问题》1987 年第 1 期。

② 罗元铮：《中国经济在世界经济中的作用》，《世界经济》1982 年第 12 期；钱俊瑞：《八十年代世界经济和中国经济展望》，《世界经济》1982 年第 7 期；马洪：《中国经济的对外开放——在杭州〈外资在经济发展中的作用〉国际学术讨论会上开幕词》，《世界经济》1985 年第 5 期。

③ 罗元铮：《中国的体制改革与经济发展》，《国际社会科学杂志》（中文版）1990 年第 2 期；冒天启：《中国 90 年代的经济发展与改革》，《改革》1990 年第 6 期；张卓元：《中国经济改革理论三部曲：商品经济论、市场取向论、市场经济论》，《财贸经济》1992 年第 11 期；郭树清：《中国经济发展的战略取向》，《管理世界》1992 年第 5 期。

失衡的问题是否已经解决，大体上有三种看法：第一种看法认为总量已经大体平衡；第二种看法认为社会总供给已经超过了总需求；第三种看法认为总量失衡的矛盾并没有从根本上得到缓解。林毅夫、蔡昉、李周在其受到广泛关注的专著《中国的奇迹：发展战略与经济改革》中，从中国的体制改革、工业化战略、农村改革、要素禀赋和比较优势、对外开放等多个方面对中国经济增长的奇迹进行了全面的理论分析和政策阐述。余永定主要从克服通货膨胀、经济可持续发展多个角度进行了深入研究，文章认为在20世纪90年代末期既然承认中国经济目前正处于通货收缩状态，既然我们认为中国目前的通货收缩的根本原因是企业生产效率过低、生产成本过高所造成的企业亏损，我们就不能期待中国目前的经济困难可以在短时间内通过扩张性的宏观经济政策加以根治；既然承认造成通货收缩的关键环节是企业亏损，刺激需求的措施就无法从根本上打破通货收缩的恶性循环，为使经济形势得到根本好转所采取的供给方面的措施（减员增效），不可避免地将涉及大量亏损企业的破产和大量职工的下岗。[①] 中国经济很可能将不得不经历一个增长速度疲软、职工失业增加的时期。与此同时，如果农村经济形势恶化，农村人口可能大量涌入城市。因此，中国经济可能将面临前所未有的失业问题。如果不能首先建立一套比较完善的社会保障体系，失业问题必将对社会的稳定带来极大冲击。因而，为了迎接以大量亏损企业破产这一难以回避的发展前景，中国政府应该大大加速社会保障体系的建设工作。

进入21世纪以来，国内学者对中国经济发展的特征、道路以及面临的挑战和问题研究更趋多元化且更为深入细致。刘国光、李京文主要对21世纪初中国经济增长、经济中心、区域差距和协调发展、路径依赖、发展机制及解释方面对中国经济发展进行了多方面的论述。[②] 21世纪初，中国经济发展将步入一个新的阶段。新阶段我国经济将面临重大转折，但仍可以在较长时间内保持较快的增长速度。消费市场容量大、投资需求旺

---

① 余永定：《打破通货收缩的恶性循环——中国经济发展的新挑战》，《经济研究》1999年第7期。

② 刘国光：《21世纪初中国经济增长问题》，《中国社会科学》2000年第4期；李京文：《21世纪中国经济发展展望》，《中国社会科学院研究生院学报》2001年第1期。

盛、储蓄率较高、劳动力资源丰富、工业基础产品供给充裕、第三产业发展空间巨大、社会主义市场经济体制日渐成熟是增长的有利条件。发展的制约因素包括人口和就业压力、资源和环境压力、技术落后和国际竞争的压力以及消除体制性障碍的难度越来越大。江小娟、林毅夫、张军从中国经济发展进入新阶段的挑战和战略、经济结构变化、中长期发展战略、民营经济发展方面全面深入地阐述中国经济发展的新形势和新挑战并从比较优势和市场竞争方面探讨了中国经济发展的动力。江小娟认为中国经济正处于一个重要的转折时期，国际经验表明，在这个时期继续保持较快增长的难度加大。[1] 蔡昉、陈佳贵从经济发展面临的转折和改革的挑战、高速增长走向和谐发展、发展阶段、动力和前景、李约瑟之谜和韦伯疑问等角度分析中国经济发展的特征和挑战。蔡昉用中国经济发展经验扩展和修正了刘易斯模型，并以之作为分析框架，描述了改革开放期间中国特色的二元经济发展路径和推动经济增长的主要因素，揭示了改革开放的制度变革效应如何通过人口红利的利用、比较优势的发挥、全要素生产率的改进和参与经济全球化促进了中国经济的高速增长。学者还通过观察劳动力供给和需求的最新变化，对中国经济发展阶段的重要转折点做出预测，分析了在这一转折点到来之际，制度创新和政策调整将面临哪些挑战，以及如何应对这些挑战以保持经济增长的可持续性。[2] 王忠武认为中国发展模式是一个具有宏大复合结构和巨大多样功能的"结构—功能"整体系统，基于"结构—功能"协同互构关系视角对中国发展模式进行解释和客观评价，可以更好地认识其产生的原因、建构逻辑和存在价值与问题，对于调整和改进中国发展模式、加速中国现代化发展进程具有重要意义。[3] 何自力总结了改革开放40年来中国经济发展模式的主要经验，指出正是由于

---

[1] 江小娟：《中国经济发展进入新阶段：挑战与战略》，《经济研究》2004年第10期；林毅夫：《比较优势与中国经济发展》，《经济前沿》2005年第11期；张军：《中国经济发展：为增长而竞争》，《世界经济文汇》2005年第1期。

[2] 蔡昉：《中国经济面临的转折及其对发展和改革的挑战》，《中国社会科学》2007年第3期；陈佳贵、黄群慧、张涛：《从高速增长走向和谐发展的中国经济》，《中国工业经济》2007年第7期。

[3] 王忠武：《中国发展模式的结构与功能分析》，《江汉论坛》2016年第11期。

我们始终坚持社会主义市场经济改革的正确方向，始终坚持社会主义与市场经济相结合，正确认识和处理虚拟经济与实体经济的相互关系，高度重视实体经济的发展，大力保持和巩固制造业优势，努力防范经济虚拟化，我国经济发展只能长期保持高速增长，却没有发生西方国家反复出现的经济和金融危机，在世界经济发展史上创造了奇迹。[①]

二 关于印度经济发展的研究综述

三十多年来，特别是进入新世纪以来，印度经济的发展同样取得了显著的成就，对于印度经济发展过程中的问题，国内学者同样进行了长期的跟踪研究和探讨。在20世纪80年代，国内对印度经济发展模式的探讨主要是集中于一些翻译资料，宇泉翻译了阿兰·韦恩奥勒有关印度经济发展模式与消除贫困之间的关系论文[②]；华碧云回顾了印度建国三十年来的经济发展状况，论述了印度经济发展战略的调整，印度经济计划战略及其结果。[③] 刘连增等、叶正佳主要从印度经济战略得失对中国经济发展的启示，印度经济建设成就和问题等方面考察了印度经济发展历程，就中印经济战略的异同及其影响进行了战略比较研究，通过对印度独立以来经济发展的战略得失的分析得出对我国经济发展战略的启示。[④]

进入20世纪90年代以来，国内学者继续关注印度的经济发展，国务院发展研究中心赴印度考察团的研究报告总结了印度经济发展的成就和问题。考察团调研认为：印度近十年来放宽管制的改革政策，其成效是相当显著的。戴永红、左连村对中国和印度的经济发展做了多方面的额比较研究，对印度在20世纪90年代的经济发展战略做了展望和总结，分析了印

[①] 何自力：《改革开放40年中国经济发展模式形成的基本经验》，《政治经济学评论》2019年第2期。

[②] 阿兰·韦恩奥勒、宇泉：《印度的发展模式不大能消除贫困》，《国际经济评论》1981年第3期。

[③] 华碧云：《印度建国三十年来的经济》，《现代国际关系》1981年第1期；华碧云：《展望八十年代印度的外援和外资》，《南亚研究》1982年第4期。

[④] 刘连增、黄建、范业强、张延崎：《印度经济起伏的战略得失对我国经济发展战略的其实——战略比较研究之一》，《管理世界》1985年第2期；叶正佳：《印度经济建设的成就和问题》，《国际问题研究》1985年第1期。

度的人口增长对其经济发展的影响作用。① 唐鹏琪总结了阻碍印度经济发展的几个主要的非经济因素,认为印度经济不发达的主要原因仍然是其落后的社会结构,阻碍印度经济发展的三个主要因素一是种姓制度;二是宗教和传统主义;三是动荡的政治。② 刘健明、于海莲对中国与印度的经济发展模式进行了对比分析,分析了印度混合经济体制的发展和变革过程。③ 中国和印度这两个国家的经济发展成就统计记录表明,从总体上看,中国比印度取得的成就更大——这是从一系列的研究中得出的结论。

21 世纪以来,印度的经济发展引起了更多国内学者的关注。马常娥探讨了印度的经济转型对中国经济发展的启示,认为印度的经济发展在多边贸易体制下经历了从保护到开放的转型过程。汽车业和软件业的发展是这一过程中的两个典型部门。印度经济转型的过程对"入世"后的中国经济发展有着重要的启示作用。既要在保护的基础上积极对外开放,又要注意在开放的过程中实施必要的保护,是中国必须把握好的两个关键环节。④ 韦森主要从文化精神、制度变迁与经济增长的关系角度对中国和印度经济发展进行了理论比较和反思⑤,通过比较近些年来中国和印度在经济增长速度和经济整体绩效方面的差异,反思当代印度社会的体制结构和中国经济改革过程中的制度变迁路径,从中发现:第一,对经济增长而言,市场的制度规则是重要的,但可能并不像新制度经济学家们所相信的那样是决定性的;第二,市场的制度规则只有在一定的文化氛围中方能发挥起合意的作用,而内在于市场运行中的商业伦理规范,对市场本身扩展而言,其作用可能是根本性的;第三,对一个社会、一个国家、一个地区

---

① 戴永红:《试论印度经济计划的发展战略》,《南亚研究季刊》1991 年第 2 期;左连村:《印度的人口增长及其对经济增长的影响》,《世界经济与政治》1991 年第 8 期。

② 唐鹏琪:《试析阻碍印度经济发展的几个非经济因素》,《南亚研究季刊》1995 年第 3 期。

③ 刘建明:《中国和印度经济发展比较研究》,《南亚研究季刊》1996 年第 3 期;于海莲:《印度混合经济体制的发展与变革》,《当代亚太》1996 年第 5 期。

④ 马常娥:《印度经济的转型及其对中国的启迪》,《世界经济与政治论坛》2002 年第 3 期。

⑤ 韦森:《文化精神、制度变迁与经济增长——中国与印度经济比较的理论反思》,《国际经济评论》2004 年第 4 期。

的经济增长孕育机制而言，商业精神尤为重要。杨文武等、刘小雪主要探讨了印度经济发展模式形成的基础、架构替代和对中国的启示，以及印度经济发展模式对中国的借鉴意义。① 黄永春等主要分析了印度的"跨工业化"经济增长模式及其对中国经济发展的启示，以竞争优势理论为分析框架，研究了跨工业化经济增长模式的内涵、生成机制与优势劣势。② 研究表明，"基础设施薄弱、精英人才涌现"的资源禀赋结构、社会内部消费需求拉动、相关产业支撑、龙头企业带动、自由化的政策改革环境以及技术进步推动，促进了印度"跨工业化"经济增长模式的生成。通过中印两国经济增长模式的比较，学者指出"跨工业化"经济增长模式具有资源环境友好特征、有能借助服务业的发展反向刺激工业发展的优势；同时揭示了"跨工业化"增长模式的劣势，即难以提高就业率、服务业持续发展缺乏基础设施和制造业支撑等。鉴于我国服务业发展滞后，工业发展面临资源与环境高消耗的困境，我国应借鉴印度经验，培养服务业人才队伍、提高社会消费需求、优化服务业产业结构、培育服务业龙头企业、加快服务业自由化改革、提高服务业创新能力，以加快服务业的发展，增强服务业对工业的反哺效应，保障我国工业化进程在"资源与环境双约束下"又快又好地和谐推进。齐明珠从人口变化与经济增长之间的关系考察了中国和印度的经济发展前景，认为中国和印度在人口和经济发展方面有很多共同点，但人口特征及变化趋势又有很多不同，这将对两国经济的可持续发展带来不同影响。③ 文章采用历史增长核算法，将经济增长分解为三个贡献要素，即劳动年龄人口规模的增长、劳动生产率的增长及劳动力利用效率的增长，对中国和印度过去二十年的人口与经济变化进行实证研究，结果表明劳动生产率的提升是中国经济增长的最主要动力，而劳

---

① 杨文武、雷鸣：《试论印度经济发展模式的形成基础、架构替代及其启示》，《南亚研究季刊》2008年第1期；刘小雪：《辨析印度经济发展模式及其对我国的借鉴意义》，《经济学动态》2008年第6期。
② 黄永春、郑江淮、杨以文、藏灿甲：《"跨工业化"经济增长模式分析——来自印度经济增长模式的启示》，《中国人口·资源与环境》2012年第11期。
③ 齐明珠：《人口变化与经济增长：中国与印度的比较研究》，《人口研究》2013年第3期。

动生产率的提升和劳动年龄人口增长同为印度经济增长的主要动力，劳动力利用效率的下降对两国的经济增长贡献度均为负。文章认为，为应对我国未来劳动力减少的挑战，在非充分就业率较高且产业升级要求迫切之时，应寻求降低非充分就业率，力求真正提升劳动力的利用率，并积极关注第二次人口红利的实现。陈昭分析了印度服务贸易自由监管政策的特征和变化，主要从印度服务的发展现状、服务贸易结构变化、WTO框架下和区域贸易自由协定框架下印度服务贸易自由化的过程和特征。[1] 文德富对印度银行金融发展与改革的经验教训进行了总结，认为20世纪90年代经济改革进程中，政府逐渐减少对银行金融的干预，在一定程度上促进了印度银行金融业发展，但是也存在这样那样的问题。因此印度银行金融改革既积累了某些有益经验也留下了诸多重要教训，从而为发展中国家银行金融改革提供了有益启示。[2] 李好、潘小芳对印度加入RCEP后进出口贸易流量的影响因素进行了实证分析。结果表明，在RCEP区域范围内关税作为一种传统的贸易政策工具，对印度对外贸易的影响并不明显；国家的经济规模、国家间人均收支差距、贸易距离以及本国的人力资源要素禀赋则对印度对外贸易影响显著。在区域经济一体化与贸易自由化趋势不可逆转的形势下，印度或对内推动产业结构转型、提高国内人均收入以及教育模式的改革，对外通过"重点市场—重点领域"形成梯队化的贸易伙伴，仍有可能保证贸易利益不受损害以及对外贸易的可持续发展。[3] 苏畅对印度经济改革以来通货膨胀的变动趋势和成因进行了分析。[4] 主要结论是：印度的通货膨胀水平在大多数年份都是比较严重的，而且消费物价水平上涨快于批发物价水平上涨，意味着通货膨胀对普通民众日常生活影响更大；供给因素的变化对同期通货膨胀水平有显著影响，而需求方面的因素对同期通货膨胀没有显著影响。因此，印度政府在治理通货膨胀时应根据

---

[1] 陈昭：《印度服务贸易自由化及监管政策研究》，《国际贸易》2014年第9期。
[2] 文富德：《印度银行金融发展与改革的经验教训》，《南亚研究季刊》2015年第2期。
[3] 李好、潘小芳：《印度加入RCEP后的贸易影响因素研究》，《亚太经济》2016年第5期。
[4] 苏畅：《印度经济改革以来的通货膨胀变动趋势、成因》，《南亚研究季刊》2017年第1期。

通货膨胀形成的原因采取不同的措施，而不是盲目地采取紧缩性货币政策。吴兆礼考察了印度对"一带一路"倡议的立场演化与未来趋势，认为自2014年2月中国邀请印度参与"一带一路"建设以来，印度的立场经历了一个从积极到消极、从模糊到明确的变化过程。[①] 其间，印度在申请加入核供应国集团以及要求将某组织列入联合国制裁名单等具体议题上受挫，而中国致力于构建人类命运共同体的"一带一路"倡议遭遇印度的疑虑与抵制，中印两国互动中明显的"非相向而行"进一步损害了两国原本脆弱的战略互信。

三 关于俄罗斯经济发展研究综述

自苏联解体以来，俄罗斯经济发展经历了多次的波动，国内学者对俄罗斯经济的发展从多方面进行了长期的跟踪研究。王建平、许新评述了俄罗斯的激进改革措施，认为俄罗斯的经济改革是在社会经济全面危机日益深重的条件下进行的，所面对的问题极其复杂，许多带有综合征的性质，这使改革措施的出台进退维谷。主要措施之间存在内在矛盾，它们相互钳制，使改革难以达到预期的目的，主要矛盾表现在：一是俄罗斯的经济改革是在经济危机与财政危机交织并发的条件下进行的，这使稳定经济与无赤字预算的措施相互矛盾，两个目标不可兼得；二是在存在垄断的条件下放开价格难以达到刺激扩大生产的目的，放开价格与居民社会保护措施对平衡供求的作用相互抵触，实行价格与工资同时放开的政策，可能导致二者轮番上涨；三是实行无赤字预算和紧缩信贷政策可以减少货币投放，但造成企业税负过重，资金不足，不利于恢复生产和稳定经济；四是私有化进程与"休克疗法"其他措施不同步，将使休克期拖长，变成动荡和痛苦的慢性长期过程；五是商品短缺与外汇短缺并存，内需与出口矛盾，难以扭转外贸急剧下降局面，而外汇枯竭和经济衰退则使卢布汇率难以稳定，这又反作用于通货膨胀使其难以被遏制。[②] 陆南泉全面回顾了俄罗斯

---

① 吴兆礼：《印度对"一带一路"倡议的立场演化与未来趋势》，《南亚研究》2018年第21期。

② 王建平：《评俄罗斯激进经济改革》，《今日前苏联东欧》1992年第6期；许新：《俄罗斯经济转轨评析》，《东欧中亚研究》2000年第4期。

经济改革中的理论纷争。① 江春泽分别考察了制约俄罗斯经济发展的主要因素，以及俄罗斯与中国经济转轨过程的差异。② 王世才分析了俄罗斯的社会政治矛盾对俄罗斯经济的影响。③ 徐坡岭从制度变迁的视角回顾和分析了俄罗斯经济转轨的理论，认为自实行西方倡导的激进的经济改革以来，俄罗斯社会政治斗争不断，社会政治矛盾激化，对经济起到了巨大的破坏作用，使俄罗斯经济陷入深刻的危机之中。④

进入21世纪以来，俄罗斯经济出了众多的新特点，国内学者进行了深入的分析和研究。许新、关雪凌等进一步评析了俄罗斯经济转轨的代价和教训，同时对俄罗斯经济全球化背景下面临的问题及出路进行了深入的分析研究，研究认为俄罗斯的经济转轨已经进行了八年，"休克疗法"的神话变成了冷酷的现实。⑤ 脱离国情的药方使玻利维亚奇迹变成了俄罗斯失败；不符合俄经济特点的目标模式和违反经济转轨规律的过渡方式，使期望的自由市场经济变形为"资本原始积累"式的野蛮的市场经济；经济政策的内在矛盾和在经济学上犯忌导致经济形势非但没有好转，反而一直处于衰退性危机之中，并最后演变成以金融危机为尖锐表现的社会经济政治全面危机。这一切都源于政治目的和理论误区：崇拜新自由主义经济理论，在经济体制上迷信市场万能，反对国家干预；奉行现代货币主义政策，在反危机上片面抑制需求，忽视增加供给；把转轨的成败建立在依赖大量外援的基础上，幻想靠外援解决"休克疗法"造成的各种尖锐问题，渡过各种危机交织的难关。庄起善、李健民分别对制约俄罗斯经济增长的主要因素以及俄罗斯私有化历程及其相关问题进行了分析，认为俄罗斯经济转轨是一次深刻的变革，包括从经济制度到社会制度的全面重构和建设。私有化是构造市场经济微观基础的基本条件，在俄罗斯经济转轨政策

---

① 陆南泉：《俄罗斯经济改革中的理论纷争》，《价格与市场》1994年第8期。
② 江春泽：《俄罗斯与中国经济体制转轨比较》，《管理世界》1996年第6期。
③ 王世才：《社会政治矛盾对俄罗斯经济的影响》，《世界经济与政治》1999年第9期。
④ 徐坡岭、郑维臣：《俄罗斯经济转型过程中通货膨胀问题的货币解释》，《东北亚论坛》2013年第2期。
⑤ 许新：《俄罗斯经济转轨评析》，《东欧中亚研究》2000年第4期；关雪凌：《制度变迁中的俄罗斯经济转轨战略——理想化和现实性的冲突与调整》，《东欧中亚研究》2000年第5期。

中居于核心地位。通过实行私有化，俄罗斯的基本经济制度已经发生了重大的变化，原有的决定国家经济生活本质特征的国家所有制在经济生活中的统治地位已得到彻底改造，俄罗斯已经建立了市场经济的基础，但从新制度结构的行为能力看，这一基础尚不健全，在基本经济制度建设中都还存在许多消极后果，对俄罗斯经济的发展产生了不可低估的负面影响。[①]郭连成、李新分别分析了俄罗斯的资源依赖型经济对俄罗斯经济增长和发展的影响，以及对俄罗斯经济复苏的主要动力和制约因素进行了分析，研究认为在今后一个相当长的时期内，俄罗斯经济增长依赖石油天然气出口的状况难以根本改变。[②] 这主要是由两个因素决定的：一是长期以来形成的以能源和原材料等初级产品为主的生产和出口结构已根深蒂固，短期内改变难度很大；二是国际石油价格居高不下会刺激俄大幅增加石油产量和出口。但我们认为，从长期经济增长与经济发展的角度看，俄罗斯还必须有步骤地采取以下必要措施：第一，逐步摆脱对能源出口的过分依赖，这是俄罗斯今后相当长时期内所面临的艰巨任务。从中短期看，大力发展资源经济，特别是利用国际市场石油价格上涨的有利因素大力发展石油产业，以此增加外汇收入和扩大外汇储备，增加财政收入，提高居民的生活水平和社会保障程度，保持经济的快速增长，对俄是一种必要的选择。第二，全面推进结构改革，加快产业结构的调整，实现经济多元化发展战略，这应是俄罗斯的唯一选择。余南平等主要分析了俄罗斯金融部门对俄罗斯经济增长的影响，通过对俄罗斯经济结构和金融服务水平的现状分析，认为未来几年俄罗斯的强劲的经济增长势头可能会持续下去，但这种高增长率的持久程度和稳定性将取决于结构性改革。在不利的人口发展结构的背景下，一个更有效率、以创新为重点来合理使用人力资本的结构对俄罗斯是必要的。同时俄罗斯进一步的贸易开放和更有效、透明的政府机构运作也将有助于经济增长的保持。值得特别指出的是，鉴于目前的俄罗斯存量设备的高使用率和低下的资本存量，加大更高水平的投资对俄罗斯

---

① 庄起善：《论俄罗斯经济增长的制约因素》，《世界经济研究》2003 年第 3 期；李建民：《俄罗斯私有化的进展与现状》，《俄罗斯中亚东欧研究》2003 年第 1 期。
② 郭连成：《国际高油价对俄罗斯经济的正负影响效应》，《世界经济》2005 年第 3 期；李新：《俄罗斯经济复苏的动力与制约因素》，《上海财经大学学报》2005 年第 5 期。

经济至关重要。另外，从俄罗斯经济增长的前景看，财政部门由于有巨大的积累，未来可以在经济增长中发挥越来越重要的作用。特别是如果发生重大外围环境变化时，这个作用将显得十分重要。但无论财政的作用今天和未来如何体现，俄罗斯深层次金融市场的运作和效率的发挥，不仅可以带动全社会生产率的提高，还可能有助于使经济多样化，而不再仅仅依靠石油部门。目前，资金的缺乏成为众多俄罗斯企业发展的瓶颈，尤其是中小型企业。因此，在剔除石油因素带来的投资与经济繁荣后，在俄罗斯，一个更有效，更深化的金融市场对于其国家经济的稳定发展将起到的作用会更加持久。[①] 程伟主要分析了在全球金融危机中俄罗斯的经济发展状况并且对俄罗斯的反危机政策进行了评析，认为在世界金融危机的打击之下，俄罗斯经济遭受重创，突出地表现为经济增长大幅下滑。但是，俄罗斯的通胀率、失业率、国际收支等指标表现尚好，宏观经济继续处在整体可控状态。正反两方面的结果与俄罗斯反危机有所取舍的目标追求以及相应的政策安排直接相关，其反危机的实践基本达到了预期设想。[②] 值得引起特别关注的是，俄罗斯在反思教训的过程中并没有局限于外部因素负面影响的总结，而是空前理性地解析了自身的原料经济发展模式，进而明确提出了创新现代化道路的时代任务。俄罗斯目前正借助世界金融危机的倒逼机制，把反危机与现代化有机地衔接起来，实施反危机的过渡性退出与创新现代化道路的战略性进入。在今后的十年中，无论俄罗斯经济发展的宏观构想还是具体政策与措施，必将发生深刻的变化。郭晓琼认为，对俄罗斯经济增长的动力的分析可以从供给和需求两个层面展开。从需求面看，尽管内需对经济增长的拉动力很强，但"出口收入"仍然是决定内需规模的重要因素。从供给面看，劳动力对经济的拉动作用不强，出生率低下和人口老龄化是形成阻碍的主要原因；资本对经济增长的拉动力相对稳定、可靠；在全要素生产率中，由于能源价格因素未能从中完全剔除，导致俄罗斯全要素生产率与油价波动高度相关，而真正技术进步、管理水

[①] 余南平、潘登：《俄罗斯金融部门对俄罗斯经济增长作用研究》，《俄罗斯研究》2008年第3期。

[②] 程伟：《世界金融危机中俄罗斯的经济表现及其反危机政策评析》，《世界经济与政治》2010年第9期。

平提高和制度改善等因素带来的增长非常有限。未来俄罗斯经济发展中面临着两条截然不同的发展道路，即"能源之路"和"创新之路"。毫无疑问，俄罗斯要选择能够激发其经济发展潜力的"创新之路"。① 张聪明对俄罗斯外汇储备的性质、来源、结构和规模、常规作用的分析表明，俄罗斯的外汇储备是超储的。在一定条件下，外汇储备可以为俄罗斯推进欧亚经济一体化提供财政支持。同时，外汇储备在这个方向上的支出，也可能是俄罗斯提高外汇储备使用效率的一种战略选择。② 欧阳向英对俄罗斯在不同时期的国有企业改革进行了系统的分析，认为俄罗斯在不同时期国有企业有着不同的主导思想，不同的立法，不同的法律缺陷，通过分析俄罗斯的国有企业改革历程对于中国国有企业改革有许多借鉴意义。③ 徐坡岭认为俄罗斯的进口替代从自发进程到政策实践，是经济危机和内外压力共同作用的结果。从性质和内容看，俄罗斯当前的进口替代是国家安全战略和结构发展战略的综合，其根本目的是在反危机过程中逐步解决经济发展中的深层次结构性矛盾。④ 在 WTO 框架和经济全球化条件下，贸易保护和复汇率制等传统进口替代政策工具已经失效，但一定时期的卢布汇率贬值和制造业劳动生产率的逐渐提升依然能够满足进口替代的必要条件。俄罗斯进口替代战略的政策逻辑具有合理性。富景筠认为，俄罗斯经济目前面临从资源依赖型向创新型转型的战略选择，科技体制改革与科技创新已成为俄罗斯促进经济结构转型和长期发展的主导战略，后危机时期俄罗斯经济现代化战略下的国家创新体系和机制的不断完善为其科技创新营造了良好环境，俄罗斯政府对创新活动及计划的扶持保证了国家创新能力的持续发展以及研发投入、强度和科技产出绩效的不断提升。然而，乌克兰危机和西方经济制裁接踵而至，经济下行压力增加将影响到国家对研发和创新活动的融资能力。俄罗斯再工业化与经济结构转型需要双管齐下，在通过科技创新提高能源行业加工度和出口附加值的同时，实现在传统优势领

---

① 郭晓琼：《俄罗斯经济增长动力与未来发展道路》，《俄罗斯研究》2014 年第 4 期。
② 张聪明：《俄罗斯的外汇储备与欧亚经济一体化》，《俄罗斯研究》2014 年第 4 期。
③ 欧阳向英：《俄罗斯国有企业改革的法律分析》，《欧亚经济》2015 年第 5 期。
④ 徐坡岭：《俄罗斯进口替代的性质、内容与政策逻辑》，《俄罗斯东欧中亚研究》2016 年第 3 期。

域的创新型发展。① 徐坡岭认为，俄罗斯从计划经济转向市场经济的过程，是一个充满危机和动荡的过程。② 尽管在普京 2000 年出任总统后，俄罗斯社会政治和经济秩序逐渐稳定，并且借助有利的世界石油市场行情实现了较长时间的经济增长，但 2008 年国际金融危机和 2015 年经济危机暴露了俄罗斯在宏观经济政策和经济增长路径方面的问题，这些问题在表面上看是资源依赖和去工业化。从深层次上看，则包括物质生产部门产出能力的下降和国民经济技术基础的破坏。这些问题的严重性和顽固性不是短期内能够解决的。

四　关于韩国经济发展研究综述

韩国作为亚洲重要的新兴经济体，过去三十多年来，顺利从发展中国家进入高收入国家行业，其发展经验值得许多国家借鉴，国内学者对韩国经济发展历程、发展模式、经验教训以及对中国经济发展的启示都做了多方面的深入分析和研究。国内学者在 20 世纪 80 年代对韩国经济发展的研究并不多见，高建、李相文分别总结了 20 世纪 80 年代韩国经济迅速发展的政策原因以及韩国采取的一系列促进经济振兴的发展战略，认为在过去的二十年里，韩国利用美国日本等发达国家改革经济结构的机会，将外国的资本技术同本国的廉价劳动力结合起来，60 年代发展了轻纺工业，70 年代又突击发展了重化工业，用出口带动了经济的迅速发展。然而，韩国在二十年来所追求的是数量型经济发展，实行的是靠廉价劳动力不断扩大出口的所谓"输出立国"的经济发展战略。随着经济规模的扩大和国际环境的变化，"输出立国"的经济发展战略越来越暴露出弊端。为此，韩国改变其经济发展战略，20 世纪 80 年代开始大力发展科学技术，追求质量型经济发展，即实行所谓"技术立国"的经济和社会发展战略。调整的内容主要包括：大力发展科学技术，建立发达国家型的经济结构；从"高速增长"转为"稳步增长"；将"政府"主导型经济体制改为民间主

---

①　富景筠：《俄罗斯科技创新能力与创新绩效评估》，《俄罗斯学刊》2017 年第 41 期。
②　徐坡岭：《俄罗斯经济转型与增长的教训：政治经济学批评蓝》，《俄罗斯东欧中亚研究》2018 年第 5 期。

导型经济体制；谋求部门之间、地区之间的平衡发展；实行对外经济关系的多边化；关心社会开发和所得分配等。张英、尤安山分析了韩国经济高速发展与通货膨胀之间的关系，韩国发展外向型经济的背景、特点和成效，以及韩国经济发展与中国的关系方面进行了多角度的分析，认为产生通货膨胀的重要原因之一是不重视国内市场需要，不抓生活必需品的生产，尤其是从20世纪70年代初到70年代末的一段时间里，为了适应扩大出口的需要，进行产业结构的调整，过分增加重化学工业投资，减少了轻工业和农业的投资，以致造成多数生活日用品供不应求，物价飞涨，基于此教训，韩国把抓轻工业生产增加市场物品供应作为控制通货膨胀的重要手段。①②

进入20世纪90年代，随着中韩正式建立外交关系，经贸活动日渐频繁，国内对韩国经济发展的研究进入了新的阶段，藏跃茹、南德祐等、慕海平论述了韩国政府在市场经济中的作用及其对韩国经济的具体影响，以及韩国政府与企业之间的关系。③ 韩国在市场经济模式下，经过三十多年的快速发展，脱颖而出，成为一个新兴的工业国家。在发展过程中，政府通过制定经济发展五年计划和执行相应的经济政策，对经济实行有效的干预。可以说，是韩国政府主导了经济发展，韩国的经济体制实际上属于市场经济与政府干预相结合的"混合型经济体制"，是有调控的市场经济。金承权详细论述了韩国的出口主导型和引进外资的经济发展战略以及韩国的经济发展模式，主要包括：一是运用国家资本扶持大企业，发挥大企业在出口加工工业中的骨干作用；二是降低汇率，实行单一汇率，增强出口产品的国际竞争力；三是实行刺激出口的财政、金融政策，充分调动出口的积极性；四是推动重化工业，重点发展出口战略产业；五是兴建出口贸

---

① 高建：《南朝鲜经济迅速发展的政策措施》，《计划经济研究》1985年第3期；李相文：《"太平洋世纪"与南朝鲜经济发展战略》，《亚太经济》1985年第1期。

② 张英：《南朝鲜经济高速发展与通货膨胀的治理》，《世界经济与政治》1989年第5期；尤安山：《南朝鲜发展外向型经济的背景、特点及成效》，《国际科技交流》1989年第4期。

③ 藏跃茹：《韩国政府在市场经济中的作用》，《经济研究参考》1992年第7期；南德祐、邵建云：《在经济发展的早期阶段上政府的领导作用：韩国的经验》，《经济社会体制比较》1992年第1期；慕海平：《韩国经济发展中的政企关系》，《世界经济与政治》1993年第7期。

易区和出口工业园区；六是引进外资和国外先进技术。① 王沅等、孙敬水、金承男主要分析了韩国在亚洲金融危机的表现及成因，韩国经济增长方式的转变经验及其对中国的启示，并对韩国经济发展模式进行了重新的审视，认为作为亚洲四小虎之一，近三十年以来，韩国经济持续高速增长，国内生产总值增长率保持在 8.6% 左右，韩国也一跃成为世界第十一大经济强国，并于 1996 年 12 月加入了"富国俱乐部"——亚太经合组织，创造了所谓的"东亚奇迹"。② 多年来，韩国一直实行"政府主导型的市场经济体制"，在经济发展的初期，这一体制对韩国经济的飞速发展确实起到了促进作用。但随着韩国经济实力的提高以及与发达国家的差距的减小，这一体制弊端也日益显现出来，并由此埋下经济与金融危机的祸根。

进入 21 世纪以来，韩国逐渐走出了亚洲金融危机的阴影，重新步入了快速增长道路，国内学者对 2000 年以后对韩国经济发展特征及其模式进行了更为广泛和深入的关注。张宝仁等、孙茂辉、王春法③分别探讨了韩国在金融危机后的经济政策调整，以及韩国的经济波动和经济周期变化特征，认为韩国金融危机后，金大中政府开始对韩国经济进行全面而彻底地调整，已表现出健康发展的新契机。但同时也应注意到，此次经济改革过程中韩国取得的成绩仅是阶段性的，在韩国经济体系中至今仍存在着许多不稳定因素，影响经济发展；而政府在对经济结构进行调整，尤其是联合债权银行对产业结构和大企业结构进行调整时，许多做法也似乎有悖于经济市场化的根本主张，使人感到有重蹈越权覆辙之虞；韩国的经济结构调整实际上是对三十余年来形成的社会经济体制进行脱胎换骨式的更新改造，目的在于使经济具有一个更合理的制度基础。金融部门改革意味着在

---

① 金承权:《论韩国出口主导型经济发展战略——韩国经济发展战略研究》，《天池学刊》1995 年第 1—5 期。

② 王沅、朱隽:《韩国经济危机研究》，《金融研究》1998 年第 1 期；孙敬水:《韩国经济增长方式转变的经验及启示》，《世界经济》1998 年第 2 期；金承男:《重新审视韩国经济发展模式》，《世界经济》1999 年第 6 期。

③ 张宝仁、韩笑:《金融危机后韩国经济政策调整》，《东北亚论坛》2000 年第 4 期；孙茂辉:《韩国经济波动和经济周期》，《世界经济文汇》2000 年第 5 期；王春法:《金融危机以来的韩国四大经济改革措施及其经济复兴》，《世界经济》2001 年第 5 期。

银行和非银行金融机构中要取得更高的效率和更大的活力,需要公司部门遵守全球通行的信贷准则,意味着一种有效的监管系统将促进管理和透明度的提升。企业部门改革意味着韩国企业在今后的国际竞争中将从注重规模转向注重效率,国际竞争力将获得极大的发展;劳工部门和公共部门的改革意味着韩国将建立起一种新的、更加符合市场经济原则的雇用制度和政府管制制度。所有这些都表明,韩国的经济结构调整并不仅仅局限于经济部门,而是涉及社会经济发展体制的方方面面。在这样一个基础之上,韩国将建立起一种全新的、迥然有别于20世纪80年代以大企业为中心、以政—商—金融三结合为特征的新型社会经济体制,从而将韩国未来的经济增长置于一个更为坚实合理的制度基础之上,市场经济原则真正成为支配韩国经济发展的唯一原则。应该说,这样一种市场经济体制少了些发展中国家的特色,多了些发达工业化国家色彩,因而意味着韩国的市场经济体制的进一步完善和成熟。刘信一考察了对外贸易和人口结构变化对韩国经济发展的影响作用。[1] 韩国从20世纪60年代试图开始实质性的经济开发,到2004年为止与230多个国家和地区进行贸易。2004年,其GDP是6801亿美元,为世界第10位,人均收入14162美元,交易额4783亿美元,为世界第12位。2004年外币储备额是1991亿美元,居世界第4位。韩国式经济开发是实行市场亲和式政府干预的经济政策,通过出口为主导的经济开发实现经济的快速增长。杨少英、李海霞具体论述了政府的权威统治与韩国经济发展之间的关系,文章认为:权威统治的政治模式的突出特征是高度集权。在这种政治模式下,由于社会监督缺位,权力便容易向少数人集中,成为统治者谋取和维护个人、家族或集团利益的工具,滋生社会腐败。在危机时刻,民主让位于专制统治有其合理性和必要性,韩国在权威统治下的经济发展就很好地证明了这一点。[2] 赵伟宁、杨鲁慧认为韩国作为美国在亚太地区的重要盟国,是美国主要的拉拢对象。[3] 韩国在

---

[1] 刘信一:《韩国经济发展中的对外贸易》,《中国工业经济》2006年第7期。
[2] 杨少英、李海霞:《韩国经济发展与权威统治的关系研究》,《人民论坛》2012年第11期。
[3] 赵伟宁、杨鲁慧:《韩国加入TPP的动因、挑战及战略选择》,《国际观察》2014年第5期。

加入 TPP 的问题上一直迟疑不决。2013 年 3 月，日本正式成为 TPP 的谈判国，韩国随即也宣布加入 TPP 谈判。日本的加入是促使韩国加入的直接原因，增强韩美联盟的凝聚力是其加入的主要原因，而参与规则制定及增强本国经济的竞争力则是其根本动因。韩国加入 TPP 所面临的挑战主要有来自本国相关部门的反对、中国因素以及如何在 TPP 与区域其他贸易组织之间进行选择。综合考虑，韩国应该在努力推动中日韩自由贸易协定达成的同时，在 TPP 和 RCEP 之间采取一种"双轨战略"，并从根本上提升本国产业的竞争力，积极应对区域贸易自由化的趋势。黄启才认为韩国通过贸易投资开放和自由贸易区战略，成功地发展为全球开放型经济国家。特别是在签订自由贸易协定方面，韩国走在东亚地区的前列。韩国作为中国近邻，也有过以出口导向的外向型经济为主的历史，总结分析其向全球开放型经济转变的经验，对我们正确构建开放型经济新体制，具有现实参照意义。① 李天国认为，随着各国人口老龄化趋势的加剧，防止社会收入差距过度扩大、避免政府背负过重的财政负担等，是很多经济转型期国家面临的重要任务。韩国在经济高速增长过程中，也曾出现居民收入差距扩大、社会矛盾加深的现象。为了解决收入不平衡现象，韩国政府不断探索财政支出政策，通过调整税收体系，逐步有计划地改革公共社会支出规模与结构。政府逐步实现福利供给主体的多元化，通过完善就业相关法律法规为劳动力创造更加平等的就业机会。② 金英姬认为韩国在经济发展过程中打造了财阀企业。财阀为"汉江奇迹"立下了汗马功劳，也滋生了"政经勾结"现象和家族企业带来的各种弊端。该文首先回顾韩国的经济发展与财阀经济体制形成过程，主要是高速增长期的经济发展历程和调整转型期的经济政策；其次考察亚洲金融危机期间与近期的财阀企业困境，进而分析财阀经济的弊端；再次考察了财阀经济体制的最新改革；最后对韩国的财阀经济做出评论，并探讨对中国企业集团化之路的启示。③ 薛力认为文在寅推出"朝鲜半岛新经济地图""新北方政策""新南方政

---

① 黄启才：《韩国贸易投资于 FTA 政策及其启示》，《亚太经济》2015 年第 3 期。
② 李天国：《经济转型、收入差距于社会保障政策：韩国政府的探索》，《东北亚学刊》2016 年第 6 期。
③ 金英姬：《韩国财阀企业功过得失及启示》，《上海经济研究》2017 年第 11 期。

策"等，旨在强化朝鲜半岛南北经济合作、与俄罗斯共同开发远东地区、与中国"一带一路"倡议对接。从宏观层次看，"新北方政策"与"一带一路"差异大于共性，其首要合作对象国是俄罗斯，其次是中国；从微观层次看，两者有一些交集区，包括东北三省与俄罗斯远东地区的开发；"新南方政策"与"一带一路"的交集主要在第三国。朝美就朝鲜弃核达成共识是大规模展开"对接"的必要条件。为了振兴东北、助力"一带一路"建设，中国有必要强化"对接"研究、稳步推进"对接"进程、促进朝鲜弃核和半岛统一。①

五 关于巴西经济发展研究综述

自20世纪80年代以来，巴西经济增长经历了数次波动，巴西作为南美洲大国很早就进入中等收入的发展阶段，但进入80年代以后，其经济发展长期却长期停滞徘徊不前，21世纪以来巴西经济又逐步进入了快速发展时期，其经济发展的历史经验和教训值得中国借鉴。20世纪80年代，国内学者对巴西经济发展状况进行了多方面的追踪研究，苏振兴和陈作彬分别考察了巴西的外债和巴西的外国直接投资对巴西经济发展产生的影响作用，以及分析了巴西的工业发展水平状况，认为：巴西的工业化进程"起飞"较晚，至今农业产值在巴西国内生产总值中仍占10%以上，农业劳动力占全国总劳动人口的40%上，而且巴西农业生产中还存在着严重的前资本主义残余，资本主义农业不甚发达。此外，巴西工业结构也不平衡，钢铁、石油化工、汽车等耗能量大的部门发展过快，而燃料动力工业远远不能满足需求。巴西能源总消费量的60%是石油，而巴西石油及其制品的80%以上靠进口，近几年来，在世界能源危机冲击下，巴西的石油危机日趋严重，已成为经济发展的严重障碍。在制造业中，外国资本仍占相当比重，不论在资金还是技术方面对国外的依赖仍然较深。总的看来，第二次世界大战后特别是近十多年来，巴西工业生产获得了迅速发展，

---

① 薛力：《韩国"新北方政策""新南方政策"与"一带一路"对接分析》，《东北亚论坛》2018年第5期。

但就整个工业生产水平而言,还是比较低的。① 金计初总结了现代巴西发展的主要经验与教训。② 吕银春主要分析了巴西的通货膨胀对经济的影响及其对策。③ 张宝宇探讨了巴西的城市化进程及其主要特点。文章认为巴西的城市化主要有三大特点:第一,开发农村,避免农民盲目流入城市,减轻城市负担。第二,不使首都变为工业城市。第三,分散工业布局以解决城市集中的问题。④

20世纪90年代以后,国内学者对巴西经济发展同样进行了许多研究,李向阳(1990)主要论述了巴西的技术引进对其经济发展产生的影响作用。⑤ 戴羿对比分析了巴西和中国经济发展模式的差异和特点,他认为巴西模式突出的特征是政府在市场经济的原则下积极参与对经济的宏观管理。巴西政府按照市场经济原则推动经济运行,但并不放任自流,而是通过经济性参与对经济进行宏观干预。政府对经济进行干预的形式有以下方面:一是对宏观经济进行直接干预和间接调控;二是通过政府计划对经济实行宏观指导;三是通过增强国有化经济来加强政府对经济的干预和调节。⑥ 巫宁耕主要分析了中国、印度和巴西工业化道路的不同发展特色,他认为:第二次世界大战后中国、印度、巴西三国工业化的目标,都是要把以农业为主的经济结构改造为以工业为主导的经济结构;在工业结构中,由战前以一般消费产品为主,转向耐用消费品,特别是以中间产品和资本货物工业为主;由一般劳动密集型工业为主,转向以资本密集型特别是技术和知识密集型工业为主。其次,从工业和整个经济的规模和结构看,三国国民经济和制造业的规模,在发展中国家中列居前三位;最后,从主要工业部门的产品产量看,战后初期,中国在三国工业发展中处于末位。但四十年来,由于中国工业增长速度超过其他两国,在主要工业产品

---

① 苏振兴、陈作彬:《巴西的外债问题》,《拉丁美洲丛刊》1980年第1期;陈作彬:《巴西的工业发展水平》,《拉丁美洲丛刊》1981年第2期。
② 金计初:《现代巴西发展的经验与教训》,《世界历史》1988年第3期。
③ 吕银春:《巴西的通货膨胀与对策》,《拉丁美洲研究》1988年第5期。
④ 张宝宇:《巴西城市化进程及其特点》,《拉丁美洲研究》1989年第3期。
⑤ 李向阳:《巴西的技术引进与经济发展》,《管理世界》1990年第6期。
⑥ 戴羿:《试析巴西、中国经济发展模式》,《当代财经》1990年第4期。

产量方面大都已居领先地位，并在世界上占有重要地位。[1] 刘士余和李培育、宋群分别探讨了巴西的经济改革及政策调整对中国经济发展的启示，巴西应对通货膨胀的举措，他们认为巴西的通货膨胀之所以难以治理，重要的原因是形成了长期的通货膨胀惯性，人们已习惯在通货膨胀下生活，似乎没有通货膨胀就不是正常的生活了。[2]

进入21世纪，巴西经济又展现出新的发展的趋势和特点，国内学者对此进行了广泛深入的探讨和研究，尚玥佟主要探讨了巴西的贫困现象以及政府的反贫困政策认为第二次世界大战后，经过历届政府的努力，巴西经济得到了快速发展。[3] 张宝宇进一步探讨了巴西经济发展与社会发展之间的关系，认为巴西的经济发展与社会发展不协调。[4] 1974年，巴西人均GDP已达到1140美元，因此，巴西不再是一个穷国，但它仍是一个非正义的国家。其表现是穷人所占比重高，地区之间发展程度差别大，以及民族成分之间存在社会地位明显差异。翟雪玲、赵长保专门探讨了巴西的工业化、城市化以及农业现代化之间的关系，经过一百多年的发展，巴西已经基本上实现了工业化、城市化和农业现代化。[5] 从三大产业产值占GDP的比重看，农业占5.8%，第二产业占19.1%，第三产业占75.1%（2003年），城市化达到了83.6%（2004年），综合国力已经排到了世界前列。但是巴西走过的发展道路令人深思，从创造"巴西奇迹"到陷入"拉美陷阱"，从高速发展到经济停滞，工业化、城市化和农业现代化的发展并未使巴西真正成为经济现代化的国家，甚至还造成了严重的社会问题。这些问题的出现，与巴西工业化、城市化和农业现代化的推进方式有密切关系。王海燕、余勇主要评述了巴西陷入"中等收入陷阱"的历史

---

[1] 巫宁耕：《中国和印度、巴西工业化道路比较》，《北京大学学报》（哲学社会科学版）1991年第4期。
[2] 刘士余、李培育：《巴西的经济改革与政策调整及启示》，《管理世界》1995年第3期；宋群：《巴西反通货膨胀的新举措：雷亚尔计划》，《经济改革与发展》1995年第4期。
[3] 尚玥佟：《巴西贫困与反贫困政策研究》，《拉丁美洲研究》2001年第3期。
[4] 张宝宇：《巴西经济发展与社会发展关系问题》，《拉丁美洲研究》2005年第1期。
[5] 翟雪玲、赵长保：《巴西工业化、城市化与农业现代化的关系》，《世界农业》2007年第5期。

经验和教训。① 苏振兴认为 1994—2002 年是巴西经济转型的关键期。巴西政府通过以"雷亚尔计划"为中心的一系列改革，抑制了恶性通货膨胀，实现了由内向发展模式向外向发展模式的转变和由国家主导型经济体制向市场经济体制的转变。文章从"投资与经济增长""外贸形势的变化""工业部门的结构调整""社会改革与民生改善"几个方面，对巴西经济转型的成就与局限进行了分析，认为巴西面临的主要问题是适合自身特点的新的经济增长方式尚未建立起来。② 何露杨认为，巴西政府在联合国气候谈判中的立场及其气候政策的变化总体上经历了一个从消极参与逐步向积极推动的转变过程，可以分为前卢拉时期、卢拉时期、罗塞夫时期三个阶段。③ 中国和巴西同为新兴发展中国家和温室气体排放大国，且各自面临着经济社会发展的挑战，两国在气候变化领域存在共同利益和合作基础，但在某些问题上也存在立场分歧。基于巴西的气候变化政策及其气候谈判立场，中巴两国可以增进沟通，减少分歧，重点加强在全球气候变化治理体系和能源研发与应用等领域的务实合作。郭语主要研究巴西对外援助的发展现状和管理体制，详细梳理了巴西对外援助的资金规模、援助方式、主要领域、地缘分布、政策演变、管理体制、存在问题及最新动向等。随着经济的迅速发展，巴西提供对外援助的意愿和能力不断增强，逐渐由净受援国向受援国和援助国双重身份转变，对外援助发展迅速。作为外交政策的一部分，巴西对外援助是其追求地区领导力和加强国际地位的有力工具，对外援助也由此体现了巴西外交政策的多重诉求。④ 张若希、王飞采用 KLR 信号模型建立了一个具有巴西特点的早期货币危机预警系统。其分析结果表明，在选取的 15 个经济预测指标中，有 14 个被证明具有良好的预测能力，其中实际利率差、实际利率和 M2/国际储备是最有效的监测指标。中巴两国未来的经

---

① 王海燕：《"中等收入陷阱"：巴西的教训》，《政策瞭望》2012 年第 9 期；余勇：《从巴西经济发展看"中等收入陷阱"》，《中国对外贸易》2013 年第 3 期。
② 苏振新：《巴西经济转型：成就与局限》，《拉丁美洲研究》2014 年第 5 期。
③ 何露杨：《巴西气候变化政策及其谈判立场的解读与评价》，《拉丁美洲研究》2016 年第 2 期。
④ 郭语：《巴西对外援助的发展现状和管理体制》，《拉丁美洲研究》2017 年第 6 期。

贸合作应充分考虑汇率因素在贸易和投资中的影响，而建立早期货币危机预警系统、助推人民币国际化是进行风险规避的有效手段。①

第三节 "金砖国家"研究综述

一 "金砖国家"研究的雏形与酝酿

2001年11月，高盛就在《Building Better Global Economic BRICs》②一文中首次提出了由巴西、俄罗斯、印度和中国构成的"金砖四国"（BRICs）的概念。2003年10月高盛在该报告基础上推出了颇具影响力的《Dreaming with BRICs：The Path to 2050》③，预言在2025年"金砖四国"的产出将达到并超过G6的一半。该报告指出在此后不到五十年的时间中，"金砖四国"将与美国和日本一起成为世界新的六大经济体，英国、德国、法国和意大利将被超越。该报告的发布引起全球各界的广泛争议。为了回应在2003年报告发布之后的各种质疑，奥尼尔等于2005年底再次发布了一份新报告，指出他们对于"金砖"的估计不仅没有错而且还存在低估。④ 也正是在这一报告出炉以后，全球才开始认真对待"金砖"这一新型国家合作概念。

中国学术界有关"金砖"国家集团的研究，大体是从2005年之后才逐步发展起来。2006年期间大多数研究是针对高盛研究的引荐与评论，学者针对"金砖国家"进行独立思考分析的学术论文并不多见。⑤ 2007

---

① 张若希、王飞：《巴西货币危机预警与经济危机》，《拉丁美洲研究》2017年第2期。
② O'Neill, J., "Building Better Global Economic BRICs", *Goldman Sachs Global Economics Paper*, No. 66, 2001, pp. 1 – 16.
③ O'Neill, et al., "Dreaming with BRICs：The Path to 2050", *Goldman Sachs Global Economics Weekly*, 2003, Issue 03/34, pp. 1 – 12.
④ O'Neill, et al. How Solid are the BRICs?. Goldman Sachs Global Economics Paper No. 134, 2005, pp. 1 – 24.
⑤ 井华：《金砖四国的故事：是美好幻想还是理性预测——来自高盛全球经济研究部主管吉姆·奥尼尔的解读》，《国际融资》2006年第6期；江涌：《金砖四国》，《世界知识》2006年第20期。

年之后，中国的学界开始重视针对新兴经济体的研究，"金砖国家"是其中重要的研究对象，同时也包括针对"VISTA 五国"等其他类型的国家集团分析。总体而言，研究者对于"金砖国家"的经济表现持肯定态度。通过历史和截面数据的比较，对比分析"金砖国家"的赶超表现以及"金砖国家"内部的经济表现比较。① 部分研究关注新兴经济体的整体崛起以及世界格局多元化趋势。这部分文献多在强调美国单极时代的结束。② 陈四清认为，国际金融危机给全球带来了剧烈冲击。③ 作为新兴经济体的代表，金砖国家携手应对危机，完善全球治理，金砖合作机制应运而生。今天，逆全球化现象抬头，保护主义愈演愈烈，全球化进入了比较困难的时期。但纵观世界，全球化仍是主流民意，在这个关键时间点，金砖国家更应顺应时代潮流，深化务实合作，推动新兴经济体和国际社会实现新的、更好发展。

二 "金砖国家"研究的深化与提升

充分发挥和引导诸如"金砖国家"、G20 等新型国际经济治理平台的作用，推动新兴经济体更好地参与全球经济治理活动，将有助于全球经济治理向着更为民主化的进程迈进。基于"金砖国家"经济地位的上升与良好的合作基础，联合国开发计划署在《2013 年全球人类发展报告》中特别提出了"南方的崛起"。张宇燕等、韦宗友、徐秀军等针对新兴经济体这一国家群体进行了分析。认为新兴经济体国家需要依托自身实力，改变合法性欠缺的现状，更多地参与到全球治理的规则制定中去。④

---

① ［英］莱恩·布鲁玛、王圣佳：《俄罗斯：金砖四国里很特别的一块》，《国外社会科学文摘》2006 年第 7 期；艾农：《"金砖四国"快步赶超西方"G7"》，《金融经济》2007 年第 17 期；卢锋、李远芳、杨业伟：《"金砖五国"的合作背景和前景》，《国际政治研究》2011 年第 2 期。

② 程极明：《美国单极独霸战略的失败与世界经济格局的变化》，《世界经济与政治论坛》2007 年第 1 期；严英龙：《多元大国崛起改变世界格局——评〈五大国经济社会发展比较研究〉》，《世界经济与政治论坛》2007 年第 2 期。

③ 陈四清：《加强金砖合作，破解全球化困局》，《国际金融》2018 年第 9 期。

④ 张宇燕等：《博鳌新兴经济体年度报告 2011》，对外经贸大学出版社 2011 年版；韦宗友：《新兴大国群体性崛起与全球治理改革》，《国际论坛》2011 年第 2 期；徐秀军：《新兴经济体与全球经济治理结构转型》，《世界经济与政治》2012 年第 10 期。

随着新兴国家的群体性崛起,"金砖国家"走到了一起并建立了新的合作机制。① 金砖国家间的合作有助于推动全球治理向符合时代要求的平等参与和互利共赢的民主型特征转化。② 2009年6月,"金砖四国"领导人在俄罗斯举行了首次会晤并发表联合声明,2010年年底南非正式被邀请加入。从此,"金砖国家"从一个投资理念正式转化为一个国际合作平台。2009—2013年的五年时间里,金砖合作机制已经演变成含有横跨亚、欧、非、美四大洲的五个区域性的新兴经济体大国的合作平台。尽管在世界经济中地位上升,但是"金砖国家"不仅需要正确认识自身地位,也需要合理运用影响力争取国家利益,加强利益平衡和分歧化解合作建设,以有助于强化合作。③ 林跃勤回顾了大国崛起的国际历史经验,分析了复杂世界形势下后发新兴国家赶超利益既得国家会面临众多困境与变数。他认为应该强化理论准备、把握促进成功崛起的基本方向。④ 作为一个分水岭,从此中国学术界对于"金砖国家"的研究也从过去仅作为新兴经济体代表样本研究,扩展为针对全球治理、国际金融、国际贸易、科技、能源、国际关系等专业领域的国家群体研究。刘佳骏认为金砖国家之间广泛、稳定的经济合作机制和较强的经济合作意愿,为"一带一路"倡议深化亚非欧地区经济融合的目标奠定了基础。⑤ 作为新兴市场的代表,金砖国家是"一带一路"沿线的重要经济体,在所在区域具有广泛的辐射作用,对于中国"一带一路"倡议的推广和实施具有战略性作用,金砖国家合作和"一带一路"建设是大势所趋,与"一带一路"倡议相结合,可实现更广泛、更包容、更多元的发展。韩宏认为中国和俄罗斯都是当今世界有重要影响力的大国,也是比邻国家,两国经济都处在重要的

---

① 李晗璐:《金砖国家合作机制研究》,硕士学位论文,外交学院,2011年。
② 徐秀军:《制度非中性与金砖国家合作》,《世界经济与政治》2013年第6期。
③ 黄仁伟:《金砖国家崛起与全球治理体系》,《当代世界》2011年第5期;汪巍:《金砖国家多边经济合作的新趋势》,《亚太经济》2012年第2期;蔡春林、刘畅、黄学军:《金砖国家在世界经济中的地位和作用》,《经济社会体制比较》2013年第1期;庞中英、王瑞平:《从战略高度认识金砖国家合作与完善全球经济治理之间的关系》,《当代世界》2013年第4期。
④ 林跃勤:《论新兴大国崛起的理论准备》,《南京社会科学》2013年第7期。
⑤ 刘佳骏:《"一带一路"倡议下金砖国家产能合作展望》,《国际经济合作》2017年第11期。

转轨期。① 中国和俄罗斯都是金砖国家成员国,同时也是"一带一路"沿线重要的国家,经贸合作有明显的地缘优势、政治关系保障以及互补性。中俄两国的贸易往来历史悠久,俄罗斯将对外经贸合作作为长期发展的战略任务。中俄两国的战略协作伙伴关系不断深化,两国对经贸合作都保持着高度的重视,在经贸领域发展迅速,中俄两国关系进入历史最好时期,在金砖国家框架下,中俄要持续拓展经贸合作领域,探索务实合作新模式。

三 "金砖国家"经济治理模式研究

有不少研究关注经济治理问题。在过去的几十年中,国际金融机构如世界银行、国际货币基金组织推行的"华盛顿共识"② 在新兴市场国家的实践效果并不理想。这使得"金砖国家"对于西方经济政策建议的态度更为审慎。尽管"金砖国家"支持改革与开放,也支持市场化建设,但与"华盛顿共识"存在较大差异。

"金砖国家"强调经济政策的独立自主性以及国家在经济发展中的重要性[③]。Ramo、陈坤耀认为[④]中国采用的是"北京共识"[⑤],即通过自主创新和特区实验等具有中国特色的方式推动经济政策改革。作为民主政体,印度的经济治理思想更加倾向自由市场,但 Mukherji 发现印度的经济制度建设主要受到专业人士的想法和利益集团如行会、农场主等的影响。因此印度在放松劳动力市场管制、去农场补贴、零售部门自由化等领域几乎没

---

① 韩宏:《金砖国家框架下中国与俄罗斯经贸合作模式与对策》,《改革与战略》2017 年第 12 期。

② Williamson(2004)指出华盛顿共识大致涵盖 10 个方面的内容:财政纪律、对公共支出的重新排序(将医疗、教育等公共产品的支出重要性提高)、税制改革(扩大税基和降低白边际税率)、利率自由化、汇率市场化、贸易自由化、输入性 FDI 自由化、私有化、放松政府管制、强化产权保护。

③ Ban, C., Blyth, M., "The BRICs and the Washington Consensus: An introduction", *Review of International Political Economy*, 2013, Vol. 20, No. 2, pp. 241 – 255.

④ Ramo, J. C., "The Beijing Consensus", *The Foreign Policy Centre*, 2004, pp. 1 – 74, http://fpc.org.uk/fsblob/244.pdf;陈坤耀:《"金砖四国"信奉"北京共识"》,《中国商界》2008 年第 4 期。

⑤ 此"北京共识"与"华盛顿共识"相呼应,主要侧重政治经济制度选择。

有取得任何进展。[1] Ban 认为巴西通过"逐步的私有化""有限的自由化"以及"有条件的现金转移程序"等方式修正和部分采用了"华盛顿共识"。[2] 苏联激进改革派对于"华盛顿共识"的实践,导致国家经济出现大幅动荡。现在的俄罗斯已经从早先的自由市场治理转向了政府参与的宏观经济治理模式。普京领导下的俄罗斯提高了战略部门中的国有比例,1997—2009 年国有经济比重从 30% 上升至 67%。[3] 普京在第二任期期间将国防、石油、天然气、运输、电力、外贸、银行、渔业、钢铁制造等领域的 1063 家企业确定为国有战略企业,规定政府无权将这些企业私有化。Rutland 的研究认为正是普京的国有化战略使得俄罗斯从一个"失败的国家"转变成一个新兴能源大国。[4] 黄薇认为,全球金融危机发生以来,国际经济格局与全球经济治理状况之间相互影响,处于不断的演变发展之中。[5] 以金砖国家为代表的南南合作,在推进全球经济治理的民主化进程中起着重要的推动作用。金砖国家合作机制的不断增强不仅是因为彼此间的经济互补性以及具有相似的经济问题,也与在治理理念、对西方的整体态度以及对经济治理理念方面的类似诉求有关。2009 年至今,金砖国家已建立起全方位、多层级的立体合作网络。2014 年巴西福塔雷萨金砖峰会上正式签署的成立金砖国家开发银行的协议和建立应急储备安排的协议,标志着金砖各国合作已经从初期的交流合作磨合时期,开始走向更为实质的机制建设合作阶段。任琳、尹继武认为金砖国家是中国提倡增强发展中国家在全球治理中话语权和规范制定权力的重要平台。[6] 金砖国家合作起源的外生功能因素包括系统外部环境、国际体系权力结构和国际制度环境有重复合作的报偿文

---

[1] Mukherji, R., "India's Economic Transition: The Politics of Reforms", Oxford: Oxford University Press, 2013.

[2] Ban, C., "From Cocktail to Dependence: The Great Recession and the Transformation of Romanian Capitalism", 2013, Feb. 11, Available at SSRN: http://ssrn.com/abstract=221512.

[3] 《国有企业引领俄罗斯经济发展——访俄罗斯科学院世界经济和国际关系研究所前所长西莫尼亚院士》,《光明日报》2013 年 6 月 10 日。

[4] Rutland, P., "Russia as an Energy Superpower. New Political Economy", 2008, Vol. 13, No. 2, pp. 203 – 210.

[5] 黄薇:《金砖国家合作:基础、动力与进展》,《国际经贸探索》2014 年第 12 期。

[6] 任琳、尹继武:《金砖国家合作的起源:一种理论解释》,《国际政治研究》2015 年第 5 期。

化、完善公正国际规范的意愿;内生功能因素为行为体数目、互补性和国内政治,是同质性的认知和内生共识。金砖国家对保持报偿结构的判断和对未来影响的认知是将上述影响变量联系起来的两组机制。金砖国家的合作起源于其政治经济崛起的背景和国际制度的非中性,他们间政治和经济相互依存逐渐增长。国际地位和利益追求的共识超越了国家间同质性差异,进而产生联盟组织的信任,推动金砖国家组织的制度化和机制化发展。

四 "金砖国家"国际金融领域研究

金融领域的研究大致集中在两个层次:第一个层次的研究关注国际货币体系改革中的金砖合作,属于全球经济治理范畴的讨论;第二个层次则是金砖国家间的比较与合作。第一层次的研究与前文提及的全球治理领域有较多重合,不再单独叙述。第二层次的研究大体可以划分为三类:第一类侧重"金砖国家"经验借鉴,第二类探讨目前金砖国家之间可能开展的金融合作新领域,第三类则主要针对现有金融合作机制展开探讨。由于"金砖国家"绝大多数均属于发展中国家,金融实力普遍弱于发达经济体,金融市场开放程度不同,金融系统的发育途径不同,因此第一类研究重点在于通过研究"金砖国家"的发展经验,对中国的金融政策提供借鉴与建议,研究涉及金融系统、汇率、证券市场等。[1] 第二类研究主要关注"金砖国家"如何以更好的更加深入的方式开展国家间合作,以改革现存国际金融体制、推进金融市场效率、强化"金砖国家"的金融实力等。[2] 还有些研究尽管没有明确指出金砖未来的合作方向,但为此提供了

---

[1] 孟宪强、魏世红:《"金砖国家"证券市场开放进程及其评述》,《亚太经济》2011年第6期;陈雨露:《"金砖国家"的经济和金融发展:一个比较性概览——金砖国家金融发展的特征与趋势》,《金融博览》2012年第5、6期;黄薇、陈磊:《金砖国家汇率制度演进研究——兼论危机前后金砖五国汇率表现》,《世界经济研究》2012年第4期,第28—34页。

[2] 金岩石、宋励强:《"金砖四国"股市与经济成长比较》,《现代审计与经济》2007年第1期;陈叶婷、周晗:《国际金融体制改革下金砖国家合作战略思考》,《商业时代》2012年第22期;张茉楠:《推动金砖国家形成新金融循环模式》,《中国投资》2012年第8期;桑百川、刘洋、郑伟:《金砖国家金融合作:现状、问题及前景展望》,《国际贸易》2012年第12期;李玉梅、张薇薇:《金砖国家货币国际化进程比较分析及中国借鉴》,《国际贸易》2012年第4期;梁顺:《金砖国家国际储备的比较分析》,《商业时代》2013年第1期。

信息上的支持。① 第三类是对现有金砖金融合作机制重点围绕金砖国家开发银行②以及金砖国家储备基金③进行研究。这些研究一方面肯定了现有合作机制的必要性，另一方面也给这些合作机制的下一步工作提出了具体的建议。余道先、刘诺分析了金砖国家汇率制度选择，认为金砖国家国情与开放程度不同，发展水平也不一致，从而选择了不尽相同的汇率制度。通过回顾金砖五国汇率制度变革的过程，从名义和实际汇率变动，外汇储备与特别提款权、国际收支、外债规模与结构四个方面对金砖五国汇率制度的有效性进行了分析。

五 "金砖国家"国际贸易与投资领域研究

研究发现"金砖国家"的贸易竞争力正在逐步增强。④ 关于金砖国家间的经贸合作，中国的主流观点认为：首先金砖国家间目前的经贸关系并不紧密，仍有较大的合作空间；⑤ 其次金砖国家间存在较强的经济互补性，但是即便如此，贸易竞争也同时存在。⑥ 部分学者建议"金砖国家"建立相应的利益评估与冲突化解机制，积极倡导建立"金砖国家自由贸易区"，扩大经贸合作，夯实共同利益基础。⑦

在针对具体行业领域的贸易合作中，李杨认为大力发展服务业并进一

---

① 张金萍、杜冬云：《金砖国家股票市场联动性探讨》，《商业时代》2011 年第 29 期。
② 马黎：《金融合作的共同诉求——解读〈金砖国家银行合作机制金融合作框架协议〉》，《中国金融家》2011 年第 6 期；胡其伟、张汉林：《金砖国家金融合作路径探析》，《国际贸易》2013 年第 6 期；吴国平、王飞：《金砖国家金融合作的机遇与挑战》，《中国金融》2013 年第 12 期。
③ 关雪凌、张猛：《成立金砖国家开发银行正当其时》，《中国金融》2012 年第 18 期。
④ 薛荣久：《"金砖国家"货物贸易特点与合作发展愿景》，《国际贸易》2012 年第 7 期；陈海波、王婷：《金砖国家对外贸易竞争力评价体系构建与实证分析》，《商业时代》2014 年第 8 期。
⑤ 马洪亮：《金砖国家的贸易互补性研究》，《兰州商学院》2012 年第 3 期。
⑥ 武敬云：《"金砖国家"的贸易互补性和竞争性分析》，《国际商务》2012 年第 2 期；吕博：《"金砖国家"间的贸易和投资》，《国际经济合作》2012 年第 10 期；李春顶：《中国与金砖国家贸易发展的前景》，《中国经贸》2013 年第 1 期。
⑦ 陈万灵、韦晓慧：《金砖国家经贸合作关系的定量分析》，《经济社会体制比较》2013 年第 1 期；蔡春林、刘畅：《金砖国家发展自由贸易区的战略冲突与利益协调》，《国际经贸探索》2013 年第 2 期。

步提升服务贸易竞争力水平是"金砖国家"的共同选择。[①] 张苏宇对"金砖国家"服务贸易对经济增长的影响进行了对比分析,提出要促进服务贸易均衡发展。[②] 翟立强、韩玉军在针对"金砖国家"能源贸易的研究中,提出了涉及建设能源合作机制、推动新技术开发与应用合作、着力化解贸易摩擦、引导直接投资等方式发展"金砖国家"的能源合作路径。[③]

过去"金砖国家"是全球主要的接受对外直接投资的国家,早期的研究专注于分析 FDI 的利用效率和增长潜力。[④] 随着经济实力的增强,"金砖国家"的对外直接投资规模快速提升。尽管从存量角度而言,与西方发达国家还存在较大差距,但是增长迅猛。与此现象相适应,国内关于"金砖国家"投资领域的研究方向也开始转为以对外直接投资的分析为主。[⑤] 梅冠群考察了金砖国家的投资贸易机制,认为当前金砖国家已在经贸投资合作方面取得了显著进展,但还面临一些深层次问题,未来应重点推进贸易自由化和便利化、加快双多边投资协定谈判、构建多种新型金融机构、签订多边税收协定等,不断提升金砖国家经贸合作的水平和层次。[⑥] 刘似臣、张诗琪分解量化金砖国家装备制造业出口增加值,比较其在全球产业间的流动。不仅得到更真实的贸易利得,还实现了对出口增加值在全球行业间流动的动态分析。[⑦] 结果显示:2000—2014 年,中国该行业出口增加值快速增长,远高于其他国家。2013 年后增速回落,出口增

[①] 李杨:《金砖国家服务贸易竞争力比较及其合作研究》,《亚太经济》2012 年第 2 期。
[②] 张苏宇:《金砖国家服务贸易对经济增长影响的比较》,《东北财经大学》2012 年第 3 期。
[③] 翟立强、韩玉军:《中国与金砖国家的能源贸易发展》,《对外经贸实务》2013 年第 12 期。
[④] 何菊香、汪寿阳:《金砖四国利用 FDI 的业绩与潜力比较研究》,《管理评论》2007 年第 12 期。
[⑤] 张为付:《"金砖四国"国际直接投资比较研究》,《国际贸易》2008 年第 10 期;黄庐进、梁乘:《金砖国家对外直接投资发展水平比较》,《商业时代》2012 年第 2 期;吕博:《"金砖国家"间的贸易和投资》,《国际经济合作》2012 年第 10 期;竹子俊:《中国投资瞄准"金砖国家"》,《中国对外贸易》2012 年第 5 期;韩琪、高依凡:《"金砖国家"跨国公司对外直接投资分析》,《国际经济合作》2013 年第 11 期。
[⑥] 梅冠群:《金砖国家投资贸易机制研究》,《国际经济合作》2007 年第 11 期。
[⑦] 刘似臣、张诗琪:《金砖国家装备制造业出口增加值比较研究》,《统计研究》2018 年第 8 期。

加值率先降后升稳定于30%。中国、巴西、俄罗斯出口增加值率为30%左右，印度最低。从全球流动现状看，金砖国家最终产品出口增加值占比较高。

六 "金砖国家"能源、农业及其他领域研究

能源合作已成为新时代促进金砖国家间经济合作的重要途径。[1] 能源领域"金砖国家"迅速崛起，打破了美国对全球能源领域的垄断。[2] "金砖国家"在经济发展过程中也确实带动了清洁能源的消费。[3] "金砖国家"从加强能源需求管理、建立实质性能源合作机制、共同开发新能源等方面已经开展了广泛的合作，[4] 并加强了能源企业走出去策略的交流与合作。[5] 闫世刚认为在世界能源格局变革情况下，金砖国家能源合作将对世界能源新秩序的构建和全球能源安全产生重要影响。通过总结金砖国家在双边能源合作、多边能源合作机制和新能源合作领域取得的成就，分析金砖国家在能源合作机制、合作利益诉求和新能源合作领域面对的挑战，探讨了提升金砖国家能源合作发展的对策和建议。[6]

作为发展中的人口大国，"金砖国家"均将粮食安全作为政府需要解决的首要问题。相关研究一方面落脚在分析"金砖国家"的粮食供给能力，通过对单个"金砖国家"粮食供需的分析，寻求在农业管理、生产以及贸易等各方向上的合作[7]；另一方面则仅侧重研究针对农产品的贸易情况，探索推进金砖国家间农产品贸易合作的新机制。在增强自身农业发展的同时需要拓展农业领域合作。吴殿廷、杨欢等考察了农业资源条件、

---

[1] 熊鹰、熊斌：《金砖国家能源合作前景、机制与对策建议》，《中国市场》2013年第1期。
[2] 陈家琪：《全球高油价低通胀现象分析》，《宏观经济管理》2006年第11期；周勇刚：《"金砖四国"打破美国能源垄断》，《金融博览》2007年第9期。
[3] 李治国、杜秀娥：《"金砖国家"清洁能源利用及能源消费结构的实证分析》，《亚太经济》2012年第3期。
[4] 刘文革、王磊：《金砖国家能源合作机理及政策路径分析》，《经济社会体制比较》2013年第1期。
[5] 郭强、李耀先：《金砖国家能源合作研究》，《中国商报》2013年第5期。
[6] 闫世刚：《金砖国家能源合作现状、问题与对策》，《国际经济合作》2014年第9期。
[7] 赵勤：《金砖国家粮食生产与安全问题研究》，《学习与探索》2012年第10期。

产出与贸易等方面的差异性与互补性，提供了"金砖国家"2015年和2020年的农业合作方向。① "金砖国家"农业各有所长，优势互补，在农产品贸易方面具有较大合作潜力。② 通过对显示性比较优势、贸易结合度指数、产品相似度指数以及贸易互补性指数等的测算，中国与金砖其他国家间的农产品互补性要高于竞争性，加强金砖国家间的农业贸易合作对中国的经济发展有利。③ 王友明认为，金砖机制建设应确立与自身发展相适应的角色定位，成为现行国际秩序的"推动者"而非"推翻者"。在国际力量重组和地缘政治因素叠加效应下，金砖成员国的利益融合点和分歧点并存，其利益融合进程中的机遇和挑战同步上升。金砖机制建设需要汲取既有多边机制的经验和教训，更需创新思维，打造多边合作新模式。④ 潘兴明、周鹤认为金砖国家的内外关系分为三种维度关系：金砖国家内部关系、金砖国家与其他发展中国家的关系（南南关系）以及金砖国家与发达国家的关系（南北关系）。金砖国家的三维关系的内容和特点体现了这个新兴经济体组织的新颖特性和国际地位。在金砖国家的三维关系中，内部关系是组织基础和凝聚核心，与其他发展中国家关系是自身发展的依靠源泉，与发达国家关系是合作共赢的环境要求。金砖国家应通过创新，发现和创建更加公平、合理、有效的新全球治理体系。⑤

在科技创新领域，"金砖国家"已经取得了一定进展。⑥ 虽然"金砖国家"科技资源具有一定的互补优势，但是还存在缺乏多边合作、缺乏协调机制、缺乏信息平台等问题。"金砖国家"科技合作尚属于政府主导型，需要构建一个包括网络平台、服务体系、人才交流平台和保障机

---

① 吴殿廷、杨欢、耿建忠、吴瑞成、郭谦：《金砖五国农业合作潜力测度研究》，《经济地理》2014年第1期。
② 方晓丽：《"金砖国家"农业外贸竞争力分析及合作发展探索》，《商业时代》2013年第3期。
③ 汤碧：《中国与金砖国家农产品，贸易：比较优势与合作潜力》，《农业经济问题》2012年第10期。
④ 王友明：《金砖机制建设的角色定位与利益融合》，《国际问题研究》2015年第5期。
⑤ 潘兴明、周鹤：《三种维度下的金砖国家关系考察》，《俄罗斯研究》2015年第5期。
⑥ 张永凯：《金砖国家研发创新能力及科技政策激励分析》，《科技进步与对策》2014年第6期。

制的综合性科技合作平台。针对"金砖国家"的研究是 21 世纪以来的新命题，研究的学者队伍、研究的领域范畴目前均处于不断扩大的发展过程中，尽管大量的研究仍处于描述性研究阶段，研究的理论深度和覆盖广度仍有局限，但是作为试图解决中国在"金砖国家"合作的现实问题、顺应时代需求而出现的新研究命题，"金砖国家"研究将随着新兴经济体的发展而继续蓬勃。①

第四节 "一带一路"研究综述

从 2013 年我国提出"一带一路"倡议以来，国内学者从中国与"一带一路"沿线国家的经贸合作、农业合作、产能合作和基础设施以及全球治理之间的关系角度，进行了多方面和多层次的研究。

一 "一带一路"倡议与经贸合作

韩永辉、邹建华分析了"一带一路"背景下中国与西亚国家贸易合作的现状和未来发展前景，对中国与西亚国家的进出口规模、贸易逆差、贸易集中度、贸易商品结构进行了系统的分析，并对未来中国与西亚国家开展对外贸易的有利和不利因素进行了总结。② 孔庆峰、董红蔚对"一带一路"国家的贸易便利化水平进行了测算，分析了这些国家的贸易潜力，研究表明"一带一路"沿线亚欧国家之间的贸易潜力巨大，贸易便利化水平的提升可以进一步扩大贸易潜力，地区之间的贸易潜力要大于同一地区国家之间的贸易潜力。"一带一路"的建设应重视贸易便利化方面的合作与创新，建立多元化合作机制，实现亚欧大陆的互联互通和共同繁

---

① 欧阳峣、罗会华：《金砖国家科技合作模式及平台构建研究》，《中国软科学》2011 年第 8 期。

② 韩永辉、邹建华：《"一带一路"背景下的中国与西亚郭建贸易合作现状和前景展望》，《国际贸易》2014 年第 8 期。

荣。① 何茂春、田斌分析了在"一带一路"背景下加快中蒙俄经济走廊建设的实质内涵，中蒙俄经济走廊先行先试的主要优势，以及推进走廊建设过程中存在的主要问题和关键。② 许统生等分析了"一带一路"沿线国家中国电子商务发展对出口的动态效应，基于1999—2014年中国对"一带一路"沿线60个国家的出口数据，采用面板向量自回归模型实证电子商务发展对出口的动态影响，结果发现：中国电子商务发展水平呈现不断上升势头，对滞后一期出口及其二元边际都有正向影响，对集约边际的影响大于扩展边际；在第二期对二元边际出现负向影响，其他时间均是正向影响；对出口额变化的贡献度最大，对集约边际变化的贡献度其次，对扩展边际变化的贡献度最小。③ 谭小芬等等探讨了"一带一路"背景下的人民币国际化实施路径，认为"一带一路"倡议对人民币国际化有强劲的推动作用，助力人民币由结算货币向储备货币转型。由于"一带一路"背景的独特性，我国在人民币国际化的过程中不仅将迎来金融体系不够发达、利率和汇率市场化尚未完成、资本账户开放有待推进和既有国际货币的历史惯性等挑战，而且还将面对沿线国家的政治风险、经营风险和环境风险等特殊因素。陈继勇、李知睿探讨了中国对"一带一路"沿线国家直接投资的风险机器防范措施，由于"一带一路"沿线国家存在着地缘政治格局动荡、经济结构失衡且增长乏力、自然环境破坏加剧和宗教民族冲突肆虐等问题，中国对"一带一路"沿线国家的直接投资将面临政治、经济、文明与宗教等方面的风险与挑战。中国在实施"一带一路"倡议，加快"走出去"的过程中，政府、金融保险与服务机构、企业三方应该实现联动，加强对直接投资风险的识别、评估和防范，促进中国与沿线国家的投资合作和互利共赢。④

---

① 孔庆峰、董红蔚：《"一带一路"国家的贸易便利化水平测算与贸易潜力研究》，《国际贸易问题》2015年第12期。

② 何茂春、田斌：《"一带一路"的先行先试：加快中蒙俄经济走廊建设》，《国际贸易》2016年第12期。

③ 许统生、杨颖、陈雅：《中国电子商务发展对出口的动态效应分析》，《当代财经》2016年第12期。

④ 陈继勇、李知睿：《中国对"一带一路"沿线国家直接投资的风险及防范》，《经济地理》2018年第12期。

二 "一带一路"倡议与农业合作

宋双双（2014）分析了在"一带一路"战略下扩大对外农业合作的重要意义，认为在一带一路框架下开展农业合作有利于保障中国的粮食安全；有利于促进中国周边安全，有利于配合中国的外交工作，并且对中国企业走出去在境外开展农业合作存在的困难进行了分析并提出了相应对策。曹云华、胡爱清分析了"一带一路"战略下中国与东盟国家农业互联互通合作问题，认为中国积极谋求区域农业合作，与东盟共建海上丝绸之路经济带，以基础设施、投资、贸易、技术及政策互通为合作路径，有利于形成区域一体化合作机制，提升区域农业合作平台，促进双边合作共赢。[①] 闫琰、王秀东考察了"一带一路"背景下我国与中亚五国农业区域合作的重点领域，认为"一带一路"区域农业对接合作，有利于提升对接合作的针对性，充分发挥不同区域间的比较优势，实现优势互补，进而带动"一带一路"整体建设顺利推进，加快沿线国家和地区经贸合作关系的建立与发展。[②] 孙致陆、李先德分析了"一带一路"沿线国家与中国农产品贸易现状以及农业经贸合作前景，认为中国与一带一路沿线国家农产品贸易的增强潜力巨大，中国对这些国际的农业投资将会大幅增长，农业技术合作前景广阔，但也需要积极应对各种风险与挑战。[③] 余妙志等考察了"一带一路"背景下中国与南亚地区农产品贸易的竞争性与互补性，基于"一带一路"战略背景，利用2004—2014年联合国贸易统计数据库提供的数据，探讨了中国与南盟成员国农产品贸易的比较优势、结合度、竞争性与互补性等相关问题。研究发现：我国的农产品贸易总体上处于比较劣势，与南亚的出口贸易结合度比较稳定但力度低，而进口贸易结合度却逐年攀升，关系越来越紧密。此外，我国同南盟的农产品出口在各大市

[①] 曹云华、胡爱清：《"一带一路"战略下中国——东盟农业互联互通合作研究》，《太平洋学报》2015年第12期。

[②] 闫琰、王秀东：《"一带一路"背景下我国与中亚五国农业区域合作的重点领域》，《经济纵横》2016年第12期。

[③] 孙致陆、李先德：《"一带一路"沿线国家与中国农产品贸易现状及农业经贸合作前景》，《国际贸易》2016年第11期。

场上均存在较激烈的竞争。在互补性问题上，部分款项的农产品间存在着紧密的双向贸易关系，但总体看来吻合程度并不高。最后，针对我国农产品贸易的发展现状，提出了拓展和优化我国与南盟农产品经贸关系的政策建议。[①] 刘小军、张滨考察了中国与一带一路沿线国家的跨境物流协作，基于"一带一路"沿线国家和地区物流绩效水平、沿线 62 个国家聚类和物流绩效指数年均增长率等多维度分析结果，发现"一带一路"沿线国家和地区的物流基础设施薄弱、物流绩效水平普遍偏低，且短期内难以得到明显改善，很难与中国物流有效对接，跨境物流协作存在诸多阻碍。[②] 因此，应充分发挥丝路基金和亚洲基础设施投资银行平台的引领优势，设立"一带一路"自由贸易区，共建"一带一路"物流大数据信息中心，打造"一带一路"全球供应链，组建"一带一路"物流规划总公司或类似机构，构建"一带一路"智能物流体系，推动中国与"一带一路"沿线国家和地区的跨境物流协作。

三 "一带一路"倡议与全球治理

袁新涛对"一带一路"倡议进行了分析，认为"一带一路"是构建中国全方位开放新格局的必然要求，是促进亚欧国家共同发展繁荣的必然选择。这一倡议受到亚欧国家积极支持和参与，国内相关省份也纷纷制定实施规划方案。但美国、俄罗斯、日本实施的力图主导地区事务的战略举措，给"一带一路"建设带来了严峻挑战。沿线各国应团结互信、合作共赢，努力打造亚欧利益共同体和命运共同体，共创丝绸之路新辉煌。[③] 孙海燕、黄蕊从孟中印缅经济走廊相关实践分析了"一带一路"公共外交，认为孟中印缅经济走廊作为"一带一路"倡议的重要组成部分已先行启动，并为推进"一带一路"建设顺利开展奠定了基础。"走廊"关涉国家与"一带一路"沿线国家的公共外交状况存在较高的相似性，应通

---

① 余妙志、梁银锋、高颖:《中国与南亚地区农产品贸易的竞争性与互补性》,《农业经济问题》2016 年第 12 期。

② 刘小军、张滨:《中国与一带一路沿线国家的跨境物流协作》,《中国流通经济》2016 年第 12 期。

③ 袁新涛:《"一带一路"建设的国家战略分析》,《理论月刊》2014 年第 11 期。

过总结"走廊"公共外交的经验教训和有益尝试,探索未来"一带一路"公共外交的主要工作方向和着力点。① 段晓华分析了"一带一路"背景下中国参与全球经济治理的路径选择,认为"一带一路"建设开创了区域经济合作新模式。"一带一路"背景下中国参与全球经济治理挑战与机遇并存。借助"一带一路"建设,中国参与全球经济治理的路径主要有:积极缓解全球经济市场化发展所产生的供需矛盾;积极推动区域间各国家和地区的经济平衡发展;加快实现国际产业分工合作格局的优化升级;促进金融资本的全球均衡配置;促进国际贸易的长期健康发展。② 袁新、李广民探讨了"一带一路"框架下上海合作组织经济合作方式,认为在"一带一路"框架下探析上海合作组织经济合作,对上海合作组织突破经济合作瓶颈,迈上新台阶,扬帆再出发具有重大意义。③

四 "一带一路"倡议与产能合作及基础设施建设

杨晨曦认为美国介入东亚事务并意图制约中国在中亚、中东的影响力,对"一带一路"能源合作政治环境产生负面影响。俄罗斯担忧"一带一路"建设淡化其建设欧亚经济联盟的努力。印度意图打造其"印太"大国地位,且在能源贸易、投资方面与中国存在竞争。积极运筹"一带一路"能源合作中的大国因素,应推动中美在"一带一路"沿线地区开展大项目合作,并就阿富汗、全球能源安全等问题进行良性沟通;深化中俄能源战略合作,并在能源产业上下游合作、欧亚经济一体化、能源价格等问题中照顾其合理关切;扩大中印共同能源利益,共同保障能源供给安全、参与全球能源治理。④ 沈梦溪分析了"一带一路"基础设施建设的资金瓶颈和应对之策,对有"一带一路"沿线的基础设施的资金供求、融

---

① 孙海燕、黄蕊:《从孟中印缅经济走廊相关实践看"一带一路"公共外交》,《公共外交季刊》2014年第7期。
② 段晓华:《"一带一路"背景下中国参与全球经济治理的路径选择》,《改革与战略》2017年第12期。
③ 袁新、李广民:《"一带一路"框架下上海合作组织经济合作探析》,《探求》2018年第6期。
④ 杨晨曦:《"一带一路"区域能源合作中的大国因素及应对策略》,《新视野》2014年第4期。

资途径、融资困难和问题进行了总结和归纳，提出了相应的对策建议。[1] 王月升等对"一带一路"建设化解产能过剩进行了实证研究，通过对非金属矿物制品业现状以及"一带一路"重点项目进行分析，并建立向量自回归模型，使用脉冲响应分析方法探究非金属矿物制品出口、对外直接投资（非金融类）、对外承包工程营业额、建筑材料和非金属矿物购进价格指数对非金属矿物制品业产成品库存的影响，得出"一带一路"能够有效化解非金属矿物行业产能过剩的结论。[2] 谢向伟、龚秀国分析了"一带一路"背景下中国与印度的产能合作状况，认为"一带一路"背景下中印产能合作有印度承接产业转移潜力大、中国制造性价比高和印度消费市场潜力巨大等优势，应在最有合作潜力的基础设施领域和制造业领域开展产能合作，并通过直接投资逐步推进节能环保、软件和信息产业、跨境电商与物流等新兴产业产能合作。虽然当前中印产能合作也受到中国企业对印投资经验不足、印度对"一带一路"认知存在误解、国际第三方产能合作竞争激烈等挑战，但在发达国家"再工业化"战略背景下，中印应通过多层面沟通、投资优惠谈判、拓宽投资合作渠道、充分了解印度市场与投资实务并对接"一带一路"倡议与印度经济发展战略，以"市场嵌入"和"文化嵌入"模式开展互补性产业产能合作，实现互利共赢性发展。[3]

（本章写作分工：毛日昇、宋锦、黄薇分别执笔第一、第二、第三节。作者均来自中国社会科学院世界经济与政治研究所）

---

[1] 沈梦溪：《"一带一路"基础设施建设的资金瓶颈和应对之策》，《国际贸易》2016 年第 11 期。

[2] 王月升、刘曦、杜朝运：《"一带一路"建设化解产能过剩的实证研究》，《亚太经济》2018 年第 6 期。

[3] 谢向伟、龚秀国：《"一带一路"背景下中国与印度产能合作探析》，《南亚研究》2018 年第 4 期。

第 六 章

发达国家经济

当今世界处于大发展、大变革时期,人类正在经历百年未有之大变局,以中国为代表的新兴经济体迅速崛起,美国等西方发达国家颓势尽显,"东升西降"的大势成为历史发展的必然。此时,回顾发达国家的经济发展历程,将有助于我们更好地以史为鉴,避免重蹈发达国家经济危机的覆辙。而区域一体化作为发达国家经济发展过程中的标志性事件,对其进行深入总结研究亦将有助于我们更好推动亚洲区域一体化进程。为此,本章将首先对区域一体化的理论基础进行梳理,并对发达国家区域一体化的进展和格局进行总结;其次对欧洲一体化和北美一体化及其域内经济政策变化进行归纳,并对欧洲债务危机爆发的成因与影响进行研究;最后对近期发达国家的经济增长、英国脱欧对欧洲一体化的影响以及发达国家宏观经济政策协调等议题进行梳理评述,以期为推动我国经济高质量发展和区域一体化建设提供良好借鉴。

第一节 区域一体化的理论基础与发展格局

经济一体化的含义是参加者为了共同利益而让渡部分民族国家主权,由参与者共同行使这部分经济主权,实行经济的共同调节。[①] 区域经济一体化则指由地理距离相近或相邻,经济社会制度相似,生产力水平和社会

---

① 罗肇鸿:《世界经济一体化的若干思考》,《世界经济》1993 年第 6 期。

发展阶段接近，有共同经济利益或互补经济条件的国家组成，其要求参与国之间消除各种贸易壁垒以及阻碍生产要素自由流动的歧视性经济政策，因而从本质上必然涉及参与国将某些经济领域（如对外贸易、财政金融、人员劳务等）内的国家主权部分或全部地让渡给共同建立起的超国家机构，通过一系列的协议和条约形成具有一定法律约束力和行政管理能力的地区经济合作组织，在成员国之间达成权利和义务的平衡。① 经济一体化已成为潮流。② 相比较而言，区域一体化是比区域经济一体化更为高级的形式，除了经济的融合，还会涉及政治、军事、外交等各领域，它不是一种静止的状态，而是一个动态的过程。在这一过程中，随着经济融合程度的加深，一体化可以采取由低至高的不同形式（邓子基、邓力平，1994）。在当今世界政治经济格局发展中具有里程碑意义的区域一体化事件，莫过于几乎覆盖西欧和北美两大区域的一体化组织——欧洲联盟（EU）和北美自由贸易协定（NAFTA）正式生效。③ 区域一体化的出现有着深厚的理论根基与发展脉络，且形式灵活多变。为了深刻理解区域一体化的发展历程，本节将分别从区域一体化的理论基础及其发展现状展开梳理综述。

一 区域一体化的理论基础

区域一体化是战后世界经济中出现的一种新现象（陈耀庭，1996④），与此相应的是经济一体化理论作为国际经济学的一个分支于20世纪50年代兴起，并随着国际上各种形式的地区一体化组织的涌现而获得发展（王鹤，1999）。经济一体化的实质是参与国通过机制化的经济合作，不断降低妨碍各种生产要素在本地区流通的壁垒，不断优化生产要素在本地区的配置，实现所有合作成员共同繁荣的目标，⑤ 直到实现整个区域的一

---

① 王鹤：《经济全球化和地区一体化》，《世界经济》1999 年第 3 期。
② 孙杰：《后金融危机时代的全球经济与竞争格局》，《当代世界》2012 年第 11 期。
③ 宋玉华：《评美国政府的亚太新战略——"新太平洋共同体"的战略构想》，《世界经济》1994 年第 12 期。
④ 陈耀庭：《论世界经济区域集团化和亚太经济合作组织》，《世界经济》1996 年第 4 期。
⑤ 沈骥如：《地区经济合作：理论、现状和我国对策——兼论中国—东盟自由贸易区》，《国家行政学院学报》2002 年第 4 期。

体化。据此，区域性一体化进程一般具有五种依次递进的组织形式（邓子基、邓力平，1994；裘元伦，2001；张维克，2002；卢新华，2007）。最基本与初级的形式为"自由贸易区"（Free Trade Zone），即缔约成员国相互拆除彼此间的关税（及非关税）壁垒，从而促进商品与劳务在区域内的自由或相对自由流通。[1] 第二种组织形式是贸易一体化的较高级形式，即"关税同盟"（Customs Union），各成员国在拆除相互间贸易壁垒的同时，对任何贸易第三方建立统一的对外关税或非关税壁垒。第三种组织形式则是"共同市场"（Common Market），这种形式已经超出了贸易一体化的基本要求，一般包括对相互间人员流动、资本移动、技术转让等方面的合作与自由化措施，可以认为是区域性经济一体化的较成熟形式。第四种组织形式即"货币同盟"（Monetary Union），其基本特征就是将货币一体化列为经济一体化的重要组成部分，在共同市场的基础上，在区域同盟内逐步建立统一的中央银行，发行统一的共同体货币，执行统一的货币政策。第五种也就是最高级的经济一体化形式，即"经济政治同盟"（Economic-Political Union），要求各成员国在所有涉及相互经济关系的国内法律、法令、规定等方面实现全面协调化，而要实现这一目的，一定意义上的政治同盟及其对应的体制保证是不可避免的。以上五种形式的演变与交替是一个动态过程，各个过程之间的转换也可以是相互重叠，或者可以从一种组织形式直接跨越其理论承继形式而进入较高级阶段。[2]

依照国家垄断资本主义的观点，资本主义国家的运行必然会遵从资本积累与扩张的逻辑，资本主义国家是受垄断资本家阶级控制的制度化工具。因资本集约与集中导致价值规律不能仅仅依靠市场机制发挥应有的效用，促使资本家阶级发展出复杂的国家规制与干预机制。[3] 比利时学者欧内斯特·曼德尔据此将区域一体化界定为资本与国家权力融合导致的超国

---

[1] 王志乐：《关于"区域化"和"集团化"概念的一点看法》，《世界经济》1993年第3期。

[2] 吴克烈：《世界经济区域一体化与我国区域经济理想模式》，《世界经济研究》2000年第1期。

[3] Resnick, S. A. and Wolff, R. D., *Rethinking Marxism: Struggles in Marxist Theory-Essays for Harry Magdoff & Paul Sweezy*, New York: Autonomedia, 1985, pp. Ⅹ-ⅩⅤ.

家制度安排，其动因在于第二次世界大战后西欧资本集约化进程溢出了民族国家的界限。

区域领导者理论认为区域一体化发展需具备四个条件：一是区域内存在能打破格局的领导者，协调参与各方利益，并引导和带动市场的发展。① 二是领导者能以自身实力或条件做出理性决策，影响其他的市场参与者，进而产生羊群效应（冯仲平，2011）。三是领导者的领导力与条件，包括领导者的观点及其吸引程度等。四是领导者的收益与成本平衡。② 满足以上条件才能真正实现区域一体化的发展。或言之，区域一体化的实现必须协调好排他性与开放性、主导权与非主导权、制度化与非制度化、多数与少数、国家利益与区域利益、经济与非经济因素六方面的平衡问题。③ 区域经济新古典学派理论则认为，在自由竞争的条件下，生产要素（资本和劳动力）的充分流动将使区域之间的资源布局从不平衡向平衡发展。新制度学派运用社会经济因素的整体分析方法，揭示了区域经济一体化发展的趋异。④

长期以来，政府间主义及自由政府间主义都突出强调国家的主体性与联盟的依存性，认为一体化的进程始终是由成员国主导的。新功能主义的外溢论则强调一体化的自产性，主张一体化的深化与发展均为"外溢"的结果。比较政治学派偏重超国家的独立创制性，认为欧盟已经形成了与民族国家一样的独立的民主政治体系。⑤ 试图超越政府间与超国家路径的"多层级治理"理论事实上也因其突出治理网络的自组织性而倒向了超国家的路径。⑥ 新葛兰西主义者的解读则更深刻，认为一体化的深化与扩大

---

① 赵伟：《英国区域政策：最近10年的调整及其趋向》，《世界经济》1995年第6期。
② 方壮志：《区域领导者与区域经济一体化》，《世界经济》2002年第12期。
③ 谷源洋、郝忠胜：《区域经济一体化的理性选择——建立自由贸易区及其相关理论问题》，《财经问题研究》2004年第2期。
④ 刘朝明：《区域经济一体化与中国的发展战略选择》，《经济学动态》2002年第4期。
⑤ Hix, S., *The Political System of the European Union*, London: Macmillan Press LTD, 1999, pp. 2–5.
⑥ Marks, G., Hooghe, L. and Blank, K., "European Integration from the 1980s: State-Centric v. Multi-level Governance", *Journal of Common Market Studies*, Vol. 34, No. 3, 1996; Jachtenfuchs, M., "The Governance Approach to European Integration", *Journal of Common Market Studies*, Vol. 39, No. 2, 2001.

均根源于资本主义生产的变革与重构。① 由此可见，国际关系学派、治理学派、比较政治学派的探究并未触及一体化的本质规定性。至少在西方马克思主义看来，一体化并没有超越资本主义发展的范畴，是资本扩张以及资本主义生产方式的变化推动了市场的不断扩大、政治上层建筑的不断变革、国家体系的不断调整。学界对欧洲一体化的理论解释一直局限于国家与超国家的分析路径。西方马克思主义指出，欧洲一体化并非是物质基础"缺位"的发展进程，其本源性驱动力是资本国际化以及资本主义生产方式变革所导致的新的社会历史现象，② 一体化的深化以及欧盟权力的扩张是资本主义生产方式的变革以及资本主义社会和政治进行不断调整的结果。

二 区域一体化的格局

在国际关系领域，一体化通常指国家与国家之间的联系，或是各国之间的直接联系非常紧密，以至于国家主权受到了质疑。迄今为止，在现存的各种区域一体化组织中，欧洲联盟（以下简称"欧盟"）作为欧洲乃至全球成立最早、最完善的多部门一体化组织，是一体化程度最高、影响最大的组织（王鹤，1988③；王鹤，1999；古惠冬，2001；雅梅、谭晓钟，2012）。与欧洲联盟相比，NAFTA 是典型的南北合作型、大国主导型的区域经济一体化组织（周文贵，2004），其通过灵活性的制度安排不仅恰当地解决了北美自由贸易区内各成员国经济发展水平不一所带来的诸多问题，而且开创了"南北合作"的新路径。为此，下面将主要对欧洲一体化和北美一体化进行回顾和评述。

（一）欧洲一体化

欧洲一体化是指在平等与和平的基础上，各个社会、各个国家和各种

---

① Bieler, A., "Austria's Application to the European Community: A Neo-Gramscian Case Study of Europe", *New Political Economy*, Vol. 3, No. 1, 1998, p. 29.
② 贾文华：《从资本逻辑到生产逻辑——西方马克思主义关于欧洲一体化的理论解释》，《世界经济与政治》2009 年第 7 期。
③ 王鹤：《经济一体化理论述评》，《世界经济》1988 年第 10 期。

经济超越了现存的民族、宪法和经济界限的互相接近。① 欧洲共同体是一个制度化的政治实体。② 促进欧洲一体化最具代表性的宏伟蓝图出自欧共体执委会主席雅克·德洛尔于 1989 年提出的"同心圆欧洲":内环是欧共体,目标是建成统一市场并实现经济货币联盟;中环是欧洲自由贸易联盟,目标是建立欧洲经济区;外环是东欧国家及欧洲边缘的土耳其等国家,目标是通过发展经贸合作关系建立一个以欧共体为核心,囊括所有欧洲国家的多层次一体化结构。从欧洲一体化发展来看,其基本上是沿着这个方向进行的(王鹤,1995)。也即统一煤钢市场,统一关税,统一市场,进而统一货币,这个逻辑一直没变(裘元伦、王鹤,1996;丁一凡,2012)。

1. 回顾与现状

1957 年煤钢共同体六国签署了《罗马条约》,作为执行机构的欧共体委员会和初期的欧洲议会建立,欧洲联合走出了重要的一步。1967 年完成对《罗马条约》的第一次修订,成立了欧洲共同体,由欧洲经济共同体、欧洲煤钢共同体、欧洲原子能共同体组成。20 世纪 70 年代欧洲联合有长足的进步和发展,首先成员国从七国发展为九国,其次把共同体扩建为包括经济和货币联盟在内的欧洲联盟。1979 年第一次通过直接选举产生欧洲议会议员。80 年代共同体又接纳了希腊、西班牙和葡萄牙三个成员国。1991 年 12 月 10 日,欧共体在马斯特里赫特召开欧洲一体化的标志性会议,会议通过了建立欧洲经济货币联盟和欧洲政治联盟的《欧洲联盟条约》(以下简称《马约》)。1993 年 1 月 1 日欧洲统一大市场诞生。③ 11 月 1 日《马约》正式生效,欧洲联盟接替欧共体登上了历史的舞台,为未来的欧洲联合之路夯实了制度基础。至此,如果说统一市场的雏形已初具规模,那么单一市场的最终实现仍有很长的路要走。④ 1999 年

---

① Kohler-Koch, B. and Schmidberger, M., "Integrationstheorien", in Dieter Nohlen, eds., *Lexikon der Politik*, Vol. 5, Die Europdische Union, Munich: C. H. Beck, 1996, p. 152.

② [德]法布里斯·拉哈:《欧洲一体化如何运作?——分析框架之设想》,《欧洲研究》2003 年第 3 期。

③ 沈骥如:《欧盟统一大市场建设对我国的启示》,《世界经济》1996 年第 9 期。

④ 鲁桐:《欧洲共同体经济增长迟缓 欧洲一体化进展曲折》,《世界经济》1993 年第 4 期。

1月4日，欧盟开始实行单一货币欧元，① 并在实行欧元的国家实施统一货币政策。2002年1月1日，欧元纸币和硬币正式流通，该年7月成员国本币退出流通，欧元成为欧元区唯一的合法货币，真正意义上的统一货币区正式运行。2007年以来，斯洛文尼亚、马耳他、塞浦路斯、斯洛伐克和爱沙尼亚五国加入欧元区，组成欧元区17国。基于欧洲一体化时间路径的各成员国加入情况参见表6—1。

表6—1　　　　　　　　　　欧洲一体化进程

时间	先后加入的国家
1951年4月18日	法国、联邦德国、意大利、荷兰、比利时和卢森堡六国在法国巴黎签署《关于建立欧洲煤钢共同体的条约》（又称《巴黎条约》），1952年7月25日，欧洲煤钢共同体正式成立。1967年7月1日，《布鲁塞尔条约》生效，欧共体正式诞生
1973年1月1日	英国、爱尔兰、丹麦正式加入，欧共体扩大为九国
1981年1月1日	希腊加入欧共体
1986年1月1日	葡萄牙、西班牙加入欧共体，1993年11月1日，欧共体正式易名为欧洲联盟
1995年1月1日	奥地利、瑞典、芬兰加入欧盟
2004年5月1日	塞浦路斯、爱沙尼亚、匈牙利、拉脱维亚、立陶宛、马耳他、波兰、斯洛伐克、捷克、斯洛文尼亚加入欧盟
2007年1月1日	罗马尼亚、保加利亚加入欧盟
2013年7月1日	克罗地亚正式成为欧盟第28个成员国
2016年6月23日	英国公投脱欧，随后开启漫长的脱欧谈判进程

总体而言，区域经济合作正在成为民族国家应对经济全球化的一项重要选择。② 欧洲一体化的进程循着先经济、后政治的轨迹，经历了从关税同盟到经济货币联盟，再到政治联盟三个阶段（张维克，2002）。建立在共同文化传统、价值观念基础上的欧洲意识是欧洲一体化的精神纽带，坚

---

① 余永定：《2000—2001年世界经济形势的回顾与展望》，《世界经济》2001年第2期。
② 李向阳：《全球化时代的区域经济合作》，《世界经济》2002年第5期。

持制度创新是欧洲一体化迅速发展的重要原因。① 长期以来,有关欧洲一体化原动力的假说很多,其中占据主导地位的是"和平说",但也有"繁荣说"。无论如何,欧洲一体化给欧洲带来了历史上最长时期的和平是不争的事实。② 实际上,欧洲一体化有其现实的外部因素和内在动力。外因是冷战、美苏争霸和争夺势力范围、世界格局多极化、发达经济体间竞争加剧,内因则是不断推动欧洲一体化进程、为一体化寻求新动力。③ 欧洲一体化根本原因在于它是欧洲国家实现各自国家利益最大化的最重要途径。经济决定政治,经济一体化最终会导致政治一体化,欧洲正在向着政治联合的更高层次发展(张维克,2002)。

2. 机制与意义

(1) 运行机制

欧洲一体化在探索区域治理的制度建设上进行了许多创新尝试,并孕育了一种独特的制度模式。这种模式既超出传统的政府间合作组织而又远未形成独立的国家实体。从一体化理论的角度看,欧盟一体化是经济上的新职能主义与政治上的邦联主义相混合的模式(裘元伦、王鹤,1996)。其中,制度变革与创新动力是欧洲一体化的政治意图,独特的法律体系是其具体体现,组织体制和权力配置的完善则是其核心。④ 欧洲经济模式则是社会市场经济和福利国家市场经济的混合模式。从理论政策上讲是寻求自由主义与规则秩序的均衡,从体制上讲是寻求自由经济与福利社会的均衡,从效率和公平的关系上讲是寻求经济效率和社会公平的均衡发展。⑤

在政治经济体制方面,欧盟内存在三大支柱。其中最主要的支柱是经济货币联盟,由超国家集权性质很强的经济共同体演变而来(裘元伦、王鹤,1996⑥;张海冰,2005);另外两个支柱分别为外交防务政策与内

---

① 卢新华:《欧洲一体化的经验对东亚经济一体化的启示》,《改革与战略》2007年第6期。
② 冯仲平:《欧洲,何去何从》,《世界知识》2011年第23期。
③ 徐明棋:《欧洲联盟扩大对欧洲一体化及世界经济的影响》,《财经研究》1995年第5期。
④ 张海冰:《欧洲一体化的制度变革与创新研究》,《世界经济研究》2005年第2期。
⑤ 王鹤:《欧洲经济模式评析——从效率与公平的视角》,《欧洲研究》2007年第4期。
⑥ 裘元伦、王鹤:《欧盟经济一体化与世界经济格局》,《世界经济》1996年第11期。

务司法合作（江春泽、王海军，1992），则仍然停留在较为松散的政府间合作的框架之内。这使欧盟在面对军事冲突、成员国之间存在利益和观点分歧时表现得较为被动（王鹤，2008）。

在劳动力市场方面，欧洲在欧盟层面上采取协调就业政策、整合劳动力市场。[①] 欧盟的劳动力市场既存在功能性分割，即它被明显地分割为主要市场和次要市场两部分，也存在制度性分割和区域性分割，即由于制度和区域差异所引起的分割。功能性分割不会随着欧盟一体化进程的推进而消失，但制度性分割和区域性分割却有可能因制度和社会经济发展水平趋近而消弭。因此，欧盟一体化劳动力市场整合的重点放在制度性整合和区域性整合上，[②] 欧洲就业战略和新的治理模式对成员国劳动力市场政策的趋同起到了积极的推动作用。开放协调法形成了欧盟、成员国、社会伙伴、市民社会等参与的多层治理网络，通过相互监督和相互约束，努力将欧盟的就业指导原则转化为国家或地区政策，促进成员国之间相互认知过程。[③] 欧盟就业战略标志着欧盟建立了一种"志愿性的社会政策治理模式"，这将有利于欧洲一体化进程。[④]

在应对气候变化挑战方面，欧盟的政策进程一直领先世界。2009年11月，欧委会启动"欧洲2020战略"代替"里斯本战略"。"欧洲2020战略"确定的四大关键领域中就包括创新和知识、绿色增长两大目标。欧盟最新的气候政策不仅出于解决经济增长、就业及能源供应等社会经济问题的需要，[⑤] 而且旨在建构"欧洲认同"，推动欧洲一体化深入发展，提高欧盟的国际竞争力和国际政治影响力[⑥]。可以说，欧盟在内部气候变

---

① 张敏：《欧洲一体化进程中劳动力市场模式的演变机制》，《欧洲研究》2006年第6期。
② 赖德胜：《欧盟一体化进程中的劳动力市场分割》，《世界经济》2001年第4期。
③ 吴志成：《治理创新——欧洲治理的历史、理论与实践》，天津人民出版社2003年版，第357—364页。
④ 田德文：《欧盟社会政策与欧洲一体化》，社会科学文献出版社2005年版，第179—180页；Jacobsson, Kerstin, "Employment Policy in Europe: A New System of European Governance", http://www.score.su.se/pdfs/1999-11.pdf.
⑤ 张宇燕、管清友：《世界能源格局与中国的能源安全》，《世界经济》2007年第9期。
⑥ 崔宏伟：《欧盟气候新政及其对欧洲一体化的推动》，《欧洲研究》2010年第6期。

化政策和国际气候协议方面的成效，已经成为欧洲一体化的增加值。[1] 在农业方面，欧盟共同农业政策的最大特点是对内实行价格支持，对外实行贸易保护。[2] 其作为欧洲一体化的基石之一，为成员国经济结构变迁及欧盟扩大奠定了坚实基础，为欧洲一体化进程提供强劲驱动力。[3]

（2）重要意义

欧洲一体化的推进不仅有经济因素的考量，还有其政治动因。[4] 经济动因主要包括可以增加该国的贸易福利、减少其交易费用、还有助于一国抵御经济全球化的影响。政治动因则主要包括加强该国的安全保障、解决该国的国内问题并加强其国际谈判能力等。[5]

欧盟扩大对世界经济发展和格局变化产生重大影响，欧洲一体化进程具有重要的政治和现实意义。主要表现如下：一是确保欧盟在欧洲经济中的核心地位，使中东欧国家进一步向欧盟靠拢，增强欧盟作为世界经济中重要一极的分量（徐明棋，1995）。二是进一步推动全球区域经济集团化和一体化的发展（江春泽、王海军，1992）。欧洲一体化的发展既促进了本地区的经济发展，提高了其在世界上的地位，又对世界其他地区的经济联合提供了借鉴。[6] 欧盟扩大将刺激其他区域更快地走上一体化的道路。三是提升自身软实力和国际影响力。欧盟依据其经济实力在国际事务中发挥软力量的行为模式，是其内部规则和价值观念的向外延伸，以寻求解决国际关系的新道路。[7] 四是对全球多边自由贸易体制的影响利大于弊（徐明棋，1995）。五是促进欧洲科学技术发展、经济结构调整和经济稳定增

---

[1] Henningsen, Jorgen, "EU Energy and Climate Policy: Two Years on", *European Policy Center Issue Paper*, No. 55, September 2008.

[2] 尹显萍、王志华：《欧洲一体化的基石——欧盟共同农业政策》，《世界经济研究》2004年第7期。

[3] 王鹤：《2004年欧洲经济》，《世界经济》2005年第3期；史世伟：《欧洲经济一体化与欧盟经济宪法——一个制度和演化经济学的分析视角》，《欧洲研究》2007年第1期。

[4] 王鹤：《论欧洲经济一体化》，《世界经济》1995年第5期。

[5] 李燕、冉波、吴郁琴：《论国家参与区域一体化的动因》，《特区经济》2006年第2期。

[6] 李向阳：《全球化时代的区域经济合作》，《世界经济》2002年第5期；张维克：《漫漫征程五十年，史无前例创奇迹——欧洲一体化发展历程评析》，《世界经济与政治论坛》2002年第1期。

[7] 王鹤：《论欧盟的经济力量》，《欧洲研究》2008年第4期。

长（崔宏伟，2010）。

总之，如果说多边贸易体制是实现全球贸易自由化目标的"主干道"，那么各种区域一体化则是相伴而行的"支流"。① 区域经济一体化组织在当代世界经济格局中的主体化倾向，为世界经济的发展提供了更多的挑战和机遇。② 如何使其走向世界经济一体化，建立公正合理的新的世界经济格局，以实现各国经济的共同发展，将是世界经济追求的理想目标。

（3）对中国的影响

世界范围内的区域经济贸易合作日渐活跃，欧盟扩大并积极开展与欧盟以外国家和地区的经贸往来合作即是良好事例。③ 欧洲联合虽有助于推动世界多极化趋势的进一步发展，但对中国的影响各有利弊。有学者认为欧洲一体化给包括中国在内的亚洲国家带来发展机遇，中欧快速增长的经贸联系为中国进入欧盟市场提供便利，④ 这对中国利用国际环境、抓住机遇和加快社会主义现代化建设事业也有利（裘元伦，2001）。具体表现有：一是欧洲市场容量大，对发展中国家具有很大依赖性；二是"无国界欧洲"将为外部商品和业务进入提供便利。⑤ 但同时，市场竞争加剧、市场保护主义、反倾销措施等对中国对欧贸易的弊端也不容忽视（徐明棋，1995；李玉平，1989）。此外，欧洲一体化使欧盟短期内对中国直接投资难有大的突破，原因如下：扩大对华投资意愿与加强内部经济努力的冲突；欧盟吸引国际资本的投资转移效应；中国投资环境短板以及欧盟南下与东扩的影响。⑥ 总之，对中国和其他发展中国家而言，应着眼于未来，未雨绸缪，按照国际市场的发展趋势加速调整产业结构，使产品向深

---

① 曾令良、陈卫东：《从欧共体看21世纪区域一体化对多边贸易体制的影响》，《武汉大学学报》（人文社会科学版）2000年第3期。

② 宋杰、王炳春：《世界经济多极化及其发展趋势》，《世界经济》1998年第11期。

③ 秦柳方：《1995年世界区域经济贸易一体化》，《世界经济》1996年第5期；段锡平：《欧洲一体化进程对发展中国家可能产生的影响》，《世界经济研究》1996年第1期。

④ 米锡尔·塞尔维恩：《欧洲一体化市场及亚洲企业的机遇和挑战》，《国际贸易》1993年第1期。

⑤ 李玉平：《欧洲共同体大市场对世界经济的影响》，《国际技术经济研究学报》1989年第2期。

⑥ 钟伟：《欧洲一体化对中、欧经济合作的影响》，《世界经济》1996年第9期。

加工、高质量、多品种和多功能的方向发展（李玉平，1989），提升自身竞争力，以更好地开展对欧经贸往来。

3. 未来展望

现在的欧洲一体化进程正处于历史发展的十字路口，机遇与挑战并存。① 欧盟经济的突出问题包括经济增长内劲不足、国家财政形势严峻以及结构性失业问题依然突出等。② 学者们对其未来发展观点各异。持乐观态度者认为，欧洲经济区的建立加强了欧洲以"一个声音说话"的趋势，扩大了欧洲在国际政治、外交和安全事务方面的影响。尽管有种种矛盾和障碍，一体化进程中也可能会出现某些暂时挫折，但从整体来看，20 世纪 90 年代欧洲一体化进程加快的趋势将不会有根本的改变。③ 欧盟与各成员国间权力与权限的调整，需寻得超国家权力与国家主权之间的平衡点。④ 只要欧洲一体化的发展模式既能保持欧洲一体化的整体性，又能顾及各成员国间组织形态和发展途径的差异性。⑤ 欧洲一体化进程就会持续。

但也有学者并不认可这种观点，而对欧洲一体化持悲观态度。他们认为经济复苏缓慢，民族主义抬头，各成员国内存在一些不稳定因素（宗夏，1997）；英法德三国争夺欧盟发展方向主导权；欧盟第四次扩大带来一系列新问题；欧洲经济和货币联盟的建设过程出现不少困难。⑥ 再加上经济危机的影响，欧洲一体化进程步履艰难。⑦ 过于忽视各成员国的自身内部差距和状况，将结果代替进程，试图建立一个超越目前生产力发展水平的生产关系，即经济合作模式和政治联盟，单纯为了一体化而一体化，

---

① 宗夏：《处在十字路口的欧盟》，《世界经济》1997 年第 10 期。
② 李玉平：《欧盟经济停止下滑 转向平稳发展》，《世界经济与政治》1998 年第 3 期。
③ 江春泽、王海军：《欧洲一体化的新进展及其影响——1992 年 1—2 月赴欧考察报告》，《世界经济》1992 年第 8 期。
④ 戴炳然：《欧盟的机构体制改革：欧洲一体化内部关系的大调整》，《世界经济文汇》1995 年第 6 期。
⑤ 伍贻康：《欧盟发展的前景》，《世界经济》1997 年第 12 期。
⑥ 吴丰：《欧洲联盟面临严峻的挑战》，《世界经济》1995 年第 7 期。
⑦ 鲁桐：《经济停滞和衰退困扰着西欧》，《世界经济》1994 年第 3 期。

必然会深深影响欧洲一体化的进程和效果。① 换言之，现阶段的欧洲一体化已走得太远，但其还不具备真正完全一体化的基础，这必将影响欧洲一体化的最终进程和预期目标。② 因此，适度一体化应该是目前欧洲一体化的政策选择。

毋庸置疑的是区域一体化正成为区域经济发展的热点。③ 可以预计，在今后相当长的时间内，欧盟统一的经济实体与成员国国别经济的多样性并存仍是欧盟经济的重要特征。④ 虽然各因素的相互作用最终汇成一股动力，把欧洲合作向着一体化的方向越推越远。⑤ 但欧洲一体化还有很长一段路要走（江春泽、王海军，1992）。未来的欧洲联合将继续沿着过去五十年的历史轨迹进行：着力实现重要的具体目标，而不花过多精力去考究它的最终目的地。⑥

（二）北美一体化

回顾美洲自由贸易区的发展过程，它的产生是美洲地区经济一体化和贸易自由化的必然结果，开创了"南北合作"的新路径，对于"南北合作"类型的区域一体化具有较强的模式借鉴价值（李亚联，1991）。

1. 回顾与现状

早在1854年美国与加拿大签订的互惠条约中就有建立美加自由贸易区的设想。1935年美加两国签订了双边关税协定，降低了某些商品的税率。1944年双方正式取消农业机械的关税。1965年两国又签署了关于汽车贸易的协定，自此两国之间实施了汽车及其零部件的自由贸易。（武雅婷，1992）1980年罗纳德·里根在竞选美国总统时就提出建立一个包括美国、加拿大、墨西哥及加勒比海诸国在内的"北美共同市场"的设想，

---

① 杜国功、金永生：《欧洲适度一体化分析》，《世界经济研究》2000年第5期。
② 薛誉华：《区域化：全球化的阻力》，《世界经济》2003年第2期。
③ 张利华、徐晓新：《区域一体化协调机制比较研究》，《中国软科学》2010年第5期。
④ 王鹤：《欧洲统一经济体评析》，《欧洲研究》2007年第1期。
⑤ ［德］法布里斯·拉哈：《欧洲一体化如何运作？——分析框架之设想》，《欧洲研究》2003年第3期。
⑥ 裘元伦：《欧洲联合的前景》，《世界经济》2001年第4期。

加拿大也于1983年提出关于建立加美自由贸易区的主张。1988年1月两国签署《美加自由贸易协定》后，两国议会又在1989年1月1日分别通过了美加自由贸易协定法案，该协定正式生效。与此同时，1986年8月美墨两国开始进行双边自由贸易框架协定计划谈判。1992年8月美、加、墨三国签订《北美自由贸易协定》（NAFTA），该协定于1994年1月1日正式生效（舒波，2004）。北美自贸区成立一年后，美国增加了十万个就业机会，美、加、墨的出口增长近20%，前9个月墨西哥向美国的出口增长了近22%。[①]

美洲地区经济一体化和贸易自由化的历程中的标志性事件可总结如下：一是《美加自由贸易协定》的签署生效。美国和加拿大作为发达工业国家，双边贸易量很大，且经济实力很强，该协定的生效对美洲地区的一体化活动起到较好的示范作用。[②] 二是1990年6月27日美国总统布什提出的"美洲事业创议"。该创议的政策目标是贸易自由化、投资创造和债务减免，目的是在美国传统后院建立大自由贸易区，通过扩大贸易和增加投资促进整个美洲经济增长，推动拉美地区民主和自由化的发展（武雅婷，1992）。三是1994年1月1日生效的《北美自由贸易协定》。该协定是一个包含美国、加拿大、墨西哥的综合性自由贸易协定，目的是逐步消除三国间所有工农业产品关税。但NAFTA不包括共同对外关税和财政、金融方面的合作（王晓德，2001）。四是1994年12月美洲34国聚首迈阿密举行的美洲首脑会议，通过了《原则宣言》和《行动计划》，明确了2005年前建立美洲自由贸易区的目标。建成后的美洲自由贸易区将是一个北起阿拉斯加、南至阿根廷，既有发达国家（美国和加拿大），也有新兴工业化国家（巴西和墨西哥等）和发展中国家参加的、国内生产总值和市场规模最大的自由贸易区（古惠冬，2001）。

与欧洲联盟等其他类型的经济一体化组织相比，NAFTA是典型的南北合作型、大国主导型的区域自由贸易协议（周文贵，2004），其通过灵

[①] 秦柳方：《世界区域经济贸易一体化的发展概况》，《世界经济与政治》1995年第5期。

[②] 赵曙明、朱农飞：《北美自由贸易区的建立对我国经济的影响以及采取的对策》，《世界经济》1993年第11期。

活性的制度安排不仅恰当地解决了北美自由贸易区内各成员国经济发展水平不一所带来的诸多问题,而且开创了"南北合作"的新路径,对于"南北合作"类型的区域一体化具有较强的模式借鉴价值(李亚联,1991)。NAFTA 模式为在经济发达国家与发展中国家间建立南北型的区域经济一体化组织提供了成功的范例,它表明在当前的新形势下,南北关系应是一种双赢而不是零和的关系(王春婕,2009)。尽管也存在不少难题,但经过美洲国家的共同努力,美洲经济一体化的前景依然是光明的,美洲自由贸易区的最终组成必将对全球经济集团化乃至世界经济政治产生难以估量的影响。[1]

2. 理论解说

经典的区域经济一体化理论是指以欧盟为模型的"同质"结构成员间区域一体化组织模式的框架。该理论认为,区域一体化协定是从部门优惠贸易安排直到完全经济一体化的一种由低级到高级排列的组织形式。[2] 北美自由贸易区则是"异质"结构成员间自由贸易协定的代表。新区域主义理论认为,在大国与小国缔结区域贸易协定过程中,小国会对大国作出更多的让步。小国对大国的让步不仅体现在传统的关税与非关税壁垒减让领域,而且更主要体现为国内政治经济体制、法规、政策向大国靠拢,这种小国对大国作出的单方面让步现象即新区域主义。[3] 而正是这种让步促成了北美自由贸易区的出现。

相互依赖理论认为在北美自由贸易区内,美国、加拿大、墨西哥分别处于不同的经济发展水平,三者之间的相互依赖显示出极大的不对称性,美国的优势地位极为突出,其对加拿大、墨西哥的制约力毋庸置疑(张天桂,2007)。这种非对称的相互依赖正是依赖性较小的行为体的权力来源之一,而美国所积极倡导并身体力行的"霸权稳定论",也意味着其不

---

[1] 佟福全:《迈阿密会议后美洲经济一体化的进展、问题与前景》,《世界经济与政治》1999 年第 6 期。

[2] 徐春祥:《贸易一体化条件下区域一体化组织模式——基于"异质"结构成员的研究》,《亚太经济》2008 年第 4 期。

[3] Perroni, C. and Whalley, J., "The New Regionalism: Trade Liberalization or Insurance?" *Canadian Journal of Economics*, 2000, Vol. 33 (1), pp. 1–24.

仅有意愿也有能力在北美自由贸易区的运行中占据绝对的主导和支配地位。

3. 机制与问题

北美自由贸易区是以北美自由贸易协定为依据而建立的。在组织模式上，NAFTA兼具软法与硬法特征，具有鲜明的自身特色，表现为：弱化的机构框架，差别性的制度安排，独特而具有实用主义色彩的争端解决机制。[①] NAFTA并不是将北美大陆的政治、社会一体化作为设计目标，而主要是想将其作为在成员国领土内促进经济发展的手段或方式，其基本理念是促进贸易和投资。其机制有以下特征：

一是松散的组织机构。NAFTA的组织机构主要由四个部分组成，即自由贸易委员会、秘书处、专门委员会、工作组和专家组。作为初级形式经济集团的组织机构，上述诸机构的权力仅限于对建立本组织条约的解释和督促条约权利和义务的落实，但不具有立法权和司法权。[②] 二是温和与实用并举的争端解决机制。在机构设置方面，NAFTA没有常设的争端解决机构。在争端解决机制的安排上，NAFTA启用多套争端解决机制。在争端解决方式上，NAFTA模式融合了外交和司法两种方式，但政治性色彩较浓，司法性弱，凸显了灵活性和非强制性的特点（古惠冬，2001；王俊，2006）。三是差异化的法律规则。作为建立在经济发展水平不同国家间的纵向一体化组织，由于区域内发达国家（美国和加拿大）与发展中国家（墨西哥）经济发展悬殊，再加上政治因素与对外经济贸易政策的差异，决定了北美自由贸易区不可能制定高度统一的对成员国有约束力的法律，而是更加注重协调成员国的法律与政策，从而在成员国间取消关税和其他贸易限制（邓子基、邓力平，1994）。

建立北美自由贸易区的直接成果是在一定程度上达到了美国、加拿大和墨西哥三国合作的初衷，给三国带来了巨大的经济实惠。示范效应成果则是给南北国家区域范围内的合作开创了先河，谱写了南北

[①] 王春婕：《北美自由贸易区模式的创新价值探析》，《山东社会科学》2009年第2期。

[②] 王春婕：《NAFTA模式对我国的借鉴价值分析》，《商场现代化》2005年第16期。

关系的新篇章。① 北美自由贸易区最明显的特点在于它是典型的南北合作型、大国主导型的区域经济一体化组织（周文贵，2004；李亚联，1991），突破了传统理论认为经济发达国家和发展中国家很难结成经济集团的观点。但在北美一体化的运行中，由于各成员国的经济发展水平不一，经济结构差异，一些问题和矛盾也日渐显露。概而言之，南北两种类型的国家在处理区内事务以及国际经济事务方面天然存在着利益取向上的"错位"，不易形成共同声音（周文贵，2004）。墨西哥的农业遭受严重冲击，生活贫困化加剧，环境污染恶化（高颖，1996）；美国与墨西哥、加拿大的贸易逆差扩大，影响其工人就业及工资水平；加拿大国内的收入差距拉大，过分保护投资者权利带来消极影响。② 这些都成为北美区域一体化的羁绊。除此之外，北美自由贸易区的环境合作也存在环境合作委员会与 NAFTA 机构之间缺乏实质性合作、公众参与缺乏系统性与效率不高等问题。③

4. 现实与借鉴意义

北美自由贸易区的建立与运行体现出南北共存性、一国主导性和经济互补性的明显特点。④ 也即，发达经济体与发展中经济体的互利共存（高颖，1996）。各成员国政府的权力转移几近为零，但美国一家独大，占据主导地位，其他两国积极参与多边推动（张天桂，2007⑤；方壮志，2002）。各成员国在诸如能源、劳动力市场、技术产业等领域的经济互补关系随处可见（陈继勇，1996）。

北美自由贸易区的成立对世界区域一体化发展具有重要的现实与借鉴意义。主要表现如下：一是贸易的扩展促进经济增长。美洲自由贸易区的建立，将提升各国贸易能力，进一步推动半球经济的增长。

---

① 古惠冬：《北美自由贸易区的解析及其对区域经济合作的启示》，《改革与战略》2001年第6期。
② 舒波：《北美自由贸易区成效分析及利益比较》，《世界经济研究》2004年第7期。
③ 余群芝：《北美自由贸易区环境合作的特点》，《当代亚太》2001年第6期。
④ 周文贵：《北美自由贸易区：特点、运行机制、借鉴与启示》，《国际经贸探索》2004年第1期。
⑤ 张天桂：《欧盟、北美自贸区和中国—东盟自贸区政府作用的比较》，《当代亚太》2007年第10期。

随着各国对外交流的增多，其贸易依存度也越来越高（张学良，2005[①]；徐春祥，2008）。二是促进地区安全与稳定。贸易的扩展和强劲的经济增长，有助于保持拉美地区的政治和经济稳定繁荣。减少由极端贫困导致的民主政治脆弱与不稳定，同时打击贩毒、洗钱等犯罪活动，减少非法移民对美国的冲击等。[②] 三是实现区内资源的优化配置，促进多边贸易体系的自由化。NAFTA 向全美洲地区贸易集团转化，这是经济全球化和区域化的一般发展趋势（张巍，1997[③]；舒波，2004）。四是政策稳定性改善了投资环境，为某一市场或经济部门实现"范围经济"提供了可能。[④] 五是增加就业，特别是促进墨西哥和加拿大就业的增加，提高了民众的生活水平。[⑤] 六是基于全球布局的视角，北美自由贸易区的创建和发展是适应冷战结束后世界经济格局多极化发展的需要，以应付来自欧盟和日本经济的挑战（宋杰、王炳春，1998）。七是推动世界经济区域化和集团化发展，加深世界生产一体化进程，加强各国之间彼此依赖性。[⑥]

第二节 区域一体化及其经济政策

区域一体化内的经济政策涵盖广泛，内容丰富，本节将主要以欧洲一体化与北美一体化为例，对其区域内的货币、财政、金融、贸易和投资等经济政策展开梳理。

[①] 张学良：《新区域主义在北美自由贸易区的应用》，《世界经济研究》2005 年第 7 期。
[②] 李亚联：《美国墨西哥自由贸易协定对世界经济格局的影响》，《美国研究》1991 年第 4 期。
[③] 张巍：《美洲自由贸易区：未来一致的目标》，《国际经贸研究》1997 年第 1 期。
[④] 高颖：《北美自由贸易区简析》，《国际经济合作》1996 年第 4 期；朱书林：《墨西哥加入北美自由贸易区的背景》，《现代国际关系》1992 年第 5 期。
[⑤] 王晓德：《对北美自由贸易区批评的评析》，《世界经济》2001 年第 8 期。
[⑥] 王丽军：《北美自由贸易区及中美贸易》，《国际贸易》1992 年第 10 期；林海军、刘明兴：《北美自由贸易区对世界经济的影响》，《国际贸易》1993 年第 7 期。

一 欧洲一体化及其经济政策

欧元的产生有着深刻的经济政治背景，它是欧洲一体化的必然产物，其经历充满了艰难和曲折。[①] 从短期看，欧元促进了欧元区的消费需求、投资需求以及对外出口，刺激了欧洲的短期经济增长；从长期看，欧元也将通过促进技术创新、资本供给和创造劳动就业而增强欧洲长期经济增长潜力。[②]

（一）欧元的产生与影响

欧元的诞生是欧洲经济一体化合作的内在要求和逻辑发展，它的问世将加速多极化世界格局的形成。[③] 现将欧元及其相关政策的发展历程回顾如下：

1. 欧元的诞生。1989年6月，欧洲共同体首脑通过了《德洛斯报告》，欧洲货币体系开始了向欧洲货币联盟转变的进程。1991年12月，欧洲共同体首脑通过了《马斯特里赫特条约》，使欧洲货币联盟的建立过程得到了条约的规范和约束。1994年1月，作为欧洲中央银行准备机构的欧洲货币机构正式成立。1995年12月，欧洲联盟成员国首脑会议正式确定未来的单一货币为欧元。1999年1月1日决定各成员国货币与欧元不可改变的转换率，欧元开始投入使用，欧洲中央银行体系将制定和执行统一的货币政策，欧洲货币联盟将宣告成立（黄永富，1997；张颖，1998；李翀，1998）。欧元的出现使欧洲的梦想成为现实，消除了币种的限制和汇率的风险，并对成员国的经济产生重大的推动作用。[④] 截至2007年年初，欧元区内各成员国先后实现与欧元的汇率接轨或完全欧元化（详见表6—2）。

[①] 周茂荣、申皓：《论欧元的产生及其对中国与欧盟经济关系的影响》，《世界经济与政治》1998年第10期。

[②] 杨伟国：《欧元与欧洲经济增长》，《欧洲研究》2003年第1期。

[③] 沈骥如：《欧元启动的历程、影响和前景》，《世界经济与政治》1998年第11期。

[④] 李月平：《单一欧洲货币欧元对欧盟企业的深远影响》，《世界经济与政治》1998年第6期。

表 6—2　与欧元有联系汇率制度的国家（截止到 2007 年 1 月 1 日）

地区	汇率制度	国家
欧盟国家（非欧元区）	第二汇率机制	塞浦路斯、丹麦、爱沙尼亚、拉脱维亚、立陶宛、马耳他、斯洛伐克
	以欧元为基准的货币局	保加利亚
	以欧元为基准的钉住汇率	匈牙利
	以欧元为参考货币的管理浮动汇率	捷克、罗马尼亚
	独立浮动汇率	瑞典、英国、波兰
欧盟候选国和潜在欧盟候选国	单方欧元化	黑山
	以欧元为基准的货币局	波黑
	以欧元为参考货币的管理浮动汇率	克罗地亚、马其顿、塞尔维亚
	独立浮动汇率	阿尔巴尼亚、土耳其
其他	欧元化	圣马力诺、梵蒂冈、摩纳哥
	单方欧元化	安道尔、科索沃
	以欧元为基准的钉住汇率	贝宁、布基纳法索、科特迪瓦、几内亚比绍、马里、尼日尔、塞内加尔、多哥、喀麦隆、中非、乍得、刚果、赤道几内亚、加蓬、佛得角、科摩罗
	包括欧元的货币篮子的钉住或管理浮动汇率（欧元份额）	塞舌尔（38%）、俄罗斯（40%）、利比亚、博茨瓦纳、摩洛哥、突尼斯、瓦努阿图

资料来源：参见王鹤（2008）以及 The European Central Bank（2007）[1]。

欧洲单一货币如期启动成定局。理由有三：一是世界经济集团化、一体化、全球化不可逆转；二是抗衡美元的必然结果；三是大部分成员国已达到《马约》的标准；四是相关配套法律、法规及政策已实施。[2] 欧元区成立以来，区内经济得到了快速发展。欧元区的繁荣极大程度上受益于欧

---

[1] The European Central Bank（ECB），"Review of the International Role of the Euro"，2007，http：//www.ecb.int/press/pr/date/2007/html/pr070625.en.html.

[2] 杜厚文：《欧洲单一货币如期启动大局已定》，《世界经济》1998 年第 1 期。

元区内部贸易的发展和要素的自由流动。① 作为支撑欧洲大厦基石的欧元，不仅仅是一种货币工具，还将在欧洲建设中继续起到催化剂和黏合剂的作用（张维克，2002）。欧元在开拓欧洲市场，促进欧洲资源合理配置，激发企业革新，保持欧洲金融稳定等诸多方面发挥着积极作用，并将与美元进行强有力的抗衡。②

2. 理论解说。欧元诞生最为重要的理论基础是由蒙代尔提出的最优货币区（Optimal Currency Areas，OCA）理论。该理论认为在生产要素特别是劳动力自由流动的前提下，两个区域之间需求转移导致的冲击可得到消除，要素流动性是建立最优货币区的一个重要标准。在此基础上，传统的 OCA 理论提出了一系列建立 OCA 的标准，包括经济开放度、产品多样化、金融一体化、通胀偏好相似性、政策一致性等。③ 现代 OCA 理论则更加关注最优货币区的收益和成本。克鲁格曼认为，成员国的经济一体化程度越高，加入货币区的货币效益越大、经济稳定性损失越小。20 世纪 90 年代以来，经济冲击的对称性成为 OCA 的主要标准，如果外部冲击对不同成员国产生不同影响，则加入货币区的稳定性成本会很高；成员国之间的经济趋同性越强，遭受非对称冲击的概率越小。OCA 具有的内生性特征为欧元区的扩张提供了理论支持，即一国在加入货币联盟后其经济结构会受到影响，事先不满足条件的国家事后可以得到满足（粟勤、周银红、张艳玲，2012）。但也有学者从成本收益视角对指导货币同盟实践的流行经典理论"最优货币区"进行批判性反思，认为 OCA 标准的内生性在一定程度上削弱了其政策的适用性。货币同盟的政策制定者要谨慎使用 OCA 标准，防止简单化和机械化倾向。④

3. 欧元的意义。欧元自 1999 年启动以来很快便以仅次于美元的国际货币身份在国际金融体系中站稳脚跟，并形成对美元的直接竞争与挑

---

① 郑联盛：《欧元区繁荣，谁得的更多》，《世界知识》2011 年第 22 期。
② 李琮：《新世纪的竞争——美、欧、日经济新动向》，《世界经济与政治论坛》2000 年第 1 期。
③ 梁双陆、程小军：《国际区域经济一体化理论综述》，《经济问题探索》2007 年第 1 期。
④ 祝丹涛：《最优货币区批判性评析》，《世界经济》2005 年第 1 期。

战,[1] 这要归因于欧元区的经济规模、对世界贸易的开放、欧元区金融市场的一体化程度、对谨慎的经济管理的承诺以及欧洲中央银行确保价格稳定的货币政策,以上因素使得欧元迅速成为国际金融市场上有吸引力的货币(王鹤,2008)。从国际政治经济学视角来看,欧元的出世并非偶然事件,其既是欧洲人对付美元霸权的产物,也是欧洲本身地缘政治平衡的产物。[2] 换言之,与其说欧元是欧洲经济金融融合的自然结果,不如说欧元是政治意志的产物(温军伟,2012)。它使欧盟成为在世界经济中与美国势均力敌的一极。[3] 欧洲经济和货币联盟早已经超越最优通货区范畴,它承担了重大的政治使命,推动了欧洲融合,维护了欧洲和平,实现了经济发展。[4] 尽管当前欧债危机形势依然严峻,但欧盟国家的根本利益和长远利益决定了它们不可能因为一些具体问题的矛盾而改变一体化的方向。

欧元的产生具有重要的政治与现实意义。意义之一:欧元是欧洲国家参与国际政治经济博弈的重要工具。世界金融危机、欧洲债务危机凸显了美元与欧元两大货币的较量。自从21世纪初欧元一问世,美元就视之为最严重的挑战。[5] 欧元如期启动象征一个政治上谋求强大统一的欧洲,欧元的成功运作象征一个经济上完全可以和美国抗衡的欧洲。[6] 欧元的推出削弱了美元在国际货币体系中的霸权地位,[7] 增强了欧盟与美国及美元对抗的整体实力(雅梅、谭晓钟,2012)。从全局的角度看,欧元的使用将有利于欧盟保持趋同,加快一体化步伐,这将大大增加欧盟的整体实力和整体竞争力,缩小与美国经济的差距。[8] 意义之二:欧元是欧洲团结和统

---

[1] 李国学:《欧元区经济:痛并快乐着》,《西部论丛》2008年第5期。
[2] 丁一凡:《欧元区债务危机背后的国际政治博弈》,《国际经济评论》2012年第2期。
[3] 沈骥如:《欧元的启动及其影响》,《求是》1998年第23期。
[4] [美]罗伯特·吉尔平:《全球资本主义的挑战——21世纪的世界经济》,杨宇光、杨炯译,上海人民出版社2001年版,第195页;王雅梅、谭晓钟:《论欧元的"政治使命"》,《和平与发展》2012年第5期。
[5] 胡瑾:《欧元的启动及其对欧洲一体化的积极作用》,《文史哲》1999年第4期;丁原洪:《严重受阻的欧洲一体化进程》,《和平与发展》2011年第4期。
[6] [西]米格尔·奥特罗-伊格莱西亚斯:《欧元对国际货币体系的冲击:中国和巴西的经验》,《国际经济评论》2009年第4期。
[7] Stefan Collignon、王巍:《欧元的未来》,《世界经济》1999年第7期。
[8] 战勇:《欧元:开辟欧洲一体化新纪元》,《当代财经》1998年第8期。

一的重要象征。欧元的流通是给欧洲统一市场戴上一顶"王冠",欧元已经成为欧洲一体化在其他政策领域发展的催化剂,① 它使欧洲一体化的发展从此进入一个新的历史发展阶段(连平、廖新军,1998②;雅梅、谭晓钟,2012)。欧洲一体化的发展过程,就是成员国的各种利益相互协调的过程,在这个过程中,欧盟国家已培育出一种具有欧洲特色的妥协文化和合作主义。③ 意义之三:欧元承载着欧洲人由来已久的和平愿望。欧洲充满纷争的历史决定了第二次世界大战后欧洲国家的选择就是从经济一体化入手,把分散的欧洲主权国家聚合在一起,以避免战争,实现永久的和平与繁荣(雅梅、谭晓钟,2012)。换言之,解决欧洲问题的唯一出路只能是统一欧洲,通过联合来避免战争、保障欧洲的和平与稳定。意义之四:欧元成为全球主要储备货币(杜厚文,1998;刘昊虹,2010④)。欧元成长至今,已成为国际货币领域不可或缺的重要成员,全球储备高度集中于美元和欧元两大货币,国际储备货币的竞争也演化成美元与欧元的双头垄断竞争。意义之五:汇率波动消失,贸易成本下降。⑤ 欧元统一后,各成员国间的汇率波动问题也随之消除,节约了贸易交易费用,并提高了欧洲市场的透明度和可比性(周茂荣、申皓,1998;杜厚文,1998),增强了其整体的国际竞争力(杨伟国,2003)。

4. 欧元的未来。判断一种货币的前景走强还是走疲,归根到底取决于两个因素:一是货币区的货币制度是否合理,货币政策是否稳健;二是其经济实力(李翀,1998;沈越,1999)。此外,还取决于多种政治、经济,甚至文化和社会因素(黄永富,1997;方福前,2006)。学者们对欧元的未来充满争议,莫衷一是,但过于乐观和悲观的论点都是不全面的(沈骥如,1998)。

对欧元持积极态度的学者认为,欧元区不会解体,因为这样做的政治

---

① 王鹤:《欧元——欧洲一体化的催化剂》,《历史教学》2002 年第 6 期。

② 连平、廖新军:《评欧元的国际货币地位》,《国际经济评论》1998 年第 7—8 期。

③ 朱晓中:《"回归欧洲"历史与现实》,《东欧中亚研究》2001 年第 1 期。

④ 刘昊虹:《欧元问世后国际储备货币竞争格局与欧元危机》,《财经科学》2010 年第 8 期。

⑤ 方福前:《欧元:从现在看未来》,《经济理论与经济管理》2006 年第 12 期。

代价过高，欧洲的经济能力应该能够解决危机。① 断言危机国家将退出欧元区并因此而最终导致欧元崩溃缺乏根据（王鹤，2008），但这些国家要重新达到欧元区财政趋同标准，必须经过痛苦的调整过程。原因在于一是欧元是战后欧洲一体化长期发展的必然结果，现已成为欧洲经济政治一体化的象征；二是欧元崩溃的巨大成本各国都难以承受。② 债务危机并非欧元区所独有，欧元虽然在欧债危机形成过程中起了推波助澜的作用，但绝对不是形成欧债危机的最根本原因。从积极的角度看，欧债危机反而相当于一次难得的压力测试，将迫使欧元区各国正视并解决问题，极有可能成为推动解决欧元区内在制度性缺陷的契机（温军伟，2012）。欧元不会崩溃，但欧元区需要更加审慎地对待扩张，加强政策协调和财经纪律约束，并建立健全退出机制（余永定，2010），着力避免逆向选择和道德风险。随着欧洲一体化的发展，欧盟实力不断增强，欧元在国际货币体系中的地位超过美元也是可能的，但需要漫长的时期（黄永富，1997③）。

对欧元持消极态度的学者认为，欧元区的建立从一开始就是个错误，直接导致欧元区危机国家脆弱的银行资产负债状况、高失业率及巨额贸易赤字现状（Feldstein，2011）。在欧元发行至完全流通的过渡期内，各国本币与欧元是平行货币，可能因名义汇率与实际汇率不符带来"劣币驱逐良币"现象等（杜厚文，1998）。欧元启动后，为了达到并保持经济趋同标准，欧盟各国将不得不采取紧缩财政政策，这无疑将是促使各国的失业在一个较长时期内保持在较高水平的最主要因素（任健，1998；周茂荣、申皓，1998）。欧洲经济一体化远未达到理想的程度，财政和政治联盟的缺失导致欧元区无力应对非对称冲击，严重挫伤投资者对欧元的市场信心。因而，加入欧元区的稳定性成本高于预期。④ 此外，未达标成员国分批加入单一货币的实施开创"多速欧洲"的先例，这也不符合欧洲联

---

① 余永定：《欧洲主权债务危机的起源与演进》，《浙江金融》2010 年第 8 期。
② 周茂荣、杨继梅：《"欧猪五国"主权债务危机及欧元发展前景》，《世界经济研究》2010 年第 11 期。
③ 黄永富：《欧元国际化初探》，《世界经济文汇》1997 年第 4 期。
④ 粟勤、周银红、张艳玲：《从欧债危机的视角分析欧元的困境》，《国际经济合作》2012 年第 3 期。

合的宗旨,必然损害联合。①

还有对学者对欧元未来发展持谨慎态度,认为欧元面临着区内成员国国情差异大、② 信心基础不足、缺乏明确利益代表等内部挑战,且缺乏明晰的国际化战略,国际行动能力有限,欧洲央行事实上只能施行低效的货币政策,因此,欧元体系在今后的岁月中将经受更为严峻的考验,欧元要与美元平分秋色,还有很长的路要走③。换言之,欧洲不仅需要进一步强化经济一体化程度,而且要加快政治一体化进程,同时还需要对欧洲大陆的莱茵模式进行深层次的改革。在这些方面取得实质性进展之前,欧元的地位很难与美元相提并论。④

5. 对中国的影响与启示。欧元的使用对中国来说既有机遇,也存挑战。从中欧贸易和就业的角度看,一是欧元的使用将为中国企业进入欧洲市场提供更多的贸易合理化的机会和在欧元使用区直接投资的机会,这会扩大中欧的贸易额和投资额。⑤ 二是贸易成本下降将使竞争更加直接和深入(任健,1998),这将有利于中国企业学习和掌握新的竞争手段、方法和工具,把中国企业的竞争观念和竞争能力提高到一个新的水平(战勇,1998)。三是为中国出口市场多元化战略提供机会(周茂荣、申皓,1998)。四是为人民币国际化的道路提供借鉴,也即人民币国际化应避免货币联盟的方式(粟勤、周银红、张艳玲,2012)。人民币国际化必须在明确目的、看清方向、细致规划的前提下,逐步推进。⑥ 四是欧元流通后,各成员国为了达到统一的标准,可能采取紧缩财政的措施,进而导致高失业率,失业率居高不下常是贸易保护主义的助燃剂,可能导致针对中国出口商品反倾销案的增多(周茂荣、申皓,1998)。

从中国外汇储备和债务的角度看,中国可以利用该机会对外汇储备和

---

① 钱能欣:《关于"欧洲单一货币"的一些看法》,《世界经济》1998 年第 1 期。
② 任健:《欧元的进程、地位、前景及影响评价》,《经济学动态》1998 年第 7 期。
③ 罗敏:《从欧元体系的结构弊端看欧元内在危机》,《世界经济研究》2000 年第 6 期。
④ 余翔:《欧元国际化进程及其面临的挑战》,《现代国际关系》2009 年第 1 期;[丹麦]亨瑞克·普拉斯切凯:《欧元挑战美元:失去的机会》,《经济理论与经济管理》2011 年第 7 期;沈越:《欧洲一体化进程与欧元前景》,《北京师范大学学报》(社会科学版)1999 年第 5 期。
⑤ 张颖:《欧元的发行及其对我国的影响》,《国际经济合作》1998 年第 4 期。
⑥ 余永定:《再论人民币国际化》,《国际经济评论》2011 年第 5 期。

债务进行战略性调整和结构性调整（任健，1998）。欧元将会成为中国外汇储备的重要手段，使中国的外汇储备结构更趋合理，这有利于改进人民币汇率的决定，但也很可能会对人民币与欧元汇率走势造成上升压力（周茂荣、申皓，1998）。中国应利用利率调期、货币互换等金融工具和手段，改变原利率水平或者货币形态，优化债务结构（战勇，1998）。以不变应万变，在欧洲货币联盟建立后把持有的成员国货币转换为欧元，保持外汇储备结构不变；① 适当增加欧元储备，以防止中国外汇储备实际购买力的下降。

欧元的发展历程为人民币国际化提供了有意义的借鉴。全球金融危机以后，由于对美元币值稳定的担心和中国经济高速增长带来的冲击，国内外对人民币国际化的讨论常常与国际货币制度改革联系在一起。货币国际化的历史表明，单纯的经济规模和贸易份额仅仅是取得国际储备货币地位的必要条件，对本币的信心和国内金融市场的深度和开放程度更为重要。从这个角度看，人民币国际化任重道远。② 为此，权衡人民币国际化的利弊得失，本着先易后难的原则，现阶段应明确以推进人民币跨境结算为目标，辅以稳妥可控的国内改革和金融市场发展的配合政策。

（二）欧元区的宏观经济政策

随着欧洲经济一体化的发展，欧盟经济模式确立了增长、稳定、凝聚的"三合一"的政策目标。其中，推动增长的工具是统一市场（四大自由、竞争政策、结构政策）、保持稳定的工具是经济货币联盟（货币政策）、促进凝聚的工具是欧盟财政（财政结构）。③ 也即通过关税同盟、统一市场、财政结构、经济货币联盟、"里斯本议程"的一体化措施，使欧盟的经济增长、稳定和凝聚可以同时推进，并且相互加强。（周茂荣、申皓，1998）

1. 货币政策与财政政策的"二元结构"。欧元区内货币政策的目标是要在密切协调成员国宏观政策的基础上形成共同的货币政策体系，逐步实

---

① 李翀：《从单极走向双极的国际储备货币格局——欧元的产生对国际储备货币格局的影响》，《金融研究》1998年第5期。

② 孙杰：《跨境结算人民币化还是人民币国际化？》，《国际金融研究》2014年第4期。

③ 王鹤：《欧盟经济政策目标的历史性分析》，《欧洲研究》2012年第4期。

行单一的货币，制定统一的货币兑换率，建立一个制定和执行欧共体货币政策的欧洲中央银行体系（江春泽、王海军，1992）。欧洲中央银行作为一个刚刚诞生不久的新型超国家货币机构，需要通过不断的政策实践去逐步积累管理经验，这对它来说无疑是一个空前而巨大的挑战。到目前为止，尽管欧洲中央银行的单一货币政策操作可圈可点，但在欧元区内仍然存在着一些亟待解决的问题：一是于物价稳定与经济增长的关系问题（任健，1998）；二是欧元区单一货币政策与成员国财政政策的关系问题，体现为货币政策与财政政策合作不均衡的矛盾；[1] 三是欧元区币值稳定与汇率波动的关系问题；[2] 四是欧洲一体化扩大与深化之间的关系问题，以及经济发展差异与欧盟财力不足的矛盾等。[3]

有学者认为欧盟的财政协调政策具有一定的可行性和非常乐观的预期效应。[4] 但也有学者持相反观点，认为欧洲货币一体化并没有看起来那么顺畅，货币财政纪律苛刻与欧盟区域内高失业率之间、货币财政政策之间、各国经济实力和欧盟总体财力之间存在着长期矛盾。[5] 欧元区国家丧失了独立的货币政策，政府无法通过自行调节利率、汇率来更灵活地减小经济波动造成的负面影响。[6] 与美国相比，欧盟各国在劳动力市场流动性、中央财政系统及地方平衡预算等方面有诸多不同，加之缺乏强力约束，使得欧盟各国的财政赤字情况远逊于美国各州。[7]

总之，欧元正式流通实现了区内货币政策的统一，也对欧盟财政政策协调提出了更高的要求。欧盟原有财政政策的协调机制、各成员国税制的

---

[1] 徐明棋：《欧元区国家主权债务危机、欧元及欧盟经济》，《世界经济研究》2010 年第 9 期。

[2] 温军伟：《欧元区主权债务危机与欧元的前景》，《金融理论与实践》2012 年第 1 期。

[3] 申皓、蔡铭华：《欧元区单一货币政策浅析》，《武汉大学学报》（人文科学版）2004 年第 5 期。

[4] 杜厚文、邢广玉：《欧共体 1992 年统一税制计划》，《世界经济》1990 年第 4 期；成新轩：《欧盟财政政策协调分析》，《世界经济》2003 年第 5 期。

[5] 陈志昂：《欧盟货币一体化的内在矛盾》，《世界经济》1998 年第 3 期。

[6] 李旭章、龙小燕：《欧债危机：深层原因与十大矛盾分析》，《经济研究参考》2012 年第 40 期。

[7] Feldstein, Martin, "Weaker Euro will Help Solve Europe Deficit Woes", http://www.ft.com/intl/cms/s/0/985821ea-27f3-11e1-a4c4-00144feabdc0.html#axzz1lRKUOH7t, 2011.12.19.

差异、欧盟东扩带来的新老盟国税制差异等问题成为欧盟未来发展的制约因素。① 在未来，如何进一步完善财政协调的制度框架，加强财政和货币政策当局的协调和对话，真正实现成员国税制的趋同政策，应是欧盟财政与货币政策协调的重点。②

2. 金融、贸易与投资的融合。从金融市场一体化来看，金融市场一体化有利于欧盟区域内企业融资范围扩大、成本降低、效率提高（李月平，1998）。在债券市场方面，欧洲货币联盟成立后，汇率风险消失，欧元债券的收益差由于债券信用等级、流动性、税收和市场基础设施的不同（如分销方式和结算的效率等）而出现新的特征。欧元债券市场将比成员国市场更广大、更深厚。③ 在资本市场方面，有学者研究发现在1985—2009年的检验区间内，由于电子信息化的发展和普及、金融自由化和金融开放，欧洲货币联盟成员国股票市场与欧洲的区域一体化水平显著地高于它们与美国的一体化水平。④

从国际贸易与对外直接投资来看，区域经济一体化对于FDI的影响存在市场规模效应和门槛效应，在区域一体化背景下，贸易与投资呈互补关系。⑤ 在对外直接投资方面，随着单一欧洲货币的实施和一体化的进一步增强，欧盟内部的国际投资将变为国内投资，也即对内将以全欧化为主，对外有一定的"投资转移效应"（李月平，1998）。在对外贸易方面，一体化的一些限制虽会成为从低收入国家进口商品的障碍，从而减少在这些国家以出口为目的的投资数额，但区域一体化也可以刺激需求增加，扩大进口贸易额。⑥ 欧洲一体化所带来的产出和投资的增加将给所有经济伙伴带来好处，发展中国家可能从中获益良多。⑦ 欧洲一体化使欧盟内部的资

---

① 黄立新：《欧元与欧盟的财政政策协调》，《欧洲研究》2003年第1期。
② 胡琨：《欧元区最后贷款人机制的制度创新》，《欧洲研究》2012年第6期。
③ 英航：《欧洲单一货币之后的欧元债券市场》，《国际金融研究》1998年第10期。
④ 费兆奇：《股票市场的国际一体化进程》，《世界经济》2011年第10期。
⑤ 鲁晓东、杨子晖：《区域经济一体化的FDI效应：基于FGLS的估计》，《世界经济文汇》2009年第4期。
⑥ 黄金老：《欧元对中国—欧洲经济贸易关系的影响》，《财贸经济》1998年第2期。
⑦ 邵天光、田雁：《1992年欧洲一体化对跨国公司及发展中国家的影响》，《世界经济》1991年第6期。

源要素商品、劳动、资本流动更自由，而欧元的产生则使欧盟内部汇率风险得到消除和交易费用下降，欧盟企业在各成员国之间贸易比重上升，加剧了"贸易转移效用"（李月平，1998；李铁立，2008[①]；王鹤，2003[②]）。

二 北美一体化及其经济政策

鉴于北美自由贸易区在北美一体化中的先导作用，本部分主要对该组织内的经贸政策和实施成果进行回顾。

一是实现优势互补，取得规模经济效益。[③] 北美自由贸易区是世界上最大的自由贸易区，很容易从规模经济中获益，降低平均成本，并在此基础上取得竞争优势。[④] 三国经济水平、文化背景、资源禀赋等各方面的差别，也使得区域内经济的互补性很强，提供了更多的专业化生产和协作的机会，促进整体经济的发展（古惠冬，2001）。

二是优先发展区域内贸易。降低直至消除贸易壁垒，增加相互投资机会，这无疑会对北美区域性经济发展起促进作用（林海军、刘明兴，1993）。税收一体化作为贸易一体化的必然延伸，在北美自由贸易区内实施也是不可避免的，这将主要表现在各国对其税收政策的协调运用上（邓子基、邓力平，1994）。

三是改善各成员国投资环境。《北美自由贸易协定》中的投资条款由两大部分组成：第一部分是投资措施，即明确地涉及外国直接投资问题的措施，如投资与服务条款、投资者——国家争端解决机制、知识产权保护；第二部分涉及与投资有关的贸易措施，包括原产地规则及与关税减让和税收延付有关的措施（陈继勇，1996）。这些政策在未来的很长一段时间内将保持不变，有利于增强在北美地区的投资人的信心（高颖，1996；古惠冬，2001）。

四是对原产地原则的规定。即在美、加、墨三国内签发统一原产地

[①] 李铁立：《边界转型对欧洲一体化进程的影响机制》，《欧洲研究》2008年第4期。
[②] 王鹤：《欧洲经济政策结构评述》，《欧洲研究》2003年第3期。
[③] 徐环云：《试析北美自由贸易区及其前景》，《现代国际关系》1991年第3期。
[④] 武雅婷：《北美自由贸易区形成原因和进程浅析》，《对外经济贸易大学学报》1992年第5期。

证，只有获得原产地证，该商品才能在成员国之间免征关税，实行自由流通（古惠冬，2001；林海军、刘明兴，1993）。从国家级水平上看，北美自由贸易协定各成员国均选择将特定产业排除在各种投资条款之外。从地区级水平上看，针对特定产业极为严格的原产地规则可能导致一些贸易和投资转向，且使传统供货网络位于其他地区的北美新建厂商处于不利之地。北美自由贸易协定在开创国际投资领域内积极先例的同时，也为未来全球贸易协定或地区贸易协定在有限地使用原产地规则来保护特定产业方面发出了一个危险的信号（陈继勇，1996）。

五是北美自由贸易区的协商制度比较健全。NAFTA 争端解决机制以种类繁多、体系庞大而闻名于世。[1] 三国所签订的《北美自由贸易协定》以法律形式规范三国的经贸关系，具有很强的约束力。该协定的投资条款在建立明确的规则、有执行力的投资争端机制和各签字国歧视体制日益增加的透明度等方面取得了显著的突破，这有力地推动了北美三国跨国公司在北美地区对其经营活动进行合理化重组，并促进了三国相互间直接投资的增长、投资效益的提高和经济的一体化（陈继勇，1996[2]）。此外，北美自由贸易区还有一套固定的运行机制以及经济政策定期协商机制（古惠冬，2001），以确保区域内各成员国间相关争端的解决和宏观政策的协调。

综上，区域一体化路径选择大体具有国家作为（主导国家推进和非主导国家响应）、功能互补（政治安全与经贸合作相互促进）、组织搭建（组织机构创设和组织程序建构）三个相互支撑的层面，正是它们彼此间的相辅相成促进了区域一体化的不断深化。[3] NAFTA 代表了一种由经济发展水平差异很大、经济结构不同、互补性很强的国家开展的经济一体化合作模式（沈骥如，2002），它仅是迈向"美洲大陆经济圈"的第一步。[4] 北美经济一体化的未来取决于 NAFTA 是向"深度"（更高的一体化形式）

---

[1] 王俊：《三大区域贸易组织保障措施法比较研究》，《江海学刊》2006 年第 3 期。
[2] 陈继勇：《论 NAFTA 投资条款与美加墨相互直接投资》，《世界经济》1996 年第 5 期。
[3] 储新宇：《试论区域一体化合作路径——历史维度的经验分析》，《社会科学战线》2007 年第 1 期。
[4] 刘宁：《论北美自由贸易区的组建及影响》，《山东社会科学》（双月刊）1996 年第 2 期。

还是向"广度"(吸收中南美国家参加)发展。①

三 欧债危机的成因与影响

按照 Reinhart 和 Rogoff 对金融危机历史经验的分析,金融危机之后通常会紧接着发生政府债务危机,但二者之间一般有着数年的间隔,最长可达十年,"危机已经过去"的美好想法往往被随后的政府债务危机打破。②后来发生的事实果然符合他们的推断,而且间隔时间仅仅为一年。肇始于美国的次贷危机引发的金融风暴席卷全球,不仅对全球经济和国际贸易往来带来巨大冲击,而且使主要发达国家身陷重重困境,③对发达经济体区域一体化进程产生重大影响。为了应对美国次贷危机的不利影响,欧洲中央银行开始实行宽松的货币政策,这为欧元区各国政府债务融资带来极大便利,但也使得各国政府的公共债务急剧膨胀。根据制度非中性和利益集团理论的精神实质,在同一制度下不同个体所获得的往往是各异的东西,而那些已经或将要能够从某种制度安排中获益的个人或集团,定会竭尽全力地去为之奋斗。④ 最终,个体的理性行动可能导致集体非理性后果。欧债危机的爆发即是如此。2009 年希腊政府的财政赤字占国内生产总值的比例达到 15.4%,公共债务占国内生产总值的比例达到 127.1%,远超欧元区所要求的 3% 和 60% 的上限,这导致美国三大评级机构惠誉、标准普尔和穆迪相继下调对希腊的主权信用评级,进而触发了希腊主权债务危机。希腊主权债务危机爆发后,欧元汇率大幅下跌,欧洲股市遭受暴挫。随后,西班牙、意大利、葡萄牙和爱尔兰等国也相继陷入信用危机(详见表 6—3),希腊主权债务危机迅速蔓延并演变成席卷欧元区多国的欧债危机。为了应对危机,救助国内金融机构,英国等国先后投入巨额资金,

---

① 邓子基、邓力平:《北美自由贸易区与税收一体化》,《世界经济》1994 年第 6 期。
② Reinhart, C. M. and Rogoff, K. S., "This Time is Different: A Panoramic View of Eight Centuries of Financial Crises", *NBER Working Paper*, No. 13882, 2008. 3.
③ 张宇燕:《中国和平发展面临的国际经济环境及其挑战》,《求是》2011 年第 22 期。
④ 张宇燕:《个人理性与"制度悖论"——对国家兴衰的尝试性探索》,《经济研究》1993 年第 4 期。

很可能会造成财政亏空，其潜在主权债务风险更令人担忧。[①] 这场危机使欧元区面临严峻的考验，也对欧洲一体化进程带来负面影响。深究原因，引致欧债危机的因素除了外部国际金融危机的影响（周茂荣、杨继梅，2010；汪涛，2011[②]；鲁敏，2012；梅兰德，2012[③]），其内部架构的缺陷也难辞其咎。

表6—3 "欧猪五国" 2009—2010年的债务状况（占GDP的比）

国家	预算赤字（%）2009年	预算赤字（%）2010年	累计债务（%）2009年	累计债务（%）2010年
希腊	15.4	10.5	127.1	142.8
葡萄牙	10.1	9.1	83.0	93.0
爱尔兰	14.3	32.4	65.6	96.2
西班牙	11.1	9.2	53.3	60.1
意大利	5.4	4.6	116.1	119.0

资料来源：戴炳然：《方方面面话欧债》，《欧洲研究》2011年第6期。

（一）追本溯源：欧洲主权债务危机的起因

欧洲主权债务危机的爆发不仅是受美国次贷危机的影响，也有其内部经济结构不平衡、财政和货币政策二元结构不协调、扩张速度过快过高的福利等原因。具体表现如下。

一是欧元区体制的先天缺陷——统一的货币政策、分散的财政政策。[④] 欧债危机无疑是第二次世界大战以来欧洲一体化面临的最大挑战之一。这场史无前例的债务危机折射出欧洲一体化进程中存在的三大问题：一体化发展程度超过了成员国经济趋同的实际水平；高福利社保体系的弊

---

① 何帆、金惠卿：《警惕英国的主权债务风险》，《中国金融》2010年第9期。
② 汪涛：《欧债危机的出路》，《国际经济评论》2011年第6期。
③ 梅兰德：《欧洲债务危机对欧洲经济的影响》，《经济研究参考》2012年第18期。
④ Pisani-Ferry, Jean and von Hagen, Jürgen, "Why is Europe Different from What Economists Would Like?" Paper Presented at the 1th Congress of the French Economic Association（AFSE），Paris, 19–20 September, 2002；周小川：《金融危机中关于救助问题的争论》，《金融研究》2012年第9期；张宇燕：《债务危机与世界经济》，《北京工业大学学报》（社会科学版）2012年第3期。

端；统一的欧元缺乏统一财政的配合。[1] 其中，财政政策与货币政策的"二元结构矛盾"是导致欧债危机爆发的内在根本原因（王辉，2010[2]；戴炳然，2011；白光裕、庄芮，2011[3]；郑联盛，2011[4]；石清华，2011[5]）。欧元在创立以后，只有统一的货币政策而没有统一的财政政策，迟早要表现出其跛足运行的缺陷。[6] 欧洲货币体系的形成与发展虽提高了欧洲经济的微观效率，但对经济差异明显的各成员国而言，其宏观政策协调成本也是巨大的。[7] 换言之，单一货币微观效率的提高是建立在牺牲各国宏观协调灵活性的基础之上的。由于欧盟内实行统一的货币和汇率政策，因而在面对国际金融危机冲击时，各成员国失去了本国货币和汇率政策自主权，只能采用扩张的财政政策加以应对，[8] 而这又导致了公共债务危机的恶化。[9] 缺乏纪律性的财政政策（查尔斯·维普洛兹，2012[10]；汪涛，2011），再加上欧洲央行采取的宽松货币政策降低各成员国筹资成本，也变相助推了政府债务高企，最终酿成主权债务危机。因而，要从根本上治理欧债危机，就需要改革这一体制（石清华，2011）。

二是欧洲区域一体化扩张过快。此次欧洲主权债务危机的爆发与欧洲一体化进程的缺陷密不可分。这种缺陷集中表现为欧盟发展至今的数次扩张，一体化扩张过快问题越来越凸显，主要表现在各个成员国经济发展不

---

[1] 陈继勇：《欧洲债务危机与中国的对策》，《当代财经》2012年第1期；冯仲平：《欧洲，何去何从》，《世界知识》2011年第23期；马俊：《欧债危机的下一步演进及对中国的影响》，《国际经济评论》2011年第6期。

[2] 王辉：《欧洲主权债务危机的根源、影响与启示》，《财政研究》2010年第5期。

[3] 白光裕、庄芮：《从主权债务危机看欧洲一体化的两大缺陷——兼论对东亚一体化的启示》，《广东金融学院学报》2011年第6期。

[4] 郑联盛：《欧元区繁荣，谁得的更多》，《世界知识》2011年第22期。

[5] 石清华：《欧元区体制缺陷对成员国债务的影响及对欧债危机的治理分析》，《现代经济探讨》2011年第12期。

[6] 孙杰：《后金融危机时代的全球经济与竞争格局》，《当代世界》2012年第11期。

[7] Feldstein, M., "The Failure of the Euro", *The Foreign Affairs*, 2012 (2).

[8] 王霞、王启利：《欧债危机：原因、对策与启示》，《河北经贸大学学报》2012年第3期。

[9] 余永定：《后危机时期的全球公共债务危机和中国面临的挑战》，《国际经济评论》2011年第1期。

[10] ［法］查尔斯·维普洛兹：《欧洲货币联盟设计中的缺陷》，《国际经济评论》2012年第2期。

平衡，通货膨胀率参差不齐，失业率表现明显不均等（陈继勇，2012；白光裕、庄芮，2011）。同时，过快的扩张速度进一步拉大了现有成员国间的经济发展差距，当遭遇外部不对称冲击时，难免令欧洲一体化陷入两难境地，也使得各国应对危机的措施效力大打折扣（冯仲平，2011；朱邦宁，2012①）。

三是过高的社会福利政策。战后欧洲各国发展模式的一个重要特征是高福利，但这一模式近年来越来越难以为继，原因在于在经济全球化快速发展、新兴经济体群体崛起的情况下，维护高福利就意味着保持欧洲产品的高成本，其后果则是欧洲国际经济竞争力的下降。② 可以说，"欧猪国家"巨额的私人与公共债务是危机的根源（陈继勇，2012；周茂荣、杨继梅，2010；阿尔伯特·施魏因贝格尔，2012）。当欧债风暴袭来之际，民众普遍反对政府采取紧缩政策，拒绝对福利制度进行结构性变革，这样就使得像希腊这样的债务国很难取得德国等援助国对其进行救助。这也是最初欧元区失去有效扭转这场危机最佳时间的原因（冯仲平，2011）。为了解决债务危机，需要满足五个条件：降低国债收益率、债务货币化（朱一平，2012）、保持经济增长、适当财政紧缩、债务重组。③ 然而，持反对观点者也有之。有学者认为欧债危机的爆发并非因于社会高福利政策，④ 脱离实体经济的虚拟经济才是主因。如社会开支最高的北欧国家反而受危机影响最小。此外，德国在危机中的表现一枝独秀，除了施罗德执政后期的经济与社会改革外，德国坚实的产业基础也功不可没（戴炳然，2011）。

(二) 纾困之道：欧债危机的应对策略

鉴于欧元区政治一体化还有很长的路要走，在短期内统一财政难以成

---

① 朱邦宁：《欧债危机与欧元的命运》，《红旗文稿》2012 年第 21 期。
② ［瑞典］阿萨尔·林德白克：《高级福利国家的后果》，王鹤译，《西欧研究》1988 年第 5 期。
③ 任若恩：《解决欧洲债务危机面临诸多两难选择》，《经济研究参考》2012 年第 18 期。
④ 王鹤：《欧洲债务危机有望缓解》，《国际金融》2011 年第 11 期；Krugman, Paul., "Legends of the Fail", http://www.nytimes.com/2011/11/11/opinion/legends-of-the-fail.html? ref = paulkrugman, 2011.11.10。

行，因此，要从根本上治理欧债危机，只能进行循序渐进的改革，分阶段有步骤地推出短期、中期和长期救助方案和改革计划，提高各成员国抵御债务危机风险的能力，逐步推进欧洲一体化进程。

从短期看，以维持成员国债务持续性为目标，欧盟和国际货币基金组织（IMF）设立1100亿欧元的希腊援助计划和7500亿欧元的欧洲金融稳定机制（European Financial Stability Facility，EFSF）即属于此。其中，欧洲金融稳定机制是2010年5月在卢森堡设立，可以发行总额为4400亿欧元的债券，以此为高债务国提供利息率为5%的低息贷款。[①] 这些短期救助方案的主要目的是平息市场的恐慌情绪，维护成员国的债务可持续性。[②] 但这些办法只能解决燃眉之急，不是根本之道。[③] 并且，各国政府为救市而向市场注入的大量流动性资金被金融机构窖藏。次贷危机过后，市场很可能出现更加严重的资金流动性过剩局面，届时全球通货紧缩很可能再次转变为更加汹涌的通货膨胀。利率市场动荡不可避免。[④]

从中期看，建立欧洲货币基金（European Monetary Fund，EMF）[⑤]、组建"欧洲经济政府（EEG）"、完善成员国退出机制[⑥]以及欧元"二元论"[⑦] 等，可以改善欧元区的财政状况，是中期救助方案中的可选项。危机后的欧盟银行业监管理念与模式发生了从"母国控制"原则向审慎监管原则的根本转变，成员国向欧盟层面上交银行监管权，以维护金融体系

[①] 朱一平：《欧洲债务危机的最新进展和前景》，《经济研究参考》2012年第1期。

[②] 蔡彤娟、黄瑞刚：《欧元区主权债务危机的治理方案分析》，《国际金融研究》2010年第9期。

[③] 张严柱、王天龙：《欧洲主权债务危机的形势及前景》，《经济研究参考》2012年第2期。

[④] 孙杰：《危机即将过去吗》，《中国外汇》2009年第2期；孙杰：《金融深化论析》，《世界经济》1991年第4期。

[⑤] Gros, D. and Mayer, T., "How to Deal with Sovereign Default in Europe: Towards a Euro (pean) Monetary Fund", *Job Market Papers*, 15 March, 2010.

[⑥] Feldstein, Martin., "The Euro and European Economic Conditions", *NBER Working Paper*, http://www.nber.org/papers/w17617, 2011.11.14.

[⑦] Arghyrou, M. G. and Tsoukalas, J. D., "The Greek Debt Crisis: Likely Causes, Mechanics and Outcomes", *The World Economy*, 2011, Vol. 34（2）, pp. 173 – 191.

稳定。① 而建立欧洲货币基金将增强欧元区内部经济政策协调和对成员国的监督，它既能促进成员国维持良好的财政状况，又能在危机时对成员国实施救助，有利于维护市场信心，减少成员国债务风险，对稳定欧元区十分有利（石清华，2011）。但该方案的弊端在于：EMF 与 IMF 的关系与定位、各成员国缴纳基金的比例以及相关条约内容的修改等。完善成员国退出机制，虽可避免个别成员国的债务危机拖累整个欧元区，但也面临新币种选择、欧元区信心、阻滞欧洲一体化等问题（蔡彤娟、黄瑞刚，2010）。欧元"二元论"的核心思想是将欧洲货币体系一分为二，由德、法、荷、奥等核心国家组成"强势欧元"，以希腊为首的"欧猪五国"等成员国退出并组成"弱势欧元"，其优点是改善汇率调节机制，将区域收入分配和财政转移支付制度缺失的负面影响降到最低，但保守派认为任何"退出"都相当于欧洲一体化进程的倒退，这是不可接受的（蔡彤娟、黄瑞刚，2010；张严柱、王天龙，2012）。组建欧洲经济政府的优点在于 EEG 与 ECB 合作加强区域财政政策和货币政策的协调；超国家的预算管理能够为反周期经济政策的实施提供保障；EEG 能够将欧盟和成员国债务纳入统一的债务管理体系，实现区域债务的有效监管。② 但成员国对 EEG 在成立方式、表决权、运行机制等方面存在分歧。此外，还可考虑建立欧盟成员国的联合发行统一欧元债券（Euro Bond）体系，允许成员国按照统一成本进行融资，债券信用由全体成员国共同担保。③

从长期看，统一财政制度（朱一平，2012），推行积极宏观经济政策（Krugman，2011④；Stiglitz，2011），对欧元区进行经济结构改革，改善欧

---

① 胡琨、刘东民：《欧债危机下欧盟银行规制与监管体系的转型与创新》，《欧洲研究》2013 年第 3 期。

② Busch, K., "European Economic Government and Wage Policy Coordination: The Eurozone Crisis Calls for Structure Reforms in Europa and Deutschland", *International Policy Analysis*, Friedrich Ebert Stiftung, May, 2010.

③ Stiglitz, Joseph E., "Europe finally Admits its Debt Problem to Save the Euro", http://blogs.ft.com/the-a-list/2011/07/22/europe-finally-admits-its-debt-problem-to-save-the-euro/#axzz1SkoNkaPv, 2011.07.22.

④ Krugman, Paul., "Euro Zone Death Trip", http://www.nytimes.com/2011/09/26/opinion/euro-zone-death-trip.html?ref=paulkrugman, 2011.09.25.

元区经济发展前景，才是解决债务危机的根本。其中，关键是社会保障改革、增加科技投入和提高国际竞争力（蔡彤娟、黄瑞刚，2010）。欧元区核心国家和边缘国家经济社会的不平衡性是欧债危机的重要原因，减少乃至消除成员国间的不平衡性，对统一货币政策的实施、欧元区经济的平稳运行及债务危机的减轻都有积极影响，① 因此，需要进行欧元区内的经济社会结构变革。这也为建立"单一货币、统一财政"体制做必要准备（戴炳然，2011）。而统一财政有利于财政约束，消除各成员国的财政机会主义，换言之，解决危机的最终方案可能是欧元区财政收支的一体化，以及欧洲经济联邦化的实现，否则主权债务危机的蔓延就可能演变为欧元本身的危机。② 但也有学者对欧元区经济结构与统一财政的先后次序提出异议，其认为若要最终建立"单一货币、统一财政"的体制，应先进行结构性改革，再进行财政一体化改革（石清华，2011）。还有学者对欧洲政治领导人达成一致的财政计划持负面的评价，认为该计划的实施可能将欧洲推向严重萧条：欧元区国家没有货币政策工具可用，汇率调整之路也不可行，因此，只能使用财政政策工具来对经济进行调节。如果财政计划条款过于严厉，将扼杀自动周期性财政调整，而这又很容易导致需求的下跌循环和严重萧条（Feldstein，2011）。因而，从欧元区结构调整上来说，保留各国的财政独立性是必要的，但同时需要更严格的财政纪律来约束各国的发债行为，以避免欧债危机的重演。③ 欧元区各国应关注周期性和结构性赤字的区别，因为对于投资者来说，结构性赤字才是财政偿付能力的关键指标。④

最后，无论从金融危机前后银行同业拆借市场的利率波动看，还是从在工薪收入缓慢增长时的消费萎缩看，造成欧洲经济衰退的主要因素似乎

---

① 蔡彤娟、金山：《欧元区单一货币政策区域非对称效应的实证研究——基于 VAR 方法的检验》，《国际金融研究》2012 年第 6 期。
② 孙杰：《主权债务危机与欧元区的不对称性》，《欧洲研究》2011 年第 1 期。
③ ［德］延斯·魏德曼、杨盼盼：《欧洲经济需要再平衡》，《国际经济评论》2012 年第 3 期。
④ Feldstein, Martin, "How to Create a Depression", http：//www.project-syndicate.org/commentary/feldstein44/English，2012.01.16.

都是心理上的冲击。① 在某种意义上，财政联盟背后的政治联盟对恢复金融市场信心、维护欧元国际地位更为重要（粟勤、周银红、张艳玲，2012）。欧债危机爆发后，欧洲央行一直在是否充当政府债券市场最后贷款人的问题上摇摆不定。货币联盟中的政府债券市场存在缺陷，很容易爆发流动性危机，只有中央银行做出最后贷款人的承诺才能解决这一问题。为了维护金融稳定，欧洲央行必须公开声明将在政府债券市场上坚定不移地履行最后贷款人职责（保罗·德·格罗韦，2012②；查尔斯·维普洛兹，2012）。总而言之，无论采取何种救助措施，关键是提升市场对欧元区国家的信心。③

（三）前途坎坷：欧债危机对欧洲一体化进程影响几何

本轮全球金融危机虽然滥觞于美国次贷危机，但对欧元区的冲击似乎更为深重。④ 在欧元区内部，各成员国在复苏速率上的不平衡十分明显，可能会影响到整个欧元区经济复苏的稳定性。⑤ 欧债危机的爆发不仅暴露出欧洲一体化的脆弱性，而且对世界经济增长带来负面影响。为了解决欧洲的债务危机，2011年以来欧盟国家领导人研究了各种解决方案。最终除英国与捷克外，其余欧盟国家领导人都同意继续迈向欧洲一体化，进一步统一欧盟的财政，设立统一的财政标准，制定惩罚机制并付诸实施（张健，2012；丁一凡，2012⑥）。从短期看，欧债危机虽然使欧洲一体化的进程迟滞，但从长期看，反而可能扫除了阻碍欧洲一体化的制度障碍——统一财政，进而促进了欧洲一体化进程（石清华，2011）。据此，大致可将相关研究观点分为如下三种。

第一种属于乐观态度，认为本次欧债危机为进一步推进欧洲一体化进程提供了良好的契机（张宇燕，2012），可能成为深化欧洲一体化建设的

---

① 孙杰：《全球金融危机对欧洲经济的影响》，《欧洲研究》2009年第1期。
② ［比］保罗·德·格罗韦：《欧洲央行的最后贷款人角色》，《国际经济评论》2012年第2期。
③ Summers, Lawrence, "It's time for the IMF to Step Up in Europe", http：//blogs. reuters. com/lawrencesummers/2011/12/08/its-time-for-the-imf-to-step-up-in-europe/，2011.12.08.
④ 张明、杨天成：《美国著名学者论欧债危机》，《国际经济评论》2012年第2期。
⑤ 张宇燕：《世界经济形势的回顾与展望》，《求是》2011年第3期。
⑥ 丁一凡：《欧元区债务危机背后的国际政治博弈》，《国际经济评论》2012年第2期。

催化剂（房乐宪，2012[①]；朱邦宁，2012）。从严格意义上讲，此次欧债危机是欧元区部分国家遇到的危机，而不是整个欧洲的债务危机，欧债危机进一步恶化的可能性不大，欧元不会崩溃。[②] 如果从政治利益角度判断，欧元崩溃论更是无稽之谈。[③] 虽然欧元的设计本身有其制度性缺陷，但欧债危机的深化必将促使各国寻找更深层原因，并据此进行一些规则和制度的安排并强化监管，最大限度降低危机的损失。欧盟各国力图从盟约里面寻找更多的协作空间，诸如财政政策协作、税收和福利政策的协调等，这将在很大程度上克服欧元的缺陷，深化欧洲一体化进程（王艳，2012）。简言之，欧债危机既构成欧盟能否有效运作的挑战，也可能化为促进欧洲一体化深化发展的压力和动力。[④] 欧洲一体化素来是在矛盾中渐进的（周茂荣、杨继梅，2010），如果欧盟能够切实展现强有力的政治意志，重新树立政治公信力，并通过落实财政政策的统一协调，进一步完善治理体系，将有利于推动成员国进行结构性改革，也有利于欧盟从整体上提高竞争力，从而为推进欧洲一体化奠定坚实基础（房乐宪，2012；张健，2012[⑤]）。

第二种属于悲观态度，认为本次欧债危机给欧洲一体化进程带来了挑战。随着国际金融危机的持续恶化，欧盟和欧元区经济陷入衰退、金融形势不容乐观。[⑥] 欧盟受其利益多元和政治体制复杂性以及法律框架的制约，难以独立做出迅速和有效的危机应对举措，因此，债务危机的解决方式不可能立竿见影。在市场信心问题未能解决之前，欧债危机有进一步恶化的趋势。同时，市场对欧元区国家风险同质的幻象将不复存在，欧元区

[①] 房乐宪：《欧债危机与当前欧洲一体化面临的困境》，《和平与发展》2012 年第 1 期。
[②] 江时学：《欧洲债务危机前景及其对中国的影响》，《经济研究参考》2012 年第 61 期；王艳：《欧债危机再升级的发展趋势评估——基于意、西及欧元区外围国家债务问题的分析》，《国际经济合作》2012 年第 9 期；温军伟：《欧元区主权债务危机与欧元的前景》，《金融理论与实践》2012 年第 1 期。
[③] Bergsten, C. F., "The Coming Resolution of the European Crisis", Peterson Institute for International Economics, Policy Brief 12 - 1, 2012 (1).
[④] 余永定：《欧洲主权债务危机和欧元的前景》，《和平与发展》2010 年第 5 期。
[⑤] 张健：《从欧盟债务危机管理看欧洲一体化前景》，《现代国际关系》2012 年第 2 期。
[⑥] 钱小平：《综述：欧洲应对金融危机的挑战》，《欧洲研究》2009 年第 1 期。

国别风险溢价波动将成为常态，这对欧洲一体化进程是沉重打击。[①] 从欧洲央行视角来看，随着欧债危机的持续恶化，欧洲央行将被迫购买数量甚巨的欧元区主权债券，如果主权违约风险成为现实，那么欧洲央行自身也将需要资本重组。届时欧洲央行很可能被迫通过印钞来实现自身的资本重组。[②] 这对欧元及欧洲一体化进程来说也都非利好。德国作为欧元区具有举足轻重地位的支柱国家，除非其采取对经济弱国更加合作的态度，否则欧元区将极有可能归于终结，欧洲一体化进程也将寿终正寝。[③]

第三种属于谨慎态度，即认为欧洲主权债务危机将考验欧元体系的稳定性和未来发展战略。欧盟今后的改革与发展，不仅将影响欧洲一体化进程，而且将对国际政治经济格局的演变带来深远的影响（周茂荣、杨继梅，2010；王辉，2010）。如果欧债危机处理不当，希腊等国退出欧元区的代价巨大；若要渡过难关，则需制订一揽子计划来稳住市场信心，这可能包括欧洲央行扩大购买主权债务数量、弱国有序债务重组以及让渡部分财政主权等。[④] 有学者认为，欧债危机对欧洲一体化进程的影响利弊参半，不利因素包括债务还本付息、无法由贬值促出口、财政紧缩、决策机制缺陷、民意反对等；有利因素包括欧元区仍保持经济增长、欧洲金融稳定工具扩容、强化经济治理、欧洲央行积极作为、一致的政治决心等。[⑤] 对于欧洲国家来说，解决欧债危机面临着两难选择：一是债务货币化和对通货膨胀的担忧；二是保证经济增长和财政紧缩之间的平衡。如何处理好这种两难问题，将对欧洲一体化进程产生重要影响（任若恩，2012）。

除此之外，欧洲一体化还面临着"三反三保"的威胁，也即反解体、保成果；反衰退、保增长；反民粹、保多元。解决这些问题的根本之道在于实现欧洲的自主性经济增长，同时进行深刻的经济社会体制改革，最终

---

① 陈新：《欧债危机：治理困境和应对举措》，《欧洲研究》2012年第3期。
② Rogoff, Kenneth, "A Gravity Test for the Euro", http://www.project-syndicate.org/commentary/rogoff86/English, 2011-11-03.
③ ［德］阿尔伯特·施魏因贝格尔：《欧债危机：一个德国视角的评估》，孙彦红译，《欧洲研究》2012年第3期。
④ 汪涛：《欧债危机的出路》，《国际经济评论》2011年第6期。
⑤ 江时学：《影响欧债危机前景的利弊因素》，《经济研究参考》2012年第30期。

提高欧洲的经济竞争力（冯仲平，2011）。也即，尽管欧盟前进阻力增大，但欧洲国家放弃一体化转而走回头路的可能性不大，欧盟特别是欧元区内部在经济和财政政策上的协调力度已经开始并将继续加大，欧洲一体化将进入一个新的发展阶段。[①]

（四）中国的立场与危机的启示

学者对中国是否应帮助欧元区渡过危机存在着广泛讨论，争论也比较激烈。主要分为以下三种观点：一是支持派。金融危机爆发之初，欧元区对中国的出口增长仍很迅速。2009—2010年，欧元区对中国名义出口和实际出口分别增长170%和90%。但2011年6月成为欧元区对中国出口增速下滑的拐点。鉴于欧债发展态势以及对欧债未来发展的判断，有学者建议中国应增加从欧洲的进口，同时增加对欧元区的直接投资（朱一平，2012）。中国对欧伸出援助之手有利于深化中欧全面战略伙伴关系，也有利于提升中国的国际地位（余永定，2010；江时学，2012）。二是反对派。中国作为世界上最大的发展中国家，做好自己的事情就是对世界的贡献。中国对欧盟的救助杯水车薪，难以起到力挽狂澜的作用。欧洲内部的事情，最终还是要由其自己解决。[②] 三是有条件参与派。如果欧元区领导人对经济进行根本性的结构改革，并发行统一的欧元区债券，中国则应该大量购买，以支持欧元区渡过债务危机。这不仅对欧元区经济有益，对稳定世界经济形势、避免世界经济陷入大衰退有益，也对中国经济自身发展有益（张严柱、王天龙，2012）。

欧洲债务危机的爆发虽抑制了中国的出口需求，使中国的经济增长有所放缓，但也并非百害而无一利。危机促使中国政府放缓紧缩的经济政策，推迟加息及进一步调控房地产市场，还为人民币汇改创造有利时机。[③] 危机爆发以来，中国采取了很好的财政和货币政策措施，中国增长

---

① 张健：《从欧盟债务危机管理看欧洲一体化前景》，《现代国际关系》2012年第2期。
② 杨斌：《美欧债务危机、金融动荡与中国应对策略》，《开放导报》2012年第1期。
③ 中国社会科学院欧洲研究所课题组：《希腊主权债务危机的由来及其对中国的影响》，《欧洲研究》2010年第4期；沈建光：《欧洲债务危机对中国并非全是负面影响》，《财会研究》2010年第11期。

模式对全球重新平衡和支持欧洲渡过债务难关贡献巨大。① 随着经济全球化，各国之间的联系日益增强，欧债危机的爆发不仅影响到欧洲，而且使世界经济都产生震动。中国虽暂时不会出现主权债务危机问题，但此次危机还是为中国政府债务敲响了警钟。② 中国应合理判断政府债务规模的发展规律及趋势，严格控制债务规模的增长，完善债务结构，建立行之有效的稳定基金，才能有效地防范债务危机的发生，保障国家经济安全、稳定、高效运作。具体而言：一是应高度重视政府债务问题（陈继勇，2012）；二是强化内部结构调整，转变以往依赖出口拉动经济增长的发展模式，③ 有效促进内需增长；三是完善社会保障制度时，避免福利水平过高；四是审慎考虑建立或加入亚洲共同货币区。④

第三节　经济增长及区域一体化的进展

当前，世界经济格局深刻调整，单边主义、保护主义抬头，经济全球化遭遇波折，多边贸易体制的权威性和有效性受到严重挑战。在此大背景下，2018 年世界经济增长并没有持续 2017 年各国同步强劲回升的势头，除美国等少数经济体增速继续上升之外，其他大部分经济体经济增速出现回落。⑤ 从直接投资流量来看，近几年全球直接投资流量大幅下降，发达国家下滑的尤为显著。发达国家对外国投资采取更为审慎立场，以及保护主义盛行是导致流入发达国家直接投资大幅下滑的主要原因之一。⑥ 一方

---

① 梅兰德：《欧洲债务危机对欧洲经济的影响》，《经济研究参考》2012 年第 18 期。
② 陈燕飞、杨明：《欧债危机对欧元区国家政府债务影响的实证研究》，《世界经济与政治论坛》2012 年第 4 期。
③ 张宇燕、田丰：《新兴经济体的界定及其在世界经济格局中的地位》，《国际经济评论》2010 年第 4 期。
④ 鲁敏：《欧债危机的成因分析及对中国的影响》，《经济研究参考》2012 年第 53 期。
⑤ 张宇燕、孙杰、姚枝仲：《世界经济黄皮书 2019 年世界经济形势分析与预测》，社会科学文献出版社 2019 年版。
⑥ 张宇燕：《全球投资安全审查趋紧，国际投资格局面临重构》，《国际金融研究》2019 年第 1 期。

面，2018年以来美国、日本和欧洲等主要发达经济体通过法律强化对国际直接投资的审查；另一方面，美国实行单边贸易保护主义政策，且贸易政策朝令夕改，极大增加了全球经济运行紧张气氛，打击了投资者信心，投资者不得不预设贸易战演变可能出现的极端情况，进而对未来投资前景判断变得更加谨慎。他们推迟或减少了有关投资计划和投资金额，也直接导致全球投资不断下滑。展望未来，世界经济增速下行的可能性较大，金融市场可能进一步出现剧烈动荡，各主要国家应对下一轮经济衰退的政策空间受到限制，贸易战和逆全球化趋势还会带来较大负面影响。

一 发达国家的经济增长

本部分将主要对美国、日本和欧洲等发达经济体的经济增长情况进行回顾和评述，特别是金融危机以来，西方发达国家采取的宏观经济政策，无论是应对危机而采取的量化宽松货币政策，还是危机过后的紧缩政策，都给全球经济增长带来一定的负外部性，如何应对这些影响是所有国家必须面对的挑战。

（一）美国经济

为了应对金融危机导致的经济衰退，美联储共实施了四轮量化宽松货币政策。零下限的联邦基金利率为实现联邦公开市场委员会（FOMC）制定的就业和通货膨胀目标作出了贡献。随着美国经济复苏及FOMC双重目标的实现，联邦基金利率会提高，美联储会适度收紧货币政策。在实施紧缩性货币政策时，其速度不仅要考虑经济预期，还要参考金融市场对去货币政策宽松化的反应。[1] 围绕特朗普经济政策的评价存在巨大分歧，西方主流经济学家大多持反对立场，他们认为，特朗普经济政策违反经济学逻辑，与经济全球化发展趋势相悖，缺少实施的可行性，损害美国的霸主地位，无法实现"让美国再次伟大"的目标；赞成者则多为非主流经济学的人士，李向阳的研究认为，特朗普经济政策抓住了美国经济面临的核心问题，对美国经济复兴可能是一剂良方，在逻辑上具备自洽性，在实践

---

[1] ［美］威廉·C.杜德利：《美国经济与货币政策》，赵天奕译，《中国金融》2015年第1期。

中具有可行性，①但同时它又有很强的负外部性，现行的国际经济体系和秩序可能会因此受到重大冲击。特朗普经济政策呈现出双重属性：国内层面的理性与国际层面的非理性。这两种属性的相互交织、相互作用将会给世界经济带来重大的不确定性。

美国霸权依赖于美国经济在全球的主导地位。金融危机后美国经济出现了新的动向，使得美国经济增长面临较为严重的问题。主要包括：美国国内经济失衡局面未能得到有效抑制，暂未找到可信的新动力推动美国经济持续增长；民主制度部分失灵对经济产生负面影响，损害美国的财政健康；冷战后变化了的国际环境导致美国国际经济结盟可能性降低；中国经济发展使美国掌握和动用国际经济资源的能力减弱。②美国经济实力在相对下降，新的经济格局初步成形，世界会在相当长的时期处于权力缓慢转移、力量愈发均衡的秩序构建进程当中。为了扩大自身的经济空间，美国在三个地缘区块分别实施了加强区域性机制构建战略。特朗普执政提出"美国第一"原则，重谈"北美自由贸易协定"，退出"跨太平洋伙伴关系协定"，推进双边谈判，让美国制造业回归本土等，然而，这些措施并不能解决美国面临的问题。③而在讨论中美关系的时候，经济问题始终是一个重要的议题。中美两国之间的博弈是以经济和金融为基础的。张宇燕认为，从中长期来看，美国经济将继续运行在中低速的发展轨道上，中国将维持中高速增长。④黄鹏、汪建新、孟雪则从经济全球化再平衡的宏观视角，基于全球价值链的详细模拟，分析了中美当前贸易摩擦的作用路径和影响程度。其研究发现，美国税改和中美贸易摩擦是美国对经济全球化进行再平衡的重要组成部分。中美贸易摩擦只是"再平衡"背景下的一个必然过程，解决问题的根本方法应当放在深度调整中美经贸关系等中长期应对上，而不是仅仅停留在中美贸易摩擦本身。⑤

---

① 李向阳：《特朗普经济政策评估》，《国际经济评论》2017年第4期。
② 宋国友：《美国霸权衰落的经济逻辑》，《美国研究》2015年第1期。
③ 张蕴岭：《美国亚太区域经济战略解析》，《美国研究》2017年第1期。
④ 张宇燕：《中美关系中的经济因素》，《美国研究》2015年第6期。
⑤ 黄鹏、汪建新、孟雪：《经济全球化再平衡与中美贸易摩擦》，《中国工业经济》2018年第10期。

（二）欧洲经济

目前，欧洲经济总体向好，但长期稳定增长的基础并不牢固。主权债务危机的持续影响、一体化进程受阻和经济结构改革迟缓三大因素，是当前欧洲面临的主要挑战。推进一体化的政治决心和各国的集体行动，是保证欧洲经济活力和稳定增长的关键。为此，欧洲应共同推进结构改革，调整政策理念，把握政策平衡；同时还应处理好公平与效率的关系，以及联盟内部大国与小国之间的关系，把握好一体化的方向和进度。孙杰、秦爱华的研究也认为，支撑欧盟经济的支柱依然脆弱，通货紧缩、人口老龄化、失业率居高不下等因素依然是制约经济发展的主要因素。欧盟潜在经济增长率持续走低，且低于债务危机前的水平。预期欧盟经济将维持低速增长，欧盟何时能走出经济低迷期仍具有较大的不确定性。[①]

从一体化进展来看，欧元区的成立和欧元的流通是欧洲一体化的里程碑事件。通过一体化的深入发展，实现区域内的共同繁荣是欧元区成立的重要目标之一。从央行的角度来看，统一金融政策无疑需要一体化的金融市场。唯有如此，货币政策的刺激效果才能迅速、安全地传达至欧洲的每个区域。[②] 但从实际运行来看，欧元区成员国之间不仅没有因为使用单一货币、执行统一货币政策而实现经济趋同，相反，各国之间的发展差距呈现出扩大的趋势。徐坡岭、贾春梅的研究发现，各成员国在要素市场、技术水平、制度、文化等方面的差异决定了各自不同的发展水平和发展速度。高度一体化本可以缓解成员国异质性的影响，但在单一货币政策下，统一的名义利率和名义汇率进一步放大了初始异质性的影响。[③] 与此观点类似，万志宏和陈汉鹏认为欧元区一体化进程加大了核心与边缘成员的差异，却未建立起区域层面的风险分担机制，最终导致了危机的爆发。进行结构改革、增强区域风险分担机制的建设将是欧元区未来实现长远稳定的

[①] 孙杰：《欧洲经济直面三大挑战》，《中国外汇》2017年第11期；秦爱华：《欧盟经济增长困境分析与前景展望》，《人民论坛》2015年第9期。

[②] ［德］基恩斯·魏德曼：《欧洲金融市场的一体化——基于中央银行的视角》，谢瑞芬、门超译，《中国金融》2015年第21期。

[③] 徐坡岭、贾春梅：《欧元区经济增长分化的原因与发生机制：通货膨胀视角》，《国外理论动态》2018年第1期。

必经之路。区域一体化应更多关注成员国发展的平衡性。①

(三) 日本经济

战后的日本曾出现过 16 次经济周期波动,根本原因在于现代日本资本主义的固有矛盾。这些波动的特点包括周期缩短、周期波动幅度缩小、多种周期形式相重叠、在中周期视角下的扩张期延长与长周期视角下的慢性衰退延长等。② 其原因在于固定资产频繁更新与设备投资频度加快、技术革命与技术创新迅猛发展以及政府对经济运行的深度干预。"安倍经济学景气"成为战后第二长的经济景气期,但"无实感"成为其最大的特征,长期低迷和慢性衰退依然是日本经济发展的主要基调。渡边雅男和高晨曦从马克思政治经济学批判体系的视角,基于企业、国家政权、阶级三层结构探讨日本经济金融化的原因。③ 在企业层面,劳动分配率的下降以及资本积累率的停滞是企业积累活动金融化的前提。在国家层面,国家的自由化战略显著推动了经济的金融化。日本经济自由化改革的外因是全球竞争带来的门户开放压力,内因则是作为统治阶级的资产阶级为了推动企业积累活动的金融化,要求政府放松金融管制。在阶级层面,工人阶级的历史性失败和资产阶级内部的霸权交替是经济金融化这一"经济地震"背后的"板块运动"。Naoyuki Yoshino 和 Farhad Taghizadeh-Hesary 认为,日本经济自 20 世纪 90 年代初开始增长缓慢并进入衰退,导致日本经济停滞的原因是结构性问题而非暂时的低迷。④ 这些结构性问题主要包括人口老龄化、中央政府对地方政府转移支付的分配以及银行受《巴塞尔协议》资本要求所限,不愿为创业企业和中小企业提供贷款。据此,他们建议改革劳动制度以应对人口老龄化、提高妇女就职率、支持中小企业、减少中央政府对地方政府的转移支付、重新审视货币政策目标、利用家乡投资信

---

① 万志宏、陈汉鹏:《从主权债务危机看欧元区的内在稳定性》,《南开学报》(哲学社会科学版) 2015 年第 6 期。

② 张季风:《用马克思主义经济理论解析战后日本经济周期波动》,《日本学刊》2018 年第 2 期。

③ [日] 渡边雅男、高晨曦:《试论日本经济的金融化》,《政治经济学评论》2017 年第 6 期。

④ Naoyuki Yoshino, Farhad Taghizadeh-Hesary:《日本经济长期衰退的原因和对策》,《新金融》2016 年第 7 期。

托基金支持风险企业、能源组合多样化等，以促进日本经济增长。这也为中国及其他国家避免长期衰退、保持增长提供了借鉴。徐奇渊基于泰勒规则分析日本和德国的货币政策发现，1987—1989 年的大部分时间中，日本的利率水平是过低的，最严重时低于理想的利率水平 1% 左右。而同期德国的利率水平则没有出现持续的过紧或过松。由此发现，汇率大幅升值未必导致资产价格泡沫，从而也未必导致金融体系的崩溃和经济萧条；财政政策和货币政策的分工应当明确并互相独立；金融市场的稳定是央行实现其他政策目标的前提。①

20 世纪 90 年代初，日本泡沫经济崩溃引发了严重的经济衰退，为了走出困境，日本政府采取了一系列的综合经济对策，但成效并不明显。日本经济迟迟走不出长期衰退的表象之下，潜藏着不同层面的经济和政治因素，包括对经济衰退类型判断失误、货币和财政政策双失灵、多重结构失衡叠加、政治体制弊端凸显、开放经济面临外部冲击等。日本经济要走出长期衰退，需要综合配套的改革措施，进行一场深刻的社会、经济和政治体制的变革。另有学者从资产负债表的角度对 20 世纪 90 年代日本发生的经济危机梳理总结后认为，持续的有管理的浮动汇率金融制度有助于经济危机的预防和解决，坚持货币中性的金融政策导向是预防和解决经济危机的必要条件，短期的财政刺激是预防和解决经济危机的充分条件，企业自身发展是预防和解决经济危机的根本途径，健全外汇、货币、财政等金融政策协调机制是预防和解决经济危机的重要抓手。②

进入 21 世纪，日本综合国力呈现相对衰落的迹象，长期观之存在持续走向衰落的可能。日本不愿意适应和接受自身国际地位相对下降的现实，尤其是面对中日两国实力此消彼长的态势，日本政治右倾化动向显著，安保战略与外交政策调整巨大，这在一定程度上可视为其国家实力相对衰落的反映。门洪华和宋志艳基于国家、地区、全球三个层面全面剖析

---

① 徐奇渊：《"广场协议"之后日本经济泡沫化原因再探——基于泰勒规则的日德比较分析》，《日本学刊》2015 年第 1 期。
② 刘力臻：《日本经济长期衰退的政治经济学分析》，《日本学刊》2016 年第 2 期；郑鹄捷：《日本经济危机的反思与借鉴——基于资产负债表的金融视角》，《金融理论与实践》2019 年第 3 期。

日本相对衰落的效应,指出中日实力对比发生逆转,导致战略相持和激烈对冲期的来临,双边竞争性因素突出,中日关系进入全面角力阶段。[①] 日本把中国作为主要竞争对手,积极制定和实施新的对华战略,成为中国国家安全、领土完整的最主要威胁。因而,必须持续关注未来日本内外政策的动向,及时进行准确的战略判断与应对,增强战略定力,在坚决维护中国核心利益的同时,致力于重塑地区关系,打破美日软性遏制圈,利用相对和平的国际环境赢得对日战略优势,逐渐实现中日关系的历史性和解,建立兼容共存的互动关系,并争取回到战略互惠关系的原点。

二 区域一体化的进展

欧洲形势的变动将深刻影响国际政治的权力格局、世界经济和全球治理的基本图景。虽然全球化仍是时代主旋律,但英国脱欧公投折射出一股逆全球化的潮流,国际政治经济格局随之呈现出一些新特点。在诸如货币、贸易、发展和安全等具体领域内,世界力量格局并未发生根本性的改变,但治理具体问题的难度与日俱增。[②]

(一)英国脱欧对欧洲一体化的影响

英国脱欧将对欧洲一体化的路径和前途产生深远影响,表明欧盟内部围绕一体化的目标存在根本分歧(孙杰,2017)。更重要的是,英国脱欧和差异性一体化还具有溢出效应。受到英国的影响,其他成员国的例外诉求可能会逐渐增多。这种差异性一体化的溢出效应可能从一个政策领域外溢到其余的政策领域,还可能从一个成员国扩散到其他成员国,加剧欧盟内部的离心倾向。毕晶的研究则认为,除了相关负面影响之外,英国脱欧也可能对欧盟贸易政策产生比较积极的正面作用,[③] 主要体现在:一是欧盟成员国将会以此为教训和契机,在欧盟内部事务和对外关系方面变得更加团结。二是不会影响欧盟通过以贸易协定为平台在全球推广新规则的一贯做法。

---

① 门洪华、宋志艳:《日本相对衰落与中国的应对》,《社会科学》2016 年第 7 期。
② 任琳:《英国脱欧对全球治理及国际政治经济格局的影响》,《国际经济评论》2016 年第 6 期。
③ 毕晶:《英国脱欧对欧洲一体化进程的正面影响》,《国际经济合作》2018 年第 11 期。

近期的欧洲面临部分国家大选稳中有变、难民和恐怖主义等非传统安全隐患频现、经济复苏与潜在危机并存、英国脱欧进程缓慢艰难等问题。尽管大选结果整体稳定，为经济复苏带来利好，但深层问题并未解决，不确定性依然存在。就权力格局而言，欧盟作为一极的能力和影响力将有所削弱，美欧关系更为务实，俄欧关系有改善空间，中欧关系前景看好。就全球治理而言，各国仍需在货币、贸易、发展、安全领域加深合作以共同应对各种挑战。作为与欧洲存在广泛共同利益的行为体，中国需要积极应对欧洲变局带来的机遇和挑战，培育中欧信任关系，推动"一带一路"与欧洲国家发展战略的对接，共谋包容性发展和互利共赢的局面。[①] 展望英国脱欧后的全球治理图景，欧盟影响力将有变化，建立危机预警机制的诉求上升，内部博弈明显，安全问题呈现非传统性。

（二）对中国的影响

多层治理结构下的欧盟对外决策主体具有多层性和多元性特点。为了规范联盟治理体系和增强联盟对外行动能力，欧盟通过不间断的制度变革来实现联盟的"善治"，这种"制度依赖"进而外溢为欧洲经济外交的规制性特征。在制度规范下，欧盟独特的集体决策模式使其成为易守难攻的"欧洲堡垒"。受欧盟制度结构和决策机制影响的欧盟经济外交特点逐渐成为影响中欧经济外交的内生变量。王宏禹认为从长远来看，增加共同利益和共识是中欧关系发展的根本之策。[②] 针对欧盟经济外交的特点，中国应主动地、有针对性地进行适应、防范和应对。在欧洲主权债务危机和中国经济结构转型的双重背景下，中国需要把握战略机遇期，凭借日益强大的经济力量（投资、金融、采购等），将其转化为能够有效运用的外交资源，通过科学的战略管理和策略设计，克服中欧制度结构层面的不对称性。中国要主动融入和创设双边和多边平台，在这些平台上进行"利益交换"和"规则重塑"，必要时可以动用"威胁惩罚"手段和反制措施以保证国家利益的实现，使欧盟及其成员国在中国的全球战略中发挥更大的

---

① 任琳、郑海琦：《国际政治经济学视野下的欧洲与世界》，《国际经济评论》2018 年第 3 期。

② 王宏禹：《欧盟经济外交的特点及中国的应对策略》，《欧洲研究》2014 年第 4 期。

作用。

此外，在北美一体化进程中，美国大选后特朗普执政等一系列事件为北美自由贸易区的未来发展带来巨大不确定性，但考虑到北美自由贸易区为域内各国经济发展和整体竞争力提升发挥的积极作用，墨美之间停止自由贸易关系的概率很小。[①] 在新自贸协议谈判过程中，墨西哥对美出口以及吸引外国投资将受到不确定性因素的冲击，投资环境会因此有所恶化，对中墨双边经贸关系的发展带来消极影响。

三　发达国家的宏观经济政策

当今世界经济，逆全球化风潮涌动，特别是特朗普就任美国总统以来，奉行保护主义，推行"美国优先"政策，给全球经济增长带来不确定性。发达国家的宏观经济政策调整，会对全球经济增长带来显著的溢出效应，中国等新兴市场和发展中国家该如何妥善应对，是极具挑战性的重大议题。

（一）宏观经济政策的调整

美国国内经济政策主张以提振美国经济增长为主轴，同时兼顾民生福利要求；涉外经济政策则主要表现出美国对开放环境下经济大势演变派生调整压力的消极反应。特朗普实施的经济刺激措施可能会有助于提振美国短期经济增长，然而他的一些重要主张处于客观规律作用的对立面，制定实施过程会面临多重掣肘，难以顺利见效，有的作用方向与其目标诉求背道而驰，因而难以显著提升美国长期经济增长速度。[②] 从一定意义上讲，特朗普政府推行的贸易政策集中体现了其执政理念和执政风格，他的真实意图绝非完全摒弃国际贸易，回归孤立主义，而是想按照他认可的方式来实现所谓的公平贸易。随着特朗普逐步推行基于狭隘国家利益的"公平贸易"，中美关系尤其是中美经贸关系将步入摩擦多发期，甚至在某些时点上矛盾会激化。事实上，中美贸易不平衡并非中国有意为之，而是受两

[①] 刘学东：《北美自贸区前景与中墨双边经贸关系展望》，《拉丁美洲研究》2017年第2期。

[②] 卢锋：《特朗普的经济主张》，《国际经济评论》2017年第1期。

国经济结构差异、全球价值链分工、美元霸权、美国对中国高科技产品出口管制以及贸易统计制度等因素的影响。① 单纯的货物贸易已经远远不足以反映当前的国际经济关系，中国作为发展中国家不应该也没必要以追求贸易顺差为目标（孙杰，2018）。中美作为当今世界两大经济体，在贸易投资领域既不可避免地存在分歧与争端，但又要共同努力把难以规避的分歧与争端控制在有限范围内，使其不至于影响中美经贸关系的基本稳定大局。整体而言，中美两国间发生严重冲突对抗，特别是发生大规模贸易摩擦的可能性不大。② 中美贸易争端不会影响中国的开放国策，中国应继续坚持对外开放，打开国门搞建设。

特朗普政府推行保护主义的理论基础，恰是"萨缪尔森情景"的存在性证明。张宇燕认为，若要从学理上批驳特朗普政府的单边保护主义政策，就需要深究"萨缪尔森情景"的瑕疵或条件性。③ 如果市场规模因国际分工与交换不断深化而持续扩大，其带来的整体贸易收益完全有可能抵消某一特定产品的"萨缪尔森情景"而有余，至少是使其出现的概率大为降低。"萨缪尔森情景"既可以发生在美国身上，也完全可能发生在中国身上。"萨缪尔森情景"存在的证明，既可以来自中国生产率的"外生地"快速提升，也可以来自美国生产率"内生地"下降。经验事实表明，工业化国家绝大多数是在二百年前便开始工业化进程的国家，而利用所谓"后发优势"实现赶超的国家则凤毛麟角。"萨缪尔森情景"所处的是一个交易成本为零的世界。在一个交易成本大于零的世界，人类更应该关注的恐怕就不再是让萨缪尔森忧虑的问题了。

从外商投资政策来看，近期主要发达经济体均在立法层面强化了对国际直接投资的审查体系。2018年8月，特朗普签署《外商投资风险评估现代化方案》，对外商在美投资进行更严格的监管和限制。日本、英国和欧盟也纷纷制定审查外商投资新标准（张宇燕，2019）。中国对美国并购的增长使得美国各界的焦虑日益增加，美国外国投资委员会（CFIUS）的

---

① 贾中正：《中美贸易摩擦与发展》，《中国金融》2017年第19期。
② 张宇燕、牛贺：《特朗普的成功及其限度：兼论中美经贸关系》，《国际经济评论》2017年第2期。
③ 张宇燕：《贸易理论的进化与国家间的竞争》，《世界经济与政治》2019年第1期。

改革试图解决现有审查过程无法充分应对中国投资"威胁"美国国家安全的问题。从 CFIUS 审查行为的特征事实来看，中国企业的确是 CFIUS 审查行为的重点关注对象，且 CFIUS 近年来的审查方式也发生了不利于外国投资者的诸多变化。此次 CFIUS 改革法案体现了针对中国投资者的若干特征，扩展了国家安全分析的考虑因素，扩大了 CFIUS 的管辖范围，改革了具体的审查流程。这意味着中国企业对美直接投资的环境可能发生较为不利的变化。对此，潘圆圆和张明建议中国应改变对外宣传策略，探索对外投资新方式与加强对外投资监管，重视美国对华直接投资的撤离现象。[①] 中国企业不应低估并购交易受到 CFIUS 审查的可能性，不放弃收购美国高科技公司与能源公司的努力，主动审视自己的企业性质并采取相应交易策略，重视在非正式申报阶段与 CFIUS 的沟通，充分利用美国本土的中介机构并加强与美国国内各利益相关者的沟通等。

从税收政策来看，特朗普政府的税收改革是美国政府 1986 年以来最为重要的一次税收，其核心内容是降低企业所得税，提高美国企业国际竞争力。税改具有促进再工业化、缓释政治压力、夯实复苏基础等重要作用，以简化税制、降低企业税负和保障家庭收入等为主要措施。企业所得税税率从 35% 下调至 21%，对于美国大型跨国公司具有最大的政策红利。从税改对美国经济的影响来看，特朗普推行的税改法案虽对美国经济增长起到一定提振作用，但该作用是有限的。[②] 一是美国经济目前处于充分就业状态，减税导致的消费和投资的增加难以使经济增长速度显著增加。二是减税导致公共债务增加，而公共债务增加必将影响美国经济提速。也即，减税对财政赤字和公共债务的影响整体是负面的，未来美国将在预算和公共债务上限等方面遭遇多重压力。三是税改对美国国际收支平衡的影响具有很大不确定性。美元未来既可能升值也可能贬值。[③] 从美国税改对

[①] 潘圆圆、张明：《中国对美投资快速增长背景下的美国外国投资委员会改革》，《国际经济评论》2018 年第 5 期。

[②] 郑联盛、陈旭：《特朗普税改"冲击波"：经济影响与政策应对》，《国际经济评论》2018 年第 3 期。

[③] 余永定：《特朗普税改：两减一改、三大新税种和对美国经济的影响》，《国际经济评论》2018 年第 3 期。

他国经济的影响来看，减税法案与"加息＋缩表"效应叠加，会加速国际资本回流美国，给包括中国在内的经济体带来资本外流压力。在鼓励美国企业科技创新的同时，可能分流他国研发投入而影响其创新能力。减税政策对不同层次制造业的影响存在差异，长期来看可能引致部分高端制造业的产业链发生转移。事实上，美国制造业主要由高技术产业驱动，就业流失的主要原因在于技术进步。美国采取的制造业回流政策，特别是制造业就业回流并不具备经济学意义上的合理性。[①] 此外，税改法案还可能引发全球竞争性减税。[②] 对中国而言，应密切关注美国税改的短期影响和长期影响，但是也不必过于夸大其对中国经济的影响。中国仍应根据国内外经济的大局进行宏观调控，根据自己的时间表稳步推进包括税制改革在内的各项改革进程（余永定，2018）。反思中国企业税负相对较高的内在根源，审视中国以企业税为支撑的税收收入体系，构建现代财税体系，并全面深化经济体制改革。以市场化改革来缓释外部冲击可能是最优的政策选择。

从美欧日的自贸区战略来看，完整的自贸区战略至少包括三个部分：一是价值观，这是实施自贸区战略的道义基础。例如从欧美来看就是对自由竞争、市场化、民主及人权等方面的要求。二是明确的谈判对象遴选标准，从这些标准出发，能够给潜在谈判对象按优先性来排序。这些标准至少包含两个维度：自贸区建成之后的经济与战略利益的大小；经过国内利益集团、国会、本国及对象国政府多方博弈达成协议的难易程度。三是有利于自身长远竞争力的条款标准。例如美欧强调知识产权、劳工标准，日本强调能稳定和分散本国物资进口来源。[③] 基于此，中国自贸区战略应以合作导向及削减贫困为道义基础，按照离岸一体化原则遴选潜在伙伴，同时推动基础设施有关议题成为FTA谈判的横向议题。

从国际金融体系的构建来看，第二次世界大战后的国际金融体系运转至今已有七十年，国际汇率制度从"黄金—美元"本位转变为以浮动为

[①] 胡鞍钢、任皓、高宇宁：《国际金融危机以来美国制造业回流政策评述》，《国际经济评论》2018年第2期。

[②] 贾中正：《制造业企业税制的国际比较》，《中国金融》2018年第24期。

[③] 冯维江：《试析美欧日自贸区战略及对中国的启示》，《亚太经济》2015年第1期。

主的多种汇率安排体系，国际资本流动和国际金融市场也得到了极大的发展。高海红认为，汇率制度选择、储备货币和流动性以及国际货币基金组织改革等是重要的布雷顿森林体系遗产。[①] 随着以中国为代表的发展中国家和新兴经济体崛起，世界经济格局发生深刻变化。实现储备货币多元化，重组和增设多层级的国际金融机构，建立全球金融安全网，是未来国际金融体系重建的核心内容。中国参与国际金融体系重建，扩大人民币作为国际货币的功能，提升中国在全球金融治理中的地位，参与创建新的多边金融机构，既符合以中国为代表的发展中国家和新兴经济体的利益，也顺应新的国际经济格局。还有学者从国际政治经济学的视角研究中美两国的关系。苏日追赶美国失败表明存在某种意义上的"大国赶超陷阱"，但陷阱的存在并不意味着参与大国博弈的国家必然会坠入陷阱，而是意味着大国间的赶超在达到一定层次后难度会陡增，其中就包括美国及其盟友对华态度与政策的大角度转变。[②] 当前，西方正面临一系列社会经济、政治、种族、宗教的严峻挑战，同时中国与昔日的苏联和日本大相径庭。创新、协调、绿色、开放、共享五大发展理念及相应的制度与政策，为中国量质并进的发展提供了充分保障。对中国而言，跨越"大国赶超陷阱"只是时间问题。

（二）对中国的影响及对策

经济全球化已经成为当前世界经济的重要特征，世界各国的利益和命运更加广泛、深入和紧密地联系在一起，已经形成了你中有我、我中有你的利益共同体，很多挑战不再是以一国之力就能应对的，越来越需要各国共同商量着办。遵守国际规则、以对话解决争端、以协商化分歧，追求国际正义成为多数国家的共识。[③] 随着国际金融危机的影响逐步消退，美国的金融政策由宽松转向紧缩。在美联储数量和价格"双紧缩货币政策"外部溢出效应下，中国的经济增长率、就业、进出口和物价等均受到一定程度的负面影响。在开放经济的条件下，外部冲击会通过国际贸易和金融

[①] 高海红：《布雷顿森林遗产与国际金融体系重建》，《世界经济与政治》2015年第3期。
[②] 张宇燕：《跨越"大国赶超陷阱"》，《世界经济与政治》2018年第1期。
[③] 孙杰：《中美贸易争端不会影响中国的开放国策》，《南开学报》（哲学社会科学版）2018年第3期。

市场对一国的货币政策效率产生影响。程刚的研究发现，不同经济指标对中国货币政策效率的影响程度存在差异。其中，美国的通货膨胀率及其产出对中国货币政策效率影响较大，其他经济指标对中国货币政策效率的直接影响较小，它们主要通过对美国经济产出以及通胀的影响来间接影响中国的货币政策效率。但相比较而言，美国紧缩的金融政策对中国经济发展结构和质量的内生影响更加重要。① 中国应树立"以我为主、协作共赢"的国际经济合作理念，拓展国际货币和经济合作平台，优化货币政策调控和传导，推动经济实现更高质量的发展。② 谭小芬、殷无弦、戴韡考察了美国量化宽松货币政策的退出公告对新兴经济体的影响后发现：美联储有关 QE 退出的公告事件导致新兴经济体货币贬值、主要股指下跌、十年期国债收益率上升。对于经济基本面更好、金融市场更完善的国家，受 QE 退出的不利影响较小。因此，新兴市场应努力巩固宏观经济基本面的长期稳定态势，降低经济脆弱性，各国应该加强政策协调与合作，共同维护全球金融稳定。③

面对发达国家特别是美国宏观经济政策的调整，中国的应用应是积极有为，继续推动对外开放。在邓小平改革开放理论指导下的中国对外开放实践，既很好地吻合了中国传统的贸易理论"淮南子—司马迁定理"，也可以在现代贸易理论和长期增长理论中得到说明。④ 随着中国特色社会主义进入新时代和国际环境发生深刻变化，特别是美国总统特朗普执政后，中美关系开始进入质变期，中国仍需以自身开放来引领和促进世界各国的相互开放、共同开放，积极参与全球治理改革和区域经贸合作，为推动构建人类命运共同体，建设持久和平、普遍安全、共同繁荣、开放包容、清洁美丽的世界，创造良好国际条件。面对美国在国际贸易领域的制度攻

---

① 程刚：《美国主要经济指标对中国货币政策效率的影响研究》，《武汉金融》2019 年第 2 期。

② 陈建宇、张谊浩：《美国"双紧缩货币政策"对中国经济的影响——一个基于 SVAR 模型的实证检验》，《上海经济研究》2019 年第 3 期。

③ 谭小芬、殷无弦、戴韡：《美国量化宽松政策的退出公告对新兴经济体的影响》，《国际金融研究》2016 年第 7 期。

④ 张宇燕：《中国对外开放的理念、进程与逻辑》，《中国社会科学》2018 年第 11 期。

势,中国正在通过"坚持多边、双边、区域次区域开放合作齐头并进、良性互动"的方式,拓展经济外交新空间。中美正在兴起的自贸区竞争成为塑造未来国际贸易秩序走向的根本性力量,体现为中美两国在权力地位、公共产品供给和自贸区合法性三个方面的竞争。这种竞争如果能够保持制度的相容性,将有利于促进一个更为开放和便利、更为法制化的国际贸易新体系;如果这种竞争导向制度的互斥性,则有可能加剧国际贸易体系的"碎片化"。①

世界经济秩序的重塑与再造主要取决于经济实力结构、经济规则体系及经济治理理念等构成要素的发展变化。② 金融危机后,新兴经济体与发达经济体之间及各自内部的经济实力出现双层分化,南北经济关系更加多元;世界各国尤其是大国围绕规则制定权的博弈日益激烈,但议题主导权的分散加速了世界经济去中心化进程;自由市场经济作为现存世界经济的核心发展与治理理念日渐式微。世界经济秩序已进入一个深度调整和变化期,但从现实来看,实现世界经济秩序的根本性变革仍任重道远。从深化中国与其他国家或组织的合作来看,美国首次将中俄视为战略竞争对手,在经济上向中国挑起贸易争端,在地缘政治上挤压俄罗斯生存空间,使得中俄加强全面战略协作、深化各领域务实合作成为必然。欧阳向英、贾中正的研究认为,中俄应保持在传统经贸领域的合作势头,在扩大双边贸易额的同时,逐步改善贸易结构,积极寻找和培育新的增长点。③ 为全面拓展中俄合作新空间,两国应提升全面战略协作伙伴关系水平,为深化各领域合作提供战略性指引;推进"丝绸之路经济带"与欧亚经济联盟对接;在多边框架内增进沟通与协调,支持多边主义和自由贸易;将能源合作扩展至全产业链,并积极开拓新的合作领域。坚持市场化运作,逐步消除欧亚经济联盟的贸易壁垒,降低中国海外投资风险,同时协调中俄在构建新型大国关系和国际政治经济新秩序中的行动,应成为中俄经济对接的基本

---

① 李巍:《现实制度主义与中美自贸区竞争》,《当代亚太》2016年第3期。
② 徐秀军:《金融危机后的世界经济秩序:实力结构、规则体系与治理理念》,《国际政治研究》2015年第5期。
③ 欧阳向英、贾中正:《战略、结构与空间——中美贸易摩擦背景下中俄经济互补性研究》,《欧亚经济》2019年第1期。

原则。从共建"一带一路"来看，中国倡议共建丝绸之路经济带与其合作导向的离岸一体化实践是相符的，主旨是实现合作与双赢，而非对抗和避险。[①]"一带一路"建设将为国际社会提供更多优质公共产品，更好地捍卫自由贸易体系。从完善全球治理的视角来看，新兴经济体的崛起导致国际格局发生重大变化，全球治理体系却未能很好地反映这种变化趋势，以金砖国家为首的新兴变革力量开始登上国际安全治理的舞台。[②] 中国与其他金砖国家应继续深化各领域的改革，加快经济结构的调整，为金砖国家的安全合作夯实基础；加快相互之间的发展战略对接，以提升金砖国家的安全合作水平；通过加强沟通与协调，积极参与全球治理，丰富金砖国家安全合作的内涵。

（本章执笔人：贾中正，中国社会科学院世界经济与政治研究所）

[①] 冯维江：《丝绸之路经济带战略的国际政治经济学分析》，《当代亚太》2014 年第 6 期。
[②] 贾中正：《金砖国家经贸安全合作：挑战与对策》，《国际安全研究》2017 年第 4 期。

第 七 章

转型经济学

迄今为止,计划经济向市场经济的全面转型已有三十多年的时间。作为人类社会中的体制和制度性的历史性变革,计划经济的退出和向市场经济转型以及由此引发的全球制度性变迁,转型对全球政治经济格局所产生的影响极为深刻。又由于人类发展史上从未有过从中央计划经济向市场经济的变革,所以20世纪90年代以来的这场历史性的制度变迁,引发了世界各国学术界和理论界的探讨。不仅中国的研究者,而且西方经济学家也认为,20世纪计划经济的问世与退世,是"人类历史上最重要的经济试验败笔之一"[①],中央计划经济的兴起和衰落以及这些国家走向市场经济,是20世纪最为重要的历史事件。中央计划经济向市场经济的转型,始终是经济学家、历史学家和政治学家所关注的一个重要话题。

第一节 转型经济学的形成、发展与演变

转型经济学(Transition Economics)作为一门新兴学科,是在20世纪末迅速发展起来的以中国、苏联和中东欧等国家的经济转型实践为主要研究对象的一个新的经济学研究领域。该研究领域的诞生和迅速崛起,缘于中央计划经济向市场经济转型的特殊性。苏联、中东欧和中国等国家在20世纪后期所发生的传统计划经济体制的重大变革,在短短20—30年时

[①] [比]热若尔·罗兰:《转型与经济学》,北京大学出版社2002年版。

间里，就实现了市场经济制度的建构，成为西方发达国家几百年不断发展的市场经济进程中的一个缩影。这其中的巨大变化无疑具有重要的研究价值，也因为这一制度变迁为人类历史上前所未有，使得转型经济的学术研究对象能够与经济变迁的其他方式加以区分、形成一个独立的学科加以研究。

一 转型经济学的形成与原因

转型经济学研究的发展与其研究对象的现实进程密切相关。从学科的角度看，转型经济学是伴随20世纪80年代中后期世界范围计划经济体制的改革、过渡、转型、市场经济形成和发展，逐渐形成的一门新兴的经济学学科。转型经济学（过渡经济学、转轨经济学）试图解释世界范围内进行的经济体制与制度的转轨与新制度的形成特点，其研究对象是苏联、东欧及包括中国和越南在内实行计划经济的国家向市场经济的过渡与转型。[1] 中国的一些研究者认为，转型国家的经济转型具有不可逆转性，过渡性和阶段性等特征；代表经济转型的阶段性转换的标志，可称作经济转型进程中的"转折点"[2]。

对于转型经济学的学术研究分期，我们主要依据转型国家的经济改革、经济转轨、制度变迁、市场经济制度确立、新制度安排、经济增长与发展状况等加以综合考察。

第一阶段为计划经济体制的改革时期：对转型国家苏联的经济体制批判与改革。这一时期始于中国改革开放的20世纪80年代。实践证明，中国的经济改革实践先于苏联。1978年以后到20世纪80年代，中国率先进入改革开放的新时期，在解放思想、破除计划经济体制弊端、探索新的

---

[1] 转型国家主要包括独联体国家（俄罗斯、白俄罗斯、乌克兰、阿塞拜疆、亚美尼亚、格鲁吉亚、哈萨克斯坦、吉尔吉斯斯坦、摩尔多瓦、塔吉克斯坦、土库曼斯坦、乌兹别克斯坦）；波罗的海三国（爱沙尼亚、拉脱维亚和立陶宛）；中欧四国（波兰、匈牙利、捷克和斯洛伐克）；巴尔干半岛八国（保加利亚、罗马尼亚、克罗地亚、马其顿、阿尔巴尼亚、斯洛文尼亚、波斯尼亚和黑塞哥维那、南斯拉夫联盟共和国）；此外，还包括中国、越南、蒙古等。

[2] 参见吕炜《经济转型过程中的转折点研究》。该文主要研究了中国经济转型过程中的转折点问题，《经济学动态》2003年第6期；景维民、孙景宇等《经济转型的阶段性演进与评估》，经济科学出版社2008年版，第18页。

经营方式、走向市场经济等方面起步更早。苏联政府自 20 世纪 60 年代所提出的各种改革方案，都以失败而告终。苏联的经济改革探索从 1957 年赫鲁晓夫推行"工业建筑业管理改组"到 1987 年戈尔巴乔夫推行企业"三自一全"，历经三十余载。在这样的背景下，我国的学者们较早地对苏联模式及其经济体制进行了学术批判，其视角是从中国经济改革看苏联经济改革及其经济模式的弊端。

我国学者关于苏联经济改革的分析，主要集中在以下几个方面。

第一，苏联经济弊端及其改革失败原因。一些学者对苏联经济管理体制的根本弊病进行批判。认为早在 20 世纪 60 年代初期，苏联一些经济学家就曾提出比较激进的经济改革理论。然而在当时的历史背景下，苏联领导人和经济学界不敢触动原有的管理体制，并对所谓"市场社会主义"进行批判，市场经济在理论与实践中不被接受。例如，在计划调节与市场调节方面片面强调计划的决定性作用，未能有效地发挥市场机制的作用；排斥商品货币关系，忽视价值规律的作用，否定对市场机制的利用，因而造成经济管理过分集中；苏联经济管理体制的重大弊病，是管理机关的严重官僚化，存在着管理者与劳动者的尖锐对立。[①] 还有学者提出，苏联传统经济管理体制的最主要弊病集中于产品经济型经济，产品经济模式的一个突出特点，是整个经济生活的国家化。这是上述种种经济矛盾的重要根源。由于苏联对旧体制基本矛盾缺乏深刻认识，改革始终未触动所有制关系和产权关系，使改革没有明确的目标模式，这就决定了苏联经济改革只能是方法性的、修补性的。

第二，苏联粗放型经济导致短缺型经济和经济危机的产生。苏联时期，在经济体制中存在着一系列的制约因素和障碍机制。其中，苏联粗放型经济和短缺型经济，曾受到学术界的广泛批评。至于其原因，许多学者认为是苏联当时的扩军备战和与美国进行军备竞赛，而持续冷战的国际环境，也是苏联当局奉行军事优先行动准则的背景。苏联粗放型经济的突出弱点是投入多而产出少。在战前的国家工业化时期，它曾是高速度增长

[①] 林水源：《苏联的经济改革及其发展趋势》，《世界经济》1984 年第 1 期；王金存：《苏联经济改革失败的原因和后果》，《东欧中亚研究》1992 年第 3 期。

的，但效益却不算高。在西方科技革命迅速发展的条件下，苏联的粗放型发展的弊端和矛盾日益突出，从而使苏联经济陷入速度与效益不断下降的局面。苏联在第二次世界大战后经济发展的衰落说明，"消耗型"的粗放发展道路必然招致短缺经济和经济停滞，最后出现经济危机。① 还有的学者采用总和要素生产率和投入产出方法，得出苏联经济增长轨迹自始至终都是低效率的结论；提出制约经济增长方式转换的五点因素；指出苏联经济增长与发展道路的独特性，以此说明苏联范式的经济从来就不是求发展、高增长的路径。②

第三，经济体制的弊端和经济改革的失败是东欧剧变和苏联解体的重要原因。苏联解体后，我国很多学者提出并论证：苏联经济改革没有能够触动其传统经济体制，根深蒂固的传统经济体制的弊病并未得到改革，这是导致苏联发生剧变的一个重要引因。罗肇鸿指出，几十年来，高度集中的行政管理的苏联经济体制模式不仅没有根本改变，而且其矛盾和弊端日益加深，这种经济体制的理论基础在于把价值、利润、市场、竞争等商品经济的范畴，视作资本主义的残余加以排斥，把完成国家计划规定的产量任务，作为企业生产经营活动的根本目标及衡量企业和各级经济组织经营成果的根本尺度。③ 王金存认为，苏联经济体制老化，缺少经济活力和动力，改革又推不动，是苏联经济体制改革失败的主要原因。④ 在苏联解体过程中，向市场经济过渡的提出、经济非国家化和私有化的推行，标志着原体制模式的彻底瓦解。

从经济体制的角度出发，有的学者提出，被统称为"斯大林模式"的经济体制的弊端，国内外学术界曾有过详尽的评述与概说，我国学术界多从所有制结构、指令性计划、行政管理体制等方面进行概括；西方学者则认为它是一种共产主义模式，主要有行政命令、军事经济、集权体制、

---

① 杨庆发：《苏联粗放型经济的历史局限：短缺型危机的深层次因素》，《世界经济》1992年第6期。
② 田春生：《苏联经济增长方式的转换及其教训》，《世界经济与政治》1997年第12期。
③ 罗肇鸿：《略议苏联解体的经济原因》，《华东师范大学学报》（哲学社会科学版）1994年第5期。
④ 王金存：《苏联剧变的经济体制因素》，《东欧中亚研究》1997年第6期。

军事共产主义模式等若干种界说。实际上，苏联型经济体制可以归结为"准国家化"的经济体制，即指经济体制的设置、结构、管理、运行及其目标，都服从于国家特定的政治目的，用国家政权—行政机制的强制力而非经济竞争的压力推动经济运转；国家政权在经济活动中起决定性作用，政治权力取代或排斥了经济权力的独立性，以追求国家政治利益而非经济效益为目标；整个社会经济关系国家化使国家能够实现社会政治和经济活动的垄断，导致社会丧失前进动力和体制效率，这乃是苏联经济瓦解的根源所在。[①]

在经济改革期间，无论是苏联或是东欧国家，对于市场经济都缺少理论的认知与实践的经历。中国学者从苏联剧变深层原因的角度分析指出，相对于戈尔巴乔夫等人的错误政治路线，苏联解体的经济原因主要有三：一是中央计划经济体制的低效率与僵化性；二是改革受阻长期推不动，使苏联经济体制丧失改革机会；三是苏共不注意自身建设，逐渐丧失了先进性和生机。苏联经济改革之所以长期推不动有多方面原因，最大的阻力还是来自苏共自身的特殊利益集团，它既是其经济体制丧失生机的根源，又是苏共蜕变的重要表现之一，[②] 从而导致苏联政治经济总危机。尽管在20世纪60—80年代，以匈牙利著名经济学家雅诺什·科尔奈为代表的东欧经济改革学派对于中央计划经济体制的弊端进行了在当时看来较为深刻的批评，提出了经济改革的各种理论并做出了学术贡献，但是现在看来，无论是苏联还是东欧国家，对于"经典社会主义体制无法从内部进行自我更新，从而保持长久活力""局部改革永远不可能突破自身，必须要有体制上的彻底变革"[③] 缺乏认知，最终导致持续几十年的苏联东欧经济改革的失败。

第二阶段为市场经济的创立时期：转型国家从抛弃计划经济的改革转向市场经济，也即市场经济制度的确立、初创与稳定发展的时期。大规模的制度转型始自1991年苏联解体。转型的主要任务不仅仅是实现经济转

---

① 田春生：《论苏联经济模式瓦解的体制原因》，《经济社会体制比较》1992年第4期。
② 王金存：《苏联剧变深层原因初探》，《世界经济与政治》1997年第7期。
③ ［匈］雅诺什·科尔奈：《社会主义体制：共产主义经济学》，中央编译出版社2007年版，第6—7页。

轨与制度变迁，而且在实践中，各国也在探寻适合本国国情的转型政策、路径、理论与目标。在这一转型初始阶段，东欧剧变、苏联解体、"休克疗法"推行、计划经济瓦解、市场经济初创。转型启动后，一些国家出现"制度型危机"和"转轨型衰退"。由于制度结构、利益结构和意识形态结构的剧烈重构，转型国家出现严重的社会经济动荡。从俄罗斯和中东欧转型国家的经济看，俄罗斯和中东欧经济"转轨型衰退"最为严重，经济大幅度下降并几近崩溃。中国在20世纪80年代经济改革的推动下，以邓小平"南方谈话"为基础，明确提出市场经济的目标。由于中国经济改革早于俄罗斯和中东欧，特别是曾被肯定的中国"渐进式"的改革方式使中国在经济改革进程中没有出现经济衰退，而是表现出持续的快速增长。这使得中国的学者在研究俄罗斯和中东欧经济转轨问题时，不仅对俄罗斯和中东欧经济转轨的进展、问题、现实及其绩效进行研究，而且对中国、俄罗斯和中东欧的经济转轨进行比较研究。中国学术界及其国际研究的基本看法主要是，肯定被称为"渐进式"的中国转型道路，分析以俄罗斯为代表的"激进式"的转型路径与"休克疗法"的经济政策。

这一时期，大多数转型国家的市场经济制度得到国家立法的确认，市场经济的政策、结构、路径与国家发展的目标取向都已确立并运转。因此，这些国家的市场经济制度不可逆转。转型国家表现出的基本特征是：（1）尽管各国的转型政策与策略、发展路径与制度模式不尽相同，但大多数转型国家的市场经济框架已经确立；（2）市场经济的政治、法律和意识形态的制度框架与市场环境基本形成；（3）转型国家以市场经济为基础的运行机制开始发挥作用，经济走出了"转轨型衰退"并实现了经济增长，经济秩序恢复正常，更多国家加入国际经济组织并融入全球经济。其中的标志性事件是：东欧十国加入欧盟，俄罗斯确立了普京新政以及国家治理的"可控的民主"与"可控的市场"，美国与欧盟等国承认俄罗斯市场经济地位；中国确立和完善社会主义市场经济。从这一时期转型国家的经济实绩看，转型国家中的中东欧、俄罗斯等国已经摆脱"休克疗法"的后果，确立了符合自己国情的发展模式与前行道路。

第三阶段为转型国家市场经济运行与经济发展时期：该时期始于21世纪之初，绝大多数转型国家已经成为正常的市场经济国家，市场经济制度主导国家的经济运行、基本政策以及经济社会的发展。学者们逐渐对经济转型的方式、道路、理论、发展前景等有了进一步的认知。在看法上，人们不再强调"唯一的道路、唯一的模式和唯一的方法"，一些学者开始超越"激进"与"渐进"孰优孰劣的争论，而更多地关注在转型可行性中的多种可能及其选择的条件与背景。在研究范畴上，学术界较多地关注对经济转型自身的理论解释，将研究重点从转型的制度变迁转向渐进运行层面的经济增长与经济社会的稳定。[①] 一些学者提出，现实世界的市场经济所表现的多样性，使经济转型的收益变得不可确定，这导致经济转型结果的不确定性。[②] 另外，在这一时期，从历史发展的逻辑与理论上说，随着经济转型的日益深化与市场制度的不断完善，转型国家逐渐形成市场经济的政治与法律制度。因此，在这一时期，学术研究将主要的问题集中在转型是否已经终结，以及转型经济学的未来定位方面。但是，对于转型是否已经终结这一问题，在转型经济研究的理论与转型国家的现实中，始终存在着分歧。其中的一个主要原因就是，受2008年国际金融危机的影响，俄罗斯和中东欧个别转型国家经济出现较大波动与下滑，一些国家出现了一些问题，有的学者又重新质疑这些国家的转型是否终结的问题。这里值得讨论的是，转型后的国家经济出现波动与经济增长下滑，能否将其原因归结为转型尚未终结，能否将经济波动作为衡量转型终结的标准？如果说正常市场经济国家也有经济波动和危机的表现，那么又如何看待转型国家所出现的经济波动与下滑现象？

二 转型经济学的研究对象

作为经济学的一个新兴学科和重要分支，转型经济学的研究对象是由它的形成背景、研究主体和对象及其特殊目的所决定的。究其实质，转型

[①] 景维民、孙景宇：《转型经济学》，经济管理出版社2008年版，第3页。

[②] 景维民、孙景宇：《转型经济学》，经济管理出版社2008年版，第3页。以景维民为学术带头人的研究团队致力于转型经济学的研究，发表了一系列具有其风格与见解的学术专著。例如，《转型经济学》、《经济转型的阶段性演进与评估》（经济科学出版社2008年版）、《国际维度下的经济转型——理论研究与战略选择》（经济科学出版社2007年版）。其中，经济转型的阶段及其划分以及对于经济转型各个阶段特点与规律的分析，是其对转型经济学的创新之一。

经济学研究计划经济向市场经济的过渡、转轨与转型问题，是研究一种经济制度向另一种经济制度的过渡，即中央计划经济体制与制度的变迁与市场经济的制度安排，包括过渡与转轨的方式、路径、绩效、模式与发展前景等。

什么是"经济转轨"？我国的学者们对于经济转轨的理解不尽相同，但具有基本共识的几点是：（1）经济转轨特指20世纪人类社会中一次由计划经济向市场经济过渡的改革运动，尽管各国进行经济转轨的初始条件存在差异性，但引发经济转轨的基本原因是相同的，即长期的经济低效率和经济增长停滞；（2）制度结构作为经济转轨的因变量，意味着从一个旧的制度结构过渡到一个新的制度结构。尽管各国体制改革的目标模式不尽相同，但总体目标是一致的，即从计划经济转向市场经济；（3）经济转轨启动后，各国争取尽快为经济增长提供一个高效率的均衡的制度安排。[1] 这样的经济转轨是由一系列政策措施推动的、有目的受控制的经济及其制度的变迁过程。

从计划经济向市场经济的转轨与转型是一个不断发展的过程，从这一过程看，在20世纪90年代，学术界对于经济转轨的研究主要围绕各转型国家转轨的过程、方式、政策、路径和现实进行，其重点是转轨初始阶段的"三化"，即自由化、私有化和稳定化（或者也有的称为"四化"，即其中还包括"制度化"）。20世纪末期，随着中东欧和俄罗斯宪政制度的确立，对于与转型相关度最高的制度（Institution）问题的研究则成为我国学术界关注与研究的重点内容，包括政治制度在内的制度变迁是经济转型的最基本内容，"经济转轨是在实质性改变旧制度的基础上，引入全新制度安排的过程"[2]，因而也是经济转型理论研究的重点。当转型国家从计划经济向市场经济的转轨基本实现后，学者们仍然强调转型经济学的研究对象和特有概念，将计划经济向市场经济过渡的转型研究，扩展到更为宽泛的研究内容。这之中，转型的概念已经从经济体制由计划经济向市场

---

[1] 冯舜华、杨哲英、徐坡岭等：《经济转轨的国际比较》，经济科学出版社2001年版，第35页。

[2] 郭连成、唐朱昌：《俄罗斯：经济转轨路径与效应》，东北财经大学出版社2009年版，第22页。

经济的转型，即市场化，扩大为由传统社会向现代社会转型，即现代化和经济由封闭向开放的转型，即国际化等。①

在学术表述与研究中，一些学者在转型过程中特别是在转型的初期和不同国家的转型，没有对改革、过渡、转轨与转型这几个概念加以严格区分。这是因为在20世纪的改革初期，中国甚至国际学者们难以对计划经济改革和过渡的方向进行确定，不能断定转型的目标一定是市场经济制度。在苏联和东欧，早在20世纪60年代就对计划经济改革进行探索，目标指向是计划经济的弊端，并明确指出"改革"一词是对高度集中的计划经济体制进行改革，并不具有"市场经济"的目标指向。在苏联解体前（从赫鲁晓夫到戈尔巴乔夫）都用经济体制"改革"一词，苏联解体后俄罗斯开始经济体制"转型"。叶利钦的解释是，改革的焦点是调整与完善现有制度，而转轨则是改变制度基础的过程，转轨是要通过完全的制度替换和建立新型的经济关系来废除以前的制度。显然，叶利钦时期俄罗斯推行的是转型。② 中国在20世纪80年代所进行的经济改革，最初针对的也是旧体制的指令性计划经济的弊端。在20世纪末期，当转型国家普遍认识到，"改革"已经不能克服计划经济的弊端，而市场经济是人类社会发展的规律性阶段和改革的终极目标，向市场经济转轨并确立市场经济制度安排时，经济转轨和经济转型的概念最终被转型国家所接受，市场经济成为转型各国替代计划经济的新制度安排。在学术研究中，"转型"和"转型经济学"的广泛使用，是在著名学者热若尔·罗兰的《转型与经济学》一书问世之后。以后时期，当转型国家的市场经济基本确立、中国学术界开始讨论转型是否终结之时，我们认为，学术界使用的"改革""转型"等词，就不再是原生意义的从计划经济向市场经济的转型，而是具有了更为广泛、更加宽泛的内涵和所指了。

三 转型经济学的基本内涵

从经济改革的一般意义上理解，它是转型国家出于计划经济的效率困

---

① 景维民、黄秋菊：《转型经济学的学科定位与展望》，《东岳论丛》2010年第3期。
② 陆南泉：《俄罗斯缘何推行激进"休克疗法"经济体制转型?》，《苏东剧变之后——对119个问题的思考》（中），新华出版社2012年版，第499—502页。

境和体制弊端而推出的、旨在改善计划经济运行的改革措施，是经济转轨和转型经济学的源头。从社会主义国家向市场经济过渡的演进路径看，大致经历改革—过渡—转轨—转型—制度变迁—市场经济制度的建设与确立这样的大致过程。从学科发展的角度看，转型是最能准确表达这一研究领域和对象的术语。不同的转轨经济学家对改革、过渡、转轨与转型等概念做过界定和区别，从它们的基本概念和内涵来看，第一，所有概念皆是针对计划经济的批判，并指向对计划经济进行改革和向市场经济过渡；第二，它们的内涵都带有市场化的共性，即特指从计划经济转向市场经济的转轨与转型过程；第三，市场化改革的核心在于实现所有制改革和建立宪政制度、实现价格和贸易等的自由化、构建市场经济制度安排；第四，向市场经济的转型过程包括两个重要方面：经济市场化和政治民主化。

中国学术界对于转轨、转型的学术研究，不仅是对于中国、俄罗斯等国转型实践的总结，同时也受国际学者关于转型经济学的研究及其观点的影响。诸如"华盛顿共识""后华盛顿共识"等的转轨经济学理论与政策，深刻地影响着国内转型经济学研究的走向。对中国转型经济学研究产生影响的学者及其观点，是热诺尔·罗兰及其著作《转型与经济学》。由于其中对中国的经济转型给予了较大篇幅的肯定性论述，因而受到中国学者们的高度关注，它在一定程度上加速了中国国内转轨经济学研究向转型经济学研究的转变。另一方面，从对中国的转型与市场经济质疑的方面看，杰弗里·萨克斯、胡永泰和杨小凯批评了被许多转轨研究者所忽略的经济改革与宪政转轨之间的关系，认为渐进主义观点之所以占据优势，是源于经济学家对宪政转轨与经济转轨的认识。[①] 同时，一些国际学者用改革初始条件的差异来解释中俄两国不同的转轨道路，这引起了国内外学者对中国和俄罗斯等经济转型问题的激烈论争，也对中国转轨经济学的研究产生了影响。

在转型经济学的发展和形成过程中，通常涉及几个重要的概念，即：

---

① ［美］杰弗里·萨克斯、胡永泰、杨小凯：《经济改革与宪政转轨》，《经济学（季刊）》2003年第4期；最早发表于1999年，由李利明翻译后发布于中文网站，2000年又做过修改，http://www.yannan.cn。

改革、过渡、转轨和转型，它们往往被研究者引用。一般看，人们把关于经济转型范畴的研究，称为"过渡经济学""转轨经济学"或者"转型经济学"，它们之间相互关联。但是，也有许多学者对这几个概念进行了细分，对转轨与转型的区别与联系进行了阐述。一些学者列举美籍华人经济学家邹至庄的论述，认为转轨与转型都是研究经济体制的变化。区别在于，前者传递的概念，是经济处于一种向某种理想状态的转变；而后者研究的是经济转型的过程，并不包含一个众所周知的最后阶段的概念。"转型比转轨能更好地描述中国经济的变化，转轨是指改革过程将达到一种明确的和最终的状态。"[1]

总的来看，从共性的角度，更多学者认为，改革、过渡、转轨和转型概念的核心内涵是一致的，都是指从计划经济向市场经济的变革过程。以俄罗斯等国的经济转轨目标取向为例，我们看到，俄罗斯等国的经济转型具有明确的市场经济制度目标。第一，实现经济自由化，消除国家对经济活动的限制和对资源的垄断。第二，推动制度变革，俄罗斯在转轨过程中的制度变革包括：一是通过私有化改革传统的所有制关系和保护所有者的权力；二是形成市场经济下的行为主体；三是制定市场经济活动规则，并颁布相应的各种法典和经济法规；四是建立国家调节经济的制度、原则和法律。第三，构建市场经济的基础和结构，包括各种类型的市场体系。第四，形成开放型经济，融入经济全球化。第五，实现宏观经济稳定。第六，促进经济非垄断化和鼓励竞争。第七，加强国家对经济的调节作用。[2]

从差异性看，研究者在对经济转型问题进行学科综述的过程中，都会涉及对于经济转型相关概念的解释。由于学者们各自阐述问题的视角不同，对于这些概念的理解和认识也有差异。有学者指出，由于转轨和转型都是围绕从计划经济体制向市场经济体制转变所引发的经济现象，长期没有得到很好的区分，使得国内外转轨和转型混淆使用的局面没有得到根本的改善，对于其中的共同内容和不同主题的区分不够明确。因此，国内外

---

[1] 关于转型经济学及其相关的概念解释，参见张建君《经济转型与中国的转型经济学》，《甘肃理论学刊》2008 年第 9 期。

[2] 郭连成、唐朱昌：《俄罗斯：经济转轨路径与效应》，东北财经大学出版社 2009 年版，第 29—32 页。

的转轨经济学和转型经济学存在严重的理论观点混乱的现象。① 还有分析认为，改革、转轨和转型有不同的内涵，转轨经济学和转型经济学有不同的理论范式和研究对象。它们各自所突显的重点并不相同。②

四 关于中国经济转型与"中国模式"的学术研究

"中国模式"是中国经济转型的一种理论表述与学术概括。对于中国的经济转型，国内外学术界在研究"中国经济奇迹"的过程中，从中国模式、中国经验、中国特色、中国道路等方面，提出了如"中国奇迹""北京共识""中国模式""中国道路"。我国学者林毅夫、蔡昉、李周等人，最早从中国经济体制、经济改革、发展战略之间的关系论证了"中国奇迹"③。21世纪初"北京共识"④的问世，促进了国内外对于中国模式的认知与研究。蔡昉、樊纲、刘伟、许成钢、白重恩、钱颖一、李稻葵、姚洋、张军、吕炜、靳涛等许多学者，从中国模式与"华盛顿共识"比较的视角，论证中国经济模式与过渡方式的优越性。陈锦华、江春泽等提出"社会主义与市场经济兼容"是邓小平的伟大创举，是人类探索发展模式的全新旗帜。⑤ 刘伟和方敏认为，中国的经济改革以经济建设和经济体制改革为中心，在理论上完全不同于西方正统经济学对改革命题的理解，在实践上也和"华盛顿共识"的转轨国家形成了鲜明的反差。⑥ 还有的学者从中国坚持改革的市场经济取向论证，认为经济改革是中国40年改革开放最为宝贵的经验。王曙光认为，中国经济体制变迁具有其独特的内在逻辑，在很大程度上承继了传统社会主义的遗产并加以适当修正与创

---

① 张建君：《中国转型经济研究的文献回顾与理论发展》，《山东社会科学》2007年第7期。
② 周冰：《基于中国实践的转型经济学理论构建》，《学术研究》2008年第3期。
③ 林毅夫、蔡昉、李周：《中国的奇迹：发展战略与经济改革》，上海人民出版社1994年版。
④ 高盛公司高级顾问和清华大学教授乔舒亚·库珀·雷默（Joshua Cooper Ramo）2004年5月7日于伦敦《金融时报》上首次提出，当年5月11日，他在伦敦外交政策研究中心发表了《北京共识》报告。译文见《瞭望新闻周刊》2004年6月13日。
⑤ 陈锦华、江春泽等：《论社会主义与市场经济兼容》，人民出版社2005年版，第2页。
⑥ 刘伟、方敏：《中国经济改革历史进程的政治经济学分析》，《政治经济学评论》2016年第2期。

新，不能割裂式地理解这两个历史阶段。① 在中国进入高速增长阶段，一些学者强调"中国道路"的目标，认为中国经济转型是双重转型，即体制转型和发展转型。

我国更多学者是从中国经济改革与发展角度论证"中国模式"，肯定"中国模式"或"中国道路"具有世界意义和借鉴意义。认为其最大意义在于使中国实现了经济高速发展；"中国模式"因促进了经济高速发展而成为发展中国家效仿的一种模式。② 包括：中国道路为发展中大国提供了成功崛起道路；中国道路为发展中大国提供了适宜的治理方式。姚洋总结了中国道路的四个特征：社会平等、贤能体制、制度的有效性先于制度的纯洁性、中性政府，并从这四个特征分析"中国模式"对世界的借鉴意义③，中国道路为构建新国际秩序提供了强劲推动力量。我国关于"中国模式"主要观点是：（1）"中国模式"是从中国改革开放经验总结出的一种社会发展模式；（2）"中国模式"是中国发展道路的独特性产物；（3）"中国模式"具有自身的制度内生性；（4）"中国模式"的出现与形成中国道路，具有其内在的中国逻辑，指中国社会主义现代化建设的发展形态逻辑、结构性要素变化逻辑和中国问题演进逻辑等。"中国模式"对于发展中大国的经济发展和转型具有借鉴意义。发挥它在加快发展中国家现代化进程中的积极作用，也是中国作为发展中大国的历史使命。④

但是对于"中国模式"或中国道路本身，特别是它的未来走向，国内外还有分歧与争议。对"中国模式"持怀疑态度的论点，着重从其可持续性、可复制性和可借鉴性等方面提出质疑。一些学者如俞可平提出"中国模式"并没有完全定型⑤，需要时间和历史的检验。也有学者提出，只有"中国道路"而没有"中国模式"⑥。

---

① 王曙光：《中国经济体制变迁的历史脉络与内在逻辑》，《长白学刊》2017年第2期。
② 胡键：《争论中的中国模式：内涵、特点和意义》，《社会科学》2010年第6期。
③ 姚洋：《中国道路的世界意义》，《国际经济评论》2010年第1期。
④ 欧阳峣：《中国的大国经济发展道路及其世界意义》，《经济学动态》2018年第8期。
⑤ 俞可平：《中国模式并没有完全定型》，《中国社会科学报》2009年9月23日。
⑥ 詹真荣、周志万：《"中国模式"还是"中国道路"——关于近年来中国道路问题研究综述》，《观察与思考》2013年第3期。

第二节 转型经济学讨论与研究的主要问题

转型与转型经济学的学术发展历史并不长，真正对于转型与转型经济学加以研究的时期，是从 20 世纪的 90 年代到 21 世纪的前十年。由于转型经济学是一门新兴学科，许多问题在学者之中并没有形成一致的看法，一些问题尚需历史的检验，因此，该学科中的很多看法都缺乏共识。为了能够表述我国学术界对于转型与转型经济学的讨论，我们将这一时期讨论与研究的重要问题加以阐述。

一 经济转型的初始方式与路径：激进（休克疗法）或是渐进（演进—制度观）[①]

过渡、转轨或转型经济学的形成发展，与转型国家的实际演变过程与现实有着密切的关系。从计划经济向市场经济过渡的方式、次序、速度、目的、政策、道路等，则成为转型经济学难以回避的争议焦点。转型伊始，各国对采取何种过渡方式、是采取渐进式还是激进式实现转轨争论不休。由于没有前人经验可资借鉴，也缺乏必要的理论指导，对于这样前无古人的历史性的制度变迁，俄罗斯等国最初都采纳了西方经济学家给出的"药方"，即：转型国家向市场经济的过渡必须采取激进转轨方式，不可能两步跨越一道鸿沟，渐进式改革难以成功。

因而，在转型初始阶段，大部分转型国家听从了国际金融组织与西方学者的建议，推行基于"华盛顿共识"的"休克疗法"（也称"大爆炸"）方式，全面与迅速地建立市场经济体系。它被认为是"激进式"的转轨，在俄罗斯转型的前十年广为采用；而对于中国及越南的经济改革，则被认为是"渐进式"的制度—演进方式。中国"渐进式"经济改革的特征是：(1) 先行推进经济改革，后进行政治改革，或者说是在经济改革

[①] "演进—制度观"是基于中国以及越南的转型之路而得出。这种转型的政策、路径及其指导思想，被西方学术界称为"渐进—制度观"。

中相应推进政治改革；（2）先进行经济运行机制的改革，后推进所有制改革，即使是经济运行机制的改革，也是先实行计划内和计划外的双轨制后并轨；（3）对所有制改革，采取先发展多种非公有制经济，后推进公有制内部的改革。①

激进转轨是中东欧和俄罗斯等国所采取的最为普遍的转轨方式。俄罗斯是激进的"休克疗法"的初始转轨方式的典型。由于"休克疗法"追求"大爆炸"式的一步到位的转轨方式，它成为我国学者乃至国际学术界对转型与转型经济学研究的一个重点问题，也是关于转型经济的讨论中颇具争议的一个话题。迄今，关于当年俄罗斯激进"休克疗法"转型方案的新自由主义性质，在学术界几乎毫无争议。就成败而言，无论是从俄罗斯目前建立的市场经济制度模式看，还是从转型启动后的经济增长绩效看，新自由主义转型方案的实践都是不成功的。② 由于"休克疗法"的推行，导致俄罗斯等国出现严重"转轨型危机"或"转轨型衰退"，遭到中国学者的诟病。因转轨导致的经济衰退表现为：经济停滞和大幅度下滑、价格自由化带来的物价上涨和通货膨胀、人民生活水平大幅度下降和失业人口急剧增加、贫富分化严重以及经济和社会秩序的混乱。大规模的私有化是俄罗斯"休克疗法"的核心内容，其私有化计划是先推行小私有化，后推行大私有化。俄罗斯的大私有化经历了大致三个阶段：证券私有化、货币私有化和个案私有化。到 2000 年底，国有企业和市政企业的比重占总数的 11%，非国有企业占到 89%（其中私有企业占 75%）；在资产比重上，国有与国有控股的资产占资产总量的 42%，非国有资产占 58%。因此，俄罗斯政府认为，至此俄罗斯前一阶段经济改革的任务已经基本完成。③ 其严重后果正如有的学者指出的那样，"私有化

---

① 洪银兴：《中国经济转型和转型经济学》，《经济学动态》2006 年第 7 期。
② 徐坡岭、贾春梅：《俄罗斯经济转型：新自由主义的失败与社会市场经济模式的探索》，《俄罗斯东欧中亚研究》2017 年第 3 期。
③ 关于俄罗斯的私有化相关问题，参见冯舜华等《经济转轨的国际比较》，经济科学出版社 2001 年版，第 196—209 页；景维民等《转型经济学》，经济管理出版社 2008 年版，第 114—125 页；许新《转型经济中的产权改革——俄罗斯东欧中亚国家的私有化》，社会科学文献出版社 2003 年版。

过程中国有资产大量流失。私有化后出现的新企业主61%曾经是党、政府和原国有企业的精英成员""私有化的一个结果是寡头政治的出现"。①

"休克疗法"的转轨方式对俄罗斯等国的经济转型产生了严重影响。关于俄罗斯和中东欧一些国家推行"休克疗法"的背景、原因、效果等，中国学者有比较充分的论述与分析。很多学者的论述表明，俄罗斯和一些中东欧国家政府当初决定实行"休克疗法"式的激进转轨，其原因十分复杂。② 对于采取激进转型的俄罗斯来说，其一，激进式改革方案的选择实乃当时国内形势所迫，斯大林之后的苏联历次经济体制改革都未取得成功，以激进的方式开始转型是俄罗斯多年来没有成效的渐进改革的逻辑发展；其二，由于受"转轨型衰退"的影响，当时俄罗斯的国家行政管理体系已开始崩溃，政府有效地、逐步地实行物价改革已不可能，采用激进式改革方案为迫不得已，"休克疗法"是一种危机应对策略，目的是应对俄罗斯等国当时严峻的经济和金融形势、卢布面临崩溃和恶性通货膨胀；其三，通过激进改革尽快摧垮传统计划经济体制的基础，使得向市场经济的转轨变得不可逆转。在激进改革者看来，激进式改革方案的改革成本更低。采取一步到位的方式，能够以尽可能快的速度将旧体制打破，按照目标模式的最优方式重新构造经济体制；在民主派看来，必须加速经济体制转轨进程，特别是要加快国有企业的私有化速度，从根本上摧垮以国有制为基础的计划经济体制，最后达到体制转轨不可逆转的目的。其四，政治局势也是促使新执政者推行经济激进转轨的重要因素，以及俄罗斯对政治制度及其市场经济制度的强烈诉求。有的学者指出，"休克疗法"的政策设计是激进民主派巩固到手的政治权力的需要，在政治权力角逐中胜出的激进民主派，需要巩固已有的政治权力和建立其需要的政治制度；

---

① 李建民：《俄罗斯私有化的进展与现状》，《俄罗斯中亚东欧研究》2003年第1期。
② 陆南泉：《叶利钦时期经济转轨若干重要问题的再思考》，《国际经济评论》2002年第4期；《对俄罗斯经济转轨若干重要问题的看法》，《经济社会体制比较》2010年第2期；庄起善：《俄罗斯12年经济体制转轨的分析与思考》，《复旦学报》（社会科学版）2004年第4期；徐坡岭：《俄罗斯经济转轨的路径选择与转轨性经济危机》，《俄罗斯研究》2003年第3期。

"休克疗法"正是这样一种适合他们需要的政策。① 王金存认为,"休克疗法"虽不是俄罗斯经济政策的全部,但却是迄今政府经济方针和经济转轨方式的象征,是俄罗斯政治斗争的焦点。② 其五,国际势力和国际组织的影响。俄罗斯在改革过程中,经济大幅度滑坡,急需外国资金的援助。国际货币基金组织和西方一些国家正是利用援助来促进其做出激进式改革方案的选择。例如,在俄罗斯实施激进式改革方案之初,西方国家制定了大约240亿美元的一揽子援助计划。其中,60亿美元是稳定基金,25亿美元是延期支付,45亿美元是国际货币基金组织和世界银行的贷款。是"通过激进改革尽快摧垮传统计划经济体制的基础,使得向市场经济的转轨不可逆转"③。期望尽快完成计划经济向市场经济的过渡,尽快确立市场经济制度,以防止旧体制复发,是俄罗斯这样的国家推行激进式转轨最为重要的目的。

中东欧国家推行"休克疗法"的原因与俄罗斯大同小异。研究者们根据中东欧各国转轨实践提出,在东欧剧变之前的经济改革中就曾出现过"目的论"与"发生论"之争,亦即激进改革与渐进改革的争论。曾任捷克总统的克劳斯早在剧变之前,就撰文分析了经济转型的两种方式,一种是小步改革的方式,其优点在于可以避免付出较大的社会代价,缺点在于渐进改革只会延续现存的结构危机;另一种是"休克疗法",许多经济学家列举国际上实施激进式改革的案例说明了"休克疗法"的必要性。一是第二次世界大战之后德国很快过渡到所谓社会市场经济的成功范例;二是1987年波兰政府实行激进价格改革,但由于该计划缺乏必要的社会支持,被全民公决所否决;三是东欧剧变以来,"休克疗法"在该地区大获青睐,除匈牙利、罗马尼亚外,大部分中东欧国家选择了"休克疗法"。④

---

① 徐坡岭:《俄罗斯经济转轨的路径选择与转轨性经济危机》,《俄罗斯研究》2003年第3期。

② 王金存:《俄罗斯"休克疗法"沉浮与政府经济政策走向》,《当代世界与社会主义问题》1994年第1期。

③ 陆南泉:《对俄罗斯经济转轨若干重要问题的看法》,《经济社会体制比较》2010年第2期。

④ 孔田平:《中东欧经济转型的成就与挑战》,《经济社会体制比较》2012年第2期。

二 理解经济转轨演变的思路:"华盛顿共识"—"北京共识"—"后华盛顿共识"—"超越华盛顿共识"

经济转型的方式取决于各国所选择的经济转轨目标。在转型经济的研究中,随着以俄罗斯为代表的"休克疗法"在俄罗斯等国的政策失败,肯定以中国为代表的渐进式转型的观点,在转型经济研究中逐渐占据主流地位。而对于中国转型经济成功和对于俄罗斯"休克疗法"失败的评价与看法,更多的是将中国的市场改革与俄罗斯的经济转型相比较所得出的结论。因此,进入21世纪以来,对转型经济的研究更多地将目标转向了转型经济的政策比较,这一比较所显示的脉络可以是"华盛顿共识"—"北京共识"—"后华盛顿共识"—"超越华盛顿共识"的框架。

首先,"华盛顿共识"对于转型经济的影响及对其的批评。"休克疗法"是"华盛顿共识"的经典之作。俄罗斯和中东欧等国转轨初始阶段之所以采用"休克疗法",是这些国家采取以"华盛顿共识"[①]为基础的经济转型政策。20世纪90年代,在俄罗斯前总理伊戈尔·盖达尔、波兰前副总理莱舍克·巴尔采罗维奇和捷克前总理瓦茨拉夫·克劳斯等新自由主义学说追随者的推动下,以"华盛顿共识"为基础的"休克疗法"式激进转轨,得以在俄罗斯、中东欧一些转型国家推行。"华盛顿共识"主导下的改革与转型措施,并未收到预期效果,反而对俄罗斯等转型国家带来严重后果。

我国学者对于以"华盛顿共识"为理论基础的"休克疗法"对转型经济的影响,进行了广泛而深刻的批评。[②] 以批评性评论为主要内容的论点大致有以下几个方面。

(1)照搬西方经济理论的后果。"华盛顿共识"是照搬西方经济理论

---

① 所谓"华盛顿共识"(Washington Consensus)是指在20世纪90年代初由位于华盛顿的美国政府和经济学精英、国际货币基金组织和世界银行共同制定的、旨在克服一些拉美国家80年代危机的一整套政策建议,它以拉美国家经济转型经验为依据而总结出来。曾任位于华盛顿的国际经济研究所(Institute of International Economies)的所长威廉姆森(John Williamson,1990)将"华盛顿共识"归结为10个方面,它们是:建立金融规则,重新建立公共开支的优先秩序,改革税制,实现利率自由浮动,建立有竞争性的货币兑换率,贸易自由化,国外直接投资自由化,实现国有企业私有化,废除阻碍新企业进入或限制竞争的各种旧有规则,对财产权予以保障,最重要的是被认为是私有化、保障财产权及贸易自由化。

② 参见田春生《"华盛顿共识"及其政策评析》,《南开经济研究》2004年第5期。

与市场模式。20世纪90年代以来,"华盛顿共识"和"休克疗法"的得与失、利与弊、激进与渐进孰优孰劣等始终是国际学界和俄罗斯精英们争议的焦点。实际上,它涉及的是转型国家向市场经济转轨的路径的理论论争。俄罗斯转轨初始,不顾国情强制建立自由市场经济为目标的自由市场经济模式,导致经济大幅度下降。俄罗斯当时的盖达尔政府全盘接受新自由主义的观点,迷信市场万能,认为只要转向市场经济就什么都可以解决,计划经济的短缺、衰退将成为历史。因此,他们不管客观条件如何,硬性、全面、一步到位地向市场经济过渡。[①] 中东欧实行经济过分自由化的模式,而中东欧国家的激进改革派,又过分相信西方教科书式的转轨模式,一些经济学家把转轨和转型教科书式地简单化和公式化。对于新自由主义在俄罗斯转型实践中失败的原因,普京在2000年《千年之交的俄罗斯》一文中这样解释:90年代的经验雄辩地证明,只是将外国课本上的抽象模式和公式简单地照搬到我国,我国的改革不付出巨大的代价就能取得真正的成功的设想是不可能实现的。2000年之后俄罗斯的经济政治进程表明,新自由主义最终被俄罗斯政府和社会所抛弃。

(2)转轨目标与实现手段之间的矛盾。在20世纪90年代转型的初始阶段,市场经济转轨的目标被认为是自由市场经济制度,以私有制和竞争为基础的自由市场经济。在俄罗斯当时的政治体制框架内,这一目标已为其国内多数党派与民众所接受,使这种转轨方向不可逆转,成为当时经济转轨的一个主要目标。但是,这种目标混淆了目标与实现手段之间的关系,俄罗斯等国在转型过程中,不仅没有实现经济自由化、私有化带来的经济增长,还使经济出现了严重的转轨性衰退与经济危机。

(3)不顾国情的"休克疗法"政策误导。"休克疗法"政策的推行不顾国情差异,导致一些国家的转型被误导。针对"休克疗法",一些学者指出,各国不同的经济体制和不同的目标,决定了转型的政策与不同的命运。如果认为,只要将产权从政府手中转移到私人手中,实现产权的私有化,同时资源配置方式由政府中央计划转向自由市场配置,就可以实现

[①] 许新:《俄罗斯经济转型模式的选择与反思》,《中国社会科学院研究生院学报》2005年第2期。

市场对资源的有效配置。那么，在转型中必然会将政策重点放在快速、激进地推进私有化和市场化上。以"休克疗法"启动俄罗斯经济转轨进程虽有其必然性，却不是最佳的选择。"休克疗法"执行后，俄罗斯1992年国内生产总值下降19%，通货膨胀率达2500%，1993年国内生产总值再下降12%，通货膨胀率仍高达940%。①

（4）过分强调一步到位的转轨、经济自由化和私有化的速度。转轨的"速度"要求致力于转型国家市场化目标一步到位。当时，转型国家中具有普遍性的看法是，市场化首要是企业的自由化与私有化，自由化和私有化越快越好，越多越好。还有的学者以中东欧为例，批评中东欧国家所谓"著名的新经济增长三部曲：自由化+财政稳定化+私有化=经济增长"，即：一是在经济转轨过程中不要国家干预，国家干预越少越好；二是在实行经济自由化和私有化时伴以全面的财政紧缩政策，以达到财政稳定；三是在经济实现自由化、稳定化之后，市场机制本身可以自行启动并运转，经济就能活跃而进入稳定增长。②

其次，"北京共识"的问世、热议及其论点。③"北京共识"（Beijing Consensus）是基于转型国家对"华盛顿共识"的批评性认识而得到热赞的重要学说，它被认为是对"转型的不同解析意义及大国转型的世界意义"。④ 更多学者指出，"北京共识"是对"华盛顿共识""休克疗法"等

---

① 徐坡岭：《俄罗斯经济转轨进程的理论探析——以制度变迁为视角》，《东欧中亚研究》1999年第3期。

② 张颖：《中东欧的经济转轨与"华盛顿共识"和"后华盛顿共识"》，《东欧中亚市场研究》2002年第11期。

③ 英国著名思想库伦敦外交政策中心于2004年5月发表乔舒亚·库纳·拉莫（Joshua Cooper Ramo）题为《北京共识》的论文，对中国二十多年的经济改革成就做了全面理性的思考与分析。文中指出，中国的经济发展模式不仅适合中国，也是适于追求经济增长和改善人民生活的发展中国家效仿的榜样。此文一出，对"中国模式"以及"北京共识"的讨论顿时成为国际主流媒体关注的学术动向。"中国模式"从三个方面扩展其能量：其一，具有某种反弹的动力能量；其二，通过本地化使效仿者在本土实现增长的连锁反应；其三，中国的经济崛起犹如磁石吸引铁屑，使其他国家的经济利益与中国的经济利益一致起来。中国的新理念正在对中国以外的世界产生巨大影响，对全世界那些正苦苦寻找不仅发展自身，而且还试图融入国际经济秩序的同时，又希望保持独立和保护本国国情与政治选择的国家来说，中国提供了一条新路。

④ 何恒远：《超越"华盛顿共识"："北京共识"的转型意义》，《上海经济研究》2004年第9期。

以往转型政策的有力批驳。中国坚持自己的发展观以及改革路径，自改革开放以来逐步形成了有中国特色的发展模式，"中国模式"越来越得到世界的认可。其突出标志就是"北京共识"中所表述的思想，它更符合中国、印度等新兴经济体的经济发展模式，因此，取代"华盛顿共识"，推广"北京共识"及其所代表的"中国模式"，成为当时转型经济中的新动向。① 与俄罗斯的转型相比较，"北京共识"与"中国模式"②的意义在于：（1）一个国家的发展模式应该由一个主权国家独立自主地进行探索，任何由外部强加的发展模式都注定是要失败的；（2）强调发展的包容性与兼容性，把社会主义制度与市场经济结合起来，把经济高速增长与社会全面发展协调起来，把效率与公正兼顾起来；（3）注重发展的人民性而不是特权阶层性，"华盛顿共识"的目的是帮助银行家、金融家，而"北京共识"的目标是以人为本；（4）强调本民族的文化和文明传统，并努力使传统优秀文化与现代发展加以结合；（5）强调发展的积累性和渐进性，通过累积效应发展自己等。③

再次，"后华盛顿共识"及"超越华盛顿共识"的实际意义。20世纪末，被称为"后华盛顿共识"的思想越来越占据转型研究的主导地位。这表明，我国和国际学术界对于以"华盛顿共识"为指导的转型路径与政策开始反思，对"华盛顿共识"弊端及其对转型经济的危害形成了新的共识。转型研究的著名学者热若尔·罗兰指出，整个经济学界有一个日益增长的共识，即："华盛顿共识"的观点和所谓"转型的三位一体"，对于成功的转型来说它是引人误入歧途的药方。④ "后华盛顿共识"是在中东欧国家经济转轨几年之后，"华盛顿共识"的设计者、西方一些经济学家和中东欧国家著名学者及政要对指导中东欧经济转轨的"华盛顿共

---

① 何恒远：《超越"华盛顿共识"："北京共识"的转型意义》，《上海经济研究》2004年第9期；田春生：《"华盛顿共识"与"北京共识"比较初探》，《经济社会体制比较》2005年第2期。

② "中国模式"是"北京共识"的产物，它的提出基于国际社会对于中国经济转型的成功。

③ 田春生：《"华盛顿共识"与"北京共识"比较初探》，《经济社会体制比较》2005年第2期。

④ 参见[比]热若尔·罗兰《转型与经济学》，北京大学出版社2002年版，第317页。

识"的再认识、对俄罗斯中东欧经济转轨的评价与反思。① "后华盛顿共识"是在重新认识"华盛顿共识"的同时，从经济转轨模式、经济转轨战略、国家在经济转轨中的职能和作用、实行的经济政策、实现经济政策的手段和制度建设等方面，回答了为什么中东欧国家经济转轨的前十年出现经济衰退，为什么中东欧国家在经济转轨中没能像预计的那样迅速出现经济增长等问题。

三 转型模式的经济比较：中国与俄罗斯

对于转型经济研究采取比较研究的视角，这是在转型经济研究中较为通用的一种研究方式和领域。转型经济比较研究的对象，主要是中国与俄罗斯的经济改革与转型的比较。中国许多学者对中国转型过程的研究，是从比较的视角出发的，他们不仅说明中国为什么采取渐进式的改革，同时也论证这一策略和方式的优越之处。

早期的中俄转型的比较研究中，比较多地涉及对两种（中国与俄罗斯）不同的转型方式和改革策略的讨论及其争论，其中不乏对其优劣的评价，但是这种评价往往是从抽象的理论出发进行的规范性评价。21世纪的前十年，中俄转型比较则更加注重两种模式的经济实绩，即经济增长水平的比较②。在实际研究中，中国经济转型的成功与俄罗斯"休克疗法"式激进转型的失败，都是相对于经济增长这一指标而言。或者，在一定程度上说，被视为成功的中国经济转型是与俄罗斯转型相比而言，而俄罗斯的失败也是相对于中国的高速经济增长而言。

对中国经济转型持肯定观点、认为中国经济转型取得成就或成功的看法，是中国学术界的主流看法。许多学者从学术范畴、以不同的视角和领

---

① 1998年1月，时任世界银行副行长兼首席经济学家的约瑟夫·施蒂格利茨（Joseph Stiglitz）在赫尔辛基的联合国大学发表学术演讲时，首次提出"后华盛顿共识"（"Post-Washington Consensus"）的概念，并对"华盛顿共识"提出批评。他号召"超越华盛顿共识"（Beyond the Washington Consensus）。所谓"超越华盛顿共识"，就是要吸取转轨国家在经济转轨过程中的经验和教训；重新思考和定位转型经济中政府与市场的关系；市场经济制度支撑（Institution Underpinning）的重要性；渐进—制度（或称演进—制度）的观点得到了充分肯定。

② 参见陈锦华、江春泽等著《论社会主义与市场经济兼容》，人民出版社2005年版，第495—512页。

域，对中国经济转型给予了高度肯定，认为中国经济在过去三十年的经济改革中走出了一条成功的转型之路，这条道路为世界各国研究转轨和转型问题提供了鲜活的案例[1]；创造了"中国奇迹"[2]；是"增长取向的中国模式"[3]。其概括性的说法，如"北京共识""中国模式""中国道路"等则能够说明这一问题。许多在转型经济研究中很有声望的国际学者，例如热若尔·罗兰、科勒德克、斯蒂格利茨、科尔奈等，都是从这一角度进行的研究。

但是，在"北京共识"问世之后这些年，随着中国社会矛盾与问题的不断显露，国内外对于中国经济转型的特殊性、"中国模式"的普适性、"中国道路"的借鉴性、中国经济增长的持久性等的质疑之声也随之而起。对于中国市场经济更深层次的看法是，经济转型不仅仅是人们所讨论的经济发展观念、经济增长模式、经济运行机制转换等，这些都是转型的结果，它们并未触及问题的实质。经济转型的根本问题是体制机制的转型，本质是资源配置方式的转型，核心是政府、市场与企业的合理界定问题。[4] 一些坚持认定"休克疗法"合理性的学者，如萨克斯、胡景泰、杨小凯等人，则认为中国的成功不具有普遍意义，转型取决于各国经济改革中的结构性因素和初始状态；中国面临的是典型的古典式经济发展问题，而苏联和东欧各国面临的则是经济结构的调整问题。更多从实证角度进行研究的论点证实，中国在改革开放前是"非典型的计划经济"，中国经济成功来自低成本的农村剩余劳动力，而俄罗斯和中东欧则不具备这一条件；中国并没有发生真正的制度变革，而只是某种制度的混合或者"杂交"[5]。因此，中国渐进式改革的成功主要是特殊的内部条件，或者说是"经济落后"的产物。甚至有学者提出，从长期来看，苏联和东欧国家的

---

[1] 张建君：《中国转型经济研究的文献回顾与理论发展》，《山东社会科学》2007年第7期。

[2] 林毅夫、蔡昉、李周：《中国的奇迹：发展战略与经济改革》，上海人民出版社1994年版；盛洪：《中国的过渡经济学》，格致出版社、上海三联书店、上海人民出版社2009年版。

[3] 靳涛：《转型的悖论与悖论的转型》，《江苏社会科学》2007年第2期。

[4] 田国强：《中国经济转型的内涵特征与现实瓶颈解读》，《人民论坛》2012年第35期。

[5] 刘洋：《经济体制与转轨模式：对转轨经济的比较研究》，《社会科学战线》2016年第6期；张凤林：《理解制度变迁：当代转轨经济学若干争论评析》，《经济学动态》2015年第5期。

经济转型更为成功。

尽管一些学者认为，俄罗斯在转型初始阶段实施"休克疗法"的激进式经济转型乃是形势所迫，然而随着俄罗斯等国转型进展的深入，在转型经济研究中，中国学术界和国际学术界持否定"休克疗法"激进式转型的观点却居于主流。如果说在1998年俄罗斯金融危机发生前，西方学术界仍有人坚持认为俄国经济转型没有遭受重大挫折；那么在此之后，人们对于20世纪90年代的俄国经济转型基本上是失败的这一点，似乎已经没有太大的分歧。即便在普京执政后，俄国经济恢复与呈现发展的情况下，陈兼等人仍然强调，由20世纪90年代俄国经济转型失败而留下的种种负面影响，将会成为俄国今后发展的长期性制约因素，因而其"前景还远不是清晰肯定的"。① 俄罗斯在实行"休克疗法"十多年之后，令人非常吃惊的是，甚至是俄罗斯的激进自由主义者，都对转轨后的体制状况进行了尖锐的批评。尽管他们仍然以"资本主义"范畴来描述俄罗斯经济形态，但在"资本主义"这一范畴定义之前加上了种种界定，称俄罗斯的经济形态为"等级制资本主义""官僚资本主义""寡头资本主义"或者"犯罪资本主义"，诸如此类。② 也有学者从俄罗斯当时所处背景角度提出，俄罗斯的"休克疗法"、严峻的经济形势以及政治权力中心的转移，使得俄罗斯除启用"休克疗法"或者激进方式实施经济转型之外，别无其他选择。③

总之，中国与俄罗斯中东欧的经济转型有着本质差别。中国经济体制的转换和经济转型，是以建立和发展社会主义市场经济、完善社会主义制度为基本目标；而俄罗斯和中东欧的经济转型，则是以否定和放弃社会主义制度为基本前提。这也可视为两类国家转型经济学的根本不同。

四 转型经济学的研究范式或理论视角

在我国学术界的一些著述中，转型经济学研究的理论范式通常被认为

---

① 陈兼：《未经"改造"的"转型"——西方学术界关于后苏联时期俄罗斯经济转型的研究》，《俄罗斯研究》2004年第2期。
② 冯绍雷：《俄罗斯体制转型的发生、路径及其走向》，《俄罗斯研究》2001年第2期。
③ 程伟：《俄罗斯经济转轨成效审视》，《世界经济与政治》1996年第7期。

有：新古典主义经济学范式，包括新自由主义和后凯恩斯主义；新制度经济学理论（它从历史的角度研究社会的结构与制度变迁，新制度经济学认为，制度尤其是产权制度是决定一个国家经济绩效的关键，历史的进步和经济的发展需要到制度变迁中去寻找原因）；以及比较经济学和演化经济学等。我国学者对于转型过程和转型问题的研究，一方面运用了其中的论点对转型加以分析；另一方面，也对转型经济学的某些论点做批评性论述。

（一）新制度经济学理论视角下的转型经济研究

经济转型的实质是一个旧制度瓦解、新制度生成的体制和制度转变过程。制度相关论的观点，转型绩效的差异在于，转型国家能否构建一套促进经济持续发展的有效制度安排。[①] 中东欧国家、俄罗斯等转型国家实践中所带来的结果使得人们逐渐意识到：一个成功的市场经济，应该有充分的制度基础作为支撑。美国经济学家、1993 年诺贝尔经济学奖获得者道格拉斯·诺斯（Douglass C. North）以新经济史学为理论工具的新制度学派，提出从整体上、从制度变迁的角度关注经济转型，强调制度构建在经济转型过程中的重要性和多样性。由于转型过程中出现了多样化的市场制度安排，这种被称为转型的"总和不确定性"与"华盛顿共识"所强调的转轨结果的唯一确定性形成了对比。与转型初期其转型经济学文献关注所谓的"华盛顿共识"不同，后来的以热若尔·罗兰为代表的国内外一些学者更加强调政治约束对经济转型的影响。在他们看来，由于任何一项经济转型政策的出台，都离不开政治因素和利益集团的推动，因此转型的政治经济学需要更加关注"游戏规则"的产生。制度变迁理论认为，各国不同转型战略的选择，取决于不同转型方式下制度变迁方式的成本与收益。同时，转型过程中的制度变迁具有内生性，也即转型中的制度变迁是一个内生的自我演化过程，各个国家转型的初始条件、演进道路和历史因素等所形成的路径依赖是各国形成多样化制度安排的一个根本原因。

---

① 张慧君、景维民：《从经济转型到国家治理模式重构转型——深化与完善市场经济体制的新议题》，《天津社会科学》2010 年第 2 期。

(二) 新自由主义批评视角下的转型经济研究

中国学术界对于俄罗斯等国转型经济的研究，是伴随着对新自由主义的认识与批评而不断深入的。俄罗斯等国转型初始，"华盛顿共识"和"休克疗法"政策的得与失、利与弊、激进与渐进孰优孰劣等，就是俄罗斯精英们争议的焦点。究其实质，它涉及的是转型国家向市场经济转轨路径的理论论争。[①] 21世纪之初，一方面，对于以"华盛顿共识"为基础的"休克疗法"政策的得与失、利与弊、激进与渐进孰优孰劣的论争，已经有了来自实践的结果。另一方面，关于新自由主义及其"休克疗法"的经济转型政策对于俄罗斯等国的影响，我国研究者的态度也日益明朗，批评性论述占据主流地位。自20世纪90年代以来，俄罗斯等国家的社会制度转型的实践表明，以新自由主义学说为理论依据的"休克疗法"，不仅没有获得最初所预期的绩效，而且越来越受到国际学术界的质疑与批驳。

很多学者对新自由主义持否定态度，他们认为在俄罗斯和中东欧国家面临的转型衰退、亚洲金融危机和拉美经济危机等重大灾难中，新自由主义的影响"功不可没"。有的学者指出，以新自由主义学说为理论依据的"休克疗法"，是俄罗斯等转型国家在转型前十年所实施的经济社会政策，它是导致俄罗斯在20世纪90年代经济社会转型失败的重要原因之一。当时，俄罗斯国内以叶利钦为首的政府派，即激进民主派是当时俄罗斯的主流派别。他们的基本思想和主张是：采用西方的新自由主义学说与货币主义理论来指导俄罗斯转型，力主推行完全的自由市场经济模式，最大限度地减少政府的作用；在转型政策与方法上，实行激进的一步到位式的经济转轨，并宣称俄罗斯能够在若干个月内实现市场自由化和经济私有化。[②] 批评性论点是：（1）俄罗斯前十年转型的精髓是以"华盛顿共识"为导向的"休克疗法"政策；（2）西方经济学对俄罗斯转型产生重大影响；（3）新自由主义在俄罗斯推行的结果是经济社会全面"休克"。[③] 对于新

---

① 田春生：《"华盛顿共识"及其政策评析》，《南开经济研究》2004年第5期。
② 同上。
③ 田春生：《新自由主义学说及其政策在转型国家的失败——以俄罗斯转型前10年的结果为例》，《世界经济与政治》2004年第5期。

自由主义的"休克疗法"持基本肯定态度的学者,主要是国外的一些研究者。诸如杰弗里·萨克斯、胡永泰和杨晓凯等学者认为[①],向市场经济转型不过是转型的一个阶段,新自由主义政策的良性效果,需要一段较长时间才能显现,最终必须要实现宪政才算完成转型;而且他们预言,由于俄罗斯实行了宪政,从长期看会发展更好。在所有转型经济学研究范式里面,新自由主义范式是在实践中运用最多,也是影响最广泛、最深远的一种理论范式。[②]

(三)制度变迁和制度移植视角下的转型经济研究

从制度和制度变迁的视角对俄罗斯经济转型的路径选择和绩效特征进行分析,是一些学者在20世纪末对俄罗斯转轨所进行的总结性分析。关于转型初始时期俄罗斯市场经济的过渡,一些学者从制度变迁的约束条件、路径依赖、演进特点等制度变迁的内在机制出发,回顾了迄今为止的俄罗斯经济转轨进程,在理论上说明了俄罗斯经济转轨的目标取向、时机选择和启动方式具有一定的必然性,并且其整个经济转型将是曲折和漫长的。[③] 徐坡岭等人从制度和制度变迁的视角分析,认为俄罗斯经济转型的路径选择是一系列因素综合作用的结果;俄罗斯由计划经济向市场经济过渡的经济转型,实质上是一种制度变迁,以改变社会经济活动的激励结构、社会资源与财富的分配结构。制度变迁的路径依赖性对俄罗斯经济转轨产生了影响,制度变迁的演进性质决定了俄罗斯经济转轨的长期过程,这指的是:市场经济的法律法规及规则惯例,经过社会学习被俄罗斯民众接受,由社会道德理念、伦理规范、意识形态、风俗习惯等非正式约束细化、扩展,并内化为社会有机体的一部分,是一个长期的渐进过程。[④]

---

① [美]杰弗里·萨克斯、胡永泰、杨小凯:《经济改革和宪政转轨》,《经济学(季刊)》2003年第4期。

② 王永兴:《转型经济学研究范式评述》,《江苏社会科学》2007年第5期。

③ 徐坡岭:《俄罗斯经济转轨进程的理论探析——以制度变迁为视角》,《东欧中亚研究》1999年第3期。

④ 徐坡岭:《俄罗斯经济转轨进程的理论探析——以制度变迁为视角》,《东欧中亚研究》1999年第3期;《俄罗斯经济转轨的路径选择与转型性经济危机》,《俄罗斯研究》2003年第3期。

一些学者批评俄罗斯以"移植资本主义"为转型路径的转轨。认为俄罗斯以"移植资本主义"的方式，将市场经济的正式制度嵌入剧变后的俄罗斯。俄罗斯现行诸如国家宪法、三权分立和多党制这样的国家基本制度，在转型后一个较短时期就被确立。然而在初始阶段，它就偏离了当时仍然起着巨大作用的具有俄罗斯传统的非正式制度，这是俄罗斯当时发生经济危机和衰退的根源之一。普京执政时期，俄罗斯推行适合其国情的转型策略并加强国家治理，为使俄罗斯正式制度与非正式制度有效叠合开创了一条新路，它不失为俄罗斯迅速走出困境和实现经济增长的一个重要原因。[①]

（四）经济增长与发展视角下的转型经济研究

经济增长和发展视角下的转型经济研究，被认为是转型国家在转型过程中面临的最主要问题之一，也是学者们始终关注和研究的一个现实问题。20世纪末的转轨以来，我国绝大部分研究者论证的是，正是由于俄罗斯转型前十年经济发生衰退而不是增长，使新古典经济学信条基础之上的"华盛顿共识"遭到否定和抨击；而中国正是由于保持了三十年的高速增长，使得"演进—制度观"能够被肯定。转型经济的理论认为，只要将产权从政府手中转移到私人手中，实现产权的私有化，同时资源配置方式由中央政府计划转向自由市场配置，就可以促进国民储蓄和资本投资的形成，提高资源配置的效率，从而实现经济可持续增长。但是，俄罗斯"休克疗法"时期经济衰退的事例说明，并不是仅仅实现制度变迁过程、产权私有化和市场自由配置资源，就能达到更高运行效率和经济增长。

经济增长和发展的实绩之所以被人们频频引证，是因为它们内含着评价转型绩效的功能作用。在如何评价经济转型绩效方面，经济学家之间存在较大争论。有学者认为，中国经济转型已经取得了成功，如中国学者樊纲、波兰学者科勒德克、俄罗斯学者博戈莫洛夫等人；中国经济创造了"中国奇迹"，如林毅夫、蔡昉、李周等。还有学者对"中国奇迹"的真实性提出质疑，如中国学者王小鲁，美国匹兹堡大学教授托马斯·G·罗

---

① 田春生：《关于俄罗斯制度移植的评析》，《俄罗斯中亚东欧研究》2007年第4期。

斯基（Thomas. G. Rawski）等；西方一些学者认为，中国经济转型的本意是恢复社会主义的生机和活力，但实际却越来越走向资本主义；甚至有学者认为，从长期来看，苏联、东欧国家的经济转型更为成功。对此有分析指出，经济学家之所以会在转型绩效评价方面存在诸多分歧，是因为他们所关注的重点是作为体制转变的经济转型，事实上，由于制度变迁有可能会被锁定在无效率的水平上，仅仅关注体制转变则难对中国和苏东国家的经济转型做出客观评价。这也正是经济学家在中国和苏联、东欧国家的经济转型绩效方面认识混乱的一个根本原因。

这就需要将经济体制转变、制度变迁与经济发展结合起来，注重研究体制转变对转型国家实现长期经济发展的促进作用。① 国内外大学和研究机构都把转型与发展的研究放在一起，他们一般并不把转型看作一个独立的学科和研究领域，而是经济发展的一种特殊类型或者特殊条件。② 就经济增长与发展和转型之间的关系而言，俄罗斯与中国存在差异。俄罗斯追求制度的变革，在经济转型与经济增长之间没有必然的联系。俄罗斯实现经济增长的条件是：相对稳定的政治环境；经济增长的质量逐步提高；优化债务结构取得了一定成效；经济全球化及其制度建设的不断完善；石油价格上涨的刺激作用等。③ 而中国的转型经济是双重转型，即体制转型和发展转型，中国实现转型的一个主要目的，是经济增长和实现发展；为了实现增长与发展，要求经济改革与转型促进增长与发展。双重转型从综合分析方法入手将中国经济转型的实质概括为相互联系、相互作用的体制转型和发展转型，实际上几乎涵盖了上述单一分析中的所有转型，而且将这些单一的转型统一于双重转型的全过程，因而也符合中国转型经济的实践和要求。④

---

① 孙景宇：《论转型经济学的转型》，《经济社会体制比较》2008 年第 5 期。
② 参见周冰《转型经济学在中国的兴起和学科定位》，《社会科学战线》2009 年第 7 期。
③ 景维民、王永兴：《俄罗斯的经济增长与转型方式有关吗》，《经济研究参考》2007 年第 7 期。
④ 徐峥、权衡：《中国转型经济及其政治经济学意义：中国转型的经验与理论分析》，《学术月刊》2003 年第 3 期。

第三节 转型经济学的学科进展与前沿问题

转型经济的研究,是伴随着中国和俄罗斯、中东欧国家转型实践发展起来的一个新的经济学研究方向。进入 21 世纪后,随着经济转型的逐渐深入,经济转型接近终结或者已经终结的言论不绝于耳。俄罗斯在 21 世纪进入"普京时代"。普京就任俄罗斯总统后,摒弃了俄罗斯在叶利钦时期实行的以"华盛顿共识"为主导的经济转轨政策,推行符合俄罗斯国情的治国理念及其政策,构建了与俄罗斯本土价值观念相适应的制度安排。这种制度安排的基本特点体现为"可控的民主"与"可控的市场",它们被认为是俄罗斯"可控式"制度安排的主要内容。"可控式"制度安排成为俄罗斯民族价值观的体现,并成为俄罗斯经济增长及其未来崛起的一个重要推动因素。

在俄罗斯,普京理念的实施表明,俄罗斯基本上完成了大规模的制度变迁。[①] 因此,有的学者将普京"可控的民主"与"可控的市场"模式称为"制度创新"。[②] 在中东欧国家,21 世纪初,已有十个国家加入欧盟"回归欧洲"。随着俄罗斯步入正常国家行列、中国的市场经济体制框架初步建立,波兰等东欧国家加入欧盟,转型终结论不绝于耳。[③] 其中,让转型经济学回归经济思想史的观点也随之涌现。对于转轨和转型的任务而言,转型经济学研究及其学科面临着较大的挑战,即如何评价转型经济学及其未来发展。

一 "转型"特有的经济与政治的双目标及其实现

转型是否具有明确的目标?怎样看待俄罗斯和中东欧国家所建立的市

[①] 田春生:《论俄罗斯新制度安排及其特点》,《俄罗斯研究》2006 年第 2 期。

[②] 李新:《普京时期的俄罗斯经济转型:从制度移植到制度创新》,《俄罗斯研究》2007 年第 6 期。

[③] 2009 年 12 月 12—13 日南开大学"转型经济研究新进展与学科建设研讨会"所提出的问题。

场经济制度，这是在大部分转型国家建立市场经济制度后学术界讨论的重要问题。从许多文献来看，苏联和东欧国家转型的一个最直接的目的，就是要彻底摧毁当时的中央计划经济体制。由于这一出发点，苏联东欧的转型，就具有经济与政治的制度性目标。本节引用热若尔·罗兰的话加以表述，"自1989年秋柏林墙倒塌以来，有相当一批经济学家一直在研究前社会主义经济从计划经济向市场经济的转型过程。这个研究领域叫作转型经济学（Transition Economics）"。[1] 由此可以看出，转型经济学所研究的对象和目标是清晰的，就是前社会主义经济从计划经济向市场经济的转型过程。一旦这个过程完结，转型经济学的历史使命也就终结了。那么，从计划经济向市场经济的转型过程看，转型不仅包括经济而且包括了政治的制度变迁和新制度安排，这一新制度安排是建构在市场化与民主化的制度框架下的。

从市场化和民主化的目标看，经济市场化只是中东欧独联体国家大规模转型的任务之一，另一个核心任务是政治民主化。在实际转型过程中，经济市场化和政治民主化两者相互制约，相互影响。[2] 苏联国家和中东欧国家已经完成市场经济所要求的基本政治和经济制度安排，也就是说，这些国家已经实现了经济市场化与政治民主化。从一般市场制度结构的角度，俄罗斯通过对正式制度的移植，已经建立了市场经济的正式制度，市场经济的宪政体系和法律制度框架（三权分立和多党制）已经确定。并且，这些国家的正式制度运转基本正常，市场经济运行在政治框架下并沿着俄罗斯道路发展。也就是说，以1993年俄罗斯确立起宪政制度为标志，俄国的总统制、联邦制、政党制已经制度化运转，俄罗斯在20世纪90年代所设定的国家转型的宪政制度和市场目标，理论上已经基本实现。

普京治国思想的提出，标志着俄罗斯已经形成了具有自己国情特点的发展构想与现实道路，其思想体系体现在1999年底发表的纲领性文章《千年之交的俄罗斯》中，该文提出的俄罗斯思想的内容是：爱国主义、

---

[1] [比] 热若尔·罗兰：《转型与经济学》，北京大学出版社2002年版，第4页。
[2] 徐坡岭、韩爽：《中东欧独联体转型20年——经济市场化任务再思考》，《贵州财经学院学报》2011年第1期。

强国意识、国家观念与社会团结。俄罗斯思想实质上是带有浓厚俄罗斯民族主义色彩的爱国主义,其核心是国家观念:即突出国家的地位与作用,恢复俄罗斯的大国和强国地位。[①] 可见,俄罗斯经过转型后已然具有"中等收入国家"的特点,成为一个正常的国家。[②] 这一论述的意义是说明俄罗斯已经结束转型并进入正常的市场经济国家的行列。大部分中东欧国家已经加入欧盟,并且已经在狭义或广义上实现了市场经济制度。虽然这种市场经济制度与成熟市场经济还有较大的差异,但从转型国家的特征看,这些国家毕竟是从计划经济转向市场经济,而市场经济的国家模式也因各国国情的差异而不具有统一的标准模式。因此,转型国家的市场经济也会具有其国家自身的市场经济特征,而不能因此否认其市场经济的性质。

从经济市场化和政治民主化的目标看,中国在市场化框架下的改革取得了经济增长的明显绩效,但是政治民主化却进展不大。这就存在一个悖论:一方面,市场经济制度的政治目标通常是西方成熟市场经济所认定的目标,目前对中国社会主义市场经济不能适用;另一方面,中国在市场经济下的增长与发展,越来越受到来自利益集团的阻碍,从而影响市场经济下的经济发展,例如被吴敬琏教授所指责的"权贵资本主义"。如果从经济市场化和政治民主化的制度性"双目标"来看,已经实现经济和政治的制度性目标的国家,应该说已经实现了转型的目标;而一些国家仍然需要在经济与政治目标方面进一步调整制度安排,对于转型目标来说,仍然需要继续完成其他相关领域的变革和转型。

二 "转型"与"转型经济学"是否面临终结?

从转型经济实践看,人类社会从计划经济向市场经济的"转型",已然演进和发展到一个新的历史阶段。二十多年的转型经济的发展变化史显

---

① 李新:《普京时期的俄罗斯经济转型:从制度移植到制度创新》,《俄罗斯研究》2007 年第 6 期。

② 田春生:《论俄罗斯市场经济的表现特点与未来定位——兼评俄罗斯是否是市场经济"正常国家"》,《俄罗斯中亚东欧研究》2012 年第 1 期。美国著名经济学家安德森·施莱弗在 2005 年时就提出了这个观点。Andrei Shleifer and Daniel Treisman, "A Normal Country: Russia After Communism", *Journal of Economic Perspectives*, Volume 19, Number 1—Winter 2005—pp. 151 – 174.

示，作为计划经济向市场经济的大规模体制转型过程已经结束。正是由于人类历史上大规模的转型过程已经终结，我们可以对过去学术界争议的一些问题重新审视。

这是因为，一方面，许多问题现在可以看得更为清楚，诸如过去转型研究中涉及颇多的"休克疗法"、"激进"与"渐进"、"三化"、转型与过渡的秩序与阶段、制度变迁、制度移植与制度创新等问题。如今，市场经济制度、市场经济建设以及市场经济结构或者说市场秩序等，是许多转型国家通用的表达方式。这说明，人们对于转型所涉及的许多问题，有了更为深刻的来自转型实践的认知。另一方面，在这个阶段还有许多新的问题需要从学术与学科的角度加以讨论。我们需要对转型（包括中国和俄罗斯在内的改革与转型的政策、路径、方式、目标、理论与道路等问题）进行总结与反思，以便为中国今后发展提供新的动力；同时，自国际金融危机爆发后，由于转型国家经济出现了一些问题，有的学者也对"转型是否终结"提出了不同的看法。

我国转型问题的研究者在 2009 年首先提出：处于十字路口的转型经济学研究及其学科建设应当何去何从。学者们关于转型经济学的学科定位与发展前景，主要有三种观点，即"消亡论、暂存论和永存论"[①]。持"消亡论"观点的学者认为，随着转型国家市场经济地位的确立，转型经济学的历史使命也就应该结束了。这种观点还认为，转型经济学不是一门独立的学科，只是比较经济学的一个分支，应该称其为"新比较经济的史"；"暂存论"者则强调，转型经济学自其诞生之日起，就一直存在着一个制约其生命力的瓶颈，那就是其研究对象具有历史性，是特定的，这个过程既不可逆转，其结束也并非遥遥无期，从这个意义上讲，转型经济学并不是一个有着长久生命力的学科；"永存论"者的主张是，转型实际上是体制转型、社会重构和经济发展相互作用的过程，将转型经济学研究对象或者研究主题仅仅确定在研究体制转变上是远远不够的，应该把体制转变、社会重构与经济发展结合起来，注重研究体制转变对转型国家长期

[①] 白千文：《转型经济学行将消失、暂时存在还是具有持久的生命力——转型经济研究新进展与学科建设研讨会综述》，《经济社会体制比较》2010 年第 2 期。

经济发展的促进作用。①

实际上，在国际金融危机以后，"转型是否已经终结"不仅是一个值得探讨的问题，也关乎转型经济学的命运，成为转型经济学研究所面临的核心问题。归纳中国学者的各种看法，大致有如下的观点。

第一，从转型的目标意义看，作为整体性、历史性、变革性的人类社会的大规模的制度性转型已经基本结束，这是对于转型的基本的判断。②

其主要标志体现在以下几个方面：（1）中央计划经济向市场经济过渡的制度性大变迁、大动荡已经过去，其当初提出的基本目标：市场经济的政治和社会制度框架已经在大多数国家建立，各国经济已经在市场经济的制度框架下运行。（2）各国已经走出"转型衰退"的阶段，进入市场经济框架下的经济增长与社会发展，市场的主体与运行、资源的配置与方式、市场制度的法律规则，都在完善的过程中。（3）多数转型国家的市场经济制度已经与国际经济规则接轨（尽管出现了很多问题），例如中国与俄罗斯都已经加入了WTO（俄罗斯于2012年正式加入WTO），中国与俄罗斯等国对于国际性经济事务的参与、主导和话语权不断增强，例如在二十国集团峰会上等。（4）中东欧国家的转型已经结束。西方理论界认为，其主要标志就是这些国家"加入欧盟"。（5）在世界银行的统计报告分类中，2004年就已经将转型国家统称为"其他新兴市场和发展中国家"，从而取代过去的"转轨型国家"的国家类别。

第二，包括中国在内的俄罗斯、中东欧等转型国家从计划经济向市场经济过渡意义上的体制转型过程已经终结。

俄罗斯已结束制度转型，进入了全新的发展阶段。李福川等学者对于俄罗斯的转型是否终结给予了回答，明确提出"俄罗斯已经结束制度转型"。③ 该文引用俄罗斯权威学者自己的论述加以佐证。文中强调，俄罗

---

① 白千文：《转型经济学行将消失、暂时存在还是具有持久的生命力——转型经济研究新进展与学科建设研讨会综述》，《经济社会体制比较》2010年第2期。
② 田春生在2009年12月13日南开大学"转型经济研究新进展与学科建设研讨会"上的发言。
③ 李福川：《俄罗斯已经结束制度转型》，《俄罗斯中亚东欧市场》2012年第12期。

斯较早提出结束制度转型的人物分别是时任俄罗斯转型经济研究所所长的E. T. 盖达尔和俄联邦总统办公厅副主任 B. 苏尔科夫。2003 年 12 月 8 日统一俄罗斯党在国家杜马选举获胜后 B. 苏尔科夫就表示，选举结果表明"俄罗斯的政治转型时期已经结束"；2003 年 11 月 27 日，E. T. 盖达尔在《转型经济：后共产主义时期的俄罗斯经济政策文集 1998—2002》的首发式上说，"俄罗斯由苏联时期过度集中的计划经济向市场经济的转型已经结束"，该文集的出版，"表明我们基本上结束了对转型经济的研究阶段"。曾任俄联邦政府经济改革工作中心主任的马乌更是在 2002 年就提出，俄罗斯在 2001 年已经完成了转型，2003 年后俄罗斯开始的增长已经具有全新的特点，已经不再是恢复性增长；他还说，"尽管转型经济研究所在世界上享有盛誉，但我们还是决定把名称改为经济问题研究所"。但是在 2012 年前，他们对于结束制度转型的观点没有得到俄罗斯国家层面的确认。2012 年随着普京再任俄罗斯总统，他对于俄罗斯所处的阶段给予了明确的回答。2012 年 1 月至 5 月，普京总统三次表明俄罗斯已结束制度转型，进入了全新的发展阶段。普京在 2012 年 1 月 16 日的《消息报》中指出："俄罗斯的重建时期已经过去。俄罗斯和世界发展过程中的后苏联时期已经彻底结束。"在 2012 年 4 月 11 日国家杜马的讲话中，普京又说："俄罗斯人民经历了所有动荡并重建了自己的国家。事实上，我们已经结束了'后苏联时期'，俄罗斯将进入新的发展阶段。"2012 年 5 月 7 日，普京在总统就职演讲中再次强调："俄罗斯进入了国家发展的新阶段。我们未来将面临全新内容和全新意义的任务，这些任务比以往更繁重。"对于俄罗斯来说，后苏联时期和转型时期的两个概念，在内涵和外延上是一致的。

中东欧国家经济转型的成就与"中东欧尚未完结的转型之路"。我国关于中东欧转型的研究者提出，这些国家"90 年代中期市场经济的转型已经不可逆转"；转型二十年后，"中东欧国家的市场经济体制的基础已得到巩固"。(1) 私有经济已居主导地位；(2) 经济决策的分散化；(3) 资源配置实现了市场化；(4) 市场经济的制度框架得以建立。"中东欧的经济转型改变了中东欧在世界经济中的地位。"[1] 中东欧经济转型的最大成就是"彻底摆脱了无效率的中央计划经济，建立了市场经济体制"。但是，2008 年国际金融危机，使中东欧一些国家也面临问题。对此孔田平提出，中东欧转型二十年后，这场转型的使命尚未终结。[2] 中东欧的大转型涉及政治、经济、社会以及对外关系诸方面，其变革的深度、广度和速度在人类社会经济史上实属罕见。匈牙利经济学家科尔内曾将制度改革分为代价低廉的和代价高昂的，中东欧的改革属于后者。一些学者引用欧洲复兴开发银行的 2010 年《转型报告》，认为随着波兰等中东欧 10 国加入欧盟，"转型终结论"屡屡不绝于耳，一些研究全球经济形势的机构已经用"新兴经济体"取代了原来的"转型经济体"，世界银行把其出版物《转型通讯》更名为《超越转型》。但有学者以俄罗斯、东欧国家在 2008 年国际金融危机中的拙劣表现作为依据，得出这些国家转型远未终结的结论。[3]

中东欧国家转型的最终目的是回归西欧，大部分中东欧国家已经加入欧盟。对于转型国家的转型终结遥遥无期的说法，有的学者提出异议。孔寒冰认为，尽管中东欧各国在最近的三十年各个时期的进程存在较大的差别，但是把这些国家的转型终点视为遥遥无期，不仅不符合中东欧国家的实际情况，而且使界限很清楚的社会转型、新国家构建和社会发展三方面内容混杂在一起，不利于分析中东欧各国有差异的现状及其多重成因。[4] 一些学者对于中东欧转型的解释更为实际而客观。孔寒冰强调，当中东欧国家的政治制度确立并且常态化，经济实行了私有化、自由化和市场化之后，转型就应当视为结束。冷战后中东欧的社会转型是全方位的，各个方面并非齐头并进，而是有长有短。但是，当通过宪法将政党政治制度确立

---

[1] 孔田平：《中东欧国家是怎样向市场经济体制转型的?》，《苏东剧变之后——对119个问题的思考》，新华出版社 2012 年版，第 1300—1305 页。
[2] 孔田平：《尚未终结的革命——中东欧转型 20 年》，《南国风》2012 年第 12 期。
[3] 白千文：《转型经济学行将消失、暂时存在还是具有持久的生命力——转型经济研究新进展与学科建设研讨会综述》，《经济社会体制比较》2010 年第 2 期。
[4] 孔寒冰：《对当前中东欧研究的几点学术辨析》，《俄罗斯东欧中亚研究》2019 年第 1 期。

下来、并通过议会大选将这种制度常态化之后,政治转型就应当视为结束;当通过相关法律实行了私有化、自由化和市场化之后,经济转型就应当视为结束,以后就是私有制基础之上的市场经济发展了。① 研究者进一步以中东欧回归西欧为目的分析视角提出,最近三十年中,中东欧的主题并不只是社会转型,还有新国家构建和转型、构建之后的社会发展。从发展趋势上看,中东欧只是从地缘政治上的东欧回归西欧的过渡,而发端于20世纪80年代末90年代初的东欧剧变,是这次社会转型的起点。②

对中国经济转型有已经结束和尚未终结两种不同看法。中国已经被世界上的许多国家承认为市场经济国家,从这个意义上来说,中国的经济转型已经终结了。但是,如果从经济发展的视角来看,从计划到市场的转型只是政府职能转变的一个阶段而已。很多学者认为,中国的转型经济是指双重转型,即体制转型和发展转型。双重转型是一个动态的历史过程,是指特定历史条件下特定对象的社会经济形态(包括发展阶段和经济体制)的根本性转变过程;同时又是一个非常复杂的、充满各种矛盾和不确定性的阶段。双重转型从综合分析方法入手,将中国经济转型的实质概括为相互联系、相互作用的体制转型和发展转型,实际上几乎涵盖了上述单一分析中的所有转型,因而也符合中国转型经济的实践和要求。如果从"双重转型"的说法看,中国的转型将是一个漫长的历史发展过程。

第三,转型国家的转型已经终结,但是转型经济学的研究远未结束,仍然需要继续深入研究,这是由经济转型过渡性特征所决定的。

南开大学的一些学者认为,在对市场经济本身的认识还在探索阶段的条件下,应"慎言转型经济学的终结",作出转型经济学已经终结的结论还为时尚早。③ 转型经济学作为一门独立的经济学学科,不仅依然存在,而且还有成长的空间。景维民、黄秋菊等指出:(1)它有一个特定的研究对象,即一个相对独立和稳定的研究领域,不能被其他学科所覆盖和替代。(2)它具备本学科特有的研究方法。尽管这种研究方法也可能是从其

---

① 孔寒冰:《对当前中东欧研究的几点学术辨析》,《俄罗斯东欧中亚研究》2019年第1期。
② 同上。
③ 王永兴:《"去范式化"下的转型经济研究》,《东岳论丛》2010年第3期。

他学科移植或借鉴而来的，或许是为了该领域的研究专门创造的方法，但这些方法都是在这个领域的研究中最具特色和最有效的方法。（3）它具有本学科特有的基本概念和范畴，它构成这一研究领域的基本分析单位和分析方法。其中后两个条件结合在一起，也就形成了一个独立的理论研究范式。[①] 20世纪80年代末发生在前社会主义国家的转型，不仅是大规模的制度变迁，也是社会经济自身的组织结构和存在方式的变化，变迁和变化的目的在于重构社会结构，促进经济发展。因此将转型经济学研究对象或者说研究主题仅仅确定在研究体制转变上是远远不够的，应该把体制转变、社会重构与经济发展结合起来，注重研究体制转变对转型国家实现长期经济发展的促进作用。从这个意义上讲，转型经济学研究对象的内涵与外延是非常明确和清晰的。

转型经济学研究不断深化，与其研究对象的现实发展阶段紧密相关，对转型国家的经济转型而言，这个过程既不可逆转，其结束也并非遥遥无期。[②] 孙景宇认为，转型经济学会随着转型的终结而逐渐消亡的观点主要是从对策研究或战略研究的角度提出来的，如果从学术研究的角度出发，转型经济学不仅要理解转型的内在规律、评估当前的转型绩效、预测和规划转型后的发展方向，更要在对转型问题的研究中得出具有一般性和普适意义的发展规律，为经济学理论的创新和发展提供有益的借鉴，而转型经济学的这一学术使命，绝不是在转型终结之时就可以完成的。[③] 转型国家随着经济体制转型的深化，出现了很多新的问题。诸如腐败、收入差距扩大、经济结构不合理等，而这些问题都在转型经济学研究范畴内。

第四，转型经济学面临危机与重构，转型经济学需要转型。有的学者提出，转型经济学正处在十字路口，如果能够拓展研究对象，转型经济学还是大有前途的。还有的学者从完善市场经济的角度指出，转型国家的体制转型已经结束，但是这些国家对支撑市场的制度重视不足，从成功的转型是完善的市场经济制度角度来说，继续深化改革，推进经济体制进一步

---

① 景维民、黄秋菊：《转型经济学的学科定位与展望》，《东岳论丛》2010年第3期。
② 孙景宇：《论转型经济学的转型》，《经济社会体制比较》2008年第5期。
③ 白千文：《转型经济学行将消失、暂时存在还是具有持久的生命力——转型经济研究新进展与学科建设研讨会综述》，《经济社会体制比较》2010年第2期。

转型，是所有转型国家面临的共同选择。关于转型和转型经济学，研究者的一个共识是，转型国家都将经历一个深化和完善市场经济体制的过程，而转型经济学应该从研究如何建立市场经济体制，转变为研究如何完善市场经济体制。一些学者针对学术界所认为的"经济增长和发展模式的形成，意味着中东欧国家的转型任务已经完成"的看法指出，在2010年欧洲复兴开发银行的"转型报告"中提出一个重要观点，就是之前对中东欧国家经济增长和发展模式的研究过于侧重市场的发展，而对支撑市场的制度重视不足。成功的转型不仅仅是提高经济增长的速度，更要提高经济增长的稳定性。在这方面，继续深化改革，推进经济体制的进一步转型，是所有中东欧国家的共同选择。作者指出，欧洲复兴开发银行2010年的"转型报告"，很可能是第一本明确阐明中东欧国家的转型仍未终结的国际机构出版物，这有助于推动对转型的本质、目的和方式的进一步反思。[1]

三 转型的效果与转型终结的目标和标准

针对转型国家向市场经济的过渡是否已经终结的问题，一些学者认为，衡量转型是否已经终结，这需要有一个评价标准。正是因为评价的标准不同，所以在界定转型是否完成时，中国学术界没有达成共识。我们认为，经济转轨自初始阶段目标就是明确的，即实现制度变迁（从计划体制到市场体制）并促进经济增长与发展，这是最为重要的评价标准。关于体制目标的实现程度，人们通常使用市场化水平这一指标来反映。[2] 对转轨、转型的实际效果的评价，主要应该依据在20世纪90年代转轨目标和转型之初所提出的基本目标，并根据转轨或转型的实际进程与预期效果加以评价。

目前，中国的学者们以如下一个指标来制定中东欧转型是否完成，包括经济指标、政治指标和机构指标。首先，经济指标考察是否完成一揽子

---

[1] 孙景宇：《复苏与改革：中东欧尚未完成的转型之路——欧洲复兴开发银行2010年"转型报告"评述》，《俄罗斯中亚东欧研究》2012年第1期。

[2] 曲文轶：《制度变迁的经济效果——原苏东国家经济转轨20年回顾》，《俄罗斯中亚东欧研究》2011年第2期。

经济转型任务。1994年，欧洲复兴开发银行确定了一套衡量转型内容的指标（这些指标在后来被不断细化和修正）。它们是：小私有化、大私有化、治理和企业改造、放开价格、贸易和外汇体制、实行竞争政策、银行体系改革和放开利率、证券市场和建立非银行金融机构、基础设施改革。2004年加入欧盟的中东欧国家基本完成了经济转型任务，包括企业私有化、放开价格、贸易和外汇管制、实行竞争政策、建立二级银行体系和证券市场、建立非银行金融机构、对基础设施改造等。其次，政治指标以加入欧盟为经济转轨完成的重要标志。保加利亚第一任总统热列夫说，加入欧盟可以视为从共产主义向民主和市场经济的过渡已经完成。但也有观点反驳说，加入欧盟不足以说明转型已经结束，只不过进入转型的巩固阶段，巩固阶段的任务是制度建设、使本国经济与欧盟趋同和追赶。另有观点认为，转型是否结束，应考察经济转型中的"转型意外"是否已消失。换句话说，只有当转型特有的经济现象基本消失后，经济转型才告结束。最后，机构指标指国际金融组织对转型的评价。1996年，世界银行发表第一份转轨报告，称第一阶段经济转型已经完成，并撤销了世界银行的转轨部。同时，世界银行将杂志《转型通讯》（*Transition*）期刊，亦改名为《超越转型》（*Beyond Transition*）。2008年6月，世界银行撤销了在斯洛伐克工作了七年的办公室，因为世界银行指导该国进行的九项工作已基本完成。①

第四节 转型经济学的学科定位与未来发展

在我国，关于"转型经济学向何处去"这一问题于2004年首次在学术界提出，但是并没有得到研究者的回应。2009年该问题再次被提及，并在中国学术界得到重视和讨论。2010年以后，20世纪90年代所出现的一大批被称为转型国家的许多国家，其经济社会已经走出

---

① 朱晓忠：《转型九问——写在中东欧转型20年之际》，《俄罗斯中亚东欧研究》2009年第6期。

转型困境，初步形成具有各自国家特色的发展模式与道路，而"转型经济"所带有的国家制度的过渡性、不确定性、不稳定性等已经逐渐消失。在俄罗斯和中东欧国家，这些国家的市场经济及其相应的各种制度已经确立，可以说，这些国家已经进入正常的市场经济国家行列。因而，在对转型经济学的国际学术研究中，也就产生了转型经济学的生存与定位的问题。

一 转型经济学学术研究的主题与定位

正是在这样的背景下，我国学者也提出"转型经济学向何处去"的问题。孙景宇在2004年指出了转型经济学逐渐与其他经济学分支融合的趋势，[①] 认为转型经济研究对经济学家提出了更高的要求，应将转型经济的起点——计划经济、终点——市场经济，以及两者之间的过渡阶段有机结合起来。关于转型经济学研究的未来，转型经济学并不是一个有着长久生命力的学科，和其他相关学科的融合是其必然选择。但这并不意味着对转型经济的研究是没有意义的。从发展趋势来看，转型经济既不可逆转也不可重复，因而单纯在理论上构建转型经济学所特有的理论框架是没有意义的。[②]

通过对我国转型经济研究方面的文献检索，显示出如下的特征：一是20世纪90年代至21世纪初期，对于"转型"的研究文献最多。之后直接以"转型"命题的论文逐渐趋少，研究者将研究主题转向转型国家其他的研究领域与范畴。二是从研究主题和内容看，转型经济的研究对象已经不再局限于从计划经济向市场经济的转型过程和内容。与转型相关的问题和研究主题在减少，对转型国家的经济现实问题的研究在增多，研究的内容更加贴近经济实绩。例如，转型国家的经济增长与发展、金融与资本市场、通货膨胀等问题；俄罗斯能源对经济拉动的分析、资源型经济及其对经济的影响等。三是转型经济研究的范畴在延伸，对俄罗斯和中东欧的研究趋势是更加注重经济形态的分析。诸如，关于俄罗斯"国家资本主

[①] 孙景宇：《转型经济学向何处去》，《经济学家》2004年第5期。
[②] 同上。

义"的研究①；关于俄罗斯主权财富基金的评析②；从经济转型到国家治理模式重构③；"第二次转型"的理论向度与原社会主义国家转型的多样性问题④；后危机时代俄罗斯经济现代化问题⑤；创新经济是俄罗斯经济转轨理论与实践的内在逻辑和历史选择⑥；俄罗斯的发展道路问题⑦；新官僚利益集团的崛起与俄罗斯特色的资本主义⑧等。

二　中国对于转型经济学学术研究中的不足

转型经济学或者转型政治经济学作为一门新兴学科，由于其研究对象——经济转轨或经济转型的形成与发展的历史较短，我们认为迄今为止并没能形成一个完整的理论体系；受西方经济学中不同理论流派的影响，学者们对于转型中的各种问题也有着各自不同的认知。在转型经济研究的理论范式中，一些理论学说是当时流行的西方经济学理论，学者们用以对转型研究对象加以分析；另一些理论范式，现在看来，并不具有实际的理论指导意义。因此，学者们研究视角和理论范式不同，逻辑路线和问题设定也有很大的差别。

第一，在对转型经济的研究方面，中国学者以西方经济学理论作为分析的依据，尚未形成具有中国学者视阈与特色的研究体系。（1）转型经济作为一门新兴学科，本身就没有自己的理论体系。无论西方的经济学界还是我国的经济学界，与西方经济学所研究的问题相比，转型应该说是新

---

①　田春生：《俄罗斯"国家资本主义"的形成及其特征》，《经济学动态》2010年第7期。
②　李建民：《俄罗斯主权财富基金管理评析》，《国际经济评论》2008年第2期。
③　张慧君、景维民：《从经济转型到国家治理模式重构——转型深化与完善市场经济体制的新议题》，《天津社会科学》2010年第2期。
④　杨成：《"第二次转型"的理论向度与原社会主义国家转型的多样性——以普京时代的俄罗斯制度转型为例》，《俄罗斯研究》2008年第4期。
⑤　关雪凌：《后危机时代俄罗斯经济现代化探析》，《经济理论与经济管理》2011年第1期。
⑥　戚文海：《创新经济：经济转轨国家经济发展道路的新取向——以俄罗斯为研究重点》，《俄罗斯中亚东欧研究》2007年第6期。
⑦　庞大鹏：《俄罗斯的发展道路》，《俄罗斯研究》2012年第2期。
⑧　杨成：《新官僚利益集团的崛起与俄罗斯特色的资本主义》，《当代世界》2008年第2期。

的研究范畴，没有现成的理论并能用于解释转型实践的学说。因此在过去的研究中，一方面，以西方经济学相关理论作为解释转型的基本理论。学者往往以西方经济学理论作为分析的支点，例如新自由主义、新制度经济学、新比较经济学等学科。另一方面，西方主流经济学对于转型经济的认知和解释，也曾使转型过程误入歧途。实践已经证明，新自由主义经济学以及新制度经济学中的产权理论等，对于俄罗斯转型前十年和中东欧一些国家的转型指向产生过误导。再有上述现象不仅表现在俄罗斯等转型国家，即使是被认为转型成功的国家例如中国，也曾受到西方经济学理论的影响。（2）中国缺乏能够解释转型经济学的理论和体系。现有转型理论对于中国市场经济改革的理论解释基本是空白，人们所知的"北京共识"不仅缺乏理论概括性，而且有待实践的验证，2018年之后，随着以美国为首的西方国家对中国市场经济的质疑，当年对于学术界产生巨大影响的"北京共识"，已经逐渐销声匿迹；在21世纪之初，人们对于"中国模式"的赞誉与解说的声音越来越小。这说明，"北京共识"和"中国模式"还需要等待历史的检验。方方面面的原因说明，转型理论对于中央计划经济向市场经济的转型的理论解释是不成熟的。目前，已有的转型经济学理论不能解释转型的全过程、全内容。（3）中国学术界对于转型经济学的学术研究比较松散，缺乏对问题与观点的交锋和讨论，对于转型的成败、转型经济是否完成、何谓转型经济及其转型完成的标准，研究者之间缺乏认知、交流与互动。

第二，在对转型经济学的研究范式上，主要以西方经济学为基本范式。不同的理论范式得出不同的结论，但是它们都仅仅涉及一个相关范畴。有的学者提出，国内文献在转型研究中的最大缺陷，则在于对国外转轨经济学所确立的一些研究范式形成了思维定式，甚至学术上的路径依赖。[1] 例如，激进式转轨和渐进式转轨两种基本转轨模式的划分，掩盖了中国转型道路更加丰富的内容和独特性。又如，王永兴教授撰文写的新自由主义、演化经济学、发展经济学、比较经济学与转型经济学的看法，则

---

[1] 张建君：《中国转型经济研究的文献回顾与理论发展》，《山东社会科学》2007年第7期。

具有一定的代表性。如果我们从对转型的范畴来理解，转型不仅涵盖经济学范畴，也涵盖了政治学、社会学、法学、历史学等范畴，因此在研究方法与理论范式上，就需要跨学科、多视角的综合研究。也就是说，仅仅从经济学视角进行研究是不够的，需要从多个理论视角加以分析。例如，一个国家的制度的形成，与其历史路径是分不开的，我们从新制度经济学和诺斯对于制度的演变分析中则可以看出。

第三，在关于转型经济学的研究方法上，对转型经济学的研究方法比较单一。转型经济学作为一门新兴的学科，其本身所运用的理论学术和研究范式本身似乎也在不断地"转型"。国际经济学中已经存在的各种经济学派的研究方法和范式，都在向转型经济学这一新兴领域渗透，这些研究范式具有不同的方法论基础，其强调的侧重点也存在巨大的差别。这种研究范式的交叉，是经济史中所独特的现象，即在转型经济学这个统一的名词下，容纳了更多的研究范式，具体包括新制度经济学、新自由主义、演进制度学派、发展经济学和比较经济学等研究范式。[1] 迄今为止，在对转型和转型国家的研究中，并没有形成一个相对统一的研究范式。而且，无论哪种范式都存在这样或那样的缺陷，在对转型的研究中无法排除其他研究范式的影响。

三 转型经济学面临创新的探索

转型经济学是一门新兴学科，这也意味着需要继续对转型经济学给予关注。以后的研究中还要进行学术探索的问题主要是：转型是否具有阶段性，每个阶段的任务是什么，这些目标任务是否已经完成？转型过程是否终结，经济学解释是否随着转型的终结而告终？转型经济学的发展趋势在哪里，能够与其他学科融合吗？如果脱离了转型的本意，作为一门转型经济学的研究对象还能够成立吗？如果我们将转型经济的研究推进一步，则要回答这些问题。

（一）探索创建自己的理论体系

对于涉及改革、转型和转型经济学在内的一些理论与现实问题，

---

[1] 王永兴：《转型经济学研究范式评述》，《江苏社会科学》2007年第5期。

特别是对经济转型以及作为学科的转型经济学的现状与发展,我们认为还需要进一步加以研究。事实上,迄今为止,在我国的研究中,转型经济学是否可以作为一门独特的经济形态加以研究,目前不仅没有取得共识,而且分歧较大。这说明,转型经济学是否是一门独立的经济学学科,还处在艰难的探索中。其学科体系、研究范畴等都没有得到认可。[1]

赞成将转型经济学作为一门独立学科的观点认为,转型经济学有自己特定的研究对象、研究方法和基本概念与范畴,这足以证明转型经济学就是一门独立的学科。[2] 转型经济学成为一门学科的依据在于:(1)在短短二三十年间,关于转型研究的文献迅猛增长,使转型经济学这一研究领域开辟、巩固并成为现代经济学中最活跃的前沿领域之一;(2)国内外已有一批相对固定的主要从事转型经济学研究的学者,也有相应的学术机构并出版其学术著作和刊物;[3](3)一些著名经济学家创立了相关的转型经济学学科体系。其中包括:罗兰体系(Roland.s System)、斯蒂格利茨体系(Stiglitz.s System)、科勒德克体系(Kolodko.s System)和科尔奈体系(Kornai.s System)。[4]

对此持反对的观点则认为:(1)不同转轨动因、政治力量、利益集团的介入,使得转型的初始目的、手段和过程充满冲突和矛盾。各国不同

---

[1] 冒天启:《转型经济学研究的创新与发展》,《山东社会科学》2009年第10期。

[2] 周冰的观点。参见白千文《转型经济学行将消失、暂时存在还是具有持久的生命力——转型经济研究新进展与学科建设研讨会综述》,《经济社会体制比较》2010年第2期。

[3] 国际组织机构中,最为重要的机构是欧洲复兴开发银行(EBRD),该机构每年出版《转轨报告》(Transition Report),研究俄罗斯、中东欧等国家的转型进展,国际货币基金组织(IMF)、世界银行(World Bank)也曾出版各种转型经济专题报告。其他机构包括国内从事转型经济学研究的专门机构包括:[比]南开大学的转型经济研究中心、华东师范大学俄罗斯研究中心、辽宁大学比较经济体制研究中心等。

[4] 这些学者关于转型经济学研究的代表性著述包括:[比]热若尔·罗兰:《转型与经济学》,张帆等译,北京大学出版社2002年版;[美]约瑟夫·斯蒂格利茨:《社会主义向何处去——经济体制转型的理论与证据》,吉林人民出版社1998年版,2011年版;[波]科勒德克:《从休克到治疗:后社会主义转轨的政治经济》,上海远东出版社2000年版;[匈]科尔奈:《社会主义体制》,中央编译出版社2007年版;《后社会主义转轨的思索》,吉林人民出版社2003年版,等等。他们对于中央计划经济向市场经济的过渡与转型具有自己独特而系统的解说,并且在转型经济的研究中具有很大的影响。

的转型实践模式，不是服从于某种共识的包含与被包含关系、正统与例外的矛盾关系，而是并列的关系。因此很难将这些转型模式归纳到一个有效而一以贯之的理论体系之中；（2）转型不是没有终结的。随着中东欧10国加入欧盟①，俄罗斯走上"普京路线"以及中国政府宣布在2020年建成更加完善的社会主义市场经济体制②，经济转型过程迟早会成为历史。③

（二）尝试采用多学科的研究方法

多数学者认为，过去仅从经济和经济学视角的研究是不足的，应拓宽转型经济学的研究领域与观察视角。一些学者强调，转型经济学与其他学科的融合，不是被其他学科"同化"，而是吸收其他学科的先进研究方法，形成一套自己的研究范式。④ 有的学者还提出了发展转型经济学的构想，即：可以通过构建"转型—发展—社会重构"的三位一体的分析框架，将现有的、零散的转型经济学研究成果进行综合，建立区别于其他经济学科的、自成一体的转型经济学理论体系。⑤ 转型经济学的成熟需要经济学各流派更深入的融合，需要跨学科研究。单从经济学的角度来研究转型，或者只对转型国家的体制转型的进程进行比较是不全面的。因为转型研究不仅是经济转型，还涉及政治、文化、民族、历史、宗教等全方位的理论问题，需要多学科协同研究。

（三）转型经济研究需要"超越转型"（Beyond Transition），实现转型经济学的转型

一些学者提出了转型经济学与比较经济学、发展经济学、制度经济学的联系与分野；还有一些学者提出，如果仅仅关注经济转型的特殊性，那么转型经济学的前景是不容乐观的。对于转型经济学的研究，更应该把经济转型看作后发国家追求社会进步、经济发展道路的

---

① 这十个国家分别是：波兰、匈牙利、捷克、斯洛伐克、斯洛文尼亚、爱沙尼亚、拉脱维亚、立陶宛、罗马尼亚以及保加利亚。
② 江泽民：《全面建设小康社会，开创中国特色社会主义事业新局面》，《在中国共产党第十六次全国代表大会上的报告》，人民出版社2002年版，第19页。
③ 吴垠、刘灿：《转型经济学的研究范式与发展方向》，《经济评论》2009年第4期。
④ 王永兴：《转型经济学研究范式评述》，《江苏社会科学》2007年第5期。
⑤ 白千文：《转型经济学行将消失、暂时存在还是具有持久的生命力——转型经济研究新进展与学科建设研讨会综述》，《经济社会体制比较》2010年第2期。

一种探索。有的观点从经济发展的视角看中国的经济转型，认为对于经济转型的思考应该放到经济发展这个更大的背景中去，这就需要建立一个转型的发展经济学理论，拓展传统的转型经济学的研究。中国只是阶段性地完成了市场经济体制的建立，随着经济发展水平的提高，为市场经济建立规则，使政府职能更多地从微观的干预转变到宏观的管理是未来的方向。因此，应当从经济转型的一般性上来重新定位转型经济学的研究主题，实现转型经济学的转型。[①] 在这方面，转型经济学还有很大的发展空间，它应该在研究体制转变对转型国家实现长期经济发展的促进作用方面有所突破。

我们认为，作为计划经济向市场经济过渡的转型过程已经终结，作为经济学的转型经济还需要根据转型国家的实践加以研究，至于转型经济学能否作为一门独立的学科继续得到发展，不仅取决于转型、转型经济学和转型国家经济的发展，更应取决于转型经济研究能否形成自己的理论体系，也有待于我国及国际学术界的共同努力。

（本章执笔人：田春生，中国青年政治学院，国务院发展研究中心欧亚社会发展研究所）

[①] 孙景宇：《论转型经济学的转型》，《经济社会体制比较》2008年第5期。

第 八 章

世界经济史

改革开放以来，包括经济学在内的各门社会学科在中国得到了长足的发展。作为经济学和经济史的一个分支，世界经济史作为一门学科也成长起来。这门学科在四十余年中的最大成就之一，就是在早期的学术带头人群体的共同努力下形成了一个相对稳定、视野开阔的基本框架。世界经济史作为一门相对独立的学科得到了国内研究界和高等教育界的认可。

四十余年来，世界经济史或外国经济史领域研究成果不断涌现，大量国外成果被翻译出版。世界经济史和国际经济史的作品拥有庞大的读者受众。作为一门交叉学科，世界经济史研究吸引了许许多多来自不同领域的研究者。他们从不同侧面为这个学科增添了新成果，更新了研究方法，拓展了视野，并针对重大理论和现实问题发掘了学科研究成果的现实意义。

相比于现实经济问题和传统历史学科的研究，以及本国经济史的研究，世界经济史或外国经济史研究仍有许多不足。"一带一路"倡议的提出，为世界经济史和国际经济史研究提供了新的激励和良好氛围。在经济全球化和国际政治经济关系深刻调整的大背景下，世界经济史研究会对世界文明对话和交往提供新的知识支持。未来，国内学者一定会在本领域中取得更多学术成就并获得更大更积极的社会反响。

第一节 从"外国经济史"到"世界经济史"：学科的出现和奠基

从学科发展的角度看，改革开放以前国内学者在本学科的成果主要为外国经济史，改革开放以后越来越多地为世界经济史。本节分两个时期简述。

一 "外国经济史"时期

改革开放以前，尤其在 20 世纪 50 年代，许多国内高等院校经济系和财经院校开设了"外国经济史"课程，当时使用的教材主要是苏联作者编写的同名著作，一些教师也使用自编油印教材。当时教材和著作（包括中译本）的一大特点，是挑选少数有代表性的国家，讲述其近代以来（主要是工业革命以来）经济发展情况和经济制度的重大变化。若再追溯早些时候，这种情况实际上在 20 世纪前半期就出现了。"欧洲经济史"是那时的重点。[①]

20 世纪 80 年代以前，甚至在 50 年代以前，尽管市面上也有一些译著和国内自著书籍冠名"世界经济史纲"，但作者或使用者都并未在现代意义上严格界定其含义。欧洲学者马克斯·韦伯曾有一本小书被译为中文，书名叫《世界经济通史》，英文名却是 *General Economic History*。这本书本应译为"一般经济史"或"普通经济史"，就像 General Physics 译为"普通物理学"一样。

可以说，在 20 世纪 70 年代末以前，现代意义上的"世界经济史"在国内学术界（一定程度上也包括国际学术界）还没有出现。20 世纪初，布哈林写过《世界经济与帝国主义》，但其政治意义大于学术意义。[②]

[①] 胡寄窗：《中国近代经济思想史大纲》，中国社会科学出版社 1984 年版，第 477—478 页；孙家红：《通往经世济民之路——北京大学经济学科发展史（1898—1949）》，北京大学出版社 2012 年版，第 127—130 页。

[②] [俄] 尼·布哈林著：《世界经济和帝国主义》，蒯兆德译，中国社会科学出版社 1983 年版。系根据美国每月出版社 1973 年英文本转译，含列宁为该书 1915 年版所写序言。

20世纪50年代初期，在当时的政治氛围下，国内社会科学的研究方法和风格曾受到苏联的极大影响。从60年代开始，脱离苏联影响并寻求自己的独立学科发展的努力在众多领域中开始出现。在这样的背景下，国内学者从60年代开始集体编写多卷本的《外国经济史》。经过几年努力，由樊亢、宋则行主编，池元吉、郭吴新协助主编的《外国经济史（近代现代）》主要部分于1965年出版，并形成了后来改版时也沿用的基本框架，即将近代以来的各国各地区经济史划分为三个阶段："资本主义确立和上升发展时期"（第一册）、"帝国主义形成时期"（第二册）和"资本主义总危机时期"（第三册）。第四册为苏联社会主义经济史，出版于1990年。在前面所划分的三个时期中，除了分别将英国、美国、法国、德国和日本作为对象，还涉及印度、拉丁美洲、俄罗斯和非洲等国家或地区。国内许多高校当时采用了这本著作作为教材。

　　在20世纪70年代对外不开放的背景下，国内读者了解国际知识包括世界重要国家经济发展历程的兴趣十分强烈。参加编写上述《外国经济史》的几位学者（樊亢、宋则行、池元吉、郭吴新、朱克烺）又应约编写了《主要资本主义国家经济简史》。[①] 这部篇幅24万字的著作分别概述了英国、美国、法国、德国和日本自中世纪晚期以来的经济发展历程，重点叙述工业革命和工业化进程，时间至第二次世界大战，书末附有32张统计表格。这本书在当时对普及外国经济史知识发挥了极大的作用。几个国家的出版社分别出版了英译本、法译本和日译本等。该书对工业革命和工业化进程基本特点的概括为后来许多国内同类著作所沿用。

二 "世界经济史"时期

　　1978年年底，中国进入改革开放新时期。知识界开始追求更新认识，扩大视野，学术研究出现了新的活跃局面。早先参加上述《外国经济史》的许多研究者都认为，按照传统的"国别法"或"地区法"不足以反映

[①] 樊亢、宋则行、池元吉等：《主要资本主义国家经济简史》，人民出版社1973年第一版，1997年增订本。

近代以来世界经济的总体发展趋势，更不利于认识各国经济在近代以来的互动关系及其规律。有鉴于此，学者们从那时开始提出探寻"世界经济史"的基本思路，并为此通过多年共同努力，编写出共计超过100万字的三卷本《世界经济史》。①

作为国家"六五"计划（1981—1985）哲学社会科学研究项目，这本著作由中国社会科学院世界经济与政治研究所组织编写，全国有关高等院校和科研机构的学者参加协作。宋则行、樊亢任主编，池元吉、郭吴新、朱克烺任副主编。全书按历史时期分为四篇，各篇分主编依次是朱克烺、樊亢、郭吴新和池元吉。

这部著作最大的特点是将近代以来各国经济发展进程置于一个相互联系和相互作用的总体框架之中。第一篇为"资本主义生产方式确立和世界经济体系形成"（16世纪至19世纪60年代）；第二篇为"资本主义世界经济发展成为囊括全球的统一的体系"（19世纪70年代至20世纪初）；第三篇为"社会主义制度建立、囊括全球的资本主义世界经济体系开始解体"（1917—1945）；第四篇为"世界经济体系内部两种社会经济制度并存、民族独立国家经济兴起"（1945年以后）。

诚如编写者在"绪论"中所说，"把世界经济作为一个有机整体来研究它的历史，在我国是一项开拓新的研究领域的工作"。在这部著作中，"工业革命和工业化"已不再分别放进各国经济发展篇章之中，而是作为一个共同主题，将有关各国的经济发展放进来。类似的论述方法也体现在诸如对"国际贸易"和"国际资本流动"等问题的叙述中。这样的新认识适应了自那时起中国不断扩大对外开放、日益将自身视为世界经济积极参与者的时代背景转变。

事实上，从一个更加宽阔的视角来看，这种转变并不仅仅是出现在中国学术界。美国学者罗斯托（W. W. Rostow）早年研究19世纪不列颠经济史，中年参与美国政治事务和对外政策决策，退出政界后致力于经济发展问题研究，并随后推出个人巨著《世界经济：历史与展望》（*The World*

---

① 宋则行、樊亢主编：《世界经济史》（三卷本），经济科学出版社1993年第1版，1998年第2版。

Economy: History and Prospect)。这部著作出版于1978年,恰逢中国开始改革开放。① 在此前,英文著作中少见有以此为题目者。英语著作界有两位知名经济史学者在其2007年的书中提到几本20世纪70年代到90年代出版物,② 但查其英文原文为"Economic History of the World"(世界的经济史),而不是"History of the World Economy"(世界经济的历史)。后者更接近上述宋则行、樊亢主编的著作以及罗斯托1978年的著作。

另外,在国际学术界,两位澳大利亚学者联合编写了《国际经济的成长:1820—1990年》(The Growth of the International Economy:1820 - 1990)。③ 该书英文版初版于1971年,当时论及的时间下限为1960年,再版则延伸至1990年。从概念上说,"国际经济"与"世界经济"仍有区别,前者侧重表达各国经济的相互关系,例如国际贸易和国际资本流动,而后者则同时包含各国经济的相互关系以及本国经济在此关系中的发展和演变进程。

国内方面,若干学者后来也陆续编写了以"世界经济史"为题的著作和高校教材。中国人民大学高德步和王珏合编了大型著作《世界经济史》,该书出版于2005年,三卷合计字数达150万字。上卷为高德步著,卷题为"传统经济的演进",分七章,从"古代东方社会经济"到"资本主义萌芽";中卷为王珏著,卷题为"经济现代化进程",分九章,从"西欧的商业革命和市场发育"到"自由贸易与世界贸易";下卷为高德步著,卷题为"现代经济的发展",分七章,从"自由市场经济的危机与转变"到"国际经济关系的演变"以及"中国经济的现代化"。这部著作的显著特点是突出了近代以来世界各国经济现代化的进程。④ 该大型教材

---

① Rostow, W. W., *The World Economy: History and Prospect*. Austin and London: University of Texas Press, 1978.
② 中文版参见[美]罗纳德·芬德利、[美]凯文·奥罗克《强权与富足:第二个千年的贸易、战争和世界经济》(比较译丛),华建光译,中信出版社2012年版,第XIV—XV页。
③ [澳大利亚] A. G. 肯伍德、[澳大利亚] A. L. 洛赫德:《国际经济的成长:1820—1990年》,王春法译,经济科学出版社1996年版。
④ 高德步、王珏:《世界经济史》,中国人民大学出版社2005年版,上卷为高德步著;中卷为王珏著;下卷为高德步著。

近年已出简编版。①

北京大学萧国亮和隋福民合写的《世界经济史》出版于2007年。作为该校"21世纪经济与管理规划教材"，该书篇幅有57万字。作者在序言中说，该书纵论"工业革命前后世界经济六百多年发展的历史"，并强调这"不是世界的经济史，而是世界经济的历史"②。其基本思想与前述宋则行、樊亢著作高度一致。

20世纪90年代以来，现实中的世界经济日益展现出若干重要的新趋势。国内外学术界越来越多地使用"全球化"概念来指称这些新趋势。经济史学界对此也作出了反应，"全球化史"得以出现。数十位来自不同国家地区并有不同学科背景的学者于2003年倡议成立了"全球经济史网络"（Global Economic History Network，GEHN）。之后，设在伦敦经济学院的《全球史学刊》（Journal of Global History）创刊。分布于世界各地的许多研究者纷纷从不同角度并针对不同的经济史事件或案例展开经济全球化背景下的研究。

近代以来，各国经济陆续以不同的，甚至曲折的方式融入世界经济体系中。20世纪最后几十年到21世纪初，世界经济的全球化在此前基础上又获得了新的发展和提升。全球化的新视角不仅催促着经济史学者对近代以来世界经济历史发展线索进行新的探讨和概括，而且也让许多历史学者试图重写世界历史，尤其是近代以来的世界历史。这方面具有代表性的一部译作是《全球经济史》③。该书高度概括地叙述了自1500年以来世界主要地区经济发展水平所出现的"之字形"演变格局：在这之前，各个地区经济差距相对微小；从1500年到1800年，地区开始显现；从1800年到1980年，欧美日确立了世界经济中的绝对先进地位；1980年以后，随着中国等东亚后进国家的快速增长，世界经济的地区格局似有回复到原点的趋势。一些国内学者也在努力运用全球化观念探讨和改写近代以来世界

---

① 高德步、王珏：《世界经济史》第四版，中国人民大学出版社2016年版。
② 萧国亮、隋福民：《世界经济史》，北京大学出版社2007年版。
③ ［英］罗伯特·C. 艾伦：《全球经济史》（Global Economic History: A Very Short Introduction），陆赟译，译林出版社2015年版。

历史的经济侧面。①

第二节　空前活跃地引进国外经济史著作

　　20世纪50年代到60年代中期，国内出版界不时有翻译国外经济史方面的成果问世。当时的几个特点是，以翻译苏联学者著作居多，间有译自英文和日文的译著；多数翻译作品原文出版时间较早，包括19世纪和20世纪初期出版的作品；并以个人单本著作为主。一项统计显示，1949—1965年，国内出版外国经济史自撰著作数为24部，翻译作品数为63部；1966—1978年自撰数为8部，翻译数为零部；1979—1989年自撰数为80部，翻译数为77部。② 若看1978—2013年这个较长的时期，外国经济史领域中翻译作品数目估计大大超过自撰作品数目。

　　可以说，20世纪80年代以来，国内翻译和出版界空前活跃。数十家国内出版社出版了几百部经济史著作，包括经济史理论、经济史过程、经济史文集和经济史统计等。众多国内学者和知识界人士都参与到国外著作成果的中文翻译工作中。一大批篇幅巨大、集体编写和成序列的国外经济史成果被移译到国内。它们有效地帮助了国内学术界缩小知识和信息差距，有力地推动了国内经济史学术研究工作。

　　商务印书馆长期致力于国外学术名著移译事业，也曾在经济史领域有显著贡献。后来收入该馆"汉译世界学术名著丛书"中的经济史著作就有多种。较有代表性的包括罗斯托夫采夫《罗马帝国社会经济史》（上下册，51万字）③、汤普逊《中世纪经济社会史》（上下册，88万字）④ 和

---

① 参见张宇燕等著《全球化与中国发展》，社会科学文献出版社2007年版；何顺果主编《全球化的历史考察》，江西人民出版社2010年版。
② 胡寄窗、谈敏主编：《新中国经济思想史纲要（1949—1989）》，上海财经大学出版社1997年版，第471页。
③ ［美］M. 罗斯托夫采夫：《罗马帝国社会经济史》（汉译世界学术名著丛书），马雍、厉以宁译，商务印书馆1985年初版，2005年再版。
④ ［美］汤普逊：《中世纪经济社会史》（汉译世界学术名著丛书），耿淡如译，商务印书馆1961年版。

克拉潘《现代英国经济史》（上中下三卷，字数合计超过150万字）[①]等。

不列颠经济史学家克拉潘（J. H. Clapham，1873—1946）似乎特别值得一提。他是马歇尔的同时代人，他的著作或许也反映了那个时代"古典经济学"思想风格对经济史研究和著述的深刻影响。其个人巨著《现代英国经济史》分为三卷，上卷"早期铁路时代"，覆盖1820—1850年；中卷"自由贸易与钢"，覆盖1850—1886年；下卷"机器与国家的竞争"，覆盖1887—1914年。自称不写"经济意见"，而写"关于经济史实的历史"的克拉潘，在这部著作中，通篇是有关经济事实和经济政策的细节描述，可以说达到了后来一些学者所说的"描叙型经济史学"的顶峰。第二次世界大战以后，国际经济史学界有越来越多的研究者使用计量经济学或量化分析方法，而在专业研究领域中，单纯的描述方法不再通行。

由意大利学者卡洛·M. 齐波拉主编的六卷本《欧洲经济史》是这个时期国内较早翻译出版的大型系列外国经济史著作。[②]连同统计附录和参考书目，全书约有200万字。该书由来自多个国家（主要是欧洲大陆国家）的学者集体编写，覆盖时间范围从中世纪到1970年。书中的篇章不按照通常的国别来分设，而是按经济专题，例如各个时期中的人口增长趋势，技术革命特征，需求及其结构，贸易和金融，政府经济政策等。这种对欧洲经济史自中世纪以来的"混合式"的编写方法，很大程度上反映了作者们力图适应第二次世界大战后欧洲经济一体化进程的大趋势，并试图说明这种经济一体化在欧洲地区具有深厚的历史基础。

由不列颠经济史学者 M. M. 波斯坦主编的《剑桥欧洲经济史》同其

[①] ［英］克拉潘：《现代英国经济史》（汉译世界学术名著丛书），姚曾廙译，商务印书馆，上卷：1964年版；中卷：1975年版；下卷：1977年版。

[②] ［意］卡洛·M. 齐波拉主编：《欧洲经济史》，徐璇译，吴良健校，贝昱等译，商务印书馆。第一卷：中世纪时期，吴良健译，商务印书馆；第二卷：十六和十七世纪，胡企林等译；第五卷：二十世纪（上下册），吴继淦等译；第三卷：工业革命，李子英等译，汪逢栗等校，吴良健总校；第四卷：工业社会的兴起（上下册）；第六卷：当代各国经济（上下册）。

他"剑桥史"丛书序列一样,堪称超大型学术成果。[①] 该书第一卷出版于1941年,第八卷亦即最后一卷出版于1989年。中文译本由经济科学出版社几乎一次性出齐,合计字数超过800万字。全书一百余章分别由来自世界各地的专家学者撰写,其中一些章的不同节亦由不同国别的学者供稿,甚至有同一章的参考书目也由多位学者分别提供的情况。这充分体现了主编者力图博采众长和精益求精的学术追求,也可以说是经济史研究领域内跨国学术合作的一个典范。近年来大型著作的跨国合作事例越来越多了。

《剑桥欧洲经济史》从古代欧洲(罗马时期)开始,直至第二次世界大战结束。各章题目既有跨国的专题,例如欧洲地区的农业技术和国际贸易等,也有国别和地区。在国别覆盖范围,这部著作显然力图做到尽可能详尽,不漏掉小国以及一些已经消失的国度(例如奥匈帝国)。而且,在19世纪后半期以来,几个被认为与欧洲经济发展有密切关系的国家也被涉及,包括美国和日本等。如主译者王春法所说,这部著作显然是"描述性经济史"的一个代表。此外,这部著作毫无疑问也是一部"欧洲经济史百科全书"。

《剑桥美国经济史》在篇幅上比《剑桥欧洲经济史》略小,但也是一部大型集体性著作。[②] 该书英文由S.L.恩格尔曼和R.E.高尔曼主编,分三卷于1996年到2000年出版。中文本由中国人民大学出版社于2008年一次出齐,合计字数超过270万字。如主译者高德步所说,这部著作因其编写时间相对晚近,较多地吸收了当代经济史学家运用"新经济史学"或叫"计量经济史学"方法的成果,因此对诸如奴隶制和铁路兴起的经济作用等经济史上常见问题的评价有着不同于以往的看法。三卷本的45章分别由在该题目上有重要学术成果的研究者撰稿,可以说是前沿研究的

---

① [英] M.M. 波斯坦、[英] H.J. 哈巴库克主编:《剑桥欧洲经济史》,王春法主译,经济科学出版社。第一卷:中世纪的农业生活;第二卷:中世纪的贸易和工业;第三卷:中世纪的经济组织和经济政策;第四卷:16世纪、17世纪不断扩张的欧洲经济;第五卷:近代早期的欧洲经济组织;第六卷:工业革命及其以后的经济发展:收入、人口及技术变迁;第七卷:工业经济:资本、劳动力和企业(上下册);第八卷:工业经济:经济政策和社会政策的发展。

② [美] 斯坦利·L. 恩格尔曼、[美] 罗伯特·E. 高尔曼著:《剑桥美国经济史》(经济科学译库),高德步、王珏译,中国人民大学出版社2008年版。

学术荟萃。与《剑桥欧洲经济史》一样，《剑桥美国经济史》主编者也有宽广的视角，不仅在早期部分辟有专章论述北美殖民地的非洲背景和欧洲背景，而且在后来的19世纪和20世纪部分中也有专章讲述加拿大经济史。

近几十年来，编写和出版大型工具书和参考书似乎成为国际学术界和知识界的一个时髦。国内曾在20世纪80年代影印出版了《美利坚经济史百科全书》。该书由 Glenn Porter 主编，英文原版出版于1980年，收录70余个词条，每个词条均由一位素有研究的专家撰写，译为中文字数在1—2万字。据主编者介绍，这是汇合"新"与"旧"经济史学的成果，只重词目的意义和影响，不重撰写者所用方法。该书词目范围十分宽泛，除了常见的经济史题目如"企业组织"和"反托拉斯"等，还包括通常属于社会史的概念如"家庭""妇女"和"黑人"等。国内有出版社选译部分词目分册出版此书，或因未能汇编成卷，目前已经难以查寻。

世纪之交，已经高龄的经济史学者樊亢组织翻译了一组题为"他山石"的国外经济史丛书，收录不同国家作者的专题经济史著作六部，在2000年到2002年由中国经济出版社陆续出版。这六本著作分别是：《生产率竞赛：从国际比较看英国制造业1850—1990》《日本的技术变革：从十七世纪到二十世纪》《新加坡的经济增长：20世纪的贸易与发展》《独立以来拉丁美洲的经济发展》《家庭在整体经济中的作用：1788—1990年澳大利亚长期动态的研究》《公司财政史》。[①] 这些选题独具匠心，其中不少是过去国内经济史研究中忽略的对象。更重要的是，这些著作所阐释的国际经验对当代中国经济发展具有明显的借鉴意义。来自国内多所大学的

---

① ［英］布罗德伯里：《生产率竞赛：从国际比较看英国制造业1850—1990》（他山石经济史丛书），李晓东、常欣译，中国经济出版社2001年版；［日］苔莎·莫里斯·铃木：《日本的技术变革：从十七世纪到二十一世纪》（他山石经济史丛书），马春文等译，中国经济出版社2002年版；［英］赫夫：《新加坡的经济增长：20世纪的贸易与发展》（他山石经济史丛书），牛磊、李洁译，中国经济出版社2001年版；［英］托马斯：《独立以来拉丁美洲的经济发展》（他山石经济史丛书），张凡等译，中国经济出版社2000年版；［澳大利亚］斯诺克斯：《家庭在整体经济中的作用：1788—1990年澳大利亚长期动态的研究》（他山石经济史丛书），殷汝祥译，中国经济出版社2001年版；［英］巴斯金、小米兰蒂：《公司财政史》（他山石经济史丛书），薛伯英译，中国经济出版社2002年版。

资深学者及其合作者们参加了这项翻译工程。

如同经济研究需要使用统计数据一样，经济史研究通常也离不开历史统计数据，无论是"描述经济史学"还是"分析经济史学"、"旧"经济史学还是"新"经济史学皆是如此。早在 20 世纪 50 年代和 60 年代，国内就出版过几本国外经济历史统计数据集，例如由苏联学者编辑的《苏联与资本主义国家统计集》（中国统计出版社 1957 年版）、由国内研究者集体编辑的《英法美德日百年统计提要》（中国统计出版社 1958 年版）以及由中国科学院经济研究所（该机构部分研究人员后转至后来成立的中国社会科学院世界经济与政治研究所）编辑的《主要资本主义国家经济统计集（1848—1960）》（世界知识出版社 1962 年版）。后者在 1989 年被更新扩充为《苏联和主要资本主义国家经济历史统计集（1800—1982）》。[①] 这些成果在当时起到了填补"空白"的重要作用，尽管在时空覆盖范围以及数据指标的适用性等方面存在不足。英国剑桥大学一位学者几乎倾其毕生精力汇编了囊括五大洲各国的历史统计数据，在 20 世纪 90 年代由 Palgrave 出版公司集中出版（其中的欧洲卷已经数次更新）。该书中文版三卷本《帕尔格雷夫世界历史统计》由经济科学出版社于 2002 年全译出版。[②] 这是一部按照现代常规统计口径整理的各国长时间序列的数据汇编，若干欧洲国家的连续性数据起点甚至可追溯到 18 世纪或更早。该书共有十类数据：人口、劳动力、农业、工业、对外贸易、交通运输、财政金融、物价、教育和国民账户。

除了上面列举的一些大型出版物和系列丛书译著外，近三十年来还有数百本单本的外国经济史或国际经济史著作译介成果问世，涉及范围已远远超出了传统的国别或地区经济通史概念，在贸易、金融、物价、利率、经济危机或经济周期、资本形成和资本流动、国际经济竞争等诸多专题上都分别有专门译著，而且还有专论企业史、金融机构史、国际经济组织史

[①] 中国社会科学院世界经济与政治研究所综合统计研究室编：《苏联和主要资本主义国家经济历史统计集（1800—1982）》，人民出版社 1990 年版。

[②] ［英］B. R. 米切尔编：《帕尔格雷夫世界历史统计》（三卷本）亚洲、非洲和大洋洲卷1750—1993 年（第三版）；美洲卷 1750—1993 年（第四版）；欧洲卷 1750—1993 年（第四版），贺力平译，经济科学出版社 2002 年版。

等具体对象的著作移译。

瑞典的诺贝尔委员会于 1969 年开始颁布经济学奖。每年的诺贝尔经济学奖发布消息都为国内经济学界高度关注。自那时以来,凡与经济史研究有关系的诺贝尔经济学奖获得者的著作几乎都能见到中译本的问世。例如,1971 年获奖的西蒙·库兹涅茨及其《各国的经济增长》和《现代经济增长》;① 1976 年获奖的米尔顿·弗里德曼及其《19 世纪英美货币趋势》和《美国货币史》等;② 1993 年获奖的道格拉斯·诺思及其《经济史上的结构和变革》和《西方世界的兴起:新经济史》。③ 与诺思同年获奖的罗伯特·福格尔虽未见其经济史代表作被译为中文,但有其他著作中文本面世。④ 1999 年获奖的罗伯特·蒙代尔虽然不算是严格意义上的经济史学者,但他有关国际货币史作品也已被收入全六卷豪华版《蒙代尔经济学文集》中文本(其中第四卷:《宏观经济学与国际货币史》;第六卷:《国际货币:过去、现在与未来》)。⑤

几位国外经济史学者因其多部作品被译为中文而为国内读者所熟悉。例如,查尔斯·P. 金德尔伯格的《1929—1939 年世界经济萧条》《世界

---

① [美] 西蒙·库兹涅茨:《各国的经济增长:总产值和生产结构》,常勋等译,石景云校,商务印书馆 1985 年版(重印于 1999 年"经济增长与发展理论丛书");[美] 西蒙·库兹涅茨:《现代经济增长:速度、结构与扩展》(诺贝尔经济学奖获得者著作丛书),戴睿、易诚译,北京经济学院出版社 1989 年版。

② [美] 米尔顿·弗里德曼、[美] 安娜·J. 施瓦茨:《美国和英国的货币趋势与收入、价格和利率的关系》(国外金融论著译丛),范国鹰译,中国金融出版社 1991 年版;[美] 米尔顿·弗里德曼等编著:《货币数量论研究》(国外经济学名著译丛),杜丽群译,中国社会科学出版社 2001 年版;[美] 米尔顿·弗里德曼:《货币的祸害:货币史片段》,安佳译,商务印书馆 2006 年版;[美] 米尔顿·弗里德曼、[美] 安娜·J. 施瓦茨:《美国货币史:1867—1960》,巴曙松、王劲松等译,巴曙松、牛播坤等校,北京大学出版社 2009 年版。

③ [美] 道格拉斯·C. 诺思:《经济史上的结构和变革》(汉译世界学术名著丛书),厉以平译,商务印书馆 1992 年版;[美] 道格拉斯·C. 诺思、罗伯特·托马斯:《西方世界的兴起:新经济史》(二十世纪文库),厉以平、蔡磊译,华夏出版社 1988 年版;[美] 道格拉斯·C. 诺思:《理解经济变迁过程》(诺贝尔经济学奖获得者丛书),钟正生、邢华等译,中国人民大学出版社 2013 年版。

④ [美] 罗伯特·威廉·福格尔:《第四次大觉醒及平等主义的未来》("诺贝尔经济学奖获得者学术精品自选集"丛书),王中华、刘红译,首都经济贸易大学出版社 2003 年版。

⑤ [加] 蒙代尔:《蒙代尔经济学文集(六卷本)》第四卷:宏观经济学与国际货币史;第六卷:国际货币:过去、现在与未来,向松祚译,张之骧校,中国金融出版社 2003 年版。

经济霸权：1500—1990》《西欧金融史》《经济过热、经济恐慌及经济崩溃：金融危机史》等；① 麦迪逊《世界经济二百年回顾》和《世界经济千年史》等。②

尼尔·弗格森撰写过多部通俗的经济史读物，内容涉及金融家族企业发展史、不列颠帝国演变史以及从古到今的货币史等。这些读物近年来由中信出版社以"弗格森经典系列"（全13册）为题译为中文出版。③

国内学术界和知识界对移译国外经济史学的浓厚兴趣还表现在一些名著有不止一个中文版本，例如前述诺思《经济史上的结构和变革》；有的中译本还数次重印和修订再版，例如马克斯·韦伯（又译马克斯·维贝尔）所著《经济通史》（又译《世界经济通史》，如前提及，其英文题目为 General Economic History，意即"普通经济史"）。④

卡尔·波兰尼是一位试图从经济史角度和哲学高度来理解世界和平和国际冲突的学者，他写于第二次世界大战期间的著作《巨变》（又译《大转型》）在大陆和中国台湾分别有中译本。⑤ 两岸学术界在过去长久隔离，以至于出现了词汇分化现象。社会科学文献出版社近年将波兰尼作品台湾译本引入大陆，原译者进行了大量词语转换工作，这显然是促进两岸经济史研究交流的一件益事。

---

① ［美］查理斯·P. 金德尔伯格：《1929—1939年世界经济萧条》，宋承先、洪文达译，上海译文出版社1986年版；［美］查理斯·P. 金德尔伯格：《经济过热、经济恐慌及经济崩溃：金融危机史》（经济科学名著译丛），朱隽、叶翔译，北京大学出版社2000年版；［美］查理斯·P. 金德尔伯格：《世界经济霸权：1500—1990》，高祖贵译，商务印书馆2003年版；［美］查理斯·P. 金德尔伯格：《西欧金融史》第2版（现代金融译丛金融理论系列），徐子健、何建雄、朱忠ающее，何建雄校，中国金融出版社2010年版。

② ［英］安格斯·麦迪逊：《世界经济二百年回顾》（发展中心研究丛书），李德伟、盖建玲译，王慧炯、任若恩校，改革出版社1997年版；［英］安格斯·麦迪逊：《世界经济千年史》，伍晓鹰、许宪春、叶燕斐等，北京大学出版社2003年版。

③ ［英］尼尔·弗格森：《尼尔·弗格森经典系列》：《文明》《帝国》《虚拟的历史》《顶级金融家》《金钱关系》《罗斯才尔德家族》（上中下）《纸与铁》《货币崛起》《西方的衰落》《巨人》《战争的悲怜》，中信出版社2013年版。

④ ［德］马克斯·维贝尔：《世界经济通史》，姚曾廙译，译文出版社1981年版；［德］马克斯·韦伯：《经济通史》，姚曾廙译，韦森校，上海三联书店2006年版。

⑤ ［英］卡尔·波兰尼：《大转型：我们时代的政治与经济起源》，冯钢等译，浙江人民出版社2007年版；［英］卡尔·波兰尼：《巨变：当代政治与经济的起源》，黄树民译，社会科学文献出版社2013年版。

国外经济史学者的巨著近年来被译为中文出版的一个代表是法国学者费尔南·布罗代尔的两大作品：《十五至十八世纪的物质文明、经济和资本主义》和《地中海与菲利普二世时代的地中海世界》。[①] 前者分为三大卷，分别叙述了近代早期世界各地的日常生活细节、市场交换关系的演变和世界各大地区的经济制度类型以及相互关系。这部著作虽然在很大程度上沿袭了"编年学派"或"年鉴学派"的叙事风格，重点却是为"资本主义的起源"提供新的理解。在布罗代尔看来，市场经济在世界各地无处不在，但要从中看到资本主义的胜利则还有许许多多的条件。这部著作的另一个特色是体现了一位当代欧洲学者力图突破"欧洲中心论"的努力。

如果说《十五至十八世纪的物质文明、经济和资本主义》是布罗代尔晚年代表作，那么《地中海与菲利普二世时代的地中海世界》就是他的早期学术作品。后者较多地体现了一位法兰西学者的"欧洲中心论"：不仅英格兰或不列颠不见了，位于中欧或北欧的德意志等被忽略了。这部著作专注于环地中海各国各地区的经济史细节，尤其看重人口、食物和货币等事物的演变。对这些细节的重视也充分体现在他晚年的著作中。

从领域上看，外国经济史翻译作品也空前扩大。除传统的"国别经济史"或"地区经济史"之外，还有"世界经济史""国际经济史"和大量涉及"比较经济史""中外经济关系史"等的译著问世。而且，值得一提的是，国外学者有关中国经济史的研究型著作近年来也被大量移译到国内，充分显示了经济史领域中学术引进的风尚。不少经济史翻译作品拥有较大的国内读者群。

如果说过去许多年中，外国经济史的国内教学者和研究者常常苦于无法查阅有关资料，那么，这种境况现在已大为改观。同其他许多领域一样，大量国外学者的经济史作品被译为中文出版，是改革开放以来中国知识界中蔚为壮观的景象，它也归功于国内众多学者和智力人士的浓厚兴趣

---

① [法] 费尔南·布罗代尔：《十五至十八世纪的物质文明、经济和资本主义》第一卷：日常生活的结构：可能和不可能；第二卷：形形色色的交换；第三卷：世界的时间，顾良、施康强译，商务印书馆2017年版。[法] 费尔南·布罗代尔：《地中海与菲利普二世时代的地中海世界》（全二卷），唐家龙、曾培耿、吴模信等译，商务印书馆2017年版。

和所倾注的精力。但是也应看到，不少翻译作品在质量和规范处理上仍有严重不足。一些高度学术性作品原文所附的注释、文献引述和词目索引等在中文版中被随意省略，专业术语移译失准，甚至词不达意。一些早期译本重印时也未重新校订。这些都有待于通过学术界、翻译界和出版界等持续不懈的共同努力逐渐改进。

第三节　学会和研究机构的发展

作为经济学的一门分支，经济史教学和科研在全国许多高等院校都有相对稳定的人员配置，通常会有两到三位专职教员，其中一位或两位负责中国经济史（近代和或古代）教学，另一位负责外国经济史教学。从20世纪50年代到80年代，许多综合性大学和财经院校经济系下设经济史经济思想史教研室，并有少数大学开始培养这些方面的研究生。

20世纪50年代，在当时的政治和国际关系背景下，国内学术界力图排除"欧洲中心论"或"欧美中心论"的影响，几乎全盘接受了苏联学术体系，这也影响到外国经济史教学和科研。从60年代开始，国内学术界开始有组织地推进有别于苏联学术体系的学科建设。前面提到的由樊亢、宋则行主编的多卷本《外国经济史》于1965年出版一事，可以说是中国在这个领域中寻求独立学术发展的标志。

20世纪70年代末以后，中国开始改革开放，学术界、知识界和高等教育界在"解放思想"和"实事求是"方针的鼓励下出现了新的活跃局面。随着中国经济发展政策和对外关系政策的重大调整，如何客观和准确地理解外部世界以及中国与世界的关系（包括这种关系的历史和前景）成为许多研究者的新任务，包括外国经济史和正在孕育中的世界经济史在内的各门社会科学研究工作得到了新的重视，社会对新成果的需求也在不断扩大。

中国社会科学院在1977年成立后，很快在接收原中国科学院经济研究所世界经济研究室以及后来的世界政治研究所的基础上成立了世界经济与政治研究所（1980年12月）。时任所长钱俊瑞约请当时已在外国经济史研究取得卓著成就的樊亢研究员来所任职，由此诞生了当时全国唯一的专门研究机构——世界经济史研究室。20世纪80年代到90年代，中国社会科学院世界经济与政治研究所世界经济史研究室一直是国内世界经济史研究工作的组织者、推动者和重要的实施者之一。该研究室与任职于辽宁大学、吉林大学、武汉大学和北京大学等多位同行共同努力，于80年代末完成三卷本《世界经济史》，促成了世界经济史作为一门学科在中国的建设。

该研究室在学科基础建设方面作出的另一个重要贡献是组织国内众多学者编写出版了《经济大辞典·外国经济史卷》。[①] 该工具书收录词目2930条，覆盖的时间范围从原始社会到第二次世界大战结束，空间范围则为世界五大洲，各大洲又按国别排列，并有对40余位国外经济史学家的简介，字数合计102万字，主要撰稿人多达80余位。

世界经济史研究室成立之初就开始开展与国外同行的学术交流。来自加利福尼亚大学戴维斯分校的彼特·林德特（Peter Lindert）是中国改革开放初期较早来华访问的经济史学者，其经济史研究早期对象是19世纪不列颠实际工资趋势，近来正负责"全球价格与收入1350—1950年"跨国研究课题，他联络了多国学者进行对包括中国在内的世界若干重要经济体生活水平的长期趋势比较研究。

世界经济与政治研究所于2000年在原世界经济史研究室基础上设立世界经济史研究中心。与以前的研究室一样，该研究中心自成立以来一直致力于国内世界经济史（外国经济史）研究活动的协调和联络工作，并是中国经济史学会外国经济史分会以及后来的中国经济史学会外国经济史专业委员会的秘书处，该秘书处自2002年起每年发布《学会简报》。

学科的发展离不开学会活动的开展，中国经济史学会1986年成立时，外国经济史分会也相伴组建。中国经济史学会1991年6月在河南省郑州市召开年会讨论会时，外国经济史分会也在同时举行了首次学术讨论会。出席外国经济史分会这次年会的代表共25人，其中40岁以下的青年学者

[①] 樊亢、池元吉、郭吴新主编：《经济大辞典·外国经济史卷》，上海辞书出版社1996年版。

占半数以上。会议先后收到学术论文 28 篇，并将它们结集出版。① 主编者在文集"序言"中说，参加会议的代表们认为，外国经济史这门学科近年来虽然遭到一定的"冷落"，但许多教学科研工作者坐住了冷板凳。该文集涉及外国经济史综合性问题 6 篇，涉及美国经济历史和现状 11 篇，涉及英国、德国、意大利经济近现代史和苏联工业化问题 6 篇，涉及日本经济近现代史 5 篇。

中国经济史学会召开 2004 年年会时，按民政部新要求，原外国经济史分会改为中国经济史学会外国经济史专业委员会，秘书处继续设在中国社会科学院世界经济与政治研究所世界经济史研究中心。外国经济史专业委员会及其秘书处除负责安排定期的年会研讨活动外，还不定期组织学术研讨和交流活动。外国经济史专业委员参与组织编写了由教育部批准立项的《近现代外国经济史》，该书成为普通高等教育"十一五"国家级规划教材。②

2013 年以来，外国经济史专业委员会与中国社会科学院世界经济与政治研究所世界经济史中心组办的定期学术交流会有：2013 年（北京）："2013 年度世界经济史前沿问题学术研讨会"；2015 年（上海）："全球史视野下的大国（区域）经济热点问题学术研讨会"；2017 年（天津）："世界历史上的经济发展与社会转型学术研讨会"；2019 年（武汉）："近代以来的世界与中国——经济现代化发展的经验与借鉴学术研讨会"。

此外，外国经济史专业委员会与中国社会科学院世界经济与政治研究所世界经济史中心还联合中国科学院大学、清华大学等国内高校与日本佐贺大学等国外高校共同举办若干国际学术研讨会，其中包括 2015 年深圳高新区第五届传统知识历史学国际研讨会，主题为"技术、经济、社会的发展与转型"；2016 年日本佐贺大学第六届传统知识历史学国际研讨会，主题为"传统知识历史学与工业化中的创新研究"；2017 年海南三亚清华会议中心第七届传统知识历史学国际研讨会，主题为"创新、发展、

---

① 宋则行主编：《外国经济史文集：中国外国经济史学会第一次年会论文集》，陕西人民教育出版社 1991 年版。
② 韩毅主编：《近现代外国经济史》（普通高等教育"十一五"国家级规划教材），高等教育出版社 2010 年版。

借鉴与合作";2018年日本佐贺大学第八届传统知识历史学国际研讨会,主题为"改革开放40年与传统知识历史学";2019年内蒙古师范大学第九届传统知识历史学国际研讨会,主题为"新中国70年:中日科技与工业发展比较"。

由于多方面的原因,包括世界经济史、外国经济史、中外经济关系史和中外比较经济史等在内的经济史研究和教学工作在20世纪90年代及其前后出现了或多或少的"受冷落"现象。一些高等院校削减了经济史教学安排,尤其是外国经济史部分,许多研究者转向了"现实经济问题"的领域。国内研究者有关世界经济史、外国经济史和中外经济关系史的研究成果数量上未见明显增加。[①]

进入21世纪以来,国内学术界出现了一些重要的积极转变。一些大学相继设立了经济史系科和专门研究机构,[②] 涉及外国经济史的连续性专业出版物不断涌现,这些都有利于推动世界经济史、外国经济史和中外经济关系史的研究工作。

作为国内学术培养和交流的一个新平台,"量化历史讲习班"在数位国内学者和国际学者的支持下于2013年开展活动。按其说明,这个"量化历史讲习班"的宗旨是推动现代社会科学的分析范式和研究方法在国学、历史研究中的应用(如经济史、金融史、社会史、文化史、政治史等领域)。讲习班邀请来自多国多地的国际学者讲授最新研究成果和方法,以英文授课为主,兼以中文讨论。

作为一个附带成果,陈志武、龙登高和马德斌三位学者合作主办了《量化历史研究》辑刊,截至2018年已出版三本(其中第三本为第三和第四辑合编)。该书刊的突出倾向不仅是重视量化方法在中外历史研究中

[①] 中国知网(www.cnki.net)下有学术文献检索引擎(http://scholar.cnki.net)。输入"世界经济史""外国经济史""比较经济史""中外经济关系史"以及"英国工业革命"等题目后并按年份检索后发现进入21世纪后各年份数目比此前年份显著增多。但考虑到现有搜索信息的不完全,这里未具体列表显示检索结果。

[②] 以下有关国内各个高校设立经济史研究机构的信息主要来自有关高校的公开网页介绍,并着重选择其研究成果和研究计划有覆盖世界经济史和外国经济史者。因近年来许多院校积极开设新研究中心,这里汇集的情况恐有遗漏。

的运用，而且特别关注中外比较经济史问题。例如，第一辑的开篇文章为荷兰学者著《近代早期现代经济的起源：西欧与中国的比较研究》；第二辑再次将"大分流"作为重点选题，刊载了三篇相同主题的文章（其中一篇为国内研究者的综述文章）；第三、四辑合刊中再次有三篇文章属于"大分流"主题，其中一篇谈论"李约瑟之谜"。

中国社会科学院经济研究所经济史研究室与中国经济史学会于1986年创办了《中国经济史研究》季刊。该刊主要刊载中国国内经济史和中外经济关系史方面研究成果，不时也有文章涉及世界经济史、外国经济史和中外比较经济史的学术交流和述评工作。

另外，作为一门交叉学科，世界经济史、外国经济史、比较经济史和中外经济关系史等领域内的研究成果不时出现在诸如《历史研究》和《世界历史》以及《经济研究》和《世界经济》等专业期刊上。[①] 据不完全统计，《世界历史》自1978年创刊以来到2018年，总共刊载了500余篇涉及经济主题的国外经济史文章，时间类别分别有古代、近代和现代，空间范围覆盖世界各大洲各大地区和各大国别以及国际经济关系。经济主题一直是该刊登载文章的稳定选项。

一些综合性社会科学期刊和大专院校学报等也不时刊载有关学术成果，例如《社会科学战线》曾设立过"经济史专栏"，刊载上述领域中的学术成果。

网络学术交流方面，近年来已有一些网站开设了外国经济史专页。已知有国学网设有"中国经济史论坛"（http://economy.guoxue.com/），其中设有"他山之石"和"外经"（外国经济史）栏目，所载文章大都为外国经济史、中外经济关系史或中外关系史的国内自著和翻译论文及文章。

进入21世纪以来，国内学者积极参加国际学术交流，与综合性全球性的国际经济史大会建立了密切的同行交流关系，并在中国经济史、中国对外经济关系史和中外比较经济史等话题领域中与国际同行展开讨论。从

---

① 客观地说，《世界历史》是发表有关世界经济史或外国经济史主题成果最多的国内学术期刊；经济领域内的专业期刊不时刊载经济史论文，但绝大多数为中国经济史主题。

1998年开始，中国学者参加每隔三年一届的"世界经济史大会"（World Economic History Congress）的交流情况都有国内参与者撰文概述。① 这种学术交流显然极大地开阔了国内经济史学领域学者的国际视野。

第四节 日益紧密联系理论和现实，开展经济史重大问题的探讨

在世界经济史、外国经济史、比较经济史或中外经济关系史等领域中，国内有许多先行研究者长期坚持不懈地开展研究工作，不断推出新的有分量的研究成果。除了前面已多次提到的宋则行、樊亢等，北京大学厉以宁和马克垚以及复旦大学汪熙等也是知名的代表学者。

厉以宁教授在北京大学经济系（以及后来的经济学院和光华管理学院）长期讲授"经济史比较研究"课程，并与陈振汉教授联合为研究生开设"经济史学专题"和"西方经济史名著专题"课程，这些课程内容大多为国外经济史问题。他从20世纪80年代起在经济史领域就有多本专著问世，较早的一本为与罗志如合著《二十世纪的英国经济》。②

2003年出版的《资本主义的起源：比较经济史研究》是厉以宁教授长期教学和研究工作成果的汇编，其中提出了"原生型的和非原生型的资本主义"概念，并结合四个相关概念来展开论述：体制外的权力中心、体制外的异己力量、刚性体制和弹性体制、制度调整。对这些概念的延伸和运用，还涉及中国封建社会及其转型问题。③ 2010年出版的《工业化和制度调整：西欧经济史研究》在时间尺度上是前一专著的继续，侧重论述工业革命和工业化以来的若干重大社会经济问题，包括资本形成（投资和资本积累）、技术创新、社会流动（阶级和阶层的变化）、城市化、

---

① 例如，王玉茹：《新世纪经济史学的新趋势——第13届世界经济史大会侧记》，《中国经济史研究》；何平、兰日旭、金星晔：《全球化背景下中国货币结构体系与金融发展的历史透视：第18届世界经济史大会中国货币金融史专场讨论侧记》，《中国钱币》2018年第6期。
② 罗志如、厉以宁：《二十世纪的英国经济——"英国病"研究》，商务印书馆2013年版。
③ 厉以宁：《资本主义的起源：比较经济史研究》，商务印书馆2003年版。

中产阶级、工农业关系、制度调整（企业制度和福利社会制度等）。[①] 此外，厉以宁教授还出版有《罗马—拜占庭经济史》[②] 和《希腊古代经济史》，[③] 后一著作长达 75 万字。马克垚教授在后一书"序言"中说它是"一本有分量的、全面论述古希腊的历史书，为国内学界了解古希腊史搭起了方便的桥梁"。

马克垚先生长期从事西欧封建社会经济史和中西封建社会比较研究，著有《西欧封建经济形态研究》《英国封建社会研究》等书。[④] 他关注的重点是中西中世纪社会经济制度的差别与共同性，尤其是西欧城市自治地位在中世纪的形成及其影响、城市在中世纪中国的特殊地位及其影响。他的一个重要看法是，中西历史演变也遵循一些共同规律，但政治因素等可以显著地影响经济制度；不能将中世纪中国经济制度与西欧经济制度视为两种完全不同的事物；差异性和共同性是并存的。

任教于复旦大学的汪熙教授长期从事中外经济关系史、中国近现代经济史、中美关系史和国际关系等学科的教学和研究，2007 年出版了专著《约翰公司：英国东印度公司》。[⑤] 这部著作在占有大量一手数据的基础上，对不列颠东印度公司（East India Company）在 1600—1858 年的发展历程进行了深入剖析。在长达近 260 年的漫长时间中，该公司的所作所为和"骄人业绩"大概会让现在"财富全球 500 强"名单上几乎所有企业都感到嫉妒或羡慕。但这部著作绝不是简单意义上的企业史，而是一部寓意独特而深刻的经济史，或者说是一部力图透过企业史案例来表述的"资本原始积累史"或国际政治经济关系史。东印度公司作为一个意义重大的历史事物，英国研究者几乎每过几年就有新的研究著作问世，已知较近的一本发表于 2010 年。

[①] 厉以宁：《工业化和制度调整——西欧经济史研究》，商务印书馆 2010 年版。
[②] 厉以宁：《罗马—拜占庭经济史》，商务印书馆 2006 年版，其中部分内容收录于厉以宁：《西方经济史探索（厉以宁自选集）》（北京社科名家文库），首都师范大学出版社 2010 年版。
[③] 厉以宁：《希腊古代经济史》（上下编），商务印书馆 2013 年版。
[④] 马克垚：《西欧封建经济形态研究》，人民出版社 2001 年版；马克垚：《英国封建社会研究》，北京大学出版社 1992 年版。
[⑤] 汪熙：《约翰公司：英国东印度公司》，上海人民出版社 2007 年版。

在一定意义上，经济史就是人类社会今天所面临的所有经济问题在昨天的起源。今天的人们只要有兴趣去了解和理解当下经济问题的性质和根源，就会产生出学习和认识经济史的渴望。不仅如此，人们对眼前问题的认识总是受到所使用方法和角度的制约，此种制约同样也表现在对以往问题的认识上。因此，学术的进步理所当然会体现在视野的扩大和方法的更新上。改革开放以来，国内学术界对经济史问题的探讨成果日益丰富和多样化，并且体现出与现代经济学基本理论概念和现实经济中重大挑战性问题之间的日益紧密的联系。

下面从众多探讨热点焦点问题中挑选出六个，着重概述在这些探讨对象上近年来的学术成果及其理论和现实意义。这五个专题依次是：新经济史学概念的引进和运用、"大分流"新概念所激发的大讨论、国际发展经验的借鉴和比较、苏联俄罗斯和日本经济史、总结经济危机和金融危机的历史经验教训以及"一带一路"经济史和货币史研究。

一 新经济史学概念的引进和运用

"新经济史学"（New Economic History）现在有多种理解和定义。为许多学者所认同的一个看法是，在英文学术期刊和出版物中，从20世纪50年代开始，陆续出现了一些在见解上和分析方法上迥然不同于此前的成果。到70年代初，一大批当时年轻的学者们已在若干重要经济史问题（主要是美国历史上的经济社会问题）上发表了多篇学术成果，一些相互有关联的成果被汇编成册，[1] 并成为学术界有影响的事件。新经济史学首先在北美出现，后来也扩散到欧洲和世界其他地区。[2]

国内外学术界现在比较接近的看法是，新经济史学成果通常有这么几个特征：联系基本经济学概念，针对历史上具有重要影响的事件或事实进

---

[1] Fogel, Robert W. and Stanley L. Engerman, *The Reinterpretation of American Economic History*, New York, Evanston, San Francisco, and London: Harper & Row Publishers, 1973.

[2] 由英美两位学者联合主编的两卷本《1700年以来的不列颠经济史》或许是第一本在"新经济史学"精神指导下出版的有明显"经济通史"色彩的著作（Floud and McCloskey, 1981）。两位主编在该书导论中使用了含义更加广泛的"新经济和社会史"（New Economic and Social History）概念。

行再考察；强调量化的分析方法，不再简单使用常规的统计数据，而是注重对统计数据的分析，尤其重视运用计量检验手段；采用"反事实推理法"，设想历史上某个已知事物或事件倘若未出现或未发生时按照逻辑推理有可能发生的后果或产生的效应。①

上述第二点，即量化分析，有时也被单独提出来作为"新经济史学"的特征。人们给这种经济史研究还取了一个独特名称：Cliometrics（量化历史或计量历史）。该词由 clio（历史女神）和 metrics（计量）复合而成。一批来自北美和西欧的学者于 1983 年还为此成立了专门的量化历史学会（Cliometric Society），该学会后来成为"国际经济史学协会"（International Economic History Association，IEHA）的集体会员之一。2007 年专门的学刊 Cliometrica 开始由 Springer 定期出版。

事实上，运用分析方法而不是描述方法才是新经济史学最根本的特征，而分析方法并不必然都是计量方法。应该说，新经济史学最根本的特征是追求研究工作的创新，不囿于成见，敢于挑战流行观点（conventional wisdom）。尤为重要的是，新经济史学研究一定是结合经济学理论概念，强调对经济学理论概念的鉴别、量化、检验和订正，并因此促使经济史研究与经济学研究更加紧密地结合起来，两者相互促进，相得益彰。从后一个角度看，20 世纪 70 年代后出现的制度经济史学或比较制度经济史学毫无疑问也是新经济史学的重要构成部分；并且这些经济史研究成果也极大地丰富了理论经济学研究的内容，有时甚至出现难以区分经济理论研究和经济史研究的界限的情况。这种情况在前面提到的诺思等学者的著作中十分明显，近年来也开始见于后面将要提到的国内学术界的一些研究成果中。

---

① "反事实推理法"或"反事实思维法"（Counterfactual Thinking/Counterfactual Reasoning）并非仅出现于新经济史学中。现在学术界公认，这种思维方法或推理方法在柏拉图和亚里士多德那里已见端倪，17 世纪德意志哲学家莱布尼茨对此也已有清楚说明（只要不违背逻辑的法则，世界的现状有无数多个可能性）。除经济学外，心理学、国际关系和普通历史学等等学科也运用反事实思维法。近年来人们倾向于将突出使用反事实思维法的历史研究称为"虚拟史学"（Virtual History）。本章后面提到的去追问历史上有可能发生却未发生事物的原因一定程度上也运用了反事实思维法。

值得强调的是，新经济史学概念的出现绝不意味着对传统经济史学成果的抛弃或拒绝，描述型经济史学依然有其重要作用和地位。经济史的普通读者和学生们需要首先学习"描述性"经济史著作。经济史重大事件和事物的未知重要细节也总有待当代研究者及其后续者的发掘，经济史数据的发现和整理也具有不可估量的意义。所有这些都说明，描述性经济史至少就其知识和信息的提供作用而言，是分析性经济史的基础和出发点。追求分析性经济史的学者必须充分利用已有知识和信息，有时还必须兼做一定的基础性的描述性工作。

前面提到的一位英国经济史学者、八卷本《剑桥欧洲经济史》主编波斯坦（M. M. Postan，1899 – 1981），可以算是20世纪"描述型经济史学"的一位重要代表。他与许多后来被称为"新经济史学"的年轻研究者们一直保持良好的学术交流关系。他在牛津大学指导过曾在那里访学的罗斯托，后者随后发表了有关19世纪末不列颠经济增长和投资率变动的论著，提出了与已有观点迥然不同的见解。不少学者认为罗斯托的那些研究对后来"新经济史学"的出现有一定的推动作用，而波斯坦本人也乐于充分肯定罗斯托的早期经济史研究成果。[①]

当然，狭义上的"新经济史学"即使在国外也遇到了严厉的批评。麦克洛斯基（Deirdre McCloskey，在1995年即其53岁变更性别之前名叫Donald，之后改现名）早年曾是新经济史学研究群体中十分活跃且著述颇丰的一位学者，后来则对"新经济史学"不断提出严厉批评，甚至认为那不过就是"花言巧语的经济学"，她对福格尔的指责尤为严厉。这种意见自然是提醒人们应对任何新事物新概念都需要抱着科学的怀疑态度和探索精神。

20世纪50年代初以后，国内学术界与国际学术界出现若即若离的关系，1978年前的十多年时间中更是出现了几乎"与世隔绝"的情形，"新经济史学"的概念也因此在很长时间中不为国内所知。80年代初以后，许多经济史研究的先行者开始介绍和评论"新经济史学"，并指出了这个

[①] Kindlerberger, C. P. and Guido di Tella, *Economics in the Long View: Essays in Honour of W. W. Rostow*, New York and London: Macmillan, 1982. Vols. 1 – 3.

概念为国内学术研究的可借鉴之处。他们中包括吴承明、陈振汉、厉以宁等。进入90年代以后,新经济史学的研究成果,包括国外作者编写的论著、计量方法导读和教材等,被大量引进到国内。国内研究者也开始大量使用有关概念和方法,包括新制度主义、新结构主义、比较方法等来评说和研究有关经济史和经济理论问题。在外国经济史、比较经济史、中外经济关系史以及中国经济史等领域也出现了运用新经济史学方法或带有其特征的学术成果。隋福民和武力综述了这方面一些有代表性的情况。①

下一部分提到的近年来发表的多篇国内文献也在不同程度上体现了新经济史学的影响、运用和发展。

二 "大分流"新概念所激发的大讨论

在20世纪80年代和90年代,国内学者关注比较多的经济史问题是现代化进程。在这方面比较有代表性的作品有罗荣渠的几本著作。② 后来,日益多的学者注意到,世界各地近代早期以来在现代化或工业化进程中的经济增长和发展很不平衡,并因此转向使用新的词语来表达这种倾向。在此背景下,"大分流"(Great Divergence,亦译为"大分叉")这个概念近十来年成为国内学者关注并积极加以探讨的对象。这个术语的字面意思是,欧洲和东方(中国)这两大地区,在近代以前的经济社会形态中曾表现出许多相同或相似之处。在人均产出和普通民众的生活水平上,即使不是后者高于前者,两个地区至少也是不相上下。但是,自从18世纪末西欧逐渐开始工业革命以来,这两大地区的经济发展水平差距却越来越大。究竟有哪些因素导致了两大地区的社会经济走向呢?

这个概念背后更深刻的思想背景是,在看待世界各国漫长时期中的经济发展和社会转型问题上,客观上存在某个角度的"地区中心论":"欧

---

① 隋福民:《创新与融合:美国新经济史革命及对中国的影响(1957—2004)》(中国社会经济史研究丛书),天津古籍出版社2009年版;武力:《新中国经济史学的发展》,张卓元等著《新中国经济学史纲(1949—2011)》(中国社会科学院文库·经济研究系列),中国社会科学出版社2013年版,第555—577页。

② 罗荣渠:《现代化新论:世界与中国的现代化进程》,北京大学出版社1993年版;罗荣渠:《现代化新论续编:东亚与中国的现代化进程》,北京大学出版社1997年版。

洲中心论"与"东方中心论"("中国中心论")。这种对立有时如同天文学上的"地心论"与"日心论"之争。按照"欧洲中心论",人类社会从原始社会逐渐过渡到奴隶社会、封建社会和资本主义社会等,工业革命出现在后两个时代之间以及资本主义的早期。这个"不断过渡"的模式似乎在近代以来的欧洲得到了充分验证。但是,在世界其他地区,社会经济演变并没有完全遵从这个模式,而且可以说从18世纪或其前后,世界其他地区开始与欧洲发生了明显的分化。

而按照"东方中心论",世界历史的进程并不一定是某种固定模式。东方社会也有自身从孕育到成熟的发展进程,如果没有外来干预,再加上些幸运因素,东方社会也能走上理想的经济社会发展之路。国内经济史学界许多年前有关明清时代"资本主义萌芽"的讨论多少反映了这种思路。国外(以及一些在港台)的学者(其中有华裔学者)近年来进一步将欧洲工业革命的成功看成"偶然因素"的作用,体现出"东方中心论"或"非欧洲中心论"的观点。

任教于加利福尼亚大学尔湾分校的几位学者,从不同侧面都对"大分流"这个新概念作出了贡献。对"欧洲中心论"提出反论的是王国斌,[1] 正面回应的则是彭慕兰(Kenneth Pomeranz),后者于2000年出版了以"大分流"为题的综述性专著。[2] 持不同观点的学者近年来在中英文学术期刊中发表了许多争论性论文和文章。

这场争论与以往有过的类似讨论有一些不同之处。首先,比较视角的发展。例如,王国斌和彭慕兰等聚焦于中国的江南地区与英格兰,格瑞夫(Avner Greif)特别比较了中世纪晚期意大利北部的热那亚和当时已属于阿拉伯文化的马格里布(位于现在北非的摩洛哥、阿尔及利亚、利比亚和突尼斯等)。[3] 而以往的比较则多半是国与国的比较,近来的比较更深入一个地区甚至一个城市,抽象掉了中央政府及其作用。

---

[1] [美]王国斌:《转变的中国:历史变迁与欧洲经验的局限》,李伯重、连玲玲译,江苏人民出版社1997年版。

[2] [美]彭慕兰:《大分流:欧洲、中国及现代世界经济的发展》,史建云译,江苏人民出版社2003年版。

[3] 韩毅:《评〈世界经济史〉》,《中国经济史研究》1996年第1期。

其次，在比较分析中运用现代经济学的推理方法，包括制度概念的辨析和博弈论方法等。① 这方面特别值得一提的是使用"反事实思维法"。前面已有提到，使用这种方法的研究者会追问，类似于18世纪末到19世纪初出现在英格兰的工业革命为什么没有在世界其他许多地区发生。

最后，近来的比较经济史学立足于基本经济概念，结合经济史事实来说明其实际环境中的对应情况。例如，王国斌提出，斯密式的分工概念在明清时代中国江南一带的手工业作坊中有很好的实例，而这表明那时的中国经济中既不缺少市场，也不缺少前进的动力。"通过分工和专业化获得生产效率的改进"也常常被学者们称为"斯密动力"。有时，学者们也称之为"斯密定理"或"斯密增长机制"等。

与"斯密增长"相关的概念有"熊彼特型增长"，即社会中连续不断的技术创新和制度创新及其扩散能带来总产出和人均产出的持续增长。有时，人们也说这是"库兹涅茨型增长"或"现代经济增长"。与之相反的是"粗放式增长"，即仅仅依靠生产要素投入的增加而获得总产出的增长，但人均产出不增长甚至下降。②

"斯密增长"出现在近代工业革命前夕。它与现代经济增长之间还有段距离，甚至还需要有一个跳跃、过渡或转折。许多学者都认为，工业革命以前的人类社会大都会面临某种"马尔萨斯陷阱"，即在技术约束和制度环境基本不变的状态中，人均产出的任何增加——不管是由什么天时地利人和的任何偶然性或趋势性的因素所带来——都必然导致人口数量的增长，后者的增长或迟或早会超过总产出，从而引起人均产出水平的下降，直至危机爆发。而每一次这样或那样的危机都是以人口减少而告终。换言之，在那样的技术和制度环境中，人类社会无法获得持续改善自身境况的根本性前景。

"马尔萨斯陷阱"又被称为"马尔萨斯危机"或"马尔萨斯压力"等，在一定程度上也可理解为"贫困的恶性循环"，它们都存在于前工业

---

① 韩毅、张兵：《美国赶超经济史》，经济科学出版社2006年版。
② 华民、韦森、张宇燕等：《制度变迁与长期经济发展》（当代中国经济理论创新文库），复旦大学出版社2006年版，第119页。

社会中。对此，近年来还使用另一个有联系的概念来表述——"布罗代尔钟罩"。这个术语取名于法兰西历史学者费尔南德·布罗代尔（Fernand Braudel），其著作曾描绘过这样的情形：一个社会在一定时期已出现一定规模的市场经济或其要素的显著成长，但是，伴随市场经济的人类合作秩序却无法得到有效扩张，不能上升成为社会的主导制度。因此，历史上的市场经济就好像被困在一种与世隔绝的"钟罩"之内。世界各地区在近代以前——或者更准确地说，在工业革命或现代经济增长发生之前——都面临不同程度的"马尔萨斯制约"或"布罗代尔钟罩"，但它们随之选择的发展路径却可能迥然不同。①

与"马尔萨斯制约"或"布罗塞尔钟罩"相关的还有一些概念。林毅夫在他两篇英文论文中特别针对"李约瑟之谜"提出了自己的分析。②很多年以前，长期研究中国古代文明和技术进步的英国学者李约瑟就提出了这样的问题：为什么在公元前 1 世纪到公元 16 世纪之间，古代中国人在技术发明和创造方面所达到的水平远远超过同时期的欧洲？但在欧洲文艺复兴之后，即 17 世纪以后，为什么中国却没有出现像欧洲那样的近代科学？这两个问题现在被广泛称为"李约瑟之谜"或"李约瑟难题"。它们不仅仅是关于历史上的科学与技术进步的问题，而且涉及如何理解经济社会发展转型的问题。这两个问题其实从另一个角度看也表达了上述"大分流"概念所蕴含的意思。林毅夫的分析性推导认为，古代中国社会中逐渐定型的科举制和文官晋升制是其中重要原因。

沿着有些抽象的分析思路，许多国内学者进一步拓展了这个侧面的分析。姚洋认为，中国之所以进入"高农业技术和低工业发展路径"，主要

---

① 华民：《"马尔萨斯制约"与经济发展的路径选择——对世界经济发展的重新认识》，《复旦学报》（社会科学版）2005 年第 5 期；韦森：《斯密动力与布罗代尔钟罩——研究西方世界近代兴起和晚清帝国相对停滞之历史原因的一个可能的新视角》，《社会科学战线》2006 年第 1 期。
② Yifu Justin Lin（林毅夫），"The Needham Puzzle：Why the Industrial Revolution did no originate in China？" *Economic Development and Cultural Change*，Vol. 43，January 1995；Yifu Justin Lin（林毅夫），"The Needham puzzle, the Weber question, and China's miracle：Long-term performance since the Sung dynasty"，*China Economic Journal*，Volume 1，Issue 1，2008。

是因为较高的人地比例引起了土地投资的回报率高于工业投资的回报率。[1] 就林毅夫所使用的"高水平陷阱"概念而言,两个分析的结论基本相同。

近些年来,国内研究者们针对上述"大分流"和"李约瑟难题"发表了许多文章和论文。大致来说,许多分析基本上沿着两条不同的道路展开。一条是思辨性的,主要从一些相关概念的相互逻辑关系入手。例如,有学者提出用"统一增长理论"[2]来解释"李约瑟之谜"或工业革命的发生机制。[3] 还有学者将意识形态因素纳入分析,认为古代中国社会结构出现了沿着"意识形态—农本社会—伦理社会"的自我强化方式并因此而不断制约了社会经济朝着市场化方向发展。[4]

另一条思路较多地体现了历史分析与逻辑分析相结合的特点。这方面的代表有张宇燕与高程合著的几篇论著。张宇燕的研究较早地触及了李约瑟问题,并将有关论述较充分地展示在后来几篇有关"美洲金银与西方世界的兴起(以及中国社会的落后)"的分析上。[5] 这些论述从中世纪晚期开始,以美洲发现白银以及几乎同时大量流入西欧和中国(约在16世纪,当时西欧处于各王朝政权的频繁摩擦和冲突中,而中国正处于庞大的明朝政权统治之下)为切入点,指出白银在这两个地方发挥了非常不同的作用,并扮演了非常不同的角色。在西欧,白银流入引起了"价格革命",而价格革命又催生了商人阶层的兴起和随后的市场经济的全面兴旺。然而,在中国,虽然经济开始了白银货币化进程,但传统官僚制度中

---

[1] 姚洋:《高水平陷阱:李约瑟之谜再考察》,《经济研究》2003年第1期。
[2] "统一增长理论"(unified growth theory, 国内有文献误传为"united growth model")是近年发展研究领域中提出的新概念。该理论认为,当代经济学中已有的"内生增长论"主要适用于工业化经济体,但难以解释发展中国家的经济增长过程;因此,需要有一种新框架同时纳入两者的经济发展过程,即用一个统一的概念框架来说明各国从工业化以前的停滞时期("马尔萨斯停滞")进入可持续增长阶段的转变。也就是说,在这个新框架中,再没有"例外"。
[3] 汪川:《工业革命及其起源:统一增长理论的解释》,《当代经济研究》2010年第12期;汪川、赵亚奎:《重视"李约瑟之谜":"统一增长理论"的视角》,《经济学动态》2011年第12期。
[4] 杨勇:《经济演化比较:中国与欧洲》,《学习与探索》2008年第3期。
[5] 张宇燕、高程:《美洲金银与西方世界的兴起》,中信出版社2004年版;张宇燕、高程:《美洲金银与西方世界的兴起》,《社会科学战线》2004年第1期。

固有的产权保护因素，不仅削弱了制度创新的激励，而且又使得产权保护处于高度的不稳定之中。两个地区对同一事件的反应迥然不同，结果就是人们现在看到的自那以来的"大分叉"（也是"大分流"的含义）。

很明显，张宇燕与高程的分析算是一种"复合论证"，包含着对白银货币化运动几乎同时在西欧地区和中国开展后所得到的不同后续表现进行分别的考察。这种分析有别于"单一论证"，即前面引述的几篇论文中所使用的围绕某一个模型而进行推理的做法。

与这些讨论有关的一个学术进展是，中国在明朝时期出现的白银货币化运动及其广泛而重要的影响受到多位学者的高度重视。大陆学者、港澳台学者以及国外学者在这个题目上近来都有成果发表。当然，这些探讨中许多属于中国国内经济史领域。

总之，围绕着"大分流"问题，在广义新经济史学中的现代比较经济史学方法及其早期成果的影响和激励下，许多国内研究者纷纷开展了对中外经济史上重大问题的新探索。这些探讨都努力运用现代经济学概念，并从新的角度——不再简单地停留在辨认那些"历史上已经发生的事实"，而是追问那些"历史上可能发生的却为何未发生"的事情——去组织和展开研究工作。这是经济史研究中的新境界和新高度。而且，新的比较经济史研究事实上也隐含了这样的新见解：无论经济政策如何，近代以来世界各国都不再处于完全孤独的状态；各国相互之间的贸易关系虽然可能出现中断，但各国经济发展的逻辑总有一定的一致性。

这样的研究也有重要的现实意义。既然东西方的"大分流"开始出现在历史上的某个时期并持续了许久时间，随着后进国经济政策的调整和经济体制的变化，新的"大合流"（Great Convergence）也有可能发生。从这个角度看，新的经济史研究的确可对现实世界中"大合流"或"大趋同"发挥智力促进作用。

三　国际发展经验的借鉴和比较

改革开放以来，国内知识界和学术界的共识是，作为一个后进的发展中国家，中国需要努力学习工业化和现代化进程中许多先行者的经验，同时，在经济政策方针上也应坚持符合国情的原则，走"中国特色"的道路。

后进经济体应向先行经济体学习的看法，最早以明确语言出现于马克思1867年为《资本论》第一卷第一版所写的"序言"中。"我在理论阐述上主要用英国作为例证。但是，如果德国读者看到英国工农业工人所处的境况而伪善地耸耸肩膀，或以德国的情况远不是那样坏而乐观地自我安慰，那我就要大声地对他说：这正是说的阁下的事情！……工业较发达的国家向工业较不发达的国家所显示的，只是后者未来的景象。"①

马克思显然坚信历史的逻辑或者普遍的规律性。而且，上述说法稍微有些"欧洲中心论"甚至"不列颠中心论"的色彩，至少就工业革命以来的经济发展运动而言是如此。

这种思想极大地影响了后来的研究者们，尤其是20世纪后半期的许多研究者。针对第二次世界大战结束以来的各国经济发展问题，罗斯托在60年代提出了一个有广泛影响的"阶段论"：传统社会、为起飞创造条件的阶段、起飞阶段、向成熟推进阶段、大众消费阶段、追求生活质量阶段。他认为自己对诸多欧美国家从19世纪初以来的经济发展历程的观察中找到了若干重要的共同特征，例如一个或两个主导部门发挥重要的驱动作用，投资率的快速和显著上升，技术吸收和创新活动的普及等。

罗斯托的思想在20世纪60年代到80年代的许多经济史研究和发展经济学研究中产生了巨大反响。国际经济学协会曾在1960年为他的起飞阶段论专门组织了一场国际研讨会，许多来自他在起飞论中所重点论述的国家的经济学者和经济史学者们聚集一堂，展开思想交锋。② 很多讨论者既肯定了起飞论的新颖性，又表达了与此有别的看法。他们形成的一个共识是，各国经济增长的经历在许多方面的确难见一致性。

地球有数十亿人口，或许除了双胞胎兄弟姊妹，张张面孔都不一样，个个性格也不相同。难道这是否认人类在人性上具有共同性的证据？经济史学者们总是力图从多国发展历程中概括出具有一定普遍性的经验教条来。长期研究欧洲后进国家经济史的学者亚历山大·格申克龙在那场关于

---

① 中共中央编译局：《马克思恩格斯全集》第23卷，人民出版社1972年版，第8页。
② ［美］W. W. 罗斯托：《经济增长的阶段：非共产党宣言》（国外经济学名著译丛），郭熙保、王松茂译，中国社会科学出版社2001年版。

起飞阶段论的国际讨论会上，提出了他自己对后进经济体在追求赶超的进程中经济发展和经济政策的几点观察，他说这些是属于"高度浓缩性的"命题：

1. 一国经济越落后，其工业化就会强烈地、间断地出现制造业高速增长的迸发趋势；

2. 一国经济越落后，其工业化中对工厂和企业大规模的强调就越明显；

3. 一国经济越落后，其工业化就越明显地把重点放在生产品上，而不是放在消费品上；

4. 一国经济越落后，其工业化过程中对居民消费水平的压力就越大；

5. 一国经济越落后，特殊制度因素（共同目的在于增加资本对新生工业的供给，以及给予企业家较集中的消息较开通的指导）在工业化中起的作用就越大；一国经济越落后，上述因素的强制性和内容的广泛性就越显著；

6. 一国经济越落后，其农业就越不容易在工业化过程中通过使新生工业得到日益发展的内部市场的好处（这又以不断提高的农业劳动生产率为基础）而起到积极的作用。①

这些概括的基本意思是，由于内外条件的差别，后进经济体在追赶进程中所实施的经济政策方针，一定会迥然不同于先行经济体；同时，后进经济体的国内经济结构也会表现出与先行经济体的显著差别。

20世纪80年代以来，国内学者针对中国工业化现代化进程借鉴国际历史经验问题，尤其从经济史研究角度来看待历史上的先行经济体的发展以及各国发展进程的共性与个性等问题，开展了多方面的研究。属于这个视角的研究成果在发表论文和文章的数量上可能是外国经济史领域中最多者。单册出版的专著数目不算很多，这里略做枚举如下。

19世纪的欧洲及其英法工业革命等相关议题仍然是成果数量相对集

---

① ［美］W. W. 罗斯托：《经济增长的阶段：非共产党宣言》（国外经济学名著译丛），郭熙保、王松茂译，中国社会科学出版社2001年版，第186—187页；［美］亚历山大·格申克龙：《经济落后的历史透视（论文集）》（汉译世界学术名著丛书），张凤林译，商务印书馆2009年版，第428—429页。

中者。王章辉、孙娴著《工业社会的勃兴：欧美五国工业革命比较研究》概述了英、法、德、俄、美五国工业革命和工业化发展进程，特别强调了前四个欧洲国家面临"扫除大工业发展的封建障碍"以及美国当时没有面临类似障碍的情况。① 沈坚著《近代法国工业化新论》侧重概述法国工业化进程不同于英国的若干特点，包括经济增长的"渐进性"和国内的"二元结构"等。② 侯建新著《社会转型时期的西欧与中国》从一个较宽的视角提供了工业革命前后西欧地区发生的经济社会转型面面观，尤其指出了转型前夕已存在的多种积极因素，并十分"关注农本和强调主体权利"。③ 王加丰、张卫良合著《西欧原工业化的兴起》围绕"原工业化"概念论述了早期阶段（17世纪和18世纪）尼德兰、英国和意大利的工业经济发展情况，特别就工农关系的演变以及工业自身的演变特点进行了讨论④（这里的"原工业化"概念与前面提及的厉以宁"原生型资本主义"概念不相同⑤）。沈汉著《英国土地制度史》从中世纪的土地制度开始，勾勒出直至工业革命时期的土地立法和土地关系的演变进程，从一个侧面说明了工业革命发生的农村和土地背景。⑥ 高德步著《英国的工业革命与工业化：制度变迁与劳动力转移》论述了英国工业革命和工业化进程中的技术创新机制、工农业关系、劳动力转移和城市化等问题。⑦ 徐滨著《英国工业革命中的资本投资与社会机制》引用大量统计数据概述了那时

---

① 王章辉、孙娴：《工业社会的勃兴：欧美五国工业革命比较研究》，人民出版社1995年版。
② 沈坚：《近代法国工业化新论》，中国社会科学出版社1999年版。
③ 侯建新：《社会转型时期的西欧与中国》第2版（教育部学位管理与研究生教育司推荐研究生教学用书），高等教育出版社2005年版。
④ 王加丰、张卫良：《西欧原工业化的兴起》（世界史学术书系），中国社会科学出版社2004年版。
⑤ 英文文献中从20世纪70年代开始出现Proto-industrialization（"原工业化"），意指农户接受商人资本家订单开始进行家庭手工业生产或加工。有学者认为这是工业革命早期阶段的标志，因为这代表了农村经济进一步的商业化和市场化（农村经济早期的商业化在粮食及其他农作物的生产和交换中已开始）。农户与商人资本家之间的这种加工贸易关系（putting-out system）甚至与20世纪末国际经济贸易中流行开来的外包制（out-sourcing）有类似之处。
⑥ 沈汉：《英国土地制度史》，学林出版社2005年版。
⑦ 高德步：《英国的工业革命与工业化：制度变迁与劳动力转移》，中国人民大学出版社2006年版。

英国经济中农业、制造业、交通运输业和金融业中的投资情况。①

欧洲之外,国内学者对19世纪美国工业化进程的研究也有一些成果。其中有代表性的包括韩毅、张兵著《美国赶超经济史》②、韩毅著《美国工业现代化的历史进程(1607—1988)》③。后一本著作的时间覆盖范围扩大到了当代。

在综合性的比较和借鉴方面,也有不少成果。谭崇台主编,马颖、叶初升副主编的《发达国家发展初期与当今发展中国家经济发展比较研究》是较近出版的一本大部头专著,近60万字。④ 这项研究立意新颖,研究方法上采用了国别、要素和发展模式三大比较。此外,一些长期关注现代化问题的研究者也对19世纪以来世界范围内(包括先行经济体和后进经济体在内)的发展经验有诸多概述和总结。

四 苏联俄罗斯和日本经济史

苏联俄罗斯和日本是国内学者在国外经济史研究和著述方面取得成果较多的领域。这一方面是因为两者是中国的近邻,近代以来与中国政治经济发生了紧密复杂而且变化多样的政治经济关系,另一方面也是因为有不少国内学者掌握对方语言,能够长期专心致力于一些历史问题和当代问题的关注和研究。在20世纪50年代和60年代初,中国曾一度大力参照苏联的计划经济体制,因此学界对苏联经济史有浓厚兴趣。同时,在列宁的帝国主义经济思想的影响下,学界也对沙皇俄国的资本主义发展模式产生过兴趣。同时,国际学术界也有一个看法是,19世纪以来的俄日是世界范围内工业化现代化进程中的"追赶者",⑤ 两者以相似但也有差别的方式努力加入列强的竞争行列,在数段时间中不仅相互冲突,而且给各自的

---

① 徐滨:《英国工业革命中的资本投资与社会机制》,天津社会科学院出版社2012年版。
② 韩毅、张兵:《美国赶超经济史》,经济科学出版社2006年版。
③ 韩毅:《美国工业现代化的历史进程(1607—1988)》,经济科学出版社2007年版。
④ 谭崇台主编,马颖、叶初升副主编:《发达国家发展初期与当今发展中国家经济发展比较研究》(武汉大学学术丛书),武汉大学出版社2008年版。
⑤ [美]西里尔·布莱克等:《日本和俄国的现代化:一份进行比较的研究报告》,商务印书馆1984年版。

邻国造成了深刻影响甚至伤害。第二次世界大战结束后，日本走上了和平发展道路，并取得了令人瞩目的经济成就。中国改革开放以后，日本以多种方式积极参与中国的经济建设。20世纪90年代初，苏联解体，俄罗斯（以及其他苏联加盟共和国和若干东欧国家）开始了经济体制转轨。这些重大事件牵动了国内研究者的心思，引出不少著述成果。

樊亢主编、王金存著《苏联社会主义经济七十年：苏联经济发展史》[①]代表了20世纪80年代国内学者对苏联经济史的基本看法，即苏联是世界上第一个社会主义国家，在七十年的发展历程中，仅有为数不多的年份处于和平环境，其经济发展克服了大量内外困难和矛盾，经济业绩可圈可点。这部著作写于1987年，出版于1992年，多少有些"生不逢时"。

1991年底从苏联脱离出来的俄罗斯联邦在诞生之初就面临体制转变的重大调整。90年代初是俄罗斯采取"休克疗法"并快速转轨至市场经济的时期，但在整个90年代俄罗斯经济却数次跌入通货膨胀危机和金融危机，经济增长迟迟未见起色。陆南泉著《苏联经济体制改革史论：从列宁到普京》[②]试图总结历任领导人的经济政策方针和经济体制的变化，依据一些新的资料概述了苏联解体前的经济问题，在很大程度上代表了国内研究者对苏联经济史的新看法。

苏联经济史上的一个重要问题是列宁时期实行的"新经济政策"。苏联学者和中国学者在这个问题上各自都有一些不同看法。闫永飞《苏联社会主义过渡时期的新经济政策》[③]是较近加入到这场经久不息的讨论的一部著作。该书还对比了列宁的新经济政策与20世纪50年代中国过渡时期的总路线。

陆南泉、李建民编《曲折的历程：俄罗斯经济卷》[④]可以说是俄罗斯经济的当代史，着重概述叶利钦时期开始的市场化改革措施及所遭遇的曲折磨难，并对普京时期的经济政策调整也进行了评介。相比国外的同类著

[①] 樊亢主编、王金存著：《苏联社会主义经济七十年：苏联经济发展史》，北京出版社1992年版。
[②] 陆南泉：《苏联经济体制改革史论：从列宁到普京》，人民出版社2007年版。
[③] 闫永飞：《苏联社会主义过渡时期的新经济政策》，社会科学文献出版社2017年版。
[④] 陆南泉、李建民编：《曲折的历程：俄罗斯经济卷》，东方出版社2015年版。

作，国内作者的著述对俄罗斯经济结构的特性及其历史原因、宏观经济政策调整的局限性及其制度性制约因素重视程度尚有差距。

马细谱、李少捷编《中东欧转轨25年观察与思考》[①] 算是原苏联社会主义"国际大家庭"体制内中东欧部分的当代经济史记述。该书部分作者曾有驻当地外交官的经历，有些亲历见证。他们认为，波兰是中东欧转轨的"优等生"，捷克、匈牙利和斯洛伐克是"合格生"，保加利亚和罗马尼亚是"后进生"。

相比于苏联俄罗斯，21世纪初以来国内学者在日本经济史方面的著作成果更加丰硕。在之前的20世纪80年代和90年代，国内学者对日本经济史问题的探讨主要反映在众多文章和论文方面，近二十年来则有多部著作问世。

杨栋梁的《日本战后复兴时期经济政策研究：兼论经济体制改革》[②]是90年代在国内出版的此领域内不多见的专著。这部著作的主题显示了国内研究者的兴趣重点，即关注历史上日本经济体制和经济政策的调整变化及其影响。"战后复兴时期"在日本历史上指1945—1955年这段时间，是日本经济从战前"旧体制"转变到战后"新体制"的重要节点。这种转变为日本经济后来持续二十多年的高速增长奠定了制度基础。

该书的一个后续相关成果是杨栋梁、江瑞平等著《近代以来日本经济体制变革研究》，[③] 以"断代+专题"形式重点概述了明治维新到当代的几个重要时期中日本经济体制的变革，涉及土地制度、官办企业和金融制度等。与后来许多国内同类著作一样，这两部论著都大量引用了日文资料，包括官方文件和日本学者文献。

稍晚一些时候，杨栋梁发表了他个人的日本近现代经济史著作，[④] 时间覆盖范围从明治维新前的德川幕府到20世纪90年代"泡沫经济"的崩溃。这二百余年中日本经济的重大事件、重要人物和经济结构变化在书

---

① 马细谱、李少捷编：《中东欧转轨25年观察与思考》，中央编译出版社2015年版。
② 杨栋梁：《日本战后复兴时期经济政策研究：兼论经济体制改革》，南开大学出版社1994年版。
③ 杨栋梁、江瑞平等：《近代以来日本经济体制变革研究》，人民出版社2003年版。
④ 杨栋梁：《日本近现代经济史》，世界知识出版社2010年版。

中都有论及。

同时，其他多位国内作者也发表了日本经济史专著，例如，孙执中《荣衰论：战后日本经济史（1945—2004）》（人民出版社2006年版）；冯玮《日本经济体制的历史变迁》（上海人民出版社2009年版）；崔岩《日本的经济赶超：历史进程、结构转变与制度演进分析》（经济管理出版社2009年版）；金仁淑《日本经济制度变迁及绩效研究》（中国经济出版社2012年版）；徐平《苦涩的日本：从"赶超"时代到"后赶超"时代》（北京大学出版社2012年版）；张乐乐《盛衰之鉴：战后日本经济史》（中国社会科学出版社2017年版）等。这些著作有诸多共同点，例如概述战前日本经济体制的基本特征，战后初期经济体制的剧烈转变，80年代中期前后开始的"第二次大调整"，90年代"泡沫经济"的崩溃和经济减速等。

在日本当代经济史研究方面，具有深度和广度的专题著作有崔岩《日本平成时期经济增长与周期波动研究》（社会科学文献出版社2016年版）和张季风《日本平成经济通论》（社会科学文献出版社2017年版）。两本著作的覆盖时间范围基本相同，即1989年以来的平成时期（结束于2019年4月）。前者偏重宏观经济视角，后者则采取了综合视角。

在专题方面，雷鸣《日本战时统制经济研究》（人民出版社2007年版）和马文秀《日美贸易摩擦与日本产业结构调整》（人民出版社2010年版）两本著作具有一定代表性。前者详细叙述了1937年到1945年日本政府的经济政策及其调整，分析了在资源不足的严重约束下日本政府的经济行为。后者则概述了日美经济摩擦的来由和演变以及日本政府在对外贸易和投资等政策上的调整措施。作者也试图从20世纪80年代日美贸易摩擦的经历中总结出一些可为21世纪中美贸易争端借鉴的经验教训。

五 总结经济危机和金融危机的历史经验教训

学术界的一个看法是，先行经济体进入工业化社会后便会遭遇周期性的经济波动或经济危机。有数据记载的最早发生经济危机的年份是拿破仑战争结束后的1825年，当年不列颠的若干宏观经济指标出现显著下滑。此外，人们也确认金融危机早在17世纪和18世纪就已发生，例如荷兰爆发过郁金香危机，英法两国都几乎同时出现南海泡沫危机。

一百多年来，研究界一直在不断地从各个角度总结经济危机和金融危机的经验教训。有些时候，人们关注的重点概念是"经济波动"或"经济周期"，认为危机不过是经济体系自我调节的一种方式或表现。另一些时候，人们认为经济危机或金融危机已经超出了正常波动的范围，危机意味着经济金融结构中存在严重问题，它们需要政策调整来应对，有时甚至还需要国际关系的调整。

在探讨经济危机和金融危机经验教训方面，英文著作界有几本代表性成果，它们也都对国内研究界和政策层产生了不小的影响。

加尔布雷斯著《1929年大崩盘》初版于1955年，此后多次再版重印。① 这本小册子详尽刻画了从纽约股市暴跌到一系列后续事件的演变进程。作者在书末总结了那场危机的五点教训：收入分配不均、公司结构不合理、银行结构不合理、对外收支有问题、经济知识贫乏。

对那场危机的原因，许多经济学者发表了不同看法。米尔顿·弗里德曼坚持认为美联储那时过于保守的货币政策是主因，保罗·萨缪尔森则认为危机是由"一系列偶然事件"所引发。不管怎样，事后的情况表明，继纽约股市暴跌后，美国金融市场和银行体系出现全面动荡，国内经济和对外贸易全面衰退。而且，世界其他许多国家和地区的经济都先后遭受严重挫折，这已是一场世界性的大萧条。对此，长期研究经济史的查尔斯·P. 金德尔伯格在其专著《1929—1939年世界经济萧条》中论证说，导致那场在国际范围内广泛传播的大危机的主要原因，是"不列颠已没有能力发挥其世界经济体系的保险者的作用，而合众国迄至1936年又拒绝扮演这一角色"。② 这显然是从更加宽阔的国际视角来解释经济危机的跨国传染性。

金德尔伯格在其《金融危机史》（1978年版）一书中，对历史上多次金融危机的发生机制和演变阶段进行了探讨，并就金融危机的应对政策

---

① ［美］约翰·肯尼斯·加尔布雷斯著：《1929年大崩盘》（华安基金·世界资本经典译丛），上海财经大学出版社2006年版。

② ［美］查理斯·P. 金德尔伯格：《1929—1939年世界经济萧条》，宋承先、洪文达译，上海译文出版社1986年版。

(例如中央银行发挥"最后贷款人"的作用)进行了分析。他认为,金融危机是投机冲动及其蔓延的必然后果,现有的应对措施都有副作用和局限性。[①]

20世纪最后二十年中,世界范围内的金融危机似乎出现了更加频繁的趋势。80年代有多个发展中经济体遭遇外债危机,1994年墨西哥出现货币危机,1997年若干个东亚经济体爆发金融危机,世纪之交时俄罗斯和阿根廷等国又发生外债和货币危机。进入21世纪后,当许多人还在庆幸世界经济中的"大温和"(Great Moderation)时,美国投资银行巨头雷曼兄弟公司宣布倒闭。2008—2009年的国际金融危机以前所未见的势头席卷全球几乎所有重要经济体。2010年年末,正当一些国家举步维艰,刚刚走出危机阴影时,国际市场又传来希腊等欧元区经济体开始遭受主权债务危机冲击的消息。

两位研究者的合著《这次不一样:八百年金融危机史》似乎是一场"及时雨"。[②] 该书采用了不同于传统"描述型经济史"的方法,重在对历次主权债务危机和银行危机的统计数据展开分析。他们聚焦于债务累积和不良资产发生的原因及严重后果,并认为这是所有金融危机的共性。

国内学术界一直以来就十分关注国外经济周期和经济危机问题。20世纪80年代及以前主要关注对象是"资本主义世界的经济危机"问题。之后,视野逐渐扩大到发展中国家的经济波动和金融危机问题。随着中国经济与世界经济的关系日益紧密,90年代末以来,国外经济周期与金融危机问题不再被视为"与我无关"的事情。国内学术界对经济危机和金融危机的关注度极大地提高了,各种研究成果和报刊文章也大量增多。

2008年国际金融危机爆发后,许多研究者都对这次危机与20世纪30年代那场危机进行了比较。以此为题的文章仅在2010—2011年就多达数十篇甚至上百篇。刘鹤主编的《两次全球大危机的比较研究》是展开全

---

① [美]查理斯·P. 金德尔伯格:《经济过热、经济恐慌及经济崩溃:金融危机史》(经济科学名著译丛),朱隽、叶翔译,北京大学出版社2000年版。
② [美]卡门·M. 莱因哈特、肯尼斯·S. 罗格夫:《这次不一样:八百年金融危机史》,綦相、刘晓峰、刘丽娜译,机械工业出版社2012年版。

面系统研究的成果，具有代表性。①

这部成果汇集了来自若干机构课题组研究人员的专题分析，包括中共中央财经领导小组办公室课题组"从经济金融理论视角看两次危机"；中国人民银行课题组"从货币金融角度看两次危机"；中国银行业监督管理委员会课题组"从金融监管角度看两次危机"；中国社会科学院金融研究所课题组"从国际经济政治格局视角看两次危机"；国务院发展研究中心课题组"从宏观视角看两次危机"；北京大学光华管理学院课题组"从微观机制视角看两次危机"。

第一个课题组视野宽阔，从技术长周期到国际关系调整均有概括。他们作出的十点判断是：经济经历由技术长周期推动的繁荣后必然进入深度调整阶段，乃至发生大的危机；过度举债刺激需求是在维持"虚假繁荣"，只是推迟了危机的发生；经济繁荣期收入分配不公等社会问题为危机的发生和过度举债提供了土壤；防范和化解危机的根本办法是技术变革、产业转型和社会政策调整；货币金融环境可能助长债务经济，放大"繁荣—萧条"周期；市场参与者非理性行为和西方竞选政治的"短视化、资本化"倾向为危机孕育和发展推波助澜；应对全球性危机必然经过国家间激烈博弈和较量；全球性危机加速大国更替、重塑全球治理架构；重大经济危机导致政局剧烈动荡、地缘冲突激化乃至战争等极端事件发生；危机催生政策和理论创新。

在综合研究的基础上，总课题组提炼出两次危机的区别点和共同特点，它们分别有多方面的表现。研究成果还就政策应对提出三点纲领性意见：树立底线思维方法，对危机可能出现的最坏场景做出预案；把握我国战略机遇期内涵的重大变化，谋求中国利益与全球利益的最大交集；集中力量办好自己的事，抓好重大课题的务实超前研究。这篇成果充分说明经济史探讨可为现实提供卓有成效的服务。世界经济史研究不仅有助于理解我们今天所面对的世界经济现实问题，而且可帮助形成正确的重大政治经济政策决策。

---

① 刘鹤主编：《两次全球大危机的比较研究》，中国经济出版社2013年版。

六 "一带一路"经济史和货币史研究

从汉朝开始，史书陆续记载有中国中原地区与西部地区乃至更远地方之间发生人员交往和货物贸易的情形。唐宋以后这些交往在空间和内容上都有扩大。明初，皇室派出了庞大的郑和船队数次到达印度洋，甚至远至非洲大陆东岸。后来的明朝政府以及清朝政府累次实行"禁海"政策，但来自中国大陆的人员（商人、渔民和移民等）还是通过多种途径开辟了海洋贸易通道，并吸引了外国商人进入中华帝国领地。唐宋时期已有阿拉伯人、波斯人等来华贸易，明清时期更有大量欧洲各国人士到来。

很久以来，"丝绸之路"就被用来称呼历史上亚欧大陆上中国与欧洲之间穿越广袤中亚的交往关系。在很长的一段历史时期，丝绸是中国在世界上几乎独有的产品，它的特殊吸引力是中外贸易延绵不断的一个重要因素。也正因为如此，当代中外历史学家们围绕"丝绸之路"话题发表过许多著作。近年来已有不少国外历史作者的著作被译为中文并成为畅销书。

自2013年中国领导人提出"一带一路"倡议（即发展"丝绸之路经济带"和"21世纪海上丝绸之路"）以来，有关历史上的丝绸之路经济交往以及"一带一路"沿线各国各地区的经济史和货币史成为学术关注的重点。在这方面，国内学者已有一些重要成果值得提及。

殷晴著《丝绸之路经济史研究》是较为全面地考察中国西部地区以及相邻地方经济和经济关系的专著。① 该书虽然是一些专题研究的汇集，但各个专题都紧密围绕"西域"这个概念。"西域"概念中许多地方现在属于中国西部，也有一些地方交界于中国与中亚。作者利用古代文献和考古发现对重要经济史实和文献说法进行了辨析，并对历史上通过"西域"发生的中外经济交往的轨迹进行了描绘。

货币史是中外经济关系史的一个重要侧面，也是一个有较多学术成果

---

① 殷晴：《丝绸之路经济史研究》（欧亚历史文化文库）（上下册），兰州大学出版社2012年版。

的领域。这部分地归功于该领域中不断有一些新的考古发现可为学术研究提供新刺激和新支持。几部有代表性成果包括：张忠山主编《中国丝绸之路货币》（兰州大学出版社 1999 年版）；蒋其祥《西域古钱币研究》（新疆大学出版社 2006 年版）；黄志刚主编《丝绸之路货币研究》（丝绸之路研究丛书，新疆人民出版社 2010 年版）；李冀平主编《梯航百货万国商：海上丝绸之路货币与贸易（泉州）》（社会科学文献出版社 2017 年版）等。这些著作的一个共同特点是，它们都展示了考古材料，证明中国在近代以前的不同时期都曾有过与国外的货币交换，古代中国的货币演变既对国外产生过重要影响，同时也在一定程度上受到国外的影响。特别值得一提的是，上述作者中的一些成果已为国外的有关学术研究所吸收。[①]

利用国外材料探讨古代中国经济史和货币史以及中外经济和货币关系史也是广义的"丝绸之路"历史研究的成果之一。在这方面，台湾学者全汉昇做出了一个表率。他依据两位美国学者在 1898 年美西战争后为菲律宾的管理任务而汇编的大型资料（《菲律宾群岛 1493—1898 年》）发掘出大致相当于明朝时期中国与菲律宾的贸易交往史料，并借此说明了 16 世纪和 17 世纪西班牙白银通过菲律宾渠道流入中国的情形。[②] 这项成果的突出意义不仅是有利于理解明朝以来中国货币制度的重大转变，而且也丰富了人们对那时以来世界范围内国际货币关系调整的认识。全汉昇的成果也因此为国内外众多货币史学者所引用。

除以上这些"聚类"的研究成果外，一些国内学者近年来也在世界经济史的若干专题领域做出了新的努力，发表了专著。在地区经济史方面有舒运国、刘伟才的《20 世纪非洲经济史》。这部著作的时间范围从 19 世纪末撒哈拉以南非洲的殖民化到 20 世纪 60 年代的非殖民化和后殖民时期，概述了英属、法属、葡属和比属地区的经济特点以及代表性独立国家

---

① 参见 Wang, Helen, *Money on the Silk Road: The Evidence from Eastern Central Asia to c. AD 800*, London: British Museum Press, 2004. 该书前言提及作者与中国学者的学术交流以及引述他们成果的情况。

② 全汉昇在这方面的重要研究成果汇编于他的文集《中国近代经济史论丛》，中华书局 2011 年版。

的经济结构调整。[①]

在专题方面，王晓明著《世界贸易史》可视为国际贸易的一本"通史"，[②] 该著从远古中国和两河流域的国际贸易一直讲到近代殖民贸易和国际贸易，概述了各大文明古国的对外贸易活动的主要特征以及近代早期和中期国际贸易关系演变的基本轨迹。

国际学术出版社 Routledge 近年来为推动中国学术走向世界而推出了"中国视角"（The China Perspectives）丛书。该丛书所收录之一为国内学者所著《超级通货膨胀世界史》，[③] 其内容覆盖从汉朝王莽币制改革和罗马帝国中高通货膨胀至 21 世纪的几大超级通货膨胀事例，在时空上也具有较完整的全球性。

第五节 世界经济史研究前景展望

通过对以上世界经济史学科自 1978 年改革开放以来在国内发展的概述，我们可以看到诸多方面的变化和进步。

首先，作为一门学科，世界经济史的概念框架和时空范围基本确定，而且，随着最近二十年来国内外学术界对经济全球化的讨论，世界经济史学科的内容也在逐渐深入。

其次，不管是使用世界经济史还是外国经济史的名称，国内外学术同行的交流在逐渐增加。大量有关外文著述文献引进国内，不仅极大地丰富了国内一般读者的阅读，而且也推动了国内研究者的知识和方法更新。

最后，包括世界经济史在内的经济史学科虽在前些年一度出现过低落局面，但近年来已见复苏和振兴。不仅已有诸多高校开设经济史学系和组建研究中心，而且社会各界对中外经济史研究成果也显现出极大的关注兴

[①] 舒运国、刘伟才：《20世纪非洲经济史》（当代非洲发展研究系列），浙江人民出版社 2013 年版。

[②] 王晓明：《世界贸易史》，中国人民大学出版社 2009 年版。

[③] Liping He, *Hyperinflation: A World History* (China Perspectives), London and New York: Routledge, 2018.

趣。经济史研究与经济理论和经济现实的联系越来越紧密。

此外，随着知识的普及，不仅经济学界有越来越多的研究者涉猎经济史研究，也有来自其他背景的智力人士加入经济史读物写作和经济史知识的传播事业中。世界经济史、外国经济史、比较经济史或中外经济关系史等都出现众多热点，诸如世界金融史、国际贸易史、中外历史物价比较史等，都在不同程度上成为大众阅读的兴趣点。

特别值得一提的是，在专业研究中，随着研究者所用概念和方法的趋同，学者之间出现了更多的交流和争论。较近的一个事例是，有研究者发表了关于19世纪下半叶中国银钱并用背景下的双汇率制对当时国内物价走势的不利影响，[①] 另有研究者随后也运用理论模型和量化分析法，进行了辨析并指出了前者的局限。[②] 这种交流显然非常有利于提升学术事业的质量，使研究者们能够更加准确地把握及运用知识。

当然，不能否认的是，对比国内经济社会发展的需要和国际学术同行的发展水平，包括世界经济史或外国经济史在内的国内经济史学科的现状尚有显著差距。这里简略列举经济史系在欧洲一些大学开设情况。伦敦经济学院于1926年开设，现有教职人员40余位；爱丁堡大学于1884年开设，现有教职人员20余位；格拉斯哥大学、牛津大学和伯明翰大学分别设有经济与社会史系；此外，欧洲大陆国家中有西班牙、意大利、荷兰、瑞典和德意志等分别有大学开设经济史系。

在专业性学术期刊方面，仅就英文而言，有代表性者包括不列颠经济史学会（Economic History Society）于1927年创刊的《经济史评论》季刊（Economic History Review），每期有书评专栏；由美利坚经济史学协会（Economic History Association）于1941年创刊的《经济史学刊》季刊（Journal of Economic History），每期有书评专栏；由一些主张量化方法的学者于1963年推动创刊的《经济史探索》季刊（Explorations in Economic History）；由欧洲历史经济学学会（European Historical Economics

---

① 管汉晖：《浮动本位兑换、双重汇率与中国经济：1870—1900》，《经济研究》2008年第8期。

② 刘巍：《统计约束下中国的汇率、贸易收支与复本位制（1870—1900）》，《中国计量经济史研究动态》2013年第2期。

Society①）于 1997 年创刊的《欧罗巴经济史评论》(*European Review of Economic History*)，每年 3 期。上述学会中，经济史学协会还创立了 EH. Net 网站，发布并积累了大量研究资料，包括许多高时间频率的历史统计数据。创立这些学刊的学会与来自世界其他许多地区和国家的类似学会，共同组成了成立于 1960 年的"国际经济史学协会"(International Economic History Association，IEHA)。国际学术界在经济史学领域内长期以来一直保持着活跃局面。

如果说世界经济史或外国经济史是经济学与历史学之间的交叉学科，其近邻是中国经济史，那么，相比这些学科或学科分支，世界经济史或外国经济史的研究尚有许多不足。差距不仅表现在研究成果的数量、研究队伍的人数、专业交流的平台等多方面，也反映在研究条件和研究方法等主客观因素上。历史学科背景的研究者相对偏重"史"而忽略"论"（经济学理论），经济学科背景的研究者则容易相对重视"论"和"数"而忽略"史"（在数据和事实背后的历史场景因素等）。在"古"与"今"、"中"与"外"、"述"与"作"等关系的处理上，不同研究者也有一些不同的取向。如何更好地适应现时代的要求以及广大受众的知识需要，世界经济史和外国经济史研究者的确有许多地方可改进，以提供更多更好的作品。

改革开放以来，中国经济取得了多年的持续快速增长，学术研究的基础条件在许多方面已有显著改善，包括世界经济史在内的经济史研究领域不断有年轻学者加入。更加可喜的是，"一带一路"倡议的提出，不仅在实践中密切了中国与广大范围内国际社会的经济文化互动关系，也激起了对历史上中外经济关系以及"一带一路"沿线各国各地区经济社会历史背景的认知兴趣。可以预见，中国世界经济史领域的研究成果一定会在数量上和质量上都有加快发展的趋势，学术影响和社会效益也都将会得到提高。

展望未来，包括世界经济史在内的经济史专业研究者们应当更加勇于担当学术责任和社会义务，不仅要与经济学和社会科学理论研究界展开更

---

① 欧洲大陆的经济学乃至社会科学研究一直深受 19 世纪德意志历史学派的影响。这或会是他们的学会名称中包含"historical economics"而不是"economic history"的缘故。

多互动,① 促使经济史研究成为经济理论的检验场所和发源地之一,培养出质量更高的研究生,而且应当积极回应现实社会提出的经济史问题,发挥自身专业知识优势,帮助优化社会对重大经济史问题的认识,减少误读误解。

同时,应当加强对比较经济史和中外经济关系史研究,深化对世界经济历史发展线索和轨迹的探讨。在经济全球化进程中,在世界政治经济关系发生深刻变化的大背景下,历史研究在文明对话中发挥着越来越重要的知识引领作用。世界经济史作为世界历史研究的一个重要分支和组成部分,在促进文明对话和交往中的作用尤其突出。如前所说,包括经济史在内的国际学术研究中的"欧洲中心论"近几十年来已日渐式微。未来的世界经济史新研究工作会越来越多地在"世界共同文明"的精神氛围中展开。

中国经济的发展就如同一辆不断高速行进的列车,世界经济史研究者们也是这趟列车上的乘客。观察以往历史发展和演变的角度,显然也会而且必须随着列车的前进而不断调整。这种调整就是与时俱进,能帮助我们更正确、更精准地定位当下的自身与历史和未来的关系。

(本章执笔人:贺力平,北京师范大学经济与工商管理学院金融系教授,博士生导师)

---

① 严中平先生在1986年中国经济史学会成立大会的开幕辞词曾指出:"我们的经济史工作者,包括中外经济史教学和科研人员在内,人数是不多的,可又分别属于许多个系统……以及古代、近代、现代、外国经济史工作者相互之间,不通声气,很少工作上的交往,这对于发展经济史这门学科显然是很不利的。"(严中平:《在中国经济史学会成立大会上的开幕词》,《中国经济史研究》1987年第1期,重印于经君健编《严中平文集》,中国社会科学出版社1996年版,第60页)这里主要是说经济史学内部各领域内的交流。从发展趋势看,相互交流的领域和界别显然还需要不断拓展。

第九章

全球经济治理

全球经济治理是全球治理在经济领域的具体体现,其伴随经济全球化深入发展而产生,并日益受到国际社会的重视。改革开放40年来,随着经济的快速发展与对外开放的不断深化,中国参与全球经济治理的广度和深度不断加大,这为中国的全球经济治理研究提供了深厚的土壤。全球经济治理涉及的议题广泛,包括贸易、金融、投资、气候变化等,限于篇幅,本章在综述我国全球经济治理总体研究概况的基础上,重点介绍我国学者在全球气候治理和国际货币金融治理两个典型全球经济治理议题上的研究进展。

第一节 全球经济治理研究总论

全球经济治理在中国的出现与中国推动国际经济秩序改革密切相关,其在进入21世纪后被作为一个独立的研究主题而日益受到学者重视。伴随着中国参与经济全球化的不断深入,中国学者对全球经济治理的研究不断扩展,这主要表现在,随着新兴经济体的崛起,对传统治理机制改革的呼声越来越高,研究范围也逐步扩展至二十国集团、金砖国家集团等新兴治理机制;随着区域经济的发展,区域经济治理与全球经济治理得到同样重视;随着全球经济问题的不断涌现,全球经济治理议题不断扩展。

一 全球经济治理理念在我国的萌芽与演变

借助各种国际组织作为治理平台，在全球范围内进行经济治理有着很深的历史渊源，全球经济治理作为一个重要的独立研究主题被提出是在2006年左右。全球经济治理理念是随着经济全球化进程的深入而出现的，它与国际经济秩序的改革进程密切相关。概括起来，全球经济治理研究经历了前期、萌芽、逐渐成形等几个阶段。

20世纪80年代至冷战结束期间研究具有很强的时代背景，主要的文献集中在南北差异和发展中国家为了建立公平、公正的世界新秩序而进行的斗争方面。在文献检索中，国际货币基金改革等治理行为被作为研究对象出现开始于改革开放初期，研究的重心在于改革不合理的国际经济秩序。[1] 这些文献分析了国际经济旧秩序的弊端，从而论述了建立国际经济新秩序的必要性。首先，国际经济旧秩序建立在不平等的基础上，它使发展中国家国内积累资金的能力遭受破坏，经济结构单一，对外贸易受控。这些弊端导致了发展中国家的失业、饥饿、民族企业倒闭等问题。为了建立国际经济新秩序，发展中国家也做出了诸多努力。

冷战结束后的十几年内，国际关系的内容发生了诸多变化。首先，以往意识形态的政治斗争色彩淡化，世界经济的重要性凸显。将经济划为低级政治的排序方法，已经无法准确显示国际关系的主要内容变化。其次，多极化也成为冷战后国际经济格局的重要特征。李述仁总结了20世纪90年代国际经济关系的三个三极。其中发达资本主义国家、社会主义国家和发展中国家构成了三个世界；北美、西欧和西太平洋构成了三个板块；美国、欧洲共同体和日本构成了三个国家。在此基础上，他分析了未来二三十年里，即到2010年至2020年的时候，世界多极可能正式形成。而推动

---

[1] 巫宁耕：《论建立国际经济新秩序的斗争》，《世界经济》1980年第9期；段承璞：《建立国际经济新秩序斗争的回顾和展望》，《世界经济》1983年第11期；凌星光：《南北问题理论和国际经济新秩序》，《世界经济》1983年第11期；唐克芬：《最不发达国家和国际经济新秩序》，《世界经济》1982年第5期；张士元：《试论建立国际经济新秩序斗争》，《世界经济》1983年第10期；李树桥：《建立国际经济新秩序斗争性质浅析》，《世界经济》1983年第11期；李琮、谷源洋：《继续为建立国际经济新秩序而努力》，《世界经济与政治》1991年第10期。

多极化形成的因素包括发展中国家分化出来的新兴工业化国家和欧佩克国家等，西欧、北美和西太平洋之外的新经济发达板块也可能形成。[①] 最后，南南合作、南北合作，强调对话和求同存异并举成为新的时代特色。学者认为南北关系成为全球经济关系的核心问题。特别是在经济全球化的时代中，南北方国家对于国家主权具有不同的处境和认识。北方国家主张超越主权；而南方国家主张保护主权。全球化的趋势不可避免地削弱了国家主权。削弱的方式也有差异，一是通过全球主义和地区主义；二是通过部落主义和分离主义。如何在国际经济秩序中处理南北国家关系成为问题的核心。讨论主权问题不能回避当时南北国家的处境。南北国家在经济新秩序中处境不平等，包括国际贸易分工与交换、国际资本流动、技术转让、国际经济与货币组织中地位的不平等。因此，学者主张要通过加强南北对话，改变不平等的局面。[②] 保护发展中国家利益仍然是关注点，而南南合作是实现发展中国家共同利益的重要方式。发展中国家参与国际制度中面临的困境有：现行国际制度的非公平性，参与国际制度与维护国家主权的冲突，国内制度与国际制度的非兼容性，国际制度的复杂性与制度知识的贫乏和实践欠缺的矛盾。面对这些困境，刘青建认为发展中国家要参与到经济全球化，正视自身面临的在国际制度中示弱的问题，积极寻求摆脱困境的方式。[③]

随着经济全球化的深入、相互依存度加深、全球性危机的爆发，全球经济治理在21世纪作为一个独立的研究主题被广泛讨论。

在综述整个全球经济治理研究的发展脉络之前，有必要理解经济全球化的内涵。张宇燕等人在"器物—制度"的框架内为经济全球化提供经验支持。器物层面上测量全球化存在很大争议，因此作者重点探讨了全球化的测量指标。其中，国际货物贸易全球化强度、国际服务贸易流量全球

---

① 李述仁：《九十年代国际经济关系的基本格局及其发展趋势》，《世界经济》1991年第12期。
② 张洪贵：《全球化与南北关系》，《世界经济与政治》2000年第9期；王和兴：《论当代南北关系十大问题》，《国际问题研究》2003年第1期。
③ 刘青建：《发展中国家国际制度选择的困境及其理性思考》，《世界经济与政治》2002年第12期。

化强度和国际收支流量的全球化强度都增加了。此外，经济全球化的速度也是一个重要的测度标准。以上几个指标都指向了更强的经济全球化趋势。制度层面上的全球化表现为几个方面，主要有：国际组织的数量越来越多、国际规则覆盖面日益见广、国际规则的内容日渐繁多、规则约束效力增强、中性制度更易全球化。[①]

对全球化时代的世界形势进行评估也是研究的重点。张宇燕总结了国际金融危机爆发以来的世界新趋势：多极化，中国发展影响现行国际秩序，经济全球化进程不可逆，全球分工格局仍待调整，新兴产业萌发机遇，国际货币金融体系略改，应对全球问题需要国际规则。此外，新形势下的挑战有哪些呢？他认为，西方分化图谋仍然威胁稳定，受限于非中性国际制度，能源资源成为发展瓶颈，危机后经济复苏迹象显露但风险仍存、全球经济波折影响我国市场安全，需要规避国际分工陷阱。[②]

针对全球化及其对世界形势的影响，部分学者提出了一些政策建议。张蕴岭等人认为，全球化大势所趋，中国经济的转型与发展需要开放的国际环境。我们不应该消极被动，而应该更为主动地参与、改变和创造国际环境。作为一个发展中国家，中国目前的首要任务是把自己的事情办好。经济全球化包含了贸易增长、资本流动、技术进步与扩散、全球问题凸显、国际规则适用性提高等几个层次的内涵。[③] 余永定等学者通过五类理论来理解经济全球化的本质：马克思主义关于资本主义发展的理论、依附理论关于全球经济关系、世界体系论、自由经济学关于生产国际化的理论、国际政治经济学和国际关系。全球化经济包含了区域等级结构、商品链、南北等级结构、社会等级结构等几个层次。[④]

2008年国际金融危机的爆发，以及在全球范围内产生的"反全球化"

[①] 张宇燕：《全球化与中国发展》，社会科学文献出版社2007年版。

[②] 张宇燕：《国际金融危机后中国的国际环境与因应战略》，《中大管理研究》2012年第2期。

[③] 张蕴岭：《中国与世界：新变化、新认识与新定位》，中国社会科学出版社2011年版，第40—46页；张蕴岭：《建构开放合作的国际环境》，中国社会科学出版社2013年版，第11—13页。

[④] 余永定、路爱国、高海红：《全球化与中国：理论与发展趋势》，经济管理出版社2011年版，第48—58页。

余波，推动了学界对全球化的认识更新。门洪华指出自金融危机以来，全球治理危机频发，凸显了个体中心主义的新自由主义失败，也有必要对霸权稳定论进行重新解读。① 围绕后危机时代的经济形势和全球化走向，学界展开了相关讨论，究竟何种全球化和治理理念将进一步主导未来的世界呢？有学者认为，首先，新自由主义饱受质疑，应对危机需适当考虑政府对市场的干预与规制；其次，新自由主义仍是主导的经济治理理念；最后，东亚发展型国家在危机中表现不错，影响力提升。② 在反思新自由主义全球化与全球治理理念的基础上，中国学者纷纷为全球治理改革的中国方案建言献策。张宇燕界定了全球经济治理应有的内涵：作为基础的平等，作为价值理念的民主，作为主要实现途径的合作，作为核心内容的责任和作为主要表现形式的规则。③ 秦亚青提出要在实践中推动治理规则反映全球经济权力结构的变迁，也要进行理念创新，包括多元主义、伙伴关系，以及在共同参与治理中实现"共同进化"。④ 其中，随着全球治理实践的不断丰富，相关研究的不断深入，有学者开始尝试在学科建制和学科话语层面规范全球治理研究。例如，张宇燕等学者从基本概念入手，尝试搭建全球治理的理论分析框架，界定了全球问题、公共产品、博弈者特性、利益攸关度、治理成本、非中性激励和双层博弈等全球治理的相关概念，并提供了全球治理有待深入分析的基本问题。⑤

中国学界不仅从总体上探寻具有中国智慧的治理理念，还围绕着"一带一路"倡议和人类命运共同体思想等逐渐成形的具体中国方案展开研究论证。吴志成、吴宇指出人类命运共同体思想是国际力量对比发生深刻变化、全球化进入新的发展阶段、治理问题严峻频发下的时代产物，能够凝聚平等、开放、合作、共享的全球经济治理共识。⑥ 在人类命运共同

---

① 门洪华：《应对全球治理危机与变革的中国方略》，《中国社会科学》2017年第10期。
② 吴骋秋：《后危机时代的经济治理理念结构》，《国际论坛》2013年第1期；孙伊然：《全球化、失衡的双层运动与"内嵌的自由主义"》，《世界经济与政治》2010年第5期。
③ 张宇燕：《全球治理的中国视角》，《世界经济与政治》2016年第9期。
④ 秦亚青：《全球治理失灵与秩序理念的重建》，《世界经济与政治》2013年第4期。
⑤ 张宇燕、任琳：《全球治理：一个理论分析框架》，《国际政治科学》2015年第3期。
⑥ 吴志成、吴宇：《人类命运共同体思想论析》，《世界经济与政治》2018年第3期。

体这一愿景下,落实"一带一路"倡议、深化"一带一路"合作成为我国参与全球经济治理、也是我国全球经济治理理念发展的有力抓手。"一带一路"倡议着眼的基础设施建设及其融资、产能合作与区域协调发展经验分享等内容,一方面打破了传统的霸权国家为中心的全球公共产品供给模式,超越金德尔伯格陷阱的思维,另一方面有助于世界经济运行再平衡,调节全球价值链。① 在制度层面,"一带一路"合作被认为是改革全球经济治理结构的实验,可以通过尝试整合沿线的双边或区域经济治理规则,改善治理碎片化现象。② 也有学者对"一带一路"与全球经济治理之间的关系进行了总体上的把握,通过结合制度形态(正式或非正式)和权力结构(集中或分散)分析这对关系表现出的丰富性(竞争、合作、创新与领导),得出"一带一路"总体上嵌入现有治理体系的正式制度,同时又与西方权力集中程度高的非正式制度存在紧张关系,因此后者应成为深入探索的领域。③

二 新兴经济体的兴起与全球经济治理结构的变迁

霸权衰落和新兴经济体国家的群体性崛起源于前面介绍的重要历史背景,即全球经济力量对比已经发生了显著变化,2008年的全球性金融危机则进一步暴露了前经济霸权的力颓、刺激了新兴群体变革全球经济治理结构的迫切性。在这样的背景之下,学界对于新兴经济体国家的研究大量出现。新兴经济体国家呼吁打破原来非中性的全球经济治理制度结构,使自己的权益得到更全面的反映。相当一部分著述认为原有全球经济治理的合法性不足,新兴国家在参与全球经济治理,贡献大量的全球公共产品时,应该发出自己的声音,更为积极地参与全球经济治理,推动全球经济

---

① 蔡昉:《金德尔伯格陷阱还是伊斯特利悲剧——全球公共产品及其提供方式和中国方案》,《世界经济与政治》2017年第10期;秦亚青、魏玲:《新型全球治理观与"一带一路"合作实践》,《外交评论》2018年第2期;刘伟、郭濂主编:《一带一路:全球价值双环流下的区域互惠共赢》,北京大学出版社2015年版。

② 陈伟光、王燕:《共建"一带一路":基于关系治理与规则治理的分析框架》,《世界经济与政治》2016年第6期。

③ 谢来辉:《"一带一路"与全球治理的关系——一个类型学分析》,《世界经济与政治》2019年第1期。

治理走向更为合理、民主和公正的方向。①

新兴经济体国家的界定是目前研究不可回避的一个课题。迄今为止，仍然没有一个确定的标准给予界定。张宇燕、田丰总结了已有的六种划分标准，分别是经济增长速度、政府倾向于市场导向的机制、特定时期出口增长、金融市场发展与开放程度、信息化发展水平、政治影响力，而且指出把新兴经济体界定为少数几个国家的特定集团也是近年以来的一种划分标准，例如"金砖四国""新钻十一国家""基础四国"。② 其中，金砖国家是新兴经济体国家的代表，其提升话语权不仅体现在外部能力上，比如提高在 IMF 的份额和投票权，也体现在提升本国实力上，包括综合国力和软实力的提高。③ 因为共同面对着不公平、不安全的国际环境，遭受国际制度非中性带来的不利影响，分享相似的身份认同和治理主张，金砖国家走在一起并逐步推进合作的机制化。④ 金砖国家开发银行和外汇储备的创建是金砖国家合作的标志性事件，金砖合作也正在向全方位机制转型。⑤ 在金砖合作的持续推进中，不仅是共同的诉求，而且共同实践也在巩固共识、拓展行动领域的过程中提供了关键动力。⑥ 当然，实现金砖国家内部更高水平的协同还需要时间，有更丰富的制度选项和合作领域有待共同开发。

对新兴经济体参与全球经济治理的研究中，将其同传统大国或霸权国家相对比是一条基础路径。王国兴、成靖分析了美国的全球经济治理改革

---

① 何帆、冯维江、徐进：《全球治理机制面临的挑战及中国的对策》，《世界经济与政治》2013 年第 4 期；徐秀军：《新兴经济体与全球经济治理结构转型》，《世界经济与政治》2012 年第 10 期；黄仁伟：《金砖国家崛起与全球治理体系》，《当代世界》2011 年第 5 期；韦宗友：《新兴大国群体性崛起与全球治理改革》，《国际论坛》2011 年第 2 期；吴志成、杨娜：《全球治理的东亚视角》，《国外理论动态》2012 年第 10 期。

② 张宇燕、田丰：《建构开放合作的国际环境》，张蕴岭主编，中国社会科学出版社 2013 年版，第 136—152 页。

③ 黄仁伟：《金砖国家崛起与全球治理体系》，《当代世界》2011 年第 5 期。

④ 徐秀军：《制度非中性与金砖国家合作》，《世界经济与政治》2013 年第 6 期；任琳、尹继武：《金砖国家合作的起源——一种理论解释》，《国际政治研究》2015 年第 5 期。

⑤ 朱杰进：《金砖国家合作机制的转型》，《国际观察》2014 年第 3 期。

⑥ 卢静：《金砖国家合作的动力：国际认知及其启示》，《国际问题研究》2017 年第 4 期；贺刚：《情境结构、实践施动与金砖国家的合作进程》，《外交评论》2018 年第 2 期。

路线图，包括重建美国影响力、让新兴国家提供更多的国际公共产品、在改革中控制议程设置权。在此背景之下，中国的对策选择当是充分利用G20平台，积极参与全球经济治理结构的改革。就G20的未来规划来说，作者建议将其限定在金融协调平台上，而非议题泛化。此外，加强成员国协调和增强议题设置能力，也是G20需要面临的重要议题。① 徐秀军区分了全球经济治理中的规则外溢型参与与规则内化型参与。前者是作为霸权国家的美国的行动逻辑，也就是基于自身的强大实力将国内规则国际化，主导国际规则；后者是中国等新兴国家的行为选择，依靠学习调适能力做国际规则的适应者。但是在新的时代条件下，霸权国家想要在更新治理规则的过程中继续发挥主导、主导推进新一轮规则外溢时遇到了更大的阻力，因此出现单边主义的内顾倾向；新兴大国也不再满足于做规则的接受者，而是超越规则外溢，进行治理规则的创新。②

面对传统大国的相对衰落，樊勇明、沈陈认为全球经济治理结构的重组为中国延长战略机遇期提供了条件。原有的以IMF等国际组织为核心的国际经济治理机制仍然起着主导作用，一个新的可以体现新兴经济体国家和发展中国家诉求的全球经济治理机制的形成绝非一蹴而就。即使在发展中国家之间也存在着差异性的诉求。如何在全球范围内促成一个具有包容性的全球经济治理机制，需要中国的参与。在这种背景下，如何把握好这个战略机遇期，对中国未来的发展具有重大意义。③ 高程也从美国主导的全球化进程受挫的角度出发分析中国的战略机遇，认为西方世界建制派和保守派的内斗为中国等新兴国家提供了机遇，可以趁势在全球经济治理结构中占据合法性和道义制高点。④

张宇燕总结了八条在全球化时代中国未来的战略选择。一是制定对外政策时协调韬光养晦、有所作为的关系；二是由于G20的作用日益显著，

---

① 王国兴、成靖：《G20机制化与全球经济治理改革》，《国际展望》2010年第3期。
② 徐秀军：《规则内化与规则外溢——中美参与全球治理的内在逻辑》，《世界经济与政治》2017年第9期。
③ 樊勇明、沈陈：《全球经济治理结构重组是中国的新战略机遇》，《国际观察》2013年第3期。
④ 高程：《美国主导的全球化进程受挫与中国的战略机遇》，《国际观察》2018年第2期。

应当积极借助 G20 平台参与全球治理；三是中美战略伙伴关系仍是全球战略重点；四是争夺国际话语权，提供全球公共产品；五是实践公平开放的贸易规则；六是实行选择性开放；七是看准人民币国际化的战略机遇期；八是提升软实力。① 吴志成、李冰也认为中国应该在稳步改革开放的基础上提供公共产品，提升在全球经济治理体系中的制度性话语权，并注重协调南北关系、提升全球经济治理的合法性和有效性。② 在宏观层面的规则、制度性权力和话语权竞争之外，谢来辉还从全球价值链的角度提出标准竞争的重要性，指出中国等新兴国家虽然凭借出口导向战略和日益成长的进口市场在国际经济格局中占据更大分量，但在全球价值链中依然没有有效改善被锁定在低端的状况，只有在产业、环境、社会等方面的标准设置上谋求主动，才能在国际经济竞争中真正提升地位。③

三 全球经济治理机制改革与平台建设

全球经济治理研究关注的平台经历了一系列转变。研究者的视线逐渐从原有的联合国框架下的 IMF 和世界银行及 G7、G8④等旧的治理机构更多地转向一系列以 G20、金砖国家为代表的新兴全球经济治理平台。

何帆、冯维江、徐进总结了目前全球治理所面临的图景：美国主导的霸权稳定体系示弱、金融危机肆虐全球、新兴大国的崛起。在以上背景之下，文章分析了全球治理结构作出的适应性调整。由此形成了全球治理机制的三层结构：一是以联合国、布雷顿森林体系为代表的现行主导机制；二是演进中的新兴治理机制；三是具有未来系统重要性潜力的治理机制。文章最后重心落在了中国参与今后全球治理的几个核心原则上，包括权责

---

① 张宇燕：《国际金融危机后中国的国际环境与因应战略》，《中大管理研究》2012 年第 2 期。
② 吴志成、李冰：《全球治理话语权提升的中国视角》，《世界经济与政治》2018 年第 9 期。
③ 谢来辉：《全球价值链视角下的市场转向与新兴经济体的环境升级》，《国外理论动态》2014 年第 12 期。
④ 萧琛：《全球社会经济一体化的"光"和"影"：评里昂七国首脑会议》，《世界经济与政治》1996 年第 10 期；刘赛力：《七国首脑会议的演变》，《世界经济与政治》1997 年第 9 期。

适应、包容利益、有区别的共同责任。① 蔡春林梳理了全球经济治理机制的转型：以 WTO 为平台的全球自由贸易谈判停滞；IMF 职能弱化、合法性欠缺、投票权和份额亟须改革；世界银行职能有待提升、决策与操作层脱离、针对发展中国家政策需要反思改善；G20 跃升为重要的全球经济治理平台；金砖国家协作共赢、积极参与全球经济治理进程、倡导全球经济治理体制改革。②

国际社会改革原有治理机制的呼声较高。以国际货币基金组织改革为例，其改革内容归纳如下：首先，合法性和有效性的缺失，特别是新兴市场大国的份额严重不足。其次，危机贷款审批周期漫长。最后，可贷资金不足。③ 世界银行同样面临着来自发展中国家对改革投票权和股权的诉求，也同时面临着投资影响力、投资效果不理想等问题。④ 世贸组织改革在争端解决机制、发展中国家特殊与差别待遇、非市场导向政策与行为等议题的谈判上艰难推进，其中又以争端上诉机构法官人数不足的问题最为紧迫。⑤

李扬、张晓晶向我们展示了未来世界全球治理可能遭遇的挑战：首先，货币互换预示了危机仍然可能深化或者各国准备推出量宽；其次，以美联储为核心向发达国家辐射的货币供求网络逐渐形成；再次，TPP 等举措开始编制一张高标准和歧视性的发达经济体经济网络；最后，全球经济治理中以世贸组织为代表的全球多边谈判可能被架空。除了这些挑战，重建再平衡也带来了新的机遇。在金融领域内深陷债务危机的发达经济体国家凭一己之力已经难以应对，于是有了囊括发达经济体国家和新兴国家的

---

① 何帆、冯维江、徐进：《全球治理机制面临的挑战及中国的对策》，《世界经济与政治》2013 年第 4 期。

② 蔡春林：《金砖国家推动全球经济治理变革与转型》，《亚太经济》2013 年第 5 期。

③ 张蕴岭：《中国与世界：新变化、新认识与新定位》，中国社会科学出版社 2011 年版，第 76 页。

④ 宋锦：《世界银行在全球发展进程中的角色、优势和主要挑战》，《国际经济评论》2017 年第 6 期。

⑤ 刘玮、徐秀军：《发达成员在世界贸易组织改革中的议程设置分析》，《当代世界与社会主义》2019 年第 2 期。

二十国集团协调机制。①

G20等新兴治理机制的产生具有客观性。② 国际货币基金组织合法性衰退、治理效能下降、应对危机能力不足，并且提出了针对新兴经济体国家的苛刻条件，因此无法继续作为全球经济治理的核心平台，治理平台发生了由"G7时代"到"G20时代"的转移。③ 在经历了最初的危机救援阶段后，步入长效机制的G20需丰富功能定位，特别是"嵌入型"功能，也就是借助主要经济体在G20形成的共识，推动传统治理平台的改革，比如关于国际货币基金组织和世界银行的份额和投票权改革。④ 同时还要关注的是，危机缓解过后G20也面临着被西方大国边缘化的危险，为防止功能弱化，新兴国家更需凝聚力量，与发达国家展开有效对话。⑤

新兴大国积极推动的另一项新平台是金砖国家集团及其新开发银行，金砖国家不仅发挥了在其他治理机构中的"嵌入型"功能，还将金砖平台制度化，创建了金砖国家开发银行和应急储备安排，在服务基础设施建设、构筑金融安全网、推动金融治理体系改革等方面形成对既有全球治理机构的补充。⑥ 金砖国家开发银行在设立和运行中强调主权平等，赋予创始成员国平等出资、轮流担任行长的权利和机会；依托政府和市场，以项目管理为核心，以促进发展为目标；依循市场规则而不附加政治条款，充分尊重借款国的制度体系，形成了新的借款国导向模式，为重构全球金融

---

① 李扬、张晓晶：《失衡与再平衡：塑造全球治理新框架》，中国社会科学出版社2013年版。
② 张建新：《后西方国际体系与东方的兴起》，《世界经济与政治》2012年第5期；黄仁伟：《新兴大国参与全球治理的利弊》，《现代国际关系》2009年第11期；徐秀军：《新兴经济体与全球经济治理结构转型》，《世界经济与政治》2012年第10期；姚枝仲：《金砖国家在全球经济治理中的作用》，《经济》2011年第5期。
③ 崔志楠、邢悦：《从"G7时代"到"G20时代"》，《世界经济与政治》2011年第1期。
④ 张瑾：《G20框架内的国际货币基金组织改革》，《国际观察》2013年第3期；刘宏松：《合法性、有效性与G20机制改革》，《国际观察》2014年第3期。
⑤ 陈伟光、王燕：《全球经济治理中制度性话语权的中国策》，《改革》2016年第7期。
⑥ 李稻葵、徐翔：《全球治理视野的金砖国家合作机制》，《改革》2015年第10期。

治理秩序提供了新范式。① 在 G20 中，金砖国家和 G7 并存已经成为全球经济治理的新现象，金砖国家在全球治理领域增强话语权的努力也将是一个长期的过程。②

四 区域经济一体化与区域经济治理

区域一体化是一种重要的全球治理表现形态。在关注全球层面经济治理的同时，一部分文献集中研究了区域经济一体化和区域治理。欧盟、北美自由贸易区、东盟、非洲联盟、APEC 等区域一体化组织活跃在全球经济治理的舞台上③围绕区域化到底是全球化的一部分还是反全球化的一个进程，争论持续至今。有学者认为，区域化从动机、协调机制和效应方面来看是全球化的阻力。④ 与之相对，也有学者认为，区域经济合作是与全球化相伴而生的，大国之间的竞争被区域集团之间的竞争所替代。在一定意义上区域经济一体化是各国应对经济全球化的一种重要选择，一方面折射出区域内国家之间相互依存度的加深和应对全球层面规则负面溢出效应的意愿，另一方面在客观上也是全球层面治理的有益补充和重要组成部分。⑤

欧盟一体化进程是全球经济治理中的一个典型案例。但是针对欧盟是否可以作为全球经济治理的一个典范模型一直存在争议。尽管欧盟已经作为多极化中的重要一极而存在，学者对于它的内在运作机制却褒贬不一。有学者在 20 世纪初认为欧盟是经济治理的典范，有利于区域内经济的长期稳定发展。欧盟的财政协调政策具有一定的可行性和非

---

① 汤凌霄、欧阳峣、黄泽先：《国际金融合作视野中的金砖国家开发银行》，《中国社会科学》2014 年第 9 期；徐超：《新开发银行与全球金融治理体系改革》，《国外理论动态》2016 年第 11 期；朱杰进：《新型多边开发银行的运营制度选择——基于历史制度主义的分析》，《世界经济与政治》2018 年第 8 期。

② 黄仁伟：《新兴大国参与全球治理的利弊》，《现代国际关系》2009 年第 11 期。

③ 陈耀庭：《论世界经济区域集团化和亚太经济合作组织》，《世界经济》1996 年第 4 期；赵曙明、朱农飞：《北美自由贸易区的建立对我国经济的影响以及采取的对策》，《世界经济》1993 年第 11 期。

④ 薛誉华：《区域化：全球化的阻力》，《世界经济》2003 年第 2 期。

⑤ 李向阳：《全球化时代的区域经济合作》，《世界经济》2002 年第 5 期；任琳：《制度视野下区域一体化研究的时间与空间向度》，《国外理论动态》2015 年第 8 期。

常乐观的预期效应。① 还有学者认为欧洲货币一体化并没有看起来那么顺畅，其内部危机四伏，其中货币财政纪律苛刻与欧盟区域内高失业率之间、货币财政政策之间、各国经济实力和欧盟总体财力之间存在着长期矛盾。② 对欧盟治理体制的质疑和批评在近十余年的各项危机中更加强烈，包括烦琐拖沓的民主设计，以及货币、财政政策分离在欧债危机产生、恶化中的负面影响。③ 可即便如此，欧洲一体化的成就不可忽视，欧盟也在长期持续的危机治理中弥补错漏，改革经济治理模式，强化成员国财政纪律、升级结构政策工具和稳定政策工具，并迎来经济复苏。④

亚太地区的区域经济治理架构也是一个关注焦点。亚洲建立起来的一系列双边和多边地区经济合作机制包括"东盟10＋3"、中国—东盟自由贸易区、清迈协议、亚洲债券基金、亚洲基础设施投资银行等都吸引了不少学者的目光。系统梳理这些多边机制，庞中英总结了四种多边制度的类型：东南亚机制、太平洋机制、东亚机制以及介于东亚和太平洋之间的机制。多样化的地区合作机制反映了不同地区和国家在参与全球经济治理的过程中，仍然无法回避其政治经济的多样性和复杂性。地区合作在应对危机方面发挥了重要作用，但是也具有其局限性。首先，经济合作的深度和广度受限于双边政治和地缘政治；其次，部分关键东亚国家仍然将与美国的双边合作置于比地区合作更重要的地位上。⑤ 此外，虽然经济治理机制多样，亚太甚至亚洲仍未建立起统一覆盖的区域自由贸易安排。相比于TPP（CPTPP）和RCEP，"一带一路"倡议作为一种发展导向而非传统规则导向的区域经济治理设想，其互联互通的立足点将有助于打造一种新的区域一体化与治理路径，超越了单纯的关税优惠和贸易便利化机制安排。⑥

---

① 成新轩：《欧盟财政政策协调分析》，《世界经济》2003年第5期。
② 陈志昂：《欧盟货币一体化的内在矛盾》，《世界经济》1998年第3期。
③ 丁纯、杨嘉威：《欧盟当前的困境及其体制根源和发展前景》，《当代世界与社会主义》2017年第5期。
④ 胡琨：《后危机时期欧盟经济治理模式变迁刍议》，《欧洲研究》2018年第4期。
⑤ 庞中英：《全球治理与世界秩序》，北京大学出版社2012年版，第91—180页。
⑥ 李向阳：《亚洲区域经济一体化的"缺位"与"一带一路"的发展导向》，《中国社会科学》2018年第8期。

第二节　全球经济治理议题变迁

全球经济治理涉猎的议题广泛，包括金融、贸易投资、气候变化、大宗商品、能源治理，① 各议题领域内的治理都体现出了对更为公平、公正、透明的全球治理机制的诉求。

每个议题领域内的治理都具有历史阶段性，相关理论研究随着各类治理实践中的标志性事件的发生而开展。例如，国际货币金融治理是全球经济治理重要的组成部分，而我国学术界的研究跟踪了国际货币金融治理的不同阶段。布雷顿森林体系解体之后，国际货币金融治理处于暂时的"空白期"，发达国家和发展中国家都遇到了一定的问题。② 亚洲金融危机的出现再次体现了当今世界金融监管不足的问题。③ 全球金融危机的爆发引发了全球经济结构的变化，对全球经济治理平台提出了新的要求，在这一背景下，G20应运而生。④

在一些议题领域内，我们发现全球经济治理研究不是一个单学科的研究范畴，它体现出了充分的跨学科性，涵盖了经济学、政治学、管理学，甚至一些自然科学学科。其中，气候变化治理就是这样一个问题领域。在经济学领域内，气候变化治理表现出了其独特的研究形态，即气候变化经济学。⑤ 限于篇幅，本节将重点研究国际金融治理、国际气候治理两个典型全球经济治理议题。从中阐述研究中它们呈现出来的独立的理论体系和

---

① 罗杰英：《全球能源治理机制建设仍呈"碎片化"》，《世界知识》2013年第16期。
② 余壮东：《国际货币改革展望》，《金融研究》1981年第10期；李述仁：《关于国际货币制度改革的展望》，载《世界经济》1986年第8期。
③ 刘巍中、施军：《从结构现实主义看国际金融体系》，《世界经济与政治》1998年第10期；孙杰：《从东亚金融危机看国际货币基金组织和国际货币合作》，《世界经济与政治》1998年第4期。
④ 崔志楠、邢悦：《从"G7时代"到"G20时代"》，《世界经济与政治》2011年第1期；徐秀军：《新兴经济体与全球经济治理结构转型》，《世界经济与政治》2012年第10期。
⑤ 陈卓淳、方齐云：《气候变化经济学研究进展》，《经济学动态》2008年第6期；郑秦容：《气候变化经济学的影响与适应》，《中国水利》2010年第8期；刘昌义：《气候变化经济学中贴现率问题的最新研究进展》，《经济学动态》2012年第3期。

实践情况。

一 中国与全球气候治理

国际气候治理不仅是个特殊的环境议题，也是全人类发展议程在新的全球战略格局下的延伸。全球气候变化问题是当今全球治理议程上最为重大的问题之一，是近二十多年来全球范围内影响最为广泛、深刻的多边进程之一，正在成为撬动当前国际秩序转型的重要杠杆，推动国际秩序转型朝着特定的方向发展。从20世纪70年代起，西方的社会科学者就与自然科学学者并驾齐驱地研究气候治理问题。我国学术界应对气候变化的研究起步则较晚，最初也只局限于环境领域而由自然科学家讨论。随着联合国主导的气候治理机制的日益完善和推进，应对气候变化的研究也逐渐从我国社会学术界的"边缘"进入当前的"中心"位置。

二 对全球气候治理科学认知的演变与研究的逐渐升温

作为典型的全球公共物品，气候变化问题是全球市场失灵的最显著体现。因此应对气候变化研究首先引起了国际经济学界的关切。国际上对气候变化的经济学研究的系统展开出现在20世纪90年代，Cline（1992）、Nordhaus（1994）、Carraro和Siniscalco（1993）以及Barrett（1994）是这一时期气候变化经济学研究领域被广泛引用的标志性论著。

1988年11月，联合国世界气象组织和环境规划署联合建立政府间气候变化委员会（Intergovernmental Panel on Climate Change，IPCC），整合全球相关领域的科学家对全球气候变化进行评估，并于1990年、1996年、2001年分别发布了第一、第二和第三次全球气候变化评估报告，指出全球变暖是不争事实，且与人类活动密切相关，成为国际社会认知和应对气候变化的重要科学依据，也直接推动了社会科学界对气候变化问题的研究和重视。

1990年第45届联合国大会启动《联合国气候变化框架公约》谈判进程，国际气候谈判正式启动，到1994年3月，《联合国气候变化框架公约（UNFCCC）》正式生效，国际社会拥有了应对气候变化的第一本根本大法。1995年《联合国气候变化框架公约》第一次缔约方大会（COP1）又授权讨论制定议定书，并于1997年12月第三次缔约方大会（COP3）上签署了《京都议定书》，首次引入排放贸易（ET）、联合履约（JI）和清洁发展机制（CDM）三种排放交易机制，对发达国家和经济转型国家（即附件一国家）设定了具有法律约束力的温室气体减排目标（主要经济发达国家承诺2008—2012年温室气体排放在1990年基础上平均减少5.2%），从而使全球温室气体减排行动真正开始付诸实施。温室气体减排问题从此成为国际气候外交的核心议题，成为经济发达国家和发展中国家对话的重要内容。

我国自然科学界对气候变化的研究一直没有中断过。20世纪80年代到90年代中期的研究主要侧重三方面：气候诊断、气候模拟与预测以及气候变化对农业等的经济和社会影响。[①] 但这一阶段，温室气体（GHG）排放还是一个自然科学问题，没有进入我国经济学界的研究视野。经济学界对气候变化的研究，首先从翻译、介绍国外的研究成果开始。1992年出版的《气候危机：温室效应与我们的对策》[②] 属国内较早翻译出版的应对气候变化研究的西方著作之一。美国原副总统阿尔·戈尔的《难以忽视的真相》《我们的选择：气候危机方案》也先后被我国学者译介。姜克隽等系统介绍了全球气候变化模型中自上而下的经济学模型和自下而上的技术模型的研究与进展。[③] 何建坤等则针对全球气候变化评价研究中的几个热点问题，包括公平准则及评价方法、减排技术的成本分析方法、温室气体排放基准方案（BAU）的确定、联合履约（JI）项目等进行了归纳评述。[④] 陈迎对当时西方经济学在气候变化领域的主要内容、研究方法和

[①] 赵宗慈：《气候模式模拟气候变化的研究进展》，《气象科技》1986年第4期；晓峰：《当前气候变化及其发展趋势》，《世界气象月报》1989年第2期；王馥棠：《气候变化与我国的粮食生产》，《中国农村经济》1996年第11期；金之庆等：《我国东部样带适应全球气候变化的若干粮食生产对策的模拟研究》，《中国农业科学》1997年第4期；徐斌、辛晓平等：《气候变化对我国农业地理分布的影响及对策》，《地理科学进展》1999年第4期。

[②] ［美］A.K.贝茨：《气候危机：温室效应与我们的对策》，苗润生、成志勤译，中国环境科学出版社1992年版。

[③] 姜克隽、胡秀莲：《全球气候变化模型的研究与进展》，《中国能源》1998年第8期。

[④] 何建坤等：《全球气候变化评价研究中的几个热点问题》，《预测》1995年第6期。

重要成果等进行了系统归纳和概括。①

应付气候变化行动中的公平和效率问题从一开始就是各国经济学者关注和争论的焦点问题。② 靳云汇等在对中国参与 AIJ 国际合作的前提、利弊和基本策略进行探讨后，提出在公平的基础上分担环境责任和义务是中国参与 AIJ 合作的前提，并提出了 AIJ 建设的三个阶段，即从附件一缔约方国内减排信用市场建设阶段，向缔约方国家之间的国际减排信用市场建设阶段，最后向全球减排信用市场建设阶段逐步过渡。③ 中国气象局缪旭明首次探讨了人均累积二氧化碳排放的科学公平性。④ 庄贵阳应用效率和公平两条原则对 CDM 的实施前景进行了分析。⑤ 王徽探讨了气候公约执行中的冲突协商处理问题。⑥

中国社会科学院和相关政府研究部门成为中国应对气候变化问题的主要宣传阵地。如潘家华分析了削减二氧化碳（CO_2）排放量的国际经济含义及各国或国家集团在全球变暖问题上所表现的立场和策略背后的经济利益。⑦ 陈迎等分析和归纳了《京都议定书》一旦批准生效可能带来的国际经济和政治影响，对国际气候谈判的前景进行了展望。⑧ 鲁传一等深入分析了《京都议定书》三种灵活机制的经济合理性，讨论了有关 CDM 的价格弹性、市场力、交易成本及信息不对称等问题，并对中国参与清洁发展机制提出相关的政策建议。⑨ 刘东民探讨了《京都议定书》实施对世界能

---

① 陈迎：《气候变化的经济分析》，《世界经济》2000 年第 1 期。
② 朱兴珊：《应付气候变化行动中的公平和效率问题》，《环境科学动态》1998 年第 3 期。
③ 靳云汇、刘学、秦宛顺：《中国实施 AIJ 的利弊分析》，《数量经济技术经济研究》1997 年第 11 期；靳云汇、刘学：《中国参与 AIJ 国际合作的前提与基本策略》，《数量经济技术经济研究》1998 年第 1 期。
④ 缪旭明：《人均 CO_2 累积排放和按贡献值》，《中国软科学》1998 年第 9 期。
⑤ 庄贵阳：《从公平与效率原则看清洁发展机制及其实施前景》，《世界经济与政治》2001 年第 2 期。
⑥ 王徽：《全球气候变化框架公约执行中的协商性谈判探讨》，《中国人口·资源与环境》1996 年第 2 期。
⑦ 潘家华：《控制全球变暖的国际经济分析》，《世界经济与政治》1997 年第 9 期。
⑧ 陈迎、庄贵阳：《〈京都议定书〉的前途及其国际经济和政治影响》，《世界经济与政治》2001 年第 6 期。
⑨ 鲁传一、刘德顺：《减缓全球气候变化的京都机制的经济学分析》，《世界经济》2002 年第 8 期。

源技术的创新和扩散及企业竞争力产生的影响,对中国企业如何参与技术创新提出了建议。① 国家环境保护总局周新等利用行业综合评价模型,针对我国家用电冰箱行业进行了定量的模拟分析,再结合对新飞电冰箱厂的典型案例研究,具体说明执行《蒙特利尔议定书》对中国经济的影响。②

2000年后,作为非附件一国家,中国随着经济的崛起,积极参与全球气候谈判,探讨《京都议定书》机制对中国的潜在影响,成为中国学者的研究重点。徐玉高等估测在未来全球碳排放态势中具有重要意义的几个时点,并据此提出发展中国家在谈判策略上的一些考虑。③ 蒋金荷等在分析当前温室气体减排技术模型的两种建模方法——top-down和bottom-up的特点的基础上,提出了构建混合型经济—能源系统模型的开发目标和开发思路。④ 庄贵阳回顾了气候变化问题从科学评价向国际政策协调阶段转换的历史发展过程,从南北关系的角度,分析了气候变化领域南北矛盾斗争的焦点问题,以及南北利益调整的基本原则和发展趋势,随后从经济、社会和环境角度验证了气候变化与可持续发展的关系。⑤

另一类研究则从国际政治经济考察了全球气候治理合作的困境。崔大鹏在其《国际气候合作的政治经济学分析》中综合运用了博弈论等理论工具,分析了防止气候变暖的国际合作成败的机理。⑥ 李东燕则从国际政治角度剖析了气候变化领域的国际合作难度大、进展慢、效率低的原因,指出气候变化问题的解决主要依赖于国家行为者,提出要关注国内不同利

---

① 刘东民:《〈京都议定书〉对能源技术创新与扩散的影响及企业的战略回应》,《世界经济与政治》2001年第5期。
② 周新、曹凤中:《执行〈蒙特利尔议定书〉对中国经济的影响——对电冰箱行业经济与环境双赢的定量分析及典型案例研究》,《环境保护》1999年第11期。
③ 徐玉高、徐篙龄、贺菊煌:《全球温室气体减排态势的时点分析与发展中国家在气候变化谈判中的策略选择》,《数量经济技术经济研究》2000年第12期。
④ 蒋金荷、姚愉芳:《气候变化政策研究中经济—能源系统模型的构建》,《数量经济技术经济研究》2002年第7期。
⑤ 庄贵阳:《温室气体减排的南北对立与利益调整》,《世界经济与政治》2000年第4期;庄贵阳:《气候变化与可持续发展》,《世界经济与政治》2004年第4期。
⑥ 崔大鹏:《国际气候合作的政治经济学分析》,商务印书馆2005年版。

益集团和非政府组织在决策中的作用。①

对其他治理平台的研究也略有涉及。潘家华等评述了"气候变化二十国领导人会议"的战略设计,分析了"气候变化二十国领导人会议"的法律地位和发展中国家的政治意愿,提出了中国在后京都谈判中的战略选择。②

这一阶段,我国学术界还对如何减缓气候变化从经济学视角对气候变化的经济影响、气候适应的成本和收益、国际合作机制和公平等问题进行了初步的理论探索。

2006 年,英国的斯特恩出版的《斯特恩报告》首次系统全面地对全球气候变化的经济影响做了证明,并用经济模型分析了采取措施的成本和收益,引起了国际社会的高度关注。③ 2007 年,IPCC 的第四次气候变化评估报告把对于人类活动影响全球气候变化的因果关系的判断,由原来的 60% 可信度提高到当前的 90% 可信度,进一步推动了全球对减缓和适应气候变化问题的重视和研究热潮。

社会科学文献出版社在 2009 年的哥本哈根会议前后,推出了一套"气候变化与人类发展译丛",译介了国外六本相关著作,包括《气候变化的挑战与民主的失灵》《全球大气变暖:气候经济、政治与伦理》《气候变化的政治》《气候伦理:全球变暖的道德规范》《均衡问题:全球变暖的政策选择》《地球安全愿景:如何管理气候变化,创建一个繁荣进步的新时代》,极大地激发了国内决策层、学术界、出版社、媒体对全球气候问题的关注,经济学界积极倡导采取强有力的、大幅度减排措施的声音逐渐占据了主流。

三 从《京都议定书》到《巴黎气候协定》:全球气候治理机制的变革与国内研究重点

2007 年后,国际气候谈判取得重要进展。"巴厘岛路线图"为《京都

---

① 李东燕:《对气候变化问题的若干政治分析》,《世界经济与政治》2000 年第 8 期。
② 潘家华、庄贵阳、陈迎:《"气候变化 20 国领导人会议"模式与发展中国家的参与》,《世界经济与政治》2005 年第 10 期。
③ Stern, "Stern Report", 2007.

议定书》第一承诺期到期后的国际气候管理体制进行了规划。在2012年的多哈会议后，国际气候谈判进入以德班平台为重心的全新阶段。该平台有两大议题平行推进：一是2020年前国际减排行动力度的提升；二是2020年后国际气候制度安排。

这一时期，国内有关国际气候治理的研究可归为两派。一派主要是从经济学角度展开研究，内容主要集中在以下方面：气候变化的经济影响及评估、气候变化的公平与正义原则论证、温室气体减排政策工具的分析和选择以及对国际气候谈判进程及议题等进行分析和评估等方面；另一派则主要是从国际政治经济学角度出发，研究各国政治体制、民主程度等政治制度和利益集团博弈过程对各国参与国际气候治理行为的影响。

从经济学的角度来看，气候变化问题对传统经济学的研究边界以及分析范式都提出了严峻的挑战。气候变化问题解决之复杂使得经济学家不得不对如风险、不确定性以及贴现等一些最基本的经济学概念进行重新的审视，Muller等建立了将环境外部性纳入国民经济核算体系的模型框架。Nordhaus先后推出了RICE－1999、DICE－2007、RICE－2010、DICE－2013等不同改进版本以评估气候变化。Muller等讨论了如何运用拉姆齐式为组织原则，如何确定成本—收益的长期贴现率，折现率是否应该随着时间的推移而下降，以及贴现率如何在代内和代际间兼容等重要议题。研究方法上国外研究将灰色关联分析法、数据包络分析法、投入产出法以及对人口经济学中Lotka-Volterra模型创新性地应用到气候变化经济学的框架中。

国内研究也在这一阶段取得较大的成就。王军、陈迎等对气候变化经济学做了文献综述，尤其对斯特恩报告（Stern Report）中的一些模型、方法和政策进行了解读，并对气候问题争论的焦点问题进行了解释。袁富华（2010）建立了一个针对中国特征的含有环境要素的增长核算框架，研究了温室气体减排对未来中国经济增长的冲击。孙宁、罗慧等人使用多种计量模型论证了气候变化确实对中国社会经济产生了显著的影响，并采用投入产出模型、C－D生产模型等方法对经济影响进行量化。岳书敬以节约能源、减少排放、促进绿色技术的进步为经济低碳化基本内涵，建立了低碳经济发展与资本流动之间的联系,探讨了中国资本配置效率及其影响因素。[①] 徐盈之等从投入产出的视角出发,通过构建投入产出模型,从产业层面分析我国 27 个产业部门在其生产与消费活动过程中产生的内含碳排放的间接效应及其部分转移机制。[②]

对气候治理"公平"与"正义"原则的广泛讨论也是这一时期国内研究的重点。"公平"是国际气候治理中的一个关键问题。在《京都议定书》生效前,对公平原则的讨论主要是方法学的尝试,分配的对象是减排量。随着气候变化科学认知的深入,碳排放权作为一种新的分配对象进入了经济学者的视野。碳排放权分配方案实际上是一种所有权分配方案,其基本构成要素有分配总量、分配标准和分配结果。对总量的计算方法、分配标准的设定不同,会直接影响分配结果,其中,保证分配标准的公平性是影响分配方案的重要环节。

各国对国家发展空间和碳排放权的争夺,以及崛起中的新兴大国与欧美日等发达国家作为关键的气候治理主体在国际上如何公平地分摊应对气候变化的责任和义务方面存在着巨大分歧,全球气候治理的进程遭遇极大挑战。因此,对气候变化中的"公平""正义"原则的分析比较,对于理解发达国家与发展中国家在气候谈判问题上的立场,消除分歧具有重要的参考价值。杨通进对目前国际社会上影响较大的几个温室气体减排伦理原则(主要包括历史基础数原则、历史责任原则、功利主义原则、平等主义原则和正义原则)进行比较研究后,提出要推动国际气候合作,最根本的办法是培育以世界主义理念为核心的全球公共政治文化。[③] 钟茂初等则在梳理气候合作中关于公平性问题的学术讨论后,发现影响合作的主要矛盾可归纳为两点:一是公平原则的南北分歧,二是公平与效率的分

---

① 岳书敬:《基于低碳经济视角的资本配置效率研究——来自中国工业的分析与检验》,《数量经济技术经济研究》2011 年第 4 期。
② 徐盈之、邹芳:《基于投入产出分析法的我国各产业部门碳减排责任研究》,《产业经济学研究》2010 年第 5 期。
③ 杨通进:《通向哥本哈根的伦理共识》,《中国教育报》2009 年 12 月 14 日。

歧。① 黄之栋等进一步探讨了南方国家与北方国家在气候谈判中的价值取向差异问题，认为南方国家是以道德（权利）为价值取向，希望通过强调历史责任、补偿原则以及程序正义来诠释气候争议；而北方国家以目标（结果）为价值取向，着眼于非历史的成本效益分析，尽可能避免谈历史排放与历史性的分配不均，从而使得国际气候谈判无法取得有效进展。② 为此，钱皓提出国际社会在应对气候变化的问题上必须打破国界、制度和信仰，达成共识。③ 田慧芳等进一步拓宽了当前对全球"碳公平"的认识，并通过数值模拟技术，分析了印度和中国等新兴温室气体排放大国在国际环境治理中的处境和角色。④

除比较研究外，国内不少文献对如何在各国间公平地分配温室气体排放配额也进行了理论探索和创新。⑤ 何建坤从《联合国气候变化框架公约》出发，从不同角度对人类社会应对气候变化行动中的"公平性"问题进行了系统讨论，对发展中国家和发达国家在公平原则下责任、义务及优先事项的差别进行了分析，提出到目标年各国人均碳排放量及过渡期内人均累积碳排放量两个趋同的碳排放权分配原则。⑥ 潘家华等区分了国际公平与人际公平的碳排放概念，比较测算了不同国家人均累积碳排放在全球历史和未来排放总量中所占的比重，指出减排责任的分担必须综合考虑各国的历史责任、现实发展阶段和未来发展需求。并提出了碳预算的概念和方法，研究和分析了碳预算作为国际气候制度设计的公平和可

---

① 钟茂初、史亚东、宋树仁：《国际气候合作中的公平性问题研究评述》，《江西社会科学》2010年第3期。

② 黄之栋、黄瑞祺：《全球暖化与气候正义：一项科技与社会的分析——环境正义面面观之二》，《鄱阳湖学刊》2010年第5期。

③ 钱皓：《正义、权利和责任——关于气候变化问题的伦理思考》，《世界经济与政治》2010年第10期。

④ Tian Huifang and John Whalley, "Cross Country Fairness Considerations and Country Implications of Alternative Approaches to a Global Emission Reduction Regime" *NBER Working Paper*, 2012; Huifang Tian etc., "China and India's Participation in Global Climate Negotiations", *International Environmental Agreements: Politics and Int Environ Agreements*, Volume 11, Number 3, 2011.

⑤ 陈文颖、吴宗鑫、何建坤：《全球未来碳排放权"两个趋同"的分配方法》，《清华大学学报》（自然科学版）2005年第6期。

⑥ 何建坤：《有关全球气候变化问题上的公平性分析》，《中国人口·资源与环境》2004年第6期。

持续含义。① 樊纲等将国际社会应对气候变化的"共同但有区别的责任"原则扩展为"共同但有区别的碳消费权"原则，从福利角度讨论了以消费排放作为公平分配指标的重要性，提出根据最终消费来衡量各国碳排放责任的理论。② 国务院发展研究中心课题组，提出了一个在全球范围公平有效解决温室气体问题的理论框架，即"碳排放账户方案"。③ 该方案按人均相等原则对全球碳排放预算在国别间进行了公平的初始分配核算，还基于可得数据核算了各国账户当前可用预算。发展中国家排放的"基准情景"也是气候变化研究及谈判中的焦点问题，尤其是"基年"问题。腾飞（2012）发现，部分国际机构采取的"基准情景"定义低估了发展中国家在"基准情景"下的排放路径，建议采用固定基年的"无措施情景"来定义"基准情景"，以设定客观的评价基准，公平地评价发展中国家的减缓努力。潘家华等、刘昌义等分析了现有气候模式方法和统计方法的优缺点及其不确定性，并在碳预算方法下对历史排放责任及其资金含义进行了分析，并探讨如何对历史排放的技术进步效应进行贴现。④

温室气体减排的手段有两大类：命令—控制手段和经济手段。市场型政策工具主要有基于价格机制的碳税和基于总量控制的排放权交易。国际经济学家对于市场交易手段和税收手段孰优孰劣的讨论十分热烈，比如斯特恩认为二者各有优势，碳市场的优势是排放量的确定性以及国际合作的有效性，而税收手段的优势是价格的确定性及实施的便利性。而诺德豪斯则认为以《京都议定书》为代表的市场交易手段没有可资借鉴的历史经验，未来发展具有很大的不确定性；而税收是历史悠久的、成熟的政策手

---

① 潘家华：《满足基本需求的碳预算及其国际公平与可持续含义》，《世界经济与政治》2008年第1期；潘家华、郑艳：《基于人际公平的碳排放概念及其理论含义》，《世界经济与政治》2009年第6期；潘家华、陈迎：《碳预算方案：一个公平、可持续的国际气候制度构架》，《中国社会科学》2009年第5期。

② 樊纲等：《最终消费与碳减排责任的经济学分析》，《经济研究》2010年第1期。

③ 国务院发展研究中心课题组：《二氧化碳国别排放账户：应对气候变化和实现绿色增长的治理框架》，《经济研究》2011年第12期。

④ 潘家华、王谋：《国际气候谈判新格局与中国的定位问题探讨》，《中国人口·资源与环境》2014年第4期；刘昌义、潘家华、陈迎等：《温室气体历史排放责任的技术分析》，《中国人口·资源与环境》2014年第4期。

段。谢来辉（2011）在对经济学文献进行系统回顾后，发现"碳税是经济学家们认为更加适合于规制温室气体排放的政策工具，许多发达国家的经济学家在现实中之所以非常推崇碳排放交易，主要是出于政治可行性的考虑"。

碳关税的研究自2008年以来，也成为国内学术界关注的重点。谢来辉等分析了碳关税相关建议的由来与发展，及对中国潜在影响的评估。① 田慧芳等则通过CGM模型进行数值模拟分析，发现资金转移激励远比碳关税等制裁手段更容易吸引发展中国家加入气候谈判的行列。② 王俊回顾了碳关税理论研究，从国内和国际两个层面对碳关税从制度设想蜕变为美国贸易政策面临的障碍进行了分析。③ 2011年底蔓延至今并且愈演愈烈的中美太阳能产品"反倾销、反补贴"事件，导致中国太阳能光伏产业陷入了前所未有的困境：产能过剩，市场需求萎缩。国内研究提出要促进我国光伏产业的可持续发展，必须对现有产业链进行整合，克服技术软肋，改变"两头在外"的格局，提高我国光伏企业的竞争力，同时扩大内需，降低出口依赖等。④

资金与低碳技术转让既是气候谈判中的重要议题，也是学术界研究的焦点问题。潘家华、姜克隽等牵头的"中国与欧洲能源和气候安全相互依存性"课题组，研究了中国和欧盟在电力、建筑、交通、贸易投资等领域的合作机遇。⑤ 乔晓楠和张欣借助古诺竞争模型，讨论了市场机制下

---

① 谢来辉、陈迎：《中国对碳关税问题过度担忧了吗？》，《国际经济评论》2010年第4期。

② Tian Huifang & John Whalley, "Trade Sanctions, Financial Transfers and BRIC's Participation in Global Climate Change Negotiations", 2010, *Journal of Policy Modeling*, Volume 32, Issue 1, pp. 47 – 63; Huifang Tian & John Whalley, "The Potential Global and Developing Country Impacts of Alternative Emission Cuts and Accompanying Mechanisms for the Post Copenhagen Process", *NBER Working Paper*, 2010.

③ 王俊：《从制度设想到贸易政策：美国碳关税蜕变之路障碍分析》，《世界经济与政治》2011年第1期。

④ 陈金宝：《美国对我国光伏产业采取反倾销、反补贴调查可能带来的影响分析》，《时代金融》2012年第9期；谢光亚、李晓光：《中国太阳能光伏产业的国际竞争力研究》，《对外经贸实务》2012年第2期。

⑤ "中国与欧洲能源和气候安全相互依存性"课题组：《中国与欧洲在能源和气候安全领域的相互依存性》，《世界经济与政治》2008年第8期。

东道国的环境税政策及补贴政策对外资企业的低碳技术转让的影响。① 房建鑫研究如何充分利用外资，吸收 FDI 所带来的先进低碳技术，促进我国低碳技术进步。② 刘倩等对最新的气候资金机制的法律文件、信息通报、文献资料、智库报告进行了梳理，分析了气候资金概念的核心要点和演化趋势，并对全球环境基金、气候变化特别基金、适应基金、绿色气候基金等《公约》内基金以及《公约》外基金发展的最新趋势进行了分析比较。③

国内学者还将政治和经济角度相结合，探讨低碳发展全球治理的政治决策架构、法律制度框架、碳减排利益平衡、不同层次主体关系等问题，检验了减缓成本、生态环境脆弱程度、民主及贸易等变量的影响力。刘昌义构建了一个包含减排成本、环境脆弱性等因素在内的计量模型，分析发现减排成本仍然是影响各国减排意愿和行动的决定性因素。张海滨则认为减缓成本、生态脆弱性和公平原则是影响中国国际气候变化谈判立场的三个基本变量。④ 于宏源的研究则认为，⑤ 选择性激励、集体结构/制度建设和大国贡献三种因素的多维互动决定了气候谈判中集体行动的成败，其中大国贡献发挥了最为关键的作用，必须加强集体内部合作协调、协调南北关系和公平发展，并通过集体行动模型寻求全球集体行动困境的解决方案。而当前的谈判格局凸显了大国与小国的矛盾，并存欧盟、美国和"77国集团+中国"三股制衡力量，以及发达与发展中国家两大阵营。⑥

---

① 乔晓楠、张欣：《东道国的环境税与低碳技术跨国转让》，《经济学（季刊）》2012年第3期。

② 房建鑫：《我国 FDI 低碳技术外溢与吸收能力研究》，硕士学位论文，哈尔滨工程大学，2012年。

③ 刘倩、粘书婷、王遥：《国际气候资金机制的最新进展及中国对策》，《中国人口·资源与环境》2015年第10期。

④ 刘昌义：《各国参与国际气候合作影响因素的实证分析》，《世界经济与政治》2012年第4期；张海滨：《中国在国际气候变化谈判中的立场：连续性与变化及其原因探析》，《世界经济与政治》2006年第10期。

⑤ 于宏源：《国际环境合作中的集体行动逻辑》，《世界经济与政治》2007年第5期；《国际制度和中国气候变化软能力建设》，《世界经济与政治》2008年第8期；《气候变化与全球安全治理：基于问卷的思考》《世界经济与政治》2010年第6期。

⑥ 于宏源：《试析全球气候变化谈判格局的新变化》，《现代国际关系》2012年第6期。

此外，陈迎从国际关系决策角度、庄贵阳从国际气候制度的历史演进角度、张胜军从气候与政治之间关系角度、李慧明等从结构现实主义视角、纪玉山等运用公共选择学派的利益集团和集体选择理论研究了影响全球气候治理进程的各要素，并探讨了中国等发展中国家在后京都时代国际气候治理过程中的战略选择。[①]

也有研究将经济学和政治经济学结合起来，探讨气候治理的法律制度框架、利益平衡、不同层次主体关系等问题，试图建立有效的国际气候制度，实现获得可持续发展的全球公平。在国外马克思主义经济学研究的基础上，谢富胜等重建了气候变化政治经济学分析框架，认为气候变化的全球性决定了其治理需要全球范围的行动，而联合主张可持续发展的资本集团参与现有的全球气候治理运动将是实现大众气候治理的可能途径。[②] 通过建立和运用一种新的分析框架，薄燕和高翔发现"共同但有区别的责任和各自能力原则"本应建立在"有差别的责任"或者"不对称的承诺"的基础上，但2009年后，在欧美发达国家的努力下，这种不对称性在逐步缩小，"共同性"得到了增强。[③] 董亮和张海滨分析了IPCC影响国际气候谈判的四个主要路径，即政策创新、政策扩散、政策选择和政策坚持，认为IPC存在着一些如科学专业精神不足、组织机构运行效率不高等影响其作用发挥的限制性因素。[④]

---

① 陈迎：《国际气候制度的演进及对中国谈判立场的分析》，《世界经济与政治》2007年第2期；庄贵阳：《后京都时代国际气候治理与中国的战略选择》，《世界经济与政治》2008年第8期；张胜军：《全球气候政治的变革与中国面临的三角难题》，《世界经济与政治》2010年第10期；张海滨：《关于哥本哈根气候变化大会之后国际气候合作的若干思考》，《国际经济评论》2010年第4期；李慧明：《欧盟在国际气候谈判中的政策立场分析》《世界经济与政治》2010年第2期；纪玉山、刘洋、赵洪亮：《发展中国家在国际气候谈判中的地位与策略研究——基于新制度经济学与公共选择理论的视角》，《工业技术经济》2012年第8期。
② 谢富胜、程瀚、李安：《全球气候治理的政治经济学分析》，《中国社会科学》2014年第11期。
③ 薄燕、高翔：《原则与规则：全球气候变化治理机制的变迁》，《世界经济与政治》2014年第2期。
④ 董亮、张海滨：《IPCC如何影响国际气候谈判——一种基于认知共同体理论的分析》，《世界经济与政治》2014年第8期。

四 后"巴黎"时期全球气候治理机制及热点研究

2015 年是国际气候谈判的关键节点，全球在 2015 年底的巴黎气候大会上继《京都议定书》后，再次签署了一份新的对所有缔约方都有约束力的《巴黎气候协定》，为 2020 年后全球应对气候变化行动"建章立制"。它标志着未来国际气候合作将从《京都议定书》"自上而下"的有法律约束的合作机制向着一种"自下而上"、多元化、多层次的全球自愿减排承诺架构转变。学术界也围绕《巴黎气候协定》展开讨论，集中在三个方面：对后巴黎时期气候治理机制的评估、国内气候政策有效性研究和美国气候政策的转变及影响评估。

（一）对后巴黎时期气候治理机制的评估

田慧芳对全球气候治理机制的形成和演变过程进行对比梳理，分析了从德班谈判到巴黎谈判进程中国际气候治理机制的变化特征。[①] 而这种"国家自主贡献目标"的自愿减排机制，能否实现全球 2℃温升目标及对各国碳配额会产生怎样的影响，国内外学者从理论和实证层面进行了分析。田慧芳建立了一个 Armington 式贸易—气候扩展模型，将国际贸易机制与国际气候机制融合起来，模拟分析惩罚性的贸易措施或者激励性的资金转移支付措施对国际减排合作及成效的影响。[②] 王利宁等以 IPCC 第五次评估报告中 2℃温升目标对应的排放空间为基础，探讨了不同排放路径、基准情景、分配方案及方案关键参数的选择对各国碳配额的影响。[③] 潘勋章等以国际社会当前主要分配方案为基础，研究了 2℃温升目标下中国 2011—2050 年排放配额，[④] 通过控制变量，进一步分析了配额分配对于主要参数设置的敏感性。谢来辉通过分析国际政治经济学中的权力

[①] 田慧芳：《国际气候治理机制的演变与趋势与中国责任》，《经济纵横》2015 年第 12 期。
[②] Huifang Tian and John Whalley, "Developing Countries and the UNFCCC Process: Some Simulation from an Armintong Extended Climate Model", *Climate Change Economics*, 2015.
[③] 王利宁、陈文颖：《全球 2℃温升目标下各国碳配额的不确定性分析》，《中国人口·资源与环境》2015 年第 6 期。
[④] 潘勋章、滕飞：《2℃温升目标下中国排放配额分析》，《气候变化研究进展》2015 年第 6 期。

概念的内涵，提出碳排放在全球气候变化的时代应该被看作一种新的权力资源。① 通过对全球气候治理历史的比较分析，可以证明全球气候治理领域的权力结构与主要排放大国之间存在明显的联系——尽管西方霸权往往与排放权力混合在一起。"排放权力"和国际政治经济中的结构性权力共同成为塑造全球气候治理的主要力量。

对于如何提高未来全球气候治理的成效，学术界也进行了探讨。李昕蕾引入公共经济学中的"自主治理"理论，分析了跨国城市网络如何通过多中心治理模式（低授权性、高包容性、公共产品易私有化性、网络杠杆性）和社会资本网络化（高社会资本性、网络知识共同体、内部基准治理），为气候公共产品的持续供给提供动力。② 李慧明认为制度碎片化和领导缺失已经成为影响全球气候治理成效的重要因素，提高治理成效需要方向型、理念型和手段型国际领导，即一种基于多边主义理念下的国际气候制度而形成的绿色国际合作领导。③

（二）中国的气候政策研究

应对气候变化的进程已经在全球范围内对社会经济发展方式的根本性转变提出了要求。李慧明认为国际秩序由国际规则制定权分配、国际制度、国际观念构成。④ 全球气候治理的根本要义在于促使世界向低碳经济转型，这将对世界各国实力的此消彼长产生深远影响，最终会影响国家间的实力对比变化、国际制度的建设和国际观念体系的重构，从根本上决定了国际秩序本身的内涵与特质。中国正在成为影响和解决全球气候变化的重要力量，在全球低碳化转型的道路上，中国担负着特殊的国际责任和绿色使命，中国的发展道路和战略选择不但会决定中国在未来国际秩序中的地位，也会在很大程度上决定未来国际秩序的

---

① 谢来辉：《碳排放：一种新的权力来源——全球气候治理中的排放权力》，《世界经济与政治》2016 年第 9 期。

② 李昕蕾：《跨国城市网络在全球气候治理中的行动逻辑：基于国际公共产品供给"自主治理"的视角》，《国际观察》2015 年第 5 期。

③ 李慧明：《全球气候治理制度碎片化时代的国际领导及中国的战略选择》，《当代亚太》2015 年第 4 期。

④ 李慧明：《全球气候治理与国际秩序转型》，《世界经济与政治》2017 年第 3 期。

内容。

温室气体减缓路径方面的重点是低碳经济。近几年，研究围绕低碳经济的实现路径、低碳能源、低碳城市规划等议题，国内取得了较多的成果。早期的研究多是在国外理论研究基础上探索了低碳与我国经济增长的关系，比如潘家华等对低碳经济的概念辨识及核心要素进行了分析，从产出、消费、资源、政策四层面构建了低碳经济发展水平综合评价指标体系。[1] 陈端计、杭丽从生态足迹理论、"脱钩"理论、库兹涅茨曲线、"城市矿山"理论等方面对低碳经济的理论基础进行了探寻和归纳。[2] 薛进军用"隧道效应"理论来描述低碳经济发展模式，并指出一个经济体可以通过隧道来走捷径达到环境库兹涅茨曲线的三个阶段。[3] 随后实证研究成为主流，张国兴等对我国节能减排政策中不同政策措施协同和政策目标协同的协同状况及政府对其的使用状况进行了分析，得出省域经济发展的不平衡和产业空间分布上的不均衡，导致我国每个省区的碳排放强度、能源消耗强度、燃料结构状况、经济总产值份额变动和碳减排效率变动存在很大的差异。[4] 陆铭等研究了城市经济活动的空间集聚对工业减排的影响。[5] 魏楚选择了中国104个地级市2001—2008年的投入产出数据对城市二氧化碳（CO_2）边际减排成本以及影响因素进行定量分析。[6] 于洋等基于"单位GDP能耗"的碳源量计算方法，对中国29个省、自治区、直辖市（不含新疆和西藏自治区）的碳源量进行了研究，提出了"省际间碳排放补偿制度"，并对补偿额度、补偿主体和客体、补偿制度运行等进

---

[1] 潘家华、庄贵阳、郑艳等：《低碳经济的概念辨识及核心要素分析》，《国际经济评论》2010年第4期。

[2] 陈端计、杭丽：《低碳经济理论研究的文献回顾与展望》，《生态经济》2010年第11期。

[3] 薛进军：《低碳经济增长理论》，《中国低碳经济发展报告》（2011），社会科学文献出版社2011年版。

[4] 张国兴、高秀林、汪应洛等：《我国节能减排政策协同的有效性研究：1997—2011》，《管理评论》2015年第12期。

[5] 陆铭、冯皓：《集聚与减排：城市规模差距影响工业污染强度的经验研究》，《世界经济》2014年第7期。

[6] 魏楚：《中国城市CO_2边际减排成本及其影响因素》，《世界经济》2014年第7期。

行了研究。① 刘丙泉等应用环境生产技术构建基于虚拟包络面的统一技术前沿下碳排放效率评估模型,考察 2008—2013 年我国 28 个省份在发展视角、减排视角和协调发展视角下的碳排放效率变化。② 张海滨研究了气候变化对中国国家安全的影响,提出中国不仅应该把应对气候变化纳入国民经济和社会发展规划,还应该将其置于总体国家安全观的框架下统筹规划。③

2016 年 11 月,《巴黎气候协定》以下简称《巴黎协定》正式签署生效。安树民等对《巴黎协定》签署的历史背景进行了回顾,对《巴黎协定》中的温度控制目标与执行机制、透明度框架、减缓与适应、损失和损害几方面进行了梳理与分析,识别了《巴黎协定》下中国气候治理面临的潜在挑战。④ 为了进一步估计中国 2030 年二氧化碳排放强度,顾阿伦等基于 1992 年、1997 年、2002 年、2007 年、2010 年的投入产出表,采用 10-SDA 方法将碳排放量的变化分解为能源结构效应、能源强度效应、增加值效应、Leontief 逆矩阵效应、最终需求效应,从而得到经济结构历史变化对于我国二氧化碳排放的作用。⑤ 屈超等构建了 IPAT 模型,利用全国 30 个省 1995—2012 年数据进行拟合,估算了中国 2030 年的二氧化碳排放强度。⑥

对中国来说,如何尽快推动经济增长和碳排放的脱钩,不仅是实现应对气候变化中长期战略目标的核心任务,更是保障经济社会可持续发展的必然要求。刘强等基于中国经济、社会、能源和重要的终端能源消费行业历史发展趋势的分析,通过"自下而上"的模型方法考察了能源、工业、建筑、交通等行业和领域的深度碳减排潜力,并基于详细的技术分析提出

---

① 于洋、杨帆、杨光:《中国省域碳源、碳汇量和减排补偿制度》,《资源开发与市场》2015 年第 12 期。

② 刘丙泉、尚梦芳、马占新:《碳排放效率、发展成本与碳减排成本研究——基于虚拟包络面的统一技术前沿》,《华东经济管理》2015 年第 12 期。

③ 张海滨:《气候变化对中国国家安全的影响》,《国际政治研究》2015 年第 4 期。

④ 安树民、张世秋:《〈巴黎协定〉下中国气候治理的挑战与应对策略》,《环境保护》2016 年第 22 期。

⑤ 顾阿伦、吕志强:《经济结构变动对中国碳排放影响》,《中国人口·资源与环境》2016 年第 3 期。

⑥ 屈超、陈甜:《中国 2030 年碳排放强度减排潜力测算》,《中国人口·资源与环境》2016 年第 7 期。

了中国中长期的深度脱碳路径。① 张恪渝等则通过行业的生产结构矩阵，构建出行业的能源结构消耗矩阵及碳排放结构矩阵，研究了在能源消耗量与二氧化碳排放量的双重约束下中国2020年最优的产业结构调整方案，并计算了基于现有科技水平，中国最大的碳排潜力。② 潘雄锋等通过引入非动态面板门限回归模型，并根据能源市场扭曲度的波动形态将中国29个省份所处市场扭曲区间的类型进行了划分，划分为发展滞后型、发展波动型、发展成熟型和发展改善型，检验了技术进步在能源市场扭曲影响下对能源效率产生的非线性效应的存在性和作用条件，分析技术进步对能源效率发生作用的经济学意义上的传导机制，并对不同扭曲区间的省市提出了针对性的政策建议。③ 陈娟等基于中国省际政府官员考核和晋升机制现实背景，从相对身份效应理论的角度构建了省际能源消耗的理论模型，探讨了相对地位、地位变化对省际能源消耗的影响机制。④ 马丽梅等通过跨国比较以及CGE模型，提出中国在近五年内如果注重节能减排政策实施以提升能源利用效率，人均二氧化碳将在2035年甚至更早进入排放的"下降期"。2025—2035年是中国能源转型方向确定期，可以制定较高比例的可再生能源发展目标；2035—2050年则是中国能源转型的成熟期，中国能源系统或将呈现两种可能，一是到2050年实现一次能源消费结构中可再生能源占比达到60%以上；二是局部地区实现100%的可再生能源供应，而整个能源供应体系呈现出化石能源与非化石能源平分秋色的局面。⑤ 钟超等的研究也表明，提高潜在能源效率对于实现减排目标的贡献度最大，但仅通过调整能源结构、经济结构、人力资本、资本存量或潜在

---

① 刘强、陈怡、滕飞等：《中国深度脱碳路径及政策分析》，《中国人口·资源与环境》2017年第9期。

② 张恪渝、廖明球、杨军：《绿色低碳背景下中国产业结构调整分析》，《中国人口·资源与环境》2017年第3期。

③ 潘雄锋、彭晓雪、李斌：《市场扭曲、技术进步与能源效率：基于省际异质性的政策选择》，《世界经济》2017年第1期。

④ 陈娟、周建：《相对地位变化对中国省际能源消耗的影响机制》，《中国人口·资源与环境》2017年第3期。

⑤ 马丽梅、史丹、裴庆冰：《中国能源低碳转型（2015—2050）：可再生能源发展与可行路径》，《中国人口·资源与环境》2018年第2期。

能源效率的单一减排路径难以实现中国强度减排目标，必须通过技术创新和能源市场机制创新来提升能源效率，同时加快工业产业结构升级、优化国家能源结构、给予人力资本和资本存量稳定合理的发展空间。① 郭楠认为，资源税改革在优化能源结构、提高能源效率、减排温室气体方面可以发挥积极作用，建议健全温室气体排放统计核算体系、完善资源定价机制，为科学设计资源税制提供实践参考。②

关于市场化机制治理环境污染能否促进绿色发展的研究也是中国学者关注的重点。作为调和经济增长与环境压力的减排工具，碳交易政策的实施效果关系到中国减排目标的实现与经济模式的选择。王倩等分析了2007—2015年碳交易机制对中国经济发展水平、经济发展与碳排放脱钩水平的影响，发现基于市场机制的碳交易能够激励高污染行业结构调整，淘汰落后产能，促进产业结构"由重变轻"、能源结构"由黑变绿"，可以有效解决污染与经济发展的矛盾，建议积极推进碳交易体系建设，发挥碳强度目标的碳脱钩功效，完善市场交易制度。③ 傅京燕等认为，市场化机制要想更好地促进绿色发展，需要优化排放权交易机制，充分发挥其"看不见的手"的功能，增加绿色生产技术方面的研发投入，加大力度吸收先进绿色生产技术领域的外资，提高要素禀赋结构、产业结构、能源结构的清洁化程度。④ 王文军等对我国七个碳交易试点机制进行了减排有效性的评价和分析，发现影响碳交易机制减排有效性有四个关键要素：碳交易机制管理对象的减排潜力大小、配额总量松紧度、碳价水平和经济波动幅度。⑤ 刘立新等则在考察我国主要的七家碳交易市场价格信息对中国低碳指数的溢出效应后发现，碳交易价格对中国低碳指数的变动率和波动率

---

① 钟超、刘宇、汪明月等：《中国碳强度减排目标实现的路径及可行性研究》，《中国人口·资源与环境》2018年第10期。

② 郭楠：《资源税改革对气候变化的影响研究》，《生态经济》（中文版）2018年第1期。

③ 王倩、高翠云：《碳交易体系助力中国避免碳陷阱、促进碳脱钩的效应研究》，《中国人口·资源与环境》2018年第9期。

④ 傅京燕、司秀梅、曹翔：《排污权交易机制对绿色发展的影响》，《中国人口·资源与环境》2018年第8期。

⑤ 王文军、谢鹏程、李崇梅等：《中国碳排放权交易试点机制的减排有效性评估及影响要素》，《中国人口·资源与环境》2018年第4期。

均有着明显的溢出效应,建议要重视对碳交易价格风险的管理,适时推出碳期货规避风险。[①]

企业是国内外温室气体排放核算标准化工作关注的重点领域。国际上企业层面的核算标准已经提高了对企业供应链排放的核算与报告要求,同时针对具体行业的企业温室气体核算标准也进入制定程序。陈健华等对 ISO 14064 – 1 修订版、ISO 19694 系列标准及 GB/T 32150、GB/T 32151 系列标准进行了比较,发现这些标准采用了基本一致的核心方法,建议中国企业梳理温室气体核算的核心工作,建立基础的数据收集体系。[②] 徐莹莹等利用复杂网络演化博弈方法,建立了市场机制和政府规制下潜在采纳企业的低碳技术创新采纳决策及扩散模型,研究了碳税、投入补贴和惩罚三种规制手段对提高低碳技术创新扩散深度的有效性。[③]

公众参与科学技术决策已经成为发达国家的政策制定的重要趋势。Chilvers 等从科学与技术的人文社会学研究(Science and Technology Studies)视角研究了公众参与技术评价对低碳转型的作用。[④] 董亮从国际关系的跨国行为体视角出发,对以跨国气候伙伴关系为代表的治理模式的兴起及其合法性、有效性进行分析,提出中国要重新审视非国家行为体在全球气候治理中的作用,重新评估一些具有重大影响力的跨国伙伴关系,并适当鼓励国内相关机构和组织参与全球进程,在国内层面,以渐进的方式,有针对性地参与、建立一些跨国气候伙伴关系。[⑤]

(三) 美国气候政策的变化及影响分析

美国是全球气候博弈的重要一方。2017 年 6 月特朗普宣布退出《巴

[①] 刘立新、李鹏涛:《碳交易对中国低碳指数的溢出效应》,《中国人口·资源与环境》2018 年 S1 期。

[②] 陈健华、孙亮、陈亮等:《国内外企业温室气体排放核算标准的比较分析》,《气候变化研究进展》2016 年第 6 期。

[③] 徐莹莹、綦良群:《基于复杂网络演化博弈的企业集群低碳技术创新扩散研究》,《中国人口·资源与环境》2016 年第 8 期。

[④] Chilvers, J., Longhurst, N., "Participation in Transition (s): Reconceiving Public Engagements in Energy Transitions as Co-Produced, Emergent and Diverse", *Journal of Environmental Policy & Planning*, 2006, pp. 585 – 607.

[⑤] 董亮:《跨国气候伙伴关系治理及其对中国的启示》,《中国人口·资源与环境》2017 年第 9 期。

黎协定》增加了全球气候治理机制的不确定性。戴瀚程等应用全球多部门、多区域动态可计算一般均衡（CGE）模型，采用情景分析方法，评估了美国退出《巴黎协定》对中国、欧盟和日本实现国家自主贡献（NDC）和 2℃目标情景下碳排放空间和减排成本的影响。[①] 柴麒敏等系统分析了特朗普政府上任后推行的一系列"去气候化"政策，以及其退出《巴黎协定》的主要动因和可能形式，同时量化评估了这些内政外交的"倒退"对美国实施国家自主贡献目标以及全球气候治理格局的实质影响。[②] 傅莎等基于自主构建的美国政策评估模型，综合定性定量分析，评估了美国宣布退出《巴黎协定》可能造成的全球气候变化减缓、资金和治理"三大赤字"等影响。[③] 张海滨等在评估美国退出《巴黎协定》对《巴黎协定》履约前景的影响后，提出中国对内应实现国家自主贡献的上限目标，对外应积极重建全球气候治理集体领导体制，即用 C5 取代 G2，同时继续努力改变美国对气候变化的消极立场。[④] 杜强也认为中国应回应国际社会的期待，主动担当全球应对气候变化主导者的角色，共同推动建立公平合理的国际气候治理机制。[⑤]

第三节　中国与国际货币金融治理

国际货币金融治理是全球经济治理的重要组成部分。作为世界经济热点问题，我国学术界对其研究紧随着我国参与国际货币金融治理的实践。根据

[①] 戴瀚程、张海滨、王文涛：《全球碳排放空间约束条件下美国退出〈巴黎协定〉对中欧日碳排放空间和减排成本的影响》，《气候变化研究进展》2017 年第 5 期。

[②] 柴麒敏、傅莎、祁悦：《特朗普"去气候化"政策对全球气候治理的影响》，《中国人口资源与环境》2017 年第 8 期。

[③] 傅莎、柴麒敏、徐华清：《美国宣布退出〈巴黎协定〉后全球气候减缓、资金和治理差距分析》，《气候变化研究进展》2017 年第 5 期。

[④] 张海滨等：《美国退出〈巴黎协定〉的原因、影响及中国的对策》，《气候变化研究进展》2017 年第 5 期。

[⑤] 杜强：《美国退出"巴黎协定"的影响及中国的应对策略》，《亚太经济》2017 年第 5 期。

所处的国际经济环境不同，每一阶段的研究重点也有所差异，从 20 世纪 80 年代起，我国学术界对国际货币金融治理的研究大致可以分为三个阶段。

一　20 世纪 80 年代至 90 年代中期

从 20 世纪 80 年代，中国开始逐步参与国际货币金融治理进程，尽管这种参与还很"初步"。改革开放政策的实施，使得中国经济与世界经济融合程度日益深入，同时在 1980 年中国分别恢复了在国际货币基金组织（IMF）和世界银行（WB）的合法席位，这都为中国参与全球货币金融治理奠定了基础。在学术讨论上，这一时期有关国际货币金融治理的讨论主要受到布雷顿森林体系解体和拉美债务危机的影响，讨论主要集中在国际货币体系改革相关问题。

这一时期，学者已开始认识到当时国际货币金融体系存在严重的缺陷。余壮东指出，自从 1973 年布雷顿森林体系完全瓦解以后，国际货币关系几乎处于一种"无制度"的状态，这既不利于发达国家的经济和贸易，也给发展中国家带来不少困难。[1] 李述仁指出当前国际货币金融状况异常混乱，主要问题包括：美元的霸权地位并未消除、浮动汇率制度加剧了国际货币金融形势的动荡、国际收支问题依然严峻、发展中国家在国际货币体系中仍然处于无权地位等。[2] 而任映国则指出 20 世纪 80 年代以来的债务问题，暴露了现行国际货币秩序的严重缺陷。[3] 面对这些问题，我国学者大都建议从国际储备货币制度、汇率制度、国际收支调整、向发展中国家提供资金融通等方面对国际货币金融体系进行改革。[4]

（一）国际储备货币：储备货币多元化与复合货币

布雷顿森林体系崩溃后，美元在国际货币体系中的地位有所下降，但仍在国际储备体系中占据重要地位。姜波克总结 1960 年以来国际货币体系的历史进程指出，从长期看，美元的国际货币作用主要取决于美国的政

---

[1]　余壮东：《国际货币改革展望》，《金融研究》1981 年第 10 期。
[2]　李述仁：《关于国际货币制度改革的展望》，《世界经济》1986 年第 8 期。
[3]　任映国：《从发展中国家债务问题看国际金融体系的变革趋势》，《世界经济》1987 年第 9 期。
[4]　周林：《国际货币制度的改革及其前景》，《金融研究》1981 年第 12 期。

治经济实力、美国的国际投资地位和美国的对外清偿能力。[①] 由于美国在今后相当长一个时期内仍将是世界头号经济大国,因而以其经济实力为基础的美元在当今世界货币体系中的地位一时难以被替代。[②]

但随着美国经济实力的削弱,学者认识到国际储备将出现分散化的趋势。[③] 易梦虹指出未来的国际货币体制不应以某一国货币作为关键通货,很可能是由一些与黄金脱离关系的国家的通货组成的"篮子"(Basket),或是一个多种货币的复合体(Composite)作为关键通货。[④] 梁晓滨指出在20世纪20年代和70年代,两种以主导货币为中心的国际货币体系先后解体了,为实现国际货币体系的稳定目标,国际货币体系可能会按照复合国际货币的方向,建立起由若干个资本主义发达国家货币组成的复合体——复合主导货币为中心的国际货币体系。[⑤]

创立复合货币或储备货币多元化仍需要诸多条件保障。梁晓滨认为要真正创立一种复合国际化货币,为各国所接受并保证它的信用和稳定,就要求各国经济密切合作,在经济货币政策上协调一致;要求各国服从统一的国际货币管理和调节,承担义务并用本国资产支持国际货币的信用。[⑥] 为保证多元国际货币体系的顺利运行,至少要做到以下两点[⑦]:第一,各国中央银行特别是承担储备中心的中央银行要担负起协调管理多种货币储备体系的责任,它们必须采取协调的行动,来促进有条不紊的储备分散化。第二,主要资本主义国家要适当承认非储备中心国家特别是石油国家的利益和要求,争取它们的合作,使它们愿意为这个储备体系的正常运转分担一部分责任。

作为复合货币的一种,特别提款权在国际储备货币体系中的作用得到热烈讨论。李述仁指出国际货币制度的改革面临的一个重大难题是,未来

---

① 姜波克:《关于国际货币体系的演变与改革》,《世界经济》1985年第1期。
② 陈向东、杨兆:《"布雷顿森林"以后的国际货币制度》,《国际金融研究》1986年第6期。
③ 陈彪如:《国际货币体系的最新发展》,《世界经济》1982年第4期。
④ 易梦虹:《关于国际货币体制的前景问题》,《世界经济》1983年第1期。
⑤ 梁晓滨:《论资本主义国际货币体系中的主导货币》,《世界经济》1987年第3期。
⑥ 同上。
⑦ 陈彪如:《国际货币体系的最新发展》,《世界经济》1982年第4期。

的国际货币体系既不能完全排除美元，又不能完全依靠美元。从现状出发，国际货币制度改革最可能的趋势是实行特别提款权——美元本位制，即把特别提款权与美元有机地结合起来作为今后一定时期内国际货币体系的基础。[①] 在这其中，特别提款权替代账户在国际货币制度改革中有不可忽视的重要性，通过设立替代账户能吸收部分过剩美元，缓和储备多样化的压力，提高特别提款权的地位。[②] 然而，大多数学者也清醒地认识到，特别提款权包括替代账户并不能从根本上解决国际货币体系的问题。一个鲜明的观点来自唐海燕，认为特别提款权自身的不完善性和不可克服的矛盾性，决定了它不具备本位货币的条件，不可能成为未来稳定的国际货币体系的本位货币，任何以特别提款权为基础的国际货币改革方案都是不可取的。[③] 但是这一观点未免过于绝对，孙杰对此并不认同，并指出尽管特别提款权不可能原封不动地成为未来国际货币的本位货币，但是可以预见的是，以特别提款权为基础，继承其已有的运行机制，可以成为未来国际货币体系中本位货币的雏形。[④] 连平指出，鉴于美元仍在世界经济中起着关键货币的作用，在未来一定时期内，可能形成特别提款权——美元本位制，随着日本经济和欧共体的进一步发展和壮大，将会进一步向特别提款权——多种关键货币本位制方向发展，最终可能向特别提款权（或类似的货币）本位制靠拢。[⑤]

（二）货币协调：汇率制度改革

布雷顿森林体系解体之后，浮动汇率合法化。在这种情况下，学者开始关注汇率制度方面的议题。余壮东认为西方主要货币将继续实行有管理的浮动汇率制。[⑥] 只要主要工业大国之间的管理浮动汇率能够较有效地对

---

① 李述仁：《关于国际货币制度改革的展望》，《世界经济》1986年第8期。
② 周建明：《替代账户——国际货币制度改革的一个新步骤》，《世界经济》1981年第12期。
③ 唐海燕：《特别提款权能够成为国际货币体系的本位货币吗?》，《世界经济与政治》1990年第8期。
④ 孙杰：《本位货币信用化是国际货币制度发展的历史必然——兼与唐海燕同志商榷》，《世界经济与政治》1991年第8期。
⑤ 连平：《关于国际货币体系改革的若干问题》，《国际金融研究》1992年第6期。
⑥ 余壮东：《国际货币改革展望》，《金融研究》1981年第10期。

付当前世界范围中存在的强烈的离散趋势，这种管理浮动汇率就会存在下去。① 考虑到国际储备货币制度不同的改革方向，浮动汇率的管理方式可能会有所不同。如以主要国家货币篮子或国际复合货币作为国际货币体系的本位货币，在这种情况下，所有国家的纸币应与货币篮子挂钩，并与之保持可调整的法定比价，形成篮子汇率体系，最终形成各个国家之间的汇率体系，并在此基础上发展广泛的国际信贷关系。②

随后，我国学者开始对主要工业国家间货币的汇率协调与管理方式进行介绍与分析。李述仁认为应当在西方五国集团（英、美、法、德、日）货币间（五种货币都是构成特别提款权的货币），参照欧洲货币体系的汇率机制建立货币篮体系和平价网体系的汇率关系。③ 杨为民认为在当时改革国际货币体制的探索中，"经济指标"④ 和 "汇率指标区"⑤ 是国际社会广泛注意的两个方案。⑥ 马之騆认为汇率制度改革是国际货币体系改革的核心问题，改革趋势可能是在维持现行汇率制度的前提下，把目标区制度⑦和政策目标指示器⑧的内容结合起来，使管理浮动汇率制进一步完善。今后国际汇率制度基本上应是在浮动汇率和考虑各国宏观经济政策的基础上，国家干预、多国联合干预和基金组织的国际监督三位一体的管理浮动汇率制度。⑨

（三）国际收支：资金融通与国际金融机构改革

虽然布雷顿森林体系崩溃使世界范围内的货币金融合作遭遇失败，但

---

① 姜波克：《关于国际货币体系的演变与改革》，《世界经济》1985年第1期。
② 易梦虹：《关于国际货币体制的前景问题》，《世界经济》1983年第1期。
③ 李述仁：《关于国际货币制度改革的展望》，《世界经济》1986年第8期。
④ 经济指标（Economic Indicator）是指选择一系列能够反映一个国家经济实绩和经济政策的指标，用以考察该国经济政策对其他国家的影响，汇率的稳定性应是经济指标考察的重点。
⑤ 汇率指标区（Target Zone）是通过协商，规定主要储备货币汇率的浮动幅度，即"指标区"，如果市场汇率超过规定的幅度，有关国家就需要采取相应的政策措施，使市场汇率恢复到指标区内，其又可以进一步分为"硬性指标区"和"软性指标区"。
⑥ 杨为民：《关于国际货币体制改革的问题》，《金融研究》1988年第3期。
⑦ 汇率目标区制度与汇率指标区概念相同。
⑧ 政策目标指示器（Objective Indicators）是由主要储备货币发行国通过谈判和协商，对宏观经济政策规定一套"目标指示器"或"目标"。如果所执行的政策和预定目标有了出入，各有关国家的政府当局应采取适当措施加以纠正。
⑨ 马之騆：《当代国际货币体系改革的核心》，《世界经济文汇》1990年第2期。

是作为布雷顿森林体系产物的国际货币基金组织和世界银行仍将继续存在并发挥重要作用。① 在 20 世纪 80 年代的背景下，国际收支调整和资金融通则为进一步发挥国际货币基金组织和世界银行的作用提供了用武之地。②

任映国指出面对酝酿中的新的债务问题，国际金融体系出现了一些值得注意的发展趋势。在这种背景下，应加强国际货币基金组织、世界银行等国际金融机构在国际金融调节中的作用，与此同时应国家和超国家干预调节相结合加强银行监督。③ 连平则强调应从国内和国际两方面着手进行国际收支失衡调节，指出可在基金组织范围内建立一个专门的常设机构，对世界各国国际收支指标进行观察并作出判断，针对有关国家提出强制措施并评估其效果，就全球国际收支失衡问题提出咨询报告等。④ 为进一步发挥布雷顿森林体系机构的作用，必须对其进行改革，这包括增加成员国的基金份额，必须得到各成员国的积极支持，提高贷款能力和效力等。⑤

（四）区域合作：欧洲货币体系的讨论

这一时期，我国学者也注意到了以欧洲货币体系为代表的区域货币合作的发展。姜波克指出，过去的历史证明，经济上彼此高度依存的国家在货币汇率和收支调节方面首先实行较密切的合作，这既是区域经济一体化的要求，又是多种通货储备体制的产物，预计区域货币合作将会继续发展下去。⑥ 作为区域货币合作的典范，周新民认为欧洲货币体系能够作为未来国际货币体系的一个可能的模式。其认为一个切实可行的国际货币新体系应遵循的原则包括：建立一个合理的汇率体制；世界上没有一个处于支配地位的通货或国家；建立一个有效的、对等的和适当的调整体系；应将黄金保留在新体系内，使之继续发挥世界储备的作用；加强国际合作并把

---

① 刘生峰：《布雷顿森林体系的历史地位》，《世界经济》1992 年第 6 期。
② 余壮东：《国际货币改革展望》，《金融研究》1981 年第 10 期。
③ 任映国：《从发展中国家债务问题看国际金融体系的变革趋势》，《世界经济》1987 年第 9 期。
④ 连平：《关于国际货币体系改革的若干问题》，《国际金融研究》1992 年第 6 期。
⑤ 刘生峰：《布雷顿森林体系的历史地位》，《世界经济》1992 年第 6 期。
⑥ 姜波克：《关于国际货币体系的演变与改革》，《世界经济》1985 年第 1 期。

硬性规定和相机处理结合起来；保证成员国通货可以兑换为国际通货；体系需具有简单易行的特点。其认为欧洲货币体系符合以上提到的准则要求，能够作为未来国际货币体系的一个可能的模式。①

总体来看，从20世纪80年代至90年代中期，随着中国参与国际货币金融治理实践的不断开展，我国学者对国际货币金融体系改革的讨论与研究日益升温。但是一方面由于我国参与全球经济的一体化程度还不高，另一方面以发展中国家债务危机为主要扰动的世界经济冲击对我国造成的影响并不大，因此，这一时期我国对国际货币金融治理的改革需求并不强烈。我国学界对国际货币金融体系治理的研究更多的是有关改革方案的介绍与对比分析，对我国参与国际货币金融仅仅是给予一些原则性的建议与对策。但是这一时期的研究基本囊括了国际货币金融治理的内容，为后续研究奠定了良好的基础，这一时期提及的很多问题在此也被反复讨论。

二 20世纪90年代中期至21世纪前十年中期

20世纪90年代开始，中国参与国际货币金融治理逐步深入，这一时期世界经济领域两件大事影响着国际和我国学术界对于国际货币金融治理的讨论：第一，20世纪90年代中期开始，新兴和发展中经济体接连爆发危机，特别是东亚金融危机的爆发带来了学界对国际货币金融体系改革新一轮的激烈讨论；第二，1999年初欧元正式诞生，这成为布雷顿森林体系崩溃之后国际金融史上最重大的事件，并对国际货币体系造成巨大影响。

欧元诞生和亚洲金融危机凸显了国际货币金融体系的种种内在缺陷。欧元对国际货币体系的挑战主要是通过对国际货币基金组织的协调能力、国际储备体系的挑战以及对世界货币发展的示范作用表现出来。②而东亚金融危机的爆发则再一次将国际货币金融体系推到风口浪尖。刘巍中、施军指出从20世纪80年代中期美国股市的暴跌到后来日本泡沫经济的崩

---

① 周新民：《欧洲货币体系——未来国际货币体系的一个可能模式》，《国际金融研究》1989年第1期。

② 童威、路颖、廖发达：《当前国际货币体系面临的挑战》，《世界经济与政治》1999年第3期。

溃、墨西哥金融危机以及亚洲金融危机，最先暴露出来的都是金融问题，这表明国际金融体系存在着诸多弊端。① 宋玉华、徐忆琳认为东亚金融危机的真正原因在于当今世界所面临的缺乏有效监管机制的国际金融体系。② 信息技术和信息革命的发展、长期实行的浮动汇率制、近二十年的放松管制和金融自由化孕育了一个规模巨大、实力雄厚的国际金融垄断资本，营造了一个真正自由放任、高速运转、充满投机因而极不稳定的国际金融市场。东亚金融危机已经给我们提出了在国际资本大规模自由流动的新形势下建立一种不会影响多元化国际贸易发展的新型国际货币制度的问题。③

（一）国际储备货币：欧元与人民币

多数学者对欧元的出现满怀信心，并认为欧元将会推动国际货币体系格局演变。李述仁指出欧元的面世将使国际货币体系面临重大调整，国际货币格局将出现两极化趋势，国际汇率制度改革将受到欧元的影响，欧元在商业金融领域将逐渐成为主导货币。④ 总体上，欧元的问世将会削弱美元的霸权地位，并督促美国货币当局更加严厉地执行稳定美元的政策，从而可能有利于国际货币汇率的稳定。连平、廖新军也认为欧元的地位将逐步提高，并对美元的霸主地位形成挑战，从长期看，不能排除欧元超越美元而最终成为关键货币的可能。⑤ 陈志昂则认为欧洲货币一体化的成功展示了国际货币体系的演进方向，即欧元将成为与美元抗衡的关键货币，通过货币竞争加强多元储备体系的稳定性。⑥ 全球将形成美元和欧元两大货币区，并将影响全球储备结构和交易支付结构的变动，促进目标汇率区的

---

① 刘巍中、施军：《从结构现实主义看国际金融体系》，《世界经济与政治》1998年第10期。
② 宋玉华、徐忆琳：《当代国际金融资本运动规律初探》，《中国社会科学》1998年第6期。
③ 孙杰：《从东亚金融危机看国际货币基金组织和国际货币合作》，《世界经济与政治》1998年第4期。
④ 李述仁：《欧盟货币一体化与国际货币体系》，《世界经济》1998年第1期。
⑤ 连平、廖新军：《评欧元的国际货币地位》，《国际经济评论》1998年第7—8期。
⑥ 陈志昂：《从欧洲货币一体化的经验看欧元对国际货币体系的影响》，《欧洲》1999年第1期。

不过，也有学者对欧元的情况持谨慎态度。高海红指出虽然从中长期看，欧元无疑将成为仅次于美元的国际货币，但在整个过渡期以至更长的时期内，仍存在许多不确定性，包括欧元汇率的易变性、欧元的国际地位获得等。① 同时，尽管欧元的产生可能迫使国际储备货币的增加不再过度依赖美国的国际收支逆差来实现，世界范围内国际收支失衡现象可能得到缓解，但如果不改革国际储备货币的创造和运行机制，不建立国际收支自动调节机制或类似的更为全面、彻底的解决办法，未来由新的国际收支失衡引发的国际金融危机仍然难以完全避免。②

这一时期，有关人民币国际化的讨论开始出现。郭世贤指出鉴于我国正向市场经济体制过渡，人民币国际化已势在必行。③ 胡定核通过模拟结果，指出坚持改革开放政策、积极发展外向型经济将会促进我国经济开放程度的进一步提高，人民国际化进程将会逐步加快。④ 然而，以上对于人民币国际化的讨论还较为初步，有些结论过于乐观。姜凌指出人民币国际化有其必要性和现实基础，但是作为我国外汇管理体制改革的长远目标，人民币国际化是一个庞大而复杂的系统工程，最终的实现要经历一个渐进的过程。⑤ 在步骤上，应由管制较严到逐步放宽，分阶段逐步实现人民币自由兑换和国际化；在空间上，可考虑首先从我国香港和澳门、亚洲国家或地区以及与我国边境贸易较为密切的其他周边国家着手；在时间上，则准备三十年至五十年，最晚在 21 世纪中叶完成。

陈虹通过借鉴和吸收日元国际化的经验与教训，指出在推进人民币国际化的进程中，应完善国内金融体系，保持国内金融稳定，通过深化国内经济改革消化压力，同时应从加强人民币交易结算网络系统入手，注重发

---

① 高海红：《欧元承担国际货币角色进程中的几个不确定性因素》，《国际经济评论》1998年第11—12期。
② 金中夏：《国际金融体系改革方案比较》，《国际经济评论》1999年第5—6期。
③ 郭世贤：《未来五年美元趋势预测及我们的对策》，《世界经济与政治》1994年第4期。
④ 胡定核：《货币国际化与经济开放的相互关系及其系统动力学模型》，《数量经济技术经济研究》1995年第4期。
⑤ 姜凌：《人民币国际化理论与实践的若干问题》，《世界经济》1997年第4期。

展中国家在亚洲区域内贸易和直接投资的比较优势,扩大人民币计值定价在进出口贸易中的比例,逐步争取人民币应该具有的、与我国经济和政治地位相匹配的国际地位。① 李晓等则提出"人民币亚洲化"的主张,认为在现有国际货币体系中,一国货币必须通过区域性制度合作的"集体行动"来实现完全的国际化,中国应将经济政策的制定同区域货币金融合作目标结合起来,通过多维度、多层次的努力推动人民币的亚洲化。②

(二) 货币协调:金融政策协调

张宝珍指出为稳定国际金融,还应推动各国金融政策的合作和协调,以缓解国际资本流动和国际金融运行中的矛盾和冲突。包括国际金融经营环境的国际合作和协调、国际金融内部控制的国际合作和协调、国际金融市场约束的国际合作和协调、国际金融监管的国际合作和协调。这种协调既可以是全球性的,也可以是区域性的,可考虑在条件成熟时建立区域金融合作机构,使全球性金融稳定真正落实在区域性金融稳定的基础上,从而减弱国际金融动荡产生的可能性,增强国际金融动荡产生后的救助能力。③ 李晓西进一步将协调主体分为以下几类:一是发达国家与发展中国家的协调,要在支持发达国家经济增长的同时,更多地考虑如何保护和支持发展中国家和地区;二是发达国家之间的协调,协调主要发达经济体建立新的国际金融秩序的立场;三是国际金融组织与私人银行之间在处理金融危机时的协调,发挥私人金融机构在抵御金融冲击和危害方面的作用。此外还指出应协调美元与欧元的关系,这将对稳定世界金融秩序产生重大影响。④

(三) 国际收支:布雷顿森林机构改革与国际金融监管

由于布雷顿森林机构特别是国际货币基金组织在东亚金融危机中的糟糕表现,对其改革的呼声日益强烈。孙杰指出国际货币基金组织提出的调整方案,或者说贷款条件性,侧重对外部经济平衡方面,而不可能完全立足于各国内部经济均衡以及增长和发展的需要,因此,这些调整方案对东

---

① 陈虹:《日元国际化之路》,《世界经济与政治》2004 年第 5 期。
② 李晓、李俊久、丁一兵:《论人民币的亚洲化》,《世界经济》2004 年第 2 期。
③ 张宝珍:《改革国际金融体制 建立国际金融新秩序》,《世界经济》1999 年第 5 期。
④ 李晓西:《评国际金融体系改革的目标和内容》,《国际经济评论》1999 年第 5—6 期。

亚各国并不一定适用，反而可能加剧危机。① 徐忠、孙青指出东亚金融危机表明国际货币基金组织还难以承担国际最后贷款人的责任，国际金融危机的爆发是与国际货币体系的问题紧密相连的。②

对国际货币基金组织等布雷顿森林机构的改革主要集中在两个方面，一是治理结构的改革，二是运转职能的改革。治理结构改革主要是提高发展中国家在国际金融中的地位和作用，使发展中国家和发达国家平等参与国际金融运行规则的制定。③ 徐忠、孙青指出在新的国际货币体系建立之前，我国可建议在资金、职权和人力等多方面加强国际货币基金组织，更新该组织的机构和职能，使之更加适应经济和金融全球化进程迅猛发展的需要，同时，在决策时程序要更开放，透明度要更高。④ 邹佳怡指出增强发展中国家的声音是布雷顿森林机构改革的根本前提，但是在这个问题上的悖论是：改革决策机制也必须由现行的决策机制来决定。发达国家不可能自愿放弃在投票权等问题上的既得利益，这就决定了治理机构的改革很难在短期内取得实质性的进展。⑤

运转职能改革方面。张宝珍指出可建立"世界金融组织"，统领国际金融秩序。⑥ 在新的"世界金融组织"中，国际货币基金组织转变职能，成为国际金融监管机构；世界银行除原来任务外，承担国际货币基金组织贷款业务，成为唯一国际援助和贷款机构；以国际清算银行为中心，建立国际金融风险预警系统；同时组建国际金融评级机构。李晓西认为国际货币基金组织应建立全球资本流动的监测和预警系统，扩大其防范和支持当事国化解金融危机的能力，同时也应加强和改善世界银行、国际清算银行以及区域银行的功能和作用，同时可考虑建立一个多边紧急的磋商组织和

---

① 孙杰：《从汇率决定和国际收支调节理论看国际货币基金组织的贷款条件性》，《世界经济》1998年第7期。
② 徐忠、孙青：《金融危机、国际货币体系改革及中国的选择》，《世界经济》1999年第4期。
③ 张宝珍：《改革国际金融体制 建立国际金融新秩序》，《世界经济》1999年第5期。
④ 徐忠、孙青：《金融危机、国际货币体系改革及中国的选择》，《世界经济》1999年第4期。
⑤ 邹佳怡：《关于布雷顿森林机构改革的几点观察》，《世界经济与政治》2005年第5期。
⑥ 张宝珍：《改革国际金融体制 建立国际金融新秩序》，《世界经济》1999年第5期。

机制，专门研究出事国发生问题时的解救办法。① 邹佳怡认为布雷顿森林机构是国际经济秩序改革的重要组成部分。② 改革的基本方向应当是以多边主义原则指导全球经济治理，强化多边机制的职能，促进世界经济平衡有序发展。国际货币基金组织应当致力于建立更加平衡稳定的国际货币体系，世界银行应当成为国际发展融资和发展合作的主要平台。针对国际货币基金组织在东亚金融危机中广受诟病的救援条件性，李振全、陈霞认为国际货币基金组织在实行资金援助时，不仅要考虑恢复对外清偿能力，还要考虑促进受援国的经济发展，并加强其国际最终贷款者的功能。③

同时，东亚金融危机之后，几乎所有的国际金融体系改革方案都提及了加强金融监管的必要性。④ 刘劲松指出对冲基金投机性强，负债经营，自身包含高度风险，对世界经济的冲击越来越大，应该在世界范围内建立一种反投机机制，对其进行严格的国际监管。⑤ 李晓西则指出建立国际金融规则是建立新的金融秩序的主要内容，这些规则包括金融活动要有透明度以便监管的规则、对对冲基金进行间接管理的规则、允许受冲击国家和地区自我保护的规则、制定金融机构有效的破产机制等。⑥ 张宝珍指出正是由于许多国家银行管理不善、银行财务状况信息不透明、监督机构不独立等原因，引发金融过度风险，并延误风险的发现和解决。因此，建立和完善国际金融监督机制已成为国际金融体制改革的当务之急。改革包括：提高信息透明度，公开披露有关信息；严格实施市场纪律、限制公共部门担保扭曲，监管成员金融机构的运行；保障监管机构的自主权；加强对银行的跨境监管等。⑦

受世界经济形势的影响，这一时期我国学术界对国际货币金融治理的讨论重点与前一阶段有所不同，具体表现在：第一，对传统的国际货币体

---

① 李晓西：《评国际金融体系改革的目标和内容》，《国际经济评论》1999 年第 5—6 期。
② 邹佳怡：《关于布雷顿森林机构改革的几点观察》，《世界经济与政治》2005 年第 5 期。
③ 李振全、陈霞：《现行国际货币体系的机制性缺陷》，《当代亚太》2001 年第 7 期。
④ 萨奇：《有关国际金融体系改造的若干困惑》，《国际经济评论》1999 年第 5—6 期。
⑤ 刘劲松：《国际金融改革的趋向、实质和我们应采取的政策》，《世界经济与政治》1998 年第 11 期。
⑥ 李晓西：《评国际金融体系改革的目标和内容》，《国际经济评论》1999 年第 5—6 期。
⑦ 张宝珍：《改革国际金融体制　建立国际金融新秩序》，《世界经济》1999 年第 5 期。

系内容如国际储备货币、汇率制度、国际收支调节等的讨论相对较少,同时原有讨论对象如国际金融组织改革问题在这一阶段也主要集中在危机预警、贷款救援等功能改革上;第二,一些新的内容如国际金融监管、人民币国际化、国际经济协调与合作等问题,在国际货币金融治理领域开始受到关注与讨论,从而使得国际货币金融治理的研究日益丰富。

三 全球金融危机后的国际货币金融治理

2008 年爆发的全球金融危机再次暴露了现行国际货币金融体系的缺陷。我国学术界和国际学术界一道,通过挖掘美国金融危机爆发的深层次原因,提出了一系列改革和完善国际货币金融治理的设想与建议。

危机的爆发再一次表明国际货币金融体系改革的必要性。高海红指出当前的国际金融体系在全球机构有效功能缺失和美元全球本位存在脆弱性的条件下,无法应对金融全球化带来的不稳定性。持续的全球失衡、美国次贷危机、全球金融市场的剧烈动荡以及金融危机的传染效应,都表明金融全球化对全球金融体系的稳定性带来重大影响。为维护国际金融的稳定性,国际金融框架改革已迫在眉睫。[1]

我国学者从不同角度论证了当前国际货币体系与金融危机之间的关系。黄晓龙指出在非均衡的国际货币体系下,由于美元占据支配地位和美元在外汇市场上占据主要份额,美元汇率高估是美国理性的、合意的选择。在美元汇率高估的情形下,美国更倾向于增加进口,减少出口,结果存在经常项目逆差,从而导致全球经济失衡。但当强势美元实施一段时期,经常项目逆差积累到相当程度时,部分来自市场的压力和自发调整,使美国往往间歇性地采取弱势美元政策。美元这种贬值—升值循环往往会对其他一些经济体,特别是和美国经济联系比较密切、或者货币与美元挂钩的经济体造成冲击,并最终引发货币危机和金融危机。[2]

王道平、范小云的分析表明,现行的国际货币体系不仅是全球经济失

---

[1] 高海红:《金融全球化与国际金融体系:对东亚的挑战》,《当代亚太》2008 年第 2 期。
[2] 黄晓龙:《全球失衡、流动性过剩与货币危机》,《金融研究》2007 年第 8 期。

衡的重要原因，而且是过去三十年间频繁发生的众多金融危机的原因之一。在该体系安排下，汇率调整很难解决储备货币发行国国际收支赤字和全球失衡问题，无论储备货币国选择国际收支盈余、赤字还是平衡的政策，都会难以避免地引发全球金融危机和不稳定。① 张广斌等认为，单一主权货币充当国际本位货币的前提条件，是该货币发行的私有属性能够支撑其作为国际本位货币的公共属性，而支撑力的发挥依赖于这一主权国家足够大的经济体量。然而现实却是，随着外部经济的趋同性增长，美国在全球经济中的占比趋于下降，全球货币体系平稳运行的理论张力会周期性崩断，其结果很可能是全球性经济危机的周期性爆发。②

陈建奇则从"特里芬难题"这一国际货币体系的经典问题入手，通过模型证明了在现代国际货币体系下，主权信用货币充当国际储备保持稳定性的条件是国际储备货币发行国实际经济增长率大于或者等于通货膨胀率与国际储备货币收益率之和。以美元为例的实证研究表明，布雷顿森林体系的崩溃应归咎于黄金储备增长率与美元收益率的不匹配引致的美元国际储备资产的不稳定，而布雷顿森林体系崩溃后至今，美元相关指标已经严重偏离美元国际储备稳定的条件，美元主导的国际货币体系的前景不容乐观。③

高海红指出，美元仍是主要的国际储备货币，发达国家仍在国际金融机构治理结构中处于支配地位，经济格局与金融权力之间形成明显的错配，造成国际金融体系的不稳定和不平等。④ 原本以解决收支问题和确保金融稳定为目的的国际金融体系，却在历次危机中无能为力，甚至为持续性全球失衡深埋隐患。实现储备货币多元化，重组和增设多层级的国际金融机构，建立全球金融安全网，是未来国际金融体系重建的核心内容。管涛等指出，现行国际货币体系在汇率制度、资本

---

① 王道平、范小云：《现行的国际货币体系是否是全球经济失衡和金融危机的原因》，《世界经济》2011 年第 1 期。
② 张广斌、黄海洲、张绍宗：《全球性经济危机与全球货币体系调整：经验证据与理论框架》，《国际经济评论》2018 年第 6 期。
③ 陈建奇：《破解"特里芬"难题》，《经济研究》2012 年第 4 期。
④ 高海红：《布雷顿森林遗产与国际金融体系重建》，《世界经济与政治》2015 年第 3 期。

账户开放、国际储备货币等关键问题上均面临两难甚至多难的选择,任何选择都并非完美无缺,未来必将是一个多种选择并存的、竞争性的国际货币体系安排。①

(一)国际储备货币:超主权货币与储备货币多元化

美国金融危机将会极大削弱美元的国际货币地位。张明指出次贷危机的爆发与深化加剧了国际社会对于美元本位制能否继续维持的担忧。危机的爆发加快了处于美元本位制外围的新兴市场国家的货币区域化与国际化进程,这很可能进一步削弱美元在国际货币体系中的主导地位,进一步加快美元本位制的调整,甚至可能加速美元本位制的崩溃。② 黄益平则认为美国金融危机以后,无论是美元还是联储都很难再恢复到危机以前的地位,金融危机结束以后,美元独霸天下的局面将会发生改变。③ 不过国际经济的客观现实决定了美元不会很快退出历史舞台。美元很难被彻底替代,只是被迫放弃独霸天下的地位。李稻葵等认为,国际金融危机之后,现行国际货币体系难以为继,尤其是因为美元信用基础发生了根本性的动摇,其超级国际货币的地位必然丧失。④

为提高国际货币体系的稳定性,必须进一步削弱、限制美元霸权。关于应对美元霸权的方式,李巍提出要么使用新的更有信誉的国际货币彻底取代美元的统治性国际货币的地位,要么培育新的、富有竞争力的国际货币,削弱美元的垄断性。⑤ 具体来看,可以有四种路径:(1)缔造世界货币来替代美元;(2)建立国际货币制度来约束美元;(3)重新启用实物货币(特别是黄金)来削弱美元;(4)培育竞争货币来制衡美元。

美国金融危机之后,超主权货币特别是特别提款权(SDR)再次受到热烈讨论。乔依德、徐明棋指出改革现存国际货币体系的终极目标是

---

① 管涛、赵玉超、高铮:《未竟的改革:后布雷顿森林时代的国际货币体系》,《国际金融研究》2014年第10期。
② 张明:《次贷危机对当前国际货币体系的冲击》,《世界经济与政治》2009年第6期。
③ 黄益平:《国际货币体系变迁与人民币国际化》,《国际经济评论》2009年第5—6期。
④ 李稻葵、尹中兴:《国际货币体系新架构:后金融危机时代的研究》,《金融研究》2010年第2期。
⑤ 李巍:《制衡美元的政治基础》,《世界经济与政治》2012年第5期。

"全球信用全球管理"。在目前尚无法设立世界中央银行、创建世界货币的情况下，可以采取渐进的改革路线，核心内容是在多元化国际储备货币体系中增强 SDR 的作用，通过扩大 SDR 的发行规模、增强其国际货币职能来推动改革。① 不过，管涛指出，对外负债是国际清偿能力创造的主要来源，N-1 假设决定了必然至少有一个经济体贸易或者经常项目收支为负，才可能解决这个问题。② 金本位和最优共同货币区——欧元区的实践表明，无论是基于实物本位还是信用本位的超主权货币，都不能很好地解决国际收支的有序调节问题。因此，超主权货币可能并非国际货币体系改革的唯一终极最优解。不过，超主权储备货币虽不能主导国际货币体系，但并非在未来国际货币体系中没有进一步的发展空间。现有的超主权储备货币，包括 SDR、黄金等，甚至不排除还可能创设新的超主权货币，与欧元一样都有可能成为多元化储备货币体系中的备选。

此外，其他货币形式如碳货币、数字货币在国际货币体系中的作用也受到学术界的关注，但这些货币形式也面临各自的问题。王颖、管清友从碳排放权作为一般等价物的商品属性出发，提出碳的"商品信用本位"，他们对"碳本位"国际货币体系的合理性进行阐述，并进一步展开碳货币本位的系统设想，包括碳货币总量和碳货币发行权，碳货币完整的流通域与现行系统兼容的可能性以及碳货币本位下的汇率制度和超国界管理机构等。③ 他们还认为，碳交易的兴起将是助推货币多元化格局的绝好契机，与"货币稳定三岛"的演进方向趋同，也顺应了重塑全球货币体系的改革诉求。④ 碳本位货币体系具备解决现有体系部分固有矛盾的优越性，但碳货币是否能够解决现有体系的主要矛盾，选择碳汇率机制是否有利于国际收支改善，碳本位是否具备稳定性与可持续性以及其对改善人类

---

① 乔依德、徐明棋：《加强 SDR 在国际货币体系中的地位和作用》，《国际经济评论》2011 年第 3 期。
② 管涛：《国际货币体系改革有无终极最优解？》，《国际经济评论》2015 年第 4 期。
③ 王颖、管清友：《碳货币本位设想：基于全新的体系建构》，《世界经济与政治》2009 年第 12 期。
④ 王颖、管清友：《碳交易计价结算货币：理论、现实与选择》，《当代亚太》2009 年第 1 期。

生存环境的作用,碳货币是否更具替代优势等一系列问题仍需进一步探讨。① 刘津含、陈建则研究了数字货币对国际货币体系的影响,认为未来法定数字货币会以主权货币的补充货币、替代现有主权货币、成为国际本位三步走的方式最终成为新的国际本位。不过,数字货币仍存在缺乏有效价值支撑、缺乏交叉技术融合、缺乏全面监管措施等问题。②

另一个提升国际货币体系稳定的有效手段是促进储备货币的多元化。这主要是因为:第一,美元衰落是一个长期的过程,而超主权储备货币的诞生也必然是市场演进而非政策取得的过程,因此,更为现实的情景是,欧元以及亚洲货币逐步成长为同美元分庭抗礼的竞争对手;第二,世界经济多极化的趋势决定了国际货币体系多极化的趋势;第三,多极化的国际货币体系有助于引入约束储备货币发行的纪律。③ 其中,欧元以及人民币将会发挥重要作用。

从人民币角度看,人民币国际化是我国对外经济战略的一部分,从国际层面来看,人民币国际化也是国际储备货币体系改革的重要部分。张明指出从国际货币体系的演进来看,在中期内,美元作为中心货币的地位将被逐渐削弱,欧元与亚洲货币(人民币、日元或者 ACU)的地位将会逐渐上升。美元独大的国际货币体系可能被美、欧、亚三种货币共同充当全球储备货币的格局所取代。④ 因此,人民币国际化也是我国积极参与国际货币金融治理,积极承担稳定国际货币金融体系责任的重要体现。

美国金融危机为人民币国际化提供了外在机遇。赵柯通过考察美元危机之下德国马克的崛起,指出后进国家的货币要想真正实现国际化需要在宏观层面有一个"机会窗口",这主要表现为"在位"国际货币发行国的经济政策出现严重失误,或者因遭受重大冲击而国力衰落。因此,当下的美国金融危机正好为人民币国际化提供了机遇。⑤

---

① 张旭:《关于碳货币理论研究的述评》,《经济学家》2015 年第 2 期。
② 刘津含、陈建:《数字货币对国际货币体系的影响研究》,《经济学家》2018 年第 5 期。
③ 高海红、张明、刘东民等:《国际金融体系:改革与重建》,中国社会科学出版社 2013 年版。
④ 张明:《次贷危机对当前国际货币体系的冲击》,《世界经济与政治》2009 年第 6 期。
⑤ 赵柯:《货币国际化的政治逻辑》,《世界经济与政治》2012 年第 5 期。

然而，在这种外在机遇下，对人民币国际化并不能一味乐观。何帆指出人民币国际化很可能不是政策推动的结果，而是水到渠成的结果。在人民币国际化时机不成熟的时候不要贸然推进，因为一旦在货币国际化进程中受到挫折，出现停顿，可能随后就是长时期的倒退。① 高海红、余永定指出，国际经验表明，货币国际化主要是市场力量决定的结果，而不是人为力量所能实现的。因此，人民币国际化最好不作为一个政府政策目标，而是通过创造人民币国际化的条件，促进国内的金融自由化、金融改革和开放，根据市场需要，顺应市场规律，辅以政策手段，推动货币的国际使用。②

李巍、朱艺泓认为，国际货币地位的确立不仅仅是市场扩张的自然产物，而且需要坚实的国际政治基础。③ 中国对外签订的货币互换协议是中国政府在人民币国际化过程中对外争取货币盟友的重要步骤。除此之外，中国还在全球层面努力推动既有的全球性制度改革，在区域层面进行大规模的区域性制度建设，这都是有为的货币外交。④ 由于当下人民币还处于货币崛起的初步阶段，人民币作为国际货币的国际政治基础建设更加需要通过信誉塑造发挥公信力和利益供给发挥向心力。⑤

（二）货币协调：从 G7 到 G20

受美国金融危机影响，世界经济格局对比发生变化，全球经济治理格局也随之改变。二十国集团正好适应了这一变化趋势，从而成为全球经济治理的重要平台。崔志楠、邢悦指出美国金融危机的爆发对始于 1975 年以七国集团（G7）为核心的国际金融治理模式提出了严峻挑战，国际金融治理机制发生了从"G7 时代"向"G20 时代"的重大转变。作为一种新的制度模式，二十国集团适应了国际经济权力结构的变迁，而且在节约制度建设成本上具有相当大的优势。⑥ 徐秀军认为尽管目前二十国集团仍

---

① 何帆：《人民币国际化的现实选择》，《国际经济评论》2009 年第 7—8 期。
② 高海红、余永定：《人民币国际化的含义与条件》，《国际经济评论》2010 年第 1 期。
③ 李巍、朱艺泓：《货币盟友与人民币的国际化》，《世界经济与政治》2014 年第 2 期。
④ 李巍：《人民币崛起的国际制度基础》，《当代亚太》2014 年第 6 期。
⑤ 李巍：《伙伴、制度与国际货币》，《中国社会科学》2016 年第 5 期。
⑥ 崔志楠、邢悦：《从"G7 时代"到"G20 时代"》，《世界经济与政治》2011 年第 1 期。

只是一个非正式的对话机制,但它已成为全球经济治理的主导机制,无论对于推动发达经济体与新兴经济体之间的协商和合作,还是促进国际金融稳定和全球经济增长来说,都起着其他机制无可替代的作用。① 在二十国集团这一全球经济治理平台上,新兴经济体通过与发达经济体进行对话和协商,提出和通过了国际货币基金组织和世界银行治理结构改革、《巴塞尔协议Ⅲ》、全球金融机构(SIFI)的国际标准和原则等一系列重大议题。

在国际货币金融治理中,未来应进一步发挥二十国集团的作用。李晓、冯永琦指出目前二十国集团机制已成为推进国际货币体系改革的重要平台,未来 G20 机制应当充分挖掘和扩大成员之间的共同利益,通过国际经济政策协调以及改革传统国际经济组织等途径,推动国际货币体系改革。② 从国内层面来看,中国应避免单独直接面对或挑战美国的核心利益,而是应更多地利用 G20 这个重要平台实现自身的利益诉求,增强自身在推动国际货币体系改革进程中的地位与影响力。从国际层面来看,加强二十国集团的作用则可包括如成立应急小组、应对突发性金融事件和稳定世界金融市场;充分发挥 G20 创立的"金融稳定论坛(FSF)"及"金融稳定委员会(FSB)"等新机制的作用,探索创立一个崭新的国际货币新体系等。③

上海发展研究基金会全球金融治理课题组强调,应在 G20 平台下加强系统重要性国家货币政策的外溢效应管理与国际协调,组建货币政策"4+1"(美、欧、日、英、中)多边协调机制,致力于在一定程度上防范储备货币发行国政策对金融周期的过度刺激,抑制政策的不利外溢效应,缓解全球金融不平衡的影响,以及引导市场一致预期的形成。④

---

① 徐秀军:《新兴经济体与全球经济治理结构转型》,《世界经济与政治》2012 年第 10 期。
② 李晓、冯永琦:《国际货币体系改革的集团行动与二十国集团的作用》,《世界经济与政治》2012 年第 2 期。
③ 黄范章:《G20 集团与国际货币体系改革》,《金融研究》2010 年第 2 期。
④ 上海发展研究基金会全球金融治理课题组:《全球金融治理:挑战、目标和改革》,《国际金融评论》2016 年第 3 期。

(三) 国际收支：国际金融监管与国际货币基金组织改革

全球金融危机的爆发揭示了全球范围内跨境金融监管机制的缺失。本次金融监管改革与东亚金融危机之后的金融监管改革不同，更加强调跨国金融监管。黄范章指出各国应扩大对本国金融监管的范围，对所有金融机构（银行、证券、保险、基金）、金融产品和衍生产品及金融市场实行全面监管。① 同时，要积极推进金融监管的国际化，应就金融监管合作的理念、原则、监管谁、谁来监管以及如何监管达成共识和做出承诺，形成有力而又具有一致性的跨国监管合作机制。张明指出作为一个逐渐融入金融全球化、金融体系处于不断开放过程中的发展中国家，中国应积极参与国际金融监管体系改革。② 作为二十国集团成员与金融稳定委员会成员，中国政府应积极参与未来国际金融监管标准的制定与实施，并在标准制定的过程中发挥应有的影响力。在国际层面，应积极推动金融稳定委员会发挥更大的作用，将其打造为各国政府、国际组织、机构的金融监管信息沟通与交流平台，各类监管者要在金融稳定委员会的框架下互通有无、统一监管理念与监管实践，从而在最大限度上抑制监管套利，通过在全球范围内推行宏观审慎监管来防范系统性风险的爆发。③

这一时期的国际货币基金组织改革主要集中在治理结构改革。这主要是因为，美国金融危机以及随后欧洲主权债务危机的爆发，导致全球经济格局发生重大改变，发达经济体经济地位相对下降，新兴市场经济地位不断提升，但是在全球经济治理领域，这种实力变化却没有得到合理反映。李向阳指出应不断提高新兴市场国家的份额，将对国际货币基金的增资与其治理结构改革相挂钩。④ 黄范章认为应改革国际货币体系和传统世界经济秩序中的决策结构，主要是提高中国等发展中国家在国际货币基金组织

---

① 黄范章：《G20 集团与国际货币体系改革》，《金融研究》2010 年第 2 期。
② 张明：《国际货币体系改革：背景、原因、措施及中国的参与》，《国际经济评论》2010 年第 1 期。
③ 高海红、张明、刘东民等：《国际金融体系：改革与重建》，中国社会科学出版社 2013 年版。
④ 李向阳：《国际金融危机与国际贸易、国际金融秩序的发展方向》，《经济研究》2009 年第 11 期。

和世界银行等国际组织中的代表权。① 2016 年，基金组织 2010 年份额和治理改革方案生效，在一定程度纠正了投票权分别的不合理状况，也同时强化了 IMF 在全球金融治理中的能力和地位。②

何知仁、潘英丽指出，国际货币基金组织作为全球治理机构的内在要求，与国际政治博弈的力量不对称状态之间存在固有矛盾。基金组织配额改革的真正困难在于这种矛盾无法在现行配额体系下化解。为此，他们提出应将配额的投票权、出资义务和融资权利三种功能进行分离，从而使基金组织的治理和职能走上相互促进的良性循环道路，促进全球贸易与金融在平稳中走向平衡。③

职能改革方面，李向阳指出有关国际货币基金组织的职能改革主要包括三个方面：一是扩展国际货币基金的多边监测功能，增强其监测对发达国家的约束力，同时加强与国际清算银行、巴塞尔委员会以及金融稳定论坛等国际相关机构的合作；二是改变国际货币基金贷款条件性，提高其贷款的反应速度；三是扩大特别提款权的使用范围，为创造超主权储备货币提供条件。④ 张明从三个方面对基金组织职能完善提出了建议：监测功能方面，基金组织应将更多的资源投入多边监测功能上来；贷款条件性与反应速度方面，基金组织应该改变而非取消贷款条件性，应该与华盛顿共识脱钩，变得更从借款者的实际情况出发，同时应该提高基金组织的危机反应能力，提高贷款的支付速度；增加资源方面，中国政府应鼓励基金组织增发特别提款权，支持基金组织发行以特别提款权计价的债券，支持基金组织激活替代账户等。⑤ 从实践上看，基金组织在诸多职能上也进行了改革，例如对资本流动管理的态度发生了改变，建立起国际资本流动

---

① 黄范章：《G20 集团与国际货币体系改革》，《金融研究》2010 年第 2 期。
② 高海红：《透视国际货币基金组织份额改革》，《清华金融评论》2014 年第 3 期。
③ 何知仁、潘英丽：《国际货币基金组织配额改革的基本原则与功能分离》，《国际经济评论》2014 年第 1 期。
④ 李向阳：《国际金融危机与国际贸易、国际金融秩序的发展方向》，《经济研究》2009 年第 11 期。
⑤ 张明：《国际货币体系改革：背景、原因、措施及中国的参与》，《国际经济评论》2010 年第 1 期。

管理框架。①

（本章写作分工：任琳、田慧芳、熊爱宗分别负责第一、二、三节，作者均来自中国社会科学院世界经济与政治研究所）

---

① 张春生：《IMF 的资本流动管理框架》，《国际金融研究》2016 年第 4 期；熊爱宗：《国际货币基金组织与国际资本流动管理》，《金融评论》2016 年第 4 期。

第十章

世界能源

能源是经济社会稳定持续发展所必需的战略性、基础性资源。中国是一个富煤贫油少气的国家，国内油气供应高度依赖国际市场。作为一个能源进口依存度高的国家，获取足够、可靠、稳定的油气供应，关系着中国的能源安全和国家安全。随着中国经济的持续快速增长，中国的能源需求急剧增加，与国内能源禀赋结构之间的不匹配不平衡日益加重，导致中国能源供应安全风险显著上升，中国的能源消费结构长期明显落后于国际平均水平，长期备受环境污染问题困扰。中国日益尖锐的能源消费、生产和供应困境引发了国内学者长期的高度关注与研究热情，这有力地推动了世界能源学科的发展。本章拟从石油市场形势和价格、能源贸易、跨境能源投资、清洁能源发展和能源转型、全球能源治理、能源安全、能源政策等视角，对40年来国内世界能源学科的发展演变过程做一个系统梳理。

第一节 石油市场与价格

能源市场直接影响着各国经济发展乃至国家安全。中国是能源消费大国，保证充足的能源供应以维持经济增长，一直是中国政府所面临的一个核心问题。因此，能源市场和价格也自然成为国内世界经济研究的重点之一。石油市场是能源市场中最受关注的市场，关于石油市场的研究包括石油价格形成研究、石油价格波动周期研究和石油价格的影响研究。

能源市场的发展进程受到两个重大因素的推动：一是能源市场化、自由化。能源市场在世界许多地方受到监管，随着各国政府对能源管制的放松，能源市场化发展已经取得重要进展，推动了全球能源格局的转变。二是能源技术的突破。放松管制并不是改变能源市场格局的唯一变革力量。当前的可再生能源革命正在重塑整个行业。与此同时，水力压裂等新的生产技术为市场提供了更多的天然气和石油。除此之外，液化天然气的增长也逐步促使天然气市场全球化。

在能源价格形成研究方面，一般的分析框架是供需基本面和非基本面因素（如金融因素等）分析。最基本的供需原则是能源市场定价的主要参考。例如石油或天然气的价格将取决于买方需求以及市场供给。影响可用供应的因素很复杂，要全面探讨石油价格的变化，需要从石油生产和供应格局的变化、能源结构变化、市场结构变化、经济增长率、科学技术进步、能源弹性系数变化等角度全面来把握。国内学者对石油价格形成的研究多集中在石油生产成本分析、石油供需及其背后的政治经济因素分析。

石油价格波动也是国内学者研究的一个重点，分长周期性分析和特定时期的波动因素分析。陈江生通过对国际油价波动长周期的研究，认为可分为平稳期—上升期—高台期—下降期—新的平稳期几个阶段，显示出石油价格波动的规律性。[①] 2006年，蒲志仲在《国际油价波动长周期现象探讨》一文中曾把1861—2005年以来国际油价的波动划分为六个长周期，认为在国际油价变动中存在着较为明显的长期高油价均衡与长期低油价均衡相互交替现象。他将一个高油价时期及其后的低油价时期定义为一个油价波动的长周期，在1861—2005年的144年中，国际油价变动存在着五个完整的油价波动长周期，分别为1861—1891年、1892—1914年、1915—1945年、1946—1970年、1971年至1999年2月，1999年至今（2006年）处于第六次长周期波动的上升阶段或高油价阶段。[②]

一　20世纪70—90年代：油价波动及成因和影响

学者主要集中分析了20世纪80年代油价下跌的原因、未来原油趋势

[①] 陈江生：《未来世界石油价格波动趋势分析》，《现代国际关系》2005年第9期。
[②] 蒲志仲：《国际油价波动长周期现象探讨》，《国际石油经济》2006年第6期。

的分析预测以及油价对世界经济的影响。20世纪70年代是石油价格上涨期。从1973年到1982年阿拉伯轻质油名义价格由每桶3.3美元上涨到43美元，十年内上涨了十倍。石油输出国组织在每次石油涨价中起着决定性的作用。但是，石油毕竟是一个大宗商品，石油价格最终还是要受价值规律的制约。高价油迫使西方国家调整产业结构，采取节能政策，发展替代能源，从而压缩了石油消费量。与此同时，高价油也刺激了石油输出国组织以外地区的石油勘探和开发，相应地削弱了石油输出国控制石油价格的力量。

实际上，石油市场价格更多的成分是由谈判能力和垄断性所决定的政治价格。自从1973年"能源危机"以来，各国执行一系列能源调整政策，使本身的产业结构得到了调整。无论是"卖主"或"买主"都从突然被"冲击的状态"逐渐走向"平静状态"。通过"能源危机"的冲击，使人们清醒地看到石油作为一种不可再生的资源不应该无节制地利用或浪费。同时，产油国也更深深地感到要很好地利用自己拥有的这种宝贵的资源财富。

20世纪80年代，世界经济面临两次石油危机过后的油价大幅下跌。1982年以来，石油市场供应过剩，油价下跌的趋势明显，同时西方石油公司竞相抛售库存，石油输出国组织的一些成员国也低价销售，加速了石油价格下跌的势头。面对这种严峻的形势，石油输出国组织于1983年3月决定将基准油价降低到每桶9.2美元。这是石油输出国组织正视现实采用适当降价办法使石油价格与价值相接近，以达到长期稳定石油价格的战略措施。

关于80年代石油价格的暴跌的原因，众说纷纭，包括：世界石油产量供过于求；产油国不断增多，石油产量增加；能源消费结构出现新变化，70年代的两次石油危机，使得多数发达国家加快了能源替代的步伐，同时加大了国际上的节能意识；西方石油公司趁机调整石油库存，以石油库清仓为名竞相抛售石油；其他非石油输出国组织生产国不断增加石油产量。

万春侯等认为国际石油价格由两个主要因素决定：需求量和石油输出组织的垄断能力。这两个因素的竞争结果使得石油的国际市场价格在上下极限之间变化。这一时期石油市场基本处于供大于求的形势，产油国与石油消费国双方对油价的态度趋向一致，石油现货市场、准现货市场以及期货市场发展迅速，石油贸易方式逐渐市场化、规范化。① 这些特点是这一时期研究国际石油市场和国际油价变化的基础。

凌星光指出，原油价格的大波动与它所包含的级差地租和垄断地租密切相关，同时，石油的生产特点和需求特点决定了石油价格弹性小。20世纪70年代前半期，石油输出国组织利用石油供不应求和在短期内价格弹性小这一有利形势，依靠其石油垄断地位大幅度提高油价，使它们能够获得大量级差地租和垄断地租，使1973年以前价格过于低廉且不合理的石油骤然变成过于昂贵而不合理的东西。他认为，这是自1981年下半年以来油价大幅度下降的根本原因。②

苏似锦则认为，石油生产成本、石油质量和供需状况是影响国际石油定价的主要因素。石油价格的波动还受"上限"的制约和"下限"的限制。所谓油价的下限：一是指石油生产成本（也有研究认为是生产条件最差、生产成本最高、生产效能最低的油井所生产出来的石油价格）；二是指煤炭生产成本及由用油转向用煤所需的设备改造费用。所谓油价的"上限"是指替代能源的最低生产成本。石油输出国组织把替代能源的生产成本作为长期的价格战略目标。该组织在1980年制定的石油长期战略中规定："石油价格从长期看应该逐渐接近于替代能源的成本水平"。③ 国际石油价格一般在上述上下限的范围内波动，但是供应和需求作为决定市场价格的基本力量，又完全可能使得价格在一段时期内越距，暂时超越上下限的界线。

这一时期的预测研究主要关注两个方面的问题：第一，未来油价是继续下跌，还是会稳定或回升；第二，从长期的观点来看，一个相对稳定和合理的价格将由哪些因素决定。当时的研究中对石油供应及价格的变化的一般认识是：通过价格调整，以保持供求关系大体平衡，国际油价趋向稳

---

① 万春侯、顾亦农、王树茂：《世界石油价格变化的趋势》，《中国能源》1983年第5期。
② 凌星光：《石油价格大涨大落的理论分析》，《世界经济》1982年第7期。
③ 苏似锦：《世界石油价格变化趋势初探》，《世界石油问题》1986年第1期。

定。尽管还会有小的波动，但主要影响因素是西方工业化国家的经济复苏和发展速度，另一方面是石油输出国组织的状态，沙特阿拉伯在其中起着非常重要的作用。中东等地区的政治动乱必然给油价带来意外变动的因素。

油价暴跌不但会使西方工业国特别是对石油进口国的国民生产总值增长率有所提高，而且也会使通货膨胀和失业率有所下降。世界经济增长加快，又会使各国对石油的需求量增加，从而导致油价的回升；石油输出国组织为制止油价继续暴跌也不得不决定实行减产保价政策。石油价格是生产成本决定的，随着油田采用二次采油增产措施，各国原油的开采成本都不断提高；石油的自然分布极不平衡和易于垄断决定了价格不会一直处于低位。而石油输出国组织的政策和世界经济增长速度特别是发展中国家的增长速度也决定了未来石油价格的走势。[1]

石油价格的变化有其长期的趋势和短期的起伏。长期的变化趋势由于受资源的限制，可能经济供应的量越来越少，油价必定是逐渐上升。短期的起伏则由世界经济周期的影响、节能措施的推广、新的勘探开采等经济和技术因素所决定。[2] 史敏认为，由于20世纪80年代末和90年代上半期，世界几大油田（如秋明油田、北海油田、阿拉斯加油田）先后越过生产峰期，到90年代下半期可能重新出现石油供不应求的局面，石油输出国组织将重新获得在世界石油生产和销售中的控制地位。[3]

陈启达（1983）指出，廉价掠夺石油的时代已经结束。20世纪60年代及以前，国际石油资本人为压低油价的现象，在产油国夺回石油定价权以后不复存在。油价会根据市场情况出现起伏。随着西方经济的回升，对石油的需求增加；而油价下跌则可能减弱节能和发展替代能源的推动力；除欧佩克外的产油国产量不可能大幅上升、国际大石油公司动用库存不可能持久。他认为，石油的中长期价格可能出现稳中有涨的趋势：其一，石油需求很难下降，未来几十年仍然是能源消费的主体；其二，石油供应在

---

[1] 曹献荣：《世界石油价格暴跌的成因与展望》，《华东石油学院学报》（社会科学版）1986年第3期。

[2] 茅于轼：《国际石油市场的结构变化和市场前景》，《世界石油市场》1986年第1期。

[3] 史敏：《国际油价与世界经济发展形势》，《经济纵横》1987年第2期。

中长期内还会出现紧张；其三，欧佩克在20世纪内仍能对石油市场保持一定的影响力；其四，西方开始认识到今后再长期压低油价不符合他们的长远利益。因为油价低不但减弱西方抑制能源需求增长的能力，从而使西方更多地依靠进口石油，而且将减弱对发展替代能源的刺激，甚至"破坏西方全面的能源政策的基础"；国际石油资本也不愿油价暴跌，因为这会使它们的高价库存失去价值，并给它们已投下巨资的替代能源开发以巨大打击。[1]

油价暴跌对世界经济产生复杂和深远的影响。对发达国家来说总体是利大于弊，他们可以节省进口石油的费用，有利于降低通货膨胀率和利率，刺激投资和消费。而对发展中国家则需要具体分析。油价暴跌可以使进口石油的发展中国家减少进口费用，同时利率下降也可使债务国的利息负担减轻；但是油价暴跌沉重打击了发展中国家中的石油出口国，出口收入锐减，资金流入进一步减少。此外，油价下跌还影响到国际金融，首先是出口石油的债务国收入剧降，债务形势再度恶化，有可能出现偿债危机。尽管油价下跌使利率下降，减轻了债务国的利息负担，但发展中国家债务会继续上升；同时会使欧佩克国家的收入大幅降低。从国际贸易的影响看，油价下跌，促进投资和消费，使世界经济增长加快，也将推动国际贸易的增长，使国际商品市场呈现一定的活跃，无形贸易中受油价下降刺激上升较快的是运输和旅游业以及金融和通信等服务部门。

苏似锦认为，世界石油市场的供求状况，世界经济的状况，石油输出国组织在世界石油市场中占有率的变化，国际石油垄断资本的影响，主要石油生产国、出口国和消费国石油政策的变化等都会对未来石油的走势产生影响。至于未来石油价格发展趋势，从需求方面看，随着西方经济的回升，石油消费逐渐趋于增加；同时国际大石油公司在经过长时间抛售库存之后，将转向补充库存，也将会增加进货，总的需求将有所增长。从供给方面看，石油输出国组织会根据情况执行生产限额协议，同时，其他石油生产国的增产能力有限；且西方国家抛售库存已近极限，总供应不会有大的增加。因此，整个供需将趋相对稳定，这将有利于石油输出国组织维持

---

[1] 陈启达：《世界石油价格的发展趋势》，《现代国际关系》1983年第5期。

基准油价。同时，产油国也积极维持相对平衡的石油价格。长期来看，石油价格受生产的边际成本加上税收和平均利润等因素的影响，以后的价格可以为生产国和消费国接受，也是未来石油价格波动的中心。[①]

二 2000—2008 年：油价波动及其成因和影响

进入 21 世纪后，油价持续上涨，并于 2008 年创下历史新高，尽管随后的金融危机使油价涨势短期逆转，但总体的上涨趋势一直维持在 100 美元/桶以上。在此期间，国内相关研究主要针对油价上涨而展开，主要集中分析油价上涨的原因、未来原油趋势的分析预测以及油价上涨对世界经济的影响。石油危机的刺激，使世界各地出现了石油勘探高潮，勘探公司的足迹遍布亚洲、非洲、拉美、北海及高寒的阿拉斯加，石油工业也逐步摆脱欧佩克的单独垄断和控制而走向全球化时代。20 世纪末，中亚里海地区与非洲几内亚湾地区成为最有吸引力的两大产油区域，成为 21 世纪能源供给研究的重点之一。面对日益上涨的石油价格，世界各国必然加快油田开发和生产，减少对进口石油的依赖。同时加快可再生资源的开发，加快节能技术研发，注重可替代能源的开发，减少对石油的依赖。

多数学者认为，油价上涨的原因主要包括世界经济复苏、欧佩克削减原油产量、成品油生产能力不能满足市场需求、金融投机活动、西方石油消费国燃油税过高、美元贬值、气候和天灾等不一而足。

推动油价暴涨的一个实质性因素是需求快速膨胀，是"需求拉动型"的价格提升。[②] 这既是因为原油需求增长过快，也因为成品油需求量过度增加。因为以往的油品当中绝大多数是轻质油和中质油，而后来重油（重质稠油）成分大量增加。由于最近几十年炼油行业的技术进步没有明显改善，重油的增多导致炼油能力相对下降了。因此成品油供应出现紧张态势。由于信息不对称和预期所导致的风险溢价提高，成品油供应紧张反

[①] 苏似锦：《世界石油价格变化趋势初探》，《世界石油问题》1986 年第 1 期。
[②] 刘明：《国际石油价格的变动趋势及其影响》，《国际经济评论》2000 年第 12 期。

而带动了上游原油供应的紧张。①

支持国际油价上涨的另一个实质性原因是供应短缺。2005年6月13—14日在马来西亚吉隆坡召开的第十届亚洲石油和天然气大会上，石油供应衰减论再次抬头，其理由主要是：（1）过去数年里，除俄罗斯和中亚地区以外的非石油输出国组织产油国常规原油可采储量和生产量递减，每年产出量大于新增储量；（2）在主要产油国中，产量增长的国家数目开始递减；（3）大多数产油国特别是非石油输出国组织产油国已进入或接近产量下滑期；（4）近年全球勘探领域的突破性发现寥寥无几，产能提高的技术难度和投资越来越大，等等。② 世界经济与政治所刘明指出，有观点将国际大石油公司视为推动国际油价飙升的"罪魁"：它们为牟取暴利，故意缩减石油产量，制造石油供应短缺，引起市场动荡和恐慌。

此外，也有研究从国际金融市场因素分析，发现国际石油价格高涨与国际外汇市场因素紧密相关，其中主要货币汇率基本面和前景的变化对比，以及利率预期的作用，是形成国际石油价格再度走高的基础因素，同时石油投机因素运用环境与条件变化，加大投资组合风险与技术盘整也是石油价格高涨的重要因素之一。③

张宇燕和管清友进一步通过对油价波动和世界能源格局演变历史的总结和回顾，认为油价波动既是国际市场供求双方博弈的结果，也是"大国"关于石油利益分配的政治安排。油价波动既反映了国际市场的供求结构，也反映了国际关系的权力结构。世界能源格局的演进反映了两大国家集团之间"权力"的消长。④

油价上涨对世界经济造成各种影响：欧盟和欧元区国家通胀率上升，从利率上调和企业收益恶化两个方面对股票市场产生不良影响。同时，直接冲击运输业、石油加工业及以原油为原料的石化业，导致企业利润降

---

① 张宇燕、管清友：《世界能源格局与中国的能源安全》，《世界经济》2007年第9期。
② 卢怀宾：《应对世界新秩序：油气行业面临新挑战》，《国际石油经济》2005年第9期。
③ 谭雅玲：《国际石油价格上涨的原因和资源战略竞争的探究》，《国际金融》2006年第1期。
④ 张宇燕、管清友：《世界能源格局与中国的能源安全》，《世界经济》2007年第9期。

低,向这些部门的投资热情大大下降。经常项目收入减少或逆差,削弱了发展中国家的偿债能力。而世界原油价格高涨对美国、欧洲等西方主要石油消费国的影响明显地波及政治和社会领域,而中东的冲突会使油价持续维持在高位。①

进入21世纪后,世界经济对高油价的承受力明显增强。在2008年国际金融危机前,国内学者认为,高油价对世界经济冲击弱化的主要原因是,自20世纪70年代两次石油危机后,发达国家有效实施了产业结构调整和有力的节能战略,特别是高科技的普遍运用,使能源利用效率明显提高,加上核能等替代能源的开发,使经济发展对石油的依赖大为降低,全球工业生产对油价上涨而形成的生产成本增加具有更强的吸收消化能力。②同时,沙特阿拉伯等国家拥有1000万桶/日的机动生产能力,能够调节市场供求关系。从中可以看出,石油供需双方需要合作,维持石油价格的相对稳定对生产国和消费国乃至世界经济都有重要的意义。

预计未来中长期石油价格将保持在比较稳定的水平上。持续的高价既不利于石油消费国,也影响石油生产国的长远利益,价格适当对双方均有利可图和容易接受;面对21世纪可能出现的常规石油短缺,加快非常规石油资源勘探和替代能源技术开发,高油价会直接引发石油产量的增加,从而引起价格的大降。而且,欧佩克内部意见合少分多,决定了不可能长时间遵守减产协议,而油价不会长期走高;一些产油国由于与美英等主要石油消费国存在着政治和经济上的密切关系,在美国的压力下及从自身多方利益考虑,肯定会调整产油政策。③

国际油价的波动对国内油价具有绝对的导向作用。随着中国的石油对外依存度快速升高,国际原油价格的波动将会更大地影响中国油品以及相关生产原料的价格,甚至影响整个宏观经济的运行。面对世界油价的波动,中国有必要在破除石油行业垄断的同时,建立国家的石油储备体系与

---

① 刘明:《国际石油价格的变动趋势及其影响》,《国际经济评论》2000年第12期。
② 余建华:《世界石油供需态势与油价高位问题》,《社会科学》2008年第5期。
③ 李优树:《国际石油价格波动分析》,《财经科学》2000年第6期。

价格调控体系，以达到稳定国内油价的目标。[①]

三 2008—2018 年：中国因素对油价的影响以及油价对中国的影响

国际原油价格自 2002 年以来持续上涨，越来越多的学者开始讨论中国因素在其中的作用，如中国因素对石油价格的影响、油价对中国经济的影响以及中国能源安全问题。田利辉和谭德凯分析 2002 年到 2012 年原油价格的影响因素，认为尽管中国因素在短期内显著影响原油定价，但其影响程度明显低于金融投机因素。金融投机对原油市场存在导向作用和放大作用。金融投机是 2002 年以来原油价格持续上涨和 2008 年暴涨暴跌的主要原因。[②] 类似地，谢飞和韩立岩的研究中也指出，金融投机推动了包括原油在内的大宗商品价格的剧烈变动。[③] 也有研究认为中国需求是影响国际油价的主要原因。谢楠等在研究中发现中国需求显著推高了国际油价，对国际油价的波动的贡献度达到了 11%。[④]

2014 年下半年国际油价暴跌，跌幅超过 40%。从市场因素来看，主要是 OPEC 不减产及美国页岩油气的产量持续增加，以及欧洲、日本和新兴国家经济普遍低迷，导致市场处于供过于求的状态，从而导致油价下跌。此外，地缘政治因素、美元流动性及美元走势、金融投机等非市场因素也影响了油价走势。[⑤] 在全球性减产的背景下，2017 年世界石油行业开始回温，供过于求的局面大有改善，再加上在全球经济增长等需求因素的驱动下，逆转了过去三年被供应过剩压抑的油价。同时，随着市场供需的

[①] 魏巍贤、林伯强：《国内外石油价格波动性及其互动关系》，《经济研究》2007 年第 12 期；赵农、危结根：《石油价格波动的分析》，《世界经济》2001 年第 12 期。

[②] 田利辉、谭德凯：《原油价格的影响因素分析：金融投机还是中国需求》，《经济学（季刊）》2015 年第 3 期。

[③] 谢飞、韩立岩：《投机还是实需：国际商品期货价格的影响因素分析》，《管理世界》2012 年第 10 期。

[④] 谢楠、龚旭、林伯强等：《中国石油需求与全球石油库存对国际油价的影响研究》，《当代经济科学》2018 年第 4 期。

[⑤] 董世红：《2014 年下半年国际市场原油价格暴跌的原因分析及对策研究》，《经济研究导刊》2015 年第 2 期。

收紧，非预期因素所导致的供给冲击对油价的影响更加突出。①

研究中广泛讨论了能源价格对国内经济的影响。石油价格上涨带来了广泛的相对价格变化和结构性调整意义上的产出下降和物价上升。政府在制定能源价格管制和货币政策时，应考虑油价上涨所带来的实际影响，避免政策的过度反应。

能源价格上涨不仅对国内经济有紧缩作用，还对中国的产业结构具有潜在影响。这是因为能源价格将影响其在一次能源消费中的占比，而中国能源消费结构导致了不同能源对产业的紧缩作用程度存在差异。林伯强和牟敦国发现对于能源密集型产业，煤炭价格紧缩作用是石油的 2—3 倍；非能源密集型产业（如服务业）紧缩比例为 3 倍，这与当时（2007）国内煤炭和石油占一次能源的比例基本吻合。② 能源价格上涨会导致一般价格水平上涨，但该影响十分有限，且有滞后效应。即使在能源价格上涨可以完全和顺畅传导到一般价格水平的情况下，如果不考虑预期因素等对价格的影响，各类能源价格上涨导致一般价格水平上涨的幅度较小，且这一影响在油价冲击半年的滞后期之后才会显现。政府部门应当在制定能源管制时，考虑这些因素，以避免政策对油价上涨的过度反应。③ 张斌和徐建炜的研究中认为货币政策无法避免油价冲击带来的经济结构调整，需要在一定程度上容忍石油价格波动对宏观经济的冲击，避免货币政策过度反应。④

作为一国经济发展的命脉，能源战略走向关乎国计民生。未来相当长时间，中国石油消费仍是全球最大的增量，对外依存度也在持续攀升，这给国家能源安全带来诸多不确定性。李继尊认为石油安全已成为制约我国发展的"达摩克利斯之剑"，应当在扩大战略石油储备规模和完善能源战

---

① 周伊敏、王永中：《世界石油市场回顾与展望：反弹和平衡》，载黄晓勇、王能全编《世界能源发展报告 2018》，社会科学文献出版社 2018 年版。

② 林伯强、牟敦国：《能源价格对宏观经济的影响——基于可计算一般均衡（CGE）的分析》，《经济研究》2008 年第 11 期。

③ 林伯强、王锋：《能源价格上涨对中国一般价格水平的影响》，《经济研究》2009 年第 12 期。

④ 张斌、徐建炜：《石油价格冲击与中国的宏观经济：机制、影响与对策》，《管理世界》2010 年第 11 期。

略这两个方面推进，以加强能源安全。① 战略石油储备规模方面，林伯强和杜立民测算当前最优的战略石油储备规模为 80 天进口量，而应对更大规模的石油中断危机需要更大的石油储备量。石油中断规模和石油进口需求的价格弹性对最优储备规模有较大影响。因此，政府在进行战略石油储备规模决策时，应充分考虑石油进口需求的价格弹性及计划应对多大规模的石油中断危机。②

中国计划 2004—2020 年分三期建成相当于 90 天净进口量的战略石油储备量。薛力和肖欢容的分析与测算发现，上述计划过于保守，2020 年很可能无法达到预定目标。他们建议将三期规划的库容增加到 8.95 亿桶，且完成时间提前到 2015 年，并论证了这一建议在时间上的可行性、经济上的可承受性以及战略上的必要性。③

关于中国如何完善能源战略。主要有两个思路：一方面，应当从整体经济结构优化与节能减排的行业政策入手。冯烽发现中国整体经济能源回弹程度④并不高，能效改善可以有效节约能源，但整体经济低能源回弹的表象也掩盖了部分行业能源效率无改善和高能耗行业高能源回弹的事实。⑤ 邵帅等学者的研究中发现改进能效的节能政策思路在我国总体可行，但除此之外，还应当引入价格、税收等一系列市场导向型的辅助政策，以最大化能效提高所获得的潜在节能效果。⑥ 另一方面，中国应该继续在战略选择上推进多元的能源合作，建立起有利于自己的能源体系。⑦

---

① 李继尊：《关于中国石油安全的思考》，《管理世界》2014 年第 8 期。
② 林伯强、杜立民：《中国战略石油储备的最优规模》，《世界经济》2010 年第 8 期。
③ 薛力、肖欢容：《中国战略石油储备规模：缺陷与应对》，《当代亚太》2009 年第 2 期。
④ 回弹程度衡量的是能源使用效率的提高对降低能源消费的影响效果。
⑤ 冯烽：《能效改善与能源节约：助力还是阻力——基于中国 20 个行业能源回弹效应的分析》，《数量经济技术经济研究》2018 年第 2 期。
⑥ 邵帅、杨莉莉、黄涛：《能源回弹效应的理论模型与中国经验》，《经济研究》2013 年第 2 期。
⑦ 李冰：《国家石油对外依存下的战略选择：能源独立与相互依赖》，《当代亚太》2018 年第 2 期。

第二节　能源贸易

全球能源生产和消费的不均衡，使能源贸易成为资源配置的主要手段之一。全球能源贸易主要集中在原油、天然气和煤炭等化石能源上面，其中石油一直是全球能源贸易主要大宗商品，由于液化天然气的发展和全球对清洁能源需求增加，近些年天然气贸易也发展迅猛。虽然煤炭全球产量最多，但由于其多在生产国自行消费，加上各国对环境污染管理越来越严格，煤炭的贸易始终处于不温不火的状态。

一　能源贸易状况

20世纪80—90年代，我国的能源贸易研究主要是介绍全球的贸易现状及发展趋势。当时，煤炭是中国的主导能源和优势能源，我国学者针对煤炭贸易的研究较多。王国清认为，20世纪70年代以前，国际煤炭贸易长期处于停滞状态的主要原因是当时国际能源市场廉价石油的竞争。随着石油价格上涨、石油供求关系的紧张化，煤炭在世界能源贸易中的地位会不断提高。日本和西欧是煤炭主要进口国家和地区，美国、澳大利亚、波兰、南非具有煤炭出口潜力。他预测动力煤贸易量将显著超过炼焦煤，长期贸易合同与补偿贸易将成为煤炭贸易的主要方式。[1] 张大艺和石砺指出，发达国家出现持续经济衰退，造成钢铁和电力需求降低，工业结构发生变化，能源密集工业将由发达国家向发展中国家转移。煤炭贸易表现出两个特点：一是贸易量增长快于产量的增长；二是石油价格涨跌直接影响着煤炭的价格和贸易。在此期间，西欧各国的动力煤进口趋缓，而"亚洲四小龙"由于经济的快速发展，动力煤进口会不断增加。[2]

董文娟认为，煤炭贸易将缓慢增长，亚太和西欧是煤炭消费的中心地区。对中国而言，要通过节能增效提高国内煤炭的供给率，提高参与国际

---

[1] 王国清：《国际煤炭贸易的特点》，《国际贸易》1982年第11期。
[2] 张大艺、石砺：《世界煤炭贸易历史、现状和展望》，《国际贸易》1990年第9期。

市场竞争意识，煤炭紧缺的沿海地区要增加煤炭来源，实现渠道多元化。[①]

1993年之前，中国是原油净出口国，但1993年之后，随着中国经济的快速发展，原油逐步成为中国最大的进口能源品种。学者们对中国能源贸易问题产生了浓厚的研究兴趣。董文娟和张兴玉针对我国当时存在的能源供应与经济发展不协调、能源开发水平尚不适应能源需求的增长、能源产消的地理空间布局不平衡、能源供应过分依赖国内市场、能源贸易结构不合理、能源价格低等问题，提出了能源开发开源节流并举、建立以国内供应为主和海外进口为辅的供应体系、加强能源加工基地的建设、促进能源贸易构成多样化和高级化、发展以易货方式为主的能源贸易等对策。而且，他们对当时我国的优势煤炭资源出口较少（仅占总产量的1.6%），而将非优势能源产品的原油出口作为重点创汇商品（出口量占产量的20%）的政策，提出了质疑。[②]

耿志成认为，1980—1989年是我国能源出口最多的时期，1991年以后，出口大幅减少。同时，随着中国经济的快速发展，能源需求会大幅增加，在油价较低和全球转换贸易方式的时候是我国积极进入国际能源市场的大好时机，出口煤炭和进口石油有利于我国的经济增长和能源的转型。[③]

郑华指出，我国国内石油供应将缓慢增长，石油需求将迅速增加，而世界石油市场至少在20世纪末之前供应相对充裕，这为我国提供了一个利用国际石油资源发展本国经济的良好机会。中国应采取必要的措施，保证必要的石油进口，而不应单靠强化国内资源开发来实现能源自给，不应放弃利用世界石油资源的机会。他主张，中国石油对外贸易应选择和创建既符合国际规范又体现中国国情新模式，在战略上开放，在管理上统一，

---

① 董文娟：《国际煤炭贸易与发展我国煤炭贸易的几点思考》，《国际贸易问题》1993年第3期。
② 董文娟、张兴玉：《关于我国能源供应与贸易发展问题的探讨》，《世界石油经济》1992年第1期。
③ 耿志成：《我国能源贸易的特点与前景》，《国际贸易问题》1995年第10期。

在经营上应适度竞争，在运行上应有序。①

侯邦安基于对全球能源市场供需形势的分析，强调了我国未来石油净进口及天然气贸易会大幅增长，建议从提高煤炭质量、稳定煤炭供应及市场导向战略等角度出发，增加我国煤炭的出口。② 谢文捷和于友伟分析了国际能源贸易的发展过程，认为国际能源贸易是能源再生产过程中能源流通的重要组成部分，各国能源贸易的有机结合构成了国际能源市场，在全球化日益深化的当今世界，研究国际能源贸易与国际能源市场是了解能源与世界经济互动作用的重要前提。③

赵宏博和宋丹从供给和需求两端对国际石油市场格局变化做了分析。在供给方面，他们探讨了石油探明储量、产能以及产油国家政策调整等因素的影响，认为石油储量虽然能满足未来数十年的世界石油需求，但探明储量增速明显放缓；世界石油产能增长缓慢，导致剩余产能严重不足；产油国政策调整进一步制约了产能的增长。在需求方面，他们讨论了世界经济形势、高油价、能源利用效率、替代能源等因素的影响，认为世界经济保持较快增长，特别是随着发展中国家工业化程度加深，导致石油需求增长迅速；高油价对世界经济的冲击明显减轻，难以改变石油需求快速增长的趋势；石油消费集中在运输领域，节能对减少世界石油需求效果有限；高油价虽能推动替代能源的发展，但石油仍将长期保持主体能源地位。他们指出，世界市场石油供需格局正在发生结构性变化，油价将长期在高位波动。④

张生玲等长期关注了我国的能源贸易问题。他们认为，随着商品短缺时代的结束和资源短缺时代的到来，需要我国统筹利用国内、国外两种能源实现可持续发展；⑤ 要重视能源的"隐性出口问题"，能源的出口必须

---

① 郑华：《中国石油对外贸易环境演化趋向与模式选择》，《国际石油经济》1995 年第 3 期。
② 侯邦安：《国际能源市场供需形势分析及我国能源进出口战略选择》，《中国能源》1996 年第 1 期。
③ 谢文捷、于友伟：《国际能源贸易的形成和发展研究》，《国际商务》（对外经济贸易大学学报）2005 年第 3 期。
④ 赵宏博、宋丹：《国际石油市场供求格局正在发生结构性变化》，《中外能源》2007 年第 4 期。
⑤ 张生玲：《对我国能源和能源贸易若干问题的再思考》，《中国流通经济》2006 年第 11 期。

与国家的能源发展战略结合起来；油气资源进口是中国能源进口贸易的重中之重，成为支撑国内经济增长的重要力量；我国石油资源的供求缺口会逐渐加大，石油进口贸易仍将持续快速发展，天然气供求形势趋紧，天然气进口贸易会骤增，而中国煤炭进口贸易会有所发展。[1] 他们主张，中国能源发展要以进口能源为主，以使用国内能源作为调节；实现能源来源多元化；鼓励企业"走出去"。[2]

孙晓蕾等从全球原油贸易网络复杂性出发，采用复杂网络模型对网络无标度性与群聚性、网络混合与互惠性等拓扑特征进行度量，考察了2002—2010年全球原油贸易网络的动态演化，通过中国与印度、南非、美国、日本的节点度比较，从分散化进口源策略视角，分析了中国能源安全的相对态势和地位，为中国能源安全海外战略布局以及能源贸易风险监测与管理提供了有益参考。[3] 唐学学从能源博弈的角度分析了能源贸易的影响，认为国际能源博弈成为强国维持全球领导地位和大国实现崛起梦想的重要途径。国际能源博弈从宏观经贸环境、国际贸易结算、产业成本以及能源贸易等诸多方面对国际贸易产生重大影响，在中国推进产业升级并对国际贸易市场依赖不断增强的当下，其影响更为深远。中国应立足国际能源博弈现状，建立起相应的国际贸易风险评估和应对机制，以确保国家能源安全和国际贸易的健康平稳发展。[4]

二 "一带一路"建设与能源贸易

2013年，中国提出了"一带一路"倡议。由于"一带一路"沿线国家中涵盖了许多能源出口国，因此，"一带一路"与能源贸易的关系成为中国学者研究的热点之一。张生玲指出，"一带一路"倡议可以培育中国对外贸易新的增长点，带动能源贸易与开发合作。因此，中国与"一带

---

[1] 林永生、张生玲：《中国能源贸易进展与思考》，《国际贸易》2013年第9期。
[2] 张生玲：《重视能源贸易，促进经济增长》，《国际贸易》2007年第5期。
[3] 孙晓蕾等：《全球原油贸易网络拓扑结构与演化特征识别》，《世界经济研究》2012年第9期。
[4] 唐学学：《国际能源博弈对中国国际贸易的影响及对策》，《云南社会科学》2018年第4期。

一路"沿线国家的能源贸易前景广阔。但同时需注意由于美国、俄罗斯和印度对"一带一路"的关切而导致的大国博弈可能使能源地缘政治复杂化。对中国来说，如何协调大国关系，如何面对域外大国的竞争风险以及如何与这些国家发展竞合关系，需要科学决策，长期规划，控制风险，逐步实现国家战略目标。①

马远和徐俐俐利用社会网络分析方法，对"一带一路"的石油和天然气贸易进行研究，结果显示，"一带一路"沿线国家石油贸易网络结构并非典型的无标度网络，2005—2014年石油贸易联系基本保持不变，贸易量呈增大趋势；石油贸易网络异质化程度较高，核心—边缘结构较稳定，但核心国家数逐步减少的趋势使得整个网络的脆弱性增强。替代能源比重差距、人口差距对"一带一路"沿线国家石油贸易存在显著的负向影响；石油贸易受经济发展水平差距、陆地相邻与否影响不大；语言不同的国家更倾向于建立贸易联系；物流绩效水平差距越大越不利于国家间建立紧密的贸易联系。② 他们还发现，天然气贸易网络密度及互惠性较低，网络节点间贸易联系微弱；俄罗斯、卡塔尔、新加坡、中国属于天然气贸易网络的中心国，对整体网络结构及其他节点国家存在较强的控制力及影响力；天然气贸易分布格局符合"马太效应"，但加权网络结构的异质化程度在降低，贸易大国与贸易小国的差距在减小；不均衡、缺乏互惠性的贸易模式所占比例较高，中国、印度属于进口发起国和核心国，卡塔尔是进口的重要来源国，新加坡是贸易枢纽中心；人均二氧化碳排放差异、陆地相邻与否对天然气贸易存在显著的正向影响；物流绩效指数相近的国家倾向于建立紧密的贸易联系，选择较大的贸易量；城镇化水平差异、人口数量差异及语言相同与否在无权网络对天然气贸易产生正向影响，而在加权网络中为负向影响。③

---

① 张生玲等：《"一带一路"战略下中国能源贸易与合作展望》，《国际贸易》2015年第8期。
② 马远、徐俐俐：《丝绸之路经济带沿线国家石油贸易网络结构特征及影响因素》，《国际贸易问题》2016年第11期。
③ 马远、徐俐俐：《"一带一路"沿线国家天然气贸易网络结构及影响因素》，《世界经济研究》2017年第3期。

程中海等运用分位数引力模型，研究了中国对中亚直接投资的能源进口贸易效应及影响因素，发现中国对中亚的投资与能源进口之间存在显著的替代效应。人均收入水平上升对能源进口贸易的促进作用呈"U"形特征，能源进口产品从初级产品规模扩张向高附加值产品提质转变，地理距离对能源进口的负面影响随着条件分位点的提高呈现下降趋势，贸易投资便利化将弱化距离成本的影响。[①]

可再生能源产品国际竞争力的强弱，是一个国家可再生能源产品生产、消费和国际贸易比较优势的综合体现。帅竞等利用恒定市场份额（CMS）模型和显性比较优势（RCA）方法，对"一带一路"背景下中国可再生能源产品国际竞争力的长期变化趋势进行了测度，结果显示：中国可再生能源产品整体的国际竞争力呈现下降趋势，而出口额绝对量的增长掩盖了竞争力下降的实质；中国可再生能源产品的比较优势在不同行业差异较大，太阳能产品比较优势较强，水电和地热能产品具有一定的比较优势；中国可再生能源产品不断向需求增长较快的区域市场集聚，东盟和南亚市场增长较快；增长效果是导致出口总额波动的主要原因；结构不优是影响中国可再生能源出口产品国际竞争力的重要因素。他们建议，充分发挥以太阳能为主体的我国可再生能源产品的国际比较优势，积极培育具有潜力的可再生能源产品的国际竞争力；着力优化中国可再生能源贸易的市场结构，有的放矢地调整可再生能源出口贸易的产品结构。[②]

三 能源贸易可持续性及对环境的影响

随着我国能源进口的不断增加，我国能源贸易的可持续性、能源贸易对我国经济发展及环境的影响也成为学者们研究的热点。刘剑峰和余燕春采用经济变量时间序列建模的动态研究方法，将能源贸易引入分析框架，以中国 1986—2005 年进口能源总量、出口能源总量以及 GDP 总量的年度数据为样本，通过对 GDP 与能源流出及流入总量进

[①] 程中海、冯梅等：《"一带一路"背景下中国对中亚区域 OFDI 的能源进口贸易效应》，《软科学》2017 年第 3 期。

[②] 帅竞等：《"一带一路"背景下中国可再生能源产品国际竞争力研究》，《中国软科学》2018 年第 7 期。

行协整关系分析，构建与长期均衡相适应的反映短期波动的误差修正模型，探讨中国国际能源贸易与经济发展之间的关系。研究结论是，我国能源贸易与 GDP 的波动幅度不明显。这说明能源贸易对中国经济总量的调整能力较小。①

邢玉升和曹利战从中国碳排放分解模型入手，分析了能源净进口与能耗结构变动的关系，结合当时中国能源进口的世界格局及存在的潜在风险，认为中俄能源管道贸易在中国碳减排任务中将扮演重要角色，尤其是中俄天然气项目在改善中国能源消费结构中的潜在助推作用。他们强调，管道运输是解决运输安全及规避风险的重要替代方式，基于地区安全、地理优势及资源矿藏等多种因素的考虑，通过贸易方式，多渠道、多途径引进境外能源满足日益增长的需求成为必然选择。②李旸和陈少炜采用 RCA 指数与贸易互补指数对金砖国家之间的贸易合作潜力进行分析发现，金砖国家在能源贸易中的比较优势不同，产品竞争力存在差异，在能源贸易方面具有较大的合作空间和发展前景。而且，他们通过脉冲响应函数和面板分析发现，碳排放对经济发展具有负向影响，而能源贸易能促进经济发展。③

刘建伟运用生态足迹法对 1991—2008 年中国能源贸易的生态足迹进行了测度。结果表明，1991—1996 年，中国能源贸易的生态足迹为盈余，出口贸易携带的生态足迹大于进口；1997 年之后，中国能源贸易的生态足迹为赤字，出口贸易携带的生态足迹小于进口；进口能源贸易的生态足迹增长较快，出口能源贸易生态足迹处于波动状态，能源进出口贸易生态足迹弹性系数起伏较大。他们认为，为减少进出口能源贸易的生态影响，中国必须转变经济发展模式和能源消费方式，优化产业结构和能源结构，提高能源利用效率，大力发展可再生能源，并控制能源需

---

① 刘剑峰、余燕春：《中国能源贸易与经济增长关系的实证研究》，《浙江统计》2008 年第 2 期。

② 邢玉升、曹利战：《中国的能耗结构、能源贸易与碳减排任务》，《国际贸易问题》2013 年第 3 期。

③ 李旸、陈少炜：《金砖国家碳排放、能源贸易对经济发展的影响分析》，《四川大学学报》（哲学社会科学版）2017 年第 2 期。

求总量的增长。① 针对我国能源的对外依存度持续增长，能源的生态逆差持续扩大问题，王岩和何山水运用生态足迹法对2002—2010年的能源贸易进行了测算，结果显示：能源贸易存在生态逆差，能源贸易生态足迹结构不均衡，能源贸易对外依存度高。为减少生态逆差，他们建议：一是大力发展新能源；二是改变贸易结构，平衡生态逆差；三是强化生态系统管理，提升生物承载力。②

随着中国能源需求对外依存度的显著提升，保持能源进口贸易联系的稳定性已经成为关系国家能源安全的一项主要内容。李永付等基于生存分析模型与Cox比例风险模型，选取中国1992—2012年54种HS6分位能源产品进口数据，对能源进口贸易持续期及其影响因素进行实证研究。结果表明：在需求与产品、国家、贸易等因素的综合作用下，中国能源进口贸易联系持续期整体较短，与北美、中东及北非地区的贸易持续期长于亚洲、欧洲地区。③

肖建忠和赵银玲选取中国LNG进口贸易的11个国家为研究对象，从经济规模、距离、技术、合同类型、定价方式、政策六个层面设定变量，利用2006—2014年中国进口LNG总量及其影响因素的面板数据建立贸易引力模型，对贸易伙伴国按照所签订的合同类型进行分类，测算贸易潜力。结果显示：一是签订长期合同可以促进中国LNG进口，但国际油价却没有通过显著性检验，美国亨利中心天然气现货价格的上升会显著减少进口流量；二是中国LNG进口量与中国的人均GDP正相关，与贸易伙伴国的人均GDP负相关，与两国首都之间的距离没有显著性的统计关系；三是"一带一路"倡议对中国LNG进口流量具有正向效应，自由贸易协定、R&D经费支出占GDP的比例具有负面效应；四是中国LNG更多地采用短期合同贸易形式，与签订长期合同的贸易国相比，短期合同贸易国具

---

① 刘建伟：《1991—2008年中国能源贸易生态足迹的动态测度与分析》，《大连理工大学学报》（社会科学版）2011年第2期。
② 王岩、何山水：《生态足迹视角下我国能源贸易评价》，《生态经济》2013年第11期。
③ 李永付等：《中国能源进口贸易联系是否稳定——来自1992—2012年的经验证据》，《财贸经济》2015年第5期。

有更大的贸易空间。① 刘宏曼和李星晨基于生存分析法，利用 CEPII-BACI 数据库 1995—2015 年 HS6 分位的进口数据，研究了中国能源进口持续期的基本特征，并在此基础上对贸易持续期的影响因素进行实证分析。结果显示中国能源产品进口持续期较短，均值和中位数分别为 2.045 年和 1 年，生存函数表现出负的时间依存性。生存时间存在明显的"门槛效应"，生存时间一旦超过 5 年则贸易中断的可能性较小，因此，在贸易初期应提供更多的政策支持。对于不同的产品类别和进口来源地区，能源产品进口持续期呈现一定的差异性，贸易政策的制定应因地制宜。在贸易持续期的诸多影响因素中，双边距离、是否接壤等传统引力变量，以及政治环境、政治冲突等国家层面因素对进口持续期的影响显著，贸易历史、贸易段长度、产品单价、市场份额、初始额度等产品层面因素也对进口持续期产生显著影响。他们提出了加强基础设施建设、维护贸易关系、寻求长期稳定的贸易伙伴、参与全球能源治理等稳定能源供给的政策建议。②

第三节　能源跨境投资

中国的能源尤其是油气资源高度稀缺，对外依存度高。开展境外能源投资，是中国拓展海外能源供应渠道，维护能源供应安全的一个重要途径。鉴于油气资源属于战略性商品，境外投资敏感度高，易引发东道国的资源民族主义情绪，且西方国家频频利用中国企业的海外投资行为大做文章，加之中国企业是国际投资领域的后来者，投资经验不足，行为不够规范，导致中国企业的海外能源投资行为屡受挫折和责难，并成为国内外学术界讨论的热点。本部分将从投资决定因素、投资环境、"一带一路"与对外能源投资、投资风险、风险规避建议等角度，对能源跨境投资文献做全面综述和系统梳理。

---

① 肖建忠、赵银玲：《中国液化天然气进口流量与贸易潜力——基于贸易引力模型》，《北京理工大学学报》（社会科学版）2016 年第 5 期。

② 刘宏曼、李星晨：《中国能源进口贸易的持续期——基于生存分析法》，《资源科学》2018 年第 7 期。

一 对外能源投资的决定因素

中国对外投资和对外能源投资的决定因素。目前，学者们研究对外直接投资问题采用的一个主流经验研究方法是，运用引力模型，分析对外投资的决定因素，主要包括经济环境、政治环境、法制程度、社会文化距离、地理距离、腐败程度、汇率等因素，其中经济环境包含一国 GDP、人均 GDP、通胀率、劳动力成本等。通常而言，一国经济总量越高，跨国企业越能发挥生产销售过程中的规模效应和范围经济；人均 GDP 越高，人均收入也越高，消费也越高，对跨国公司产品的需求也越大；政权越稳定，经济政策也越连贯，越有利于企业长期稳定经营；法治程度越高，对私人投资者的产权保护越好，国有化风险越低；社会文化距离越近，交流沟通成本越低，投资也越多；劳动力成本越低，利润越高。总体来说，经济环境、政治环境、法制程度与一国 FDI 正相关；地理距离、文化距离、腐败程度与 FDI 负相关。对于能源跨境投资而言，东道国的资源丰裕度无疑是一个关键的决定因素，因为企业对外能源投资的一个主要动机是获取能源，维护母国的能源供应安全。一些研究发现，中国等国的对外直接投资偏好自然资源。[1] 为拓宽能源供给渠道，分散投资风险，中国对外能源投资的目标地既有能源资源富集的国家，又有经济金融发达的国家。这表明，中国能源企业"走出去"的主要动机是获取海外资源和开展全球竞争。[2]

基于中国 2006—2015 年对 57 个国家的能源投资企业项目数据，杨先明和王巧然发现，中国企业海外能源投资区位选择受东道国的资源禀赋优势和经济发展水平影响，并且偏好与中国制度差异较小的国家。[3] 李华

---

[1] 蒋冠宏、蒋殿春：《中国对外投资的区位选择——基于投资引力模型的面板数据检验》，《世界经济》2012 年第 9 期；王永中、赵奇锋：《风险偏好、投资动机与中国对外直接投资：基于面板数据的分析》，《金融评论》2016 年第 4 期。

[2] 申万、柴玮、张广军：《中国对外化石能源投资特征和现状分析》，《亚太经济》2014 年第 4 期。

[3] 杨先明、王巧然：《中国企业海外能源投资的区位导向：资源禀赋、发展水平抑或制度距离？》，《经济与管理研究》2018 年第 6 期。

杰、史丹认为，金融危机对我国海外能源投资造成了深远影响。在后金融危机环境下，我国海外能源投资具有多元化、从逆全球经济周期向顺全球经济周期转变、"一带一路"动能显著、能源价格影响增加等新特点。[1]

二 对外能源投资环境

学者们对中国海外能源投资环境做了系统考察，关注的重点区域是中东，分析的内容包括当地资源禀赋、投资环境、投资状况、机遇和风险等。中东地区油气产业投资环境较好，传统能源投资潜力巨大。中东油气资源以轻、中质油为主，与中国的炼化产能匹配度较高，适合生产为汽油和航空煤油，与中国油气资源互补性强。[2] 王信敏等对2003—2012年中东、拉美和非洲三大油气产区投资环境潜力进行了分析，发现中东地区整体潜力明显高于南美和非洲地区。[3] 王信敏和孙金凤指出，中东地区具有较大的资源优势和经济环境优势，是中国企业海外投资较好的投资选择，而政治环境因素是对海外油气投资影响最大的不利因素，中国企业在海外投资决策中，应以整体评价结果及演化趋势为依据制定宏观决策方案，尽量避免政治因素对投资产生的不良影响。[4] 郭思佳等对阿拉伯半岛四国和波斯湾六国油气投资环境进行分析后认为，沙特阿拉伯是最佳的投资国，在没有政治风险的情况下，伊拉克、伊朗和科威特是值得开展油气投资的国家。[5]

中亚地区天然气资源丰富，目前中国与哈萨克斯坦、土库曼斯坦在油气领域开展了深度合作。徐英华和张璨发现中亚国家在油气行业发展过快

---

[1] 李华杰、史丹：《金融危机后我国海外能源投资发展分析》，《亚太经济》2018年第4期。

[2] 孙玉琴、姜慧、孙倩：《中国与中东地区油气合作的现状及前景》，《国际经济合作》2015年第9期。

[3] 王信敏、刘丙泉、孙金凤：《国际油气投资环境潜力演化和差异变动趋势研究》，《世界经济研究》2015年第2期。

[4] 王信敏、孙金凤：《基于证据理论的中东地区油气投资环境演化分析》，《中国石油大学学报》（社会科学版）2015年第4期。

[5] 郭思佳、方伟、曾金芳等：《中东地区油气资源投资环境评价及优选》，《资源与产业》2012年第6期。

的过程中，相应的税收补贴政策变化也比较大，政策风险高。① 马斌和陈瑛分析了中国在哈萨克斯坦的能源投资（合作）的方式和特点，哈萨克斯坦是中国在中亚五国投资较集中的国家，但是中国企业在哈面临较大投资风险，主要是能源领域资源民族主义有所抬头、存在中国威胁论的渲染、中国企业自身在哈并购经验不足，并且面临美国、俄罗斯和荷兰公司的激烈竞争。②

杨宇、何则和刘毅指出，中国与中亚地区的油气贸易合作面临着大国博弈、内部政治环境不稳定、国际能源合作制度碎片化、国际能源投资政策缺乏可持续性等一系列的潜在风险，建议中国应加快推动建立务实高效的多元能源合作机制，优化能源合作的主体结构，加强能源勘探开发和深加工的技术贸易，加快推进能源就地加工转化，并修订现有的双边投资协定。③ 李蕾和张帅从国际、区域、中国、中亚国家四个层面明晰了中国—中亚区域能源合作的战略定位，剖析了双方合作中存在的困难和挑战，并从合作机制、合作主体、合作制度提出了对策建议。④ 张乃欣和张柏川探讨了哈萨克斯坦油气工业面临的主要问题，并分析了未来中哈能源合作的主要趋势。⑤ 刁莉、胡娟以政策性贷款为切入点，以"中俄政策性石油贷款"项目为代表，采用向量自回归的方法，分析了中俄石油合作的利益分配以及对两国经济发展的影响。⑥ 徐洪峰、王晶指出，中俄两国可再生能源合作主要集中在风电领域，目前两国合作主要面临技术标准差异、生产设备国产化率要求、政府补贴政策难以预期、合作互补性不高等困境，俄罗斯远东地区与中国东北地区的水电合作可以成为未来中俄两国可再生

---

① 徐英华、张璨：《中亚各国油气投资立法的变化及投资建议》，《国际经济合作》2015年第9期。

② 马斌、陈瑛：《新形势下中国与中亚的能源合作——以中国对哈萨克斯坦的投资为例》，《国际经济合作》2014年第8期。

③ 杨宇、何则、刘毅：《"丝绸之路经济带"中国与中亚国家油气贸易合作的现状、问题与对策》，《中国科学院院刊》2018年第6期。

④ 李蕾、张帅：《"一带一路"倡议下中国—中亚能源合作的战略定位、挑战与对策》，《国际经济合作》2018年第6期。

⑤ 张乃欣、张柏川：《哈萨克斯坦油气工业现状与中哈能源合作》，《欧亚经济》2018年第5期。

⑥ 刁莉、胡娟：《我国政策性石油贷款与中俄能源合作》，《太平洋学报》2018年第5期。

能源合作的突破点。[1]

拉美地区国别差异大，投资机会较多，是我国对外油气合作的重点区域。陈玉蓉等运用层次分析法、熵权法和聚类分析法，从基础条件、石油资源现状、政治经济形势、石油法律法规与相关政策、石油管理体制和国际合作等六个维度，对南美地区的石油投资环境进行评价与优选，投资环境由好到差的顺序排列依次为：委内瑞拉、厄瓜多尔、巴西、哥伦比亚、玻利维亚、阿根廷、秘鲁、特立尼达和多巴哥。其中，委内瑞拉石油资源储量丰富，政治、经济形势较好；厄瓜多尔、哥伦比亚和玻利维亚的石油法律法规与相关政策比较好；巴西、阿根廷、秘鲁和特立尼达和多巴哥的管理体制最为完善。[2] 孙洪波发现，拉美主要资源国的油气政策保持稳定，但因经济增长放缓，国内政治和社会矛盾增多，造成油气投资环境复杂多变。拉美资源国普遍把实现油气稳产、增产作为优先目标，在勘探、开发和炼化领域加大资金投入力度。拉美的国家石油公司持有油气优质资产，且在对外合作中占据主导地位，但普遍债务负担沉重，对外部融资需求较大，迫切需要与跨国公司合作。跨国公司看好与委内瑞拉、巴西、墨西哥等资源大国的合作前景，积极参与战略性合作项目。[3] 段英文认为，拉丁美洲的油气资源丰富，是我国对外油气投资多元化的理想目标，其中巴西、阿根廷、委内瑞拉是拉美地区油气资源主要集中区域。[4] 此外，丁宁分析了美国能源政策的转变对深化中拉能源合作的机遇，如增加拉美对中国的能源供应，促进中国对拉美能源产业投资和金融的多元化，以及为中拉能源外交和在全球气候治理议题上的合作创造新空间等。[5]

非洲地区油气资源开发潜力较大，但政治经济风险较大。非洲油气投

---

[1] 徐洪峰、王晶：《俄罗斯可再生能源发展现状及中俄可再生能源合作》，《欧亚经济》2018年第5期。

[2] 陈玉蓉、安海忠、高湘昀等：《南美地区石油投资环境评价与优选》，《资源与产业》2013年第6期。

[3] 孙洪波：《拉美油气投资环境：政策、市场及风险》，《国际石油经济》2014年第1期。

[4] 段英文：《中国对拉美油气投资合作面临的障碍及推进对策》，《对外经贸实务》2017年第1期。

[5] 丁宁：《特朗普政府的美国能源政策动向：中拉能源合作的新机遇》，《太平洋学报》2018年第10期。

资是我国能源投资风险分散的重要一环。非洲地区油气资源丰富，未来有广阔的产量及出口增长潜力。不仅如此，非洲地区地理位置险要，具有十分重要的地缘政治意义。近年来，非洲在全球能源和政治格局中的地位正不断提升。非洲的油气资源主要集中在北非地区，包括阿尔及利亚、利比亚、埃及、突尼斯和苏丹五国。[①]

三 "一带一路"建设与中国对外能源投资

"一带一路"沿线国家能源资源丰富，是我国能源供应的最为重要的来源地。学者们对"一带一路"倡议与中国对外能源投资的对接问题显现出强烈的研究兴趣。朴光姬、钟飞腾和李芳探讨了构建东北亚能源安全合作机制的基础条件、合作路径，以及东北亚（包括中蒙俄）能源安全合作面临的机遇与挑战。[②] 潘旭明阐述了"一带一路"倡议背景下与中东能源合作的主要机制，并重点分析了中国与海合会的能源合作。[③] 查道炯认为，"一带一路"沿线众多资源国自身依然面临着不同程度的能源贫困，促进境外投资国的能源自我供应水平，必须是中资企业在境外从事能源投资的基础性逻辑。[④] 张玉清基于中巴经济走廊能源项目的经验，认为"一带一路"能源合作要充分重视双方合作战略和规划对接，双方政府应为合作搭建沟通协商平台，项目建设应坚持商业运营和市场化原则。[⑤] 王震指出，能源合作在"一带一路"建设中拥有先发优势，中国企业要积极适应新变化，政府要推进"五通"策略，不断深化国际能源合作，打造能源丝绸之路和能源区域命运共同体。[⑥]

[①] 殷冬青：《北非地区油气投资风险分析及应对》，《国际经济合作》2014年第9期。
[②] 朴光姬、钟飞腾、李芳：《"一带一路"建设与东北亚能源安全》，中国社会科学出版社2017年版。
[③] 潘旭明：《"一带一路"战略背景下与中东的能源合作》，时事出版社2016年版。
[④] 查道炯：《"一带一路"：合作逻辑与能源安全》，《人民论坛·学术前沿》2017年第8期。
[⑤] 张玉清：《"一带一路"能源合作模式探讨——以中巴经济走廊能源项目为例》，《国际石油经济》2017年第12期。
[⑥] 王震：《能源合作在"一带一路"建设中的引领示范作用》，《学术前沿》2017年第6期。

朱雄关和张帅从参与全球能源治理、构建能源命运共同体和保障中国能源供给安全的角度，建议中国应进一步拓宽"一带一路"能源合作的视野，将东线的美洲和北线的北极地区一并列入"一带一路"能源合作的范围，积极构建保障中国能源安全的能源"大丝路"。[①] 张一清、刘传庚和姜鑫民认为，中国与"一带一路"沿线国家能源合作中面临着人才缺乏、融资成本高、标准国际化程度不够、同质化竞争严重及能源合作项目风险较高等急需解决的问题。[②] 孙俊成、江炫臻关注了中国和中东在能源基础设施领域合作的现状和挑战，提出了中国的应对策略。[③]

四　中国对外能源投资的风险

中国对外能源投资的风险主要体现在以下三个方面。首先，在当今经济民族主义和民粹主义高涨的时代背景下，跨境能源投资是一项高度敏感的商业行为，我国以国有企业为主导的能源投资战略也引发了外国政府、业界和学界对中国能源投资动机和影响的担忧，如掠夺石油资源、控制全球能源供给、国企的财政支持对其他能源企业构成的不公平竞争等。[④] 基于这些担忧，东道国政府可能会采取干预措施，附加税收等其他限制或者修改政策和法规，从而提高了中国对外直接投资的风险。其次，由于中国对外能源投资起步较晚，投资环境较好的能源国家都已被发达国家抢先占据市场[⑤]，因此，中国对外能源投资较多配置于中东、南美等能源蕴藏丰富的发展中地区，这些地区的投资风险相对更高，经济基础薄弱、政治风险较高，投资失败率相对更高。最后，近年来，在全球经

[①] 朱雄关、张帅：《能源"大丝路"：中国能源合作的新格局》，《云南大学学报》（社会科学版）2018 年第 3 期。

[②] 张一清、刘传庚、姜鑫民：《加快推进"一带一路"能源合作的思考与建议》，《中国石油大学学报》（社会科学版）2018 年第 2 期。

[③] 孙俊成、江炫臻：《"一带一路"倡议下中国与中东能源合作现状、挑战及策略》，《国际经济合作》2018 年第 10 期。

[④] Zhang Z. X., "The overseas acquisitions and equity oil shares of Chinese national oil companies: A threat to the West but a boost to China's energy security?" *Energy Policy*, 2012, 48: 698 - 701.

[⑤] Chang Jiancong, "Assessment of the Key Political Risks of China's Overseas Direct Investment", *Atlantis Press*, 2014.

济增长乏力和中国经济的结构调整与明显减速的情形下，全球能源需求的增长显著慢于供给增长速度，导致能源价格持续大幅下跌，并对包括中国在内的全球能源市场产生了深刻的影响。

"一带一路"沿线资源国的投资风险高，如何有效识别和管理投资风险，是中国企业必须要着手解决的一个紧迫议题。已有文献关于对外（能源）投资风险问题研究主要沿着三条思路：一是构建系统化的国家风险综合评价体系。考察指标包括政治、经济和社会等因素，常用的评级方法主要有判别、主成分、离散因变量模型、分类和回归树、人工神经网路等，评级机构众多，如标普、穆迪、惠誉、ICRG、中信保、中国社会科学院世经政所等。[①] 其中，"一带一路"国家的能源投资风险引发了学者们的高度关注。二是对一些国家或地区的政治、经济和社会风险进行综合分析。三是运用面板数据，分析中国对外投资与东道国投资风险之间的关系，一些结论截然相反：偏好资源丰富、制度稳定和政治风险较小的国家；偏好制度质量较差、国家风险较高的国家。

能源储量丰富的发展中国家往往经济发展落后、制度不太健全、产业结构不均衡、贫富差距大，东道国政府往往依赖自然资源行业收入维持政府日常开支、军费开支，降低贫富差距，因此，这些国家资源民族主义的意识通常强烈。整体来看，中国能源企业对外直接投资的风险可以分为经济风险与非经济风险，其中非经济风险的影响程度在不断上升，并且受到更多关注。李友田、李润国和翟玉胜将中国能源企业海外投资的非经济风险细分为政府干涉风险、政府更迭风险、战争或内乱风险、政策法律变动风险、蚕食性征收风险、媒体舆论风险、地缘政治风险和文化差异风险。他们认为，应对国有化等非经济风险应该采用非经济手段对冲，对外加深政治互信、加强外交沟通、增加文化交流、签订投资协定；对内建立投资保障基金、强化信息交流平台、鼓励企业互帮互助等。[②] 段宇平和吴昊分

[①] 张明、王永中等：《中国海外投资国家风险评级报告2014》，中国社会科学出版社2014年版；张明、王永中等：《中国海外投资国家风险评级报告2015》，中国社会科学出版社2015年版。

[②] 李友田、李润国、翟玉胜：《中国能源型企业海外投资的非经济风险问题研究》，《管理世界》2013年第5期。

析了中国能源企业海外投资存在的国内外政治、经济和社会风险。① 肖洋从历史角度深入梳理分析了北非阿拉伯国家在民族资本主义诞生时的形成机理。北非和阿拉伯国家的经济体系还不完整,仍然处于追求经济独立的进程中,而自然资源是这些国家重要经济来源,必然不会轻易放弃;另外,自然资源对内可以煽动民众的爱国情绪,对外可以成为对抗发达经济体"技术民族主义"的有力武器。②

五 规避投资风险的政策建议

为降低中国对外能源投资的风险,提高对外投资效益,学者们提出了一系列政策建议:调整投资结构与东道国政府协商,维护好与政府和社会各界的关系③;重视合作战略和规划对接④;实行政治风险保险政策和签订双边投资协定⑤;建立国家风险管理制度,加强项目全生命周期的风险预警和管理,构建海外油气投资风险管理体系,强化风险防范、尽职调查和履行社会责任等⑥;帮助东道国提高能源供应水平⑦;提高在国际能源组织的参与度和发言权⑧;与其他主要原油进口国共同维护全球油气市场的稳定⑨。

签署国际投资协定能够有效降低跨境能源投资风险。詹晓宁和钱志清

---

① 段宇平、吴昊:《中国全球能源投资分析》,《中外能源》2015 年第 20 期。

② 肖洋:《北非阿拉伯国家的资源民族主义及其影响》,《和平与发展》2013 年第 6 期。

③ 张广荣:《我国开展资源能源类境外投资的理论解读》,《国际贸易》2010 年第 8 期。

④ 张玉清:《"一带一路"能源合作模式探讨——以中巴经济走廊能源项目为例》,《国际石油经济》2017 年第 12 期。

⑤ 詹晓宁、钱志清:《国际能源领域投资:冲突、安全和可持续性》,《国际经济合作》2009 年第 7 期。

⑥ 王永中、王碧珺:《中国海外投资高政治风险的成因与对策》,《全球化》2015 年第 5 期;许勤华、蔡林、刘旭:《"一带一路"能源投资政治风险评估》,《国际石油经济》2017 年第 4 期。

⑦ 查道炯:《"一带一路":合作逻辑与能源安全》,《人民论坛·学术前沿》2017 年第 8 期。

⑧ 曾加、王萍丽:《国际能源投资争议的解决机制研究——以〈能源宪章条约〉为例》,《宁夏大学学报》(人文社会科学版) 2008 年第 1 期。

⑨ Zhang Z. X., "The Overseas Acquisitions and Equity Oil Shares of Chinese National Oil Companies: A Threat to the West but a Boost to China's Energy Security?" *Energy Policy*, 2012, 48: 698 – 701.

重点阐述了国际投资协定中有关能源投资的部分。他认为，虽然各国对自身的能源安全特别重视，给能源投资设置了很高的门槛，但是双边投资协定往往是一个降低壁垒的好办法，特别是某些国家会在保留条款中有较灵活的设置以方便企业投资中的实际操作，企业应发掘和善于利用双边投资协定提供的便利，而政府需要尽量多签订这样的协定。[①] 李志刚指出，中国油气企业在海外投资过程中，应关注对政治风险的防控，并有效利用各种制度性工具尤其是双边投资协定来保护海外投资。首先，应把石油合同和投资协定统筹考虑，避免石油合同对投资协定的明确排除适用；其次，要立足于母国与东道国的投资协定，在缺位或保护力度不够的情况下，积极推进有关投资协定的签署或改善；最后，通过及时和有效的协定筹划，为海外投资寻找有利的（一个或多个）第三国投资协定的保护，以填补保护漏洞或编织更完善的防护网。[②]

学习先进国家的经验，加强国内制度建设，是降低对外能源投资风险的一个有效途径。赵保庆认为，美国主要从确立能源开发利用的目标、强化环境监管、出台优惠措施、培育和拓展能源消费市场等方面，建立了有效降低新能源投资风险的法律和政策措施体系。他建议，中国应借鉴美国的经验，提升能源投资法律和政策措施的法律层级，综合设计促进能源投资激励和约束措施，充分发挥市场在促进能源投资中的决定性作用。[③] 张国胜总结了美国、德国和韩国等发达国家能源行业国际化政策，发现不同国家的能源产业国际化促进政策会因各国在政治、经济、社会文化和军事方面的强弱而有所不同。例如，美国除提供传统的制度方面支持（法律框架、信息交流平台和政府间合作）外，还通过文化输出和军事施压帮助本国企业海外投资；韩国只能提供制度方面的支持；德国可以提供强大的财政支持。他建议，中国应提供足够的保证制度支持，注意理顺政府部

[①] 詹晓宁、钱志清：《国际能源领域投资：冲突、安全和可持续性》，《国际经济合作》2009 年第 7 期。

[②] 李志刚：《利用投资保护协定防控海外油气投资的政治风险》，《国际石油经济》2013 年第 8 期。

[③] 赵保庆：《新能源投资促进的法律政策体系研究——美国的经验及其对中国的启示》，《经济管理》2013 年第 12 期。

门间关系，提高支持效率，并配套相应的金融保险支持。[1]

参与国际投资领域治理，实现从规则的遵守者到制定者的转变。曾加和王萍丽研究了以《国际能源宪章》为代表的国际能源投资争端解决体系，认为国际现行能源投资争端体制主要由（1）缔约方和投资者之间；（2）缔约方之间；（3）GATT/WTO 解决贸易争端的专家小组；（4）其他方式解决，建议中国政府积极加入《国际能源宪章》，成为组织者和缔约国，以切实保护我国海外能源资产的安全。[2]

中国企业在进行海外投资需要做好调研工作，评估投资风险，积极与东道国政府沟通，并且提高社会责任意识。首先，投资企业应制定长期的海外能源投资战略规划，并且进一步健全完善企业内部投资决策程序，提高项目运作效率和市场反应速度[3]；其次，企业应当制定投资风险评估体系和投资项目可行性报告，减小损失发生的可能性和规模；再次，能源企业对外直接投资时，还需要积极与东道国政府沟通，以便判断选择合适的投资时机和方式[4]；最后，企业还需要提高社会责任意识，维护当地居民的合法利益，积极参与社会建设，勇于承担社会责任，从而建立起与当地社会和居民的和谐共生关系。

第四节　能源转型与清洁能源发展

自从人类社会进入工业化时代以来，社会生产力获得了极大的释放，但这个进步是以石化能源的过度使用、矿产资源的枯竭式开采和生态环境的持续恶化为代价而取得的。全球石化能源消费所导致的二氧化碳等温室

---

[1] 张国胜：《能源资源产业"走出去"：国际经验与政策建议》，《国际经济合作》2014 年第 4 期。

[2] 曾加、王萍丽：《国际能源投资争议的解决机制研究——以〈能源宪章条约〉为例》，《宁夏大学学报》（人文社会科学版）2008 年第 1 期。

[3] 段宇平、吴昊：《中国全球能源投资分析》，《中外能源》2015 年第 20 期。

[4] 张宁：《中国企业海外能源投资的条件、模式与促进体系研究》，《中外能源》2014 年第 19 期。

气体排放量的不断增加，使得全球平均气温明显上升，给地球的气候和环境带来了严重的影响。为了应对人类共同面临的全球气候变化问题，哥本哈根世界气候大会协议书中提出了实现2050年将全球气温上升控制在2℃的目标，这需要世界各国提出相应的温室气体排放控制目标。为了更好地实现这一目标，美国、欧盟、日本等发达经济体和中国等主要新兴经济体都在积极推动能源转型，逐步调整能源结构，大幅增加对节能、环保和减排的政策支持力度，推动节能环保、新能源和低碳技术等领域的科技创新与发展，大力发展清洁能源，不断优化能源结构，改善本国生态环境，促进社会经济可持续发展，同时在国际碳贸易中抢占未来发展的制高点。

40年来，国内学术界围绕着与能源转型相关的问题进行了不少研究，大致经历了三个阶段：最初关注的是对世界能源生产和消费趋势的研究，进而延伸到替代能源研究，目前则更多地聚焦于清洁能源与能源转型的研究。

一 世界能源生产和消费的趋势

国际上对世界能源发展进行中长期展望可能始于1977年在伊斯坦布尔召开的世界能源大会第十次会议。当时的世界能源保护委员会向这个会议提了《2020年世界能源平衡报告》。在21世纪之前，国内针对全球能源消费趋势的预测或展望的研究极少，国内的类似研究更多的是对国外研究成果的介绍及相关分析。比如宋惪生、宋坤隆等对这一报告进行了介绍和分析。这次预测把能源消费、需求、生产和贸易的增长速度建立在人口和经济增长速度的预测上面，他们认为世界能源的消费和生产将由以石油为主体向依赖多种能源的多元化方向发展，石油的比例会逐步下降，而煤炭和核能将是石油的第一个替代和第二个替代，煤的世界贸易将逐步取代石油的世界贸易；天然气会较快发展，由于受自然环境的影响较大，水能和可再生能源则发展相对较慢；他们提出了诸如"三大能源消费中心"和"三大能源生产中心"，或许还有第四能源生产中心和"三大能源贸易赤字区"等概念。① 此类观点（比如煤炭和核能对石油的替代）至今仍未发生，同时由于其参考时间点是 1960 年和 1978 年，把中国作为中央计划经济体制，显然忽略了中国改革开放所带来的经济快速发展和对能源的巨大需求的影响。但是，这些概念尤其是能源利用多元化的提出，对当今的能源分析具有重要的启示。②

除了介绍国外相关研究成果之外，国内也有少数学者对世界能源消费和生产趋势开展了独立研究。侯邦安在预测中认为，亚洲和南美地区的发展中国家相对较快的经济发展将导致这两个地区石油需求增长速度高出世界平均水平一倍；全球煤炭需求增长较快的地区主要是经济发展较快的亚洲和南美地区，未来煤炭消费量增加的主要领域是工业，增加的部分主要用于发电；天然气是增长最快的一次能源，需求和消费主要来自增长较快的发展中国家；核能发展将维持目前的发展速度，但核废料对人类的威胁使不少国家在发展核电时采取比较谨慎的态度。③ 姜忠尽则从能源替代的角度，探讨了未来能源发展的方向，石油将不可逆转地逐渐让位于煤炭、天然气和核能；可再生的水能、太阳能、生物质能、风能、地热能、海洋能等的开发利用仍将继续受到重视，但在满足全球能源需求上仅能发挥一定的作用，而不可能起到替代性的作用。④

二 替代能源

从 20 世界 80 年代开始，由于两次石油危机的冲击，国际能源界更加重视替代能源研究。在这一阶段对石油替代的研究中都提到了煤炭是第一替代品，从环境保护的角度认为，煤炭氧化、气化和液化的发展将使煤炭工业更有发展前途。从 90 年代以来，国内关于替代能源的研究开始逐渐

---

① 三大能源消费中心是北美、西欧和东欧，并预计拉美、中东/北非、亚洲将有可能形成"新三大能源消费中心"；"三大能源生产中心"是北美、东欧和中东/北非；"三大能源贸易赤字区"是北美、西欧和太平洋工业化国家；而"第四能源生产中心"则主要指拉美。

② 宋惠生：《2000—2020 年世界能源消费、生产和贸易》，《世界经济》1989 年第 12 期；宋坤隆：《2000—2020 年的世界能源》，《自然杂志》1990 年第 1 期。

③ 侯邦安：《国际能源市场供需形势及我国的选择》，《国际贸易》1995 年第 1 期。

④ 姜忠尽：《世界能源结构变革的特点与趋势》，《世界石油经济》1991 年第 4 期。

增多。当时人们对煤炭继续给予了高度的关注。很多研究认为，煤炭将是21世纪替代石油的最好品种。石油依然是21世纪前50年的主要能源，石油的供应和使用仍然对世界的政治经济产生重大影响。但是，人们更普遍地认为煤炭是通向世界持久能源系统的桥梁，今后煤炭需求是持续强劲增长还是发生变化，取决于低排放能源的政策力度和更高效煤电技术的推广，特别是碳捕捉和封存技术的推广，或其他综合利用技术的推进。蔡福安认为[1]，到21世纪后半叶，煤炭将重新成为世界的主要能源，这主要由于煤炭是大规模发电的最可靠的燃料（目前全世界45%以上的电力是燃煤生产的），而且煤炭是最丰富、分布最广的化石燃料，但是煤炭的开采和使用却受到环境问题的强力制约。在这一点上，煤炭的发展前景存在不确定性。天然气是一种优质干净的能源，因此天然气在世界能源供应中的地位将日益提高。水电、核能的前景被看好，但发展缓慢。非常规能源、可再生能源的开发将受到人们越来越多的关注和重视。从长远看，将取代化石燃料成为世界主要的能源供应源。在20世纪的最后几年，有一些学者对21世纪的能源和消费结构进行了预测，主要结论包括[2]：（1）经济增长将带动能源消费需求的区域发生结构性重大变化，发展中国家占世界能源消费的比例将上升；（2）世界石油消费增长速度将放缓，但仍居主导地位；（3）世界天然气需求保持强劲势头，其中亚洲、东欧和中南美洲增加最快；（4）世界煤炭消费量占能源消费的比重将缓慢下降，面临巨大的环境压力；（5）电力消费快速增长，可再生能源发展会有更好的市场条件，比重会上升。

进入21世纪后，学界对能源生产消费趋势以及替代能源的研究更加细化，利用模型对能源的生产和消费进行定量分析。相关研究认为，全球能源生产和消费一直保持平衡状态，但存在地区差异。亚太、北美、欧洲和俄罗斯一直占有主要份额。近几十年，能源消费格局发生较大变化，亚太地区消费大幅增长；无论是全球层次还是国家层面，能源流动都集中体现为石油的流动；能源空间的收敛特征、能源消费结构演进和城市化发展

---

[1] 蔡福安：《世界未来的能源图景》，《石油大学学报》（社会科学版）1995年第3期。
[2] 曹文红、董秀成：《未来世界能源消费趋势综述》，《国际石油经济》1998年第2期。

都是能源产销差异和空间流动的重要影响因素。① 廖华、魏一鸣通过回归分析，认为世界能源消费的差异性和不平衡性，既体现在时间上和空间上，也体现在水平上和变化速度上，还体现在总量上和人均量上；发达国家能源消费占全球消费比重总体上呈现下降趋势，而发展中国家的能源贫困问题依然相当严重，突出表现在人均用能水平较低、无法获得电力服务、煤炭和传统固体生物质能使用比较广泛等方面。②

2010 年以后，国内学者与国际学者都认为，今后经济和能源需求的增长将主要集中在发展中国家，特别是亚洲和大洋洲发展中国家，以及中东、北非和拉丁美洲。21 世纪以来在一次能耗消费构成中煤炭和天然气所占比例上升，石油和一次电力（主要是核能）所占比例有所下降。目前水电和核能仍是最大的非化石能源，两者合计占一次能源消费比例约为 12%。尽管风能、太阳能、生物质能等来势迅猛，但基数很小，在 21 世纪前半叶石化能源仍将居主导地位。其中，张德义等认为，由于煤层气页岩气勘探开发技术日趋成熟，使得非常规天然气的储量和产量迅速增长，2035 年天然气可能占到世界能源消费总量的 25%，从而超过煤炭成为，仅次于石油的第二大能源。③

三　清洁能源与能源转型

改革开放以来，中国创造了国民经济持续高速增长的奇迹。但中国的经济增长模式以高投入、高能耗、高排放为特征，经济发展也拉动了能源需求的快速增长，中国因此成为世界上最大的能源生产国和消费国之一。为更好地满足国民经济发展的需要，中国的能源供应从本国的国情出发，充分利用了自身的能源资源禀赋，始终保持了较高的能源自给率，有效地保障了能源供应安全。随着国内外经济环境发生深刻的变化，传统经济增长模式的弊端逐渐显现，与之相适应的能源发展方式也面临着严峻的挑战，亟待实现能源转型。中国政府确定的能源转型的方向是，在大力推进

---

① 黄园淅等：《世界能源产销与流动分析》，《世界地理研究》2009 年第 1 期。

② 廖华、魏一鸣：《世界能源消费的差异性与不平衡性及其变化研究》，《中国软科学》2010 年第 10 期。

③ 张德义：《世界能源消费形势刍议》，《中外能源》2012 年第 3 期。

煤炭清洁高效利用的同时，着力发展非煤能源，形成煤、油、气、核、新能源、可再生能源多轮驱动的能源供应体系。近年来，国内学术界围绕着能源转型，尤其是核能、光伏等清洁能源发展的问题进行了比较全面的研究。

随着国际社会对低碳环保的认识不断深入，作为重要清洁能源之一的核能再次引起世界各国的广泛关注。中国等新兴经济体在核能应用领域的大量投资，使得全球核能产业一度出现复兴的趋势。但福岛核电站泄漏事故不仅沉重打击了全球核能产业，也在很大程度上影响了决策者和公众对核能未来前景的看法。究竟如何看待核能在中国的发展前景，学者们进行了深入的探讨。主流的观点认为，尽管日本福岛核事故使我国核能行业受到很大影响，我国核能的长期发展前景依然光明。原因在于，从总量看，随着我国城市化、工业化不断推进，我国电力需求总量在中长期内仍将会不断增加，发展核能的空间仍长期存在；从能源消费结构上看，也必须大力发展核能等清洁能源；我国目前尚不存在长期的有组织的反核势力，这种社会环境也有利于推动我国大力发展核能。此外，我国可供选择的厂址条件也优于日本、法国等核电大国。[①]

中国光伏产业的异军突起，使中国在全球新能源领域从追随者一跃而成为领军者。但中国光伏产业的发展历程也经历了大起大落，既实现了产业规模从小到大的嬗变，又经历过产业景气由盛而衰的转折，其中的原因何在？很多学者对此进行过分析，其观点大体可总结为"政府过度扶持说""缺乏核心技术说""外部市场依赖说"。张崏喆等人认为[②]，中国光伏产业发展波动较大的主要原因在于，地方政府的不当激励推动了光伏行业的产能过剩、事前补贴方式的固有缺陷以及电力部门缺乏接受光伏发电上网的动力等使得国内市场不足以支撑巨大产能、行业技术能力以及企业风险管理能力的欠缺导致产业自生能力不足。耿亚新等认为[③]，由于国内

[①] 肖新建：《2011年中国核电发展状况、未来趋势及政策建议》，《中国能源》2012年第2期。
[②] 张崏喆、王俊沣：《光伏产业困局的成因与对策》，《宏观经济管理》2013年第4期。
[③] 耿亚新、周新生：《太阳能光伏产业的理论及发展路径》，《中国软科学》2010年第4期。

需求不足，中国太阳能电池产业形成了原料和产品"两头在外"的发展模式，这是一种对全球产业链的"依附性发展格局"。张路阳等人则从价值链的角度分析了中国光伏业的特征，认为我国光伏产业是以采购者驱动型为主的价值驱动模式，这种模式在应对近年来国际光伏产业上游价格及终端需求的大幅变动方面显得力不从心。[1] 柳卸林等人则主张高度重视产业链的形成作用，重视市场的作用而不是技术的突破。[2]

中国在推动清洁能源发展的过程中，产业政策起到了重要的作用。国内学者对我国清洁能源产业政策进行了回顾和反思，力图对相关政策的得与失进行系统总结。王敏等指出[3]，我国风电和光伏发电在高额补贴政策的推动下得到高速发展，但也遇到了补贴资金缺口迅速增大和"弃风弃光"比例不断攀升等挑战。在短期内应向市场发出补贴政策将适时退出的信号，在中长期以开征环境税为契机，取消对新增装机的发电补贴。还要加快电力市场改革，破除电力市场交易省际壁垒。王宇等[4]通过构建需求不确定下的古诺竞争模型，认为光伏产业出现产能过剩的主要原因在于：国外市场萎缩、国内需求不足、政府过度补贴以及企业技术水平较低。因此，需要从培育国内市场、规范政府不当干预行为和创新驱动等方面着力，以化解产能过剩。黄珺仪[5]采用面板数据分析法，分析了中国31个省份的风电相关数据，认为补贴政策和地区环保支出对风电产业的促进作用并不明显，而地区经济的发展和电力消费量对于风电产业的发展作用显著，并提出了促进风电产业发展的政策建议。有学者还深入分析了2018年光伏补贴新政对我国光伏产业发展的影响。王思聪认为[6]，光伏补

---

[1] 张路阳、石正方：《基于价值链理论的我国光伏产业动态演进分析》，《福建论坛》（人文社会科学版）2013年第2期。

[2] 柳卸林、高伟、吕萍等：《从光伏产业看中国战略性新兴产业的发展模式》，《科学学与科学技术管理》2012年第1期。

[3] 王敏等：《关于中国风电和光伏发电补贴缺口和大比例弃电问题的研究》，《国际经济评论》2018年第4期。

[4] 王宇、罗悦：《外需引导与政府补贴下战略性新兴产业的产能过剩研究——以光伏产业为例》，《现代经济探讨》2018年第3期。

[5] 黄珺仪：《补贴政策对风电产业发展影响的实证分析》，《生态经济》2018年第5期。

[6] 王思聪：《政府补贴政策演进对光伏发电产业发展影响研究》，《经济理论与实践》2018年第9期。

贴新政对光伏装机量的影响有限，新政策有助于减少弃光现象和加速国家能源转型。光伏企业应淘汰落后产能，优化并完善业务模式；能源部门应引导光伏企业发展核心技术，提高国际市场竞争力。

第五节　全球能源治理

能源治理源于全球治理对能源的关注，旨在促进全球能源安全、解决能源贫困、应对气候变化和环境污染等全球性危机问题。能源资源日益增加的压力和气候变化的威胁，加上各国之间不断变化的地缘政治关系，给现有的国际能源合作机构带来越来越大的压力。尤其既有的能源治理仍然扎根于 30 年前的传统化石能源治理为主的世界，无法反映现实的一些变化，比如新兴经济体的群体性崛起及由此带来的治理需求。因此，如何创新全球能源治理机制已成为国际研究中一个重要的新研究领域。从事这一领域的学者试图为以下问题寻求答案：治理什么？由谁治理？如何治理？治理的影响如何？虽然仍属于新兴研究领域，但关于全球能源治理的研究文献正蓬勃发展，吸引了越来越多的研究人员的关注。

一　全球能源治理的范围和基本原理

对全球能源治理的探究源于治理和全球治理。治理概念在 20 世纪 80 年代被广泛用于发展政策界，并从那里传播到其他社会科学学科。学者们对能源治理的研究早期不是聚拢于"全球能源治理"的标题下，而是选择国际能源合作视角。随着全球能源市场正在进行的一系列重大变化，尤其气候变化、地缘政治以及石油和天然气市场波动性的增加，促使学者们开始从全球治理的角度审视能源。"全球能源治理"一词最早出现的时间大约是 2005 年的 G8 格伦伊格尔斯峰会。以加拿大多伦多大学教授约翰·肯顿（John Kirton）为主的学者将 G8 和学术界的注意力引向了能源治理领域。随后有两大机构的研究进一步推动了该研究领域的发展。一个是柏林全球公共政策研究所出版的《21 世纪的全球能源治理：游戏的新规则》和新加坡国立大学李光耀公共政策学院全球能源治理研究小组在

《全球政策》(*Global Policy*)杂志于 2011 年 9 月推出的一期特刊"在支离破碎的世界中管理能源"。在此大背景下,国内学者也开始研究全球能源治理的范围和基本原理。

较早研究主要聚焦国际能源合作和能源政治,代表著作包括王能全的《石油与当代国际经济政治》、徐小杰的《新世纪的油气地缘政治——中国面临的挑战与机遇》、杨解君主编的《国际能源合作与国际能源法》[1]等。能源宪章也是国内学者早期关注的焦点。在国际法上,《能源宪章条约》为能源合作提供了独特的多边法律框架,但中国一直未成为《能源宪章条约》的缔约方。对于是否加入能源宪章,胡国松等的《〈欧洲能源宪章条约〉述评》[2]、曹伟的《能源宪章与中国》[3]、白中红和潘远征的《中国加入〈能源宪章条约〉的利弊论》[4] 等都对此进行了分析。基于与《能源宪章条约》的对比,舒小昀对东亚能源合作和对话途径进行了分析,呼吁东亚地区通过政策协调在区域层面采取集体行动应对能源问题,形成稳定有效的多边机制。[5]

随后受页岩气革命、福岛核事故、可再生能源成本持续下降以及呼吁减少化石燃料使用的全球行动影响,全球能源市场发生巨大转变,全球能源治理载体开始发生变化。叶玉认为由于缺乏全球性和综合性的全球能源治理机构,全球能源治理的载体表现为多元、多层、分散的治理网络,其中既有能源供应、经济效率与环境保护多重价值目标的竞争,又有国家、部门与私人机构等多种利益的博弈,核心实际是以国家和部门利益为界、但具全球影响的不对称"三角"结构。这一结构正遭遇两大挑战:一是新兴力量的出现;二是气候变化引致的对化石燃料使用的限制。[6] 徐斌分析了石油及天然气领域市场失灵的各种现象,并在制度经济学框架下讨论

---

[1] 杨解君:《国际能源合作与国际能源法》,世界图书出版公司 2012 年版。
[2] 胡国松、邓翔:《〈欧洲能源宪章条约〉述评》,《欧洲研究》1996 年第 6 期。
[3] 曹伟:《能源宪章与中国》,《国际石油经济》2003 年第 10 期。
[4] 白中红、潘远征:《中国加入〈能源宪章条约〉的利弊论》,《生态经济》2010 年第 10 期。
[5] 舒小昀:《东亚能源共同体建设的背景、进程与前景——基于〈能源宪章条约〉的讨论》,《世界经济与政治论坛》2010 年第 3 期。
[6] 叶玉:《全球能源治理:结构、挑战及走向》,《国际石油经济》2011 年第 8 期。

了国际能源机构、《能源宪章条约》、国际能源论坛以及能源期货交易中心等各种机制设计在降低交易费用和解决市场失灵方面的作用、发展现状与不足，并讨论了能源消费需求不断增长的中国与全球能源治理体系面临的现实。[1]

从国际政治经济学（IPE）的角度分析全球能源政治正在成为新的研究领域。方婷婷研究了非国家行为主体的角色及其主导建立的跨国治理网络，认为全球能源治理正面临着治理主体多层次、治理目标多元化和治理机制碎片化的三重挑战。[2] 由于能源治理的政治是全球性的，因为北方和南方各国的经济是不可分割和相互依存的。国际社会必须在能源问题上进行合作，全球能源治理成为推动能源地缘政治和加强全球能源事务合作的工具。

二 中国如何参与全球能源治理

随着中国经济发展进入快车道，能源需求与经济发展保持同步增长，作为世界能源消费大国，在不断融入国际能源生产与消费的过程中，中国开始以开放、参与、融合、贡献等理念与行动，在构建国际能源治理体系中发挥独特的作用。[3] 2015 年 5 月，中国成为《国际能源宪章》签约观察员国，开启了全球能源治理体系协同进化新进程[4]；同年 11 月，正式与 IEA 建立联盟关系，双方承诺加强在能源安全、能源数据及统计等领域的合作。2016 年，中国担任 G20 主席国，G20 成为能源议题和倡议讨论的重要平台，集中讨论了两大议题：G20 如何通过更有影响力、更有效的方式更好反映全球能源市场的现状，以及新兴市场和发展中经济体如何更深地融入现有国际能源组织的现代化发展进程。[5]

---

[1] 徐斌：《市场失灵、机制设计与全球能源治理》，《世界经济与政治》2013 年第 11 期。
[2] 方婷婷：《全球能源治理的国际政治经济学分析》，《国际展望》2019 年第 1 期。
[3] 张敏：《改革开放 40 年来我国对国际能源治理的理念认知与行动参与》，《中国能源》2018 年第 4 期。
[4] 康晓文：《签署国际能源宪章、加入国际能源署联盟国 中国开启全球能源治理体系协同进化新进程》，《国际石油经济》2016 年第 1 期。
[5] 潘旭明：《中国参与 G20 能源治理：机制、进程与展望》，《国际石油经济》2016 年第 9 期。

中国学术界对中国如何参与全球能源治理主要持两种态度，一是充分利用既有能源治理机制，推动全球能源治理改革。这类组织或规则包括OPEC、IEA、国际能源论坛（IEF）、能源宪章条约（ECT）、国际可再生能源机构（IRENA）、可再生能源与能源效率伙伴关系（REEEP）、二十国集团（G20）、八国集团（G8）、联合国、世贸组织及多边发展银行等。有些学者倾向于从宏观层面分析主要国际能源组织或者相关国际组织的发展情况及其对能源治理的贡献及作用。有的学者选择对单个国际组织所承担的能源治理功能进行探究。① 二是通过机制创新推动全球能源治理改革，提升发展中国家在能源领域的话语权。于宏源从中美在新能源领域的经贸摩擦入手，指出在应对全球能源环境挑战中，世界各国既有全球主义下的合作也有功利主义下的竞争，面对这种形势，中国的能源外交政策应该包括全球能源治理、国际交流对话、双边合作三个方面，要倡导能源全球主义的发展理念，通过合作共赢参与和塑造国际能源体系。② 赵庆寺建议金砖国家内部建立开放性的多边能源合作机制，加强能源领域的多边合作，优势互补，整体推动国际新能源、新秩序的构建，提高金砖国家参与全球能源治理的能力。③ 刘明明等也呼吁中国积极参与构建公平合理的国际能源治理体系，尤其推动全球能源可及性建设④，通过机制创新提升能源治理的执行力与时效性，提升中国能源治理能力。赵勇强认为，在应对气候变化压力、政策扶持和技术进步推动下，可再生能源已成为全球能源转型的核心，开始全面规模化利用并逐步成为重塑能源体系、影响地缘政治、促进绿色经济的重要力量，在此背景下，中国应积极参与全球可再生能源发展和治理。⑤

---

① 邹志强：《G20参与全球能源治理的成效与展望》，《现代经济探讨》2016年第1期；于宏源：《二十国集团与全球能源治理的重塑》，《国际观察》2017年第4期。
② 于宏源：《全球能源治理的功利主义和全球主义》，《国际安全研究》2013年第5期。
③ 赵庆寺：《金砖国家与全球能源治理：角色、责任与路径》，《当代世界与社会主义》2014年第1期。
④ 刘明明、李佳奕：《构建公平合理的国际能源治理体系：中国的视角》，《国际经济合作》2016年第9期。
⑤ 赵勇强：《国际可再生能源发展与全球能源治理变革》，《宏观经济研究》2017年第4期。

三 "一带一路"能源合作机制

"一带一路"地区能源资源丰富，是中国对外能源合作的主要地区。张运东等建议中国利用各种国际平台提出完善能源治理的中国方案，尤其要强化"一带一路"能源合作机制，推动全球能源治理协同，增强在国际能源治理领域的软实力。[①] 朱雄关和张帅从参与全球能源治理、构建能源命运共同体和保障中国能源供给安全的角度，建议中国应进一步拓宽"一带一路"能源合作的视野，将东线的美洲和北线的北极地区一并列入"一带一路"能源合作的范围，积极构建保障中国能源安全的能源"大丝路"。[②] 张一清等认为，中国与"一带一路"沿线国家能源合作中面临着人才缺乏、融资成本高、标准国际化程度不够、同质化竞争严重及能源合作项目风险较高等急需解决的问题。[③]

此外，孙俊成等关注了中国和中东在能源基础设施领域合作的现状和挑战，提出了中国的应对策略。[④] 丁宁分析了美国能源政策的转变对深化中拉能源合作的机遇，如增加拉美对中国的能源供应，促进中国对拉美能源产业投资和融资渠道的多元化，以及为中拉能源外交和在全球气候治理议题上的合作创造新空间等。[⑤] 杨宇等指出，中国与中亚地区的油气贸易合作面临着大国博弈、内部政治环境不稳定、国际能源合作制度碎片化、国际能源投资政策缺乏可持续性等一系列的潜在风险，建议中国应加快推动建立务实高效的多元能源合作机制，优化能源合作的主体结构，加强能源勘探开发和深加工的技术贸易，加快推进能源就地加工转化，并修订现

[①] 张运东、杨艳、饶利波：《对中国深度参与全球能源治理的思考》，《国际石油经济》2018 年第 11 期。

[②] 朱雄关、张帅：《能源"大丝路"：中国能源合作的新格局》，《云南大学学报》（社会科学版）2018 年第 3 期。

[③] 张一清、刘传庚、姜蠢民：《加快推进"一带一路"能源合作的思考与建议》，《中国石油大学学报》（社会科学版）2018 年第 2 期。

[④] 孙俊成、江炫臻：《"一带一路"倡议下中国与中东能源合作现状、挑战及策略》，《国际经济合作》2018 年第 10 期。

[⑤] 丁宁：《特朗普政府的美国能源政策动向：中拉能源合作的新机遇》，《太平洋学报》2018 年第 10 期。

有的双边投资协定。① 李蕾和张帅从国际、区域、中国、中亚国家四个层面明晰了中国—中亚区域能源合作的战略定位②，剖析了双方合作中存在的困难和挑战，并从合作机制、合作主体、合作制度提出了对策建议。

第六节　能源安全

能源安全是各国能源政策的重要目标。不同的国家处于不同的能源供需环境，具有不同的能源安全诉求。40 年来，国内学者对于能源安全的认识处在不断更新和发展的过程中，尤其是近年来对能源安全的研究不断深入，取得了丰硕的成果。

一　能源安全观

对能源安全的早期认识主要来自西方能源消费国。传统的能源安全观侧重能源的稳定供应，因为稳定供应对于能源消费国或能源进口国来说具有重要的意义，能源安全也具体体现在稳定供应源、稳定供应通道和稳定供应价格上，防止供应波动或供应中断。这些诉求在 1973 年第一次石油危机后变得更加突出。1974 年，应美国基辛格提议，经济合作与发展组织（OECD）成立了以建立和协调石油战略储备，防止供应中断为初期目的的国际能源署（IEA），同时通过他们的研究和舆论，将供应安全视为能源安全的核心。国内学者基本接受这一观点，并作为研究基础。吴磊等国内学者对中国能源（特别是石油）安全现状和趋势做了国际关系理论分析，重点在于确保稳定供应。③

20 世纪 90 年代末以来，尤其是 1997 年亚洲金融危机以后，由于短期内亚洲石油需求迅速萎缩，超乎了中东石油输出国的预料，使得中东石

---

① 杨宇、何则、刘毅：《"丝绸之路经济带"中国与中亚国家油气贸易合作的现状、问题与对策》，《中国科学院院刊》2018 年第 6 期。
② 李蕾、张帅：《"一带一路"倡议下中国—中亚能源合作的战略定位、挑战与对策》，《国际经济合作》2018 年第 6 期。
③ 吴磊：《中国石油安全》，中国社会科学出版社 2003 年版。

油输出国蒙受了意外的巨大损失，即使是沙特阿拉伯的外汇收入也迅速递减。石油输出国开始感受到了市场迅速缩减带来的压力，准确地说来自消费国或进口国石油需求不稳定引发的危机。这一危机冲击了传统的能源安全观，推动了传统能源安全认识的转变，即为了确保石油输出国的石油安全，石油消费国必须确保石油需求的稳定，而且这种需求稳定，是确保稳定供应的前提。为了确保供需双方的能源安全，徐小杰提出，应将能源安全认识由单纯的供应安全转向供需互保的安全并建议将其作为全球能源安全观的基本内容。[①]

经过改革开放40年的发展，我国已成为世界上最大的能源生产国和消费国之一，形成了煤炭、电力、石油、天然气、新能源、可再生能源全面发展的能源供给体系，技术装备水平明显提高，生产生活用能条件显著改善。尽管我国能源发展取得了骄人的成绩，但也面临着能源需求压力巨大、能源供给制约较多、能源生产和消费对生态环境损害严重、能源技术水平总体落后等挑战。为了更好地应对中国经济发展中面临的能源与环境的挑战，近年来国内学者对中国的能源安全问题进行了较多的研究。学者们普遍认为，只有比较准确地评估中国的能源安全状况，才能提出更有针对性的政策建议。李振宇等通过对能源消费增速、能源结构、能源消费行业结构、能源利用效率等方面的分析[②]，认为我国能源形势基本稳定，能源供应总体安全，但也存在着能源需求总量增长过快，消费结构不尽合理；能源发展中的环境问题突出；地缘政治影响不确定性因素增加；油气战略储备不足；非化石能源消费占比低，替代能源发展较慢等问题。李奇从中国能源安全状况的新特点出发，剖析了中国能源安全中主要矛盾的新变化[③]，认为能源供给安全的主要矛盾由外部转向国内，能源消费安全的主要矛盾由消费总量转向消费结构，能源使用安全的主要矛盾由供需失衡转向平等环保，能源经济安全的主要矛盾由要素投入转向经济结构。程蕾

[①] 徐小杰：《新世纪的油气地缘政治——中国面临的机遇与挑战》，社会科学文献出版社1998年版；《石油龙的崛起：对中国和世界意味着什么》，欧洲学术出版社（European Academic Press）2002年版。

[②] 李振宇等：《新形势下对我国能源安全问题的思考》，《当代石油石化》2016年第7期。

[③] 李奇：《中国能源安全现状与矛盾转变》，《国际石油经济》2018年第4期。

从可获取性、可支付性、可高效清洁利用性和政府能源治理能力四个方面，对新时代能源安全的内涵进行了阐述[1]，认为我国的能源安全水平总体上看正在稳步提高，但石油、天然气对外依存度仍在持续增大，给能源安全带来了一定压力。并指出，尽管多样化进口和运输渠道在一定程度上分散了风险，但如果过度强调以天然气和可再生能源取代煤炭，极易引发能源结构性短缺，降低能源安全水平。为了更好地保障我国的能源安全，就应当推行深入能源供给侧改革，促进能源协同发展。

随着越来越多的新分析工具被引入学术研究领域，国内学术界对能源安全的研究也从定性研究逐渐转向定量研究，一些学者开始利用模型对能源安全开展定量分析。徐玲琳等人从能源供给—传输安全、使用安全和社会发展环境三个维度，构建了能源安全评价模型，对世界能源安全格局时空演变特征、形成机制及其对中国能源安全表现的政策启示进行了系统分析。[2] 他们认为，20 世纪 90 年代以来，全球能源安全整体格局呈现出恶化特征，影响区域能源安全水平的主要因素日益多元化。中国的能源安全形势一直处于世界一般水平，且呈现出能源使用安全指数持续降低的态势，能源消费过程中的环境可持续问题日益突出。彭红斌等人构建了包含 17 个指标的中国能源安全综合评价指标体系，对 21 世纪以来中国能源安全情况进行了量化评估[3]，认为从整体上看，我国能源安全趋势表现为先下降后上升的态势，而从分项评估的具体情况来看，能源供应安全一直呈现快速下降趋势，能源消费安全整体趋势基本一致，而能源生态安全不断提高。

21 世纪以来，随着经济全球化的不断发展，世界各国之间的国际贸易和国际投资的规模不断扩大，特别是发展中国家越来越深入地融入世界经济之中，国际能源合作领域不断拓展，一国的能源安全与他国的能源安全相互连接，成为地区性和全球性能源安全体系的重要方面。这一趋势与

---

[1] 程蕾：《新时代中国能源安全分析及政策建议》，《中国能源》2018 年第 2 期。
[2] 徐玲琳等：《20 世纪 90 年代以来世界能源安全时空格局演化过程》，《地理学报》2017 年第 12 期。
[3] 彭红斌等：《我国能源安全问题研究——基于模糊综合评价方法》，《中国能源》2016 年第 8 期。

各国不断参与国际竞争与合作,加强互信、互利、平等和协作越来越成为地区安全和全球安全的重要内容是一致的。地区能源安全和全球能源安全涉及在能源合作中的多方合作利益。亚太国家的国有能源企业的跨国经营已成为国际竞争与合作的新兴力量,参与双边和多边合作正在成为地区和全球能源安全的重要内容。国内学者和政策研究专家陆续将上述"合作安全"的理念输入国际合作研究过程中,成为建立新型的国际合作关系,确立共同安全的理念与关系准则的重要补充。[①] 随着学术界对能源安全的认识不断深化,这些观点对中国的国际能源合作也产生了积极的影响。2001年上海合作组织成立之时,中国就把这种"合作安全观"写到了上海合作组织成立的法律文件之中。这是中国继20世纪50年代提出"和平共处五项原则"之后,再次向世界表明了中国对外合作的积极姿态和认识。在2012年党的十八大报告上,明确采纳了"合作安全"的理念,体现了中国学者对现代能源安全认识的贡献。这些认识也是对国际合作理论的重大贡献。

二 "一带一路"建设与中国能源安全

积极推进"一带一路"建设,是中国构建开放型经济新体制的重大举措。"一带一路"建设不仅给中国的对外贸易和对外投资带来新的历史机遇,也深化了中国与沿线国家之间的能源合作。中国与沿线国家间的能源贸易规模不断扩大、能源投资领域不断拓宽、重大能源基础设施项目扎实推进。

随着"一带一路"建设从愿景逐渐转变为现实,"一带一路"下的能源合作已经成为能源安全研究领域中的热点领域。朱雄关等指出[②],"一带一路"沿线的中东、中亚、俄罗斯、非洲等国家和地区油气资源丰富,是我国能源海外进口的主要来源地,对于保障中国能源安全具有十分重要的地位。在保障中亚、中俄、中缅三条陆路能源输送通道和马六甲海峡、

[①] 宫玉涛、赵丽:《合作安全是中国的战略选择》,《国际关系学院学报》2011年第2期。
[②] 朱雄关等:《"一带一路"背景下构建我国能源合作的对策探讨》,《学术探索》2017年第7期。

霍尔木兹海峡等咽喉水道安全的基础上，打通北极航线、东太平洋航道和中巴能源通道，并在"一带一路"沿线构建起以中东、非洲、俄罗斯为主要板块的区域性能源合作面，对于提升我国能源进口运输的多样化能力，进一步提高保障我国能源安全的水平意义重大。

很多学者针对"一带一路"沿线不同区域和国家与中国的能源合作做了深入的研究。中亚地区是"丝绸之路经济带"建设的战略枢纽地段，也是我国战略能源优先保障的最近基地。中国科学院的一些学者从保障国家能源安全的角度出发，详细研究了中亚国家在石油、天然气和天然铀等战略能源方面的地缘分布格局、开发利用方面的现状与特点，以及中亚能源对我国能源安全的保障程度与保障效益，并对中国与中亚地区在合作开发利用能源方面所面临的法律、经济、社会、政治、基础设施风险进行了分析，提出了深化我国与中亚国家在能源资源领域合作的对策建议。[1] 谢文泽、刘爽、高文胜等人分别研究了中拉、中俄、中国—南太平洋地区等在能源领域中的合作范围、项目进展、发展前景、主要问题，并对进一步扩大双方在能源领域的合作提出了政策建议。[2] 学者们普遍认为，"一带一路"的能源合作要以基建、贸易和投资为主，但同时也应该促进中国与沿线国家在经贸发展、公共外交、社会文化等多方面、多层次的交流，只有将双方的能源合作水平提升到一个新高度，才能为我国的能源安全提供更好的保障。

第七节　能源政策

20 世纪 70 年代的两次石油危机以及八九十年代石油价格的持续低

---

[1] 方创琳等：《"丝绸之路经济带"中亚能源合作开发对我国能源安全的保障风险及防控建议》，《中国科学院院刊》2018 年第 6 期；鲍超等：《"丝绸之路经济带"中亚天然气资源开发利用对中国的保障效益及对策建议》，《中国科学院院刊》2018 年第 6 期。

[2] 参见谢文泽《中国—拉共体共建"一带一路"探析》，《太平洋学报》2018 年第 2 期；刘爽、马友君、钟建平《中俄沿边地区基础设施建设状况考查及分析》，《欧亚经济》2017 年第 1 期；高文胜《南太平洋能源战略通道的价值、面临的风险及中国的对策》，《世界地理研究》2017 年第 6 期。

迷，促使主要能源消费国重新考虑能源政策，国内学者对各国能源政策的研究逐渐活跃。保障能源供应和环境污染问题成为能源政策研究的中心议题，涉及各国能源供需现状和所采取的政策措施。

一　美国能源政策

能源消耗过高一直是美国经济社会发展面临的重大挑战。郭洁松认为，20世纪70年代以来，石油和天然气在美国的能源消费中长期占据75%，需求扩大和浪费严重导致美国能源消费急剧上升与国内石油供应下降，使得进口石油大增，外贸逆差剧增，美元地位虚弱，美国经济状况恶化，与盟国矛盾加深；可能受制于第三世界产油国的压力，与苏联争霸中面临战略态势的劣势，从而给美国经济、政治、对外关系和军事态势带来严重问题。[①] 面对这些问题，卡特政府提出了新的能源计划，试图通过加重石油税、确定汽油消费定额、对耗油率超过规定的汽车按级增收罚款；提高天然气价格，刺激天然气开发；鼓励使用太阳能、增加煤炭生产等措施来减少对石油的依赖。但是这些措施执行起来困难重重。只能通过政策调整，比如增加石油战略储备、调整对中东的政策等保证石油的供给，其根本目的还是针对美苏在中东地区的霸权，以保证石油供应基地和运输路线的安全。

董秀成对克林顿政府的能源政策做了较深入研究。他指出，克林顿政府能源政策的核心思想是"可持续发展"，既关注美国和世界现实情况，更着眼于世界和美国未来发展趋势。其能源政策的目标是提高能源利用效率，抑制能源需求过快增长，降低环境保护成本，保持良好环境质量，保证能源稳定供应，确保国家安全。其主要内容包括促进技术研究开发，提高交通效率，发展替代燃料，提高建筑物能源利用效率，鼓励开发和利用节能技术，以提高能源利用效率；强化国内石油生产能力，提高天然气利用效率，开发和研制先进的天然气开发、生产和应用技术，促进电力工业竞争，增加对可再生能源投资，降低煤炭对环境的影响，支持开发和研制清洁煤技术、增加核能安全性等综合发展各种能源，平衡能源资源利用；

---

① 郭洁松：《美国的能源问题及其对内外政策的影响》，《世界经济》1978年第1期。

加强能源科技工作,能源政策和环境政策密切结合,在不破坏环境情况下保持经济增长,同其他国家紧密合作,积极参与国际能源市场调节行动,以保证能源安全。[①]

2001年,时任美国总统布什公布了一项综合性的新能源政策,这一以增加能源供应为核心的能源政策提出了105项建议,主要包括:增加石油、天然气、煤炭的产量和发电量;加强能源基础设施建设;在10年内投入100多亿美元鼓励节能和能源开发;减税40亿美元来鼓励消费者购买节能汽车等。其中,煤炭作为主要能源的地位十分突出,甚至美国新能源政策的核心被认为是煤炭。[②]虽然以煤炭作为主要能源易造成环境污染,但是美国及其他国家煤炭资源丰富,价格优势明显。进入21世纪以来,世界各国再度运用"替代"手段,以减小油价飙升给世界经济增长带来的影响,煤炭成为最主要的替代物,以燃油为主的电力、冶金、陶瓷、化肥等企业大受打击,煤制油、煤洁净化利用技术重新成为能源发展的重头戏。

褚王涛认为,美国历次重要能源政策的出台都与石油危机所引发的国际原油价格相对高位运行有着密切关系,危机与问题的出现正是改革发展的重要动力。他认为,美国能源政策的实施体现出如下规律:其一,能源政策始终没有改变美国能源消费的主流模式。替代能源仅对供给产生了一定的补充作用而无法根本改变能源结构,石油等化石能源始终占据美国能源结构中的主体地位,而替代能源的发展相对缓慢,在美国能源结构中的比例较小。其二,政策目标实现是一个阶段性过程,政策措施兼顾近期和远期。长期来看,发展可再生能源是实现环境友好的方式,是实现能源可靠供应的根本途径,但不能完全解决现阶段美国能源安全问题,可再生能源只可能在远期发挥主导作用。因此,解决能源安全问题不能完全脱离传统主流能源消费模式,例如强化煤炭和核能的利用,美国煤炭和核能原料供应充足,通过扩大煤炭的生产利用以及恢复和加强核能利用容易满足美

---

① 董秀成:《克林顿政府能源政策的依据、目标和内容》,《石油大学学报》(社会科学版)1998年第3期。

② 任德新:《美国新能源政策及其对我国的启示》,《现代经济探讨》2001年第10期。

国的现实需求。此外，节能降耗措施虽然不能从根本上解决能源安全问题，但其实施既无负面效应且见效快，是能源政策措施的重要组成部分。煤炭、核能以及节能降耗作为可再生能源发展的有利缓冲，为后者的广泛利用提供了准备时间，从而实现了近期和远期的兼顾。其三，能源政策的执行力度和效果受到能源市场变化的影响。美国能源政策的出台具有"危机推动"的特点，因为能源政策带有改革的性质，在危机时刻不同利益群体才更容易达成共识，同样，能源政策的执行力度和效果也同样受到能源市场变化的影响。[①]

张抗等分析了2000年以来美国能源进口依存度和进口来源的变化及对世界能源市场的影响。美国石油进口的首要来源是北美自由贸易区的邻国（即加拿大和墨西哥），特别是加拿大，但其从欧洲、南北美洲、北非、西非的大西洋地区的石油总进口份额高达78.28%，而2009年来自中东的石油仅占15.38%，且继续呈下降趋势。无论从地缘油气还是从经济政治乃至军事上看，大西洋供销区对于美国的石油供应来说是有发展潜力且相当稳定的地区。美国石油进口来源相对分散，且离本土较近，运输便捷安全。在进口来源多元化和供应安全上中国和欧洲皆逊于美国。由此可能造成世界石油贸易的重点继续向东亚、南亚转移。美欧对石油进口的需求持续走低，将迫使中东以及非洲和南美的石油输出国向东亚南亚地区开拓新的出口目的地。[②]

2008年，奥巴马上任面临着诸多的能源问题，世界原油供求矛盾进一步加剧，国际油价持续高位运行，美国能源消费负担沉重。而2008年下半年爆发的全球性金融危机，促使奥巴马政府上任伊始就把能源改革放在其政策制定的优先地位，把全球气候变暖作为最为紧迫的挑战。2009年奥巴马政府推出的能源计划是在之后10年中投资1500亿美元，以实现刺激经济、减少温室气体排放、提高能源安全三大目标。随后，美国能源部发布了2011年能源战略规划蓝图，运用科技创新手段应对能源、环境

---

① 褚王涛：《从美国能源政策演进看奥巴马能源政策宣言》，《生产力研究》2010年第1期。

② 张抗、周芳：《美国石油进口依存度和来源构成变化及启示》，《中外能源》2011年第2期。

以及核安全的挑战，确保国家安全。这可以看作奥巴马政府能源政策的延续。首先，该计划着眼于发展绿色能源产业，通过对清洁能源和可再生能源的开发，增加就业，创造新的工作岗位，带动其他产业兴旺，最终达到刺激并推动经济发展的目的；其次，变革能源系统，减少污染排放。通过建立多样化的国内能源结构，积极探索太阳能、生物能、风能等多种可再生能源，降低对化石能源的需求，减少二氧化碳的排放；再次，强化安全管理，扶持核能发展。注重对可再生能源、煤炭的清洁利用、智能电网、核能的安全管理，特别强调对核能的支持；最后，保持技术优势，维护领导地位。

元简对奥巴马时期美国的新能源政策做了分析。他认为，美国的新能源政策有较突出的两面性。一方面，由于缺乏共识基础，美国尚未出台国家层面的新能源发展规划和目标。来自党派政治的干扰对政策的稳定性和可预测性构成持续的挑战。但另一方面，联邦和地方政府推出的一系列扶持政策，使美国风能和太阳能产业近年来保持了较高的增长速度。这显示出美国新能源政策的发展有较明显的渐进性，且在很大程度上是个自下而上的进程。当时普遍认为2016年的大选将对未来美国能源政策产生巨大影响，如果共和党保守派候选人当选总统，奥巴马政府推行的政策议程可能改变，甚至搁浅。[①]

果不其然，2016年共和党候选人特朗普入住白宫以来，颁布能源优先计划，全面否定了奥巴马时期的清洁能源政策，废除化石能源管制，退出《巴黎协定》，导致美国能源政策发生颠覆性的改变，不确定性显著上升。

国内学者也对特朗普治下的美国能源政策进行了分析。李扬和徐洪峰认为，美国能源优先计划将会有力促进美国本土石油产量的增加，推动煤炭产业的复兴，对美国清洁能源产业的发展利弊同在；从国际层面，美国将在国际石油市场价格机制中发挥重要作用，进一步推动全球石油市场向买方市场转变，并削弱石油输出国组织对国际石油市场的影响。美国退出《巴黎协定》将对全球应对气候变化行动带来消极影响，但其整体影响有

---

① 元简：《美国的新能源政策：渐进模式及其影响》，《国际问题研究》2014年第6期。

限。该计划有可能使中国的能源贸易形势及能源地缘形势进一步复杂化。①

王震等认为,特朗普反气候变化、振兴油气煤、放缓新能源等政策的实施,旨在追求美国优先和美国利益最大化,但具体政策实施的力度和进度还有待观察。总的判断是特朗普将以相对激进的政策手段鼓励发展美国的传统能源产业,美国的新能源发展会有所放缓,但不会改变全球能源低碳清洁化转型的大趋势。特朗普新政将加快美国能源独立进程,减少美国对中东石油的依赖,其世界警察的身份有可能弱化,使得世界地缘政治格局更趋脆弱。美国天然气出口将促进天然气的全球化贸易,促进形成美国、欧洲、亚洲等多元化的天然气定价中心。②

2018年,特朗普政府的能源政策调整已近两年,其成效如何也是国内学者关注的主题之一。孔祥永和李莉文认为,特朗普政府调整能源政策的动因主要有:一是特朗普及其主要幕僚与传统能源行业关系密切;二是力求创造就业并提振美国国内经济;三是打造美国能源主导地位。从短期来看,特朗普政府能源政策的调整取得了不错的成绩,煤炭业开始出现复苏迹象,其短期前景被普遍看好,油气企业业绩趋好,油气出口形势明显改善。但从中长期来看,特朗普政府的能源政策调整不仅将使全球油气市场恢复平衡承受新压力,还将加剧能源出口大国之间的地缘政治博弈。③

尽管目前美国的能源政策已经明显向传统化石能源特别是油气产业倾斜,美国重新成为石油和天然气生产大国,在相当一段时间内可以为美国提供能源安全保障。但元简认为,围绕美国政策倾斜的依据和代价也有争议,比如成本较高的页岩气等非常规能源占比不断增加,美国现有油气储量估算可能偏高等,会对未来美国的油气高产前景产生影响。同时,政策

---

① 李扬、徐洪峰:《特朗普政府"美国第一能源计划"及其影响》,《东北亚论坛》2017年第5期。
② 王震、赵林、张宇擎:《特朗普时代美国能源政策展望》,《国际石油经济》2017年第2期。
③ 孔祥永、李莉文:《特朗普政府能源政策的调整及其成效》,《国际论坛》2018年第5期。

失衡可能对美国在新能源,特别是新能源汽车等的市场竞争地位产生不利影响。[1]

二 欧盟能源政策

20世纪80年代以来,欧洲经济共同体(欧盟前身)的石油进口严重依赖海湾地区,多年来从海湾的石油进口占其石油总进口的60%以上,每次海湾局势动荡,都使欧洲经济共同体经济遭受巨大损失。他们采取的主要措施包括:积极参与中东事务,扩大在中东的政治影响;增加对海湾国家的武器出口,加强该地区的军事实力;与海湾产油国扩大商品贸易,加强经济合作,以保证其能源供应的新途径。当时,欧共体的能源政策主要体现在:一是建立"内部能源市场"是欧洲共同体能源政策优先考虑的问题,但保障能源供应仍然是最关注的问题。欧洲共同体努力保持能源供应的多样性,避免单纯依赖某种单一资源。同时,欧洲共同体继续研究对付未来能源供应危机的方法和手段。二是欧共体正在考虑替代能源战略,以便全面考虑保护和改善环境问题。三是能源技术必须能够保证能源的安全使用和环境的清洁。欧共体制订了一个"五年能源计划发展计划",涉及能源系统效率、可再生能源与水电的发展以及煤炭的无污染使用等领域。四是能源政策应考虑国际间的相互联系,加强外部发展贸易,增进了解,建立必要的国际合作意识。五是能源政策委员会强调能源政策只有经过广泛咨询之后才能出台实施,其中实现"内部能源市场"是欧共体能源政策研究的中心问题。[2]

欧盟能源政策一体化、内部能源市场、能源效率及目标、能源安全以及能源外交等均为欧盟能源政策关注的焦点问题。许勤华认为,实现能源一体化是欧盟的战略目标,通过实施共同的能源政策,建立统一的能源机构,整合内部能源市场,逐步实现共同能源外交政策是其能源政策的主要内容。[3] 曹慧指出,欧盟通过外交建立了一个外部能源关系动态的"三层

---

[1] 元简:《美国能源政策:倾斜的依据和代价》,《国际问题研究》2018年第5期。
[2] 蔡福安:《世界各国能源政策的新动向》,《石油大学学报》(社会科学版)1991年第1期。
[3] 许勤华:《欧盟能源一体化进程及前景》,《现代国际关系》2012年第5期。

结构"，并将其对外能源政策纳入发展援助以及投资合作政策之中。欧盟通过与第三国签订双边协议或"行动计划"，将资金投入能源及其相关基础设施建设的优先项目上。欧洲投资银行和欧洲复兴开发银行对能源项目的投资正成为欧盟实现对外能源政策的主要手段。但是，欧盟对外能源政策的发展也受到内部能源市场改革、制度设计以及第三国的偏好或行为等因素的影响。① 为了确保能源安全和提高欧洲影响力，欧盟也积极发展同中亚及外高加索地区国家的能源关系，逐步构建了中亚及外高加索等地区的能源战略，并在石油、天然气勘探开发和管道建设等方面取得了成效。张晓慧认为，虽然国家利益的不对称性是阻碍欧盟与中亚及外高加索地区能源合作进程的主要因素，但存在着推动二者能源合作的动力。随着欧盟的中亚能源政策的进一步实施，欧盟在中亚及外高加索地区的影响力将可能进一步提升。②

欧盟能源政策也处于不断地变化和升级过程中。2007年，欧盟理事会通过了2007—2009年《欧盟未来三年能源政策行动计划》，又称新能源政策，主要内容包括建立欧盟统一的天然气与电力市场、保障能源供给的稳定与安全、实施全方位国际能源战略、提高能源效率与扩大核能利用规模、研究新能源技术与开发绿色能源等。程春华指出，欧盟新能源政策对确保能源安全有重要作用，其出发点主要是应对气候变化、推动就业和增长、缓和欧盟对油气进口的依赖。新能源政策的核心是能源与环境目标：到2020年，欧盟应减少20%由能源消耗所产生的温室气体排放量。能源政策必须考虑到可持续发展，仅仅增加能源的供应并不能保障能源供应的安全。③ 寇静娜和宋新宁认为，欧盟的2020年气候与能源政策目标，其框架谈判机制的复杂性，加之欧盟政治结构的先天限制，以及成员国各不相同的利益诉求，使有关谈判进展并不顺利。未来欧盟气候与能源政策的前景，究竟是继续维持减排、可再生能源与能源效率三个目标并行，还是仅保留单一减排目标，备受关注。在他们看来，保留单一减排是最可能

---

① 曹慧：《欧盟对外能源政策：关系结构与发展工具》，《欧洲研究》2014年第2期。
② 张晓慧：《欧盟的中亚能源政策与实践》，《新疆社会科学》2014年第3期。
③ 程春华：《欧盟新能源政策与能源安全》，《中国社会科学院研究生院学报》2009年第1期。

的结果。①

2014年，欧盟公布了"欧盟2030年气候与能源政策框架"，提出了三大节能减排目标：温室气体减排目标、可再生能源目标和能源效率目标，其中前两项目标是强制性的，第三项具有指示性意义。张敏认为，为实现这些目标，欧盟需要对"欧盟2030年气候与能源政策框架"的治理机制加以调整和创新，这一政策框架带来的潜在影响是：一是有望提升欧盟在《后2020年全球气候变化协议》谈判中的主导权；二是加快欧洲能源联盟建设步伐；三是助推欧盟在2050年向低碳经济转型，提高欧盟全球经济竞争力。②

三　日本能源政策

日本是一个能源缺乏的国家，其石油和天然气资源几乎全部依赖进口。战后日本经济快速发展对能源特别是石油需求大幅增加，能否保证石油的稳定供应，是20世纪80年代日本经济是否能达到中速增长目标的一个关键因素，成为日本政府亟待解决的一个重大难题。由于石油大部分来自中东地区，而1973年的石油禁运，使日本经济遭受巨大冲击。日本主要担心的不是油价上涨问题（即可以把油价上涨转嫁到发展中国家去），而是石油的供给问题。为此，日本采取了一系列措施来保证能源供给，包括：广泛开展能源外交，以求保证能源的稳定供应；逐步改变能源构成，实现能源的多样化；改变产业结构，减少能源的消耗；千方百计节省能源；开发近海石油和增加石油储备。③ 日本政府为解决能源问题而采取的对策收到了积极的效果。但是，如果世界政治经济形势不稳定发展，尤其是中东、海湾地区发生有超级大国卷入的局部战争，且发生持续时间较长的战争，必然使日本经济遭受毁灭性打击。

俞培果认为，日本制定能源政策的目标是，谋求能源的稳定供应，降

---

① 寇静娜、宋新宁：《欧盟气候与能源政策：困境分析与前景预测》，《国际论坛》2014年第6期。
② 张敏：《解读欧盟2030年气候与能源政策框架》，《中国社会科学院研究生院学报》2015年第6期。
③ 张宝珍：《日本的能源问题及政府的对策》，《世界经济》1980年第6期。

低能源成本，并做到二者之间的平衡，争取国民经济的稳定发展。日本的主要能源政策的首要目标是，确保能源的稳定供应。积极开展能源外交，搞好与中东产油国家之间的关系，力争在石油供应不中断的同时，努力开辟新的渠道；其次，增加石油储备；减少对石油的过分依赖。日本在这方面已经取得了巨大成功；继续开发国内能源资源，加快开发利用石油的替代能源，特别是核能；积极推进节能降耗；积极参与国际合作，利用国际合作来解决其能源问题。2011年福岛核泄漏以后，日本的能源政策出现了重大调整：（1）不再新建核反应堆，加强对现有核反应堆的安全监管，运行到设计期满便退役；（2）提高可再生能源生产的产业地位，促进以太阳能、地热能为主的可再生能源的利用；（3）努力促进核电技术输出，将自己的核电技术优势转化为经济优势。[1] 与之相关的关于未来日本能源政策的研究，也成为研究的热点之一。

郑文文和曲德林对后核危机时代日本能源政策走向做了剖析。他们认为，在政府、经济界主流、公众三方博弈收益最大化的情况下，博弈参与者预期选择的可能性不能直接影响最大化收益的获得，博弈各方的"成本"（包括经济成本和社会成本等）以及重启核电项目的真实风险，才是决定日本未来能源政策走向的关键所在。[2] 李冬认为，福岛核电事故使日本的核电发展计划就此终止，并将其能源战略的重心从核电转向可再生能源。此后，日本将大力推动可再生能源发展，降低核电依存度，并持续推动能源节约。同时，为应对全球变暖危机，减少二氧化碳排放，日本还将会采取措施，降低化石能源依存度。[3] 盖兆军回顾了福岛核事件前日本的能源结构和安全监管体制，分析了引起灾难发生的可能漏洞，阐述了事件发生的过程及其影响。尽管福岛核泄漏事件对于日本的社会、生态、经济和能源结构造成了深远影响，但考虑到日本对于能源的严重依赖，新能源技术尚未成形，无论从成本考虑，还是规模的方面，可再生能源难以替代

---

[1] 俞培果：《日本能源政策抉择及其对我国的启示》，《现代日本经济》2012年第6期。
[2] 郑文文、曲德林：《后核时代日本能源政策走向的三方动态博弈分析》，《日本学刊》2013年第4期。
[3] 李冬：《震灾与核电事故阴影下日本未来能源政策走向》，《东北亚论坛》2014年第4期。

核能的地位。因此,未来日本的核电仍会有一定的发展空间。[①] 日本现已开始逐步重启核电,表明核电仍然是日本能源政策的一个重要组成部分。

虽然上述国家和地区的能源政策的目标、侧重点有所不同,但有共同的发展趋势,反映了今后世界能源发展的趋势和能源政策的新取向。体现在:一是谋求石油的稳定供应,逐步减少对石油的依赖程度;二是扩大煤炭的生产能力,提高煤炭的清洁利用技术;三是推进核能开发,积极发展新能源;四是全面推进节能,降低经济增长对能源的依赖;五是能源供应实行多极化,不再单纯依赖于某种能源;六是解除能源市场的管制,形成自由的能源市场;七是努力开发本土资源,减少对进口资源的依赖;八是实现能源定价的合理化;九是更加强调能源与环境的关系,注重环境保护;十是积极推进国际合作。

(本章写作分工:王永中执笔第三节和统稿;田慧芳执笔第五节;魏蔚执笔第二、七节;万军执笔第四、六节负责能源转型和清洁能源发展;周伊敏执笔第一节,作者均来自中国社会科学院世界经济与政治研究所)

[①] 盖兆军:《日本福岛核泄漏的影响和事件前后能源结构的变化》,《中国人口·资源与环境》2015 年第 5 期增刊。